Multimedia mit ToolBook und Macromedia Director

Praxisorientierte Einführung in die
Multimedia-Programmierung

von
Prof. Dr. Jürgen Handke MPhil,
Philipps-Universität Marburg

R. Oldenbourg Verlag München Wien 1997

Die Deutsche Bibliothek - CIP-Einheitsaufnahme

Multimedia mit ToolBook und Macromedia Director :
praxisorientierte Einführung in die Multimedia-
Programmierung / von Jürgen Handke. - München ; Wien :
Oldenbourg.
  ISBN 3-486-23972-4
NE: Handke, Jürgen

Buch. - 1997

Multimedia mit ToolBook und Macromedia Director :
praxisorientierte Einführung in die Multimedia-
Programmierung / von Jürgen Handke. - München ; Wien :
Oldenbourg.
  ISBN 3-486-23972-4
NE: Handke, Jürgen

CD-ROM. - 1997

© 1997 R. Oldenbourg Verlag
Rosenheimer Straße 145, D-81671 München
Telefon: (089) 45051-0, Internet: http://www.oldenbourg.de

Lektorat: Margarete Metzger
Herstellung: Rainer Hartl
Umschlagkonzeption: Mendell & Oberer, München
Gedruckt auf säure- und chlorfreiem Papier
Gesamtherstellung: R. Oldenbourg Graphische Betriebe GmbH, München

Inhalt

Vorwort

Die Idee zu diesem Buch entstand aus der Notwendigkeit, Lehrmaterialien für einen Kurs „Projektmanagement Multimedia" zusammenzustellen. Ziel war dabei nicht nur die Vermittlung der Grundlagen der Multimedia-Programmierung, sondern auch die Möglichkeit des Vergleichs mehrerer Multimedia-Autorensysteme. Geeignete Bücher, mit denen dieses möglich wäre, waren nicht verfügbar. Die meisten Publikationen zum Thema Multimedia-Programmierung sind bestenfalls als Einführung in die Benutzerführung der jeweiligen Programme und Erläuterung der zugrundeliegenden Programmiertechniken gedacht. Was in der Regel fehlt, sind didaktisch gut strukturierte Übungen, die in die Einzelthematiken der Multimedia-Programmierung einführen, sowie Anleitungen, wie ein komplexes Multimedia-System zunächst konzipiert und in einem zweiten Schritt in die Tat umgesetzt wird.

Das vorliegende Buch versucht, beide Aspekte zu realisieren. Es enthält umfangreiches Übungsmaterial sowie zwei komplexe Multimedia-Systeme, mit denen nicht nur die Möglichkeiten der Multimedia-Programmierung verdeutlicht, sondern auch die Vorgehensweise bei der Erstellung eines komplexen Programms illustriert wird. Das Buch kann daher als Übungsbuch sowohl kursbegleitend als auch separat zum Selbststudium verwendet werden. Der Leserkreis umfaßt auf Grund der Struktur des Buches eine große Palette, vom Novizen bis hin zu fortgeschrittenen Programmierern von Multimedia-Systemen, die hier und da einen Programmierkniff vorfinden, den sie nutzbringend einsetzen können.

Voraussetzungen für den Umgang mit dem Buch gibt es keine, lediglich der Umgang mit Windows sollte dem Leser vertraut sein.

Das Buch gliedert sich in zwei wesentliche Teile:

Teil 1: Das Autorensystem Multimedia ToolBook (Kapitel 2 und 3)

Teil 2: Das Autorensystem Macromedia Director (Kapitel 4 und 5)

Beide Teile sind so gegliedert, daß in einem ersten Kapitel zunächst der Umgang mit dem jeweiligen Autorensystem anhand zahlreicher Einzelübungen vorgestellt wird. Danach folgt ein Kapitel, in dem die Erstellung eines marktreifen Multimedia-Systems ausgehend von den Vorarbeiten bis hin zur Auslieferung auf CD-ROM erarbeitet wird.

Beiden Teilen geht im ersten Buchkapitel eine kurze Einführung in die Grundlagen der Multimedia-Programmierung sowie eine Übersicht über Programmiersprachen mit besonderer Betonung der objektorientierten Programmierung voran. Am Ende des Buches folgt ein Vergleich der beiden im Buch vorgestellten Autorensysteme sowie ein umfangreicher Anhang mit Hinweisen zu den im Buch aufgebauten Programmierprojekten.

Warum Multimedia ToolBook, warum Macromedia Director, warum nicht andere Autorensysteme?

Die Antwort ist recht einfach. Macromedia Director ist weltweit der Marktführer im Bereich Multimedia-Autorensysteme, und Multimedia ToolBook, oft als Kraftpaket unter den Multimedia-Autorensystemen bezeichnet, steht Macromedia Director in nichts nach. Mit diesen beiden Systemen lassen sich alle Multimedia-Bereiche lückenlos abdecken. Beherrscht man beide Programme, ist man darüber hinaus in der glücklichen Lage, anhand des gewünschten Einsatzgebietes eines geplanten Multimedia-Systems und auf Grund der unterschiedlichen Konzeption beider Autorensysteme zu entscheiden, welches der beiden Programme der geplanten Anwendung besser gerecht wird. Denn trotz der Mächtigkeit beider Programme gibt es beträchtliche Unterschiede in ihrer Funktionalität, die zu verschiedenen Einsatzgebieten beider Systeme führen.

Einer Reihe von Personen, ohne die dieses Buch nicht möglich geworden wäre, bin ich zu großem Dank verpflichtet. So hat mir die IAD Marburg (Gesellschaft für Informationsverarbeitung und angewandte Datentechnik mbH), insbesondere Alfons Greif und Eva Götte, nicht nur die Möglichkeit gegeben, als Kursleiter im Kurs „Multimedia-Projektmanagement" die im Buch vorgestellten Inhalte im Unterricht zu erproben, sondern ich bin in allen die erforderlichen Hard- und Software betreffenden Fragen tatkräftig unterstützt worden. Allen Teilnehmern des Kurses „Multimedia-Projektmanager" habe ich zudem für ihre Geduld, ihre Mühe, aber auch für ihre Anregungen zur Vorgehensweise beim Lehren multimedialer Programmierung zu danken. Die zahlreichen Hinweise der Kursteilnehmer sind Grundlage für die didaktische Konzeption dieses Buches.

Bei der Anfertigung verschiedener Grafiken und Videoclips, die auf der beiliegenden CD-ROM ausgeliefert werden, bin ich von meiner wissenschaftlichen Mitarbeiterin, Frauke Intemann, in herausragender Weise unterstützt worden. Ihr gebührt daher ein besonderer Dank. Darüber hinaus bin ich nicht nur Frauke Intemann, sondern auch den übrigen Mitgliedern unseres Projektteams „Syntax Interactive - ein linguistisches Lernsystem auf CD-ROM", Jacqueline Bauer, Christian Eckhardt und Claudia Handwerker für Anregungen zum Text zu Dank verpflichtet.

Ein besonderes Kapitel dieses Buches ist das Kapitel 5. Hier wird ein komplexes Multimedia-System in didaktisch aufeinander abgestimmten

Einzelschritten entwickelt: das Projekt „Jethro Tull - from Roots to Branches". Dieses System bedient sich zahlreicher Grafiken, Sounddateien und Videoclips, die normalerweise unter strenge Lizenzbedingungen fallen. Die Verwendung und Zurverfügungstellung dieser Daten auf der dem Buch beiliegenden CD-ROM ist nur dadurch möglich geworden, daß sich Ian Anderson, der Chef von Jethro Tull und einer der profiliertesten Rockmusiker unserer Zeit, persönlich dafür eingesetzt hat. Meine eigenen musikalischen Erfahrungen und meine persönlichen Kontakte zu Ian Anderson haben dazu geführt, daß die Schallplatten- und Musikverlage EMI/Köln, Chrysalis/London und Salamander/London durch den persönlichen Einsatz von Ian Anderson ihre Zustimmung zur Verwendung der Daten gegeben haben. Ich bin dafür außerordentlich dankbar.

Der größte Dank gebührt jedoch meiner Familie, insbesondere meiner Frau Heike und unserem während der Anfertigung des Buches geborenen Sohn Florian. Beide mußten während dieser Zeit so manches Mal auf mich verzichten.

Marburg, Oktober 1996

Jürgen Handke

Voraussetzungen, Konventionen und Hinweise

Alle im Buch verwendeten Beispiele und Übungen wurden auf einem Pentium 120 PC mit 16 MB RAM, einer 24-Bit Grafikkarte und einer Soundblaster-kompatiblen Soundkarte unter Windows 95 entwickelt. Um effizient mit den Übungen im Buch arbeiten zu können, sollte ein ähnlicher PC zur Verfügung stehen, der folgende Leistungsdaten nicht unterschreitet:

- mindestens 8 MB RAM,

- mindestens 200 MB freie Festplattenkapazität,

- mindestens einen 80486-Prozessor.

Zusätzlich sollte der Leser im Besitz von Multimedia ToolBook, Version 4 und Macromedia Director, Version 5 sowie den dazugehörigen Handbüchern sein.

Dem Buch liegt eine CD-ROM bei. Darauf befinden sich alle Programmierübungen, die dazugehörigen Grafiken, Texte, Sounds und Videoclips. Eine Weitergabe dieser Daten ist nicht gestattet. Nähere Angaben zur Struktur der CD-ROM befinden sich im Anhang C.

Zur besseren Lesbarkeit wurden eine Reihe von typografischen Konventionen getroffen. Diese beziehen sich insbesondere auf Programmieranweisungen und Variablen innerhalb von Texten:

- Variablen sind im Text unterstrichen, z.B. lvText.

- Prozedur- bzw. Routinennamen erscheinen kursiv, z.B. *myGetVersion*.

- Eckige Klammern [] umschließen, wenn nicht näher spezifiziert, optionale Zusätze in Programmieranweisungen.

- Spitze Klammern <> umschließen Schlüsselwörter in Programmieranweisungen.

1 Grundlagen der Multimedia-Technologie

Der Begriff „Multimedia" bezieht sich auf Computerprogramme, die „multiple mediums" kombinieren, d.h. Graphik, Text, Video, Animation und Sound. Dabei ist es unerheblich, ob ein Programm alle diese Medien verwendet oder nur einige. Als „interaktives" Multimedia-System bezeichnet man ein Programm, das die genannten Elemente enthält und zusätzlich eine Interaktion mit dem Benutzer eines solchen Systems verlangt. Dabei wird der Terminus „interaktiv" häufig übertrieben. Viele Programme werben mit diesem Begriff, obwohl sich die Interaktivität lediglich auf einen Mausklick zum Umblättern von Seiten oder zum Vorrücken im Programm beschränkt. In der Praxis bezeichnen sich viele Programme als Multimedia-Programme, wenn sie auf CD-ROM ausgeliefert werden und einige Sound- und Videosequenzen enthalten.

Echte Interaktivität und damit Multimedia-Systeme im reinen Sinn verlangen nicht nur die Reaktion des Anwenders auf Programmvorgaben, sondern auch die Kontrolle des Anwenders über den Programmablauf und die Programmsteuerung.

Folgende Hauptanwendungsgebiete sind heute für Multimedia-Systeme relevant:

- Enzyklopädien,
- Atlanten, Reiseführer,
- interaktive Informationssysteme,
- Produktkataloge,
- Lernprogramme (CBT),[1]
- Simulationen,
- Geschäftssysteme mit Datenbankunterstützung,
- Unterhaltung.

---

[1] CBT = computer-based training (computergestütztes Lernen)

Bevor man mit der Entwicklung eines Multimedia-Projekts beginnt, hat man eine Reihe von grundlegenden Entscheidungen zu treffen (hier eine Auswahl):

- Entwicklung eines generellen Konzepts
  - Festlegung der Zielgruppe
  - Festlegung der inhaltliche Konzeption
- Festlegung allgemeiner Anforderungen an das System
  - zeitlicher Rahmen
  - Datensammlung
- Gestaltung des Systems
- Programmierung des Systems
- Testen des Systems
- Auslieferung des Systems
- Wartung des Systems

Dieses Buch widmet sich ausschließlich dem Punkt „Programmierung". Es soll gezeigt werden, wie mit den heute gängigen Multimedia-Entwicklungs-werkzeugen ein Multimedia-System erstellt wird und welche Möglichkeiten die ausgewählten Programmierwerkzeuge bieten. Die in diesem Zusammen-hang wichtigste Entscheidung betrifft die Auswahl der Programmierumgebung zur Entwicklung des Multimedia-Systems. Dabei gilt es, u.a. folgende Krite-rien zu beachten:

- die Entwicklungskosten für das Multimedia-System,
- den Vertriebspreis für das Multimedia-System,
- Basiskosten für die Programmierumgebung,
- eventuelle Gebühren für Runtime-Lizenzen,
- die Leistungsfähigkeit der Programmierumgebung.

Gegenwärtig bestimmen drei Programmierumgebungen den Markt für Multi-media-Anwendungen:

- die direkte Programmierung mit Assembler, C++ oder Pascal,
- das Autorensystem Multimedia ToolBook 4.0 von Asymetrix Corp.,
- das Autorensystem Macromedia Director 5.0 von Macromedia Inc.

Zwar gibt es noch weitere Produkte, z.B. CBT-Spezialist Authorware, Visual Basic oder Borland Delphi, doch kann man Multimedia ToolBook und Macromedia Director auf Grund ihrer großen Verbreitung und seit kurzem wegen ihrer problemlosen Konvertierbarkeit in den HTML-Code des Internets als Marktführer betrachten.[1]

Wo liegen die Vor- und Nachteile der führenden Programme?

Die effizienteste Programmierung eines Multimedia-Systems in Bezug auf sein Laufzeitverhalten und die optimale Ausnutzung der Hardware erzielt man durch die direkte Programmierung, z.B. mit C++, unter Ausnutzung aller Hard- und Software-Ressourcen. Daher sollten Multimedia-Systeme, bei denen es auf Geschwindigkeit und optimale Ausnutzung des Arbeitsspeichers ankommt, direkt programmiert werden. Das allerdings verlangt lange Entwicklungszeiten und eine große Programmiererfahrung.

Gerade wegen der benötigten Erfahrung im Umgang mit Programmiersprachen wie C++ oder Pascal werden heute viele Multimedia-Anwendungen unter Zuhilfenahme sogenannter Autorensysteme erstellt. In diesem Buch sind dies die Autorensysteme Multimedia ToolBook und Macromedia Director.

Eine eindeutige Entscheidung für oder gegen eines dieser beiden Programme läßt sich nicht treffen. Macromedia Director hat sicherlich den Vorteil, daß es systemübergreifend als Apple-Autorensystem und als Windows-Autorensystem zur Verfügung steht, während Multimedia ToolBook ein reines Windows-Programm ist. Die „cross-platform"-Fähigkeit bezahlt Macromedia Director aber mit einer gegenüber Multimedia-ToolBook geringeren Funktionalität, insbesondere bei der Ausnutzung von windows-spezifischen Ressourcen und bei der Verwendung der mitgelieferten Programmierumgebung. Auch das zugrundeliegende Konzept ist unterschiedlich. Während Multimedia ToolBook wie ein Buch aufgebaut ist, verwendet Macromedia Director ein Filmkonzept mit synchronisierten Szenen. Gerade wegen dieser unterschiedlichen Funktionalität ist es nicht verwunderlich, daß die primären Einsatzgebiete beider Systeme unterschiedlich sind. Während Macromedia Director hauptsächlich zu Präsentationszwecken und Produktvorstellungen mit einem hohen Anteil von Animationssequenzen und damit einem hohen Erlebniswert dient, wird Multimedia ToolBook insbesondere für Aufgaben wie interaktive Kataloge, Schulungssoftware und Programme, in die Datenbanken und aufwendige Datenspeicherungskonzepte integriert werden, verwendet.

Beide Autorensysteme stellen umfangreiche Entwicklungswerkzeuge zur Verfügung, so daß sich der reine Programmieraufwand im Gegensatz zur direkten Programmierung in Grenzen hält. Dennoch läßt sich auch ein mit einem derartigen Autorensystem angefertigtes Multimedia-Programm nicht allein durch Bedienung eines Benutzermenüs oder durch das Ziehen von Objekten per Mausklick erstellen. Gerade wenn es um die wirkliche Ausnutzung der Möglichkeiten eines Autorensystems geht, ist eine breite Erfahrung im Umgang mit der zum Autorensystem gehörenden Programmiersprache notwendig. In

---

[1]HTML = Hypertext Markup Language

Multimedia ToolBook ist dies die Programmiersprache *OpenScript*, in Macromedia Director die Programmiersprache *Lingo*. Zwar sind diese Programmiersprachen in ihrer Handhabung sehr komfortabel und daher auch für Programmierneulinge leicht zu erschließen, dennoch - und das zeigt die umfangreiche Lehrerfahrung des Autoren - birgt die Programmierung in beiden Sprachen zahlreiche Probleme.

Um diese Programmierprobleme auf ein Minimum zu beschränken, geht das vorliegende Buch einen didaktisch orientierten Weg. In den beiden Kernabschnitten (Kapitel 2 und 3: Multimedia ToolBook, Kapitel 4 und 5: Macromedia Director) werden zunächst die Grundlagen der Bedienung beider Autorensysteme erläutert (Kapitel 2 für Multimedia ToolBook, Kapitel 4 für Macromedia Director). Das geschieht anhand zahlreicher kleiner Einzelübungen, die zunächst noch einen geringen Programmieraufwand erfordern. In den Folgekapiteln 3 und 5 wird dann für das jeweilige Autorensystem ein komplexes Multimedia-Programm erstellt, das die Funktionalität des Autorensystems und der integrierten Programmiersprache vorführen soll (Kapitel 3: Multimedia ToolBook, das Projekt „Der interaktive Gemüsegarten", Kapitel 5: das Projekt „Jethro Tull - from Roots to Branches"). Bei beiden Projekten wird nicht notwendigerweise Wert auf Aspekte der Bedienungsergonomie oder Prinzipien des Screendesigns gelegt. Hauptziel beider Projekte ist es, möglichst viele Funktionen in die Programme zu integrieren, um die Möglichkeiten aber auch die Unterschiede beider Systeme aufzuzeigen.

Ist eine Multimedia-Anwendung fertiggestellt und getestet, stellt sich die Frage nach der Distribution, insbesondere nach dem Datenträger, auf dem die Anwendung zur Verfügung gestellt wird. Hier gilt die Faustregel: Wenn die Datenmenge für das gesamte Programm in komprimierter Form die 20 MB-Grenze überschreitet, ist von einer Distribution auf den heute handelsüblichen Disketten abzusehen und die Herstellung einer CD-ROM vorzuziehen. Da beide in diesem Buch vorgestellten Projekte große Datenmengen mit sich bringen, wird in den Kapiteln 3 und 5 auch der Aspekt der Auslieferung des Endprodukts auf den entsprechenden Datenträgern berücksichtigt.

1.1   Grundlagen der Programmierung

Auch wenn es in einem Multimedia-Autorensystem eine Reihe von Möglichkeiten gibt, über die man komplexe Probleme lösen kann, bedarf ein professionelles Multimedia-System umfangreicher Programmierroutinen in den dazugehörigen Programmiersprachen. Die Hoffnung vieler Anwender und Entwickler, Multimedia-Systeme seien ohne großen Programmieraufwand zu realisieren, kann noch nicht erfüllt werden. Daher ist eine Auseinandersetzung mit den Programmiersprachen OpenScript (Multimedia ToolBook) und Lingo (Macromedia Director) und ein Verständnis der Verfahren bei der Computerprogrammierung auch bei einem Multimedia-Autorensystem unerläßlich.

1.1.1 Programmiersprachen

Programmiersprachen haben zum Zweck, die Kommunikation zwischen Mensch und Maschine auf eine für den Menschen mehr oder wenig bequeme und für die Maschine eindeutig und verständliche Weise zu steuern. Dabei gibt es ein Verständigungsproblem. Während für den Menschen das ideale Kommunikationsmittel die eigene Muttersprache ist, können Maschinen nur einen Code aus Nullen und Einsen, den sogenannte Dualcode verstehen. Da beide Extreme für den jeweiligen Empfänger gewaltige Probleme mit sich bringen (die menschliche Sprache ist viel zu komplex, zu vage und enthält zu viele Mehrdeutigkeiten, der Dualcode ist für Menschen kaum lesbar), hat man Wege entwickelt, die für eine Maschine lesbar und für den Menschen verständlich sind. Dabei können verschiedene Ebenen der Kommunikation und damit der Programmierung unterschieden werden:

Ebene 1: Maschinensprachen

In der Maschinensprache werden Programmbefehle als Folge von Nullen und Einsen, also im Dualcode dargestellt. Programme, die in einem solchen Code geschrieben werden, sind extrem unübersichtlich und daher auch fehleranfällig. Hier ist ein Beispiel für die Addition 3 + 4:

```
00011010           0011 0100
(Befehl: „Addiere",   Operanden „3" und „4")
```

Ebene 2: Assemblersprachen

Mit einem Assembler (dt. Monteur) lassen sich Maschinenbefehle übersetzen und somit einprägsamer und verständlicher darstellen. Der gleiche Additionsbefehl könnte in Assembler so lauten:

```
ADD 3,4
```

Ebene 3: Höhere Programmiersprachen

Da auch Assembler für die meisten Menschen ein nahezu unverständlicher Programmiercode ist, hat man seit den 50er Jahren zahlreiche Programmiersprachen entwickelt, die noch einen Schritt weitergehen. Sie sind nicht nur in ihrem Befehlsvorrat erweitert und damit verständlicher geworden, sondern sie sind auch für ganz bestimmte Einsatzgebiete entwickelt worden. So ist z.B. die Sprache FORTRAN (**for**mula **tran**slator) eine speziell arithmetisch ausgerichtete Sprache oder LISP (**Lis**t **P**rocessor) eine Programmiersprache für Probleme in der Künstlichen Intelligenz. Es gibt verschiedene Wege die mittlerweile zahlreichen höheren Programmiersprachen zu klassifizieren (nach dem zugrundeliegenden Programmierstil: anweisungs- bzw. funktionorientiert oder nach der Organisation der Datentypen: deklarativ oder prozedural). In

Bild 1.1 werden die wichtigsten Programmiersprachen nach ihrem Einsatzgebiet eingeteilt.

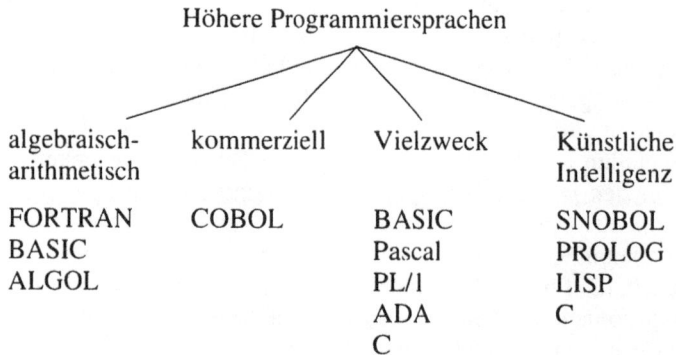

Höhere Programmiersprachen

algebraisch- arithmetisch	kommerziell	Vielzweck	Künstliche Intelligenz
FORTRAN	COBOL	BASIC	SNOBOL
BASIC		Pascal	PROLOG
ALGOL		PL/1	LISP
		ADA	C
		C	

Bild 1.1: Höhere Programmiersprachen, eine Auswahl (eingeteilt nach Einsatzgebiet)

1.1.2 Objektorientierte Programmierung

Bereits seit den 80er Jahren arbeitet man an einem weitergehenden Programmierkonzept, dem der objektorientierten Programmierung. Als Basis diente dazu zunächst die Programmiersprache LISP. Heute werden viele objektorientierte Programmiersprachen, so auch OpenScript und Lingo, in C entwickelt. Mit anderen Worten: eine objektorientierte Programmiersprache ist ein Computerprogramm, dessen Quellcode in einer anderen höheren Programmiersprache geschrieben wurde.

Grundprinzip einer objektorientierten Programmiersprache ist der Versuch, die in traditionellen Programmierumgebungen bestehende Trennung von Daten und darauf anzuwendenden Prozeduren, aufzuheben (Hansen, 1987: 334 ff). Es werden nicht mehr Verarbeitungsanweisungen (Algorithmen) für globale und lokale Datenbereiche definiert, sondern einzig Objekte. Diesen Objekten kann man über ihren Namen Nachrichten (engl. messages) zuleiten, auf die dann eine entsprechende Reaktion erfolgt (Klöppel et al., 1996: 4ff). Zusätzlich wird die objektorientierte Programmierung noch durch bestimmte Klassenhierarchien von Objekten und Vererbungsmechanismen gekennzeichnet (Welsch, 1996: 301).

Mit der LISP-basierten objektorientierten Programmiersprache SMALLTALK wurde in den 80er Jahren ein Anfang gemacht. Allerdings war damals der im Vergleich zu konventionellen höheren Programmiersprachen benötigte Speicherbedarf einer objektorientierten Programmiersprache enorm. Heute sind sowohl verfeinerte Programmierverfahren als auch größere Speichermedien verfügbar, so daß dieser Unterschied nicht mehr ins Gewicht fällt.

Da dieses Buch nicht als Grundlagenbuch zur objektorientierten Programmierung gedacht ist, sollen in der Folge lediglich die speziellen Auswirkungen dieser noch recht jungen Programmiermethodik auf die Programmentwicklung erläutert werden.

Die Vorteile objektorientierter Programmierung zeigen sich zunächst einmal in der Einfachheit der Entwicklung eines Programmes. Folgendes Programmierproblem soll diesen Aspekt verdeutlichen:

> Immer wenn der Benutzer mit der Maus über einen bestimmten Bereich, z.B. über ein Rechteck, auf dem Bildschirm fährt, soll ein Tonsignal ausgegeben werden.

In einer herkömmlichen höheren Programmiersprache müßten zunächst folgende Probleme programmiertechnisch umgesetzt werden:

* Definition der genauen Position des Rechtecks,

* Auslesen der Mausdaten bei der Bewegung der Maus,

* Vergleich der aktuellen Mausdaten mit den Zieldaten,

* Ausgabe des gewünschten Signals.

Die enorm komplexen Lösungsschritte für dieses Problem sind in Deiß et al. (1990: 356 ff) mit LISP illustriert worden. In einer objektorientierten Umgebung stellt sich das ganze Problem wesentlich einfacher dar. Alles, was benötigt wird, ist ein Name für den Bereich, z.B. „Rechteck17", der die gewünschte Aktion veranlassen soll. Die Positionsdaten des Bereichs werden zusammen mit dem Namen gespeichert. Somit muß nur noch eine entsprechende Nachricht an das Objekt „Rechteck17" versandt werden, die die gewünschte Reaktion hervorruft, z.B.

```
mouseEnter
    beep
end
```

Weiterer Programmieraufwand ist nicht notwendig. Allein die Botschaft „mouseEnter" reicht aus, um das gewünschte Signal „beep" bei Berührung des Objekts „Rechteck17" zu veranlassen. Voraussetzung dafür ist, daß das Objekt „Rechteck17" in irgendeiner Form mit der aufgeführten Programmierroutine verbunden ist.

Eine weitere Eigenheit der objektorientierten Programmierung zeigt sich in der Art der Erstellung eines Programms. Während man von konventionellen Programmiersprachen komplette Programmlistings, d.h. mehrere Seiten aufeinanderfolgenden Programmiercodes, gewöhnt ist, stellen sich die Programme in einer objektorientierten Programmiersprache als einzelne in sich geschlossene Programmblöcke dar. Diese Module nennt man auch *Skripte*. Daher werden objektorientierte Programmiersprachen wie OpenScript oder Lingo auch häufig Skriptsprachen genannt.

Ziel dieses Buches ist nicht die Einführung in die Prinzipien der objektorientierten Programmierung, sondern das Erlernen des Umgangs mit einer solchen

Programmierumgebung. Daher wird primär Wert auf die praktische Anwendung und nicht auf die theoretische Untermauerung dieses noch recht jungen Programmierkonzepts gelegt.

1.2   Einige Hinweise zur Benutzung des Buches

Wie bereits erwähnt gliedert sich das Buch in zwei Kernteile:

- Kapitel 2 und 3: Multimedia ToolBook

- Kapitel 4 und 5: Macromedia Director

Man mag darüber argumentieren, ob dies die richtige Reihenfolge für die Einführung in die beiden Systeme ist. Auf der Basis der vorhandenen Unterrichtserfahrung spricht vieles dafür. So hat sich gezeigt, daß der Umgang mit Macromedia Director auf Grund seiner zahlreichen Fenster und des zugrundeliegenden Filmkonzepts für viele Anwender zunächst sehr gewöhnungsbedürftig ist, während Multimedia ToolBook sich in seiner Oberfläche in vielen Bereichen auch ohne große Vorkenntnisse als recht vertraut erweist.

Da beide Teile aber in sich geschlossen sind, kann der interessierte Leser alternativ auch zuerst in die Kapitel 4 und 5 einsteigen und danach den Multimedia ToolBook Teil bearbeiten. Wichtig ist in diesem Zusammenhang aber die aufeinander aufbauende Struktur der einzelnen Kapitel. Kapitel 3 baut auf Kapitel 2 auf und Kapitel 5 auf Kapitel 4. In den „Projektkapiteln" 3 („Der interaktive Gemüsegarten") und 5 („Jethro Tull - from Roots to Branches") sind zahlreiche Querverweise zu Grundlagen zu finden, die in den jeweils vorangehenden Kapiteln gelegt wurden. Daher sollten Neulinge im Umgang mit Multimedia-Autorensystemen unbedingt das Kapitel 2 vor Kapitel 3, sowie das Kapitel 4 vor Kapitel 5 lesen.

Die Kapitel 3 und 5 basieren auf einer Strategie der sukzessiven Programmerweiterung. Nehmen wir als Beispiel das Projekt „Jethro Tull - from Roots to Branches" im Kapitel 5. Dieses besteht aus insgesamt 13 Programmversionen, die aufeinander aufbauen. Während sich die erste Version mit dem Import und der Plazierung von z.B. Grafiken auf der Bühne (dem Hauptfenster in Macromedia Director) befaßt, hat z.B. die Version 10 die Integration von Fenstertechniken zum Thema. Zu allen Programmversionen liegen die entsprechenden Dateien auf der dem Buch beiliegenden CD-ROM. Für erfahrene Leser bietet sich daher ein direktes Vorgehen zu dem entsprechenden Thema und dem Dazuladen der entsprechenden Programmversion an.

Da das reine Ansehen bereits geschriebener Programme allerdings nur wenig Lerneffekt mit sich bringt, sei an dieser Stelle dringend empfohlen, alle Übungen und komplexen Systeme auf Grund der Vorgaben im Buch nachzuprogrammieren. Denn nur das eigene Programmieren - mit allen Triumphgefühlen und Fehlern - führt letztendlich zum gewünschten Lerneffekt.

2 Das Autorensystem Multimedia ToolBook

Multimedia ToolBook ist ein Autorensystem der Firma Asymetrix für die Entwicklung von Multimedia-Software, die ohne Einschränkungen vertrieben werden darf. Es ist das Multimedia-Vollprodukt zu ToolBook und umfaßt sämtliche Funktionsmerkmale von ToolBook und zusätzlich eine Reihe von benutzerfreundlichen Multimedia-Werkzeugen. Seit Anfang 1996 liegt Multimedia Toolbook in der Version 4.0 vor, Zusätzlich gibt es eine spezielle CBT-Edition (Computer-Based Training), eine erweiterte Version für die einfache Erstellung von computergestützten Schulungsanwendungen.[1]

Obwohl Multimedia ToolBook ein reines Windows-Programm ist und damit nur auf Window PCs zum Einsatz gelangt, ist es gerade im geschäftlich orientierten Multimedia-Bereich ein ungeheuer populäres Entwicklungswerkzeug für multimediale Anwendungen. Die gängigsten mit Multimedia ToolBook erstellten Anwendungen sind:

- Hypermedia-Anwendungen, wie z.B. on-line Lexika,
- interaktive Schulungsanwendungen (Computer-Based Training),
- Datenbankanwendungen, z.B. Front-Ends für externe Datenbanken,
- Spiele mit grafischen Elementen.

Die Popularität von Multimedia ToolBook begründet sich nicht nur im Programm selbst, sondern auch in den zahlreichen zusätzlichen Werkzeugen, die das Erstellen von Multimedia-Programmen extrem benutzerfreundlich machen. So gehören zum Lieferumfang:

- ein Bitmap-Editor,
- ein Icon-Editor,

---

[1]Basis für die Ausführungen in Kapitel 2 und 3 ist die Multimedia-Version von Asymetrix ToolBook in der Version 4.0, in der Folge Multimedia ToolBook genannt.

- ein Wave-Editor,

- ein vektor-basiertes Grafikprogramm,

- ein Menüleisteneditor,

- ein Installationsmanager,

- zahlreiche Importfilter,

- zahlreiche Hilfssysteme.

Insbesondere die fast unbegrenzte Importfähigkeit von externen Daten (Text, Sound, Animation, Video und Grafik) und Datenbanken (u.a. dBase) machen Multimedia ToolBook in seiner Funktionalität zu einem der flexibelsten verfügbaren Autorensysteme auf dem Markt. Diese Flexibilität muß Multimedia ToolBook allerdings bei manchen Anwendungen mit eingeschränktem Laufzeitverhalten bezahlen (siehe Kapitel 6).

Über die diversen Werkzeuge hinaus wurde von Asymetrix mit OpenScript eine eigene objektorientierte Programmiersprache für Multimedia ToolBook entwickelt. Erst durch den Einsatz dieser Programmierumgebung können die Möglichkeiten von Multimedia ToolBook voll ausgereizt werden.

Zur Installation von Multimedia ToolBook sind die geltenden MPC-Anforderungen völlig ausreichend (vgl. Gertler, 1995: 29; Klimsa, 1995: 228). Um einen effektiven Einsatz zu gewährleisten, sollte der Arbeitsspeicher mindestens 8 MB umfassen.

2.1   Multimedia ToolBook - Grundkonzepte

Multimedia ToolBook bietet sowohl zum Erstellen als auch zum Ausführen von Multimedia-Anwendungen eine interaktive Umgebung. Mit dieser kann man über die Zuhilfenahme von diversen Hilfsmitteln Texte bearbeiten, Grafiken erstellen und manipulieren oder Schaltflächen definieren. Mit der eingebauten Programmiersprache OpenScript läßt sich dann das Verhalten der einzelnen Elemente in einer Anwendung steuern. Bild 2.1 stellt die Entwicklungsumgebung anhand einer ausgewählten Bildschirmdarstellung dar.

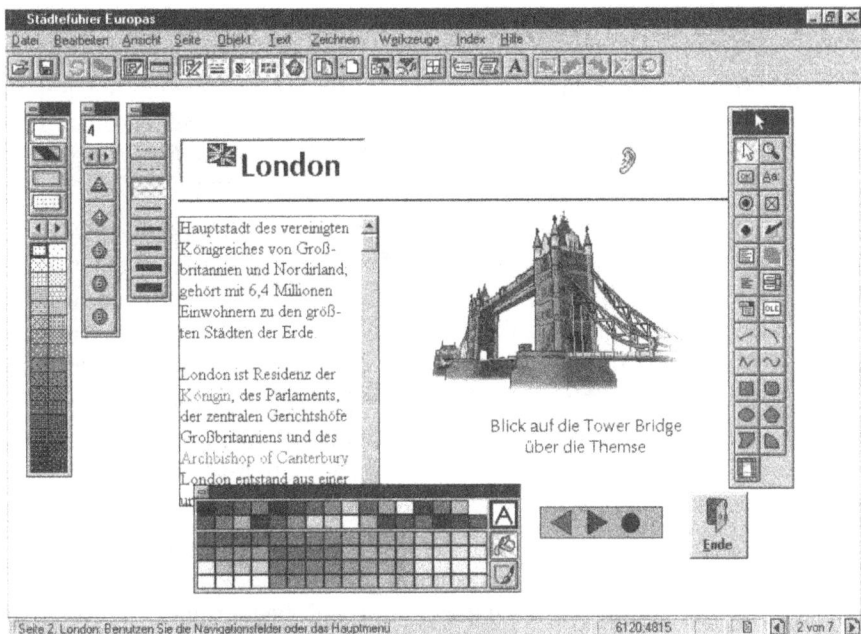

Bild 2.1: Die ToolBook Entwicklungsumgebung mit einer Anwendung

Auch dem Benutzer einer Multimedia ToolBook-Anwendung steht - wenn auch eingeschränkt - die interaktive Umgebung zur Verfügung. Diese übernimmt nicht nur die Kommunikation zwischen Benutzer und System, sondern sie steuert auch die internen Abläufe im System, so z.B. die Nutzung der Windows-Ressourcen.

Multimedia ToolBook ist auf einer Reihe von Konzepten aufgebaut, die das Verhalten des gesamten Systems leiten:

- Bücher und Seiten,
- Vorder- und Hintergrund,
- Objekt und Objekteigenschaften,
- Ereignisse und Botschaften,
- Autor und Leser,
- Skripte,
- ereignis-orientierte Programmierung.

Diese Grundkonzepte von Multimedia ToolBook werden in den folgenden Abschnitten erläutert und anhand einer Reihe von Übungen exemplarisch vorgeführt.

2.1.1 Das Buchprinzip[1]

Jede ToolBook-Anwendung kann als ein *Buch* (engl. book) angesehen werden. Ein Buch besteht aus *Seiten* (engl. pages). Die Seiten eines Buches werden in Fenstern angezeigt, die in ToolBook *Ansichtsobjekt* (engl. viewer) genannt werden.

Die Begriffe *Buch* und *Seite* sollten metaphorisch interpretiert werden, implizieren sie doch eine relativ lineare Organisationsstruktur einer Multimedia-Anwendung, die mit Multimedia ToolBook geschrieben wurde. Viele Autoren durchbrechen das Linearitätsprinzip insbesondere mit *Hyperlinks*, d.h. mit Verknüpfungen, die in bestimmten Fenstern angezeigt werden oder mit Querverweisen, die über Seiten hinweggehen.

Im Unterschied zu den Seiten in einem Buch aus Papier können die Seiten in einem ToolBook Buch verschiedene Eigenschaften (Größe, Farbe etc.) haben, oder es können mehrere Seiten zugleich angezeigt werden.

Wie viele andere Anwendungen im Grafikbereich (z.B. CorelDraw, PowerPoint etc.) unterscheidet auch Multimedia ToolBook zwischen *Vordergrund* (engl. foreground) und *Hintergrund* (engl. background). Zusammen bilden sie eine ToolBook Seite. Dabei wirkt der Vordergrund wie eine Transparenzfolie, auf der man Objekte im Vordergrund einer Seite plaziert, während der Hintergrund die gemeinsame Basis für verschiedene Vordergründe bilden kann. Der Hintergrund fungiert daher wie z.B. eine Folienvorlage im Präsentationsprogramm PowerPoint.

2.1.2 Objekte und deren Eigenschaften

Eine Seite in Multimedia ToolBook kann *Felder* (engl. fields), *Grafiken* (engl. graphic items) oder *Schaltflächen* (engl. buttons) enthalten. Jedes dieser Elemente wird als *Objekt* (engl. object) bezeichnet. Mit anderen Worten: Sämtliche visuellen Elemente in einer ToolBook-Anwendung (sogar die Seiten und Hintergründe, sowie das Buch selbst) sind Objekte. Diese werden durch zahlreiche Eigenschaften definiert, von denen die wichtigsten in der Folge näher beschrieben sind:

---

[1]Alle wichtigen Multimedia ToolBook-Begriffe werden zusätzlich - auch wenn es kleinlich erscheinen mag - in ihrer englischen Übersetzung (amerikanische Varietät) gegeben, da die englischen Begriffe Grundlage der Programmierumgebung OpenScript sind. Gleiches gilt auch für das Autorensystem Macromedia Director und die darin verwendete Programmiersprache Lingo (siehe Kapitel 4 und 5).

Identitätsnummer/Name

Alle Objekte haben *Identitätsnummern* (engl. identity number = ID), die von ToolBook automatisch zugewiesen werden. Diese IDs kann man nicht ändern. Aber anstatt sich diese IDs merken zu müssen, um Objekte ansprechen zu können, kann man ihnen auch *Namen* (engl. name) geben. Das geschieht menügesteuert oder mit einer OpenScript-Anweisung, z.B. mit

```
name of button id 0 = "Taste1"
```

Diese OpenScript-Anweisung weist der Schaltfläche (engl. button) mit der ID Nummer 0 den Namen "Taste1" zu. Damit kann die Schaltfläche nicht nur über ihre ID Nummer, sondern auch über einen Namen angesprochen werden.

Allgemeine Eigenschaften

Jedes Objekt hat einen Satz von Eigenschaften, die das Erscheinungsbild und das Verhalten des Objekts bestimmen. So können die *Abmessungen* (engl. bounds) und die *Position* (engl. position) von Objekten aber auch andere Eigenschaften wie *Farbe* (engl. color) oder *Typ* (engl. type) bestimmt werden, oder die Prinzipien, wie ein Text in einem Feld angezeigt wird (zu den Möglichkeiten der exakten Zuweisung von Eigenschaften an Objekte siehe Abschnitt 2.3.6.6).

Schichten

Ähnlich wie in Grafikprogrammen können Objekte in mehreren Schichten (engl. layer) übereinandergelegt werden, können aber - unabhängig von ihrer Ebenenposition - jederzeit erreicht werden.

Skripte

Wie bereits gezeigt können alle ToolBook-Objekte mit Programmieranweisungen der Sprache OpenScript angesprochen werden. Eine Sammlung solcher Programmieranweisungen nennt man *Skript* (engl. script = Drehbuch). Ein Skript kann aus einer oder mehreren *Behandlungsroutinen* (engl. handles) bestehen, die wiederum einzelne OpenScript-Anweisungen (engl. statements) enthalten. Das folgende Beispielskript bezieht sich auf ein fiktives Objekt namens „RoterKreis" und besteht aus zwei Behandlungsroutinen, der Routine *mouseEnter* und der Routine *mouseLeave*. Beide Routinen bestehen aus je 3 OpenScript-Anweisungen, eine Anweisung je Zeile.[1]

---

[1] Die Prinzipien der Programmierung mit OpenScript und die relevante Terminologie werden ab Abschnitt 2.2 im Detail vorgestellt.

```
to handle mouseEnter
     sysCursor = 44
end mouseEnter

to handle mouseLeave
     sysCursor = default
end mouseLeave
```

Die Reihenfolge, mit der die Objekte durch Skripte erreicht werden, nennt man *Objekthierarchie*. Gibt es z.B. ein Skript für eine Schaltfläche, versucht Multimedia ToolBook zunächst die Schaltfläche selbst, dann die Gruppe, zu der die Schaltfläche gehört, anzusprechen, dann die Seite usw. Mit anderen Worten: Es gibt eine Hierarchie, nach der ToolBook-Elemente benachrichtigt werden:

- das ToolBook-System,

- DLLs (dynamic link libraries),

- System Bücher (Skriptsammlungen),

- das Buch (Anwendung),

- der Hintergrund einer oder mehrerer Seiten,

- die Seite,

- die Gruppe,

- gemeinsame Skripte (seit Multimedia ToolBook Version 4.0),

- das Objekt.

Dabei gilt, daß zunächst das Element angesprochen wird, für das die Routine selbst geschrieben wurde. Gibt es also eine Behandlungsroutine im Objektskript für eine Schaltfläche „Farbe", welche dieses Objekt rot färbt und eine weitere Behandlungsroutine im Seitenskript für dasselbe Objekt, die es weiß färbt, so hat dasjenige Skript Priorität, das näher am Objekt steht, also in diesem Fall das Objektskript (siehe hierzu auch die modifizierte Version von Übung 1 in Abschnitt 2.3.1).

Die Methode, Objekte über eine Hierarchie zu adressieren, erlaubt dem Programmierer eine höchst logische Anordnung von Programmierroutinen, über die Objekte erreicht werden können. Will man z.B. mit einer Routine mehrere Objekte benachrichtigen, dann sollte man dies zweckmäßigerweise von der Seite aus tun, von der aus die Objekte zu erreichen sind. Gibt es Routinen, die von überall aus erreicht werden sollen, empfiehlt sich eine Plazierung im Buch.

2.1.3 Botschaften

Bei Programmen, die mit herkömmlicher Programmiertechnik geschrieben werden, wird der Benutzer vom Programm gesteuert, d.h. Daten werden angezeigt und der Benutzer zu Eingaben aufgefordert. Multimedia Tool-Book verhält sich genau entgegengesetzt und ist - wie Windows - *ereignisgesteuert* (engl. event-driven). Das bedeutet, daß eine ToolBook-Anwendung abwartet, bis der Benutzer irgendwelche *Ereignisse* (engl. events) veranlaßt.

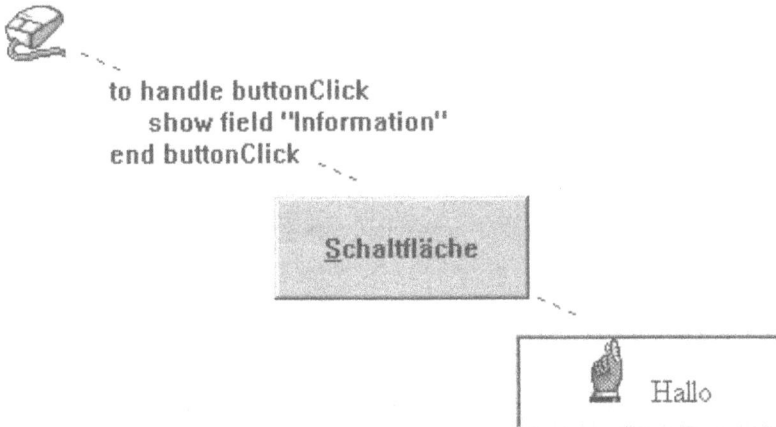

```
to handle buttonClick
    show field "Information"
end buttonClick
```

Bild 2.2: Ereignisse, Botschaften und Reaktionen

Ein Ereignis kann ein Mausklick oder Tastendruck, das Bewegen eines Objekts oder die Eingabe eines Textes sein. ToolBook übersetzt diese Ereignisse dann intern in *Botschaften* (engl. messages), die an ein Objekt versendet werden, um das Objekt über das aufgetretene Ereignis zu benachrichtigen. Wenn z.B. der Benutzer mit der Maus auf eine Schaltfläche geklickt hat, sendet ToolBook eine Botschaft an die Schaltfläche, um die Schaltfläche darüber zu informieren, daß soeben geklickt wurde und die Schaltfläche eine Reaktion hervorrufen soll, z.B. ihre Farbe verändern, ein bestimmtes Feld anzeigen soll, etc. Bild 2.2 illustriert diese Art der Informationsverarbeitung in Multimedia ToolBook.

2.1.4 Autor und Leser

Eine ToolBook-Anwendung wird auf der Autorenebene entwickelt, d.h. der Entwickler eines ToolBook-Programms ist dessen *Autor* (engl. author).

In diesem Arbeitsmodus stehen alle Zeichenhilfsmittel und Programmier-werkzeuge zur Verfügung, mit denen man neue Bücher erstellen, Objekte erzeugen und manipulieren, bzw. OpenScript-Anweisungen programmieren kann.

Der Benutzer einer ToolBook-Anwendung bedient das System von der Leserebene aus; er ist der *Leser* (engl. reader). In diesem Arbeitsmodus stehen alle zur Ausführung der Anwendung erforderlichen Werkzeuge zur Verfügung. Der Leser kann - je nach Programmierung - beliebig durch das Buch blättern, bestimmte Seiten anschauen, Text eingeben, Informationen abrufen etc. Auf die Programmierwerkzeuge kann im Normalfall jedoch nicht zugegriffen werden.

Eine marktfertige ToolBook-Anwendung ist in der Regel nur auf den Le-sermodus begrenzt. Zu einer solchen Applikation gehört eine "Runtime-Version" von ToolBook, d.h. ein bis auf die Grundfunktionen abgespeck-tes ToolBook-Programm, mit dem die Anwendung direkt gestartet werden kann.

Während der Entwicklung eines ToolBook-Programms ist ein schneller Wechsel von der Autoren- zur Leserebene möglich.

2.2   OpenScript - Grundlagen

Zur Erstellung einer ToolBook-Anwendung verwendet man zwar zahlrei-che interaktive Werkzeuge, z.B. zum Zeichnen von Objekten oder zum Erstellen von Hyperlinks. Will man jedoch alle Vorteile von ToolBook ausnutzen, muß man sich der integrierten Programmierumgebung *OpenScript* bedienen. Erst damit kann man das Verhalten einer Anwen-dung genauer oder direkter steuern.[1]

OpenScript ist eine professionelle Programmiersprache mit Befehlen zur Durchführung verschiedener Anweisungen, vom Erstellen neuer Objekte bis hin zur Verknüpfung von integrierten Windows-Funktionen. Trotz sei-ner enormen Leistungsfähigkeit ist OpenScript wegen seiner benutzer-freundlichen englischen Syntax und seiner breiten Befehlspalette einfach in der Handhabung. Mit ToolBook und OpenScript kann man ausgereifte Anwendungen in wesentlich kürzerer Zeit entwickeln, als z.B. für Ent-wicklungen mit C++ notwendig wäre.

---

[1]Verwendet man sowohl die interaktive Ebene zur Eingabe von Befehlen, z.B. zur Färbung eines Objekts, als auch die Möglichkeit, entsprechende Skripte dazu zu schreiben, so haben die Skripte Priorität, d.h. sie bestimmen letztlich die Eigenschaft eines Objekts.

OpenScript ist vollständig in ToolBook integriert. Man schreibt OpenScript-Programme mit einem eigenen Editor, der von ToolBook aus geladen werden kann, oder man kann Befehle direkt in ein spezielles Befehlsfenster eingeben. OpenScript-Programme werden direkt unter Multimedia ToolBook mit dem integrierten ToolBook-Compiler compiliert, und ToolBook führt die fertigen Skripte dann auf Leserebene aus. Das erleichtert das Testen und die Programmpflege erheblich.

OpenScript basiert auf dem Konzept der *strukturierten Programmierung*. Typische Eigenschaften strukturierter Programmierung sind zum einen die geringe Verwendung oder gänzliche Abwesenheit von programminternen *go to-* oder *jump-*Anweisungen. Diese werden durch sog. *Kontrollstrukturen* (z.B. durch bedingte Schleifen, siehe Abschnitt 2.3.6.1) ersetzt. Zum anderen sind die meisten Datenstrukturen, die den Ablauf eines Programms steuern, auf sich selbst beschränkt (engl. self-contained). Diese eingekapselten (engl. encapsulated) Strukturen oder Programmblöcke werden wie bereits erwähnt in OpenScript als *Behandlungsroutinen* (engl. handles) bezeichnet. Behandlungsroutinen sind damit die Basis aller OpenScript-Programme. Ausgehend vom Buch läßt sich ein OpenScript-Programm vereinfacht wie in Bild 2.3 darstellen. Mit anderen Worten: Ein OpenScript-Programm besteht aus mehreren Einzelskripten, die den verschiedenen ToolBook-Objekten zugeordnet werden. Jedes Einzelskript besteht aus einer Reihe von Behandlungsroutinen (in einer umfangreichen Multimedia-Anwendung können dies einige Hundert sein), und jede Behandlungsroutine besteht aus einer Menge von OpenScript-Anweisungen.

OpenScript-Programm

|

Buchskript

Hintergrundskript$_1$ ... Hintergrundskript$_n$

Seitenskript$_1$ ... Seitenskript$_n$ ...

Objektskript$_1$ ... Objektskript$_n$ ...

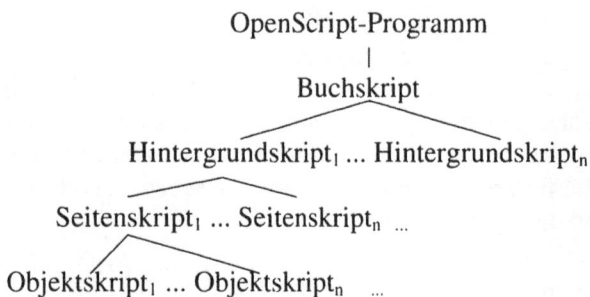

Bild 2.3: Schema eines OpenScript-Programms[1]

Eine Behandlungsroutine ist nach folgendem Schema aufgebaut:

```
to handle <botschaft> [p₁,p₂,.., pₙ]
    ...
end [<botschaft>]
```

OpenScript unterscheidet folgende Varianten von Behandlungsroutinen:

- *to handle*   - eine Reaktion auf eine Botschaft,
- *to set*   - eine Botschaft zur Definition von Objekteigenschaften,
- *to get*   - eine Botschaft zum Abruf von Objekteigenschaften,
- *notify*   - eine unerwartete Botschaft.

Das bedeutet, daß am Anfang einer Behandlungsroutine außer der Sequenz *to handle* alternativ - je nach Anforderung - auch *to get, to set* oder *notify* stehen können. Danach folgt mindestens eine Leerstelle und ein Name für die Botschaft (engl. message), die versendet werden soll. Zur Kenntlichmachung von Namen werden per Konvention die Klammern <..> verwendet. Sie gehören selbst nicht mit zum Programmiercode und sollen lediglich andeuten, daß zwischen ihnen ein bestimmtes Schlüsselwort stehen muß. Der Name der Botschaft besteht aus mehreren Zeichen und stammt entweder aus einer Menge von mehreren hundert vordefinierten und damit reservierten OpenScript-Schlüsselwörtern, z.B. *buttonClick*, oder er wird vom Benutzer selbst vergeben, z.B. *myTestButton*. Nach dem Namen kön-

---

[1]Zusätzlich gibt es ab Multimedia ToolBook Version 4.0 gemeinsame Skripte als Ressourcen. Außerdem können sich in dieser Programmhierarchie noch Gruppenskripte zwischen den Seiten- und Objektskripten einfügen.

nen - wiederum getrennt durch eine Leerstelle - sogenannte Parameter stehen, die ihrerseits durch Kommata getrennt sein müssen. Die Parameter werden innerhalb einer Behandlungsroutine als lokale Variablen interpretiert (siehe Abschnitt 2.3.6.3).

Nach dieser ersten, einleitenden Zeile einer Behandlungsroutine folgen beliebig viele, mehr oder wenig komplexe OpenScript-Anweisungen, eine je Zeile. Die Anweisungen werden sequentiell von oben nach unten abgearbeitet. Aus Gründen der besseren Lesbarkeit werden die einzelnen Anweisungen eingerückt. Die Behandlungsroutine wird mit dem OpenScript-Schlüsselwort *end* abgeschlossen und optional vom Namen der Nachricht gefolgt. Die eckigen Klammern [...] werden üblicherweise verwendet, um zu zeigen, daß die zwischen den Klammern stehende Sequenz auf Wunsch weggelassen werden kann.

Beim Schreiben von OpenScript-Anweisungen spielen Groß- bzw. Kleinschreibung keine Rolle, es wird aber empfohlen, zur besseren Kenntlichmachung im Skript bestimmte Konventionen einzuhalten, z.B. die interne Großschreibung von Botschaften, also *mouseEnter* statt *mouseenter*.

Jede Programmiersprache gestattet dem Programmierer die Integration von Programmkommentaren, die zum besseren Verständnis eines Programms dienen, bei der Compilierung allerdings ignoriert werden und damit speichertechnisch keine Rolle spielen. Daher wird empfohlen, möglichst viele Programmkommentare in ein Skript einzubinden. Programmkommentare werden mit einem Doppelbindestrich eingeleitet und können entweder in separaten Zeilen oder auch rechts neben OpenScript-Anweisungen geschrieben werden.

```
-- Dies ist ein Programmkommentar
-- Dies ist ein zweiter Programmkommentar
to handle enterPage   -- Dies ist ein dritter Kommentar
    ...
end enterPage
```

Sollte eine OpenScript-Anweisung zu lang für eine Zeile sein, wird der Backslash \ als Umbruchzeichen verwendet, um anzuzeigen, daß eine OpenScript-Anweisung in der nächsten Zeile fortgesetzt wird:

```
to handle buttonUp
  request "Spezielle Käseart aus Italien," && \
        "der ideal zum Reiben und Würzen ist." with \
        "Zurück"
end buttonUp
```

2.3   Der Umgang mit Multimedia ToolBook und OpenScript

Die folgenden Abschnitte dienen dazu, anhand vieler kleiner Übungen den Umgang mit Multimedia ToolBook zu erlernen. Dabei wird besonderer Wert auf die Verknüpfung von menüorientierten Techniken mit den Prinzipien der Programmierung in OpenScript gelegt. So sollen nicht nur die zahlreichen Werkzeuge, die zum Lieferumfang von Multimedia ToolBook gehören, in ihrer Funktionalität vorgestellt werden, sondern es sollen gleichzeitig die Möglichkeiten erläutert werden, die ein ToolBook Programm durch die Integration effizient gestalteter OpenScript-Routinen erhält.

Alle Übungen stehen auf der beiliegenden CD-ROM im Ordner TOOLBOOK\EXERCISE zur Verfügung. Sie haben jeweils den Dateinamen EXER-**.TBK, wobei ** für die Übungsnummer, z.B. 07, und TBK für die von Multimedia ToolBook automatisch vergebene Dateierweiterung stehen. Zum Üben wird empfohlen, auf der Festplatte des eigenen Computers einen Ordner \TOOLBOOK\EXERCISE anzulegen und dort die nachprogrammierten Übungen unter den jeweils angegebenen Dateinamen abzulegen. Diese Namen sind identisch mit den Vorlagen auf der CD-ROM.

2.3.1   Einfache Mausklicks

Beginnen wir mit einfachen Übungen, bei denen durch Mausklickaktionen Objekte ihre Eigenschaften ändern. Diese Übungen bestehen jeweils aus einer einzigen Buchseite.

In Übung 1 soll erreicht werden, daß sich ein standardmäßig weiß gefülltes Textfeld mit dem darin enthaltenen Text „Übung 1" bei einem Mausklick auf ein anderes Objekt wahlweise, rot, grün bzw. wieder weiß einfärbt. Die rote Färbung soll zustande kommen, wenn auf einen roten Kreis und die grüne Färbung, wenn auf einen grünen Kreis geklickt wird. Das Textfeld soll wieder weiß werden, wenn der Benutzer an eine andere Stelle auf der Seite klickt. Bild 2.4 zeigt einen Ausschnitt des Bildschirmaufbaus dieser Übung.

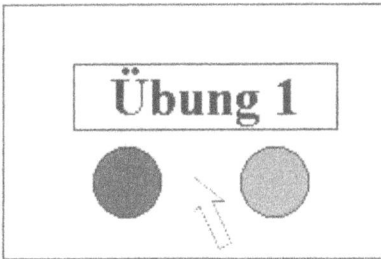

Bild 2.4: Der Bildschirmaufbau von Übung 1 (Ausschnitt)

Zur Lösung dieser ersten Übung sind eine Reihe von Vorarbeiten notwendig. Zunächst einmal muß Multimedia ToolBook vom Desktop, über das Windows Startmenü oder aber über den direkten Aufruf der Datei MTB40.EXE aus dem Ordner MTB40 geladen werden. Danach präsentiert sich das Programm auf der *Autorenebene*, d.h. auf der Ebene zur Erzeugung eines Multimedia-Programms. Demgegenüber steht die *Leserebene*, d.h. die Ebene, von der aus der Benutzer das fertige Multimedia-System bedient. Zwischen beiden Ebenen kann man über das Menü „Bearbeiten" hin- und herschalten. Da aber bei der Entwicklung eines Multimedia-Programms ein ständiger Wechsel zwischen Autoren- und Leserebene erforderlich ist, sei hier die Taste F3 empfohlen, mit der der Wechsel schneller vorgenommen werden kann.

Starten wir also Multimedia ToolBook und begeben uns auf die Autorenebene. Daß man sich auf der Autorenebene befindet, merkt man am Vorhandensein einer wesentlich komplexeren Menüleiste als auf der Leserebene, sowie daran, daß alle Autorenhilfsmittel, wie z.B. die Hilfsmittelpalette und die Schalterleiste eingeblendet werden können. Bild 2.5 zeigt die wichtigsten Autorenwerkzeuge, wobei die in der Regel horizontal unter der Menüleiste befindliche Schalterleiste hier vertikal dargestellt ist. Mit Hilfe der in Bild 2.5 abgebildeten Werkzeuge können nun die in Übung 1 gestellten Aufgaben gelöst werden.

Zunächst sollen zwei Kreise an beliebigen Positionen auf dem Bildschirm plaziert werden. Dazu wählt man aus der Hilfsmittelpalette die Option „Ellipse" aus. Zur Auswahl eines Hilfsmittels klickt man mit der Maus auf die jeweils gewünschte Option. Zusätzlich wird in der Statuszeile (das ist die Zeile ganz unten am Bildschirmrand) angezeigt, welches Hilfsmittel man ausgewählt hat. Im Fall des von uns gewünschten Ellipsenwerkzeuges erscheint die Bemerkung „Zeichnet eine Ellipse. (sysTool: ellipse)".

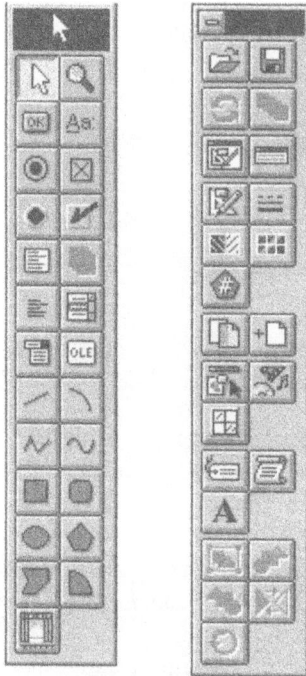

Bild 2.5: Die Autorenwerkzeuge
Hilfsmittelpalette (links) und
Schalterleiste (rechts)

Das tatsächliche Zeichnen der Ellipse geschieht durch Mausbewegung bei gleichzeitigem Herunterdrücken der linken Maustaste. Soll - wie in Übung 1 - anstelle der Ellipse ein Kreis erscheinen, ist gleichzeitig die STRG-Taste gedrückt zu halten. Sind die Kreise positioniert, soll der eine Kreis eine rote, der andere eine grüne Füllung erhalten.

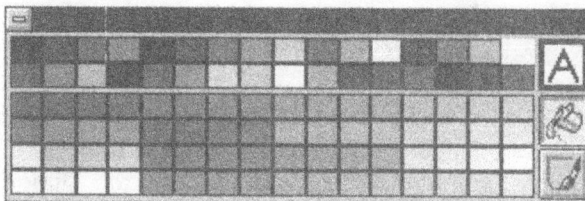

aktueller Wert

Füllung

Umriß/Text

Bild 2.6: Das Werkzeug Farbpalette aus der Schalterleiste

Die menügesteuerte Farbgebung von Objekten (Füllung, Umriß) erfolgt über die Farbpalette (Bild 2.6) aus der Schalterleiste. Die Farbpalette besteht aus 32 Farbfeldern, die für Windows reserviert sind (der obere Teil)

und 64 Farbfeldern die zunächst voreingestellt sind, aber durch den Benutzer verändert und durch eigene Farben ersetzt werden können.

Zur Füllung eines Objekts markiert man dieses mit dem Mauszeiger (Statuszeile: sysTool:select), klickt anschließend auf den Farbeimer und die gewünschte Farbe. Auf diese Weise können unsere Kreise mit den gewünschten Farben gefüllt werden.

Zur besseren Bezugnahme und aus Übungszwecken sollen beide Kreise anstelle ihrer standardmäßig zugewiesenen ID-Nummer Namen erhalten. Dazu markiert man das Objekt, z.B. den roten Kreis, anschließend wählt man die Menüoption „Objekt/Grafikeigenschaften". Dieser erste Menüpunkt des Menüs „Objekt" reagiert flexibel auf die Art eines ausgewählten Objekts. Die Option „Grafikeigenschaften" bezieht sich auf Objekte, wie z.B. einen Kreis oder ein Rechteck. Bei anderen Objekten heißt dieser Menüpunkt „Bildeigenschaften", „Feldeigenschaften", „Schaltflächeneigenschaften" etc. In dem sich dann öffnenden Dialogfeld „Vordergrund-Grafikeigenschaften" kann man im Dialogfeld „Name" den Namen eingeben und dies mit „ok" bestätigen.

Nach diesem Prinzip sollen die beiden Kreise die Namen „RoterKreis" bzw. „GrünerKreis" erhalten, wobei wie bei der Eingabe von OpenScript-Routinen die Unterschiede zwischen Groß- und Kleinschreibung ignoriert werden können. Alternativ kann die Namengebung auch über den Schalter „Objekteigenschaften" in der Schalterleiste erfolgen.

Zusätzlich soll die aktuelle Seite aus Gründen der besseren Bezugnahme den Namen „Seite 1" erhalten. Auch hier kann die Namengebung über die Menüoption „Objekt/Seiteneigenschaften" oder den Schalter „Objekteigenschaften" vorgenommen werden. Wichtig bei der Anwendung des Schalters „Objekteigenschaften" auf eine Seite ist, daß kein Objekt der Seite markiert sein darf.

Prinzipiell ist bei der Vergabe von Namen bis zu einer Maximallänge von 32 Zeichen jeder Name möglich. Die Namen dürfen alle Buchstaben und Zahlen, sowie einige Sonderzeichen, z.B. _ oder @ enthalten. Eine Unterscheidung in Groß- und Kleinschreibung wird dabei nicht getroffen. Auch Leerstellen sind innerhalb eines Namens erlaubt. So könnten alternative Namen für den roten Kreis „Roter Kreis", „Der rote Kreis" etc. sein. Will man allerdings Objekte über ihren Namen mit OpenScript-Behandlungsroutinen ansprechen, muß man die Namen auch in den Skripten entsprechend ausbuchstabieren. Dabei kann es sehr leicht vorkommen, daß man Leerstellen übersieht. Um diese erfahrungsgemäß häufig auftretenden Fehler auszuschließen, wird an dieser Stelle dringend empfohlen, grundsätzlich auf Leerstellen in Objektnamen zu verzichten, also Namen wie „RoterKreis" statt „Roter Kreis" oder „Der rote Kreis" zu verwenden.

Mit der Namengebung ist die Arbeit an den beiden Kreisen und an der Seite von Übung 1 fertig. Nun soll noch ein Textfeld auf die Seite gebracht werden. Dazu wählt man das Hilfsmittel „Textfeld" aus der Hilfsmittelpalette und zieht zunächst, wie bei der Erzeugung einer Ellipse, das Feld an einer beliebigen Stelle der Seite auf. Für die Eingabe einfacher Textfelder gibt es die Varianten mit oder ohne Umrandung (sysTool: Field, sysTool: borderlessField). Zu Übungszwecken soll hier zunächst ein normales Textfeld mit Umrandung gezeichnet werden. Ist dies geschehen, erscheint das Feld zunächst mit schwarzer Umrandung auf dem Bildschirm.

Die Texteingabe erfolgt nach folgenden Schritten: Zunächst wird das Feld markiert. Per Doppelklick auf das Feld kann anschließend der gewünschte Text, in unserem Fall der Text „Übung 1", eingegeben werden. Sollte dabei der Text nach links oder nach oben verschwinden, ist das Feld zunächst zu klein, kann aber nachträglich über die Haltepunkte des Feldes per Mausbewegung bei gleichzeitigem Drücken der linken Maustaste vergrößert werden.

Der Text soll anschließend nach vorheriger Markierung des Textfeldes über die Menüoption „Text/Zeichen" (alternativ durch Betätigen der Funktionstaste F6) wie folgt formatiert werden:

- Schriftart: Times New Roman
- Schriftstil: Fett
- Schriftgröße: 20

Um eine Zeichenformatierung vorzunehmen, kann entweder ein Textfeld vor der Texteingabe markiert werden oder ein bereits in einem Textfeld befindlicher Text durch Überstreichen bei gedrückter linker Maustaste markiert werden und danach die Zeichenformatierung vorgenommen werden.

Generell ist bei der Auswahl von Schriftarten Vorsicht geboten. Wählt man eine „exotische" Schriftart aus, kann es passieren, daß diese Schriftart auf einem Fremdcomputer nicht zur Verfügung steht. Zwar kann man auch Schriftarten als Ressourcen in ein Buch einbinden (siehe Abschnitt 2.3.5.5) und diese dem Anwender dann mit ausliefern, doch sollte man dies nur unter Beachtung der entsprechenden Lizenzbedingungen tun. Um in jedem Fall abgesichert zu sein, sollte man sich bei der Erstellung eines Buches auf die Standardschriftarten von Windows, z.B. auf die Schriftart „Times New Roman", beschränken.

Auf ähnliche Weise wie die Formatierung von Zeichen soll der Text „Übung 1" nun noch zentriert werden. Über die Taste F7 oder die Menüoption „Text/Absatz" kann man im Optionsfeld „Ausrichtung" die entsprechende Absatzformatierung vornehmen.

Nach Abschluß der Formatierungsarbeiten soll das Textfeld nun noch eine Reihe von Eigenschaften zugewiesen bekommen. Über das Menü „Objekt/Feldeigenschaften" sind im Dialogfeld „Vordergrund-Feldeigenschaften" folgende Eigenschaften festzulegen:

- Name: Farbänderung
- Rahmenstil: Rechteck
- Feldtyp: einzeilig
- aktiviert (Tastatur gesperrt), d.h. es sind keine Eingaben in dieses Feld möglich
- aktiviert[1]

Damit sind alle Vorarbeiten abgeschlossen, und es können nun Skripte für die einzelnen Objekte, d.h. für das Objekt „RoterKreis", für das Objekt „GrünerKreis" und für die Seite „Seite1" eingegeben werden.

Schreiben wir zunächst die beiden Objektskripte. Dazu wird zunächst das gewünschte Objekt markiert und anschließend der Skript-Editor aufgerufen. Letzteres geschieht entweder über das Menü „Objekt/Feld- bzw. Objekteigenschaften" und die Schaltfläche „Skript ..." oder direkt über das Symbol des Skript-Editors in der Schalterleiste (Meldung in der Statuszeile unten links „Skript-Editor"). Im Skript-Editor werden anschließend die gewünschten Behandlungsroutinen geschrieben. Ist das Skript erstellt, kann durch Betätigung des Skriptsymbols (Meldung in der Statuszeile unten links „Skript aktualisieren ...") die Skripterstellung abgeschlossen werden. Sollte eine Behandlungsroutine im Skript einen Fehler enthalten, reagiert der eingebaute „Debugger" (engl. debug = entlausen, technisch: Fehler finden) mit einer entsprechenden Fehlermeldung. Auf diese Weise können nun nacheinander die gewünschten Objektskripte geschrieben werden.

Basis für die Ausführung der Skripte soll ein Mausklick auf das jeweilige Objekt sein. OpenScript stellt hierzu unter anderem die Anweisung

`buttonClick`

zur Verfügung, die ausgeführt wird, wenn der Cursor über dem gewünschten Objekt ist und die linke Maustaste gedrückt und wieder freigegeben wird. Ähnliche OpenScript-Anweisungen sind *buttonDown* (Herunterdrücken der linken Maustaste) und *buttonUp* (Herunterdrücken und Loslassen der linken Maustaste, siehe Abschnitt 2.3.7.3). Objekte erhalten Mausbotschaften in der folgenden Reihenfolge: *buttonDown, buttonUp*

---

[1]Bis Multimedia ToolBook Version 3 hieß diese Option „verfügbar", seit Version 4.0 mißverständlicherweise ebenfalls „aktiviert".

und *buttonClick*. Wir können daher einfache Skripte schreiben, die aus
Behandlungsroutinen mit der folgenden Struktur bestehen:

```
to handle buttonClick
    -- hier die entsprechende Anweisung 1
    -- hier die entsprechende Anweisung 2
    -- ...
    -- hier die entsprechende Anweisung n
end buttonClick
```

Für die Farbfüllung kann man folgende OpenScript-Anweisung einsetzen:

```
fillColor of <objekt> = <wert>
```

Anstelle der *fillColor*-Anweisung ist auch die Anweisung *RGBFill* möglich, mit der die Füllfarbe von Objekten auf der Basis der Farbanteile Rot,
Grün und Blau definiert wird. Mit der *fillColor*-Anweisung (engl. fill =
füllen, color = Farbe) läßt sich die Füllfarbe eines Objekts mit der Bezeichnung <objekt> in Konstanten (red, green, yellow, blue, white etc.)
oder in FHS-Werten (F = Farbe, H = Helligkeit, S = Sättigung) definieren.
Für unsere Zwecke reicht zunächst eine Definition der Farbwerte über die
Konstanten *white*, *red* und *green* aus (weitere Konstanten befinden sich in
der OpenScript-Referenz im Anhang A-26). Die gültigen Objektreferenzen
<objekt> haben wir ja zum Teil schon durch die Auswahl der entsprechen-
den Hilfsmittel und deren Anzeige in der Statuszeile auf Autorenebene
kennengelernt (z.B. sysTool: Field, sysTool: Ellipse). Weitere Objektbe-
zeichnungen kann man aus der OpenScript-Referenz unter dem Begriff *object* entnehmen.[1] Hier sind einige Beispiele für die *fillColor*-Anweisung:

```
(1) fillColor of field "Farbänderung" = red
(2) fillColor of ellipse id 2 = white
(3) fillColor of self = yellow
```

In Beispiel (1) wird dem Objekt Textfeld (field) mit dem Namen
„Farbänderung" die Farbkonstante rot (red) zugewiesen. Wichtig ist in diesem Zusammenhang, daß benutzerdefinierte Objektnamen in OpenScript-
Anweisungen stets in Anführungszeichen stehen müssen. Die Anweisung
in Beispiel (2) füllt das Objekt Ellipse, das ja eine Ellipse oder ein Kreis
sein kann, mit der Farbe weiß (white). Die Ellipse hat keinen expliziten
benutzerdefinierten Namen und wird daher über ihre ID-Nummer ID 2 angesprochen. Mit der Variante (3) wird dem Objekt, dessen Skript gerade
ausgeführt wird, die Füllfarbe gelb (yellow) zugewiesen (engl. self = sich
selbst).

---

[1] Im Rahmen der Übungen in Kapitel 2 und des Projekts in Kapitel 3 werden die diversen
Objekttypen begleitend erläutert.

Die *fillColor*-Anweisung läßt sich nun so in die *buttonClick*-Routine der Objekte einbauen, daß das Textfeld „Farbänderung" bei einem Mausklick eine andere Füllfarbe erhält:

Das Objektskript für die Grafik „RoterKreis":

```
to handle buttonClick
     fillColor of field "Farbänderung" = red
end buttonClick
```

Das Objektskript für die Grafik „GrünerKreis":

```
to handle buttonClick
     fillColor of field "Farbänderung" = green
end buttonClick
```

Beide Skripte haben eine nahezu identische Struktur und sind selbsterklärend. Einziger Unterschied ist der Farbwert, den sie dem Feld „Farbänderung" bei einem Mausklick zuweisen. Klickt man auf den roten Kreis, wird das Feld „Farbänderung" mit roter Farbfüllung versehen, klickt man auf den grünen Kreis, wird das Feld „Farbänderung" grün.

Um bei einem Mausklick an eine andere Stelle der Seite zu veranlassen, daß das Feld „Farbänderung" wieder weiß wird, benötigen wir eine zusätzliche Routine im Seitenskript unserer bisher einzigen Buchseite:

Das Seitenskript für die Seite „Seite1":

```
to handle buttonClick
     fillColor of field "Farbänderung" = white
end buttonClick
```

Ein Seitenskript schreibt man über die Menüoption „Objekt/Seiteneigenschaften" und die dortige Schaltfläche „Skript". Alternativ kann man den Skript-Editor für das Seitenskript auch direkt aus der Schalterleiste auswählen. Man muß dabei allerdings sicherstellen, daß kein Objekt auf der jeweiligen Seite markiert ist. Um sich zu vergewissern, was für eine Art Skript gerade erstellt wird, sollte man stets die Titelzeile des Skript-Editors im Auge behalten. Dort steht jeweils „Skript für <objekt> <name>", wobei <objekt> ein Feld, eine Seite etc. sein kann und <name> der Name des Objekts oder seine ID-Nummer.

Mit der *buttonClick*-Routine im Seitenskript „Seite1" wird nun sichergestellt, daß sich das Feld „Farbänderung" wieder weiß färbt, sobald man an eine beliebige Stelle der Seite klickt. Man könnte vermuten, daß diese *buttonClick*-Routine auch für die Objekte „RoterKreis" und „GrünerKreis" gilt. Das ist aber nicht der Fall, da ein Seitenskript in der Objekthierarchie höher angesiedelt ist als ein Objektskript. Somit wird die *buttonClick*-Routine im Seitenskript nie erreicht, wenn auf einen der Kreise geklickt wird. Lediglich durch einen Mausklick an irgendeine andere Stelle, z.B. auch auf das Feld „Farbänderung" kommt die *buttonClick*-Routine im Seitenskript zum Tragen.

Zum Ausprobieren der fertigen Version der ersten Übung sollte man nun mit der Taste F3 auf die Leserebene umschalten. Per Mausklick auf die gewünschten Stellen nimmt nun das Textfeld „Farbänderungen" die jeweils gewünschte Füllfarbe an.

Die fertige Version dieser ersten Übung erhält den Dateinamen EXER-01.TBK.

Zur Verdeutlichung der Auswirkungen der Objekthierarchie soll nun die Behandlungsroutine *buttonClick* im Objektskript „RoterKreis" vorübergehend durch zwei OpenScript-Anweisungen erweitert werden.

```
to handle buttonClick
        fillColor of field "Farbänderung" = red    -- a
        pause 1 seconds                             -- b
        forward                                     -- c
end buttonClick
```

Nach wie vor enthält die Routine in Zeile (a) die Anweisung zur Farbfüllung. In Zeile (b) wird eine Pause von 1 Sekunde veranlaßt. Die OpenScript-Anweisung

```
pause <n> seconds
```

löst eine Pause von <n> Sekunden aus, bevor der verbleibende Teil der Routine ausgeführt wird. In diesem verbleibenden Teil (c) steht die Anweisung *forward* (engl. forward = weiterleiten). Sie veranlaßt, daß die *buttonClick*-Botschaft an das nächsthöhere Objekt in der Multimedia ToolBook Objekthierarchie, also in unserem Fall an das Seitenskript, gesendet wird.

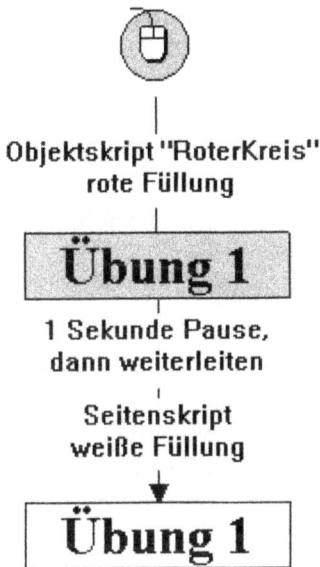

Bild 2.7: Das Weiterleiten einer Botschaft (Basis: Übung 1)

Objektskript "RoterKreis"
rote Füllung

| Übung 1 |

1 Sekunde Pause,
dann weiterleiten

Seitenskript
weiße Füllung

| Übung 1 |

Die Veränderung des Objektskripts bewirkt, daß bei einem Mausklick auf den roten Kreis zunächst die *buttonClick*-Routine für das Objekt „RoterKreis" ausgeführt wird. Diese färbt das Textfeld „Farbänderung" rot ein und veranlaßt dann eine Pause von einer Sekunde. Durch die Weiterleitung an das Seitenskript wird danach das Textfeld „Farbänderung" durch die Ausführung der *buttonClick*-Routine im Seitenskript weiß eingefärbt. Bild 2.7 verdeutlicht diese Art der Versendung der Mausklick-Botschaft in Übung 1.

2.3.2 Das Verbergen und Anzeigen von Objekten

Ziel des folgenden Abschnitts ist die Einführung in den Umgang mit OpenScript-Anweisungen, die das Verbergen und Anzeigen von Objekten auslösen. Dazu soll - ausgehend von Übung 1 - folgende Änderung in das Programm integriert werden: Immer wenn ein Mausklick auf einen der beiden Kreise erfolgt, soll im Anschluß daran der Kreis, auf den geklickt wurde, verschwinden. Klickt man dagegen an eine beliebige andere Stelle, sollen beide Kreise sichtbar sein. Die Farbfüllung des Textfeldes „Farbänderung" bleibt davon unberührt.

Um diese zweite Übung mit möglichst wenig Aufwand zu bearbeiten, ist zunächst Übung 1 (die Datei EXER-01.TBK) über die Menüoption

„Datei/Öffnen" zu öffnen. Alternativ läßt sich eine Datei auch über die Dateiliste im Menü „Datei" öffnen. Voraussetzung dafür ist, daß sie sich unter den vier zuletzt bearbeiteten Dateien befindet. Anschließend ist die Datei über die Menüoption „Datei/Speichern unter ..." unter dem neuen Namen EXER-02.TBK abzuspeichern. An dieser neuen Datei können nun die gewünschten Modifizierungen vorgenommen werden. Diese beziehen sich ausschließlich auf die Skripte. Die bisher definierten Objekteigenschaften bedürfen keiner Änderung.

Basis für das Anzeigen und Verbergen von Objekten sind die folgenden OpenScript-Anweisungen:

```
show <objekt> <name>
hide <objekt> <name>
```

Schon mit Grundkenntnissen der englischen Sprache sind diese Anweisungen fast vollständig zu interpretieren. Die *show*-Anweisung zeigt ein Objekt des Typs <objekt> mit dem Namen <name> auf dem Bildschirm an (engl. show = zeigen). Die *hide*-Anweisung verbirgt ein Objekt des Typs <objekt> mit dem Namen <name> (engl. hide = verbergen). Hier sind einige Beispiele für die *hide*- bzw. *show*-Anweisung:

```
(1) hide field "Farbänderung"
(2) show ellipse "RoterKreis"
(3) hide self
```

Während in Beispiel (1) das Textfeld „Farbänderung" verborgen wird, führt die Anweisung in Beispiel (2) zu einer Anzeige der Ellipse bzw. des Kreises „RoterKreis" (Kreise sind ja auch Objekte des Typs Ellipse). Die Variante (3) verbirgt das Objekt, dessen Skript gerade ausgeführt wird.

Mit diesen Anweisungen können nun die Objektskripte „RoterKreis" und „GrünerKreis", sowie das Seitenskript „Seite1" ergänzt werden. Die Ergänzung bestehender Skripte erfolgt nach den gleichen Schritten wie die Neueingabe. Man markiert das Objekt, lädt den Skript-Editor entweder über die Menüoption „Objekt/**eigenschaften" oder über den Schalter „Skript-Editor" und nimmt die gewünschten Änderungen (fettgedruckt) vor.

Das Objektskript für die Grafik „RoterKreis":

```
to handle buttonClick
  fillColor of field "Farbänderung" = red -- a0
  hide self                                    -- a1
  show ellipse "GrünerKreis"                   -- a2
end buttonClick
```

Diese veränderte *buttonClick*-Routine weist dem Textfeld „Farbänderung" nach wie vor eine rote Füllung zu (Zeile a0). Zusätzlich verbirgt die *buttonClick*-Routine das Objekt „RoterKreis", also „sich selbst" (a1) und zeigt das Objekt „GrünerKreis" an (a2).

Das Objektskript für die Grafik „GrünerKreis":

```
to handle buttonClick
   fillColor of field "Farbänderung" = green     -- b0
   hide self                                      -- b1
   show ellipse "RoterKreis"                      -- b2
end buttonClick
```

Analog ist die *buttonClick*-Routine für das Objekt „GrünerKreis" aufgebaut. Der einzige Unterschied besteht in der Farbfüllung für das Textfeld „Farbänderung" (b0) und in der *show*-Anweisung in Zeile (b2).

Das Seitenskript für die Seite „Seite1":

```
to handle buttonClick
   fillColor of field "Farbänderung" = white     -- c0
   show ellipse "RoterKreis"                      -- c1
   show ellipse "GrünerKreis"                     -- c2
end buttonClick
```

Die *buttonClick*-Routine im Seitenskript sollte nun ebenfalls selbsterklärend sein. Wiederum wird in Zeile (c0) dem Textfeld „Farbänderung" die gewünschte Farbe zugewiesen, anschließend werden in den Zeilen (c1) und (c2) die beiden Objekte „Roter-„ bzw. „GrünerKreis" angezeigt.

Mit diesen Erweiterungen der *buttonClick*-Routinen sind die Anforderungen an Übung 2 erfüllt. Der Vollständigkeit halber sollte man noch den Text im Feld „Farbänderung" dahingehend ändern, daß dort nun „Übung 2" erscheint.

Sind alle Änderungen durchgeführt, kann man sich mit F3 auf die Leserebene begeben und vom korrekten Ablauf des Programms überzeugen.

2.3.3   Die Ausgabe von Texten

Mit einer erneuten Erweiterung der bestehenden Skripte soll nun in Übung 3 erreicht werden, daß im Textfeld „Farbänderung" zusätzlich die Bezeichnung der Farbe als Text erscheint, also „ROT" bei einem Mausklick auf den roten und „GRÜN" bei einem Mausklick auf den grünen Kreis. Klickt man an eine andere Stelle soll der Text „Übung 3" im Textfeld erscheinen.

Basis für die Ausgabe eines Textes in einem Textfeld ist die OpenScript-Anweisung

```
text of field <name> = text
```

mit der einem Feld mit dem Namen <name> ein bestimmter Text zugewiesen wird. Dabei müssen sowohl Feldname als auch der auszugebende Text in Anführungszeichen stehen. Ausnahmen bilden hierbei Feldnamen, die als ID-Nummer behandelt werden und Texte, die als Variablen verwendet werden (siehe Abschnitt 2.3.6.2).

Mit einigen einfachen (fettgedruckten) Änderungen in den bereits in Übung 2 geschriebenen Skripten läßt sich die Textausgabe wie gewünscht erzielen.

Das Objektskript für die Grafik „RoterKreis":

```
to handle buttonClick
    fillColor of field "Farbänderung" = red
    text of field "Farbänderung" = "ROT"
    hide self
    show ellipse "GrünerKreis"
end buttonClick
```

Das Objektskript für die Grafik „GrünerKreis":

```
to handle buttonClick
    fillColor of field "Farbänderung" = green
    text of field "Farbänderung" = "GRÜN"
    hide self
    show ellipse "RoterKreis"
end buttonClick
```

Seitenskript für die Seite „Seite1":

```
to handle buttonClick
    fillColor of field "Farbänderung" = white
    text of field "Farbänderung" = "Übung 3"
    show ellipse "RoterKreis"
    show ellipse "GrünerKreis"
end buttonClick
```

Die Änderungen bedürfen eigentlich keiner weiteren Erklärung. In allen drei Skripten ist eine *text of field*-Anweisung eingefügt worden, die jeweils vor den *hide*- bzw. *show*-Anweisungen die gewünschte Textausgabe vornimmt.

Das modifizierte Programm erhält den Dateinamen EXER-03.TBK.

2.3.4 Sensitive Flächen

Als sensitive Flächen kann man alle diejenigen Objekte bzw. Bereiche von Objekten verstehen, bei denen durch bloße Berührung mit dem Mauscursor eine bestimmte Aktion ausgelöst wird.

Ziel der nun folgenden Varianten der Übung 4 ist es, durch Berührung eines von zwei Textfeldern mit dem Mauscursor nach und nach folgende Aktionen auszulösen:

- Füllung eines Vielecks,

- Umwandlung der Cursorform,

- Änderung der Umrißform und -farbe des Vielecks.

Das Vieleck soll darüber hinaus nicht sichtbar sein, wenn keines der beiden Textfelder berührt wird. Bild 2.8 illustriert den Seitenaufbau einer Variante dieser Übung bei der Berührung eines der beiden Textfelder.

Die dazu notwendigen OpenScript-Techniken sind grundsätzlich bekannt. Allerdings muß zusätzlich geklärt werden, wie Cursorformen eingestellt werden, wie Vielecke erzeugt und angesprochen werden und wie die Umrißfarbe und die Umrißbreite für ein Objekt festgelegt wird.

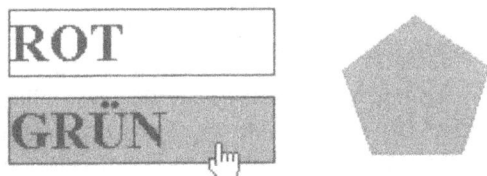

Bild 2.8: Übung 4: Mausberührung, Cursorform, Farbfüllung und Umrißvariation

2.3.4.1 Einfache Mausberührungen

Beginnen wir mit der Erzeugung eines Vielecks, in unserem Fall eines Vielecks mit fünf Ecken. Dazu bedient man sich der Option Vieleck (sysTool: polygon) aus der Hilfsmittelpalette. Die Anzahl der Ecken wird durch die Vieleckpalette aus der Schalterleiste festgelegt (Bild 2.9).

Nun können zunächst die Objekte, anschließend die Skripte für diese Übung aufgebaut werden.

Basis für die Mausberührung sind zwei gleich große Textfelder. Das eine führt den Namen „FeldRot" und bekommt die Beschriftung „ROT", das andere heißt „FeldGrün" und erhält die Beschriftung „GRÜN". Abgesehen von diesen Unterschieden sollen beide Textfelder folgende Eigenschaften haben:

- Feldtyp: einzeilig
- Rahmenstil: Rechteck
- aktiviert (Tastatur gesperrt), aktiviert

Bild 2.9: Die Vieleckpalette

Das Vieleck (ToolBook-Kennung: Polygon) hat außer dem Namen „Farbe" keine weiteren festzulegenden Eigenschaften.

Nach diesen Vorarbeiten können nun die diversen Skripte geschrieben werden. Zur Abfrage der Mausberührung bzw. des Verlassens eines Objekts mit dem Mauscursor dienen die Behandlungsroutinen:

```
mouseEnter
mouseLeave
```

Mit *mouseEnter* (engl. enter = einreten, betreten) wird das Eintreten, mit *mouseLeave* (engl. leave = verlassen) das Verlassen eines Objekts festgestellt. Damit können wir nun wie bei den bisherigen Übungen zwei Objektskripte und ein Seitenskript schreiben. Im Objektskript für die Textfelder „FeldRot" und „FeldGrün" stehen dann je eine *mouseEnter*-Routine der folgenden Art, hier als Beispiel die Routine für das Textfeld „FeldRot":

```
to handle mouseEnter
        fillColor of field "FeldRot" = red          -- a0
        show polygon "Farbe"                          -- a1
        fillColor of polygon "Farbe" = red           -- a2
end mouseEnter
```

Mit dieser Routine wird zunächst das Textfeld selbst rot eingefärbt (Zeile a0). Alternativ könnte in diesem Objektskript in Zeile (a0) auch stehen:

```
fillColor of self = red
```

Aus Gründen der Übertragbarkeit auf eine erweiterte Version belassen wir es bei der komplexeren Anweisung. In Zeile (a1) wird anschließend das Vieleck „Farbe" angezeigt und dieses ebenfalls rot eingefärbt (a2). Um das Vieleck wieder zu verbergen, nachdem der Mauscursor das Textfeld „FeldRot" verlassen hat, muß zusätzlich eine *mouseLeave*-Routine der folgenden Art im Seitenskript geschrieben werden:

```
to handle mouseLeave
      fillColor of field "FeldRot" = white
      fillColor of field "FeldGrün" = white
      hide polygon "Farbe"
end mouseLeave
```

Alternativ könnte man die *mouseLeave*-Routine auch in den Objektskripten oder auch als gemeinsames Skript für die beiden Textfelder schreiben (siehe Abschnitt 2.3.5.5).

Diese erste Version der Übung 4 erhält den Dateinamen EXER-04A.TBK.

2.3.4.2 Das Umwandeln der Cursorform

Wenden wir uns nun der zusätzlichen Umwandlung der Cursorform zu. Das Umschalten auf eine bestimmte Cursorform erfolgt mit:

```
sysCursor = <n>
```

Dabei ist <n> eine Zahl aus einer Liste systeminterner Cursorformen von Multimedia ToolBook (siehe Seite 2-379 OpenScript Referenz). Interessante Cursorformen sind z.B. die Hand (Cursorform 44), die Sanduhr (Cursorform 4) oder ein Fragezeichen (Cursorform 38). Sollen eigene Cursorformen, die über die in der Liste vordefinierten Cursor hinausgehen, in ein Buch eingebunden werden, ist eine leicht modifizierte Version der *sysCursor*-Anweisung zu wählen (siehe Abschnitt 3.14).

Mit einem einfachen Zusatz in den *mouseEnter*-Routinen in den Objektskripten (fettgedruckt) kann nun veranlaßt werden, daß sich die Standardcursorform, der Pfeil, bei Berührung des Objekts in eine Hand verwandelt (hier wieder exemplarisch die *mouseEnter*-Routine für das Objektskript des Textfeldes „FeldRot"):

```
to handle mouseEnter
      sysCursor = 44
      fillColor of field "FeldRot" = red
      show polygon "Farbe"
      fillColor of polygon "Farbe" = red
end mouseEnter
```

Um die Cursorform beim Verlassen der Textfelder wieder zurückzusetzen, benötigen wir noch einen Zusatz (fettgedruckt) in der *mouseLeave*-Routine im Seitenskript:

```
to handle mouseLeave
    sysCursor = default
    fillColor of field "FeldRot" = white
    fillColor of field "FeldGrün" = white
    hide polygon "Farbe"
end mouseLeave
```

Diese Routine setzt beim Verlassen des Objekts die Cursorform auf den normalen, unter Windows gültigen Cursor zurück (engl. default = Standardwert).

Die erweiterte Version der Übung 4 bekommt den Dateinamen EXER-04B.TBK.

2.3.4.3   Die Umrißfarbe und Umrißform von Objekten

In einer weiteren Variante der Übung 4 sollen nun die Umrißfarbe und die Umrißbreite des Polygons „Farbe" in Abhängigkeit vom berührten Textfeld variiert werden.

Die Umrißfarbe eines Objekts kann mit der OpenScript-Anweisung *strokeColor* definiert werden:

```
strokeColor of <objekt> = <wert>
```

Anstelle der *strokeColor*-Anweisung (engl. stroke = Umriß, Strich) ist auch die Anweisung *RGBStroke* möglich, mit der die Umrißfarbe von Objekten auf der Basis der Farbanteile Rot, Grün und Blau definiert wird. Die *strokeColor*-Anweisung ist nahezu identisch mit der Anweisung *fillColor* (siehe Abschnitt 2.3.1). Sie definiert die Linienfarbe eines Objekts <objekt> in Konstanten (red, blue, yellow, etc.) oder in FHS-Werten (F = Farbe, H = Helligkeit, S = Sättigung).

Bei der Definition der Umrißfarbe wird zusätzlich die Linienbreite, die in der Linienpalette (Bild 2.10) bei der Erzeugung eines Objekts eingestellt war, zugewiesen. Standardmäßig ist das die Breite von einem Pixel.

In OpenScript definiert man die Linienbreite eines Objekts mit der *lineStyle*-Anweisung (engl. line style = Linien-, Rahmenstil):

```
lineStyle of <objekt> = <wert>
```

Bild 2.10: Die Linienpalette aus der Schalterleiste (Einstellung 1 Pixel)

Dabei wird die Linienbreite des Rahmens um ein Objekt <objekt> in Pixelwerten <wert> festgelegt, wobei der Pixelwert ein ganzzahliger numerischer Wert sein muß. Grundeinstellung ist dabei - wie erwähnt - der Wert zum Zeitpunkt der Erzeugung eines Objekts. Der Wert kann nach vorheriger Markierung des Objekts über die Linienpalette und die Angaben in der Statuszeile (Bild 2.10) oder aber über das Kontextmenü (Markierung des Objekts mit der rechten Maustaste) abgefragt werden (siehe Abschnitt 2.3.6.6).

Mit diesen Vorgaben können wir unser Programm nun entsprechend erweitern, so daß sich nun die gewünschten Effekte, d.h. die Änderung der Füllfarben, die Anpassung der Cursorform und die Variation der Umrißform und -farbe einstellen. Die Erweiterungen in den Objektskripten sind fettgedruckt.

Objektskript „FeldRot":

```
to handle mouseEnter
      sysCursor = 44
      fillColor of field "FeldRot" = red
      show polygon "Farbe"
      fillColor of polygon "Farbe" = red
      strokeColor of polygon "Farbe" = black
      lineStyle of polygon "Farbe" = 3
end mouseEnter
```

Objektskript „FeldGrün":

```
to handle mouseEnter
      sysCursor = 44
      fillColor of field "FeldGrün" = green
```

```
            show polygon "Farbe"
            fillColor of polygon "Farbe" = green
            strokeColor of polygon "Farbe" = gray
            lineStyle of polygon "Farbe" = 1
end mouseEnter
```

Seitenskript „Seite1":

```
to handle mouseLeave
            sysCursor = default
            fillColor of field "FeldRot" = white
            fillColor of field "FeldGrün" = white
            hide polygon "Farbe"
end mouseLeave
```

Mit insgesamt drei Behandlungsroutinen funktioniert diese dritte Variante der Übung einwandfrei. Sie führt den Dateinamen EXER-04C.TBK. Später, in Abschnitt 2.3.6.7, werden wir diese Übung wieder aufgreifen und mit einer Reihe von Programmiertechniken zwar keine Änderung im Verhalten des Programms vornehmen, aber einige interessante Varianten der Programmierung mit OpenScript kennenlernen.

2.3.5 Navigation

Die bisherigen Übungen dienten dazu, erste Möglichkeiten der Interaktion mit einem in Multimedia ToolBook geschriebenen Programm aufzuzeigen. Grundlage dazu war jeweils ein Buch, das eine einzige Seite enthielt. Ein „Umblättern" zu einer anderen Buchseite war damit nicht notwendig. Im Normalfall allerdings besteht ein Buch aus vielen Seiten. Um diese Seiten einsehen zu können, muß dem Leser eine Möglichkeit zur Verfügung gestellt werden, sich nach eigenem Ermessen durch das Buch zu bewegen. Diese Bewegung, auch Navigation oder Hyperlink (übergeordnete Verknüpfung) genannt, kann auf verschiedene Art und Weise realisiert werden:

- über ein Benutzermenü,

- über vorgefertigte Schaltflächen,

- über beliebige Objekte, die als Navigationselemente dienen.

Ziel dieses Abschnitts ist die Behandlung der Grundlagen der Navigation in Multimedia ToolBook. Dazu werden wir uns einiger einfacher grafischer Elemente bedienen, die - verknüpft mit einfachen Skripten - für die Navigation verantwortlich sind. Fortgeschrittene Techniken werden im Kapitel 3 im Rahmen des Projekts „Der Interaktive Gemüsegarten" vorgestellt (Abschnitt 3.8: Schaltflächen, 3.13: Benutzermenü).

Das nun zu erstellende Übungsprogramm (Übung 5) soll aus insgesamt 3 Buchseiten mit einem gemeinsamen Hintergrund bestehen. Im Hintergrund sollen die folgenden drei Navigationselemente zu sehen sein:

- ein Navigationselement „Zurück", mit dem man zur vorherigen Seite im Buch gelangt,

- ein Navigationselement „Weiter", mit dem man zur Folgeseite im Buch gelangt,

- ein Navigationselement „Home", mit dem man zum Ausgangspunkt gelangt.

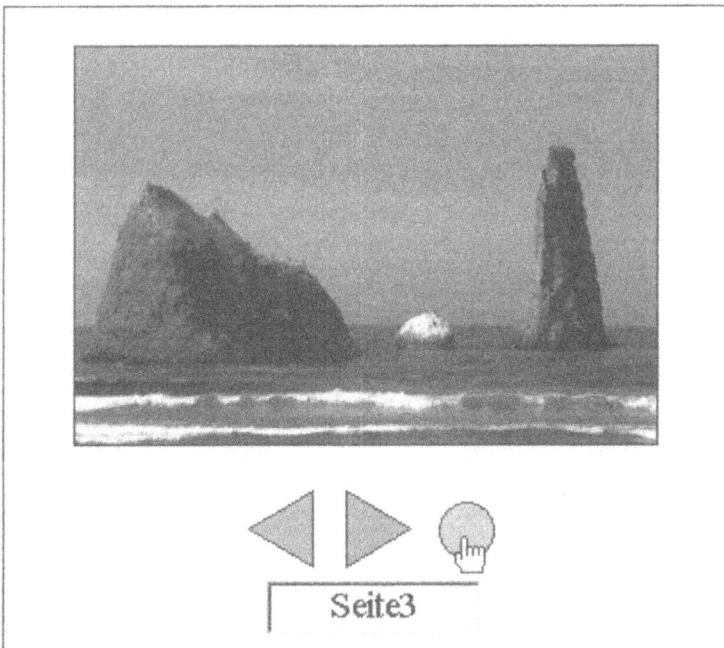

Bild 2.11: Der Bildschirmaufbau von Übung 5. Beispiel Seite 3

Zusätzlich soll sich in einer erweiterten Version von Übung 5 im Hintergrund ein Textfeld befinden, in dem angezeigt wird, auf welcher Buchseite man sich gerade befindet. Auf dem Vordergrund jeder Seite soll eine Bitmap-Grafik zu sehen sein. Bild 2.11 illustriert das Programm auf der Basis von Seite 3.

2.3.5.1   Ein Buch mit mehreren Seiten

Da das nun zu erstellende Programm zumindest in seiner grundlegenden
Struktur die Standardvoraussetzungen eines Multimedia-Systems erfüllen
soll, sind einige Vorgaben zu bedenken. Diese beziehen sich auf die Bildschirmdarstellung und die Übertragbarkeit auf andere Computersysteme.

Grundsätzlich ist bei der Erstellung eines neuen Buches eine Seitengröße
zu wählen, die sich unabhängig vom verwendeten Computersystem überall
gleich gut darstellt und einen quasi-Standard für Multimedia-Programme
realisiert. In Multimedia ToolBook ist dies die Seitengröße A6 (14.8 x
10.5 cm), wobei 1 cm 570 Seiteneinheiten entspricht. Unsere Seite besteht
damit aus 8436 Seiteneinheiten in der Horizontalen und 5985 Seiteneinheiten in der Vertikalen. Diese Werte sind später von Bedeutung, wenn genaue Positionierungen von Objekten vorgenommen werden sollen. Außerdem ist mit dieser Seitengröße gewährleistet, daß unser Programm auf allen Computersystemen ordnungsgemäß abläuft. Soll dennoch nachträglich
die Seitengröße verändert werden, ist dies zwar jederzeit möglich, allerdings verändern Objekte, die dann bereits auf den Seiten plaziert wurden,
weder ihre Größe noch ihre Position und müssen neu ausgerichtet werden.

Die Seitengröße wird über den Menüpunkt: „Objekt/Bucheigenschaften"
über die dortige Schaltfläche „Seitengröße" ausgewählt.

Das neue Buch soll - wie erwähnt - aus drei Seiten bestehen. Beim Start
eines neuen Buches ist in der Statuszeile unten rechts stets „1 von 1" zu
lesen, d.h. eine neues Buch enthält standardmäßig eine Seite. Ausgehend
von der leeren Seite 1 sollen nun über die Menüoption „Objekt/Neue Seite" zwei weitere Seiten eingefügt werden. Danach steht rechts unten in der
Statuszeile „3 von 3", d.h. der Autor befindet sich auf Seite 3 von 3 Seiten.
Ist versehentlich eine Seite zuviel eingefügt worden, kann man diese durch
Markierung des Seitensymbols rechts unten in der Statuszeile und Betätigen der ENTF-Taste wieder entfernen.

Zur besseren Adressierung über OpenScript-Routinen sollen die Seiten
nun noch folgende Namen erhalten:

–   Seite 1 = „Seite1"
–   Seite 2 = „Seite2"
–   Seite 3 = „Seite3"

Unser System umfaßt nun drei - zunächst noch leere - Seiten. Auf jeder
Seite soll nun an genau der gleichen Position eine bestimmte Grafik liegen.
Dazu müssen die Grafiken zuerst importiert und anschließend genau aus-
gerichtet werden.

2.3.5.2 Grafikimport

Eine der Stärken von Multimedia ToolBook ist die große Flexibilität beim Dateiimport, d.h. bei der Integration von Daten, die mit anderen Programmen erzeugt wurden. Dazu stehen zahlreiche Importfilter bereit, die einen nahezu uneingeschränkten Import von Fremddateien erlauben. In der Folge sollen drei Grafiken verwendet werden, die mit Multimedia ToolBook ausgeliefert werden und sich im Ordner MTB40/CLIPART/BITMAPS befinden. Sie haben die Dateinamen:

- FEUERWRK.BMP - auf Seite 1
- ABEND2.BMP   - auf Seite 2
- KUESTE.BMP   - auf Seite 3

Die Grafiken müssen nun zunächst nacheinander nach Multimedia Tool-Book importiert werden. Beginnen wir mit der Grafik FEUER-WERK.BMP. Sie soll auf Seite 1 plaziert werden.

Zum Seitenwechsel stellt Multimedia ToolBook auf Autorenebene die Schalter zur Seitensteuerung unten rechts in der Statuszeile zur Verfügung, über die man per Mausklick zur nächsten bzw. vorhergehenden Seite wechseln kann. Die aktuelle Seite wird dann zwischen diesen Schaltern angezeigt. Wechseln wir also zur Seite 1, falls wir nicht ohnehin schon dort sind.

Der Grafikimport geschieht über den Menüpunkt „Datei/Grafik importieren". Anschließend öffnet sich ein Dialogfeld „Grafik importieren" mit mehreren Optionen. Wichtig für den Import unserer Dateien ist zunächst die Auswahl des Dateiformats Bitmap (*.BMP), sowie die Angabe des gewünschten Laufwerkes und des relevanten Verzeichnisses.[1] Anschließend kann die Datei importiert werden.

Nach dem Dateiimport wird die Grafik zunächst oben links auf der Seite plaziert. Das läßt sich durch Verschieben mit der Maus ändern. Außerdem hat die Grafik einen kleinen schwarzen Rahmen, der aber nicht weiter stört. Verschieben wir die Grafik zunächst in die Bildschirmmitte. Nach dem gleichen Verfahren können nun die Grafikdateien ABEND2.BMP und KUESTE.BMP auf den Seiten 2 und 3 zunächst importiert und dann durch Verschieben mittig positioniert werden.

Zur genaueren Ausrichtung von Objekten auf einer Seite gibt es neben einer ganz exakten Methode (siehe Abschnitt 2.3.6.6) die Möglichkeit der Verwendung eines selbst definierbaren Gitternetzes, das über den Bild-

---

[1] Da Multimedia ToolBook noch nicht speziell auf Windows 95 zugeschnitten ist, wird in den diversen Menüs noch der Terminus „Verzeichnis" anstelle von „Ordner" verwendet.

schirm gelegt wird und als Anziehungspunkt für die zu positionierenden
Objekte dient. Über die Menüoption „Ansicht/Gitter" und die Einstellungen:

- Gitterabstand: 0,2 cm
- Gitter anzeigen
- Beim Gitter einrasten

kann man die drei Grafiken schon recht ansprechend in der Mitte der einzelnen Seiten ausrichten.

Bei der Verwendung von Grafiken unterscheidet Multimedia ToolBook
zwischen Bildobjekten (Multimedia ToolBook-Kennung „picture") und
Bitmap-Objekten (Multimedia ToolBook-Kennung „paintObject"). Während sich Bildobjekte in ihrer Größe durch Stauchung oder Streckung verändern lassen, ist bei Bitmap-Objekten lediglich ein Zuschneiden möglich.
Hauptunterschied zwischen diesen beiden Grafik-Objekten ist die Geschwindigkeit der Anzeige, die bei Bitmap-Objekten höher ist als bei Bildobjekten. Daher werden Bildobjekte nach dem Festlegen ihrer genauen
Größe durch die Option „Konvertieren" aus dem Menü „Objekt/Bildeigenschaften" oft in Bitmap-Objekte umgewandelt.

2.3.5.3   Navigationselemente

Nach der Erzeugung der drei Buchseiten, die ja nichts anderes als die mittig positionierten Grafiken enthalten, sollen nun die Navigationselemente
erstellt werden. Bei diesen Elementen handelt es sich um grafische Objekte, mit deren Hilfe man sich durch das Buch navigiert. Bild 2.12 stellt
die Navigationselemente für Übung 5 im Detail vor.

Es gibt verschiedene Wege, solche Navigationselemente zu erzeugen. Man
kann sie, so wie in Oelze (1995:73 ff) vorgeschlagen, einfach mit Hilfe der
in Multimedia ToolBook zur Verfügung stehenden Zeichenelemente, z.B.
Vieleck, Kreis etc., erzeugen. Professionelle Anwendungen allerdings bedienen sich hier oft grafisch perfekt gestalteter Elemente, die in separaten
Grafikprogrammen mit viel Aufwand erzeugt wurden oder auch in bestehenden Anwendungen zum Import bereitstehen.

Bild 2.12: Navigationselemente in Übung 5

Zurück Weiter Home

Zu Übungszwecken sollen hier zunächst einfache Elemente mit den vorhandenen Grafikhilfsmitteln erzeugt werden. Im Projekt „Der Interaktive Gemüsegarten" werden in Abschnitt 3.3.1 Wege aufgezeigt, wie man Navigationselemente wesentlich aufwendiger gestalten kann.

Da sich die Navigationselemente auf mehrere Seiten beziehen, legt man sie zweckmäßigerweise im Hintergrund dieser Seiten an. Das Umschalten in den Hintergrund kann über das Menü „Ansicht" vorgenommen werden, ist aber mit der Taste F4 wesentlich schneller möglich. Schalten wir also zunächst in den Hintergrund um. Beim Umschalten in den Hintergrund spielt es keine Rolle, von welcher Seite aus dieses geschieht, solange wir uns auf einer Seite befinden, die diesen Hintergrund nutzt. Nach dem Umschalten auf den Hintergrund zeigt Multimedia ToolBook dies in der Statuszeile unten rechts durch den Hinweis „Hintergrund" an. Außerdem ist die im Vordergrund sichtbare Grafik nun vorübergehend nicht mehr zu sehen.

Im Hintergrund sollen nun nacheinander folgende Grafiken gezeichnet werden:

- ein grün gefüllter Kreis (das Navigationselement „Home"),
- zwei Vielecke mit je drei Ecken, eines mit roter und eines mit blauer Füllung.

Die Prinzipien zur Erzeugung solcher einfachen Grafiken ist in den vergangenen Abschnitten bereits hinlänglich erklärt worden. Dennoch sei hier ein Tip zur Anfertigung der Dreiecke gestattet. Um identische Abmessungen für die Polygone zu erreichen, kann hier der Weg über die Menüoption „Bearbeiten/Duplizieren" (STRG-D) nach Zeichnen und Markieren des ersten Polygons gewählt werden. Danach kann man eines der nun doppelt vorhandenen Polygone über die Menüoption: „Zeichnen/Horizontal Spiegeln" entsprechend kippen.

Zum Abschluß der Vorarbeiten sollen den Navigationselemente die in Bild 2.12 aufgeführten Namen zugewiesen werden.

2.3.5.4 Grundprinzipien der Navigation

Grundlage für die Navigation durch ein Buch ist die OpenScript-Anweisung:

```
go [to] <Ausdruck>
```

Dabei ist der in eckigen Klammern angegebene Ausdruck [to] optional. Der Parameter <Ausdruck> stellt eine gültige Referenz für eine Seite in einem Buch oder für ein dazuzuladendes Buch dar. Die folgenden Beispiele zeigen mögliche Varianten der *go to*-Anweisung:

```
(1) go to page "Zucchini"
(2) go to page id 3
(3) go to book c:\buch-07\adressen.tbk
(4) go to previous page
(5) go to next page
```

In Beispiel (1) veranlaßt die *go to*-Anweisung ein Wechseln zu einer Buchseite mit dem Namen „Zucchini". Voraussetzung dafür ist die Existenz eines solchen Seitennamens. Verzichtet man auf die Eingabe expliziter Seitenkennungen, kann sich die *go to*-Anweisung wie in Beispiel (2) auch auf ID-Nummern beziehen. Allerdings bedarf der Umgang mit ID-Nummern einer gehörigen Portion Übersicht, und es ist in jedem Fall ratsam, mit expliziten Kennungen zu arbeiten. Beispiel (3) ist eine Variante, die es gestattet, aus einem Buch heraus ein anderes Buch, hier die Datei ADRESSEN.TBK aus dem Ordner BUCH-07 auf Laufwerk C:, aufzurufen. Die Beispiele (4) und (5) schließlich weisen Multimedia ToolBook an, in einem Buch zur vorherigen (engl. previous) bzw. zur nächsten (engl. next) Seite weiterzugehen. Wird die *go to next page*-Anweisung auf der letzten Seite eines Buches ausgeführt, wechselt Asymetrix ToolBook zur ersten Seite eines Buches; wird die *go to previous page*-Anweisung auf der ersten Seite eines Buches ausgeführt, wechselt Asymetrix ToolBook zur letzten Seite.

Mit diesen Vorgaben können wir nun für die Navigationselemente im Hintergrund der einzelnen Seiten entsprechende Skripte schreiben. Der Einfachheit halber werden wir uns zunächst auf reine Objektskripte beschränken. Folgende Objektskripte, eines für jedes Navigationselement, sind notwendig:

Das Objektskript für das Navigationselement „Weiter":

```
to handle buttonClick
     go to next page
end buttonClick
```

Das Objektskript für das Navigationselement „Zurück":

```
to handle buttonClick
     go to previous page
end buttonClick
```

Das Objektskript für das Navigationselement „Home":

```
to handle buttonClick
     go to page "Seite1"
end buttonClick
```

Zum Schreiben dieser Skripte, die sich ja auf Objekte im Hintergrund beziehen, muß man jeweils mit F4 oder über das Menü „Ansicht/Hintergrund" auf den Hintergrund umschalten, das gewünschte Objekt markieren und anschließend den Skript-Editor aufrufen.

Nach Erstellung dieser Skripte lohnt es sich bereits, mit F3 auf die Leserebene umzuschalten und sich vom korrekten Ablauf des gesamten Systems zu überzeugen. Damit sind die Arbeiten an dieser ersten Version der Übung 5 abgeschlossen. Sie erhält den Dateinamen EXER-05A.TBK.

2.3.5.5 Gemeinsame Skripte

Eine der grundlegenden Neuerungen von Multimedia ToolBook Version 4 im Vergleich zu den Vorgängerversionen ist die Möglichkeit des Aufbaus sog. gemeinsamer Skripte (engl. shared scripts).

Zur Erstellung von gemeinsamen Skripten bedient man sich des Ressourcen-Managers, einer Zusatzkomponente von Multimedia ToolBook. Mit diesem Hilfsmittel ist es möglich, zahlreiche Ressourcen zu erstellen bzw. zu importieren (engl. resource = Mittel, Schatz). Einmal vorhanden, kann die jeweilige Ressource dann beliebig oft in einem Buch verwendet werden. Die Ressource ist somit die Referenz für die tatsächliche Realisierung eines Objekts (hier eines Skripts) in einem Buch.

Den Ressourcen-Manager öffnet man über die Menüoption: „Objekt/Ressourcen" oder das entsprechende Symbol in der Schalterleiste. Anschließend stellt sich der Ressourcen-Manager wie in Bild 2.13 dar.

Zur Erstellung von Ressourcen geht man wie folgt vor. In der Leiste „verfügbare Ressourcen" wählt man zunächst den Ressourcentyp aus. Folgende Ressourcen können in einem Buch verwendet werden:

- Bitmap-Ressourcen (Grafiken),
- Cursor-Ressourcen (bestimmte Cursorformen),
- Menüleisten,
- Paletten (bestimmte Farbanpassungsmöglichkeiten),
- Schriftarten,
- Shared-Skript (gemeinsame Skripte),[1]
- Symbole (sog. Icons).

---

[1] Die Programmierer der deutschen Version von Multimedia ToolBook Version 4 waren hinsichtlich der Bennenung von gemeinsamen Skripten sehr inkonsistent An einigen Stellen heißt es *shared-skript* an anderen *sharedscript*. Die Funktionalität dieser neuen Möglichkeit wird dadurch jedoch nicht beeinträchtigt.

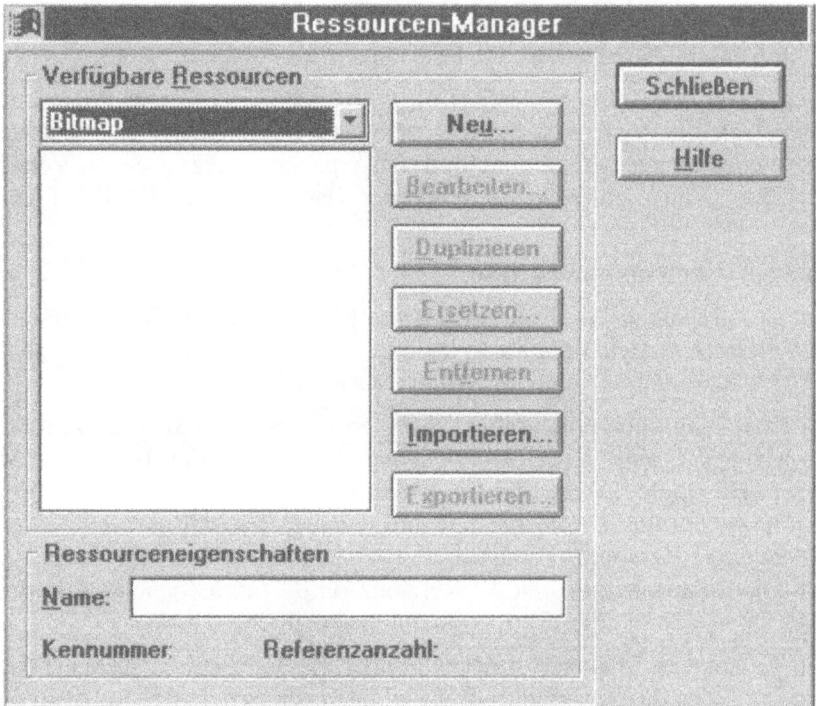

Bild 2.13: Der Ressourcen-Manager

Im Rahmen des Projekts „Der Interaktive Gemüsegarten" wird in Kapitel 3 intensiver Gebrauch von den verschiedenen Ressourcen gemacht. Da die Wege zur Einbindung von Ressourcen unabhängig vom Ressourcentyp prinzipiell die gleichen sind, genügt im Rahmen unserer Übung 5 das Erstellen einer Shared-Skript Ressource. Folgendes Skript soll als Ressource den drei Navigationselemente zugewiesen werden:

Gemeinsames Skript „Cursorumschaltung":

```
to handle mouseEnter
     sysCursor = 44
end mouseEnter

to handle mouseLeave
     sysCursor = default
end mouseLeave
```

Die einzelnen Routinen dieses Skripts, das die Cursorform bei einer Objektberührung auf die Handform und bei Verlassen des Objekts wieder auf die Standardform umstellt, sind in Abschnitt 2.3.4.2 eingehend diskutiert worden.

Dieses Skript wird nun zunächst als gemeinsames Skript aufgebaut. Dazu öffnet man den Ressourcen-Manager, wählt den Ressourcentyp „Shared-Skript" und anschließend die Schaltfläche „Neu". Danach öffnet sich der Skript-Editor, und man kann das Skript schreiben. In der Titelzeile des Skript-Editors steht dann jeweils „SharedScript of Book ...". Nach Beendigung der Skripteingabe und Betätigen der Schaltfläche „Skript aktualisieren..." kann dem Skript im Ressourcen-Manager über das dortige Dialogfeld „Name" noch ein Name zugewiesen werden, in unserem Fall „Cursorumschaltung". Schließt man den Ressourcen-Manager, steht das Skript anschließend als Ressource zur Verfügung.

Nun kann das gemeinsame Skript „Cursorumschaltung" nacheinander allen Navigationselementen nach vorheriger Markierung in folgenden Schritten zugewiesen werden:

- Menüoption: „Objekt/Grafikeigenschaften" (alternativ: Schalter „Objekteigenschaften");

- Auswahl der Schaltfläche „Gemeinsames Skript"; der Ressourcen-Manager öffnet sich, aus den verfügbaren Ressourcen „Shared-Skript" auswählen;

- Auswahl von „sharedscript: Cursorumschaltung";

- Den Ressourcen-Manager schließen und im Dialogfeld „Hintergrund-Grafikeigenschaften" mit „ok" bestätigen.

Damit sind die Arbeiten an dieser Version der Übung 5 abgeschlossen. Mit den nun erstellten Skripten ist nach wie vor eine Navigation nach den dargestellten Prinzipien möglich. Zusätzlich wechselt der Standardcursor beim Berühren der Navigationselemente seine Form in die einer Hand. Das Programm erhält in seiner vorliegenden Version den Dateinamen EXER-05B.TBK.

2.3.5.6 Textfelder im Seitenhintergrund

In einer weiteren Variante soll Übung 5 nun dahingehend erweitert werden, daß zusätzlich zu den bisherigen Möglichkeiten der Navigation und der Cursorumschaltung beim Berühren der Navigationselemente in einem Textfeld auf dem Seitenhintergrund der Name der jeweiligen Buchseite angezeigt wird (siehe Bild 2.11).

Beim Aufbau von Textfeldern im Seitenhintergrund gibt es prinzipiell die gleichen Möglichkeiten wie im Vordergrund. Eine besonders interessante Variante allerdings, die im Vordergrund nicht zur Verfügung steht, ist die der Verwendung eines sogenannten Datensatzfeldes. Ein Datensatzfeld ist ein spezielles Feld, das zur Aufnahme von Daten auf mehreren Seiten

dient. Datensatzfelder sind besonders geeignet für das Erstellen von For-
mularen zur Dateneingabe und für das einheitliche Anzeigen und Abrufen
von Informationen. Im Projekt „Der Interaktive Gemüsegarten" wird
mehrfach Gebrauch von diesen speziellen Textfeldern gemacht.

Zur Erstellung eines Datensatzfeldes wählt man zunächst aus der Hilfsmittelpalette die Option „Datensatzfeld" (in der Statuszeile erscheint unten
links beim Berühren dieses Feldes „Zeichnet ein Datensatzfeld (sysTool:
recordField)". Diese Option ist nur auf einem Seitenhintergrund aktiv.
Nach Auswahl dieser Option verwandelt sich der Mauscursor in ein Fadenkreuz, und man kann das Datensatzfeld einfach über den Hintergrund
legen. Nachdem das Datensatzfeld aufgezogen wurde, wird es erneut
markiert. Über den Menüpunkt „Objekt/Datensatzfeldeigenschaften" bzw.
über den Schalter „Objekteigenschaften" können dann die Einzelheiten
festgelegt werden. Für unsere Zwecke sind dabei folgende Eigenschaften
zu definieren:

– Name: Seitenanzeige
– Datensatzfeldtyp: einzeilig
– Rahmenstil: eingesetzt
– aktiviert (Tastatur gesperrt), aktiviert

Als Farbfüllung wird ein helles Gelb, als Umriß- bzw. Textfarbe schwarz
vorgeschlagen. Die Farben definiert man wie gewohnt über die Farbpa-
lette. Zusätzlich kann man das Datensatzfeld bereits so formatieren, daß
der dort anzuzeigende Text zentriert erscheint und die Zeichen in der
Schriftart Times New Roman, dem Schriftstil normal und in der Größe 12
ausgegeben werden. Die Absatzformatierung erfolgt über die Menüoption:
„Text/Absatz" (alternativ über F7), die Zeichenformatierung über die
Menüoption: „Text/Zeichen" (alternativ über F6). Die Festlegung dieser
Formatierungsoptionen wirkt sich auf alle Vordergründe, in denen das
Datensatzfeld verwendet wird, aus.

Im Datensatzfeld soll nun der Name der jeweils aktuellen Seite angezeigt
werden. Zur Ermittlung des Seitennamens steht die OpenScript-Anweisung

```
name of this page
```

zur Verfügung (engl. name of this page = der Name dieser Seite). Mit der
text of field-Anweisung kann der Seitenname dem Datensatzfeld
„Seitenanzeige" zugewiesen werden. Daher bietet sich folgende Behandlungsroutine, eine für Seite 1, eine für Seite 2 und eine für Seite 3, an:

```
to handle enterPage
  text of recordField "Seitenanzeige" \
  = name of this page
end enterPage
```

Eine *enterPage*-Routine wird an die jeweilige Seite gesendet, zu der der Leser wechselt. Da für alle drei Seiten die gleiche *enterPage*-Routine gilt, empfiehlt sich hier anstelle der Plazierung in den jeweiligen Seitenskripten die Definition der *enterPage*-Routine als gemeinsames Skript. Dieses läßt sich danach über die Menüoption „Objekt/Seiteneigenschaften" oder den Schalter „Objekteigenschaften" den einzelnen Seiten zuweisen.

Nun sind alle in Abschnitt 2.3.5 definierten Vorgaben erfüllt und das Programm ist vorläufig fertiggestellt. Es führt den Dateinamen EXER-05C.TBK. Im Abschnitt 2.3.6.7 werden wir eine Variante dieser Übung kennenlernen, die sich erweiterter Programmiertechniken bedient.

2.3.6   Fortgeschrittene Programmiertechniken

Mit den in den vergangenen Abschnitten auf der Basis der Übungen 1 bis 5 vorgestellten Verfahren und Programmiertechniken kann man schon recht ansehnliche Multimedia-Systeme erstellen. Zu wirklich professionellen Systemen gehören noch eine Reihe von zusätzlichen Techniken, die sich zum einen auf fortgeschrittene Möglichkeiten der Behandlung von Objekten, sowie auf erweiterte Möglichkeiten im Umgang mit der Programmiersprache OpenScript beziehen. Zum Verständnis der diversen Techniken sind zunächst einige theoretische Vorbemerkungen in den folgenden Abschnitten notwendig. In einem weiteren Abschnitt 2.3.6.7 werden diese Techniken dann im Rahmen der bisherigen Übungsprojekte erprobt.

2.3.6.1   Kontrollstrukturen

Grundlage für die strukturierte Programmierung sind Datenstrukturen, die den Datenfluß je nach Erfüllung bestimmter Bedingungen steuern. Diese Strukturen nennt man Steuer- oder Kontrollstrukturen (engl. control structures). Für erfahrene Programmierer bereitet der Umgang mit diesen Strukturen keine Schwierigkeiten, sind sie doch die Grundlage der Programmierung mit vielen höheren Programmiersprachen. Tabelle 2.1 gibt eine Übersicht über die in diesem Buch verwendeten OpenScript-Kontrollstrukturen und ihre Realisierung in einigen ausgewählten höheren Programmiersprachen.

Tabelle 2.1: Wichtige Kontrollstrukturen im Vergleich

C	Pascal	LISP	OpenScript
switch/case	Case/Of	cond/t	conditions/when
if/else	If/Then/Else	if	if/then/else
for	For/Do	Loop/Do	step

Kontrollstrukturen mit *conditions*

Schauen wir uns zunächst den grundlegenden Aufbau einer solchen Struktur an:[1]

```
conditions
      when  <bedingung₁> = <wert>      -- when-Klausel₁
            <ausführung₁>
      when  <bedingung₂> = <wert>      -- when-Klausel₂
            <ausführung₂>
      ...
      when  <bedingungₙ> = <wert>      -- when-Klauselₙ
            <ausführungₙ>
      [else <ausführung_z>]            -- else-Klausel
end [conditions]
```

In Analogie mit anderen Programmiersprachen, z.B. mit LISP, kann man eine Kontrollstruktur mit *conditions* wie folgt definieren:

1. Eine Kontrollstruktur mit *conditions* wird mit

- *conditions* eingeleitet,

- *end conditions* beendet.

2. Eine Kontrollstruktur mit *conditions* besteht aus einer theoretisch unbegrenzten Zahl von Klauseln.

3. Die Klauseln einer Kontrollstruktur mit *conditions* werden sequentiell abgearbeitet, erst Klausel$_1$, dann Klausel$_2$, dann Klausel$_n$, dann die *else*-Klausel.[2]

4. Jede Klausel (bis auf die *else*-Klausel) wird mit *when* eingeleitet. Danach folgt eine Bedingung <bedingung>. Ist diese Bedingung erfüllt, d.h. der von der Bedingung abhängig gemachte Wert <wert> trifft zu, werden

---

[1]Die in einer Kontrollstruktur mit *conditions* vorkommenden englischen Termini haben folgende deutsche Bedeutungen: (conditions = Bedingungen, when = wenn, else = ansonsten).

[2]Durch eine geschickte Anordnung der Klauseln kann die Verarbeitungsgeschwindigkeit einer Routine beeinflußt werden. Eine nur selten zutreffende Bedingung sollte eher später, eine oft eintretende eher früher, also am Anfang der Kontrollstruktur stehen.

die in <ausführung> stehenden Anweisungen nacheinander ausgeführt. Trifft die Bedingung nicht zu, wird die nächste Klausel bearbeitet.

5. Eine besondere Bedeutung hat die *else*-Klausel. Sie enthält keinen Bedingungsteil und wird dann ausgeführt, wenn keine Bedingung in den *when*-Klauseln erfüllt ist. Mit anderen Worten: Der Ausführungsteil <ausführung> der *else*-Klausel trifft unabhängig von der Situation in den *when*-Klauseln in jedem Fall zu. Will man auf einen standardmäßigen Ausführungsteil verzichten, kann man die *else*-Klausel weglassen.

Kontrollstrukturen mit *if*

Wesentlich einfacher ist eine Kontrollstruktur mit *if* aufgebaut (engl. if = falls):

```
if      <bedingung> = <wert> [then]    -- if-Klausel
        <ausführung>
[else <ausführung>]                    -- else-Klausel
end [if]
```

Die *if*-Kontrollstruktur ist somit eine verkürzte Variante der Kontrollstruktur mit *conditions*. Sie hat lediglich eine *if*-Klausel. Trifft deren Bedingung zu, wird der dazugehörige Ausführungsteil abgearbeitet. Ist das nicht der Fall, wird bei Vorhandensein einer *else*-Anweisung der dortige Ausführungsteil ausgeführt, ansonsten tritt keine weitere Aktion ein.

Schleifen

Eine Schleife ist eine besondere Form einer Kontrollstruktur, die eine festgelegte Anzahl von Durchläufen eines Anweisungsblocks ausführt. In OpenScript haben Schleifen folgende Grundstruktur:

```
step <var> from <start> to <end> [by <schrittweite]>
        <Anweisung₁>
        <Anweisung₂>
        ...
        <Anweisungₙ>
end [step]
```

Eine Schleife wird durch das OpenScript-Schlüsselwort *step* initialisiert (engl. step = Schritt, schreiten). Die darauf folgende Variable <var> erhält den jeweiligen Zustandswert der Zählschleife. Obwohl der Variablenname unter Berücksichtigung der OpenScript Vorgaben frei wählbar ist, hat sich die BASIC-Tradition durchgesetzt, die Variable in der Regel mit i zu benennen. Mit der Sequenz *from .. to* werden Anfangs- und Endewert der Zählschleife festgelegt. Läßt man die Option [*by* <schrittweite] weg, wird die Schleife in voreingestellten Einerschritten durchlaufen. Hier ist ein einfaches Beispiel:

```
to handle buttonClick
  step i from 0 to 255
     fillColor of field "Farbfeld" = i, 50, 100
  end step
end buttonClick
```

Mit dieser *buttonClick*-Routine wird ein einfaches Textfeld mit dem Namen „Farbfeld" mit 256 verschiedenen Farbwerten über die *fillColor*-Anweisung gefüllt. Über die Ausführungen in Abschnitt 2.3.1 hinaus kann *fillColor* wie folgt eingesetzt werden:

```
fillColor of <objekt> =
     <farbwert>,<helligkeitswert>,<sättigungswert>
```

In der *buttonClick*-Routine wird lediglich der Farbwert verändert. Die Werte für die Helligkeit und Sättigung bleiben mit 50 und 100 konstant. Da die Schleife von 0 bis 255 durchlaufen wird, wird der <farbwert> der *fillColor*-Anweisung über den der Variablen i durch die Schleife zugewiesenen Wert sukzessive erhöht:

```
fillColor of field "Farbfeld" = 0, 50, 100
fillColor of field "Farbfeld" = 1, 50, 100
fillColor of field "Farbfeld" = 2, 50, 100
...
```

Ist der höchste Zählwert der Schleife erreicht, d.h. i hat den Wert 255, wird die Schleife beendet und die *fillColor*-Anweisung hat den Zustand:

```
fillColor of field "Farbfeld" = 255, 50, 100
```

Zwar gibt es noch weitere Kontrollstrukturen in OpenScript (*while, do/until*), doch werden diese im Rahmen der in diesem Buch zu lösenden Aufgaben nicht benötigt.

2.3.6.2   Variablen

Variablen sind Platzhalter für Werte. Man kann sie als Container sehen, die innerhalb eines Skripts definiert werden, um vorübergehend Daten darin zu speichern. Die Verwendung von Variablen in OpenScript ist mit der in anderen Programmiersprachen vergleichbar. Es werden zwei Variablentypen unterschieden:

- Systemvariablen (in anderen Programmiersprachen als globale Variablen bezeichnet),
- lokale Variablen.

Während eine Systemvariable ihren Wert für die Ausführungsdauer einer ToolBook-Sitzung behält, gilt der Wert einer lokalen Variablen nur innerhalb der Behandlungsroutine, in der sie definiert ist. Allerdings gibt es die Möglichkeit, Variablen als Parameter von Behandlungsroutinen zu übergeben und somit in ihrem Gültigkeitsbereich auszudehnen (siehe Abschnitt 2.3.6.3).

Zur Kenntlichmachung von Systemvariablen verlangt OpenScript zunächst eine Deklaration der Variablen durch das Schlüsselwort *system* mit der darauffolgenden Angabe eines frei wählbarer Variablennamen. Zusätzlich kann nach dem Schlüsselwort *system* auch noch der Variablentyp angegeben werden (siehe hierzu die OpenScript-Referenz, Seite 23-6 ff.). Aus Gründen der Vermeidung von Kollisionen mit vordefinierten OpenScript-Schlüsselwörtern und zur besseren Kenntlichmachung sollte man dem Variablennamen ein Kürzel voranstellen. Hier ist ein Beispiel:

```
to handle enterPage
   system svPage
   ....
end enterPage
```

In diesem Beispiel ist eine Systemvariable in einer *enterPage*-Routine eingeführt worden. Sie führt den Namen svPage, wobei das dem Namen vorangestellte Kürzel „sv" singnalisieren soll, daß es sich um eine Systemvariable handelt (sv = system variable). Mit einfachen Anweisungen kann die Variable nun an bestimmte Werte gebunden werden:

```
to handle enterPage
   system svPage
   svPage = name of this page
   ....
end enterPage
```

In dieser Behandlungsroutine erhält die Variable svPage den Wert des aktuellen Seitennamens. Dieser Wert gilt nun unbegrenzt. Anders ausgedrückt, solange ToolBook geladen ist, bleibt er gültig und kann vom gesamten Programm aus abgerufen werden. Soll eine Systemvariable an einer anderen Stelle des Programms genutzt werden, muß der Variablenname in der entsprechenden Prozedur eingeführt werden:

```
to handle buttonClick
   system svPage                          -- a0
   text of field "Information" = svPage   -- a1
end buttonClick
```

In dieser *buttonClick*-Routine wird in Zeile (a0) die Systemvariable svPage eingeführt und in Zeile (a1) entsprechend genutzt.

Mit der Deklaration von Systemvariablen sollte man sparsam umgehen, da diese den Arbeitsspeicher belasten.

Im Gegensatz zu Systemvariablen sind lokale Variablen nur innerhalb der Behandlungsroutine, in der sie definiert werden, gültig. Eine besondere Anweisung zur Deklaration lokaler Variablen ist nicht notwendig. Mit der Einführung ihres Namens, der wiederum durch ein bestimmtes Kürzel

kenntlichgemacht werden sollte und mit der Definition ihres Wertes ist die
lokale Variable bestimmt. Hier ist ein Beispiel:

```
to handle enterPage
  lvText = "Hallo"
  text of field "Information" = lvText
end enterPage
```

In dieser *enterPage*-Routine wird die lokale Variable lvText („lv" = local
variable) an den Text „Hallo" gebunden. Dieser Text kann in einer anschließenden Anweisung ausgegeben werden. Sobald diese Prozedur abgearbeitet ist, verliert der Wert der Variablen lvText allerdings seine Gültigkeit.

Mit einer speziellen Methode der Übergabe von Parametern an Prozeduren
können lokale Variablen allerdings in ihrem Gültigkeitsbereich ausgedehnt
werden. Diese Methode wird im folgenden Abschnitt vorgestellt.

Eine besondere Bedeutung hat die systeminterne Variable it. Bei dieser
Variablen handelt es sich um eine lokale Variable mit einem eingeschränk-
ten Gültigkeitsbereich. Ihr Wert gilt nur in der Behandlungsroutine, in der
sie gerade verwendet wird. Die Berechnung bzw. Ermittlung von it erfolgt
über die *get*-Anweisung. So könnte man z.B. den Seitennamen einer Buchseite mit der Anweisung

```
get name of this page
```

automatisch an it binden und dann entsprechend nutzen.

Sowohl der Umgang mit der systeminternen Variablen it als auch weitere
Möglichkeiten im Umgang mit Variablen werden im Zusammenhang mit
dem Projekt „Der Interaktive Gemüsegarten" im dritten Kapitel vorgestellt.

2.3.6.3   Benutzerdefinierte Routinen

Wie in anderen Programmiersprachen gestattet auch OpenScript das
Schreiben eigener, benutzerdefinierter Behandlungsroutinen. Ihre Aufgabe
besteht primär darin, Aufgaben zu übernehmen, die mit vordefinierten
OpenScript-Routinen nur umständlich oder gar nicht durchgeführt werden
können, sowie verschiedene Aufgaben zusammenzufassen. Dadurch werden OpenScript-Programme wesentlich übersichtlicher und bezüglich ihrer
Wartbarkeit und Pflege enorm vereinfacht.

Eine benutzerdefinierte Behandlungsroutine wird wie jede andere Routine
in OpenScript geschrieben (siehe Abschnitt 2.2). Sie wird mit *to handle, to
get* etc. eingeleitet und mit *end* abgeschlossen. Der Name der Behandlungsroutine kann frei gewählt werden, darf aber nicht mit vordefinierten
OpenScript-Routinen (z.B. *mouseEnter, buttonClick* etc.) kollidieren. Um

in jedem Fall sicherzugehen, daß der gewählte Name nicht bereits existiert, wird empfohlen dem gewünschten Namen *my* voranzustellen, also Routinennamen wie *myMouse*, *myFill* etc. zu verwenden. Dadurch werden Konflikte ausgeschlossen. Hier ist ein hypothetisches Beispiel:

```
to handle myRoutine lvVar1
      show field lvVar1                    -- a0
      fillColor of field lvVar1 = red      -- a1
end myRoutine
```

Wie vordefinierte Behandlungsroutinen können auch benutzerdefinierte Routinen über Parameter verfügen. Diese werden als lokale Variablen interpretiert und haben einen Gültigkeitsbereich, der nicht über die Routine selbst hinausgeht. Die oben vorgestellte Routine *myRoutine* verfügt beispielsweise über den Parameter <u>lvVar1</u>, der in den Anweisungen in den Zeilen (a0) und (a1) entsprechend ausgewertet wird.

Wie der Name der Behandlungsroutine selbst können auch die Parameter frei gewählte Namen bekommen. Doch auch hier ist Vorsicht geboten. Gewünschte Parameter wie z.B. <u>text</u> oder <u>name</u> würden notwendigerweise mit OpenScript-Schlüsselwörtern wie z.B. *text* *of field* oder *name* *of button* kollidieren. Auch hier wird daher vorgeschlagen zur eigenen Programmiersicherheit das Buchstabenkürzel für lokale Variablen, *lv* (= local variable), voranzustellen.

Der Aufruf einer OpenScript-Routine aus einer anderen Routine heraus erfolgt über die Anweisung:

```
send <botschaft>  [p , p ,...,p ] [to <objekt>]
                     1   2      n
```

Mit der *send*-Anweisung wird eine Botschaft, also z.B. der Name einer Behandlungsroutine zusammen mit eventuellen durch Kommata getrennten Parametern (p_1 .. p_n) in der Objekthierarchie weitergeleitet, bis Multimedia ToolBook eine Behandlungsroutine findet, die diese Botschaft verarbeiten kann. Zusätzlich kann noch eine direkte Objektreferenz hinzugenommen werden, z.B. *to page "Seite1"*. Mit folgender OpenScript-Anweisung können wir z.B. die hypothetische Routine *myRoutine* aufrufen:

```
send myRoutine "Textfeld1"
```

2.3.6.4   Listen

Listen sind nützliche Hilfsmittel zur Verwaltung von Datenfolgen (z.B. Namenslisten), insbesondere, wenn sich die Anzahl der Elemente in einer Liste häufig ändert. Listen werden in OpenScript als Folge von Elementen, die durch Kommata getrennt sind, definiert. Hier ist ein einfaches Beispiel:

```
lvNames = "Ian, Martin, Dave, Doane"
```

Diese Beispielliste enthält vier Elemente. Zur Bearbeitung von Listen stellt OpenScript eine Reihe von Anweisungen zur Verfügung. So ermöglicht

```
item n of <liste>
```

den beliebigen Zugriff auf die Elemente einer Liste *<liste>* in Abhängigkeit von ihrer Position *n*, oder anders ausgedrückt auf das „nte" Element einer Liste. Mit

```
item 2 of lvNames
```

würde man beispielsweise das Element „Martin" aus der oben definierten Liste lvNames abrufen. Will man ein neues Element in eine Liste einfügen, bedient man sich des Befehls:

```
push <item> onto <liste>
```

Dadurch wird das Element <item> als erstes neues Element in die Liste <liste> eingefügt. Mit

```
push "John" onto lvNames
```

kann man so die Liste wie folgt neu definieren:

```
lvNames = "John, Ian, Martin, Dave, Doane"
```

In den kommenden Abschnitten werden diese und andere Möglichkeiten im Umgang mit Listen in verschiedenen Übungen vorgeführt.

2.3.6.5 Ausgewählte Operatoren

Mit einer Reihe von Operatoren - in der Regel sind dies Sonderzeichen - können im Rahmen von OpenScript-Programmen interessante Effekte erzielt werden. Zwei dieser Operatoren werden nachstehend näher erläutert.

Der Verkettungsoperator &

Zum Verknüpfen mehrerer Zeichenfolgen bietet OpenScript den Verkettungsoperator & an. Dieser verkettet zwei Zeichenfolgen ohne dazwischenliegendes Leerzeichen:

```
"Menü" & "1" & ":" = "Menü1:"
```

Soll zusätzlich ein Leerzeichen eingefügt werden, sind zwei Verkettungsoperatoren in Folge zwischen die zu verknüpfenden Zeichenketten einzufügen:

```
"Dies" && "ist" && "ein" && "Kommentar!"
= "Dies ist ein Kommentar"
```

Dabei ist es unerheblich, ob zwischen den Zeichenfolgen und den Verkettungsoperatoren Leerzeichen stehen oder nicht.

Eine besondere Funktion erhält der Verkettungsoperator im Zusammenhang mit Schaltflächen und Menüstrukturen, bei denen er reservierten Zeichen vorangestellt werden kann. Diese Funktion wird in Abschnitt 2.3.7.3 näher erläutert.

Der Klammeroperator (..)

Klammern haben verschiedene Funktionen in OpenScript. Eine Funktion ist wie in anderen Programmiersprachen die der Prioritätsvergabe. So wird ein geklammerter Ausdruck stets von innen nach außen ausgewertet, d.h. eingebettete Klammerausdrücke haben stets die höchste Priorität:

```
4 * (2  + 3) = 20
4 * (2 * (2 + 3)) = 40
```

Eine zweite Funktion besteht in der Übergabe von Botschafts- oder Objektnamen. Soll z.B. eine Botschaft, also der Name einer Behandlungsroutine, aus mehreren Zeichen oder Zeichenketten unter Verwendung des Verkettungsorperators zusammengesetzt werden, sieht der Aufruf wie folgt aus:

```
send ("my"&"Menu") 1
```

Mit dieser Anweisung wird die Botschaft *myMenu* zusammen mit dem Wert 1 aufgerufen. Gleiches gilt für die Bezeichnung von Objekten. Mit

```
show paintObject ("Bild" & lvNum)
```

wird der Name der anzuzeigenden Grafik aus der Zeichenkette „Bild" und dem Wert der Variablen lvNum, z.B. 5, zu „Bild5" zusammengesetzt.

2.3.6.6   Das Positionieren von Objekten

In professionellen Multimedia-Programmen reicht das Anordnen und Positionieren von Objekten über ein Zurechtrücken mit der Maus nicht aus. Zu einem perfekten Screendesign gehört die Möglichkeit der absolut genauen Plazierung von Objekten und der perfekten Bestimmung ihrer Abmessungsdaten.

Zur Ausrichtung von Objekten auf einer Seite gibt es zwei Möglichkeiten. Die erste bedient sich dabei eines selbst definierbaren Gitternetzes, das über den Bildschirm gelegt wird und als Anziehungspunkt für die zu positionierenden Objekte dient. In Abschnitt 2.3.5.2 hatten wir von dieser Möglichkeit bereits Gebrauch gemacht. Über die Menüoption „Ansicht/ Gitter" und die entsprechenden Einstellungen kann man Objekte schon recht ansprechend ausrichten.

Eine wesentlich genauere Methode ist die Verwendung des Eigenschaften-Editors. Dieser wird über die Menüoption „Werkzeuge/Eigenschaftsübersicht" oder über das sogenannte Kontextmenü aufgerufen. Das Kontextmenü ist ein zusätzliches Menü, das es gestattet, diejenigen Eigenschaften von Objekten, die normalerweise nur mir Hilfe von OpenScript definiert werden können, interaktiv festzulegen. Man öffnet das Kontextmenü durch Betätigen der rechten Maustaste auf dem gewünschten Objekt. Bild 2.14 zeigt das Kontextmenü nach Betätigung der rechten Maustaste über einem Textfeld „Menü1". Der Name und die ToolBook-Kennung des Objekts, auf das sich das Kontextmenü bezieht, werden automatisch in der dortigen Titelzeile angezeigt.

Wie das Menü des Hauptfensters von Multimedia ToolBook verfügt auch das Kontextmenü über eine Schalterleiste. Die Funktion der einzelnen Schalter werden - wie beim Hauptmenü - jeweils in der Statuszeile des Hauptfensters angezeigt. Der Eigenschaften-Editor wird mit dem fünften Schalter aufgerufen. Danach präsentiert sich dem Benutzer eine Liste von Eigenschaften ausgedrückt durch die jeweiligen OpenScript-Schlüsselwörter, von denen einige, z.B. *name* = „Menü1" bereits auf „normalem" Weg, d.h. über das Hauptfenster festgelegt werden können. Im Eigenschaften-Editor lassen sich alle Objekteigenschaften manuell, d.h. ohne Zuhilfenahme von OpenScript festlegen. Das geschieht durch Doppelklick mit der linken Maustaste auf die einer Eigenschaft zugeordneten Werte. Entweder ändern sich die Werte dann auf der Basis vordefinierter Schlüsselwörter oder fest eingestellter Werte, oder die Bearbeitung kann in einem separaten Fenster vorgenommen werden.

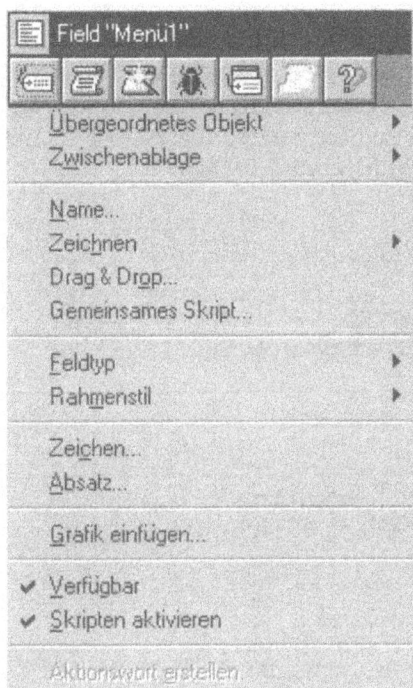

Bild 2.14: Das Kontextmenü (Beispiel: Textfeld „Menü1")

Für die genaue Positionierung von Objekten ist die Eigenschaft *position* zuständig. Sie definiert die Position der linken oberen Ecke eines Objekts als Liste aus zwei Werten gemessen in Seiteneinheiten. Der erste Wert bezieht sich auf die Vertikale, der zweite auf die Horizontale.

Voraussetzung für die Beschränkung auf die Definition der reinen Positionsangaben sind genau festgelegte Abmessungen von Objekten. Diese definiert man ebenfalls über den Eigenschaften-Editor über die Eigenschaft *bounds* (engl. bounds = Grenzen). Im Gegensatz zu den reinen Positionsdaten werden mit *bounds* die Positionsdaten der linken oberen und der rechten unteren Ecke von Objekten definiert. Die Eigenschaft *bounds* wird somit als Liste aus vier Werten angegeben, wobei die ersten beiden Werte mit denen der Eigenschaft *position* identisch sind.

2.3.6.7 Die Integration fortgeschrittener Techniken

Nach diesen eher theoretischen Ausführungen können die vorgestellten Techniken nun auf die bisherigen Übungsprojekte 4 und 5 angewendet werden.

Ausgehend von der bisherigen Version 4c (Dateiname EXER-04C.TBK, siehe Abschnitt 2.4.3.4) kann nun ein einziges Skript bestehend aus drei Behandlungsroutinen alle gewünschten Aufgaben übernehmen. Dazu sind die bisherigen Objektskripte für die Textfelder „FeldRot" und „FeldGrün" zu entfernen. Die *mouseLeave*-Routine im Seitenskript der „Seite1" bleibt erhalten. Damit sieht das gesamte Seitenskript wie folgt aus:

```
to handle mouseEnter
 conditions
    when name of target = "FeldRot"              -- a0
       send myColors "FeldRot", red, black, 3    -- a1
    when name of target = "FeldGrün"             -- a2
       send myColors "FeldGrün", green, gray, 1  -- a3
 end conditions
end mouseEnter

to handle mouseLeave
    sysCursor = default                          -- b0
    fillColor of field "FeldRot" = white         -- b1
    fillColor of field "FeldGrün" = white        -- b2
    hide polygon "Farbe"                         -- b3
end mouseLeave

to handle myColors lvField, lvColor1, lvColor2, lvNum
    sysCursor = 44                               -- c0
    fillColor of field lvField = lvColor1        -- c1
    show polygon "Farbe"                         -- c2
    fillColor of polygon "Farbe" = lvColor1      -- c3
    strokeColor of polygon "Farbe" = lvColor2    -- c4
    lineStyle of polygon "Farbe" = lvNum         -- c5
end myColors
```

Weitere Behandlungsroutinen sind nicht vorhanden.

Die *mouseEnter*-Routine im Seitenskript wird über eine Kontrollstruktur mit *conditions* gesteuert und hat zwei *when*-Klauseln (a0) und (a2). Die *when*-Klauseln enthalten als Bedingung je eine Eigenschaftsabfrage bestehend aus zwei OpenScript-Schlüsselwörtern:

```
name
target
```

Die *name*-Eigenschaft wurde bereits in Abschnitt 2.1.2 behandelt und bezieht sich auf eine Zeichenfolge, die auf ein Objekt verweist. Mit *target* wird das Ziel einer Botschaft in Multimedia ToolBook definiert (engl. target = Ziel). Kombiniert kann man nun den Namen eines Objekts abfragen:

```
when name of target = <wert>
```

Ist nämlich *name of target* gleich dem gewünschten Wert <wert>, in unserem Fall ist das schlicht der Name des jeweiligen Objekts, also „FeldRot" (a0) oder „FeldGrün" (a2), ist die Bedingung der entsprechenden *when*-Klausel erfüllt, und der jeweilige Ausführungsteil (a1) bzw. (a3) kann ab-

gearbeitet werden. Auf eine *else*-Klausel kann in der Kontrollstruktur verzichtet werden, da es ja keinen Fall gibt, der eintreten soll, wenn keine der
Bedingungen in den *when*-Klauseln erfüllt ist.

Zusätzlich wird noch eine *mouseLeave*-Routine im gleichen Seitenskript
benötigt, die für den Fall, wenn keines der beiden Objekte mit dem Mauscursor berührt wird, den Ausgangszustand wieder herstellt.

Im Ausführungsteil der *mouseEnter*-Routine wird jeweils die benutzerdefinierte Routine *myColors* mit einer Reihe von Parametern aufgerufen.
Schauen wir uns die Interaktion zwischen den beiden Routinen *mouseEnter* und *myColors* im Seitenskript „Seite1" näher an.

Nehmen wir an, der Benutzer fährt mit dem Mauscursor über das Textfeld
„FeldRot". In diesem Fall wird die *mouseEnter*-Routine im Seitenskript
„Seite1" aktiviert. Dort wird die Kontrollstruktur mit *conditions* von oben
nach unten abgearbeitet. Da schon die erste *when*-Klausel erfüllt ist, wird
deren Ausführungsteil

```
send myColors "FeldRot", red, black, 3
```

aufgerufen. Dadurch wird die benutzerdefinierte Routine *myColors* aufgerufen. Zusätzlich werden den Parametern in *myColors* von links nach
rechts die Werte "FeldRot", red, black, 3 übergeben, d.h. es findet folgende
Zuordnung statt:

```
       send myColors "FeldRot", red, black, 3

to handle myColors lvField, lvColor1, lvColor2, lvNum
    sysCursor = 44
    fillColor of field lvField = lvColor1
    show polygon "Farbe"
    fillColor of polygon "Farbe" = lvColor1
    strokeColor of polygon "Farbe" = lvColor2
    lineStyle of polygon "Farbe" = lvNum
end myColors
```

Da die Variablen im gesamten Bereich der Routine *myColors* Gültigkeit
besitzen, werden die Variablen an allen vorkommenden Stellen entsprechend interpretiert, d.h. es findet intern eine Ersetzung der folgenden Form
statt:

```
lvField    = "FeldRot"
lvColor1   = red
lvColor2   = black
lvNum      = 3
```

D.h. die Routine *myColors* hat in diesem Fall intern den folgenden Zustand:

```
to handle myColors "FeldRot", red, black, 3
  sysCursor = 44
  fillColor of field "FeldRot" = red
  show polygon "Farbe"
  fillColor of polygon "Farbe" = red
  strokeColor of polygon "Farbe" = black
  lineStyle of polygon "Farbe" = 3
end myColors
```

Analog werden die Variablen anders interpretiert, sollte die zweite *when*-Klausel in *mouseEnter* zutreffen und die Routine *myColors* mit

```
send myColors "FeldGrün", green, gray, 1
```

aufgerufen werden. In diesem Fall findet folgende Zuordnung statt:

```
lvField    = "FeldGrün"
lvColor1   = green
lvColor2   = gray
lvNum      = 1
```

Damit hat die Routine *myColors* in diesem Fall den folgenden Zustand:

```
to handle myColors "FeldGrün", green, gray, 1
  sysCursor = 44
  fillColor of field "FeldGrün"= green
  show polygon "Farbe"
  fillColor of polygon "Farbe" = green
  strokeColor of polygon "Farbe" = gray
  lineStyle of polygon "Farbe" = 1
end myColors
```

Mit der Erstellung der benutzerdefinierten Routine *myColors* ist das Programm erheblich vereinfacht worden und hat an Übersichtlichkeit gewonnen. Der gesamte Programmiercode ist durch die Aufspaltung in verschiedene Routinen modularisiert worden und damit nicht nur besser lesbar sondern auch erheblich einfacher zu pflegen. Diese Art der Programmierung wird auch in den diversen Handbüchern zu Multimedia ToolBook ausdrücklich empfohlen.

Damit ist die Übung 4 endgültig fertiggestellt. Sie bekommt den Dateinamen EXER-04D.TBK.

Auf ähnliche Art und Weise kann nun die zuletzt gültige Version der Übung 5 (bisherige Version: EXER-05C.TBK, siehe Abschnitt 2.3.5.6) modifiziert werden. Da sich die Steuerung der Navigation und die Ausgabe der Seitenbezeichnung auf Objekte im Hintergrund beziehen, können die entsprechenden Routinen im dazugehörigen Hintergrundskript geschrieben werden. Vorher müssen die bisher vorhandenen gemeinsamen Skripte entfernt werden.

Ressourcen, also auch gemeinsame Skripte, lassen sich nur dann entfernen, wenn sie an keiner Stelle eines Buches genutzt werden. Daher müssen sie vorher deaktiviert werden. Bei gemeinsamen Skripten geschieht das über die Schaltfläche „Gemeinsames Skript" im Dialogfeld „Objekteigenschaften" und der anschließenden Auswahl <keine>.

Hier ist das komplette Hintergrundskript für die abschließende Version der Übung 5 mit dem neuen Dateinamen EXER-05D.TBK:

```
to handle buttonClick
  conditions
      when name of target = "weiter"              -- a0
            send myInfo (next page)               -- a1
      when name of target = "zurück"              -- a2
            send myInfo (previous page)           -- a3
      when name of target = "home"                -- a4
            send myInfo (page "Seite1")           -- a5
  end conditions
end buttonClick

to handle myInfo lvPage
 go to lvPage                                     -- b0
 text of recordField "Seitenanzeige" = \
 name of this page                                -- b1
end myInfo

to handle mouseEnter
  conditions
      when name of target = "weiter"              -- c0
            sysCursor = 44                        -- c1
      when name of target = "zurück"              -- c2
            sysCursor = 44                        -- c3
      when name of target = "home"                -- c4
            sysCursor = 44                        -- c5
  end conditions
end mouseEnter

to handle mouseLeave
      sysCursor = default                         -- d0
end mouseLeave
```

Das Hintergrundskript enthält vier Behandlungsroutinen. Die *buttonClick*-Routine ist im Zusammenspiel mit der benutzerdefinierten Routine *myInfo* verantwortlich für den Seitenwechsel. In Abhängigkeit vom angeklickten Navigationselement und der damit zutreffenden *when*-Klausel wird die selbstgeschriebene Routine *myInfo* aufgerufen. Sie erhält als Parameter lvPage das jeweilige Sprungziel und wechselt mit der *go to*-Anweisung dorthin (Zeile b0). Nach Erreichen der neuen Seite wird der nun aktuelle Seitenname im Datensatzfeld „Seitenanzeige" ausgegeben (b1).

Die Routinen *mouseEnter* und *mouseLeave* sind lediglich für die Umsetzung der Cursorform und dessen Wiederherstellung beim Berühren der Navigationselemente verantwortlich und bereits hinreichend erläutert worden.

2.3.7 Schaltflächen

Schaltflächen sind leicht zu erkennende, windows-erfahrenen Benutzern bestens bekannte Steuerelemente, auf die der Benutzer klicken kann, um eine bestimmte Aktion auszulösen. Multimedia ToolBook bietet vier Grundvarianten einer Schaltfläche an, die über insgesamt sechs Hilfsmittel aus der Hilfsmittelpalette erzeugt werden können:

- einfache Druckschalter,

- Schaltflächen mit Aufschriften,

- Optionsfelder,

- Kontrollkästchen.

Trotz ihres unterschiedlichen Aussehens gehören alle diese Objekttypen zur Gruppe der Schaltflächen. Ihre Eigenschaft kann jederzeit durch die Menüoption: „Objekt/Schaltflächeneigenschaften" verändert werden, ohne ein neues Objekt erstellen und das dazugehörige Skript ändern zu müssen.

In den folgenden Varianten der neuen Übung 6 sollen die verschiedenen Möglichkeiten der Nutzung von Schaltflächen im Zusammenhang vorgestellt und die dazugehörigen OpenScript-Anweisungen erläutert werden.

2.3.7.1 Einfache Schaltflächen

Ziel einer ersten Übung mit Schaltflächen ist es, über eine einzige Schaltfläche eine Grafik auf der Seite wahlweise anzuzeigen bzw. zu verbergen. Zusätzlich soll die Schaltfläche je nach Anzeigestatus der Grafik ihren eigenen Zustand anpassen. Ist die Grafik verborgen, soll die Schaltfläche über ihren Text sowie eine entsprechende Grafik dem Benutzer mitteilen, daß eine weitere Grafik angesehen werden kann, ist diese Grafik sichtbar, soll analog darauf aufmerksam gemacht werden, daß sie wieder verborgen werden kann. Die zwei Zustände der Schaltfläche sind in Bild 2.15 aufgeführt.

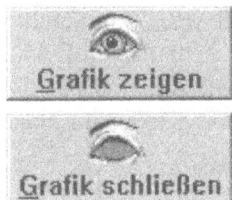

Bild 2.15: Eine Schaltfläche mit zwei Zuständen (Übung 6a)

Wenden wir uns zunächst der Grafik zu. Der Einfachheit halber soll wie schon in früheren Übungen eine Bitmap-Grafik aus dem Multimedia ToolBook Ordner MTB40\CLIPART\BITMAPS importiert werden. Es handelt sich um die Datei KUPPEL.BMP. Nach dem Import (siehe Abschnitt 2.3.5.2) soll die Grafik rechts auf der Seite an Position 3390, 600 plaziert werden und den Namen „Kuppel" erhalten. Weitere Arbeiten sind an der Grafik nicht notwendig.

Als nächstes soll eine einfache Schaltfläche des Typs Druckschalter erzeugt werden. Dazu stellt Multimedia ToolBook das Hilfsmittel Druckschalter (sysTool: button) zur Verfügung, mit dem sich ein zunächst neutraler Druckschalter mit der Aufschrift „Schaltfläche" auf dem Bildschirm aufziehen läßt. Das „S" der Beschriftung dieser Standardfläche stellt sich dabei automatisch unterstrichen dar. Diese Unterstreichung dient dabei wie unter allen Windows-Programmen als Merkmal für eine alternative Aktivierungsmöglichkeit der Schaltfläche über die Tastatur mit der ALT-Taste, in diesem Fall ALT-S. Dem gewünschten Zeichen, das sich in der Beschriftung unterstrichen darstellt, wird in der Definition der Beschriftung das kaufmännische Und-Zeichen (&) vorangestellt.

Über die Menüoption „Objekt/Schaltflächeneigenschaften" oder über den Schalter „Objekteigenschaften" soll nun die Schaltfläche näher definiert werden:

- Name: Zeigen
- Beschriftung: keine (die Beschriftung wird über OpenScript definiert)
- Rahmenstil: Druckschalter
- Beschriftungsposition: automatisch
- von Tabulatorreihenfolge ausschließen
- aktiviert
- hervorheben

Die Eigenschaften „von Tabulatorreihenfolge ausschließen" und „hervorheben" bedürfen hier noch besonderer Erwähnung. Die Tabulatorreihenfolge legt fest, daß eine Schaltfläche mit TAB bzw. mit Shift/TAB auch ohne Maus erreicht werden kann. Die Schaltfläche wird in diesem

Fall durch einen gepunkteten Rahmen markiert. Schließt man eine Schaltfläche von der Tabulatorreihenfolge aus, ist das nicht mehr der Fall. Mit der Option „hervorheben" wird die Schaltfläche angewiesen, sich bei einem Mausklick zunächst eingedrückt, anschließend sofort wieder im Normalzustand zu zeigen.

Als weitere Option kann man die Schaltfläche nun zusätzlich zu ihrer Beschriftung je nach Zustand mit einer Grafik versehen. Über die Schaltfläche „Grafik" aus dem Dialogfeld „Schaltflächeneigenschaften" kann man einer Schaltfläche für ihre verschiedenen Zustände

- Normalzustand

- invertierter Zustand (Schaltfläche ist ausgewählt)

- gesperrter Zustand (Schaltfläche ist deaktiviert)

- aktivierter Zustand (Schaltfläche ist aktiviert)

Grafiken zuweisen. Bei einem Druckschalter reicht es aus, wenn die Grafik im Normalzustand angezeigt wird. Dazu öffnet man über die Option „auswählen" den Ressourcen-Manager. Hier kann man die gewünschte Grafik importieren, benennen und diese der Schaltfläche für den gewünschten Zustand zuweisen. Unsere Schaltfläche „Zeigen" soll auf diese Weise das Symbol eines offenen Auges in ihrem Normalzustand anzeigen. Symbole haben die ToolBook interne Kennung „icon". Durch Import der Datei AUGE01.ICO (Ressourcentyp „Symbol") aus dem Ordner MTB40\CLIPART\SYMBOL\ELEMENTE kann man der Schaltfläche das gewünschte Symbol zuweisen. Vorher soll das Symbol im Ressourcen-Manager noch den Namen „AugeAuf" erhalten.

Für den zweiten Zustand der Schaltfläche, über den die Grafik wieder verborgen werden soll, benötigen wir noch das Symbol eines geschlossenen Auges. Dieses liegt als Datei AUGE02.ICO im Ordner TOOLBOOK\ ADDS auf der beiliegenden CD-ROM und kann ebenfalls über den Ressourcen-Manager zunächst importiert und in „AugeZu" benannt werden. Die Zuweisung an die Schaltfläche erfolgt später über eine Behandlungsroutine.

Alternativ - und dieser Weg wird hier aus Übungszwecken ausdrücklich empfohlen - kann man das Symbol des geschlossenen Auges auch mit Hilfe des Symbol-/Cursor-Editors unter Zuhilfenahme des Symbols „AugeAuf" erzeugen. Dazu öffnet man den Ressourcen-Manager, wählt nach Auswahl des Ressourcentyps „Symbol" das bereits vorhandene Symbol „AugeAuf" aus und lädt über die Schaltfläche „Bearbeiten" den Symbol-/Cursor-Editor. Dies ist ein Programm, in dem man kleine Grafiken mit einfachen Malwerkzeugen mit bis zu 32 Farben bearbeiten kann. So läßt sich das zunächst offene Auge mit grauen Farbfüllungen zu einem geschlossenen Auge verwandeln. Nach Abschluß der Umwandlung kann das neue Symbol über die Menüoption „Datei/Speichern unter .. Symbol im aktuellen Buch" im Symbol-/Cursor-Editor und der Eingabe des Namens „AugeZu" als neue Ressource definiert werden. Zusätzlich läßt sich das neue Symbol auch noch als Datei abspeichern.

Nach all diesen Vorgaben können wir nun über ein Objektskript der Schaltfläche alle gewünschten Eigenschaften zuweisen. Dazu sind zwei neue OpenScript-Anweisungen notwendig. Zum einen ist dies die Anweisung:

```
caption of   <objekt> = text
```

Mit der *caption*-Anweisung (engl. caption = Überschrift/Untertitel) wird einem Objekt ein bestimmter Beschriftungstext zugewiesen. Dieser Text kann eine Maximallänge von 255 Zeichen haben und gesetzt oder abgefragt werden. Gültige Objekte können in diesen Zusammenhang Schaltflächen, Ansichtsobjekte oder Statuszeilen sein. Die *caption*-Anweisung ist somit analog zur *text of*-Anweisung für Textfelder zu sehen.

Mit einer weiteren OpenScript-Anweisung kann einer Schaltfläche im Normalzustand ein Symbol zugewiesen werden:

```
normalGraphic of button <name> = <referenz>
```

Die *normalGraphic*-Anweisung ist eine typische Schaltflächeneigenschaft, die einer Schaltfläche mit dem Namen <name> eine bestimmte Grafik (Bitmap, Symbol oder Cursorform) zuweist. Dabei kann <referenz> eine explizite Referenz auf einen Dateinamen mitsamt Pfadangabe sein oder die Bezugnahme auf einen Namen eines Objekts, z.B. einer Ressource. Im letzteren Fall muß die Art der Ressource (Bitmap, Symbol oder Cursor) zusätzlich angegeben werden.

Mit diesen beiden neuen OpenScript-Anweisungen kann nun das entsprechende Skript geschrieben werden. Es handelt sich um ein *buttonClick*-Skript mit einer *if*-Kontrollstruktur, das folgenden Ausgangszustand voraussetzt:

- Die Grafik „Kuppel" ist standardmäßig verborgen.
- Die Beschriftung der Schaltfläche „Zeigen" lautet standardmäßig „Grafik zeigen", wobei das G unterstrichen dargestellt wird. Damit läßt sich die Schaltfläche auch mit ALT-G aktivieren.
- Die Schaltfläche zeigt im Ausgangszustand die Grafik „AugeAuf" an.

Objektskript für die Schaltfläche „Zeigen":

```
to handle buttonClick
    if visible of paintObject "Kuppel" = false      -- a0
```

```
    show paintObject "Kuppel"                        -- a1
    caption of button "Zeigen" = \
        "&Grafik schließen"                          -- a2
    normalGraphic of button "Zeigen" = \
        icon "AugeZu"                                -- a3
  else                                               -- b0
    hide paintObject "Kuppel"                        -- b1
    caption of button "Zeigen" = "&Grafik zeigen"    -- b2
       normalGraphic of button "Zeigen" = \
          icon "AugeAuf"                             -- b3
  end if
end buttonClick
```

In der *if*-Klausel der *buttonClick*-Routine wird mit der *visible*-Eigenschaft
geprüft, ob die Grafik „Kuppel" sichtbar ist (engl. visible = sichtbar):

```
visible of <objekt> = <wert>
```

Dabei kann <wert> entweder *true* = sichtbar oder *false* = unsichtbar sein.
Der Vorteil einer solchen Eigenschaftsdefinition gegenüber den Anweisungen mit *hide* bzw. *show* ist, daß die Sichtbarkeit eines Objekts auch innerhalb einer Kontrollstruktur abgefragt werden kann. Mit der Eigenschaftsdefinition *visible* entspricht *hide self* der Anweisung *visible of self =
false* und *show self* der Anweisung *visible of self = true*.

Ist die Grafik „Kuppel" - wie zunächst vorausgesetzt - nicht sichtbar (Zeile
a0), wird die Grafik angezeigt (a1) und der Schaltfläche die Beschriftung
„Grafik schließen" zugewiesen (a2). Durch das & wird das „G" des Wortes „Grafik" zusätzlich als Sonderzeichen für die Kombination mit der
ALT-Taste reserviert. In Zeile (a3) wird schließlich die Grafik „AugeZu"
in die Schaltfläche eingefügt.

Die Anweisungen nach der *else*-Klausel (b0) verhalten sich genau entgegengesetzt. Zunächst wird die Grafik „Kuppel" verborgen (b1), danach die
Schaltfläche mit „Grafik zeigen" beschriftet (b2) (wiederum wird das „G"
reserviert) und schließlich das geöffnete Auge der Schaltfläche als Grafik
zugewiesen.

Mit diesem Objektskript lassen sich alle Aufgaben über eine Schaltfläche,
die ständig ihren Zustand hin- und herwechselt, regeln. Die Aktivierung
der Schaltfläche kann dabei per Mausklick oder auch über die Tastenkombination ALT-G vorgenommen werden.

Die fertige Version dieser Übung hat den Dateinamen EXER-06A.TBK.

2.3.7.2　Spezielle Schaltflächen

Neben den einfachen Druckschaltern bietet Multimedia ToolBook wie bereits erwähnt eine Reihe zusätzlicher Varianten, von denen eine besonders
interessante die sogenannte Optionsfeldgruppe ist. Dabei handelt es sich

um mehrere Optionsfelder, die eine Gruppe verwandter Optionen steuern und diese dann zu einer Gruppe zusammenschließen. Ist ein einzelnes Optionsfeld aus einer Gruppe ausgewählt, schaltet Multimedia ToolBook die übrigen Optionen der Gruppe automatisch ab.

Mit einer relativ einfachen Erweiterung des in Abschnitt 2.3.7.1 angefertigten Programms kann der Nutzen einer Optionsfeldgruppe illustriert werden. In dieser erweiterten Version der Übung 6 soll über eine Optionsfeldgruppe jeweils eines von drei Bildern an der jeweils gleichen Position der Seite angezeigt werden. Bild 2.16 illustriert den Seitenaufbau von Übung 6b.

Bild 2.16: Die Steuerung verwandter Funktion über eine Optionsfeldgruppe (Übung 6b)

Die in Bild 2.16 abgebildete Optionsfeldgruppe besteht aus drei Optionsfeldern. Bevor die Gruppe erstellt wird, muß jedes Optionsfeld einzeln angelegt werden. Das geschieht im Prinzip analog zur Erstellung von Druckschaltern, allerdings über das Hilfsmittel „rundes Optionsfeld" (sysTool: radioButton). Nach Auswahl dieses Hilfsmittel und Anlegen einer entsprechenden Schaltfläche stellt sich diese zunächst wiederum neutral mit der Beschriftung „Schaltfläche" dar. Der Kreis links neben der Beschriftung ist das Optionsfeld. Über die Objekteigenschaften können nun die Eigenschaften des neuen Optionsfeldes im einzelnen definiert werden:

Optionsfeld 1:

- Name: Feld1
- Beschriftung: &Bild 1
- Rahmenstil: 3D-Optionsfeld
- Beschriftungsposition: rechts
- aktiviert, hervorheben

Die genauen Positions- und Abmessungsdaten für das Optionsfeld „Feld1" sind 2160, 1460, 3060, 2075. Nun könnte man nach den gleichen Prinzipien die übrigen Optionsfelder nacheinander erstellen. Ein einfacherer Weg bietet sich über die Option „Duplizieren" an. Sind alle Eigenschaften definiert und alle Formatierungsvorgaben erfüllt, markiert man das Optionsfeld und dupliziert es zweimal (Menüoption: „Bearbeiten/Duplizieren", alternativ STRG-D). Danach befinden sich drei Optionsfelder leicht versetzt übereinander auf der Seite. Sie sind völlig identisch. Man muß nun lediglich die Namen und die Beschriftung der duplizierten Optionsfelder über die Definition der Schaltflächeneigenschaften ändern:

Optionsfeld 2:

- Name: Feld2
- Beschriftung: B&ild 1

Optionsfeld 3:

- Name: Feld3
- Beschriftung: Bi&ld 1

Die Definition des über die Kombination mit der ALT-Taste zur Aktivierung des Feldes definierten Buchstabens bedarf noch einer Bemerkung. Hier gilt es Doppelbelegungen zu vermeiden. Da alle drei Feldbeschriftungen mit „B" beginnen und das „B" bereits für „Feld1" verwendet wird, muß für „Feld2" ein anderer und für „Feld3" wiederum ein anderer Buchstabe definiert werden.

Abschließend sollen die drei Optionsfelder noch exakt ausgerichtet werden. Da sie auf der gleichen Vertikallinie liegen sollen, kann der erste Wert konstant gehalten werden, während der zweite Wert differiert. Folgende Positionswerte sollen für die drei Felder unter Verwendung des Eigenschaften-Editors definiert werden:

- „Feld1": 2160, 1460
- „Feld2": 2160, 1960
- „Feld3": 2160, 2460

Um aus den noch separaten Optionsfeldern nun eine Optionsgruppe zu erzeugen, muß man alle drei Optionsfelder nacheinander markieren. Zur Markierung mehrerer Objekte ist - wie bei anderen Grafikprogrammen auch - nach Markierung des ersten Objekts die Shift-Taste zu drücken. Über den Menüpunkt „Objekt/Gruppieren" kann anschließend die Optionsfeldgruppe erstellt werden. Über die Objekteigenschaften soll die Optionsfeldgruppe nun noch folgende Eigenschaften erhalten:

- Name: Auswahl1
- Auto-Optionsfeld (ist standardmäßig eingestellt)

Die Gruppeneigenschaft „Auto-Optionsfeld" bewirkt dabei, daß aus der Gruppe immer nur eine Option ausgewählt werden kann. Über die Farbpalette kann dem gruppierten Optionsfeld noch eine Füllfarbe (Empfehlung: gelb) zugewiesen werden. Zusätzlich kann man zum Zwecke der Verschönerung noch ein gefülltes Rechteck (empfohlene Füllfarbe gelb) und einen darunterliegenden schwarzen Schatten (ebenfalls ein Rechteck) unter die Optionsfeldgruppe legen. Hier sind die exakten Positions- und Abmessungsdaten:

- Rechteck: 1905, 1305, 3525, 3090, Füllfarbe: Gelb
- Schatten: 1980, 1365, 3600, 3150, Füllfarbe: schwarz

Die Schichtenzuordnung kann man über das Menü „Zeichnen" vornehmen und dort das als Schatten fungierende Rechteck „Ganz nach Hinten", das gelb gefüllte Rechteck davor, und das Optionsfeld „Auswahl1" „ganz nach vorne" setzen.

Über das Optionsfeld „Auswahl1" sollen nun drei Grafiken angezeigt werden. (In Bild 2.16 wird nach Aktivierung des Optionsfeldes „Bild 3" gerade die Grafik „Küste" angezeigt). Die Grafiken werden mit Multimedia ToolBook ausgeliefert und befinden sich im Ordner MTB40/CLIP-ART/BITMAPS. Sie haben die Dateinamen:

- FEUERWRK.BMP
- ABEND2.BMP
- KUESTE.BMP

Da alle drei Grafiken an der gleichen Position plaziert werden und dazu absolut identische Ausmaße haben sollen, empfiehlt sich aus Gründen der Genauigkeit die Eingabe der Abmessungsdaten über die Eigenschaft *bounds* im Eigenschaften-Editor (siehe Abschnitt 2.3.6.6). Auf diese Weise sollen alle Grafiken nacheinander importiert werden und folgende Eigenschaften erhalten:

FEUERWRK.BMP

- Name: Bild1
- bounds: 4305, 1005, 7545, 3210

ABEND2.BMP

- Name: Bild2
- bounds: 4305, 1005, 7545, 3210

KUESTE.BMP

- Name: Bild3

– bounds: 4305, 1005, 7545, 3210

Nach der Festlegung der Eigenschaften liegen alle Grafiken übereinander und man sieht nur die zuletzt importierte Grafik. Da die Grafiken aber sowieso nur in Abhängigkeit vom aktivierten Optionsfeld angezeigt werden sollen und nie zusammen auf dem Bildschirm erscheinen, spielt das zunächst keine Rolle.

Zum Abschluß der Vorarbeiten soll nun noch ein Textfeld mit den Abmessungen 4455, 2790, 5490, 3090 und folgenden Eigenschaften definiert werden:

– Name: Grafiktitel
– Feldtyp: einzeilig
– Rahmenstil: Rechteck
– aktiviert (Tastatur gesperrt), aktiviert

Dieses Textfeld dient als Untertitel für die jeweils geöffnete Grafik. Der Beschriftungstext ist von der jeweiligen Grafik abhängig.

Bevor nun die notwendigen Skripte geschrieben werden können, bedarf es noch einer neuen Eigenschaftsdefinition für Optionsfelder in OpenScript:

```
checked of button <name> = <wert>
```

Mit *checked of button* wird der Aktivierungszustand einer Schaltfläche überprüft (engl. check = abhaken). Dabei kann *<wert>* die Zustände *true* (= aktiviert) und *false* (= nicht aktiviert) haben. Im Normalzustand hat daher eine Schaltfläche und damit die *checked*-Eigenschaft stets den Zustand *false*.

Im Prinzip reicht für die gestellten Aufgaben eine einzige *buttonClick*-Routine aus. Aus Gründen der Übersichtlichkeit soll diese Routine jedoch mit einer selbstgeschriebenen Routine, die zunächst noch sehr einfach ist, später aber erweitert wird, interagieren. Da sich die *buttonClick*-Routine auf ein gruppiertes Objekt, in der Multimedia ToolBook Terminologie eine Gruppe, bezieht, schreibt man zweckmäßigerweise ein Gruppenskript. Dazu markiert man die Gruppe und öffnet den Skript-Editor. Mit folgenden Behandlungsroutinen im Gruppenskript „Auswahl1" können die gestellten Aufgaben gelöst werden:

```
to handle buttonClick
    conditions
        when checked of button "Feld1" = true      -- a0
            send myMenu 1                           -- a1
        when checked of button "Feld2" = true      -- a2
            send myMenu 2                           -- a3
        when checked of button "Feld3" = true      -- a4
            send myMenu 3                           -- a5
```

```
        end conditions
end buttonClick

to handle myMenu lvNum
        show paintObject ("Bild" & lvNum)
        text of field "Grafiktitel" = ("Bild" && lvNum)
end myMenu
```

Je nach Aktivierung eines der Optionsfelder der Optionsfeldgruppe „Auswahl1" wird die Routine *myMenu* mit dem Parameter 1, 2 oder 3 aufgerufen. Wird z.B. *myMenu* aus der ersten *when*-Klausel heraus aufgerufen, wird <u>lvNum</u> über *send myMenu 1* an den Wert 1 gebunden und *myMenu* hat intern folgenden Zustand:

```
to handle myMenu 1
        show paintObject ("Bild" & 1)
        text of field "Grafiktitel" = ("Bild" && 1)
end myMenu
```

Durch Interpretation der geklammerten Objektnamen wird daraus:

```
to handle myMenu 1
        show paintObject "Bild1"
        text of field "Grafiktitel" = "Bild 1"
end myMenu
```

In der jetzigen Form funktioniert das Programm zwar ohne Fehler, aber noch nicht wie gewünscht. Der Bilduntertitel zeigt zwar an, welche Grafik je nach Auswahl des Optionsfeldes sichtbar sein soll, als Bild ist jedoch nur das zuletzt importierte Bild, „Bild3", zu sehen. Das liegt an der identischen Positionierung der drei Grafiken und ihrer Zuordnung zu verschiedenen Schichten („Bild3" ist jeweils im Vordergrund). Als Lösung bieten sich zwei Wege an: Entweder man verbirgt die jeweils nicht gewünschten Bilder, oder man bringt die anzuzeigende Grafik explizit in den Vordergrund.

Das automatische Verbergen der nicht gewünschten Grafiken läßt sich mit einer Schleife in einer zusätzlichen *mouseLeave*-Routine im Gruppenskript „Anzeige1" lösen:

```
to handle mouseLeave
  step i from 1 to 3                              -- a0
    if visible of paintObject ("Bild" & i) = true -- a1
      hide paintObject ("Bild" & i)               -- a2
    end if                                        -- a3
  end step                                        -- a4
  hide field "Grafiktitel"                        -- a5
end mouseLeave
```

Da nur drei Grafiken („Bild1" bis „Bild3") vorhanden sind, reicht eine kleine Schleife, die den Anfangswert 1 und den Endwert 3 hat, aus (Zeile a0 und Zeile a4). Durch eine zusätzliche Kontrollstruktur mit *if* wird in

Zeile (a1) geprüft, ob die jeweilige Grafik sichtbar ist. Ist das der Fall, wird sie verborgen (a2), ansonsten passiert nichts. Mit dieser Routine werden wahlweise die gewünschten Grafiken verborgen. Zusätzlich wird das Textfeld „Grafiktitel" außerhalb der Schleife unsichtbar (Zeile a5).

Alternativ kann man auch ohne Einführung einer *mouseLeave*-Routine mit einer speziellen OpenScript-Anweisung Objekte auf die vorderste Schicht eines Vorder- oder Hintergrundes bringen:

```
send bringToFront <objekt>
```

Mit dieser Anweisung (engl. bring to front = nach vorn bringen) bezogen auf das jeweils anzuzeigende Bild und das Textfeld „Grafiktitel" kann man nun die Routine *myMenu* erweitern (die Änderungen sind fettgedruckt):

```
to handle myMenu lvNum
    send bringToFront paintObject ("Bild" & lvNum)
    send bringToFront field "Grafiktitel"
    text of field "Grafiktitel" = ("Bild" && lvNum)
end myMenu
```

Auf die *show*-Anweisung kann man dabei verzichten, da die Grafiken und auch das Textfeld „Grafiktitel" ja stets sichtbar sind.

Damit sind die Arbeiten an dieser Übung mit dem neuen Dateinamen EXER-06B.TBK fertig.

2.3.7.3   Schaltflächeneffekte

Schaltflächen sind zwar effiziente Mittel zur Herstellung von Hyperlinks, sie sind aber grafisch nicht sehr ansprechend gestaltet. Zwar kann man ihnen über die Farbpalette alle möglichen Farben zuweisen, auch kann man den Beschriftungstext beliebig färben, der Grundzustand bleibt jedoch stets erhalten. Aus diesem Grund werden oft nicht Schaltflächen, sondern andere Objekte zur Herstellung von Hyperlinks verwendet. Diesen kann man dann mit bestimmten Anweisungen schaltflächenähnliches Verhalten zuweisen.

Ausgehend von der ersten Version von Übung 6 (Dateiname; EXER-06A.TBK, Abschnitt 2.3.7.1) soll nun ein Textfeld mit dem Namen „Zeigen" die Funktion der Schaltfläche übernehmen. Es soll folgende Eigenschaften haben:

– Name: Zeigen
– Feldtyp: Einzeilig
– Rahmenstil: Eingesetzt
– aktiviert (Tastatur gesperrt), aktiviert

Zusätzlich soll das Textfeld mit der Schriftart Times New Roman in der Schriftgröße 14 formatiert werden. Die Ausrichtung der Beschriftung soll zentriert sein (siehe Abschnitt 2.3.1 zur Zeichen- und Absatzformatierung). Darüber hinaus soll das Textfeld mit einem dunklen Grün, z.B. mit dem „Windows-Grün", Zeile 1 Spalte 7 aus der Farbpalette, gefüllt werden und die Schrift soll weiß sein. Die Füllung erreicht man durch Markierung des Textfeldes und Verwendung des Fülleimers aus der Farbpalette, die Textfarbe durch Verwendung des Pinsels. Zusätzlich soll dem Textfeld - je nach Zustand - das Symbol „AugeAuf" bzw. „AugeZu" zugewiesen werden. Mit einem zusätzlichen hellgrünen abgerundeten Rechteck im Hintergrund des Textfeldes „Zeigen" erreicht man zusätzlich einen ansprechenden optischen Effekt.

Mit allen Vorgaben hat das Textfeld dann das in Bild 2.17 dargestellte Aussehen, eines je Zustand.

Bild 2.17: Textfelder als Schaltflächen, Übung 6c

Um einem Textfeld ein schaltflächenähnliches Verhalten zuzuweisen, bedarf es zweier neuer Techniken. Zum einen genügt es nicht, wie in Übung 6a, eine einfache *buttonClick*-Routine zu schreiben, sondern nun muß - genau wie bei einer Schaltfläche - ein Schalteffekt für das Herunterdrükken und ein Schalteffekt für das Loslassen der Maustaste definiert werden.

Das Aufspalten der *buttonClick*-Routine erreicht man mit den Routinen

```
buttonDown
buttonUp
```

Dabei gilt *buttonDown* für das Herunterdrücken und *buttonUp* für das Loslassen der Maustaste. Nun gilt es noch, den gewünschten Effekt festzulegen, einen für die *buttonDown*- und einen für die *buttonUp*-Routine. Neben Farbänderungen, die natürlich eingesetzt und mit der *fillColor*- oder der *strokeColor*-Anweisung definiert werden können, ist ein besonders schöner Effekt, der der Änderung des Rahmenstils:

```
borderstyle of field <name> = <type>
```

Mit der *borderstyle*-Anweisung kann man den Rahmenstil (engl. borderstyle = Rahmenstil) eines Feldes <name> mit vorgegebenen Schlüsselwörtern definieren. So läßt sich z.B. mit den Einstellungen *raised* (engl. raised
= (an)gehoben) ein Feld hervorheben und mit der Einstellung *inset* auf
„eingesetzt" zurücksetzen (engl. inset = (hin)eingesetzt). Weitere Einstellungsmöglichkeiten kann man über den Eigenschaften-Editor ermitteln
oder der OpenScript-Referenz auf Seite 2-33 entnehmen. Durch das Verändern der Rahmenstileigenschaft mit der *borderstyle*-Anweisung erhalten
Textfelder einen dynamischen Charakter, der den von Schaltflächen ähnelt.

Mit den folgenden beiden Behandlungsroutinen im Objektskript für das
Textfeld „Zeigen", einer *buttonDown*- und einer *buttonUp*-Routine, übernimmt das Textfeld nun die Funktion einer Schaltfläche.

```
to handle buttonDown
      borderstyle of field "Zeigen" = raised          -- a0
end buttonDown

to handle buttonUp
  if visible of paintObject "Kuppel" = false          -- b0
      show paintObject "Kuppel"                        -- b1
      text of field "Zeigen" = "Grafik schließen" -- b2
      insert graphic icon "AugeZu" before \
          text of field "Zeigen"                       -- b3
  else                                                 -- c0
      hide paintObject "Kuppel"                        -- c1
      text of field "Zeigen" = "Grafik zeigen"    -- c2
      insert graphic icon "AugeAuf" before \
          text of field "Zeigen"                       -- c3
  end if
  borderstyle of field "Zeigen" = inset               -- d0
end buttonUp
```

Neben der neuen *buttonDown*-Routine, die das Textfeld hervorhebt (Zeile
a0) und der entgegengesetzten *borderstyle*-Anweisung am Ende der
buttonUp-Routine, die das Feld wieder zurücksetzt (d0), sind kaum Änderungen im Vergleich zu dem analogen Skript der Schaltfläche „Zeigen"
(Übung 6a) festzustellen. Natürlich kann hier keine *caption*-Anweisung
verwendet werden, da es sich nicht um eine echte Schaltfläche handelt.
Daher befinden sich in den Zeilen (b2) und (c2) *text of field*-Anweisungen.
Darüber hinaus läßt sich eine Grafik in einem Textfeld nicht über die *normalGraphic*-Anweisung, die ja nur für Schaltflächen gilt, anzeigen. Hier
muß ein *insert graphic*-Aufruf stehen (engl. insert = einfügen), der grundsätzlich wie folgt aufgebaut ist:

```
insert graphic <referenz> <plazierung> <container>
```

Mit *insert graphic* wird eine Ressource (Bitmap, Symbol oder Cursor) an eine bestimmte Stelle (*into*, *before*, *after*) eines Textcontainers, z.B. in ein Textfeld eingefügt. In der *buttonUp*-Routine wird daher in den Zeilen (b3) und (c3) das Symbol „AugeZu" bzw. „AugeAuf" vor (*before*) dem jeweiligen Text an der ersten Stelle eingefügt.

Mit diesem Skript funktioniert das Programm einwandfrei, d.h. das Textfeld „Zeigen" simuliert den Effekt einer Schaltfläche. Das Programm trägt den Dateinamen EXER-06C.TBK.

2.3.8   Spezielle Felder

Zur Möglichkeit der Auswahl verschiedener Optionen wurden bisher Textfelder, Grafiken oder Schaltflächen verwendet. Eine besondere Möglichkeit in Multimedia ToolBook ist die Verwendung spezieller Textfelder, in denen der Text als Liste von Elementen angeordnet ist. Über diese Liste kann der Benutzer eine Auswahl treffen, z.B. eine Grafik auswählen, einen Videoclip starten etc. Es gibt zwei Varianten solcher Felder:

* Listenfelder,
* Kombinationsfelder.

Felder dieses Typs bieten sich immer dann an, wenn eine übersichtliche, z.B. eine alphabetische Anordnung der Auswahlmöglichkeiten notwendig ist, um Benutzerfehler zu vermeiden. Da man Feldern dieses Typs Bildlaufleisten zuordnen kann, sind sie ebenfalls besonders geeignet, wenn der Platz für die Auswahl verschiedener Optionen über Schaltflächen oder andere Objekte nicht ausreicht.

Die folgenden Varianten der Übung 7 sollen die Möglichkeiten der Nutzung dieser speziellen Feldtypen illustrieren. Basis ist dabei die Übung 6, bei der drei Grafiken wahlweise per Mausklick präsentiert werden (siehe Abschnitt 2.3.7.2). Die drei Grafiken befinden sich im Multimedia Tool-Book Ordner MTB40\CLIPART\BITMAPS und haben - hier der Vollständigkeit halber nochmals erwähnt - folgende Eigenschaften:

Grafik 1: FEUERWRK.BMP

– Name: Bild1
– bounds: 4305, 1005, 7545, 3210

Grafik 2: ABEND2.BMP

– Name: Bild2
– bounds: 4305, 1005, 7545, 3210

Grafik 3: KUESTE.BMP

- Name: Bild3
- bounds: 4305, 1005, 7545, 3210

Damit liegen alle Grafiken an der gleichen Position und haben die gleiche Größe. Der Aufruf der Grafiken soll nun zunächst über ein Listenfeld (Abschnitt 2.3.8.1) und danach über ein Kombinationsfeld (Abschnitt 2.3.8.2) erfolgen. In Abschnitt 2.3.8.3 wird mit dem Aufruf über Aktionswörter schließlich noch eine dritte Variante vorgestellt.

Außerdem wird noch das Textfeld „Grafiktitel" benötigt, in dem die Bezeichnungen der angezeigten Bilder erscheinen (siehe Abschnitt 2.3.7.2, Übung 6b).

Die so definierten Objekte werden von den Varianten der Übung 7 gleichermaßen genutzt.

2.3.8.1 Listenfelder

Listenfelder werden mit dem Listenfeldhilfsmittel aus der Hilfsmittelpalette erstellt (sysTool: singleSelectListBox). Das für diese Übung benötigte Listenfeld soll lediglich drei Elemente enthalten:

- Feuerwerk
- Abend
- Küste

Über diese Elemente sollen die Grafiken und der Text im Textfeld „Grafiktitel" abgerufen werden. Bild 2.18 illustriert den Seitenaufbau dieser Übung.

Bild 2.18: Grafikaufruf mit einem Listenfeld (Übung 7a)

Nach Erstellung des Listenfeldes müssen zunächst dessen Eigenschaften festgelegt werden:

- Name: F1
- Feldtyp: Listenfeld mit Einfachauswahl
- Rahmenstil: Rechteck
- aktiviert
- Positions- und Abmessungsdaten (bounds): 2415, 1650, 3675, 2460

Da das Listenfeld lediglich drei Elemente enthalten soll, genügt der Rahmenstil „Rechteck". Bei einer größeren Anzahl von Elementen ist der Rahmenstil „Bildlauf" vorzuziehen. Sie erlaubt dem Benutzer ein „scrollen" (Rollen) durch den Text.

Die Eingabe der Elemente erfolgt wie bei einem Textfeld durch Doppelklick und anschließender Eingabe von einem Element je Zeile. Wichtig ist dabei, daß nach der Eingabe eines Elementes jeweils die Eingabetaste betätigt wird, da die einzelnen Listenelemente nicht durch Zeilenumbruch, sondern als separate Absätze definiert werden.

Nach Abschluß der Vorarbeiten genügt ein Objektskript mit einer relativ einfachen *buttonClick*-Routine, um die gewünschten Aufgaben des Programms wahrzunehmen:

Objektskript für das Listenfeld „F1":

```
to handle buttonClick
  lvChoice = selectedTextlines of field "F1"        -- a0
  lvHighlightedText = \
      textline lvChoice of text of field "F1"       -- a1
  send bringToFront \
      paintObject ("Bild" & lvChoice)               -- a2
  send bringToFront field "Grafiktitel"             -- a3
  text of field "Grafiktitel" = lvHighlightedText  -- a4
end buttonClick
```

Diese Routine enthält zwei neue OpenScript-Anweisungen. Die Eigenschaft:

```
selectedTextlines of field <name>
```

enthält die Nummer der ausgewählten Textzeile eines Listenfeldes (engl. selected textlines = ausgewählte Textzeilen). Diese wird in Zeile (a0) an die lokale Variable <u>lvChoice</u> gebunden. Mit einer weiteren Anweisung:

```
textline <zahl> of text of field <name>
```

kann der Text einer bestimmten Zeile <zahl> aus einem Textfeld ermittelt werden. In Zeile (a1) wird diese Textzeile an die Variable <u>lvHighlighted-</u>

Text gebunden. Dabei wird als Zeilenzahl die vorher in Zeile (a0) an die Zeilenzahl gebundene Variable lvChoice verwendet.

Schauen wir uns diese Vorgehensweise näher an: Nehmen wir an, der Benutzer hat auf das Element „Abend" im Listenfeld „F1" geklickt. In diesem Fall bekommt lvChoice in Zeile (a0) den Wert 2. Mit diesem Wert wird in Zeile (a1) die *textline*-Anweisung wie folgt aufgerufen:

```
textline 2 of text of field "F1"
```

Das bedeutet, daß somit das 2. Element, also „Abend", aus dem Listenfeld ausgelesen werden kann. Die übrigen Zeilen der *buttonClick*-Routine sind hinlänglich bekannt: in Zeile (a2) wird die gewünschte Grafik in den Vordergrund gestellt, wobei der Name der Grafik aus der Konstanten „Bild" und der Variablen lvChoice (der ermittelten Zeilenzahl) zusammengesetzt wird. In Zeile (a3) wird das Textfeld „Grafiktitel" nach vorn gebracht und danach der Text lvHighlightedText (das ermittelte Listenelement) im Feld angezeigt.

Damit ist der Grafikaufruf über ein Listenfeld lauffähig. Diese Version der Übung 7 erhält den Dateinamen EXER-07A.TBK.

2.3.8.2   Kombinationsfelder

In der nun folgenden Variante der Übung 7 soll die Auswahl der Grafik über ein Kombinationsfeld erfolgen. Bild 2.19 zeigt den Bildschirmaufbau dieser Übung.

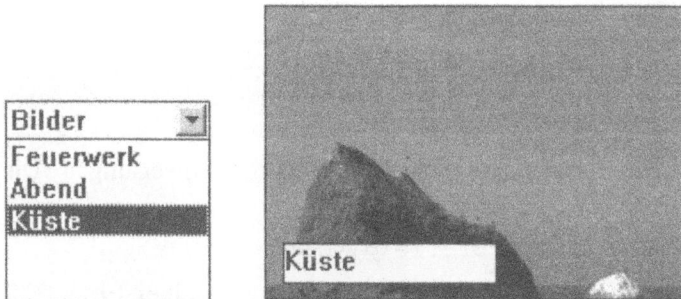

Bild 2.19: Grafikaufruf mit einem Kombinationsfeld (Übung 7b)

Ein Kombinationsfeld besteht aus drei Teilen:

- einem einzeiligen Bearbeitungsfeld,
- einem Pfeilschalter mit einem Abwärtspfeil,
- einem „DropDown"-Listenfeld (engl. drop down = herunterlassen).

Bild 2.20 zeigt den schematischen Aufbau eines Kombinationsfeldes.

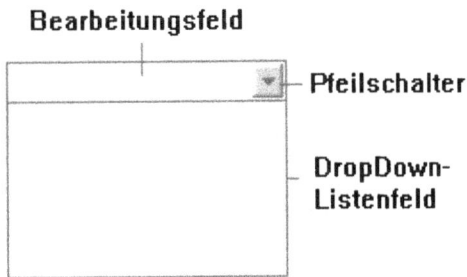

Bild 2.20: Der Aufbau eines Kombinationsfeldes

Kombinationsfelder werden mit dem Hilfsmittel für Kombinationsfelder (sysTool: comboBox) nach den üblichen Prinzipien erstellt. Danach wird zunächst das Bearbeitungsfeld mit dem Pfeilschalter angezeigt. Nach Markierung soll das Kombinationsfeld folgende Eigenschaften zugewiesen bekommen:

- Name: F2
- aktiviert
- Elemente sortieren ausschalten

Bei wiederum nur drei Elementen ist eine zusätzliche Bildlaufleiste nicht notwendig. Das Abschalten der Option „Elemente sortieren" verhindert, daß die im DropDown-Listenfeld einzugebenden Begriffe automatisch alphabetisch sortiert werden (engl. sort items = Elemente sortieren). Das ist notwendig, da unser erstes Listenelement „Feuerwerk" trotz seines im Alphabet später erscheinenden Anfangsbuchstabens vor dem Element „Abend" erscheinen soll. Alternativ kann man die Option „Elemente sortieren" auch über den Eigenschaften-Editor an- bzw. abschalten.

Nun kann der Text in das Kombinationsfeld eingegeben werden. Zunächst wird im Bearbeitungsfeld eine Überschrift gewählt, hier die Überschrift „Bilder". Diese Überschrift soll auch nach Auswahl eines Elements im

DropDown-Listenfeld bestehen bleiben.[1] Danach kann per Doppelklick auf den Pfeilschalter das DropDown-Listenfeld geöffnet werden, und es können nacheinander die gewünschte Textelemente „Feuerwerk, Abend, Küste", eines je Zeile, eingegeben werden. Wie auch bei Listenfeldern muß nach Eingabe jedes Elements die Eingabetaste betätigt werden.

Mit einem einfachen Objektskript können nun die gestellten Aufgaben gelöst werden.

Objektskript für das Kombinationsfeld „F2":

```
to handle enterDropDown
      system svSaveText                            -- a0
      svSaveText = text of self                    -- a1
end enterDropDown

to handle selectChange itemString, selectedItem
      system svSaveText                            -- b0
      send bringToFront \
         paintObject ("Bild" & selectedItem)       -- b1
      send bringToFront field "Grafiktitel"        -- b2
      text of field "Grafiktitel" = itemString     -- b3
      text of comboBox "F2" = svSaveText           -- b4
end selectChange
```

Für Kombinationsfelder sind zwei neue OpenScript-Behandlungsroutinen grundlegend:

```
enterDropDown
selectChange
```

Mit der *enterDropDown*-Routine kann - wenn gewünscht - der Text des Bearbeitungsfeldes gesichert werden. Das geschieht über eine Systemvariable, die ihre Gültigkeit auch über die Behandlungsroutine hinaus behalten muß. Systemvariablen müssen zunächst deklariert, d.h. eingeführt werden (a0). Das geschieht über das Schlüsselwort *system* und dem anschließenden frei zu wählenden Variablennamen. Die Prinzipien der Benennung von Systemvariablen sind die gleichen wie bei lokalen Variablen (siehe Abschnitt 2.3.6.2). Zur Vermeidung von Kollisionen mit internen Variablen hatten wir vorgeschlagen, jeder Systemvariablen zusätzlich das Kürzel „sv" (system variable) voranzustellen. In der oben dargestellten *enterDropDown*-Routine wird der aktuelle Text des Bearbeitungsfeldes über die Anweisung *text of self* an die Systemvariable svSaveText gebunden (a1).

In der zweiten Routine *selectChange* (engl. select change = auswählen des gewechselten Bereichs) wird die eigentliche Auswahl aus dem DropDown-

---

[1] Standardmäßig ist in einem Kombinationsfeld der Text im Bearbeitungsfeld immer identisch mit dem des zuletzt ausgewählten Elements im DropDown-Listenfeld.

Listenfeld vorgenommen. Diese Routine verfügt über zwei vordefinierte Parameter:

- itemString = das ausgewählte Listenelement (engl. item string = hier: Zeichenkette)

- selectedItem = die Zeilenzahl des ausgewählten Listenelementes (engl. selected item = ausgewähltes Element)

Damit kann das angeklickte Element auf einfache Art und Weise aus dem DropDown-Listenfeld ausgelesen und weiterverarbeitet werden. In Zeile (b0) wird zunächst die Systemvariable svSaveText deklariert, d.h. es wird der Behandlungsroutine *selectChange* mitgeteilt, daß hier eine Systemvariable verwendet werden soll. In den Zeilen (b1) und (b2) wird zunächst die anzuzeigende Grafik, dann das Textfeld „Grafiktitel" in den Vordergrund gebracht. Anschließend wird in Zeile (b3) der gewünschte Text über die Variable itemString in das Textfeld geschrieben. Mit der Anweisung in Zeile (b4) wird schließlich der Text im Bearbeitungsfeld des Kombinationsfeldes über die Systemvariable svSaveText wiederhergestellt.

Mit diesen Behandlungsroutinen sind die Arbeiten an dieser Variante der Übung 7, die den Dateinamen EXER-07B.TBK erhält, abgeschlossen.

2.3.8.3 Textfelder mit Aktionswörtern

Aktionswörter (engl. hotwords), sind hervorgehobene Textbereiche in Textfeldern, zu denen weitere Informationen zur Verfügung stehen. Multimedia ToolBook bietet zur Generierung und Verwaltung von Aktionswörtern eine Reihe komfortabler Hilfsmittel an, die in anderen Autorensystemen nur mit großer Mühe selbst programmiert werden müssen.

Bild 2.21: Grafikaufruf über Aktionswörter (Übung 7c)

Ziel dieser Übung ist es, die drei Grafiken „Bild1", „Bild2" und „Bild3" nun über Aktionswörter abzurufen. Bild 2.21 stellt die Variante 7c der Übung für den Grafikaufruf über Aktionswörter dar.

Beim Erstellen von Aktionswörtern geht man wie folgt vor: Zunächst sollte man über das Menü: „Objekt/Bucheigenschaften" die spezifischen Eigenschaften von Aktionswörtern einstellen. So kann man zwischen farblicher Hervorhebung, Hervorhebung durch Unterstreichung, Hervorhebung durch Umrandung etc. wählen.[1] Nach Auswahl einer dieser Optionen wird dann das Aktionswort auf Leserebene entsprechend präsentiert. Zusätzlich wechselt die Cursorform bei Berührung eines Aktionswortes mit der Maus auf Leserebene automatisch ohne Zutun des Autoren zur Handform. Alles was vom Autor verlangt wird, ist die Markierung des als Aktionswort geltenden Textbereiches und die Erstellung eines zugehörigen Objektskripts.

Nehmen wir uns zunächst das Aktionswort „Abend" vor. Nach der kompletten Markierung durch Überstreichen des Wortes bei gedrückter linker Maustaste wird der markierte Textbereich zunächst invertiert dargestellt. Im Menü „Text/Aktionswort erstellen" nimmt man nun die entsprechende Definition dieses markierten Bereichs als Aktionswort vor. Klickt man nun an eine andere Stelle des Textes, erscheint das Aktionswort je nach Vorauswahl in einer bestimmten Farbe, unterstrichen, umrandet, gepunktet etc.

Nun benötigen wir noch ein Objektskript für das Aktionswort. Dazu bewegt man den Cursor in das Aktionswort (eine komplette Markierung ist nicht notwendig), aktiviert den Skript-Editor über die Menüoption „Objekt/Aktionsworteigenschaften" oder über den Schalter „Skript-Editor" und schreibt das gewünschte Objektskript. Nach diesem Verfahren können nacheinander die Aktionswörter „Abend", „Feuerwerk" und „Küste" definiert und folgende, sehr einfache Objektskripte geschrieben werden:

Objektskript für das Aktionswort „Abend":

```
to handle buttonClick
     send myPresent "Bild1", "Abend"              -- a0
end buttonClick
```

Objektskript für das Aktionswort „Feuerwerk":

```
to handle buttonClick
     send myPresent "Bild2", "Feuerwerk"          -- b0
end buttonClick
```

---

[1] In der vorliegenden Version haben wir uns für die Markierung durch die Farbe rot und den Stil „gepunktet" entschieden.

Objektskript für das Aktionswort „Küste":

```
to handle buttonClick
        send myPresent "Bild3", "Küste"            -- c0
end buttonClick
```

Die Skripte sind im Prinzip selbsterklärend. Sie rufen die selbstdefinierte Routine *myPresent* auf (Zeilen a0, b0 und c0) und übergeben dieser als ersten Parameter den Namen der anzuzeigenden Grafik („Bild1", „Bild2" und „Bild3") und als zweiten den im Textfeld „Grafiktitel" anzuzeigenden Text.

```
to handle myPresent lvPicture, lvText
        send bringToFront paintObject lvPicture    -- d0
        send bringToFront field "Grafiktitel"      -- d1
        text of field "Grafiktitel" = lvText       -- d2
end myPresent
```

Die Routine *myPresent* befindet sich im Seitenskript und ist nahezu identisch mit der Routine *myInfo*, die in Abschnitt 2.3.7.2 definiert wurde. In *myPresent* wird in Zeile (d0) zunächst das anzuzeigende Bild in den Vordergrund gebracht, anschließend das Textfeld davor plaziert (d1). In Zeile (d2) wird schließlich der an die lokale Variable <u>lvText</u> gebundene Text im Feld „Grafiktitel" angezeigt.

Mit dieser Version des Grafikaufrufs ist es möglich, mittels Aktionswortverknüpfungen Grafiken und dazugehörige Texte flexibel anzuzeigen. Das Programm hat den Dateinamen EXER-07C.TBK.

2.3.9　Animation

Eine besondere Option in Multimedia-Systemen ist die Integration von speziellen Effekten, die ein Programm für den Benutzer besonders attraktiv erscheinen lassen und mit denen man darüber hinaus bestimmte Sachverhalte besonders plausibel erklären kann. Neben der Nutzung von Videoclips (siehe Abschnitt 3.12) sind Animationen, d.h. bewegte Bildsequenzen, geeignete Mittel, die nicht nur den Erklärungs- sondern auch den Unterhaltungswert eines Multimedia-Programms erheblich steigern. Multimedia ToolBook bietet dazu folgende Techniken an:

- Animationen mit dem Skript-Rekorder,

- Animationen mit Schleifen,

- Animationen durch Seitenwechsel,

- Animation durch Anzeigen und Verbergen,

- Pfadanimationen.

Darüber hinaus kann man über den Import von Mediaclips Animationen, die mit dafür geeigneten Programmen, z.B. Autodesk, erzeugt wurden, recht einfach in ein Multimedia ToolBook Programm einbinden.

In den folgenden Abschnitten werden die diversen Optionen für die Verwendung von Animationen in Multimedia ToolBook auf der Basis der Varianten der Übung 8 näher erläutert.

2.3.9.1   Animationen mit dem Skript-Rekorder

Die einfachste Variante, mit der Animationssequenzen erzeugt werden, bedient sich des Skript-Rekorders, einer Möglichkeit zur automatischen Generierung von Behandlungsroutinen in OpenScript. Die Funktionsweise des Skript-Rekorders ist recht einfach: Man aktiviert den Skript-Rekorder, wählt ein Objekt aus, bewegt es in gewünschter Weise über die Seite und deaktiviert am Ende der Bewegungssequenz den Skript-Rekorder. Danach sind alle durchgeführten Aktionen (Mausklicks, Bewegung etc.) in OpenScript-Anweisungen übersetzt worden und intern aufgezeichnet. Die OpenScript-Sequenzen kann man anschließend nachbearbeiten.

Als Übung dieser Animationsform soll uns das Wort ANIMATION dienen, aus dem sich per Mausklick auf eine Schaltfläche der Buchstabe O zunächst rot einfärbt, dann aus dem Wort ANIMATION entfernt, eine Kreisbahn beschreibt, anschließend wieder schwarz wird und sich wieder in das Wort einfügt. Bild 2.22 illustriert den Bildschirmaufbau dieser Übung.

Animationstechnik 1
- mit Recorder

ANIMATION

Bild 2.22: Animation mit dem Animationsrekorder, Übung 8a[1]

Zunächst ist das Wort ANIMATION auf den Bildschirm zu bringen. Dazu sind folgende Textelemente jeweils in einem rahmenlosen Textfeld formatiert in der Schriftart Humanst 512 XBdCn BT (Humanst Extra Bold) in der Zeichengröße 64 in drei Teilen anzufertigen und unter der Verwendung des Gitters wie in Bild 2.22 zu positionieren:[2]

- ANIMATI
- O
- N

Alle Textfelder haben die Eigenschaft „Rahmenstil: kein", sind aktiviert (Tastatur gesperrt) und haben eine schwarze Umrißfarbe. Das O erhält zusätzlich den Namen „oBlack". Durch Duplizieren des O (Menüoption: „Bearbeiten/Duplizieren" oder STRG-D) kann nun auch das rote O erzeugt werden. Es erhält eine rote Umrißfarbe, den Namen „oRed", ansonsten die gleichen Eigenschaften wie das schwarze O. Neben dem Text benötigen

---

[1] Der Animationsweg dient hier lediglich zur Veranschaulichung und ist bei der Übung selbst zu ignorieren.

[2] Diese Schriftart steht nicht auf jedem Computer zur Verfügung. Will man aber dennoch eine Schriftart dieser Form in ein Multimedia-Programm integrieren, sollte man den gewünschten Text in einem separaten Grafikprogramm erzeugen (z.B. in CorelDraw) und über die Zwischenablage nach Multimedia ToolBook importieren. Dadurch wird die Schrift zu einem Bildobjekt (ToolBook Kennung: picture).

wir noch eine Schaltfläche „Start", über die die Animation gestartet werden soll (siehe Bild 2.22).

Nun gilt es, das rote O, das im Vordergrund liegt, zu animieren. Dazu aktiviert man zunächst den Skript-Rekorder. Das geschieht über das Menü „Bearbeiten/Aufzeichnung beginnen" oder alternativ über die Funktionstaste F8. Anschließend wird das Rekordersymbol unten rechts in der Statuszeile schwarz unterlegt, um zu zeigen, daß der Skript-Rekorder aktiviert ist. Von nun an wird jede Aktion des Autors - allerdings auch die überflüssigen - aufgezeichnet.

Zu Beginn der Aufzeichnung markiert man das Objekt, also das Feld „oRed" mit der Maus. Dadurch wird automatisch eine *buttonClick*-Routine erzeugt. Anschließend verschiebt man das rote O bei gedrückter linker Maustaste ein kleines Stück, läßt die Maustaste wieder los, markiert das nun an neuer Position liegende rote O erneut, verschiebt es wieder und fährt so auf diese Weise den Animationsweg ab. Je mehr Zwischenschritte man hier verwendet, desto feiner wird der Animationsweg. Hat man das Objekt wieder an seine Ausgangsposition gesetzt, wird der Skript-Rekorder über das Menü: „Bearbeiten/Aufzeichnung beenden" oder über F8 abgeschaltet. Nun kann man die aufgezeichnete OpenScript-Sequenz zuordnen. In unserem Fall bietet sich ein Objektskript für die Schaltfläche „Start" an. Will man die Animation über das schwarze „O" starten, kann man das aufgezeichnete Skript auch diesem Objekt zuordnen. In unserem Fall soll die Schaltfläche „Start" das Skript erhalten.

Nach Öffnen des Skript-Editors kann man über die dortige Menüoption „Bearbeiten/Aufzeichnung einfügen" (alternativ auch hier F8) die aufgezeichnete Animationssequenz in Form einer OpenScript-Behandlungsroutine einfügen. Danach erscheint automatisch folgendes Objektskript für die Schaltfläche „Start" im Skript-Editor:

```
to handle buttonClick
move the selection to 5936, 2688
move the selection to 5936, 2632
move the selection to 5936, 2576
move the selection to 5936, 2520
move the selection to 5936, 2464
move the selection to 5936, 2085
move the selection to 5992, 2016
...
end buttonClick
```

In der Skript-Aufzeichnung sind zwei neue OpenScript-Anweisungen verwendet worden:

```
the selection
move <objekt> <name> to x,y
```

Das Schlüsselwort *the selection* (engl. the selection = die Auswahl) bezieht sich dabei auf das momentan ausgewählte Objekt, also in unserem Fall auf das Feld „oRed". Mit der *move*-Anweisung kann ein Objekt (z.B. ein Textfeld) mit dem Namen <name> an eine bestimmte Position bestehend aus zwei Zahlenwerten bewegt werden. So würde die Anweisung

```
move field "Info" to 4000,3000
```

das Feld „Info" in etwa in die Seitenmitte bewegen. Wir erinnern uns, durch die Einstellung der Seitengröße z.B. auf die Größe A6 stehen 8436 Seiteneinheiten in der Horizontalen und 5985 Seiteneinheiten in der Vertikalen als Gesamtmaße zur Verfügung (siehe Abschnitt 2.3.5.1). Der Skript-Rekorder hat anstelle der expliziten Objektbezeichnung die Referenz *the selection* eingefügt.

Durch eine Nachbearbeitung kann nun dieses Skript mit den Kenntnissen der Programmiersprache OpenScript verfeinert und auf die speziellen Bedürfnisse zugeschnitten werden. Dazu werden die *buttonClick*-Routine und die Routine zur eigentlichen Bewegung, die nun als benutzerdefinierte Routine definiert wird, getrennt.

```
to handle buttonClick
     send myMoveLetter
end buttonClick

to handle myMoveLetter
     hide field "oBlack"            -- a0
     show field "oRed"             -- a1
     move field "oRed" to 5936, 2688    -- a2
     move field "oRed" to 5936, 2632    -- a3
     move field "oRed" to 5936, 2576    -- a4
     ...
     move field "oRed" to 5936, 2800    -- a5
     hide field "oRed"             -- a6
     show field "oBlack"           -- a7
end myMoveLetter
```

In *myMoveLetter* werden zunächst die *selection*-Anweisungen durch explizite Objektangaben (Typ und Name) ersetzt. Anschließend werden die *hide*- bzw. *show*-Aktionen hinzugefügt, die für ein Verbergen des schwarzen O während der Animation sorgen (a0 und a1). Zusätzlich können die Positionsdaten in den *move*-Anweisungen manuell nachgearbeitet oder weitere Zwischenschritte eingefügt werden, sollte der Animationsweg noch Ecken und Kanten enthalten (a2 bis a5). Am Ende wird der Ausgangszustand wieder hergestellt (a6 und a7).

Diese Animationsvariante bekommt den Dateinamen EXER-08A.TBK.

2.3.9.2   Animationen mit Schleifen

Schleifen sind spezielle Kontrollstrukturen, die bereits in Abschnitt 2.3.6.1 vorgestellt wurden und in verschiedenen Programmen zum Einsatz gelangt sind (siehe z.B. Abschnitt 2.3.7.2). Mit Hilfe von Anweisungen, die die Eigenschaften von Objekten verändern, lassen sich über die Verwendung von Schleifen auch Animationseffekte erzeugen. Mit einem einfachen Beispiel soll dies hier verdeutlicht werden.

Ziel ist es, als ständige Animationssequenz einen blauen Kreis horizontal über die Seite zu bewegen. Dieser Kreis (Name „Kreis") soll ausgehend von Position 700, 1400 von links nach rechts bewegt werden. Die Bewegung soll kontinuierlich, also nicht über eine Schaltfläche oder per Mausklick auf ein bestimmtes Objekt, erfolgen.

Mit einer einfachen Schleife, die einen Anfangswert von 700 (der horizontalen Ausgangsposition) und einen Endwert von 3000 (der horizontalen Endeposition) hat, läßt sich diese Bewegung bewerkstelligen. Diese Schleife wird im Seitenskript der Übung über folgende Behandlungsroutine realisiert:

```
to handle idle
        step i from 700 to 3000 by 50
              move ellipse "Kreis" to i, 1400
        end step
end idle
```

In diesem Skript wird eine neue Behandlungsroutine verwendet: *idle*. Eine *idle*-Routine wird immer dann ausgeführt, wenn keine weiteren Aktionen auf Leserebene ausgeführt werden (engl. idle = Leerlauf). Daher bietet sich eine solche Routine insbesondere für Animationssequenzen an, die immer dann ständig ablaufen sollen, wenn nichts anderes (z.B. Mausklicks) passiert. Die Schleife in der *idle*-Routine im Seitenskript bedarf noch einer kleinen Zusatzbemerkung. Der x-Wert der *move*-Anweisung wird über die *step*-Variable i sukzessive von 700 bis 3000 hochgezählt, während der y-Wert mit 1400 konstant gehalten wird. Dadurch erfolgt die horizontale Bewegung des Kreises. Um die Bewegung zu beschleunigen, wird nicht in Einerschritten, dem Standardwert für Schleifen, hochgezählt, sondern in 50er-Schritten (*by 50*).

Will man eine Bewegung von rechts nach links erzielen, könnte man die Schleife wie folgt „umdrehen":

```
step i from 3000 to 700 by -50
      move ellipse "Kreis" to i, 1400
end step
```

Alternativ kann man anstelle der *idle*-Routine im Seitenskript die Art der Benachrichtigung eines Objekts auch dem Objekt selbst zuordnen. In die-

sem Fall lautet die Behandlungsroutine im Objektskript des Objekts
„Kreis":

```
notifyBefore idle
        step i from 700 to 3000 by 50
             move ellipse "Kreis" to i, 1400
        end step
end idle
```

Mit einer *notifyBefore*-Routine (engl. notify before = vorher zur Kenntnis
nehmen) wird einem Objekt eine Botschaft zugeführt, bevor die Botschaft
an die Seite gesendet wird.[1] Schaltet man nun mit F3 auf Leserebene um,
beginnt der Kreis sofort mit seiner Bewegung.

Dieses Animationsverfahren trägt den Dateinamen EXER-08B.TBK.

2.3.9.3 Animationen durch Seitenwechsel

Eine weitere Animationstechnik simuliert das altbewährte Daumenkino.
Dabei wird durch schnelles Umblättern von Seiten, die ähnliche Bildele-
mente enthalten, eine Art Trickfilm präsentiert. Den schnellen Wechsel der
einzelnen Seiten und der darauf befindlichen Bilder nimmt das menschliche Auge nicht als Abfolge von Einzelbildern, sondern als durchgängige
Sequenz wahr. Das schnelle Umblättern von Seiten erfolgt über die
OpenScript-Anweisung:

```
flip [<zahl>] [pages]
```

Die *flip*-Anweisung (engl. flip = umdrehen, wechseln) kann in folgenden
Varianten eingesetzt werden:

```
(1) flip
(2) flip 3 pages
(3) flip all
```

In Anweisung (1) wird ein Umblättern um eine Seite durchgeführt, Beispiel (2) führt zu einem schnellen Wechsel von drei Seiten. Sollte das
Buch nur zwei Seiten enthalten, wird das Blättern am Anfang des Buches
fortgesetzt. Mit der Anweisung in Beispiel (3) wird ein Blättern durch das
gesamte Buch veranlaßt. Das Tempo des Seitenwechsels ist in allen Anweisungen vorgegeben. Um hier ein eigenes Tempo zu verwenden, wird
die Integration der *flip*-Anweisung in eine Schleife empfohlen (siehe unten).

Wenden wir diese Vorkenntnisse nun auf eine neue Übung an. Ziel dieser
Übung ist der Aufbau eines Vogelfluges über eine Seitenanimation (siehe

---

[1]Zu einer weiteren Möglichkeit der Verendung der *notifyBefore*-Routine siehe Abschnitt
3.4.

Bild 2.23). Der Vogelflug besteht aus insgesamt neun Bildern, die in vier verschiedenen Dateien abgespeichert sind. Die vier Dateien befinden sich im Ordner TOOLBOOK\ADDS auf der beiliegenden CD-ROM in folgenden Dateien:

- BIRD-00.BMP   - ein sitzender Vogel
- BIRD-01.BMP   - ein hochfliegender Vogel, Flügel oben
- BIRD-02.BMP   - ein hochfliegender Vogel, Flügel seitlich
- BIRD-03.BMP   - ein hochfliegender Vogel, Flügel unten

Bild 2.23: Der Flug eines Vogels als Seitenanimation

Diese verschiedenen Bitmap-Grafiken sind nun zu importieren und auf dem Vordergrund der ersten Seite eines neuen Buches in einer Sequenz wie in Bild 2.23 abgebildet zu positionieren. Dabei ist folgende Zuordnung der Dateien zu den einzelnen Bildern vorzunehmen (siehe Bild 2.23 von unten nach oben):

- Bild 0 - der sitzende Vogel (Datei BIRD-00.BMP)
- Bild 1 - der hochfliegender Vogel, Flügel oben (BIRD-01.BMP)
- Bild 2 - der hochfliegender Vogel, Flügel seitlich (BIRD-02.BMP)
- Bild 3 - der hochfliegender Vogel, Flügel unten (BIRD-03.BMP)
- Bild 4 - der hochfliegender Vogel, Flügel seitlich (BIRD-02.BMP)
- Bild 5 - der hochfliegender Vogel, Flügel oben (BIRD-01.BMP)
- Bild 6 - der hochfliegender Vogel, Flügel seitlich (BIRD-02.BMP)
- Bild 7 - der hochfliegender Vogel, Flügel unten (BIRD-03.BMP)
- Bild 8 - der hochfliegender Vogel, Flügel seitlich (BIRD-02.BMP)

Eine Benennung der einzelnen Bilder ist nicht notwendig. Die Linie in Bild 2.23 dient dabei als Hilfslinie für den Animationsweg. Sie kann später entfernt werden. Um das Programm auch optisch ansprechend zu gestalten sollen im Hintergrund der Seite noch zwei weitere Grafiken von der beiliegenden CD-ROM aus dem Ordner \TOOLBOOK\ADDS importiert und gemäß Bild 2.23 positioniert werden:

- GRAS-01.BMP   - Grasfläche 1
- GRAS-02.BMP   - Grasfläche 2

Da alle Grafiken (die Vogel- und die Grasbilder) von kleinen schwarzen Rahmen umgeben werden sind diese zu entfernen. Zusätzlich sollten die einzelnen Vogelbilder die Eigenschaft „durchsichtig" erhalten. Über eine Schaltfläche mit der Aufschrift „Animation" unten links auf der Seite soll später die Animation gestartet werden können (siehe Bild 2.23).

Nach Abschluß dieser Arbeiten befinden sich insgesamt 9 Vogelbilder in einer aufsteigenden Sequenz auf einer Seite. Nun gilt es, diese auf 9 verschiedene Seiten zu verteilen. Dazu sind zunächst 8 weitere Seiten in das Buch einzufügen (zum Einfügen von Buchseiten siehe Abschnitt 2.3.5.1). Da alle Seiten den gleichen Hintergrund haben, müssen nun lediglich die verschiedenen Vogelbilder auf die einzelnen Seiten verteilt werden.

Das untere Bild (BIRD-00.BMP) verbleibt auf Seite 1. Die übrigen Bilder kann man nun nach Markierung über die Menüoption „Bearbeiten/ Ausschneiden" jeweils in die Zwischenablage kopieren (STRG-X) und auf der entsprechende Seite durch die Menüoption „Bearbeiten/Einfügen" (STRG-V) wieder einfügen. Sie werden dann jeweils an die richtige Position gesetzt. Mit diesem Verfahren wird der Vogelflug in aufsteigender Form auf die Seiten 1 bis 9 des Buches verteilt. Auf Seite 1 befindet sich dann nur noch der im Gras sitzende Vogel, auf Seite 2 der Vogel darüber... auf Seite 9 der Vogel am oberen Bildrand (siehe Bild 2.23).

Am Ende dieser Sequenz sollte man noch eine weitere Seite einfügen, die kein Vogelbild mehr enthält, so daß später der Effekt entsteht, der Vogel würde aus dem Bildschirm herausfliegen.

Mit einem einfachen Objektskript für die Schaltfläche „Animation" auf der ersten Seite des Buches wird nun die Seitenanimation gesteuert:

```
to handle buttonClick
     step i from 1 to pageCount of this book   -- a0
          flip                                  -- a1
          pause 5 ticks                         -- a2
     end step                                   -- a3
     go to page 1                               -- a4
end buttonClick
```

Diese *buttonClick*-Routine enthält eine Schleife mit dem Anfangswert 1 und dem Endewert, der über die Bucheigenschaft

```
pageCount of this book
```

ermittelt wird (engl. page count = Seiten zählen, Seitenzählung). Diese Eigenschaft gibt die Anzahl der Seiten in einem Buch als positive Ganzzahl an. Daher ist der Endewert in unserem Beispiel 10, und die Schleife wird zehnmal durchlaufen. Anschließend wird mit *flip* in Zeile (a1) eine Seite weitergeblättert. Damit das Tempo des Umblätterns nicht zu hoch ist, wird in Zeile (a2) eine kurze Pause eingelegt, wobei 1 Tick = 1/20 Sekunde entspricht. Nach Beendigung der Schleife in Zeile (a3) wird zur Seite 1 zurückgeblättert. Damit funktioniert die Animation nach Mausklick auf die Schaltfläche „Animation" wie gewünscht. Die Animationsgeschwindigkeit läßt sich problemlos über die *pause*-Anweisung regeln.

Das vorliegende Programm erhält den Dateinamen EXER-08C.TBK.

2.3.9.4   Animationen durch Anzeigen und Verbergen

Eine einfache, aber effektvolle Methode der Animation von Bildobjekten, nutzt das wechselweise Anzeigen und Verbergen verschiedener Objekte über die *hide*- bzw. *show*-Anweisung. Diese Objekte sollen zu Übungszwecken zunächst nebeneinander angeordnet, später um einen echten Animationseffekt zu simulieren, übereinander gelegt werden.

Als Grundlage für diese Animation dienen insgesamt 18 verschiedene Bilder eines laufenden Hundes. Diese liegen im Ordner TOOLBOOK\ADDS unter den Dateinamen DOG-01.BMP bis DOG-18.BMP. Alle Bilder sind mit 12 KB gleich groß. Sie sollen zunächst importiert und anschließend wie in Bild 2.24 auf der Seite plaziert werden.

Die Bilder erhalten dabei die Namen „1" bis „18", bezogen auf Bild 2.24 werden die Bilder spaltenweise von links nach rechts durchnummeriert. Das Bild oben links wird so zu Bild „1", das Bild darunter zu Bild „2" usw. Zusätzlich ist bei jedem Bild der Rahmen, der beim Import entsteht, über die Linienpalette zu entfernen. Anschließend sind alle Bilder unter Zuhilfenahme des Gitters an der gleichen Position übereinander zu plazieren.

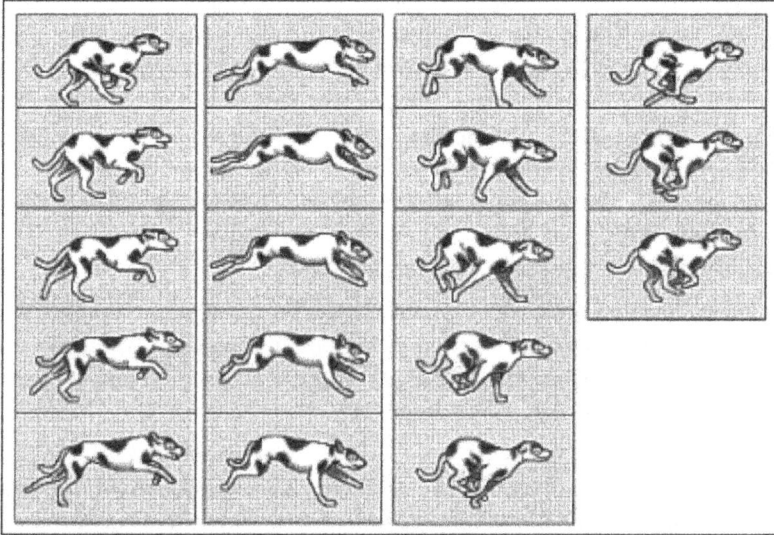

Bild 2.24: Die 18 Einzelbilder (frames) des zu animierenden Hundes

Mit einer *idle*-Routine im Seitenskript läßt sich nun eine automatische Animation beim Wechseln auf die Leserebene erzielen.

```
to handle idle
   lvFrames = 18                          -- a0
   step i from 1 to lvFrames              -- a1
      pause 2 ticks                       -- a2
      show paintObject i                  -- a3
      if i > 1                            -- a4
          hide paintObject (i - 1)        -- a5
      end if                              -- a6
      if i = lvFrames                     -- a7
          hide paintObject i              -- a8
      end if                              -- a9
   end step
end idle
```

Das Prinzip dieser Animation ist recht einfach: Nacheinander werden die einzelnen Hundebilder mittels einer Schleife angezeigt bzw. verborgen. Dabei wird zunächst die Anzahl der zu bearbeitenden Bilder an die lokale Variable <u>lvFrames</u> gebunden (a0). Danach wird eine Schleife mit dem Anfangswert 1 (Bild 1) und dem Endewert, der dem der höchsten Bildnummer (Bild 18) entspricht, durchlaufen (a1). Damit die Animation nicht zu schnell läuft, wird in Zeile (a2) jeweils eine kurze Pause eingelegt. Anschließend werden in Zeile (a3) je nach Zustand der Zählvariablen i nacheinander alle Bildobjekte angezeigt. Das Verbergen ist etwas komplizierter. Wird z.B. Bild 2 angezeigt, muß das zuvor angezeigte Bild 1 verborgen werden, d.h. man kann jeweils das Bild mit einer um den Wert 1 verringerten Bildnummer verbergen. Das würde zu einem Problem beim angezeigten Bild 1 führen, da es ja Bild 0 (Bild 1 - 1) nicht gibt. Daher überprüft die *if*-Klausel in Zeile (a4) ob die Zählvariable i einen Wert größer als 1 hat. Ist das der Fall, kann jeweils das Bild mit der Nummer *(i - 1)* verborgen werden (a5). Würde man die *idle*-Routine so belassen, würde Bild 18 immer angezeigt werden, da mit (i -1) ja nur der Maximalwert 17 erreicht werden könnte. Daher ist eine zweite Kontrollstruktur mit *if* erforderlich. Sie überprüft in Zeile (a7), ob der Maximalwert erreicht ist. Ist das der Fall, wird auch das letzte Bild verborgen.

Mit dieser Routine läuft die Animation schon recht gut; es entsteht tatsächlich das Bild eines auf der Stelle laufenden Hundes.[1] Allerdings kann die Programmierung noch wesentlich eleganter vorgenommen werden. Diese erste Version der „Hundeanimation" bekommt den Dateinamen EXER-08D.TBK.

Mit einer erweiterten Technik, die sich fast ausschließlich auf die Erstellung einer optimierten Behandlungsroutine bezieht, soll die Effizienz der Hundeanimation nun gesteigert werden. Diese Behandlungsroutine benutzt zwei besondere Verfahren; zum einen das der gruppierten Objekte, zum anderen das des Erstellens und Zuweisen bestimmter Benutzereigenschaften.

Gruppieren wir zunächst die 18 übereinanderliegenden Bildobjekte. Dazu ist die Menüoption „Bearbeiten/Alles Auswählen" zu aktivieren. Anschließend sind alle Objekte auf der Seite markiert. Bei den übereinanderliegenden Hundebildern sieht man allerdings nur das obenliegende Bild. Überflüssige Markierungen kann man mit Shift-Mausklick wieder entfernen. Anschließend soll die Gruppe den Namen „Hunderennen" erhalten.

Nun soll dieser Gruppe eine Benutzereigenschaft (engl. user property) als ständige Eigenschaft zugewiesen werden. Die vordefinierten Eigenschaften eines Objekts kann man ja über den Eigenschaften-Editor einsehen und dort jederzeit ändern. Ähnlich ist es mit den zusätzlichen Benutzereigen-

---

[1] Nach Umschalten auf die Leserebene und der Rückkehr zur Autorenebene ist keines der Hundebilder mehr sichtbar. Zum erneuten Anzeigen der Bilder gibt es die Möglichkeit, mit der rechten Maustaste auf die leere Seite zu klicken und über die Menüoption des Kontextmenüs „Alle Objekte anzeigen" die Hundebilder - wenn auch übereinander gelegt - wieder sichtbar zu machen.

schaften. Sie werden im Eigenschaften-Editor über die Registerkarte „Benutzer Eigenschaften" definiert. Alternativ kann man die Eigenschaftsdefinition auch mit OpenScript vornehmen.

Benutzereigenschaften verhalten sich wie Systemvariablen. Sie nehmen Speicherplatz in Anspruch und sollten daher mit Bedacht eingesetzt werden. Für die Gruppe „Hunderennen" soll folgende Benutzereigenschaft definiert werden:

− Eigenschaftsname: upCurFrame[1]
− Eigenschaftswert: 1

Will man die Eigenschaften der Gruppe „Hunderennen" im Eigenschaften-Editor festlegen, sollte man direkt über die Menüoption „Werkzeuge/Eigenschaftsübersicht" gehen, da man im Kontextmenü zunächst die Option „Übergeordnetes Objekt" und dort die Gruppe „Hunderennen" auswählen muß, ehe man in den Eigenschaften-Editor für die Gruppe gelangt. Im Eigenschaften-Editor kann man über die Registerkarte „Benutzer Eigenschaften" einen zusätzlichen Editor öffnen und die gewünschten Eingaben vornehmen. Bild 2.25 stellt diese Situation dar.

Durch Doppelklick auf das Feld <Hinzufügen> kann man über ein spezielles Fenster anschließend den Namen der Benutzereigenschaft und den voreingestellten Wert definieren (siehe Bild 2.25). Die Eigenschaft upCurFrame dient dazu, den einzelnen Bildern der Gruppe „Hunderennen" nach und nach numerische Werte zuzuweisen. Dazu ist eine Vorabdefinition der Eigenschaft notwendig.

---

[1] Erklärung des Eigenschaftsnamens: up ist das vorgeschlagene Kürzel für User Property, cur bedeutet current/aktuell, Frame bedeutet Bild.

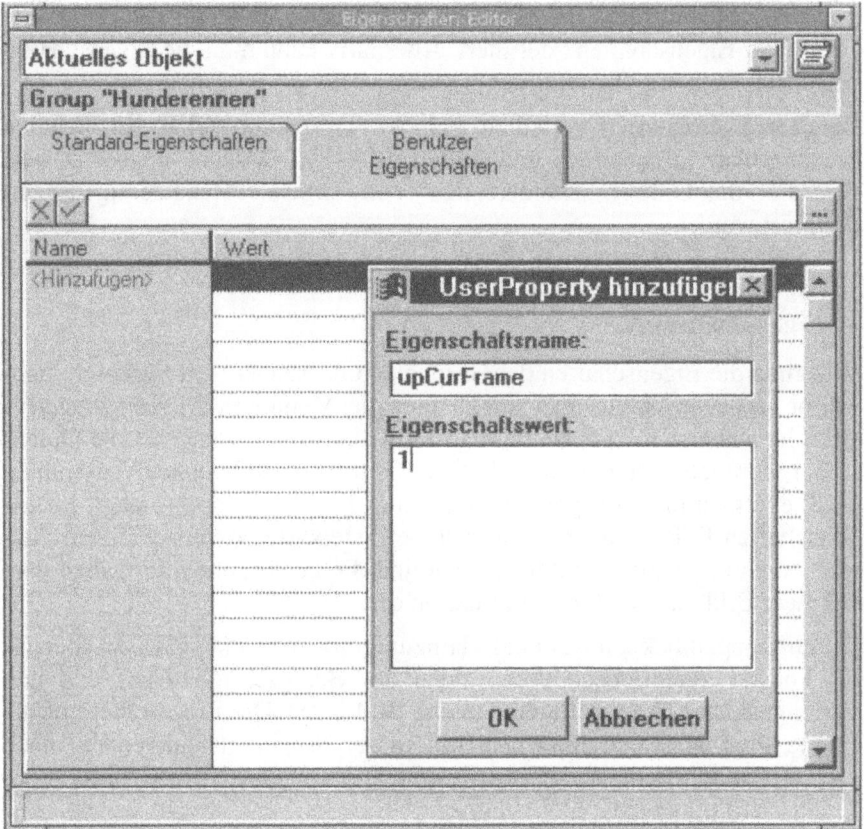

Bild 2.25: Das Festlegen von Benutzereigenschaften im Eigenschaften-Editor

Nun kann der Gruppe ein Gruppenskript zugewiesen werden, das wiederum über die *idle*-Routine (bei Objekten/Gruppen als *notifyBefore*-Routine)
definiert werden kann:

```
notifybefore idle
      lvFrames = 18                                   -- a0
      pause 2 ticks                                   -- a1
      lvCurFrame = upCurFrame of self                 -- a2
      lvNewFrame = lvCurFrame mod lvFrames + 1 -- a3
      show paintObject lvNewFrame of self             -- a4
      hide paintObject lvCurFrame of self             -- a5
      upCurFrame of self = lvNewFrame                 -- a6
end idle
```

In dieser Routine wird zunächst wie in der vergangenen Version der Hundeanimation die Anzahl der Einzelbilder lokal an die Variable lvFrames

gebunden (a0) und - zur Verlangsamung der Animation eine Pause eingefügt (a1). Danach wird das gerade aktuelle Bild an die Variable lvCurFrame gebunden (a2). Die Anweisung

```
upCurFrame of self
```

wird am Anfang der Animation als

```
1 of self
```

interpretiert, also als das erste Bild. Wir erinnern uns: upCurFrame ist als
Benutzereigenschaft auf den Wert 1 vordefiniert. Anschließend wird in
Zeile (a3) eine Berechnung durchgeführt, die sich die besondere Eigenheit
der Division mit *mod* zu Nutze macht. Der Operator *mod* liefert jeweils
den Rest einer Division und steht damit im Gegensatz zum Operator *div*,
der das ganzzahlige Ergebnis einer Division ausgibt. Hier sind einige Beispiele:

```
(1)  2 div 1  = 2
(2)  2 mod 1  = 0
(3)  9 div 2  = 4
(4)  9 mod 2  = 1
(5) 16 div 18 = 0
(6) 16 mod 18 = 16
```

Also ergibt die Divisionsrestbildung in Zeile (a3) der *idle*-Routine nach
und nach folgende Werte:

```
 1 mod 18 = 1
 2 mod 18 = 2
 3 mod 18 = 3
. . .
17 mod 18 = 17
18 mod 18 = 0
```

Da der letzte Wert 0 ist, wird zum Divisionsrest jeweils 1 hinzuaddiert,
dadurch wird jeweils ein Wert zwischen 1 und 18 an lvNewFrame gebunden. Ist also z.B. gerade das fünfte Bild an der Reihe und lvCurFrame hat
den Wert 5, dann hat lvNewFrame den Wert 6, da *5 mod 6 + 1 = 6* ergibt.

Mit diesen Werten können die Bilder nacheinander angezeigt und versteckt
werden (Zeile a4 und a5). Am Ende der Routine muß noch die Benutzereigenschaft, die ja standardmäßig zunächst den Wert 1 hat, auf den Wert des
aktuellen Bildes gesetzt werden.

Mit diesen Erweiterungen funktioniert die Hundeanimation wie gewünscht. Sie erhält den Dateinamen EXER-08E.TBK.

2.3.9.5   Pfadanimationen

Bei einer Pfadanimation legt man die Kurvenpunkte, also den Animationspfad einer Animation, in einem besonderen Editor fest. Pfadanimationen kann man für ein einzelnes aber auch für gruppierte Objekte definieren. Zusätzlich kann man die Eigenschaften von Objekten, z.B. deren Ausmaße auf dem Animationspfad verändern.

Die folgende Übung ist sehr einfach. Mit Hilfe einer Pfadanimation soll sich ein hellgelber Kreis in Achtform in einer Endlosschleife über die Seite bewegen und dabei ständig kleiner werden. Die Animation soll über eine einfache Schaltfläche gestartet werden.

Zu diesem Zweck werden zunächst ein Kreis, sowie eine Schaltfläche angelegt. Eine Namengebung der beiden Objekte ist nicht erforderlich, der Kreis wird später über seine ID-Nummer angesprochen. Zum Zwecke der Definition des Animationspfades muß das Kreisobjekt zunächst markiert werden. Anschließend wird der Animationspfad-Editor über die Menüoption „Werkzeuge/Pfadanimation" geöffnet. Dort zeigt sich zunächst der markierte Kreis und ein kleiner gestrichelter roter Pfeil, der den ersten - vordefinierten - Schritt des Animationspfades darstellt. Am Ende soll der Animationspfad ein Aussehen wie in Bild 2.26 dargestellt haben.

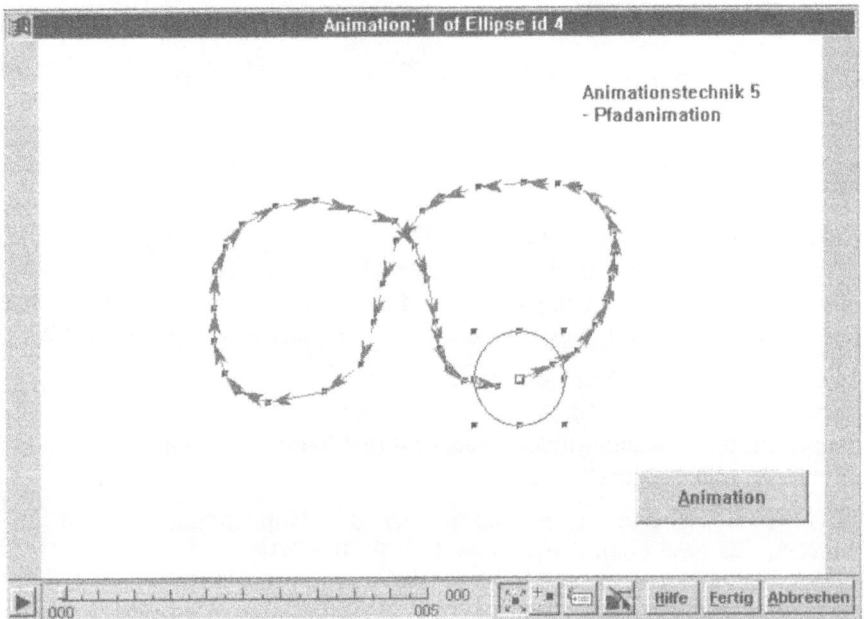

Bild 2.26: Der Animationspfad-Editor

Der Animationspfad ist mit relativ einfachen Mitteln festzulegen. Dazu dienen die Werkzeuge im Animationspfad-Editor (Bild 2.27).

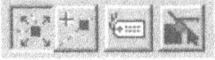

Bild 2.27: Werkzeuge im Animationspfad-Editor

Von links nach rechts haben diese Werkzeuge folgende Funktion:

- Pfad-Werkzeug zur Veränderung von Kurvenpunkten,

- Hinzufügen-Werkzeug zum Hinzufügen von Kurvenpunkten (das Entfernen geschieht mit der ENTF-Taste),

- Eigenschafts-Werkzeug, zur Festlegung der Animationseigenschaften,

- Auswahl-Werkzeug, zur Auswahl der Animation.

Nach Betätigen des Hinzufügen-Werkzeugs kann nun per Mausklick der gewünschte Animationspfad festgelegt werden. Am Anfang sowie am Ende eines Animationspfades kann man zusätzlich durch Zurechtziehen der Haltepunkte eines Objekts dessen Größe verändern. Ist der Animationspfad fertig erstellt, werden über das Eigenschafts-Werkzeug die Details der Animation definiert. Folgende Eigenschaften sollen für den animierten Kreis festgelegt werden:

- Timing: alle Schritte anzeigen
- Geschwindigkeit: konstant
- Wiederholungen: endlos
- Pfad beim Verschieben aktualisieren

Anschließend kann man weitere Details über das Auswahlwerkzeug festlegen. Bei dieser Übung handelt es sich um das zu animierende Objekt „ellipse id 4" und um die Animation 1. Diese Angaben spielen bei der Erstellung einer entsprechenden Behandlungsroutine eine wichtige Rolle. Anschließend kann die Schaltfläche „Fertig" betätigt werden. Es erscheint dann die Meldung „Der Pfad wurde als Animation 1 des Objekts gespeichert". Mit folgendem einfachen Objektskript, das der Schaltfläche mit der Aufschrift „Animation" zugeordnet wird, läßt sich die Animation über die Schaltfläche starten:

```
to handle buttonClick
      send playAnimation 1 to ellipse id 4
end buttonClick
```

Die Anweisung

```
send playAnimation <zahl> to <objekt>
```

ist dabei verantwortlich für den Ablauf der Animation. Da in der
OpenScript-Referenz von Multimedia ToolBook keine Übersicht über
OpenScript-Anweisungen für die Pfadanimation befindet, sie hier auf die
Auflistung der speziellen Animationsanweisungen in Natal/Reitan (1995:
392/393) hingewiesen.

Die Pfadanimation des Kreises bekommt den Dateinamen EXER-
08F.TBK.

2.3.10   Zusammenfassung und Ausblick

Mit den Erkenntnissen dieses Kapitels können wir nun ein komplexes, professionelles Multimedia-System erstellen. Über die in den vergangenen
Abschnitten vorgestellten Techniken hinaus kommen im nächsten Kapitel,
in dem ein umfassendes Projekt vorgestellt wird, noch zwei weitere wichtige Multimedia-Techniken hinzu:

- die Einbindung von Sound,
- die Einbindung von Video.

Zwar hätte man auch diese Techniken in den vergangenen Abschnitte anhand kleiner Übungsbeispiele erläutern können, doch läßt sich die Integration von Sound und Video wesentlich besser im Zusammenhang illustrieren.

Zum Abschluß dieses Kapitels soll noch eine Technik vorgestellt werden,
die sich in heutigen Multimedia-Systemen großer Beliebtheit erfreut: die
Nutzung von Transparenzrahmen als sensitive Flächen. Dabei ist es das
Ziel, unsichtbare Rahmen über Bilder oder Teile von Bildern zu legen und
bei Mausberührung dieser Rahmen entsprechende Aktionen zu veranlassen. In einer kleinen Übung soll diese Technik illustriert werden. Grundlage dazu ist die mit Multimedia ToolBook ausgelieferte Grafikdatei
RUECKKHR.BMP, die im Ordner MTB40\BITMAPS\NASA liegt. Diese
ist auf der Seite mittig zu plazieren. Zusätzlich ist darunter ein Textfeld
anzulegen, das den Namen „Info" erhält.

Auf der Grafik sind nun mit dem Hilfsmittel „Unregelmäßiges Vieleck"
(sysTool: irregularPolygon) Vieleckrahmen über folgende Flächen in der
importierten Grafik zu ziehen:

- die Erde
- das Seitenleitwerk des Space Shuttle
- den Hitzeschild des Space Shuttle

Einen Vieleckrahmen zieht man auf, in dem man mit der Maus auf der Seite jeweils einmal an jedem gewünschten Knoten des Rahmens klickt und am Ende per Doppelklick den Rahmen schließt. Auf diese Weise kann man Vieleckrahmen über die gewünschten Objekte legen. Bild 2.28 stellt den Seitenaufbau nach dem Anlegen der Rahmen dar.

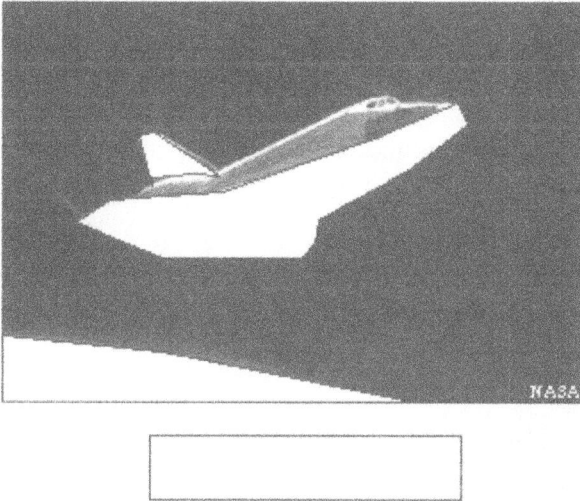

Bild 2.28: Vieleckrahmen auf Bildobjekten

Nun gibt man den Rahmen noch folgende Eigenschaften:

− Namen jeweils: Erde, Hitzeschild, Seitenleitwerk
− durchsichtig

Danach sind die Rahmen nicht mehr sichtbar. Mit einem einfachen Seitenskript kann man nun im Textfeld den Namen des mit der Maus berührten Objekts im Textfeld „info" ausgeben.

```
to handle mouseEnter
      text of field "info" = name of target
end mouseEnter
```

Diese letzte Übung erhält den Dateinamen EXER-09.TBK.

Im nächsten Kapitel kommen neben den bisher erlernten Techniken noch weitere wichtige Aspekte hinzu, die im Rahmen einzelner Übungen nicht oder nur mit Mühe erläutert werden können. Zum Beispiel handelt es sich dabei um die Erstellung eines effizienten Buchskripts. In separaten Übungen besteht keine Notwendigkeit zur Erstellung eines Buchskripts, dafür kommt dem Buchskript in einem komplexen Projekt eine um so größere Bedeutung zu. Dieser wird in Kapitel 3 Rechnung getragen.

Über die reinen Multimedia- und Programmiertechniken hinaus wird außerdem vorgeführt, wie ein Multimedia-System mit weiteren benutzerfreundlichen Aspekten versehen wird, z.B. mit einer Menüleiste, wie es zum Vertrieb auf externen Speichermedien, z.B. auf Disketten oder einer CD-ROM vorbereitet wird und mit welchen Verfahren ein mit Multimedia ToolBook erstelltes Multimedia-System möglichst effizient eingesetzt werden kann.

3 Das Projekt "Der interaktive Gemüsegarten"

Ziel dieses Kapitels ist die Gestaltung eines Multimedia-Systems mit Multimedia ToolBook. Dabei sollen nicht nur die wesentlichen Schritte bei der Erstellung eines Multimedia-Systems vorgeführt werden, sondern es sollen darüber hinaus auch Kniffe und Tricks beim Umgang mit OpenScript, der in Multimedia ToolBook integrierten Programmiersprache gezeigt werden.

Alle zur Erstellung des Systems notwendigen Text-, Grafik-, Sound- und Videodateien werden auf der beiliegenden CD-ROM in den jeweiligen Unterordnern des Ordners TOOLBOOK\MEDIA zur Verfügung gestellt. Darüber hinaus können alle Schritte bei der Erstellung des Gesamtsystems anhand der Dateien VEGET-00.TBK bis VEGET-20.TBK, die sich im Ordner TOOLBOOK\PROGRAMS befinden, nachvollzogen werden.[1]

Ziel des Projektes ist die Erstellung eines exemplarischen Buches mit dem Thema „Der interaktive Gemüsegarten". Gemäß der in Kapitel 1 vorgestellten Typologie von Multimedia-Programmen läßt sich dieses Buch als eine Art on-line Lexikon klassifizieren. Im „Interaktiven Gemüsegarten" soll man - ausgehend von einer Titelseite - über Bilder von Gemüsesorten zu dazugehörigen Kochrezepten mit den relevanten Informationen gelangen.

Das Buch besteht aus einer Titelseite, von der aus man über Fotos von Gemüsesorten zu den Informationsseiten (insgesamt 5 Seiten) geschickt wird. Die fünf Informationsseiten haben den gleichen Hintergrund und enthalten Navigationselemente, Verknüpfungen mit Aktionswörtern, Grafik-, Sound- und Videoinformation, sowie zahlreiche Felder, in denen zusätzliche Informationen angezeigt werden. Darüber hinaus enthält das Projekt noch ein sogenanntes Ansichtsobjekt mit Informationen über den Autor, das bei Bedarf jederzeit aufgerufen werden kann, sowie zwei exemplarische Animationen auf der Titelseite.

---

[1] Der Dateiname VEGET-*.TBK bringt zum Ausdruck, daß sich das Programm um Gemüsesorten dreht (engl. vegetable = Gemüse). Die Zahl im Dateinamen, z.B. in VEGET-07.TBK, kennzeichnet die Versionsnummer.

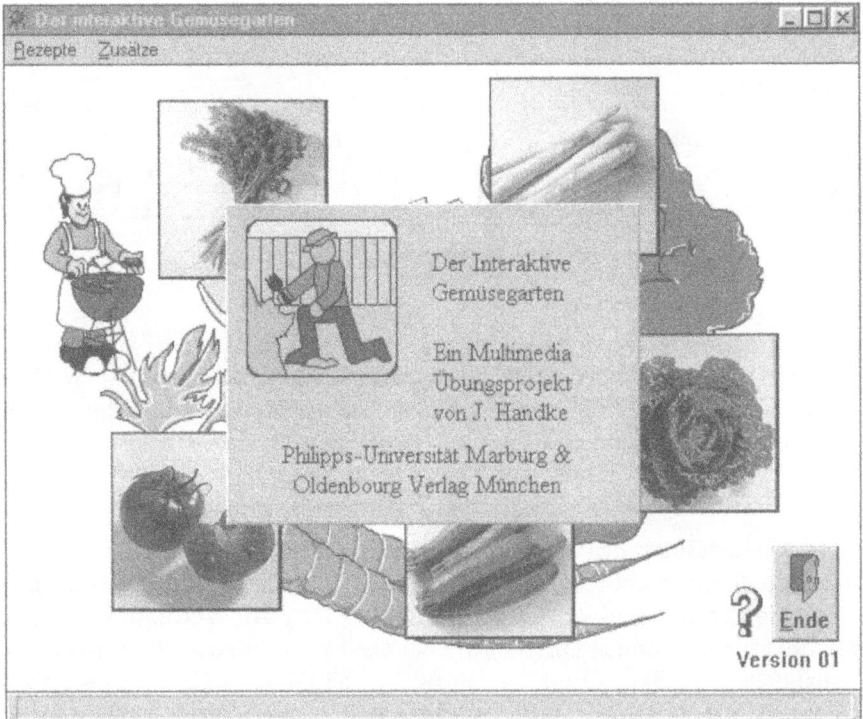

Bild 3.1: Das Titelbild des „Interaktiven Gemüsegarten" mit geöffnetem Ansichtsobjekt

Als Ergebnis dieses Übungsprojektes wird eine Paßwort-geschützte „Leser"-Runtime-Version vorliegen, die direkt von der Windows Oberfläche aus gestartet werden kann.[1]

3.1   Voreinstellungen

Vor Beginn der eigentlichen Arbeit sollte in der Windows Systemsteuerung zunächst eine Bildschirmdarstellung ausgewählt werden, die garantiert, daß das zu entwickelnde Multimedia-System auch auf minder konfi-

---

[1] Um sich einen Überblick über das System zu verschaffen, wird empfohlen, das Programm vom Ordner \VEGETBLE mit den dazugehörigen untergeordneten Ordnern von der beiliegenden CD-ROM auf die Festplatte zu kopieren und von dort über die Datei VEGET-01.EXE zunächst einmal zu starten und die verschiedenen Möglichkeiten auszuprobieren. Alternativ kann man das System auch direkt von der CD aus dem Ordner \TOOLBOOK\ VEGETBLE starten, muß dabei jedoch ein eingeschränktes Laufzeitverhalten in Kauf nehmen.

gurierten Systemen mit einer leistungsschwachen Grafikkarte lauffähig ist. Empfohlen wird dazu in der Regel eine Farbpalette mit 256 Farben und eine Auflösung mit 800 x 600 Pixeln.

Zusätzlich muß eine Standardseitengröße für das zu entwickelnde Multimedia-System festgelegt werden. Auch hier sollte eine Grundeinstellung gewählt werden, die sich unabhängig vom verwendeten Computersystem überall gleich gut darstellt und einen quasi-Standard für Multimedia-Programme realisiert. In Multimedia ToolBook ist dies die Seitengröße A6 (14.8 x 10.5 cm), wobei 1 cm 570 Seiteneinheiten entspricht und die gesamte Seite 8436 Seiteneinheiten in der Horizontalen und 5985 Seiteneinheiten in der Vertikalen hat (siehe auch Abschnitt 2.3.5.1).

Weitere Voreinstellungen sind zunächst nicht notwendig.

3.2   Der Aufbau der Titelseite

Auf der Titelseite befindet sich im Hintergrund eine Vektorgrafik ausgewählter Gemüsesorten. Im Vordergrund zieht ein durch eine Pfadanimation ständig in Bewegung befindlicher Koch seine Kreise. Über Fotos der exemplarischen Gemüsesorten, die als Schaltflächen fungieren, können per Mausklick die einzelnen Informationsseiten erreicht werden. Die Titelseite enthält darüber hinaus die Schaltflächen „Ende" und ein Fragezeichen, über das das Ansichtsobjekt „Copyright" abgerufen werden kann. In einer ersten Version besitzt das Programm keine eigene Menüleiste, sondern lediglich eine Titelzeile mit einem eigenständigen Programmlogo. Später wird dann ein flexibel auf die einzelnen Ereignisse reagierendes Benutzermenü eine Alternative zur Steuerung über Navigationsflächen bilden (siehe Abschnitt 3.13).

Obwohl die Unterscheidung zwischen Vorder- und Hintergrund bei der Titelseite keine gravierende Rolle spielt und erst auf den Informationsseiten zum Tragen kommt, sollen dennoch bereits in dieser ersten Phase die Unterschiede zwischen Vorder- und Hintergrund berücksichtigt werden.

3.2.1   Der Hintergrund für die Titelseite

In einem ersten Schritt soll zunächst ein mit lindgrün gefülltes Rechteck über den gesamten Hintergrund gelegt werden, anschließend soll die Vektorgrafik GEMUESE.TIF vor dem Rechteck, aber ebenfalls auf dem Hintergrund der Titelseite plaziert werden.

Beginnen wir mit dem Rechteck. Es wird mit dem Hilfsmittel „Rechteck" (sysTool: rectangle) über den gesamten Hintergrund gezogen und anschließend unter Zuhilfenahme der Farbpalette mit einem hellen Grün gefüllt.

Danach soll die Vektorgrafik GEMUESE.TIF von der mitgelieferten CD-ROM aus dem Ordner TOOLBOOK\MEDIA\GRAFIK importiert und auf das grüne Rechteck gelegt werden. Zu den Prinzipien des Grafikimports und der Grafikbearbeitung siehe Abschnitt 2.3.5.2. Nach dem Dateiimport wird die Grafik zunächst oben links auf dem Hintergrund der Titelseite in ihrer Standardgröße plaziert. Zwar läßt sich die Größe von importierten TIF-Dateien ändern, allerdings beeinflussen übermäßige Streckungen und Stauchungen von importierten Grafiken das Laufzeitverhalten von Multimedia ToolBook-Anwendungen. TIF-Dateien erhalten in Multimedia ToolBook die Bezeichnung „picture". Zur besseren Bezugnahme auf das importierte Hintergrundbild, z.B. zur Angabe genauer Positions- und Abmessungsdaten, soll die importierte Grafik den Namen „Gemüse" erhalten (siehe Anhang A). Den Namen gibt man über das Menü „Objekt/Bildeigenschaften" ein.

Unsere importierte Grafik hat noch einen Nachteil: Sie ist nicht durchsichtig. Das läßt sich durch Festlegen der Eigenschaften für die Grafik ändern. Den besten Effekt erzielt man wie folgt: Man wandelt wiederum über das Menü: „Objekt/Bildeigenschaften" und die dortige Option „Konvertieren" die Vektorgrafik in eine Bitmap-Grafik um. Die Grafik erhält nun die ToolBook-interne Kennung „PaintObject". Zwar kann dieser Vorgang nicht rückgängig gemacht werden, doch steht für weitere Versuche immer noch die Original-Datei auf der CD-ROM zur Verfügung. Nach der Umwandlung wählt man erneut über „Objekteigenschaften" die Darstellungsoptionen „durchsichtig" und „Farbschlüssel verwenden" aus. Sollte anschließend immer noch eine Füllung vorhanden sein, ist über den Schalter „Farbpalette" sicherzustellen, daß die Füllfarbe (der „Farbeimer") auf weiß eingestellt ist.

Als letztes soll noch der Umriß des importierten Gemüsebildes entfernt werden. Das geschieht über den Schalter „Linienpalette" und die Auswahl der obersten Option, nämlich keiner Linie (siehe Abschnitt 2.3.4.3 zur Einstellung von Umrißfarbe und -form). Der Hintergrund der Titelseite ist damit fertig und sollte das in Bild. 3.2 dargestellte Aussehen haben.

Schließlich soll noch die Umrandungsfarbe unseres Hauptfensters festgelegt werden. Über die Menüoption: „Objekt/Ansichtsobjekte" kommen wir nach der Auswahl „Hauptfenster" und der Schaltfläche „Eigenschaften" in die Dialogbox „Ansichtsobjekteigenschaften". Dort kann - neben vielen anderen Eigenschaften, die im Laufe der Entwicklung unseres Programms festgelegt werden - mit der Schaltfläche „Mattfarbe" die Umrandungsfarbe des Hauptfensters festgelegt werden.

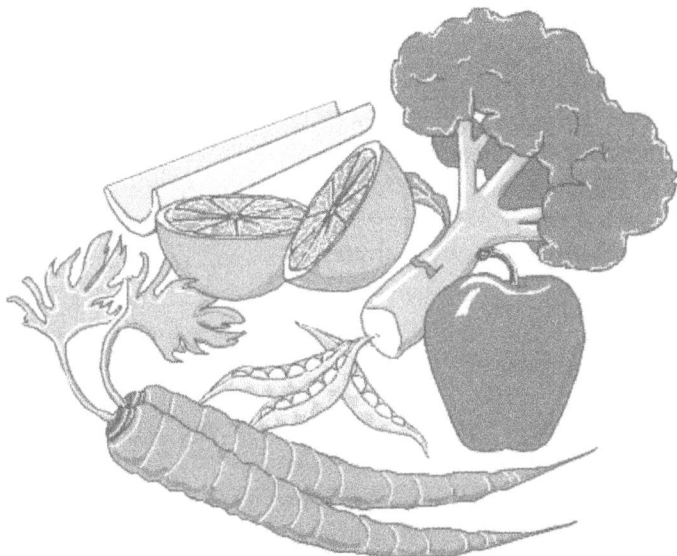

Bild 3.2: Der Hintergrund der Titelseite

3.2.2 Der Vordergrund für die Titelseite

Auf dem Vordergrund der Titelseite sollen fünf exemplarische Bilder von Gemüsesorten plaziert werden. Dies sind:

- MOEHREN0.TIF   - Foto „Möhren"
- SPARGEL0.TIF   - Foto „Spargel"
- TOMATEN0.TIF   - Foto „Tomaten"
- WIRSING0.TIF   - Foto „Wirsing"
- ZUCCHIN0.TIF   - Foto „Zucchini"

Alle Bilder sind mit einer Farbdarstellung von 24-Bit eingescannt worden und mit 38 KB gleich groß. Sie befinden sich im Ordner TOOLBOOK\MEDIA\75DPI auf der beiliegenden CD-ROM. Sie können nach den bekannten Prinzipien importiert und an beliebigen Stellen auf dem Vordergrund der Titelseite positioniert werden. Da die Grafiken deckend erscheinen sollen, sind keine besonderen Grafikeigenschaften einzustellen. Der beim Import entstehende Rand kann optional über die Linienpalette wieder entfernt werden. Da die Grafiken in einer späteren Projektphase als Schaltflächen benutzt werden sollen, d.h. als Möglichkeit, per Mausklick weitere Informationen zu diesen Gemüsebildern zu bekommen, sollen sie aus Gründen der übersichtlicheren Ansprache durch OpenScript-Routinen die Namen „Möhren", „Spargel", „Tomaten", „Wirsing" und „Zucchini" erhalten.

Die bis hierher entstandene Datei erhält die Versionsnummer 0 und den Dateinamen VEGET-00.TBK. Zu Übungszwecken wird empfohlen, die so entstandenen Programme in einem Arbeitsordner TOOLBOOK\ PROGRAMS auf der Festplatte des eigenen Computers abzuspeichern. Auf der beiliegenden CD-ROM befinden sich im dortigen Ordner TOOLBOOK\PROGRAMS jeweils die vollständigen Dateien der einzelnen Programmversionen zur Kontrolle.

Eine kleine Änderung soll zusätzlich in das Programm integriert und von nun an von Version zu Version zunächst jeweils manuell auf den neuesten Stand gebracht werden. Es handelt sich um die Aufnahme einer Versionsnummer auf der Titelseite. Zu diesem Zweck wird auf dem Vordergrund der Titelseite mit dem Feldhilfsmittel unten rechts auf der Titelseite ein Textfeld aufgezogen. Durch Doppelklick auf das Feld nach vorheriger Markierung kann anschließend der Text „Version 0" eingegeben werden. Danach sind folgende Eigenschaften festzulegen:

- Name: Version
- Rahmenstil: kein
- durchsichtig
- aktiviert (Tastatur gesperrt), aktiviert

Schließlich soll das Feld über den Eigenschaften-Editor in seinen Abmessungen noch genauer bestimmt werden und folgende *bounds*-Werte bekommen: 7170, 5550, 8295, 5835. Mit diesen Werten ist das Feld groß genug, um sich auch an höhere Versionsnummern anzupassen.[1] In den folgenden Abschnitten wird die Versionsnummer durch Doppelklick auf das Feld und Eingabe der relevanten Versionsnummer jeweils erhöht. Ab Version 8 (Abschnitt 3.5.4) wird ein Verfahren vorgestellt, das die Versionsnummer mit Hilfe einer benutzerdefinierten OpenScript-Behandlungsroutine automatisch erzeugt.

Bild. 3.3 zeigt die Titelseite in ihrem bisherigen Zustand mit Vorder- und Hintergrund.

---

[1] Zur genauen Positionierung von Objekten siehe Abschnitt 2.3.6.6.

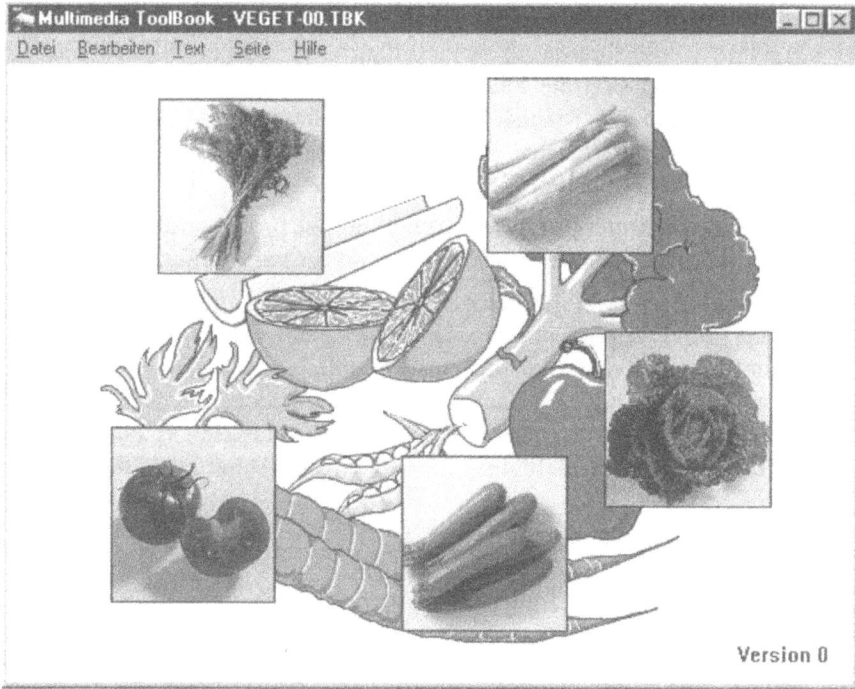

Bild 3.3: Die Titelseite der ersten Version des „Interaktiven Gemüsegarten"

3.3 Die Erstellung der Informationsseiten

Nach Abschluß der Arbeiten an der Titelseite können nun die Informationsseiten erzeugt werden. Sie sollen einen gemeinsamen Hintergrund besitzen, auf dem sich die Navigationselemente für den Seitenwechsel, eine Reihe von Datensatzfeldern für gemeinsame Vordergrundtexte und verschiedene andere, von allen Informationsseiten gemeinsam verwendete Objekte befinden. Insgesamt enthält das Buch fünf Informationsseiten.

3.3.1 Der Hintergrund

Wenden wir uns zunächst der Erzeugung des Hintergrundes zu. Ausgangspunkt ist die Datei VEGET-00.TBK, die lediglich eine Titelseite mit einem Hintergrund enthält. Diese Datei ist zunächst zu laden und - zum Zwecke der Sicherung der bisherigen Version - unter dem Namen VEGET-01.TBK im eigenen Arbeitsordner abzuspeichern. Durch dieses Verfahren der ständigen Neuspeicherung ist es möglich, bei eventuellen Fehlern jederzeit wieder auf die bisherige Version zurückgreifen zu können.

Zur Erstellung des Hintergrundes für die fünf Informationsseiten muß im Menü „Objekt" die Option „Neuer Hintergrund" ausgewählt werden. Ist das geschehen, hat sich die Seitenzahl in der Statuszeile unten rechts erhöht, und es ist ein neuer, zunächst weißer Hintergrund in das Buch eingefügt worden.[1] Durch Umschalten auf den neuen Hintergrund mit F4 kann dieser nun bearbeitet werden.

Zunächst soll im Hintergrund ein mit hell gelber Farbe gefülltes Rechteck so plaziert werden, daß es den gesamten Hintergrund ausfüllt.

Anschließend sind zwei Datensatzfelder zur Aufnahme von Texten auf dem Hintergrund zu positionieren. Datensatzfelder sind - wie in Abschnitt 2.3.5.6 definiert - Textfelder, die ausschließlich auf Seitenhintergründen plaziert werden. Sie dienen zur Aufnahme verschiedener Texte, die auf den zu einem Hintergrund gehörenden Vordergrundseiten erscheinen sollen. Für das erste Datensatzfeld sind folgende Eigenschaften zu definieren:

– Name: Information
– Datensatzfeldtyp: Zeilenumbruch
– Rahmenstil: Bildlauf (Rollbalken an der rechten Seite des Feldes)
– aktiviert (Tastatur gesperrt), aktiviert

Der Name „Information" wird später bei der Programmierung Verwendung finden und ist daher unbedingt einzugeben. Will man dem Datensatzfeld nun noch eine spezielle Füllung geben, so kann man das nach den bereits genannten Prinzipien über die Farbpalette bewerkstelligen. Ein etwas dunkleres Gelb als das des Hintergrundrechteckes macht sich hier optisch sehr ansprechend. Um schon jetzt eine genaue Ausrichtung dieses Feldes zu erreichen, werden die Abmessungen 226, 1921, 3300, 5000 empfohlen. Sie sind über den Eigenschaften-Editor und die Auswahl „bounds" einzugeben.

Nun soll noch ein zweites Datensatzfeld auf dem Hintergrund plaziert werden. Dieses soll den jeweiligen Titel des Kochrezeptes zusammen mit einem grafischen Symbol, einem sogenannten *Icon*, aufnehmen. Das Feld soll oben rechts auf dem Hintergrund plaziert werden und folgende Positions- und Abmessungsdaten haben: 4395, 405, 7935, 1035. Zusätzlich sollen folgende weitere Eigenschaften festgelegt werden:

– Name: Titel
– Datensatzfeldtyp: Kein Zeilenumbruch (der Titel ist immer einzeilig)

---

[1] Sollte versehentlich eine Seite zuviel eingefügt worden sein, kann diese über Auswahl des Seitensymbols unten rechts in der Statuszeile und Betätigen der ENTF-Taste gelöscht werden.

– Rahmenstil: eingesetzt
– aktiviert (Tastatur gesperrt), aktiviert

Bezüglich der Farbfüllung wird vorgeschlagen, das gleiche Gelb wie beim Datensatzfeld „Information" zu wählen.

Zwei weitere Hintergrundelemente sollen zusätzlich in dieser frühen Projektphase auf dem Hintergrund positioniert werden. Zum einen ist das die Bitmap-Grafik CHEF.BMP, zum anderen ein schwarzes Rechteck als Schatten der Fotos der jeweiligen Speisen.

Binden wir zunächst die Bitmap-Grafik CHEF.BMP ein. Über den bereits bekannten Menüpunkt „Datei/Grafik importieren" kann die Datei CHEF.BMP von der CD-ROM aus dem Ordner TOOLBOOK\MEDIA\ GRAFIK importiert werden. Je nach Einstellung hat sie zunächst noch einen Rahmen. Dieser kann über die Linienpalette entfernt werden. Die Grafik soll oberhalb des Datensatzfeldes „Information" auf der Hintergrundseite an den Seitenkoordinaten 226, 113 positioniert werden. Zusätzlich sollen noch folgende Eigenschaften definiert werden:

– Name: Chef
– Farbschlüssel verwenden
– Füllfarbe: weiß (ggf. über die Farbpalette definieren)

Zur Erzeugung des bereits erwähnten schwarzen Rechteckes wählt man das entsprechende Hilfsmittel aus und zieht das Rechteck unterhalb des Datensatzfeldes „Titel" auf den Bildschirm. Die schwarze Füllung erreicht man über die Farbpalette. Das Rechteck soll zur besseren Ansprache den Namen „Schatten" erhalten und über den Eigenschaften-Editor folgende Positions- und Abmessungsdaten bekommen: 4500, 1365, 7980, 3810. Mit diesen Daten wird sich das Rechteck als Schatten unter die im Vordergrund noch zu plazierenden Grafiken legen.

Wenden wir uns nun der Erzeugung der Navigationselemente zu. In Abschnitt 2.3.5.3 sind die Grundprinzipien der Verwendung dieser grafischen Objekte, mit deren Hilfe man sich durch das Buch navigiert, erläutert worden. Folgende Navigationselemente sollen im „Interaktiven Gemüsegarten" verwendet werden:

• ein Navigationselement „Zurück", mit dem man zur vorherigen Seite im Buch gelangt,

• ein Navigationselement „Weiter", mit dem man zur Folgeseite im Buch gelangt,

• ein Navigationselement „Home", mit dem man zum Ausgangspunkt, also zur Titelseite, gelangt.

Zur Erstellung ansprechend gestalteter Navigationselemente wird in der Folge eine Kombination aus Textfeldern mit darin befindlichen Symbolen vorgeschlagen. Multimedia ToolBook bietet zu diesem Zweck eine Reihe von Symbolen an, die wir uns zunutze machen können. Das Prinzip der Nutzung ist folgendes (Beispiel: Navigationselement „Zurück"): Zunächst wird im Hintergrund ein einfaches Textfeld mit dem Feld-Hilfsmittel gelegt. In dieses Textfeld soll eine Grafik eingefügt werden. Dazu markiert man das Textfeld mit doppeltem Mausklick, so daß der Cursor innerhalb des Textfeldes blinkt und anzeigt, daß nun eine Eingabe erwartet wird. Über die Menüoption „Text/Grafik einfügen" kann man anschließend mit dem Ressourcen-Manager die gewünschte Grafikressource einbinden (siehe Abschnitt 2.3.5.5).

Für das Navigationselement „Zurück" soll die Datei PF01LI.ICO (die Icon-Datei „Pfeil 01 links") aus dem Multimedia ToolBook Ordner MTB40\CLIPART\SYMBOLE\PFEILE importiert werden. Bestätigt man den Import anschließend mit „ok", befindet sich das Symbol bereits im Textfeld. Das Textfeld bekommt nun noch die folgenden Eigenschaften:

− Name: Zurück
− Feldtyp: einzeilig
− Rahmenstil: ohne
− durchsichtig (ggf. Füllfarbe weiß über die Farbpalette definieren)
− aktiviert[1]

Nach den gleichen Schritten kann nun das Navigationselement „Weiter" für die Vorwärtsbewegung erzeugt werden. Als Ressource dient hier die Datei PF02RE.ICO („Pfeil 02 rechts"), die ebenfalls im Ordner MTB40\CLIPART\SYMBOLE\PFEILE) liegt:

− Name: Weiter
− Feldtyp: einzeilig
− Rahmenstil: ohne
− durchsichtig
− aktiviert

Zusätzlich benötigen wir noch ein Navigationselement, das uns zur Titelseite zurückbringt. Auch hier können die gleichen Prinzipien angewendet werden. Als importierte Ressource bietet sich hier die Datei KREUZ.ICO

---

[1] Legt man einfache Textfelder (keine Datensatzfelder) auf dem Hintergrund an, ist die Feldeigenschaftsoption „aktiviert (Tastatur gesperrt)" nicht aktiv, da in einem Textfeld auf dem Hintergrund ja vom Vordergrund aus keine Eingaben vorgenommen werden können.

aus dem gleichen Ordner wie die übrigen Ressourcen an. Auch hier ist das Textfeld mit den entsprechenden Eigenschaften zu versehen:

- Name: Home
- Feldtyp: einzeilig
- Rahmenstil: ohne
- durchsichtig
- aktiviert

Nach Erstellung aller Navigationselemente sollen diese nun noch korrekt auf dem Hintergrund ausgerichtet werden. Auch hier könnte man die genauen Positionswerte über den Eigenschaften-Editor eingeben. Einfacher ist in diesem Fall die Verwendung des Gitters, das in Multimedia Tool-Book ebenfalls zur genauen Ausrichtung von Objekten in einem Buch verwendet werden kann (siehe Abschnitt 2.3.5.2).

Nach Abschluß der bisherigen Arbeiten hat der Hintergrund der Informationsseiten das in Bild. 3.4 abgebildete Aussehen. Die bis hierher entstandene Datei erhält die Versionsnummer 1 und den Dateinamen VEGET-01.TBK.

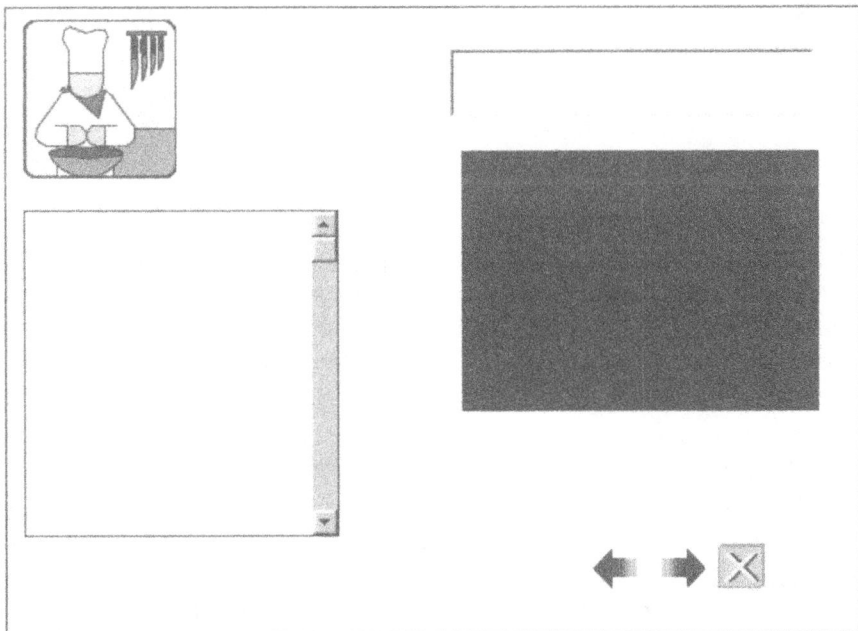

Bild 3.4: Der Hintergrund der Informationsseiten

3.3.2 Die Vordergründe

Auf insgesamt fünf Informationsseiten sollen nun zunächst die entsprechenden Angaben zu den exemplarischen Kochrezepten in textueller und grafischer Form aufgebaut werden. Wenden wir uns zunächst den Informationstexten zu, die das Datensatzfeld „Information" füllen sollen.

Basis der folgenden Schritte ist die Datei VEGET-01.TBK, die nach den kommenden - zunächst nur textuellen - Veränderungen als VEGET-02.TBK mit den gewünschten Zusätzen vorliegen wird. Ausgangspunkt ist die Seite 2 des Buches, auf deren Vordergrund wir uns befinden (Anzeige in der Statuszeile unten rechts „2 von 2").

Zunächst fügen wir über das Menü „Objekt/Neue Seite" ausgehend von Seite zwei weitere vier Seiten ein, so daß unser Buch am Ende dieses Prozesses insgesamt sechs Seiten umfaßt und in der Statuszeile unten rechts „6 von 6" zu lesen ist.

Danach sollen die insgesamt sechs Buchseiten benannt werden, damit sie später über entsprechende Programmierroutinen angesprochen werden können.

- Seite 1: „Titel"
- Seite 2: „Zucchini"
- Seite 3: „Spargel"
- Seite 4: „Tomaten"
- Seite 5: „Möhren"
- Seite 6: „Wirsing"

3.3.2.1   Texteingabe

Der nächste Schritt befaßt sich mit der Aufnahme von Texten auf den Informationsseiten. Dazu hatten wir im Hintergrund entsprechende Datensatzfelder angelegt. Um einen Text in ein Datensatzfeld einzugeben, klickt man vom Vordergrund einer Seite aus mit einem doppelten Mausklick auf das Feld, um anschließend die gewünschten Eingaben vorzunehmen.

Ausgehend von Seite 2, die ja nun den Namen „Zucchini" trägt, soll hier in das Datensatzfeld „Titel" die Überschrift „Überbackene Zucchini" eingegeben werden.

Bei der Formatierung von Zeichen und der Festlegung von Absatzformaten kann wie in Abschnitt 2.3.5.6 beschrieben vorgegangen werden. Prinzipiell genügt es, das Feld zu markieren und die Schriftart über das Menü „Text/Zeichen" bzw. die Absatzausrichtung über das Menü: „Text/Absatz" vorzunehmen. Bei Datensatzfeldern wirkt sich dies dann auf alle Vordergründe, auf denen das Datensatzfeld zu sehen ist, gleichermaßen aus. Zusätzlich könnte man bei Datensatzfeldern die Formatierung aber auch vom Vordergrund aus vornehmen und somit verschiedene Schriftarten bzw. Absatzausrichtungen auf verschiedenen Vordergrundseiten erzielen.

Aus Gründen der Übertragbarkeit auf andere Computer beschränken wir uns im „Interaktiven Gemüsegarten" auf die Schriftart „Times New Roman", die für das Datensatzfeld „Information" in Schriftgröße 12 und dem Schriftstil „Normal" und im Datensatzfeld „Titel" in Schriftgröße 14 und dem Schriftstil „Fett" eingegeben werden soll.

Zur Texteingabe in Text- oder Datensatzfelder gibt es auch einen anderen Weg. Dabei bedient man sich einer Textverarbeitung, formatiert die Texte nach den gewünschten Prinzipien und speichert die Datei im RTF-Format (RTF = rich text format) ab. Texte dieses Formats lassen sich problemlos unter Beibehaltung ihrer Formatierung über die Zwischenablage nach Multimedia ToolBook importieren. Auf der beiliegenden CD-ROM befindet sich im Ordner TOOLBOOK\MEDIA\TEXTE die Datei TEXTE.RTF, in der alle Texte für dieses Übungsprojekt abgelegt sind. Zusätzlich enthält diese Datei auch Anweisungen zum Umgang mit den Texten. Binden wir also diese Texte in unser bisheriges System ein und bauen die Texte auf den Informationsseiten auf.[1]

Beginnen wir mit Seite 2 (Seite „Zucchini"). Folgender Text soll eingegeben werden.

Für das Datensatzfeld „Titel":

Überbackene Zucchini

Für das Datensatzfeld „Information":

1. Die Zucchini waschen, Stielansätze entfernen und in etwa 0,5 cm dicke Scheiben schneiden.
2. Die Tomaten waschen, grüne Stielansätze entfernen und in ebenso dikke Scheiben schneiden.
3. Den *Schafskäse* #Hotword: Spezielle Käseart aus Griechenland oder Bulgarien# etwas abtropfen lassen und klein würfeln.
4. Den Backofen auf etwa 200 Grad Celsius vorheizen.
5. Eine Auflaufform mit 1 Eßlöffel Olivenöl ausstreichen, die Zucchini- und Tomatenscheiben dachziegelartig hineingeben, den Schafskäse darüber verteilen und mit Oregano, Salz und frisch gemahlenem Pfeffer

---

[1] Beim Textimport in eine Textfeld über die Zwischenablage kann es passieren, daß der eingefügte Text zunächst nicht sichtbar ist. Das liegt daran, daß der Cursor nach dem Dateiimport sofort ans Textende springt. Ein einfaches Hochbewegen des Cursors zeigt den Text allerdings sofort wieder an.

würzen. Zum Schluß das restliche Olivenöl gleichmäßig über das Gemüse träufeln.

6. Auf die mittlere Schiene in den Backofen schieben und 15 bis 20 Minuten backen, bis der Käse eine leichte Bräunung annimmt.

Sofort mit Stangenweißbrot servieren.

Das Wort Schafskäse ist kursiv hervorgehoben, da hier später noch eine Aktionswort-Verknüpfung mit der zwischen den #-Zeichen stehenden Information erfolgen soll (siehe Abschnitt 3.7).

Die Eingabe der Texte auf den übrigen Informationsseiten erfolgt analog. Da die Texte in der Datei TEXTE.RTF zur Verfügung stehen, sind in der Folge nur die Überschriften für das Datensatzfeld „Titel" auf den jeweiligen Seiten aufgeführt:

− Seite 3: Spargelgratin
− Seite 4: Gemüseplotz vom Blech
− Seite 5: Speck-Möhren-Eintopf
− Seite 6: Speck-Wirsing-Eintopf

Nach Eingabe der Texte auf den fünf Informationsseiten dürfte auch der Begriff des Datensatzfeldes etwas klarer sein. Einmal auf einem gemeinsamen Hintergrund festgelegt, ist dieses spezielle Textfeld auf jedem dazugehörigen Vordergrund sichtbar und dient zur Aufnahme verschiedenartiger textueller Informationen im stets gleichen Format. Die Auswirkung der Datensatzfeldeigenschaften kann man sich nochmals plastisch vor Augen halten, indem man auf einer der Informationsseiten auf den Hintergrund umschaltet (es ist unerheblich, von welcher Informationsseite aus man das tut) und die Datensatzfelder „Information" und „Titel" vorübergehend in ihrer Größe modifiziert. Die Auswirkung ist auf allen fünf Informationsseiten gleichermaßen zu spüren.

Bild. 3.5 zeigt die Seite „Zucchini" nach der Texteingabe in die Datensatzfelder „Titel" und „Information".

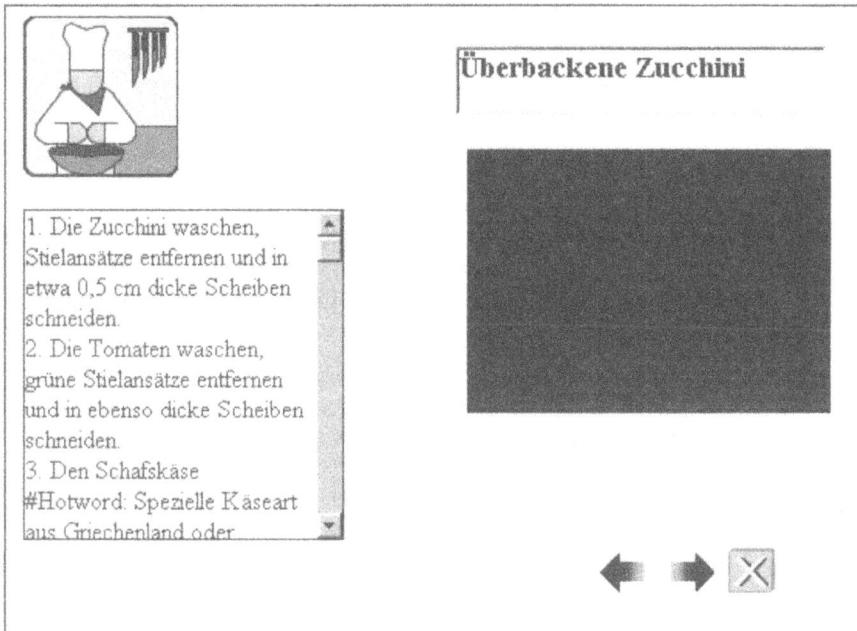

Bild 3.5: Der Vordergrund von Seite 2, Version 2

Am Ende der Texteingabe liegt die derzeitige Fassung als Version 2 (die Versionsnummer im Textfeld „Version" auf der Titelseite ist entsprechend zu erhöhen) in der Datei VEGET-02.TBK vor.

3.3.2.2   Das Hinzufügen von Grafiken

Ausgehend von der Version 2 ist nun auf jeder Informationsseite ein Foto der jeweiligen Speise so auf dem Vordergrund zu plazieren, daß es vor dem schwarzen Rechteck liegt. Das Rechteck fungiert also als Schatten für die Grafiken. Am Ende dieses Prozesses steht die Version 3 unter dem Dateinamen VEGET-03.TBK.

Beginnen wir wieder mit der Seite 2 (Seitenname: „Zucchini"). Über die Menüoption „Datei/Grafik importieren" ist die Datei ZUCCHIN1.TIF aus dem Ordner TOOLBOOK\MEDIA\75DPI von der beiliegenden CD-ROM nach Seite 2 zu importieren und dort entsprechend vor dem schwarzen Rechteck zu positionieren. Zwar könnte man die Grafik dehnen oder stauchen, doch empfiehlt sich dies aus zwei Gründen nicht:

- Gedehnte/gestauchte Grafiken verlangsamen das Laufzeitverhalten des Buches.

- Alle Grafiken für die fünf Informationsseiten sind mit einem Bildbearbeitungsprogramm gleich groß (115 KB) erzeugt worden, so daß, wenn eine Größenänderung vorgenommen wird, sie sich auf alle Bilder beziehen sollte.

Belassen wir also die Grafik, wie sie importiert wurde. Die Grafik soll den Namen „Zucchini1" erhalten und mit ihrer linken oberen Ecke an Position 4395,1215 liegen (Option „position" im Eigenschaften-Editor). Mit den bereits definierten Positions- und Abmessungsdaten (4500, 1365, 7980, 3810) bildet das schwarze Rechteck im Hintergrund einen wirksamen Schatten unserer Grafik.

Nun können wir auf den weiteren Informationsseiten die jeweiligen Grafiken nach dem gleichen Schema importieren und stets an der gleichen Position, also vor dem schwarzen Rechteck an Position 4395,1215 plazieren:

- Seite 2: ZUCCHIN1.TIF, Name: Zucchini1
- Seite 3: SPARGEL1.TIF, Name: Spargel1
- Seite 4: TOMATEN1.TIF, Name: Tomaten1
- Seite 5: MOEHREN1.TIF, Name Möhren1
- Seite 6: WIRSING1.TIF, Name: Wirsing1

Zum genauen Positionieren der Grafiken kann man wiederum den Eigenschaften-Editor aktivieren und die genaue Positionierung über die manuelle Eingabe der Positionswerte vornehmen. Eine Namengebung für die Grafiken ist nicht unbedingt erforderlich, sollte aber zur besseren Bezugnahme auf die Positions- und Abmessungsdaten im Anhang A vorgenommen werden.

Zusätzlich sind noch fünf weitere Grafiken, eine je Informationsseite, zu importieren. Es sind die bereits auf der Titelseite verwendeten Bilder der einzelnen Gemüsesorten. Sie sollen über den Eigenschaften-Editor in ihrer Größe leicht verändert werden, so daß sie neben dem Hintergrundbild „Chef" auf den einzelnen Informationsseiten, jeweils an der gleichen Position plaziert werden können. Zu diesem Zweck sind nach dem Import über den Eigenschaften-Editor jeweils die folgenden Abmessungen einzugeben: 1860, 113, 3300, 1613. Nach Eingabe dieser Werte wird das Bild an der gewünschten Stelle in der gewünschten Größe positioniert. Die folgenden Bilder sind so auf den einzelnen Informationsseiten einzubinden:

- Seite 2: ZUCCHIN0.TIF, Name: Zucchini0
- Seite 3: SPARGEL0.TIF, Name: Spargel0
- Seite 4: TOMATEN0.TIF, Name: Tomaten0
- Seite 5: MOEHREN0.TIF, Name: Möhren0
- Seite 6: WIRSING0.TIF, Name: Wirsing0

Auch hier ist eine Namengebung zunächst nicht unbedingt erforderlich, sollte aber zur Vereinheitlichung des Gesamtsystems bereits vorgenommen werden.

Schließlich soll noch die Flagge des jeweiligen Landes, aus dem die Speise kommt, am Zeilenanfang des Datensatzfeldes „Titel" eingefügt werden. Dazu benötigen wir zwei Flaggensymbole, die deutsche und die italienische Flagge. Diese liegen als Dateien DTSCHLND.ICO (Deutschland) und ITALIEN.ICO (Italien) im Ordner TOOLBOOK\MEDIA\GRAFIK auf der mitgelieferten CD-ROM und sind nach den in Abschnitt 3.3.1 beschriebenen Verfahren als Ressourcen zu importieren. Anschließend kann man sie wie die Pfeile für die Navigationselemente in die Datensatzfelder einfügen:

- das Datensatzfeld „Titel" durch Doppelklick markieren,
- den Cursor an den Feldanfang bewegen,
- Menü: „Text/Grafik einfügen".

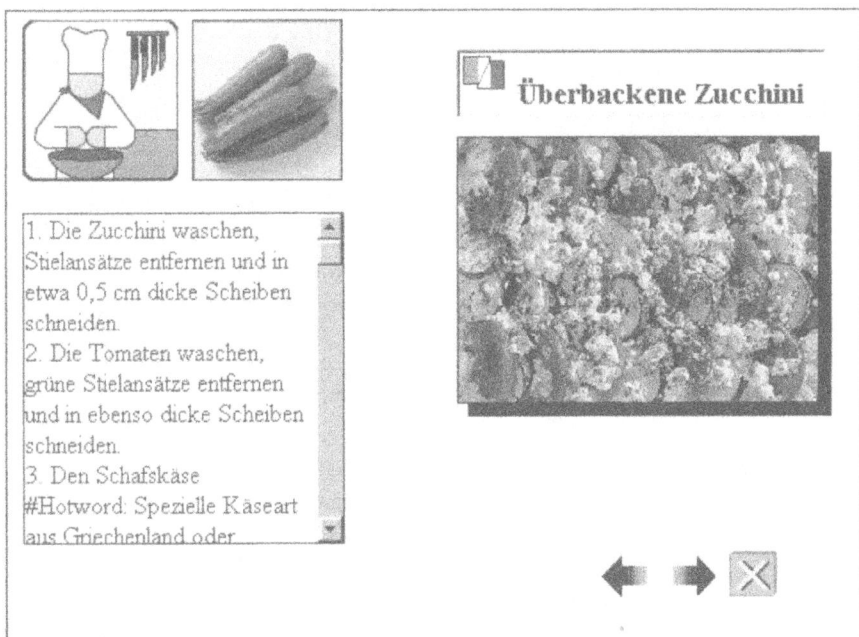

Bild 3.6: Der Aufbau der Seite 2, „Zucchini"

Ins Titelfeld der Seite 2 („Zucchini") soll die italienische, in das Titelfeld der übrigen Informationsseiten die deutsche Flagge eingefügt werden. Bild. 3.6 illustriert den Aufbau der gesamten Informationsseite 2 „Zucchini".

Diese neue Version des „Interaktiven Gemüsegartens" erhält die Versionsnummer 3 im Textfeld „Version" auf der Titelseite und den Dateinamen VEGET-03.TBK.

3.4   Die Navigation durch das Buch

Zwar sind die einzelnen Seiten des Gesamtbuches inhaltlich noch nicht fertiggestellt, es fehlen noch eine Reihe von Schaltelementen und Feldern, dennoch soll nun erläutert werden, wie eine erste Navigation durch das System erstellt werden kann. Sieht man das System erst einmal in seinem Gesamtzusammenhang, wird einiges wesentlich klarer und - das sei gerade für Neulinge auf dem Gebiet der Erstellung komplexer Multimedia-Anwendungen hinzugefügt - es wirkt erheblich motivierender, wenn man sein System im Ablauf sieht und überprüfen kann.

Grundlage für die Navigation durch ein Buch ist - wie in Abschnitt 2.3.5.4 ausführlich beschrieben - die OpenScript-Anweisung:

```
go [to] <Ausdruck>
```

Mit dieser Anweisung können wir für die einzelnen Objekte, d.h. für die Gemüsebilder auf der Titelseite und für die Navigationselemente im Hintergrund der Informationsseiten entsprechende Skripte schreiben. Der Einfachheit halber werden wir uns zunächst auf reine Objektskripte beschränken. Folgende Objektskripte, eines für jedes Navigationselement, sind notwendig:

Das Objektskript für das Navigationselement „Weiter":

```
to handle buttonClick
     go to next page
end buttonClick
```

Das Objektskript für das Navigationselement „Zurück":

```
to handle buttonClick
     go to previous page
end buttonClick
```

Das Objektskript für das Navigationselement „Home":

```
to handle buttonClick
```

```
        go to page "Titel"
end buttonClick
```

Für die Gemüsebilder auf der Titelseite werden nun ebenfalls nacheinander Objektskripte geschrieben, eines für jedes Objekt. Diese enthalten jeweils eine *go to*-Anweisung, mit der ein expliziter Seitenwechsel zu der Seite erfolgt, auf die das Objekt verweisen soll, z.B. *go to page "Möhren"* für das Möhrenbild, *go to page "Zucchini"* für das Zucchinibild usw. Das Bild „Zucchini" enthält somit die folgende Behandlungsroutine:

```
to handle buttonClick
        go to page "Zucchini"
end buttonClick
```

Nach Abschluß der Skripterstellung lohnt es sich nun erstmals, mit F3 auf die Leserebene umzuschalten und die Navigation durch das gesamte System auszuprobieren. Problemlos kann man nun von Seite zu Seite wechseln, sowie - ausgehend von der Titelseite - jede beliebige Seite im Buch ansprechen.

Einen kleinen Nachteil gilt es noch zu bereinigen: Auch auf der letzten Seite, der Seite „Wirsing", ist das Navigationselement „Weiter" sichtbar, obwohl das Buch gar keine weitere Seite mehr hat. Führt man einen Mausklick auf diesem Navigationselement auf Seite 6 aus, springt das System wieder die Titelseite an, der normale Effekt der *go to next page*-Anweisung auf der letzten Seite eines Buches. In unserem Programm ist das allerdings nicht unbedingt ein gewünschter Effekt.

Mit einer speziellen Behandlungsroutine, die dem Skript für das Navigationselement „Weiter" hinzugefügt wird, läßt sich der nach rechts zeigende Pfeil auf der letzten Seite, der Seite „Wirsing", abschalten:

```
notifyBefore enterPage
    get pageNumber of this page            -- a0
    if IT = pageCount of this book then    -- a1
            hide self                      -- a2
    else                                   -- a3
            show self                      -- a4
    end if
end enterPage
```

Bei dieser Behandlungsroutine handelt es sich um eine spezielle Botschaft, die an ein Objekt gesendet wird, bevor die Seite die Botschaft erhält (siehe auch Abschnitt 2.3.9.2). Im konkreten Fall bedeutet dies, daß bevor zu Seite 6 (also zur Seite mit der Kennung „Wirsing") gewechselt wird, zunächst abgefragt wird, ob es ein Objekt gibt, das eine Vorabbotschaft auszuwerten hat. Ist dies der Fall, werden die Anweisungen in der *notifyBefore*-Routine ausgeführt.

Die *notifyBefore*-Routine wird einfach unter die bisherige *buttonClick*-Routine für das Objektskript geschrieben, so daß dem Navigationselement „Weiter" nun zwei Behandlungsroutinen zugeordnet sind.

Schauen wir uns die *notifyBefore*-Routine etwas genauer an. Im einzelnen ermittelt diese Routine zunächst die Seitennummer der Seite, zu der gewechselt werden soll und bindet in Zeile (a0) den ermittelten Wert an die Systemvariable it (siehe Abschnitt 2.3.6.2). Verantwortlich dafür ist die Anweisung

```
get pageNumber of this page
```

Anschließend wird über eine Kontrollstruktur mit *if* überprüft, ob der Wert von it dem der höchsten Seitenzahl des gesamten Buches entspricht (a1). Sind it und der durch *pageCount* ermittelte Wert gleich, versteckt sich das aktuelle Objekt (also das Navigationselement „Weiter") selbst (a2), in allen anderen Fällen (a3) wird es angezeigt (a4).

Damit sind die Grundlagen der Navigation durch das System aufgebaut und wir können das bisherige System unter dem Dateinamen VEGET-04.TBK, also als Version 4 abspeichern. Zusätzlich ist die Versionsnummer im Textfeld „Version" auf der Titelseite zu ändern.

3.5   Sensitive Flächen

Ziel der nun folgenden Erweiterung des „interaktiven Gemüsegartens" ist das Feststellen von Objektberührungen mit dem Mauscursor und die Ausgabe entsprechender Reaktionen. Mit anderen Worten, es soll überprüft werden, ob sich der Mauscursor über oder innerhalb der Begrenzung eines Objektes befindet. Ist das der Fall, soll eine entsprechende Reaktion erfolgen. In einem ersten Schritt soll als Reaktion zunächst nur der Standard-Mauscursor in einen Handcursor umgewandelt werden. Später soll zusätzlich eine entsprechende Meldung in einem Textfeld erscheinen. Als „sensitive Flächen" sollen dabei die Fotos auf der Titelseite fungieren.

3.5.1   Die Umwandlung der Cursorform

Wenden wir uns zunächst der reinen Umwandlung der Cursorform zu. Prinzipiell könnte man für die Bilder auf der Titelseite Objektskripte schreiben oder allen Bildern die *mouseEnter*- und die *mouseLeave*-Routine als gemeinsame Skripte zuordnen (siehe Abschnitt 2.3.5.5). Da diese Skripte allerdings alle fast die gleiche Struktur haben (identische *mouseEnter*- und *mouseLeave*-Routinen, leicht unterschiedliche *buttonClick*-Routinen) und später auch noch erheblich erweitert werden sollen, emp-

fiehlt sich eine etwas komplexere *mouseEnter*-Routine, sowie eine gemeinsame *mouseLeave*-Routine im Seitenskript der Titelseite.

```
to handle mouseEnter
  conditions
      when name of target = "Möhren"
        sysCursor = 44
      when name of target = "Zucchini"
        sysCursor = 44
      when name of target = "Spargel"
        sysCursor = 44
      when name of target = "Tomaten"
        sysCursor = 44
      when name of target = "Wirsing"
        sysCursor = 44
      end conditions
end mouseEnter

to handle mouseLeave
        sysCursor = default
end mouseLeave
```

In diesem Seitenskript stellt nun die Behandlungsroutine *mouseEnter* über
eine Kontrollstruktur mit der OpenScript-Anweisung *conditions* sicher,
daß in Abhängigkeit des jeweiligen Ziels („*when name of target =
<name>*") der Cursor auf die systeminterne Cursorform 44 (den Handcur-
sor) umgestellt wird. In der *mouseLeave*-Routine wird die Cursorform
wieder zurückgesetzt. Damit die korrekte Funktionsweise dieser Routinen
garantiert ist, dürfen keine Objektskripte für die einzelnen Bilder existieren, da diese ja gemäß der Objekthierarchie Vorrang vor Seitenskripten
haben (siehe Abschnitt 2.1.2).

Nach Abschluß der Arbeiten im Seitenskript der Titelseite, soll nun das
gleiche Prinzip auf die Navigationselemente „Weiter", „Zurück" und
„Home" auf dem Hintergrund der Seiten 2 bis 6 angewendet werden. Auch
bei diesen Objekten soll sich der Standardcursor in eine Hand verwandeln,
sobald der Mauscursor eines dieser Objekte berührt. Ausgehend vom Hintergrund der Seiten 2 bis 6 könnte man wiederum Objektskripte schreiben,
doch bietet sich auch hier ein gemeinsames Skript für alle drei Navigationselemente an. Da die Navigationselemente im gemeinsamen Hintergrund
der Seiten 2 bis 6 liegen, müssen die entsprechenden Behandlungsroutinen
nun allerdings im Hintergrundskript untergebracht werden.

```
to handle mouseEnter
  conditions
      when name of target = "Weiter"
        sysCursor = 44
      when name of target = "Zurück"
        sysCursor = 44
      when name of target = "Home"
        sysCursor = 44
```

```
 end conditions
end mouseEnter

to handle mouseLeave
     sysCursor = default
end mouseLeave
```

Dieses Skript, bestehend aus den Behandlungsroutinen *mouseEnter* und *mouseLeave*, bedarf keiner weiteren Erklärung. Es hat den gleichen Aufbau wie das Seitenskript für die Titelseite und funktioniert völlig analog.

Die bis hierher entstandene Version des „Interaktiven Gemüsegartens" trägt die Versionsnummer 5 und den Dateinamen VEGET-05.TBK.

3.5.2   Die Ausgabe von Kommentaren

Über die einfache Umwandlung der Cursorform bei der Berührung eines Objekts hinaus ist es häufig sinnvoll, Kommentare bei der Berührung eines Objekts mit dem Mauscursor auszugeben.

Ziel dieses Abschnitts ist es, über ein zunächst starres, an einer festen Position liegendes Textfeld, Kommentare auf der Titelseite auszugeben, die über die Bedienung des Programms informieren. Ab Version 8 wird dieses Feld allerdings nicht mehr an einer festen Position liegen, sondern dem Mauscursor folgen. Bild. 3.7 illustriert die Einbindung dieses zunächst starren Textfeldes auf der Titelseite.

Bild 3.7: Das Textfeld „Info" auf der Titelseite, Mauscursor auf Bild „Tomaten"

Zu diesem Zweck ziehen wir mit dem Feld-Hilfsmittel ein Textfeld unten links am Seitenrand auf. Es soll zwei Textzeilen und je Zeile ca. 30 Zeichen des Typs „Times New Roman", Größe 12 Punkt aufnehmen können. Dem Textfeld sollen folgende Eigenschaften zugewiesen werden:

- Name: Info
- Feldtyp: Zeilenumbruch
- Rahmenstil: eingesetzt
- aktiviert (Tastatur gesperrt), aktiviert
- Farbfüllung (über die Farbpalette): helles grau
- Abmessungs- und Positionsdaten: 255, 5235, 3255, 5835

Zusätzlich soll das Feld die Absatzformatierung „zentriert" und die Schriftart „Times New Roman", Größe 10, Standard zugewiesen bekommen.

Basis für das Anzeigen und Verbergen eines Objekts, sowie für die Ausgabe von Texten in Feldern sind die folgenden OpenScript-Anweisungen.

```
show <objekt> <name>
hide <objekt> <name>
text of field <name> = text
```

Sie sind in den Abschnitten 2.3.2 und 2.3.3 eingehend erläutert worden.

Unter Zuhilfenahme dieser OpenScript-Anweisungen können wir nun die entsprechenden Behandlungsroutinen aufbauen. Es sind *mouseEnter-* und *mouseLeave*-Routinen. Da wir für alle fünf Bilder auf der Titelseite bereits über entsprechende Behandlungsroutinen verfügen, genügt es, diese auszuweiten:

```
to handle mouseEnter
  conditions
      when name of target = "Möhren"
        sysCursor = 44
        show field "Info"
        text of field "Info" = \
          "Per Mausklick kommen Sie zur Möhrenseite"
      when name of target = "Zucchini"
        sysCursor = 44
        show field "Info"
        text of field "Info" = \
          "Mausklick - und es geht zur Zucchiniseite"
      when name of target = "Spargel"
        sysCursor = 44
        show field "Info"
        text of field "Info" = \
          "Klick - und Sie kommen zur Spargelseite"
      when name of target = "Tomaten"
        sysCursor = 44
        show field "Info"
        text of field "Info" = \
          "Mit Mausklick kommen Sie zur Tomatenseite"
      when name of target = "Wirsing"
        sysCursor = 44
        show field "Info"
        text of field "Info" = \
```

```
    "Klicken Sie sich zur Wirsingseite"
    end conditions
end mouseEnter
```

Das Prinzip dieser oberflächlich komplexen Routine ist recht einfach.[1] Die *mouseEnter*-Routine wird durch eine Kontrollstruktur mit *conditions* gesteuert. In jeder *when*-Klausel wird zunächst überprüft, um welches Objekt es sich handelt, danach wird der Handcursor eingestellt und das Textfeld „Info" angezeigt. Anschließend wird der gewünschte Kommentar in das Feld geschrieben. Um das Feld zu verbergen, wird eine *hide*-Anweisung in die bereits existierende *mouseLeave*-Routine integriert:

```
to handle mouseLeave
    sysCursor = default
    hide field "Info"
end mouseLeave
```

Läßt man das so geschriebene Programm ablaufen, erlebt man eine unangenehme Überraschung. Ein Dialogfenster mit dem Namen „Ausführung ausgesetzt" öffnet sich und teilt mit, daß es kein Objekt mit dem Namen „Info" gibt. Die Erklärung für diese Fehlermeldung ist recht einfach. Da wir mit den Bildern auf der Titelseite Objektskripte gekoppelt haben, die auf die jeweilige Informationsseite wechseln, werden diese Skripte gemäß der ToolBook-Objekthierarchie zuerst, d.h. mit höchster Priorität, ausgeführt. Erst danach kommt die *mouseLeave*-Routine im Seitenskript der Titelseite zum Tragen, da ja auch ein Seitenwechsel als *mouseLeave*-Aktion interpretiert wird. In dieser *mouseLeave*-Routine soll das Feld „Info" verborgen werden. Das ist allerdings nicht mehr möglich, da das System bereits auf der neuen Seite steht und ein nachträgliches Verstecken des Feldes, das ja auf der nun aktuellen Seite nicht mehr zu finden ist, so ohne weiteres nicht funktioniert.

Es gibt mehrere Möglichkeiten, dieses Problem zu lösen. Eine Möglichkeit ist es, Fehlermeldungen grundsätzlich auszuschalten. Das kann mit der Anweisung *sysSuspend* erreicht werden (engl. suspend = aussetzen). Wird diese auf den Wert *false* gesetzt, unterdrückt Multimedia ToolBook solange sämtliche Fehlermeldungen, bis *sysSuspend* wieder den Wert *true* hat. Integriert in die *mouseLeave*-Routine auf der Titelseite, sähe die Lösung wie folgt aus:

```
to handle mouseLeave
    sysCursor = default
    sysSuspend = false      -- a0
    hide field "Info"       -- a1
```

---

[1] Rein programmiertechnisch weist diese Routine eine Reihe von Redundanzen auf. Diese werden in Abschnitt 3.5.3 beseitigt.

```
    sysSuspend = true          -- a2
end mouseLeave
```

In Zeile (a0) werden die Fehlermeldungen unterdrückt, anschließend das „Info"-Feld verborgen (a1), danach alle Fehlermeldungen wieder zugelassen (a2). Diese Variante ist zwar zulässig, widerspricht aber den Prinzipien sauberer Programmierung. Es mag in komplexen Systemen in der Tat Probleme geben, die oft nur umständlich oder gar mit speziellen Kniffen lösbar sind. In unserem konkreten Fall allerdings ist ein solcher Trick nicht notwendig, da es in diesem Fall eine sehr einfache Lösung gibt:

```
to handle mouseLeave
    sysCursor = default
    hide field "Info" of page "Titel"
end mouseLeave
```

Mit dieser Version der Behandlungsroutine *mouseEnter* im Seitenskript der Titelseite wird dem Programm anstelle einer globalen *hide field*-Anweisung eine explizite Anweisung mit genauem Verweis auf das dem Feld „Info" übergeordnete Objekt, der Titelseite, hinzugefügt. Dadurch kann das Feld „Info" von beliebiger Stelle aus angesprochen werden.

Bei der Bearbeitung von Textfeldern, die je nach Programmsituation verborgen oder angezeigt werden sollen, kann es passieren, daß beim Zurückschalten zur Autorenebene das Feld gerade nicht sichtbar ist und somit nicht bearbeitet werden kann. Um ein verborgenes Feld auch auf Autorenebene anzeigen zu können, gibt es mehrere Möglichkeiten. Eine ist, auf ein Objekt auf einer Seite oder einem Hintergrund mit der rechten Maustaste zu klicken. Danach öffnet sich das Kontextmenü. Dort kann man die Option „Übergeordnetes Objekt" auswählen und bekommt dann die Auswahlmöglichkeiten, z.B. „Page Titel" oder „background id 0". Wählt man diese Option aus, wird ein weiteres Menü mit der Option „Alle Objekte anzeigen" präsentiert. Damit können auch vorübergehend verborgene Objekte angezeigt werden (siehe auch Abschnitt 2.3.9.4).

Auf ähnliche Art und Weise können wir nun die Kommentarfelder, die mit den Navigationselementen gekoppelt werden sollen, anlegen. Zunächst ist wieder ein Textfeld zu positionieren. Da sich die Navigationselemente auf dem Hintergrund der Seiten 2 bis 6 befinden, kann auch das Textfeld (kein Datensatzfeld!) auf den Seitenhintergrund gelegt werden. Es soll sich unterhalb der Navigationselemente befinden und genau wie das Textfeld auf der Titelseite die Absatzformatierung „zentriert" haben und die Schriftart „Times New Roman", Größe 12 aufnehmen. Die genauen Positionsdaten sind 5700, 5550, 8175, 5910 (siehe Anhang A). Zusätzlich soll es die folgenden Eigenschaften haben:

- Name: Info
- Feldtyp: einzeilig
- Rahmenstil: eingesetzt
- durchsichtig, aktiviert

Bild. 3.8 zeigt das Textfeld „Info" in seiner Ausrichtung zu den Navigationselementen.

Bild 3.8: Das Textfeld „Info" und die Navigationselemente

Auch hier kann der Name „Info" vergeben werden, da es sich um ein anderes Feld in einer anderen Umgebung handelt als bei dem Feld „Info" auf der Titelseite.

Ist das Feld positioniert und definiert, können im Hintergrundskript die entsprechenden Änderungen in Analogie zum Textfeld auf der Titelseite vorgenommen werden. Vorher sollte dem Hintergrund über die Menüoption: „Objekt/Hintergrundeigenschaften" der Name „Rezepte" zugewiesen werden.

```
to handle mouseEnter
 conditions
      when name of target = "Weiter"
        sysCursor = 44
        show field "Info" of background "Rezepte"
        text of field "Info" of \
           background "Rezepte" = "Eine Seite vor"
      when name of target = "Zurück"
        sysCursor = 44
        show field "Info" of background "Rezepte"
        text of field "Info" of \
           background "Rezepte" = "Eine Seite zurück"
      when name of target = "Home"
        sysCursor = 44
        show field "Info" of background "Rezepte"
        text of field "Info" of \
           background "Rezepte" = "Zur Titelseite"
 end conditions
end mouseEnter

to handle mouseLeave
      sysCursor = default
      hide field "Info" of background "Rezepte"
end mouseLeave
```

Der einzige Unterschied zwischen dem Seitenskript auf der Titelseite und dem Hintergrundskript besteht in der expliziten Bezugnahme auf das Feld „Info" durch die zusätzliche Anweisung *of background „Rezepte"*. Diese Anweisung ist notwendig, da der Hintergrund ja mit mehreren Vordergrundseiten gekoppelt ist und dort andere Objekte vorhanden sind.

Die nun entstandene Version des „Interaktiven Gemüsegartens" trägt die Versionsnummer 6 und den Dateinamen VEGET-06.TBK.

3.5.3 Bewegliche Felder und Programmvereinfachung

Zunächst wollen wir das Textfeld „Info" auf der Titelseite so gestalten, daß es nicht starr an einer Stelle plaziert ist, sondern jeweils dem Mauscursor folgt. Dazu wird die *move*-Anweisung (siehe Abschnitt 2.3.9.1) und eine weitere OpenScript-Anweisung zur Lösung dieses Problems benötigt:

```
get mousePosition of this window
```

Mit *get mousePosition of this window* wird die aktuelle Position des Cursors als Liste bestehend aus zwei Ganzzahlen an die Systemvariable it gebunden. In Abhängigkeit von der ausgewählten Buchseitengröße können diese Zahlenwerte zwischen 0 und ca. 11.000 in der Horizontalen, sowie zwischen 0 und ca. 7500 in der Vertikalen liegen. Die aktuelle Position des Mauscursors wird auf der Autorenebene jeweils in der Statuszeile angezeigt.

Die so ermittelten und als Liste an it gebundenen Positionswerte können nun mit einer *item*-Anweisung aus der Liste ausgelesen werden (siehe Abschnitt 2.3.6.4). So können beide Anweisungen effizient verknüpft werden. Zunächst wird mit *get mousePosition of this window* die aktuelle Cursorposition ausgelesen, anschließend wird das Feld „Info" mit:

```
move field "Info" to (item 1 of IT), (item 2 of IT)
```

an die aktuelle Position des Mauscursor bewegt.

Diese beiden Anweisungen (fettgedruckt) können nun in die *mouseEnter*-Routine auf der Titelseite, hinter die dortige Kontrollstruktur mit *conditions*, integriert werden.

```
to handle mouseEnter
   conditions
      when name of target = "Möhren"
       sysCursor = 44
       show field "Info"
       text of field "Info" = \
          "Per Mausklick kommen Sie zur Möhrenseite"
```

```
    end conditions
  get mousePosition of this window
  move field "Info" to (item 1 of IT), (item 2 of IT)
end mouseEnter
```

Die Behandlungsroutine funktioniert zwar schon fast wie gewünscht. Allerdings führt die Mausberührung eines der Bilder auf der Titelseite manchmal zu einem unangenehmen Flackern des Textfeldes „Info". Das liegt daran, daß sich das Textfeld bei nachträglicher Mausbewegung auf das Textfeld selbst immer wieder an seine eigene Position verschiebt. Das Problem ist durch eine einfache Addition oder Subtraktion zu lösen:

```
move field "Info" to (item 1 of IT)+100,\
                     (item 2 of IT)+100
```

Mit dieser modifizierten Anweisung wird das Textfeld um 100 Seiteneinheiten leicht nach rechts und um 100 Seiteneinheiten leicht nach unten verschoben. Eine Mausberührung des Textfeldes selbst ist damit ausgeschlossen.

Die Verschiebung des Textfeldes in Abhängigkeit von der Mausposition hat noch einen weiteren Nachteil. Bei Mausberührung eines weit rechts auf der Seite liegenden Feldes verschwindet das Textfeld zum Teil aus der Seitenansicht. Mit einer selbst definierten Behandlungsroutine *myMove* läßt sich dies Problem relativ leicht beheben.[1]

```
to handle myMove
  get mousePosition of this window            -- a0
  if (item 1 of IT) > 5000                    -- a1
    move field "Info" \
      to 5000, (item 2 of IT)+100             -- a2
  else
    move field "Info" to (item 1 of IT)+100,\
              (item 2 of IT)+100              -- a3
  end if
end myMove
```

In *myMove* wird zunächst wieder die aktuelle Position des Mauscursors ausgelesen (a0) und an <u>it</u> gebunden. Anschließend wird in Zeile (a1) über die *if*-Abfrage ermittelt, ob der aktuelle Horizontalwert größer als 5000 ist, also gerade die Mitte überschritten hat. Ist das der Fall, wird das Feld in seiner Horizontalen immer an die Position 5000 verschoben (a2), ansonsten bleibt es bei der bisherigen Position (a3). Der Vertikalwert *(item 2 of IT)+100* bleibt in beiden Fällen unangetastet.

---

[1] Zu den Prinzipien des Erstellens selbstgeschriebener Behandlungsroutinen siehe Abschnitt 2.3.6.3.

Mit *send myMove* kann nun diese Routine von *mouseEnter* aus aufgerufen werden und die flexible Positionierung des Textfeldes „Info" vorgenommen werden.

```
to handle mouseEnter
  conditions
      when name of target = "Möhren"
      sysCursor = 44
      show field "Info"
      text of field "Info" = \
        "Per Mausklick kommen Sie zur Möhrenseite"
      ...
      end conditions
  send myMove
end mouseEnter
```

Eine weitere benutzerdefinierte Behandlungsroutine kann nun zu einer weiteren, erheblichen Vereinfachung der komplexen und in großen Teilen redundanten Routine *mouseEnter* führen. Dort nämlich wird in allen *when*-Klauseln fast immer die gleiche Aktion ausgeführt. Zunächst wird jeweils der Handcursor eingestellt (*sysCursor = 44*), danach das Feld „Info" angezeigt (*show field „Info"*). Lediglich der Text, der in diesem Feld erscheinen soll, ist unterschiedlich und abhängig vom jeweiligen Bild. Mit anderen Worten: Es bietet sich eine selbst definierte Routine an, die diese Aktionen auf flexible Art und Weise vornimmt:

```
to handle myInfo lvText1, lvText2
  sysCursor = 44                              -- a0
  show field "Info"                           -- a1
  text of field "Info" = lvText1 && "zur" \
      && lvText2 & "seite"                    -- a2
end myInfo
```

myInfo hat zwei Parameter, die lokalen Variablen <u>lvText1</u> und <u>lvText2</u>. Dabei soll die Variable <u>lvText1</u> Texte der Form „Mit Mausklick kommen Sie" oder „Hier gelangen Sie" etc. als Wert übergeben bekommen. Die zweite Variable <u>lvText2</u> erhält den Namen der Seite, zu der man durch Mausklick auf das jeweilige Bild auf der Titelseite gelangt, z.B. „Tomaten", „Wirsing" etc.

Im einzelnen werden in *myInfo* folgende Anweisungen ausgeführt: Zunächst wird der Handcursor eingestellt (a0), anschließend das Feld „Info" gezeigt (a1) und mit dem Verkettungsoperator eine zusammengesetzte Zeichenkette erzeugt (a2). Diese hat die folgenden Bestandteile (Beispiel *mouseEnter* auf dem Bild „Zucchini"):

lvText1	= „Per Mausklick kommen Sie"
&&	= Verknüpfung und Einfügen eines Leerzeichens
„zur"	= explizites Wort „zur"
&&	= Verknüpfung und Einfügen eines Leerzeichens

lvText2	= „Möhren"
&	= Verknüpfung ohne Leerzeichen
„seite"	= explizites, kleingeschriebenes Wort „seite"

Dadurch wird es möglich, einen kompletten Kommentar der Form „Per Mausklick kommen Sie zur Möhrenseite" zu erzeugen und als Text in das Feld „Info" zu schreiben.

Durch die Integration von *myInfo* kann nun die Behandlungsroutine *mouseEnter* im Seitenskript der Titelseite erheblich vereinfacht werden:

```
to handle mouseEnter
  conditions
      when name of target = "Möhren"
      send myInfo "Per Mausklick kommen Sie","Möhren"
      when name of target = "Zucchini"
      send myInfo "Mausklick - und es geht","Zucchini"
      when name of target = "Spargel"
      send myInfo "Klick - und Sie kommen","Spargel"
      when name of target = "Tomaten"
      send myInfo "Mit Mausklick kommen Sie","Tomaten"
      when name of target = "Wirsing"
      send myInfo "Klicken Sie sich","Wirsing"
      end conditions
      send myMove
end mouseEnter
```

Nach den gleichen Prinzipien läßt sich nun auch die Behandlungsroutine *mouseEnter* im Hintergrund „Rezepte" vereinfachen. Wiederum wird eine selbst definierte Routine benötigt, die die Cursorform definiert, das benötigte Textfeld anzeigt und den auszugebenden Text als Parameter übergeben bekommt. Die folgenden Behandlungsroutinen im Hintergrundskript „Rezepte" führen die gewünschten Aktionen durch:

```
to handle mouseEnter
  conditions
      when name of target = "Weiter"
      send myBackgroundInfo "Eine Seite vor"
      when name of target = "Zurück"
      send myBackgroundInfo "Eine Seite zurück"
      when name of target = "Home"
      send myBackgroundInfo "Zur Titelseite"
  end conditions
end mouseEnter
```

In *mouseEnter* erfolgt nun analog zur entsprechenden Behandlungsroutine im Seitenskript der Titelseite der Aufruf der selbst definierten Routine über eine *send*-Anweisung. Die Routine *mouseLeave* bleibt wie sie ist:

```
to handle mouseLeave
      sysCursor = default
      hide field "Info" of background "Rezepte"
end mouseLeave
```

Neu ist die Routine *myBackgroundInfo*. Sie hat einen Parameter, die lokale Variable lvText. An diese Variable wird der auszugebende Text für das Textfeld „Info" auf dem Hintergrund „Rezepte" gebunden und über die fettgedruckte Anweisung in Zeile (a) ausgegeben:

```
to handle myBackgroundInfo lvText
  sysCursor = 44
  show field "Info" of background "Rezepte"
  text of field "Info" of background "Rezepte" = lvText
end myBackgroundInfo
```

Damit sind die Arbeiten an der flexiblen Ausgabe von Kommentaren abgeschlossen. Die so entstandene Programmversion erhält die Versionsnummer 7 im Textfeld „Version" auf der Titelseite und den Dateinamen VEGET-07.TBK.

3.5.4 Die Ausgabe der Versionsnummer

In den bisherigen Versionen des „Interaktiven Gemüsegartens" hatten wir zur eigenen Information die Versionsnummer stets manuell in das Textfeld „Version" unten rechts auf der Titelseite eingetragen, ein wichtiges, aber mühsames Verfahren. Die folgende benutzerdefinierte Funktion *myVersion* ermittelt die Versionsnummer aus dem Dateinamen.

```
to get myVersion lvFileName
     n = charCount(lvFileName)
     return "Version" && char (n-4) of lvFilename
end myVersion
```

In Abschnitt 2.2 hatten wir neben den Standard-Behandlungsroutinen, die mit *to handle* eingeleitet werden, auch Funktionen zum Abruf von Objekteigenschaften vorgestellt. Diese werden mit *to get* eingeleitet. Neben etwa 50 integrierten Funktionen für arithmetische oder statistische Operationen, sowie für das Verarbeiten von Zeichenfolgen, gestattet OpenScript das Schreiben eigener, benutzerdefinierter Funktionen.

myVersion erhält den Parameter lvFileName, der den Dateinamen mitsamt seiner Laufwerkskennung und der kompletten Pfadangabe aufnimmt. Im konkreten Fall könnte lvFileName durch folgende Zeichenkette realisiert werden:

D:\TOOLBOOK\PROGRAMS\VEGET-07.TBK

Unabhängig von eventuellen Pfaden kann man sich das Prinzip zunutze machen, daß eine Datei stets eine Erweiterung aus drei Zeichen und einem davorstehenden Punkt hat. Vor dem Punkt befindet sich unsere Versionsnummer, da die verschiedenen Versionen ja in Dateien nach einem numerisch aufsteigendem Prinzip abgespeichert sind. Zur Ermittlung der Versionsnummer aus dem Dateinamen bedarf es zweier OpenScript-Anweisungen, die über Zeichenketten operieren:

```
charCount(<zeichenkette>)
```

Dieser Textoperator zählt die Zeichen in einer Zeichenkette. Die Anweisung *charCount("Meier")* liefert z.B. das Ergebnis 5.

```
char <zahl> of <zeichenkette>
```

Mit dieser Anweisung läßt sich ein beliebiges Zeichen in einer Zeichenkette ansprechen. Mit *char 1 of "Meier"* erhält man den Buchstaben „M", mit *char 2 of "Meier"* den zweiten Buchstaben „e" usw.

Durch ein Zusammenspiel beider Anweisungen kann man nun beliebige Zeichen aus einer Zeichenkette extrahieren. Mit *charCount* ermittelt man die Gesamtlänge, und durch eine Subtraktion eines expliziten Wertes von der Gesamtlänge kann man unabhängig von der Gesamtlänge vom Ende aus Zeichen abfragen. Da unsere Versionsnummer (z.B. ....07.TBK) stets an fünftletzter Stelle der Zeichenkette lvFileName steht, können wir diesen Wert durch eine einfache Subtraktion ermitteln:

```
char (n-4) of lvFileName
```

wobei $\underline{n}$ die Gesamtlänge von lvFileName ist. Zu beachten ist, daß 4 und nicht 5 subtrahiert werden muß, da das letzte Zeichen einer Zeichenkette ja „mitzählt" und als „n-0" behandelt wird.

Der Aufruf von *myVersion* erfolgt nun zweckmäßigerweise im Buchskript, da die Versionsnummer im ganzen Buch konstant bleibt. Das Buchskript wird über das Menü: „Objekt/Bucheigenschaften" und die im dann sichtbaren Dialogfeld „Bucheigenschaften" befindliche Schaltfläche „Skript" nach den üblichen Prinzipien eingegeben.

```
to handle enterBook
  text of field "Version" of page "Titel" = \
        myVersion(name of this book)
end enterBook
```

In der Behandlungsroutine *enterBook*, die beim Start des Buches ausgeführt wird, erhält das Textfeld „Version" auf der Titelseite über die Funktion *myVersion* die Beschriftung „Version <nummer>". Als Parameter erhält *myVersion* den aktuellen Namen des Buches, also den Dateinamen inklusive Pfad. Damit die Aktualisierung der Versionsnummer auch wirksam wird, ist das Buch neu zu öffnen.

Die bisherige Version unserer selbst geschriebenen Funktion *myVersion* hat noch einen kleinen Nachteil. Erhöht sich nämlich unsere Versionsnummer auf eine zweistellige Zahl, wird dies nicht berücksichtigt, da ja immer nur das fünftletzte Zeichen aus der Zeichenkette lvFileName extrahiert wird. Mit folgender fettgedruckter Änderung kann man dieses Problem auch bei einstelligen Versionsnummern, die ja ebenfalls als zweistellige Zahlen, z.B. 06, 07 usw., repräsentiert sind, umgehen.

```
to get myVersion lvFileName
 n = charCount(lvFileName)
 return "Version" && chars (n-5) to (n-4) of lvFilename
end myVersion
```

Nun wird nicht mehr nur mit *char (n-4)* ein Zeichen ausgegeben, sondern mit der weitergehenden Anweisung

```
chars <anfang> to <ende> <zeichenkette>
```

eine Teilkette beginnend mit dem sechstletzten Zeichen *(n-5)* bis zum fünftletzten Zeichen *(n-4)*, z.B. 08 oder 12. Diese Zahl wird über die *return*-Anweisung verknüpft mit dem Wort „Version" als gemeinsame Zeichenkette ausgegeben.

Die so entstandene Version 8 erhält den Dateinamen VEGET-08. Eine manuelle Änderung der Versionsnummer ist nicht mehr nötig.

3.6   Seitenwechsel und Übergangseffekte

In den bisherigen Versionen hatten wir die Bilder auf der Titelseite mit Objektskripten gekoppelt, die alle die Aufgabe haben, mit Hilfe der *go to*-Anweisung zu einer entsprechenden Seite zu wechseln, so z.B. das Bild „Zucchini":

```
to handle buttonClick
      go to page "Zucchini"
end buttonClick
```

Mit der nun folgenden gemeinsamen Routine im Seitenskript der Titelseite soll zum einen das Verfahren vereinheitlicht und die Anzahl der benötigten Behandlungsroutinen auf ein Minimum reduziert werden, zum zweiten sollen zusätzlich bestimmte Übergangseffekte beim Seitenwechsel stattfinden. Übergangseffekte dienen dazu, den Wechsel zwischen den Seiten in einem Buch grafisch ansprechend zu unterstützen. Allerdings machen Sie den Ablauf des Gesamtsystems nicht unbedingt schneller. Übergangseffekte (engl. transition effects) erzeugt man mit der OpenScript-Anweisung:

```
transition <effekt> [at <position>] to <seite>
```

Dabei bietet der Parameter <effekt> sequentiell die folgenden Möglichkeiten, auch „Effektzeichenfolge" genannt:[1]

```
<effekt> <richtung> <ziel> <geschwindigkeit>
```

Die folgenden Beispiele verdeutlichen die Funktionsweise der *transition*-Anweisung:

```
(1) transition "wipe left" to next page
(2) transition "split out horizontal fast" to page 1
(3) transition "zoom fast" at mousePosition of this \
    window to page "Titel"
```

In Beispiel (1) wird der Übergangseffekt des Wischens (engl. wipe = wischen) nach links beim Übergang zur nächsten Seite erreicht, Beispiel (2) illustriert ein schnelles (engl. fast) Aufspalten (engl. split = spalten) beim Wechsel zur Seite 1, und in Beispiel (3) wird ausgehend von der aktuellen Position des Mauscursors ein schneller Zoom-Effekt beim Übergang zur Seite „Titel" erzielt.

Zur flexiblen Handhabung dieser Übergangseffekte entwickelt man zweckmäßigerweise eine selbst geschriebene Behandlungsroutine:

```
to handle myChangePage lvEffect, lvPage
      transition lvEffect to page lvPage
end myChangePage
```

myChangePage, eine neue Behandlungsroutine im Seitenskript der Titelseite, erhält zwei Parameter: die lokalen Variablen lvEffect für die Übergabe der gewünschten *transition*-Anweisung und lvPage für die Angabe des gewünschten Ziels.

Der Aufruf von *myChangePage* erfolgt nun über eine gemeinsame Behandlungsroutine *buttonClick* im Seitenskript der Titelseite:

```
to handle buttonClick
  conditions
    when name of target = "Möhren"
      send myChangePage "zoom in fast","Möhren"
    when name of target = "Zucchini"
      send myChangePage "rain fast","Zucchini"
    when name of target = "Spargel"
      send myChangePage "spiral in fast", "Spargel"
    when name of target = "Tomaten"
      send myChangePage "tear fast", "Tomaten"
    when name of target = "Wirsing"
      send myChangePage "turnPage left fast", "Wirsing"
    end conditions
```

---

[1] Eine Liste der gültigen Effektzeichenfolgen findet man in der OpenScript-Referenz auf Seite 2-423.

```
end buttonClick
```

Diese Routine leitet nun je nach angeklicktem Objekt den gewünschten Übergangseffekt durch Aufruf der Routine *myChangePage* über zwei Parameter ein. Der erste Parameter bezieht sich auf den Übergangseffekt, als zweiten Parameter erhält *myChangePage* das Sprungziel.

Damit diese Routine wirksam werden kann, sind alle Objektskripte für die Bilder auf der Titelseite zu entfernen. Diese würden nämlich nach den Prinzipien der ToolBook Objekthierarchie mit ihrer höheren Priorität die *buttonClick*-Routine auf der Titelseite unwirksam machen.

Analog können wir nun auch für die Navigationselemente im Hintergrund der Informationsseiten eine gemeinsame Behandlungsroutine im Hintergrundskript „Rezepte" hinzufügen. Auch hier müssen die Objektskripte für die Navigationselemente gelöscht werden, damit die Ausführung der folgenden *buttonClick*-Routine im Hintergrundskript nicht annulliert wird:

```
to handle buttonClick
  conditions
    when name of target = "Zurück"
      transition "turnPage right fast" to previous page
    when name of target = "Weiter"
      transition "turnPage left fast" to next page
    when name of target = "Home"
      go to page "Titel"
    end conditions
end buttonClick
```

Eine zusätzliche selbst definierte Routine für die Realisierung der Übergangseffekte ist nicht notwendig, da keine expliziten Seitenverweise verwendet werden und stets gleiche Übergangseffekte (links bzw. rechts Blättern, sowie direkter Übergang) für die einzelnen Navigationselemente gelten.

Das Ergebnis der bis hier aufgebauten Version des „Interaktiven Gemüsegartens" bekommt den Dateinamen VEGET-09.TBK. Es baut sich die Versionsnummer im Textfeld „Version" auf der Titelseite nach den in Abschnitt 3.5.4 beschriebenen Prinzipien selbst auf.

3.7　Die Einbindung von Aktionswörtern

Das Erstellen von Aktionswörtern ist in Abschnitt 2.3.8.3 ausführlich erläutert worden. Folgende exemplarische Aktionswörter sind für den „Interaktiven Gemüsegarten" vorgesehen:

– Auf Seite 2: Das Wort „Schafskäse" verknüpft mit einem Kommentar

- Auf Seite 3: Das Wort „Parmesan" verknüpft mit einem Kommentar
- Auf Seite 4: Das Wort „Mozzarella" verknüpft mit der Grafik
  MOZZAR.TIF
- Auf Seite 5: Der Textbereich „Tomaten überbrühen, häuten, entkernen"
  verknüpft mit dem Videoclip TOMATEN1.MOV

Die für das jeweilige Aktionswort vorgesehenen Informationstexte befinden sich zwischen den #-Zeichen nach dem jeweiligen Aktionswort in den Informationstexten, die durch Import aus der Datei TEXTE.RTF das Datensatzfeld „Information" auf den einzelnen Seiten gefüllt haben (siehe auch Abschnitt 3.3.2.1).

Nehmen wir uns zunächst das Aktionswort „Schafskäse" auf der Seite 2, der Seite „Zucchini" vor. Es soll mit folgendem einfachen Objektskript verknüpft werden:

```
to handle buttonClick
   request "Spezielle Käseart aus Griechenland " && \
   "oder Bulgarien." with "Zurück"
end buttonClick
```

Diese *buttonClick*-Routine öffnet ein sogenanntes systemgebundenes Dialogfeld nach folgendem Schema:

```
request <text> [with <antwort1> or <antwort2> or
                                          <antwort3>]
```

Als Parameter <text> fungiert hier der mit dem Aktionswort verknüpfte Informationstext. Der Text muß in Anführungszeichen stehen und darf eine Maximallänge von 255 Zeichen nicht überschreiten. Das Dialogfeld paßt sich in seiner Größe automatisch dem Text an und wird automatisch auf dem Bildschirm positioniert, kann aber über seine Titelleiste mit der Maus jederzeit verschoben werden. Mit dem optionalen Zusatz *with ...* werden bis zu drei zusätzliche Schaltflächen in der Dialogbox mit speziellen Aufschriften festgelegt, auf die der Benutzer klicken kann, um die Dialogbox zu verlassen. Läßt man die *with...*-Option weg, erhält die Schaltfläche standardmäßig die Beschriftung „ok".

Der mit den Aktionswörtern assoziierte Text ist zwischen den #-Zeichen in den Informationstexten enthalten. Der Einfachheit halber kann man diesen über die Zwischenablage zunächst aus dem Text im Datensatzfeld „Information" ausschneiden (markieren und Menüoption: „Bearbeiten/ Ausschneiden") und danach im Objektskript wieder einfügen (Menüoption: „Bearbeiten/Einfügen").

Paßt die gesamte *request*-Anweisung nicht in eine Zeile, kann man den Backslash \ verwenden, um OpenScript anzuzeigen, daß die Anweisung auf der nächsten Zeile fortgesetzt wird. Allerdings darf der Backslash nicht innerhalb einer Zeichenkette verwendet werden.

Bild. 3.9 illustriert die Bildschirmdarstellung der *request*-Anweisung nach vorheriger Aktivierung des Aktionswortes „Schafskäse":

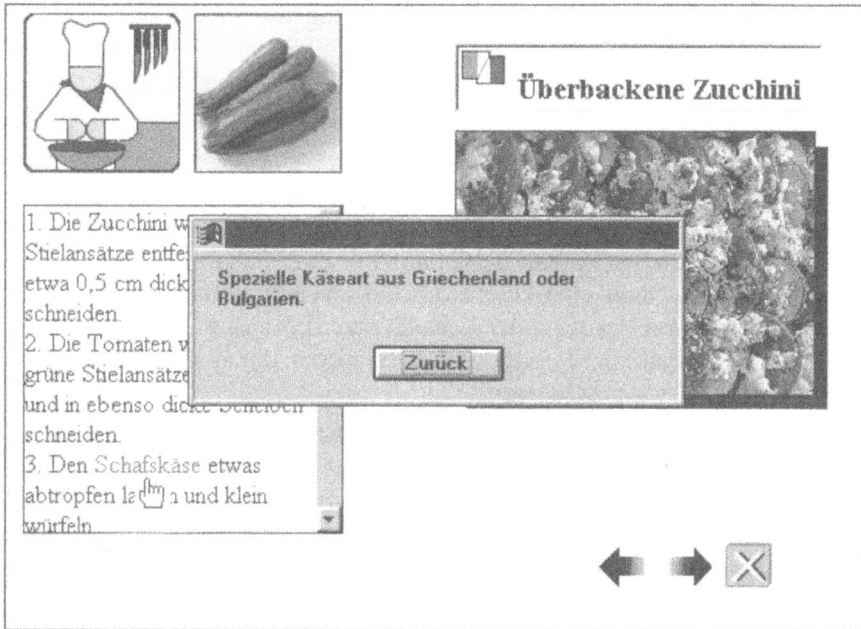

Bild 3.9: Das Aktionswort „Schafskäse" auf Seite 2

Nach dem gleichen Prinzip kann nun das Aktionswort „Parmesan" auf Seite 3 des Systems erstellt und mit folgendem Objektskript verknüpft werden:

```
to handle buttonClick
 request "Spezielle Käseart aus Italien," && \
 "auch Grana genannt, ist ein typischer" && \
 "Extrahartkäse, der ideal zum Reiben" && \
 "und Würzen ist." with \ "Zurück"
end buttonClick
```

Die verbleibenden Aktionswörter auf Seite 4, das Wort „Mozzarella" und auf Seite 5, der Textbereich „Tomaten überbrühen, häuten, entkernen" sollen jeweils mit einem Medienclip verknüpft werden. Die Verknüpfung soll an dieser Stelle zwar noch nicht vorgenommen, aber bereits vorbereitet werden. Dazu nutzen wir eine Besonderheit der in einer *„request"*-Box über *with...* definierten Schaltflächen. Die darauf stehenden Texte werden nämlich bei Auswahl der Schaltfläche durch Mausklick in der Systemvariable it abgelegt. Daher kann man über eine Kontrollstruktur die Benutzerantwort abfragen. Für das Aktionswort „Mozzarella", das nach den nunmehr bekannten Prinzipien erzeugt wird, kann man daher folgendes Objektskript schreiben:

```
to handle buttonClick
  request "Bild vorhanden, wollen Sie es ansehen?" \
     with "Ja" or "Nein"
     if IT = "Ja" then
        -- Bild zeigen
     end if
end buttonClick
```

Wiederum wird bei einem Mausklick auf das Aktionswort die systeminterne Dialogbox mit dem Text „Bild vorhanden, wollen Sie es ansehen?" präsentiert. Zusätzlich enthält die Dialogbox zwei Schaltflächen, eine beschriftet mit „Ja" und eine beschriftet mit „Nein". Je nach Benutzerentscheidung wird bei Auswahl der Schaltfläche „Ja" später das Bild präsentiert (siehe Abschnitt 3.12), oder es passiert nichts, d.h. die Dialogbox wird ohne weitere Aktion geschlossen.

Das gleiche Prinzip gilt für den zum Aktionswort erhobenen Textbereich „Tomaten überbrühen, häuten, entkernen" auf Seite 5. Auch die mit diesem Aktionswort als Objektskript assoziierte Behandlungsroutine erwartet vom Benutzer eine entsprechende Reaktion. Ist sie positiv, wird später der Videoclip präsentiert, andernfalls geht es zurück zur Standardebene.

```
to handle buttonClick
  request "Video vorhanden. Wollen Sie ihn ansehen?" \
     with "Ja" or "Nein"
     if IT = "Ja" then
        -- Video anzeigen
     end if
end buttonClick
```

Nach Aufbau der vier exemplarischen Aktionswörter, sind die Arbeiten an dieser Version abgeschlossen. Die so entstandene Version 10 erhält den Dateinamen VEGET-10.TBK.

3.8   Schaltflächen

Ziel der nächsten Version ist die Integration einer Reihe von Schaltflächen bzw. schaltflächenähnlichen Elemente zur zusätzlichen Steuerung des Systems. Nach der Definition von Schaltflächen in Abschnitt 2.3.7 fungieren die Gemüsebilder auf der Titelseite und die Navigationselemente auf dem Hintergrund der Informationsseiten ebenfalls als Schaltflächen. Allerdings besitzen sie einen starren Zustand, während vordefinierte Schaltflächen einen aktiven Bereich haben, der beim Klicken auf die Schaltfläche hervorgehoben wird. Darüber hinaus können echte Schaltflächen auf sehr einfache Art und Weise eine Aufschrift und eine Grafik verwalten und sind darüber hinaus noch sehr leicht über die Tastatur steuerbar. Folgende „echte" Schaltflächen sollen in den „Interaktiven Gemüsegarten" integriert werden:

- eine Schaltfläche, die das Verlassen des Programms und die Rückkehr zur Windows Oberfläche ermöglicht,
- eine Schaltfläche zur Steuerung der Sounddateien beim Seitenwechsel auf den Informationsseiten,
- eine Schaltfläche zur Steuerung von Grafik- und Videoclips,
- eine Schaltfläche zum Abruf einer Copyright-Information.

Zusätzlich sollen die Gemüsebilder auf der Titelseite mit einem farblichen Effekt versehen werden, der ihnen einen schaltflächen-ähnlichen Charakter verleiht.

3.8.1 Die Schaltfläche „Ende"

Beginnen wir mit einem einfachen Druckschalter (sysTool: button), der das Verlassen des Programms ermöglicht. Nach Auswahl dieses Hilfsmittels soll die Schaltfläche rechts unten am Bildschirmrand plaziert werden. Die Größe der Schaltfläche ist zunächst unerheblich, da diese nachträglich verändert werden kann. Folgende Eigenschaften soll die Schaltfläche erhalten:

- Name: Ende
- Beschriftung: &Ende
- Rahmenstil: Druckschalter
- Beschriftungsposition: Unten

Zusätzlich soll der Druckschalter noch eine Grafik enthalten. Im Dialogfeld „Schaltflächeneigenschaften" kann man diese über die Schaltfläche „Grafik" auswählen. Bei einem Druckschalter reicht die Grafikauswahl für den Normalzustand aus. In unserem Fall bietet sich der Import eines Symbols als Ressource aus der Symbolsammlung von Multimedia ToolBook an. Es ist das von vielen Ende-Buttons bekannte Türsymbol, das im Ordner

MTB40\CLIPART\SYMBOLE\ELEMENTE

unter dem Dateinamen TUER02.ICO abgelegt ist. Das Symbol wird nach dem Import nun als Ressource im Programm geführt und mittig auf der Schaltfläche plaziert. Die Schaltfläche kann danach mit der Maus auf ihre minimale Größe zurechtgerückt werden. Die genauen Abmessungs- und Positionsdaten der Schaltfläche „Ende" sind: 7515, 4590, 8160, 5490. Bild. 3.10 zeigt die Schaltfläche in ihrer endgültigen Form:

Bild 3.10: Die Schaltfläche „Ende"

Da wir die Schaltfläche „Ende" auch auf dem Hintergrund der Informationsseiten benötigen und sie dort in genau der gleichen Form und Größe erscheinen soll, kopieren wir sie nach vorheriger Markierung über die Menüoption: „Bearbeiten/Kopieren" (alternativ STRG-C) in die Zwischenablage. Nach Umschalten auf den Hintergrund der Informationsseiten fügen wir sie dort mit „Bearbeiten/Einfügen" (alternativ STRG-V) ein. Sie wird dann an der gleichen Stelle plaziert wie auf der Titelseite.

Schaltflächen erhalten in der Regel relativ einfache Objektskripte, so auch die Schaltfläche „Ende" (siehe Abschnitt 2.3.7.1). Da das Programmende später auch von anderer Stelle aus eingeleitet werden soll (z.B. über einen selbst definierten Menüpunkt „Ende" in einer eigenen Menüleiste), empfiehlt es sich, alle Objekte, über die das Programm beendet werden kann, mit einem gemeinsamen Skript zu koppeln (siehe Abschnitt 2.3.5.5). Definieren wir also die Routine:

```
to handle buttonClick
      send myEnd
end buttonClick
```

als gemeinsames Skript und weisen sie anschließend den Schaltflächen „Ende" auf der Titelseite und der Schaltfläche „Ende" auf dem Hintergrund der Informationsseiten zu. Diese *buttonClick*-Routine ruft für den Programmausstieg die Routine *myEnd* im Buchskript auf.

```
to handle myEnd
      restore system
      request "Buch speichern?" with "Ja" or "Nein" \
         or "Abbrechen"
      conditions
       when IT = "Ja"
         saveOnClose of this book = yes
         send exit
       when IT = "nein"
         saveOnClose of this Book = no
         send exit
       end conditions
end myEnd
```

Diese Routine enthält zwei bisher nicht behandelte OpenScript-Anweisungen:

```
restore system
saveOnClose of this book = <wert>
```

Mit *restore system* (engl. restore = restaurieren) wird das System beim Verlassen einer ToolBook-Anwendung wieder hergestellt, d.h. es wird der Ausgangszustand wiederhergestellt (Löschung der Systemvariablen, Freigabe von Speicher etc.). Die Anweisung *saveOnClose of this book* (Speichern bei Buch schließen) sorgt dafür, daß je nach <wert> das Buch gespeichert wird oder nicht, bzw. eine Interaktion mit dem Benutzer herbeigeführt wird. Im letzteren Fall ist <wert> = *ask* (engl. ask = fragen).

In *myEnd* wird nach der Wiederherstellung des Ausgangszustandes über die Anweisung *restore system* in einer Kontrollstruktur gefragt, ob das Programm gespeichert werden soll oder nicht. Im ersten Fall wird die Anweisung *saveOnClose of this book* mit *yes*, im zweiten Fall mit *no* verknüpft, und es erfolgt in beiden Fällen das Programmende über die Anweisung *send exit*. Entscheidet sich der Benutzer für die Option „Abbrechen", passiert nichts und das Programm wird weiter ausgeführt.

Je nach Struktur eines Buches kann diese Routine modifiziert werden. Für den „Interaktiven Gemüsegarten" empfiehlt sich später eine stark vereinfachte Struktur der folgenden Art.

```
to handle myEnd
     restore system
     saveonClose of this Book = no
     send exit
end myEnd
```

Solange jedoch auf Autorenebene am System gearbeitet wird, sollte man bei der komplexen Version der Routine *myEnd* bleiben, um sich als Autor vor eigenen voreiligen Programmbeendigungen zu schützen.

3.8.2   Die Schaltfläche „Sound"

Nun wollen wir eine zweite Schaltfläche auf dem Hintergrund der Informationsseiten anlegen. Sie soll zur Steuerung der Sounddateien dienen, die beim Seitenwechsel abgespielt werden und in einem späteren Schritt dem Programm hinzugefügt werden. Die Schaltfläche, wir werden sie „Sound" nennen, soll zwei Zustände haben:

Zustand 1:

− Beschriftungstext: „Sound ist an"
− eine Grafik, die die Aktivierung des Sounds symbolisiert

Zustand 2:

− Beschriftungstext: „Sound ist aus"
− eine Grafik, die die Deaktivierung des Sounds symbolisiert

Bild. 3.11 gibt einen Überblick über die beiden Zustände der Schaltfläche „Sound".

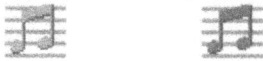

Bild 3.11: Die Zustände der Schaltfläche „Sound"

Sound ist an   Sound ist aus

Um einen Wechsel zwischen zwei Beschriftungstexten und zwei Grafiken zu erreichen, muß man eine Schaltfläche des Typs Optionsfeld oder Kontrollkästchen auswählen (siehe Abschnitt 2.3.7.2). Wählen wir also das Hilfsmittel „Kontrollkästchen" (sysTool: checkBox) aus und zeichnen eine Schaltfläche auf dem Hintergrund der Informationsseiten, links neben das Navigationselement „Zurück" mit den Positions- und Abmessungsdaten 3765, 4650, 5700, 5595. Die Schaltfläche soll über die Menüoption: „Objekt/ Schaltflächeneigenschaften" oder den Schalter „Objekteigenschaften" folgende Eigenschaften erhalten:

− Name: Sound
− Beschriftung: zunächst keine, da die Beschriftung flexibel durch eine OpenScript-Routine erzeugt werden soll
− Rahmenstil: Kontrollkästchen
− Beschriftungsposition: Unten
− durchsichtig, von Tabulatorreihenfolge ausschließen, aktiviert, hervorheben

In einem zweiten Schritt sollen nun die Symbole als Ressourcen importiert werden, die auf der Schaltfläche in den zwei genannten Zuständen angezeigt werden sollen. Über den Ressourcen-Manager (Menüoption:"Objekt/ Ressourcen") soll das Symbol MUSIC02.ICO (eine stilisierte Kombination aus zwei Musiknoten) aus dem ToolBook-Ordner MTB40\CLIPART\ SYMBOLE\ELEMENTE importiert werden. Dieses Symbol hat eine grüne Färbung und eignet sich für den Zustand 1 („Sound ist an") der Schaltfläche „Sound". Eine zweite Version des gleichen Symbols, allerdings in roter Färbung, eignet sich für die Anzeige des zweiten Zustandes, „Sound ist aus". Da die „rote" Version des Notensymbols nicht als Icon-Datei zur Verfügung steht, duplizieren wir sie zunächst im Ressourcen-Manager (Auswählen und Duplizieren) und bearbeiten sie anschließend im Icon-Editor, so daß die Noten eine rote Füllung erhalten. Nun können beide Icons in die Schaltfläche „Sound" integriert werden. Dazu ist die Schaltfläche erneut zu markieren und über die Menüoption: „Objekt/ Schaltflächeneigenschaften" oder den Schalter „Objekteigenschaften" im anschließenden Dialogfenster „Schaltflächeneigenschaften" die Option „Grafik" auszuwählen. Im Normalzustand wählt man dann die grünen Noten und im aktivierten Zustand die roten Noten aus. Damit sind die Vorarbeiten an der Schaltfläche erledigt, und man kann nun das entsprechende Skript schreiben. Mit folgender Behandlungsroutine im Objektskript für die Schaltfläche „Sound" kann der Wechsel der Grafik und des Textes bei einem Mausklick erfolgen:

```
to handle buttonClick
  if checked of button "Sound" of \
        background "Rezepte" = true           -- a0
     caption of button "Sound" of \
        background "Rezepte" = "&Sound ist aus" -- a1
  else
     caption of button "Sound" of \
        background "Rezepte" = "&Sound ist an"  -- a2
  end if
end buttonClick
```

In dieser *buttonClick*-Routine wird in Zeile (a0) geprüft, ob die Schaltfläche aktiviert ist (die *checked*-Eigenschaft ist dann *true*). Ist das der Fall, lautet die Aufschrift der Schaltfläche „Sound ist an". Das kaufmännische &-Zeichen erlaubt darüber hinaus noch die Aktivierung der Schaltfläche mit der Tastenkombination ALT-S (a1).[1] Für alle anderen, also die Normalfälle (die *checked*-Eigenschaft ist dann *false*) ist die Aufschrift „Sound ist an".

Abschließend soll noch ein Standardzustand hergestellt werden, der jeweils beim Starten des Buches gilt. Da diese Einstellung im gesamten Buch gelten soll, wird sie der bereits existierenden *enterBook*-Routine im Buchskript hinzugefügt:

```
to handle enterBook
  text of field "Version" of page "Titel" = \
     myVersion(name of this book)
  checked of button "Sound" of \
     background "Rezepte" = false
```

---

[1] Mit der Tastenkombination ALT-S kann es Schwierigkeiten geben, solange das Programm auf Leserebene über ein Standardmenü mit der Option „Seite" verfügt, da sich diese Menüoption ebenfalls über ALT-S aktivieren läßt und damit eine höhere Priorität hat.

```
caption of button "Sound" of \
    background "Rezepte" = "&Sound ist an"
end enterBook
```

Mit diesen Änderungen werden beim Start des „Interaktiven Gemüsegartens" der Aktivierungszustand des Kontrollkästchens „Sound" auf *false*, d.h. auf nicht aktiviert und die Beschriftung auf „Sound ist an" gesetzt.

3.8.3   Die Schaltfläche „ClipEnde"

In Abschnitt 3.7 wurde das Aktionswort „Mozzarella" im Datensatzfeld „Information" auf Seite 4 (der Seite „Tomaten") zunächst noch nicht mit weiterer Zusatzinformationen verknüpft. Ziel ist es allerdings, dem Benutzer hier optional ein Foto anzuzeigen. Dieses Foto soll in einem sogenannten Clip-Rahmen, der sich über das Foto der jeweiligen Speise legt, präsentiert und bei Bedarf wieder abgeschaltet werden können (siehe Abschnitt 3.12). Analog soll der als Aktionswort fungierende Textbereich auf Seite 5 (der Seite „Möhren") wahlweise einen Videoclip aufrufen, der in dem gleichen Clip-Rahmen wie die Grafik auf Seite 4 angezeigt wird. Sowohl Grafik als auch Video sollen vom Benutzer über eine gemeinsame Schaltfläche abgeschaltet werden können. Da diese von mehreren Informationsseiten genutzt werden soll, legt man sie zweckmäßigerweise auf den Seitenhintergrund, und zwar mittig unter das schwarze Rechteck, das als Schatten für die einzelnen Fotos fungiert. Die genauen Positions- und Abmessungsdaten sind 5595, 3960, 7020, 4455 (siehe Anhang A).

Die Schaltfläche, ein einfacher Druckschalter, soll folgende Eigenschaften bekommen:

- Name: ClipEnde
- Beschriftung: &Zurück
- Rahmenstil: Druckschalter
- Beschriftungsposition: Rechts
- von Tabulatorreihenfolge ausschließen, Aktiviert, Hervorheben

Als Füllfarbe soll die Schaltfläche „ClipEnde" über die Farbpalette ein kräftiges Gelb erhalten. Zur Untermauerung der Wichtigkeit dieser Schaltfläche soll zusätzlich ein Stop-Symbol auf der Schaltfläche angezeigt werden. Es handelt sich dabei um die Icon-Datei STOP01.ICO im Ordner MTB40\CLIPART\SYMBOLE\PFEILE. Diese ist zunächst über den Ressourcen-Manager zu importieren und der Schaltfläche anschließend über die Menüoption „Objekt/Schaltflächeneigenschaften" hinzuzufügen. Bild. 3.12 zeigt die Schaltfläche „ClipEnde" mit all ihren Bestandteilen:

Bild 3.12: Die Schaltfläche „ClipEnde"

Damit ist die Schaltfläche fertiggestellt. Sie muß nun noch über die genannten Aktionswörter auf den Seiten 4 und 5 angezeigt werden können und ein eigenes Objektskript erhalten, das für ihr eigenes Verschwinden bei einem Mausklick sorgt.

Das Anzeigen der Schaltfläche „ClipEnde" erfolgt über die Behandlungsroutine *myPresentClip* im Hintergrundskript „Rezepte":

```
to handle myPresentClip
  show button "ClipEnde" of background "Rezepte"
  -- hier weitere Aufrufe von Videoclips, Grafikclips
end myPresentClip
```

Der Aufruf der Routine *myPresentClip* erfolgt über die Aktionswortskripte, die bereits in Abschnitt 3.7 entsprechend vorbereitet wurden und mit einer kleinen Änderung den Aufruf gewährleisten:

Objektskript für das Aktionswort „Mozzarella":

```
to handle buttonClick
  request "Bild vorhanden, wollen Sie es ansehen?" \
    with \ "Ja" or "Nein"
    if IT = "Ja" then
      send myPresentClip
    end if
end buttonClick
```

Objektskript für das Aktionswort „Tomaten überbrühen ...":

```
to handle buttonClick
  request "Video vorhanden. Wollen Sie ihn ansehen?" \
    with "Ja" or "Nein"
    if IT = "Ja" then
      send myPresentClip
    end if
end buttonClick
```

Später (in Abschnitt 3.12) werden beide *buttonClick*-Behandlungsroutinen der Routine *myPresentClip* zusätzliche Parameter erhalten, die die weitere Verarbeitung des gewünschten Clips (Grafik bzw. Video) vornehmen.

Das Verschwinden der Schaltfläche erfolgt durch Mausklick auf die Schaltfläche und kann durch ein einfaches Objektskript gewährleistet werden:

```
to handle buttonClick
     hide self
     -- hier Clip abschalten
end buttonClick
```

Zusätzlich muß hier später noch der jeweilige Clip abgeschaltet werden (siehe Abschnitt 3.12).

3.8.4   Die Schaltfläche „Copyright"

Über eine weitere Schaltfläche, die von allen Seiten aus erreichbar ist, sollen für den Leser bei Bedarf Informationen über den Autor dieses Programms zur Verfügung gestellt werden. Diese Schaltfläche soll neben der Schaltfläche „Ende" sowohl auf der Titelseite als auch auf dem Hintergrund der Informationsseiten plaziert werden. Sie benötigt keinen Beschriftungstext und soll lediglich ein Fragezeichen (die Datei FRAGE01.ICO) enthalten, das über den Ressourcen-Manager aus dem Ordner MTB40\CLIPART\SYMBOLE\PFEILE importiert werden kann. Die Schaltfläche soll folgende Eigenschaften besitzen:

- Name: Copyright
- Beschriftung: kein
- Rahmenstil: Rechteck
- Beschriftungsposition: automatisch
- durchsichtig, von Tabulatorreihenfolge ausschließen, aktiviert, hervorheben

Sollte die Schaltfläche trotz der Auswahl der Option „durchsichtig" noch eine Hintergrundfarbe besitzen, so liegt das an der Füllfarbeneinstellung, die mit Hilfe der Farbpalette stets auf die Füllfarbe „weiß" eingestellt werden muß, um den Transparenzeffekt zu realisieren.

Über die Menüoption „Objekt/Schaltflächeneigenschaften" und die Schaltfläche „Grafik" kann schließlich noch das Fragezeichen für den Normalzustand der Schaltfläche hinzugefügt werden.

Bild 3.13 zeigt die Schaltfläche „Copyright" nach Abschluß der Vorarbeiten.

Bild 3.13: Die Schaltfläche „Copyright"

Das Objektskript für die Schaltfläche „Copyright" ist denkbar einfach:

```
to handle buttonClick
      show viewer "copyright"
end buttonClick
```

Es sollte als gemeinsames Skript über den Ressourcen-Manager erzeugt werden und der Schaltfläche „Copyright" auf der Titelseite sowie der Schaltfläche „Copyright" auf dem Hintergrund der Informationsseiten zugewiesen werden. Mit dieser *buttonClick*-Routine wird ein sogenanntes Ansichtsobjekt aufgerufen, das die gewünschten Informationen enthält. Da das Ansichtsobjekt gegenwärtig noch nicht existiert, führt die Routine zur Zeit noch zu einer Fehlermeldung. In Abschnitt 3.9, nach Integration des Ansichtsobjekts „Copyright" allerdings, stellt sich der gewünschte Effekt ein.

3.8.5 Schaltflächeneffekte bei den Gemüsebildern

Nach der Integration diverser echter Schaltflächen sollen nun die Bilder auf der Titelseite bei einem Mausklick ebenfalls ihren Zustand ändern. Mit einem einfachen Eingriff in die bereits existierende benutzerdefinierte Routine *myChangePage* läßt sich der gewünschte Effekt herstellen. Bisher hatte *myChangePage* ja lediglich die Aufgabe, den Seitenwechsel unter Berücksichtigung eines Wechseleffekts vorzunehmen. Nun soll das jeweilige Bild bei einem Mausklick zusätzlich kurzfristig von einem dicken roten Rahmen umgeben werden. Dazu sind die OpenScript-Anweisungen *strokeColor* und *lineStyle* notwendig (siehe Abschnitt 2.3.4).

Mit diesen Vorgaben kann nun die Routine *myChangePage* im Seitenskript der Titelseite modifiziert werden.

```
to handle myChangePage lvEffect, lvPage
   lineStyle of picture lvPage = 3                -- a0
   strokeColor of picture lvPage = red            -- a1
   transition lvEffect to page lvPage
   lineStyle of picture lvPage of page "Titel" = 1 -- a2
   strokeColor of picture lvPage of \
                        page "Titel" = black    -- a3
end myChangePage
```

In Zeile (a0) wird dabei zunächst die Linienbreite um das angeklickte Objekt *lvPage* auf drei Pixel verbreitert;[1] anschließend wird in Zeile (a1) die Farbe dieser Linie auf den konstanten Farbwert „red" gesetzt. In den Zeilen (a2) und (a3) wird der Ausgangszustand wieder hergestellt. Wichtig ist

---

[1] Wir erinnern uns: die lokale Variable <u>lvPage</u> wird stets an den Namen der Seite gebunden, zu der ein Wechsel erfolgen soll (siehe Abschnitt 3.6).

in diesem Zusammenhang die nun notwendige explizite Objektreferenz *of page „Titel"*, da ja die Wiederherstellung des Ursprungszustandes (*lineStyle = 1, strokeColor = black*) erst nach dem Seitenwechsel, also von einer anderen Seite aus erfolgt. Mit dieser Routine simulieren nun die Bilder auf der Titelseite eine Art Schaltflächeneffekt.

In ähnlicher Manier können auch die Navigationselemente auf dem Hintergrund der Informationsseiten Schaltflächencharakteristika erhalten. Dazu bedient man sich der *fillColor*-Anweisung, mit der die Füllfarbe eines Objekts in Konstanten (red, blue, yellow, etc.) oder in FHS-Werten (F = Farbe, H = Helligkeit, S = Sättigung) definiert werden kann. Diese Anweisung läßt sich nun so in die *buttonClick*-Routine des Hintergrundskripts „Rezepte" einbauen, daß die Textfelder, die ja die Navigationselemente als Icons enthalten, bei einem Mausklick kurzfristig eine andere Füllfarbe erhalten:

```
to handle buttonClick
  conditions
    when name of target = "Zurück"
      fillColor of field "Zurück"\
        of background "Rezepte" = red
      transition "turnPage right fast" to previous page
      fillColor of field "Zurück"\
        of background "Rezepte" = white
    when name of target = "Weiter"
      fillColor of field "Weiter"\
        of background "Rezepte" = green
      transition "turnPage left fast" to next page
      fillColor of field "Weiter"\
        of background "Rezepte" = white
    when name of target = "Home"
      fillColor of field "Home"\
        of background "Rezepte" = black
      go to page "Titel"
      fillColor of field "Home"\
        of background "Rezepte" = white
    end conditions
end buttonClick
```

Durch die Grundeinstellung „durchsichtig" (siehe Abschnitt 3.3.1) führt die *fillColor*-Konstante „white" in allen drei Fällen zu einem Transparenzeffekt, d.h. in der jeweils zweiten *fillColor*-Anweisung wird das Textfeld mit dem darin enthaltenen Navigationselement wieder durchsichtig.

Eine letzte Änderung soll noch erfolgen, bevor die Arbeiten an dieser Version abgeschlossen werden. Auf dem Hintergrund der Informationsseiten hatten wir in Abschnitt 3.5.2 das Textfeld „Info" zur Aufnahme von Kommentaren zu den Navigationselementen angelegt. Dieses Feld sollte nun auch Kommentare bei Berührung der neuen Schaltflächen ausgeben.

Dazu wird einfach die *mouseEnter*-Routine im Hintergrundskript „Rezepte" durch zusätzliche *when*-Klauseln erweitert:

```
to handle mouseEnter
 conditions
      when name of target = "Weiter"
       send myBackgroundInfo "Eine Seite vor"
      when name of target = "Zurück"
       send myBackgroundInfo "Eine Seite zurück"
      when name of target = "Home"
       send myBackgroundInfo "Zur Titelseite"
      when name of target = "Copyright"
       send myBackgroundInfo "Über den Autoren"
      when name of target = "Ende"
       send myBackgroundInfo "Programm Beenden"
      when name of target = "Sound"
       send myBackgroundInfo "Sound An-/Abschalten"
  end conditions
 end mouseEnter
```

Diese sehr einfache Ergänzung ist möglich, da *mouseEnter* durch die Übergabe von Kommentaren an *myBackgroundInfo* sehr flexibel aufgebaut ist.

Ähnlich kann man auf der Titelseite vorgehen und dort im Seitenskript bei der *mouseEnter*-Routine eine Änderung vornehmen, die zumindest die Cursorform bei Berührung der Schaltflächen „Copyright" und „Ende" auf den Handcursor umstellt:[1]

```
to handle mouseEnter
     conditions
         when name of target = "Möhren"
           send myInfo "Per Mausklick kommen Sie", "Möhren"
           ...
         when name of target = "Ende"
           sysCursor = 44
         when name of target = "Ende"
           sysCursor = 44
     end conditions
         send myMove
 end mouseEnter
```

Nach Abschluß der Arbeiten an den für das Programm gewünschten Schaltflächen ist die Version 11 fertig. Sie bekommt den Dateinamen VEGET-11.TBK.

---

[1] In Abschnitt 3.14 wird eine Alternative zur Ausgabe von Kommentaren in speziellen Textfeldern vorgestellt, die sich der Statuszeile am unteren Bildschirmrand bedient.

3.9   Das Ansichtsobjekt „Copyright"

Jede Seite eines Multimedia ToolBook Buches wird von einem Ansichtsobjekt (engl. viewer) umgeben. Ein Ansichtsobjekt ist daher ein Fenster zur Anzeige von Seiten in einem Buch. Das Standard-Ansichtsobjekt ist das Hauptfenster, also das Fenster, in dem die bisherigen sechs Seiten unseres Gemüsegartens präsentiert werden. Zusätzlich können weitere Ansichtsobjekte in ein Buch aufgenommen werden, z.B. zur Präsentation von Logos, zur Interaktion mit dem Benutzer über ein Dialogfeld oder zur Bereitstellung programmspezifischer Information. Da Ansichtsobjekte nicht nur wie andere Multimedia ToolBook-Objekte auch bestimmte Eigenschaften haben können, die ihr Verhalten bestimmen, sondern auch Seiten enthalten können, erfordert ihre Erstellung einen nicht unerheblichen Aufwand. In der Folge soll nun ein Ansichtsobjekt aufgebaut werden, das Informationen zum Programm in einem separaten Fenster, das sich über das Hauptfenster legt, darstellt. Es soll sich dabei um ein sogenanntes „Popup-Ansichtsobjekt" handeln, das ohne weitere Rahmen oder Beschriftungen im Hauptfenster erscheint.

Dazu ist aus dem Menü „Objekt/Ansichtsobjekte" die Option „Neu" und anschließend die Schaltfläche „Benutzereinstellung" auszuwählen. Ist das geschehen, erhöht sich die Gesamtseitenzahl des Buches, da ein Ansichtsobjekt wie eine Buchseite behandelt wird. In unserem Fall haben wir jetzt eine neue Seite 7 hinzubekommen (siehe Statuszeile unten rechts).

In dem nun präsentierten Dialogfeld „Ansichtsobjekteigenschaften" kann der Autor auf den insgesamt fünf Registerkarten eine Reihe von Voreinstellungen für das Ansichtsobjekt definieren. In unserem Falle sind folgende Einstellungen zu wählen:

Registerkarte Stil:

- Ansichtsobjektname: Copyright
- Standardtyp: Popup
- Rahmenstil: Dialograhmen
- Beschriftungsleiste: ohne

Registerkarte Position:

- Position: Mitte

Registerkarte Größe:

- Größe: Autogröße

Registerkarte Grenzen:

- Grenzen: keine

Registerkarte Optionen:

- Standardzustand: Normal
- immer im Vordergrund
- bei Mausklick schließen

Mit diesen Vorgaben wird ein Ansichtsobjekt erzeugt, das in seiner Größe etwa ein Viertel der Größe des Hauptfensters einnimmt, bei Aufruf stets mittig im Hauptfenster plaziert wird und sich automatisch bei einem Mausklick im Hauptfenster wieder schließt. Dieses Ansichtsobjekt ist die neue Seite 7 in unserem „Interaktiven Gemüsegarten". Wie jede andere Seite kann man sie mit allen Werkzeugen und Hilfsmitteln bearbeiten und Vorder- wie Hintergrundeigenschaften definieren.

Bild 3.14: Das Ansichtsobjekt „Copyright"

Im Hintergrund des Ansichtsobjekts „Copyright" soll ein grau gefülltes Rechteck liegen, das den gesamten Hintergrund einnimmt. Im Vordergrund soll die Grafik GARTEN.BMP aus dem Ordner TOOLBOOK\ MEDIA\GRAFIK von der beiliegenden CD-ROM importiert und oben links im Ansichtsobjekt plaziert werden. Die Grafik soll „Garten" heißen, keinen Rahmen haben und die Eigenschaften „durchsichtig" und „Farbschlüssel verwenden" besitzen. Zusätzlich sollen noch Texte auf dem Ansichtsobjekt erscheinen, die über den Autoren und seine Herkunft Aufschluß geben. Die Texte sind über rahmenlose Textfelder (sysTool: borderlessField) zu erzeugen und nach den bereits mehrfach erwähnten Prinzipien mit Text zu füllen und zu formatieren.

Um das Ansichtsobjekt im laufenden Programm aufzurufen, hatten wir in Abschnitt 3.8 ja bereits das Fragezeichen als Schaltfläche definiert und mit dem gemeinsamen Skript:

```
to handle buttonClick
      show viewer "copyright"
end buttonClick
```

verknüpft. Damit ist das Ansichtsobjekt ordnungsgemäß in unser Programm eingebunden. Es wird per Mausklick auf die Schaltfläche „Copyright" geöffnet und per Mausklick an einer beliebigen Stelle der jeweiligen Seite wieder geschlossen.

Die Integration einer neuen Seite in unser Buch hat zu einem kleinen Problem geführt. Da sich die Seitenzahl nun erhöht hat, wird das Navigationselement „Weiter" auf Seite 6 des „Interaktiven Gemüsegartens" nicht mehr automatisch verborgen, und der Leser könnte sich bis zum Ansichtsobjekt weiter navigieren. Diesen ungewünschten Effekt kann man durch einen leichten Eingriff (fettgedruckt) in die *notifyBefore*-Routine im Objektskript des Navigationselementes „Weiter" ausschalten (siehe Abschnitt 3.4).

```
notifyBefore enterPage
      get pageNumber of this page
      if it+1 = pageCount of this book then
            hide self
      else
            show self
      end if
end enterPage
```

Die Erhöhung der Seitenzahl wird nun mitberücksichtigt, da nun nicht mehr nur it (die aktuelle Seitenzahl) abgefragt wird, sondern it+1. Ist der Benutzer also auf Seite 6 (der Seite „Wirsing") angelangt hat, it+1 den Wert 7 und entspricht damit der durch *pageCount of this book* ermittelten Gesamtzahl. Damit kann das Navigationselement „Weiter" bereits auf Seite 6 abgeschaltet werden. Sollen weitere Seiten hinzukommen, ist zum Wert der Variablen it ein entsprechend höherer Wert zu addieren.

Nach Einbindung des Ansichtsobjekts „Copyright" ist die Version 12 (Dateiname VEGET-12.TBK) fertig.

3.10   Animationen

Animationssequenzen dienen wie in Abschnitt 2.3.9 erläutert primär zur plausiblen Erklärung komplizierter Sachverhalte bzw. zur Steigerung des Erlebniswertes eines Multimedia-Programms. So gesehen gibt es im „Interaktiven Gemüsegarten" keine offensichtliche Notwendigkeit zur

Hinzunahme vieler Animationen. Der Vollständigkeit halber sollen aber dennoch zwei Animationen den Programmablauf begleiten. Man mag geteilter Meinung über den Sinn einer Animation in einem solchen Programm sein. Da es sich hier aber um ein Übungsprojekt handelt, das möglichst viele Optionen eines mit Multimedia ToolBook erzeugten Multimedia-Systems und damit die Funktionalität dieses Autorensystems illustrieren soll, werden zwei Animationstypen zur Integration in die Titelseite des „Interaktiven Gemüsegartens" vorgeschlagen:

- Animation 1: eine Schleifenanimation,
- Animation 2: eine Pfadanimation.

Wenden wir uns zunächst der Schleifenanimation zu. Ziel ist der Aufbau eines Textfeldes, das jedesmal, wenn die Titelseite aufgerufen wird, seine Füllfarbe fließend von gelb nach grün ändert. Das Textfeld soll in der Mitte des Vordergrundes der Titelseite liegen (Positions- und Abmessungsdaten: 2880, 2385, 5430, 3030) und folgende Eigenschaften haben:

- Name: Titel
- Feldtyp: Zeilenumbruch
- Rahmenstil: gehoben
- aktiviert (Tastatur gesperrt), aktiviert

Die Füllfarbe ist zunächst von untergeordneter Bedeutung, sie soll über eine Behandlungsroutine erzeugt werden. Diese Behandlungsroutine operiert über einer Schleife der folgenden Form:

```
step lvColor from 40 to 120
     fillColor of field "Titel" = lvColor,50,100
end step
```

In dieser Schleife werden die Werte 40 bis 120 in aufsteigender Form an die Zählvariable lvColor gebunden. Der Wert 40 ist nach der OpenScript-Referenz (Seite A-26) ein in FHS-Werten ausgedrückter gelb-roter Farbton, der Wert 120 ein Grünton. In der Anweisung *fillColor...* wird nun das Feld „Titel" sukzessive mit den Farbwerten **40**,50,100; **41**,50,100 usw. gefüllt. Dabei sind der Helligkeitswert (50) und der Sättigungswert (100) Konstanten.

Diese Schleife läßt sich nun in eine Routine einbinden, die seit Multimedia ToolBook Version 4 zur Verfügung steht. Die sie nur für die Titelseite Gültigkeit haben soll, wird sie ins dortige Seitenskript geschrieben:

```
to handle firstIdle
     step lvColor from 40 to 120
          fillColor of field "Autor" = lvColor,50,100
     end step
end firstIdle
```

Diese Routine wird unmittelbar nach Öffnen einer Seite ausgeführt, wenn sich Multimedia ToolBook im Leerlauf befindet, also keine anderen Aktionen stattfinden (siehe Abschnitt 2.3.9.2). Mit dieser Behandlungsroutine wird nun das Textfeld „Titel" jedesmal beim Umschalten auf die Titelseite des Buches mit wechselnden Farbtönen von gelb-rot bis grün gefüllt. Allerdings geht der Füllvorgang sehr schnell, und man muß schon genaue hinschauen, um die Farbwechsel zu sehen.

Um einen ständig erfolgenden Farbwechsel des Feldes „Titel" zu erzielen, kann man anstelle der Routine *firstIdle* die Routine *idle* verwenden. Diese Variante der Leerlaufroutine gilt allerdings nicht nur einmal, wie *firstIdle*, sondern solange, wie das entsprechende Objekt, z.B. die Seite, aktiv ist. Resultat ist eine ständig wechselnde Farbfüllung, aber auch eine erhebliche Verlangsamung des Laufzeitverhaltens auf der Titelseite. Bleiben wir also bei der *firstIdle*-Variante der Leerlaufroutine (siehe auch Abschnitt 2.3.9.2).

Die zweite Animation ist eine Pfadanimation. In unserem Fall soll die Grafik eines Kochs so animiert werden, daß sie sich in einer Endlosschleife über die Gemüsebilder auf der Titelseite hinwegbewegt. Dazu müssen wir zunächst die Datei KOCH.BMP aus dem Ordner TOOLBOOK\MEDIA\GRAFIK auf der beiliegenden CD-ROM auf der Titelseite einfügen. Danach befindet sich das Bild des Kochs zunächst oben links auf der Titelseite. Die Grafik soll danach an Position 375, 845 plaziert werden und folgende Eigenschaften haben:

– Name: Koch
– durchsichtig, Farbschlüssel verwenden

Nach erneuter Markierung wird über die Menüoption: „Werkzeuge/Pfadanimation" der spezielle Editor zur Festlegung der Kurvenpunkte des zu animierenden Objekts aufgerufen. Dort kann man anschließend durch Mausklick die diversen Punkte des Animationspfades einfügen, verschieben oder nachträglich löschen. Über die Schaltfläche „Animationseigenschaften" kann man nach Festlegen des Animationspfades die Zeitdauer, die Geschwindigkeit und die Anzahl der Wiederholungen der Animation definieren. In unserem Fall werden folgende Einstellungen empfohlen:

– Timing: 5 Sekunden, 15 Schritte/Sekunde
– Geschwindigkeit: konstant

– Wiederholungen: endlos
– Pfad beim Verschieben aktualisieren

Über die Schaltfläche „Fertig" veranlaßt man nach Abschluß der Arbeiten an der Animation eine Speicherung des Animationspfades als Animation 1 (weitere Animation werden einfach hochgezählt). Der genaue Animationspfad ist aus Bild. 3.15 zu entnehmen.

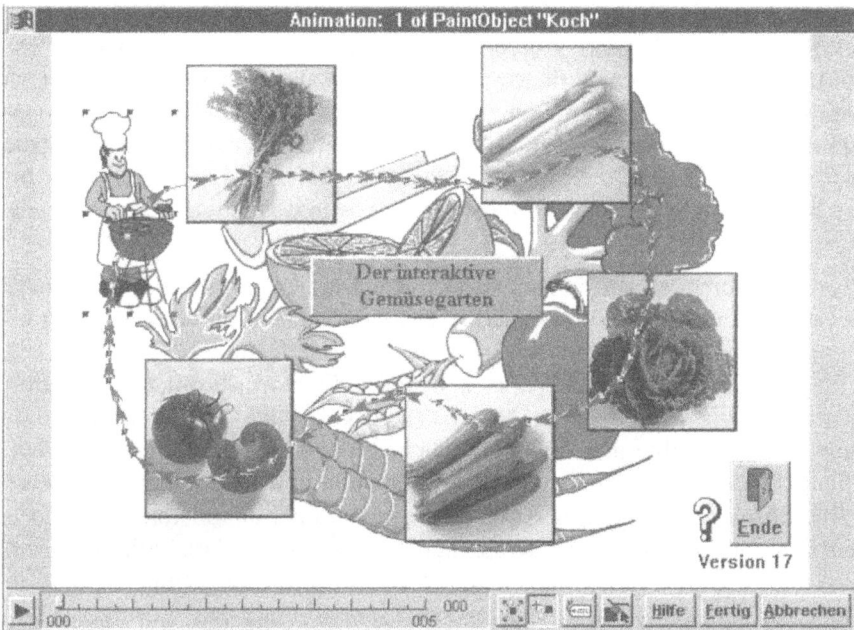

Bild 3.15: Der Animationspfad-Editor. Pfadanimation „Koch"

Nach Sicherung des Animationspfades kann die Animation nun über eine einfache Behandlungsroutine aufgerufen werden. Das kann eine *button-Click*-Routine sein, die die Animation bei einem Mausklick auf das zu animierende Objekt aufruft oder eine Routine, die beim Aufruf der entsprechende Seite die Animation automatisch ablaufen läßt. Letzteres soll im „Interaktiven Gemüsegarten" realisiert werden. Folgende Behandlungsroutine im Seitenskript der Titelseite läßt den Koch den vorher festgelegten Animationspfad beim Seitenwechsel zur Titelseite beschreiten:

```
to handle enterPage
     send playAnimation to paintObject "Koch"
end enterPage
```

Diese Behandlungsroutine führt dazu, daß jedesmal beim Wechsel zur Titelseite die Routine *playAnimation* aufgerufen wird und sich der Koch entlang des definierten Pfades in Bewegung setzt.

Nach Einbindung der Animationen auf der Titelseite ist die Version 13 mit dem Dateinamen VEGET-13.TBK fertig.

3.11　Soundeinbindung

In der nun entstehenden Version soll „Der interaktive Gemüsegarten" exemplarische Soundunterstützung erhalten. Dazu sollen beim Wechsel zu den einzelnen Informationsseiten jeweils verschiedene Sounddateien abgespielt werden. Zusätzlich soll der Benutzer die Möglichkeit haben, über die Schaltfläche „Sound", die ja seit Version 11 auf dem Hintergrund der Informationsseiten zur Verfügung steht, den Sound wahlweise an- bzw. abzuschalten.

Bei den Sounddateien handelt es sich um Dateien im Waveform-Format. Im einzelnen sind dies exemplarische Sounddateien, die vom Autor in einem Sequenzerprogramm zunächst als MIDI-Dateien erzeugt, später mit Hilfe geeigneter Sound-Werkzeuge ins Waveform-Format konvertiert wurden. Zwar hätte man durchaus das sehr kompakte MIDI-Format belassen können, müßte allerdings erhebliche Soundverluste bei Soundkarten, die nicht über die geeignete MIDI-Schnittstelle bzw. über einen geeigneten OPL-Chipsatz verfügen, in Kauf nehmen müssen. Sounddateien im Wave-Format dagegen sind zwar wesentlich größer, führen dafür allerdings auf fast allen Soundkarten zu einem ansprechenden Sounderlebnis.[1] In der Tabelle in Tabelle 3.1 sind die im Waveform-Format zur Verfügung stehenden Sounddateien mit ihren Details aufgelistet. Sie befinden sich im Ordner TOOLBOOK\MEDIA\SOUND auf der beiliegenden CD-ROM.

Sounddateien werden in einem Buch grundsätzlich als Medienclips behandelt. Ein Medienclip ist eine buchexterne Datei, von der lediglich die Referenz in einem Buch abgespeichert wird. Die tatsächlichen Daten verbleiben in der ursprünglichen Quelle, also in der Datei auf der CD-ROM oder auf anderen Datenträgern. Durch diese Behandlung von Mediendateien wird eine unnötige Aufblähung eines Buches durch digitale Sound- oder Videodaten vermieden.

---

[1] Das Thema „Audio und Multimedia" kann hier nicht näher vertieft werden. Der interessierte Leser sei auf die relevanten Publikationen in diesem Bereich, z.B. Noll (1994) oder Zander (1995) hingewiesen.

Tabelle 3.1: Sounddateien für den „Interaktiven Gemüsegarten"

Dateiname	Größe (KB)	Samplerate	Länge (Sek)	Name
Page-02.WAV	834	22 kHz/16 Bit/Stereo	9,6	Seite2
Page-03.WAV	486	22 kHz/16 Bit/Stereo	5,6	Seite3
Page-04.WAV	645	22 kHz/16 Bit/Stereo	7,5	Seite4
Page-05.WAV	474	22 kHz/16 Bit/Stereo	5,5	Seite5
Page-06.WAV	1050	22 kHz/16 Bit/Stereo	12,2	Seite6

Clips werden mit dem Clip-Editor erstellt, bearbeitet oder wieder entfernt. Führen wir die Schritte zum Erstellen eines Medienclips auf der Basis der Sounddatei PAGE-02.WAV im einzelnen vor. Zunächst wird der Clip-Manager über die Menüoption: „Objekt/Clips" oder das Clip-Manager-symbol in der Schalterleiste geöffnet. Über die Schaltfläche „Neu" kann man anschließend den Quelltyp, d.h. den hinzuzufügenden Mediendateityp auswählen. In unserem Fall ist das der Typ „Sounddatei (*.wav, *.mid, *.rmi)".[1] Nun kann die gewünschte Datei PAGE-02.WAV aus dem Ordner TOOLBOOK\MEDIA\SOUND von der beiliegenden CD-ROM importiert werden. Ist das geschehen, öffnet sich der Clip-Editor und gestattet eine Reihe von Grundeinstellungen zur Steuerung der Sounddatei. In unserem Fall sind außer der Benennung des Clips als „Seite2" im Feld „Clip" weitere Einstellungen zunächst nicht notwendig. Zu Testzwecken läßt sich die importierte Datei die über Schaltflächen Abspielen, Anhalten, Zurückspulen etc., die einem handelsüblichen Cassettenrekorder nachempfunden sind, im Clip-Editor ausprobieren. Diesen Test sollte man unbedingt durchführen, um zu prüfen, ob die Sounddatei hörbar ist. Sollte nämlich wider Erwarten keine Tonausgabe erfolgen, kann es sein, daß die Grundeinstellungen in der Windows Programmgruppe „Zubehör/Multimedia/Lautstärkeregelung" nicht ordnungsgemäß vorgenommen wurden. Man kann sich dadurch erheblichen Programmieraufwand in Multimedia Tool-Book ersparen.

Nach diesem Verfahren können nun nacheinander die übrigen Sounddateien PAGE-03.WAV bis PAGE-06.WAV importiert werden. Sie sollen die Clip-Namen „Seite3", „Seite4", „Seite5" und „Seite6" erhalten.

Um eine Mediendatei abspielen zu können, gibt es zwei Verfahren. Das erste Verfahren ist für Besitzer von ToolBook ohne Multimedia-Erweiterungen wichtig. In diesem Fall muß die Sound- und auch die Videosteue-

---

[1] wav = waveform-Format, mid = MIDI-Format, rmi = „Riff"-MIDI-Dateien, MIDI-Dateien mit speziellen Zusatzinformationen.

rung direkt über die Funktionsbibliotheken des Media Control Interface
(MCI) erfolgen. Die Verwendung dieser Bibliotheken ist allerdings die
kompliziertere Methode der Steuerung von Medienclips.

Die Multimedia-Version von ToolBook, und diese wird im vorliegenden
Buch behandelt, bietet über die Verwendung von MCI-Befehlen hinaus eine Reihe von einfachen Multimedia-Behandlungsroutinen an, die den Umgang mit Medienclips enorm erleichtern. Folgende Routinen sind dabei
grundlegend:

```
mmOpen <medienclip> <optionen>
mmClose <medienclip> <optionen>
mmPlay <medienclip> <optionen>
mmPause <medienclip>
mmStop <medienclip>
```

Im Prinzip sind diese „mm"..-Routinen selbsterklärend. *mmOpen* öffnet einen Medienclip und bereitet das Abspielen vor, *mmClose* schließt den mit
mmOpen geöffneten Clip wieder. Die Routinen *mmPlay*, *mmPause* und
mmStop veranlassen ein Abspielen, Anhalten und Beenden eines geöffneten Medienclips.[1] Die meisten Medien-Routinen erlauben zusätzlich eine
optionale Erweiterung. Diese kann veranlassen, daß ein Clip exklusiv oder
im Hintergrund abgespielt wird oder beim Erreichen des Clipendes automatisch geschlossen wird. Diese und andere Optionen werden in der Folge
näher erläutert.

Um beim Wechsel auf eine Seite nun eine der importierten Sounddateien
abspielen zu können, empfehlen sich zunächst folgende Behandlungsroutinen im Seitenskript (hier das Seitenskript der Informationsseite 2,
„Zucchini"):

```
to handle enterPage
      mmOpen clip "Seite2"                      -- a0
      mmPlay clip "Seite2" autoclose            -- a1
end enterPage
```

Die Routine *enterPage* veranlaßt dabei beim Wechsel zur Seite 2 das Öffnen des Medienclips „Seite2" (a0), anschließend das Abspielen. Die Option „*autoclose*" bewirkt ein automatisches Schließen der Mediendatei
nach ihrem Ende (a1). Sollte jedoch vorher ein Seitenwechsel erfolgen,
empfiehlt sich zusätzlich die folgende *leavePage*-Routine im Seitenskript
der Seite „Zucchini":

---

[1] Hier sind die deutschen Übersetzungen der englischsprachigen OpenScript-Multimedia-
Anweisungen: open = öffnen, close = schließen, play = spielen, pause = anhalten, stop =
beenden.

```
to handle leavePage
      mmClose clip "Seite2"
end leavePage
```

Mit dieser Routine wird die Sounddatei „Seite2" über die Routine *mmClose* geschlossen, sollte die Seite 2 noch während des Abspielens der Sounddatei, z.B. über die Navigationselemente, verlassen werden. Der Ton wird damit ebenfalls abgeschaltet. Sollten in einer späteren Version auf einer Seite mehrere Sounddateien vorliegen, kann die *leavePage*-Routine auch wie folgt verallgemeinert werden:

```
to handle leavePage
      mmClose waveAudio
end leavePage
```

Bevor nun die Sounddateien in die übrigen Informationsseiten eingebunden werden, soll noch die Möglichkeit der optionalen Soundab- bzw. -einschaltung durch den Benutzer über die Schaltfläche „Sound" integriert werden.

Die gesamte Soundsteuerung erfolgt über eine globale Variable. Sie erhält den Namen svSound und wird im Buchskript eingeführt, da sie im gesamten Buch Gültigkeit besitzen soll. Da die Variable nur zwei Zustände haben soll (*false* = Sound ist an, *true* = Sound ist aus), können wir sie als speziellen Datentyp „logical" einführen. Dadurch erhält sie als Initialisierungswert den Wert *false*. Somit kann die bisherige *enterBook*-Routine durch folgende fettgedruckte Variablendeklaration ergänzt werden:

```
to handle enterBook
   system logical svSound
   text of field "Version" of page "Titel" = \
      myVersion(name of this book)
   checked of button "Sound" of \
      background "Rezepte" = false
   caption of button "Sound" of \
      background "Rezepte" = "&Sound ist an"
end enterBook
```

Damit hat die Variable svSound beim Starten des Buches jeweils den Wert *false*. Dieser Wert kann nun im Seitenskript der jeweiligen Informationsseiten abgefragt werden (Beispiel Seitenskript Seite 2, „Zucchini"):

```
to handle enterPage
   system logical svSound                    -- a0
   mmOpen clip "Seite2"
   if svSound = false                        -- a1
      mmPlay clip "Seite2" autoclose
   end if
end enterPage
```

Bevor also zu einer Seite gewechselt wird, wird über eine Kontrollstruktur der Zustand der Variablen s̲v̲S̲o̲u̲n̲d̲ überprüft. Hat die Variable den Zustand *false*, kann die Sounddatei abgespielt werden, da ja der Ausgangszustand der Variablen *false* ist, d.h. *false* = Sound ist an. Damit diese Routine ordnungsgemäß läuft, muß in Zeile (a0) die globale Variable erneut bereitgestellt werden. Die *leavePage*-Routine im Seitenskript bliebt unangetastet:

```
to handle leavePage
     mmClose waveAudio
end leavePage
```

Nun muß noch sichergestellt werden, daß sich der Sound über die Schaltfläche „Sound" an- bzw. abschalten läßt. Ein kleiner Eingriff (fettgedruckt) in das bereits existierende Objektskript der Schaltfläche „Sound" bewerkstelligt diese Option:

```
to handle buttonClick
   system logical svSound
   if checked of button "Sound" of \
        background "Rezepte" = true
      caption of button "Sound" of \
        background "Rezepte" = "&Sound ist aus"
      svSound = true
      mmClose waveAudio
   else
      caption of button "Sound" of \
        background "Rezepte" = "&Sound ist an"
      svSound = false
   end if
end buttonClick
```

In Ergänzung der bisherigen Version der *buttonClick*-Routine für die Schaltfläche „Sound" wird nun je nach Aktivierungszustand der Schaltfläche die Variable s̲v̲S̲o̲u̲n̲d̲ in ihrem Wert verändert. Damit wird über die *enterPage*-Routinen im jeweiligen Seitenskript die Soundsteuerung möglich, und es lassen sich nun Sounddateien grundsätzlich an- bzw. abschalten, sowie laufende Sounddateien über die Option *mmClose waveAudio* beenden.

Prinzipiell könnte man nun für die übrigen Informationsseiten ähnliche *enterPage*-Routinen im jeweiligen Seitenskript schreiben. Da aber auf allen Seiten - abgesehen vom Clipnamen - prinzipiell das Gleiche passiert, bietet sich eine gemeinsame Routine im Buchskript an, die das Abspielen beliebiger Sounddateien gewährleistet:

```
to handle myPlaySound lvClip
        system logical svSound              -- a0
        mmOpen clip lvClip                  -- a1
        if svSound = false                  -- a2
            mmPlay clip lvClip autoclose    -- a3
```

```
      end if                              -- a4
end myPlaySound
```

Im Prinzip realisiert *myPlaySound* alle Funktionen der oben beschriebenen *enterPage*-Routine. Zunächst wird die Systemvariable <u>svSound</u> eingeführt (a0), anschließend der gewünschte Clip geöffnet (a1) und schließlich über den Zustand der Variablen <u>svSound</u> das Abspielen (oder nicht) der Sounddatei kontrolliert (a2 - a4). Der jeweils abzuspielende Medienclip wird als Parameter <u>lvClip</u> an die Routine *myPlaySound* übergeben und ist dort eine lokale Variable.

Der Aufruf von *myPlaySound* erfolgt nun über die Routine *enterPage*. Dabei wird der jeweilige Medienclip, also die Sounddatei, als Parameter übergeben (Beispiel Seite 2, „Zucchini").

```
to handle enterPage
      send myPlaySound "Seite2"
end enterPage
```

Für die übrigen Seiten kann man dann analoge Seitenskripts mit je einer *enterPage*-Routine und einer *leavePage*-Routine schreiben. Die *leavePage*-Routine ist bei allen Seiten identisch, die *enterPage*-Routine übergibt die abzuspielende Sounddatei als Parameter an *myPlaySound*.

Nach Einbindung der jeweiligen Routinen in die Seitenskripte der Informationsseiten funktioniert die Soundsteuerung nun einwandfrei. Die somit entstandene Version erhält die Versionsnummer 14 und den Dateinamen VEGET-14.TBK.

3.12   Video- und Grafikclips

Die Einbindung von Video- und Grafikclips ist neben dem Abspielen von Sounddateien eine der herausragenden Möglichkeiten professioneller Multimedia-Programme. In der nun folgenden Version soll, verbunden mit Aktionswörtern, die Möglichkeit zur Verfügung gestellt werden, exemplarisch ein oder mehrere Videoclips sowie als Clip definierte Grafiken zu präsentieren.

Wie Sounddateien im vergangenen Abschnitt fungieren Video- und als Clip definierte Grafiken als Medienclips und müssen zunächst über den Clip-Editor erstellt, d.h. importiert und zur besseren Ansprache über OpenScript-Routinen benannt werden. Folgende in Tabelle 3.2 aufgeführte Video- bzw. Grafikdateien stehen im Ordner TOOLBOOK\MEDIA\ CLIPS auf der CD-ROM zur Verfügung.

Tabelle 3.2: Video- und Grafikdateien für den „Interaktiven Gemüsegarten"

Dateiname	Größe (KB)	Quelltyp	Länge (Sek)	Name
MOZZAR.TIF	166	Abbildung	-	Mozzarella
TOMATEN1.MOV	3131	Video	24,8	TomatenVideo1

Die Datei MOZZAR.TIF ist eine Vektorgrafik, die mit 200 dpi einge-scannt wurde. Die Videodateien sind im Quick Time Movie Format mit Hilfe eines speziellen Video-Bearbeitungsprogramms erzeugt worden.[1]

Die Präsentation von Grafik- bzw. Videoclips kann auf verschiedene Art und Weise geschehen. So bietet Multimedia ToolBook u.a. den sogenann-ten Clip-Rahmen an. Dabei handelt es sich um ein spezielles Feld, das im Hintergrund eines Grafik- oder Videoclips plaziert wird und den Clip auf besondere Art und Weise, z.B. zusammen mit bestimmten Übergangsef-fekten, präsentiert.

Im Rahmen unseres „Interaktiven Gemüsegartens" soll der Clip-Rahmen auf dem Hintergrund der Informationsseiten so positioniert werden, daß er anstelle des bisherigen schwarzen Rechtecks, die Bilder der Speisen auf-nimmt und gleichzeitig für Medienclips als Rahmen fungiert.

Schalten wir also auf den Hintergrund der Informationsseiten (z.B. von Seite 2, „Zucchini" aus) um und entfernen zunächst das schwarze Recht-eck. An seiner Stelle soll der Clip-Rahmen stehen. Mit Hilfe des Clip-Rahmen Hilfsmittels aus der Hilfsmittelpalette (sysTool: stage) wird der Clip-Rahmen zunächst auf dem Hintergrund aufgezogen. Die genauen Positionsdaten (4330, 1150, 7940, 3370) können anschließend über den Eigenschaften-Editor eingegeben werden. Über die Menüoption: „Objekt/ Clip-Rahmen-Eigenschaften" oder über den entsprechenden Schalter in der Schalterleiste können nun auf mehreren Registerkarten weitere Einzelhei-ten des Rahmens definiert werden:

- Registerkarte Rahmen; Name: Rahmen1
- Registerkarte Anzeige; Größenverhalten: Media in Clip-Rahmen zen-trieren
- Registerkarte Anfangseffekt; Effekt: Iris, schnell
- Registerkarte Endeeffekt; Effekt: Spirale nach innen, schnell

---

[1] Sollte es Probleme bei der Darstellung von Clips geben, wird die Auswahl einer verbes-serten Farbpalette über die Windows Systemsteuerung, z.B. 16-Bit oder 24-Bit, vorge-schlagen.

Bei der Eingabe des Größenverhaltens wird empfohlen, die Option „Media in Clip-Rahmen zentrieren" auszuwählen, da dadurch der jeweilige Clip in seiner Standardgröße angezeigt wird und weder gestaucht noch gestreckt wird. Bezüglich der Auswahl von Effekten ist zu beachten, daß Effekte grundsätzlich nicht zur Beschleunigung eines Programms beitragen. Daher ist zu überlegen, ob Effekte, die sicherlich optisch sehr reizvoll sind, überhaupt verwendet werden sollten.

Bild. 3.16 zeigt den Videoclip „TomatenVideo1" zentriert im Cliprahmen.

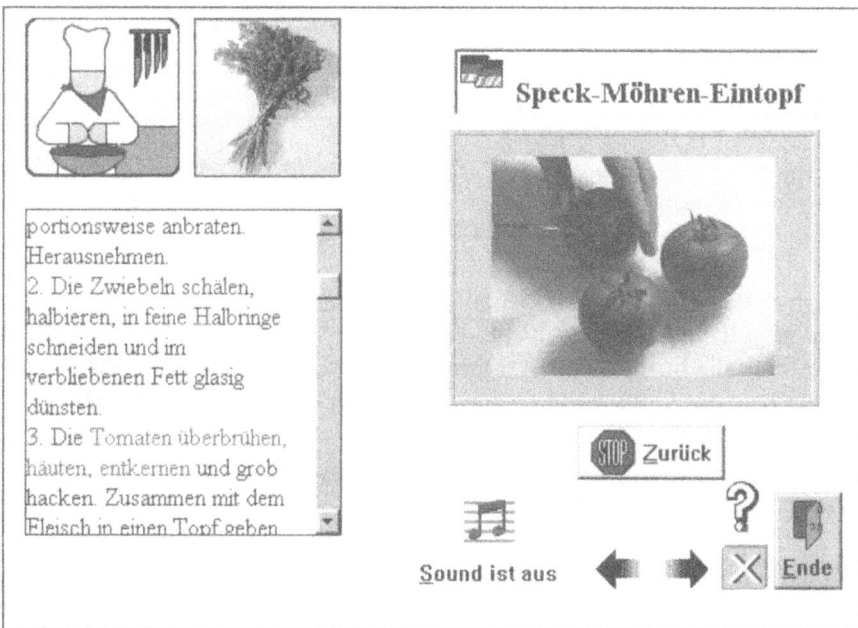

Bild 3.16: Videoclip in Cliprahmen

Nach dem Import der Medienclips und der Bereitstellung eines Clip-Rahmens kann nun über geeignete OpenScript-Routinen die Einbindung ins Programm erfolgen.

Wenden wir uns zunächst dem Grafikclip „Mozzarella" zu. Er soll über das Aktionswort „Mozzarella" auf der Informationsseite 4 („Tomaten") abgerufen werden. In Abschnitt 3.8 wurde diesem Aktionswort bereits folgende Behandlungsroutine zugewiesen:

```
to handle buttonClick
  request "Bild vorhanden, wollen Sie es ansehen?" \
    with "Ja" or "Nein"
  if IT = "Ja" then
      send myPresentClip
```

```
 end if
end buttonClick
```

Die nun erforderliche Änderung dieser *buttonClick*-Routine ist denkbar einfach. Beim Aufruf der benutzerdefinierten Routine *myPresentClip* werden nun zwei Parameter übergeben: „Mozzarella", der anzuzeigende Clip und „Tomaten1", das vorübergehende abzuschaltende Bild.

```
to handle buttonClick
 request "Bild vorhanden, wollen Sie es ansehen?" \
   with "Ja" or "Nein"
 if IT = "Ja" then
      send myPresentClip "Mozzarella", "Tomaten1"
 end if
end buttonClick
```

Die Routine *myPresentClip* im Hintergrundskript „Rezepte" war in Abschnitt 3.8. wie folgt definiert worden:

```
to handle myPresentClip
  show button "ClipEnde" of background "Rezepte"
  -- weitere Aufrufe von Videoclips, Grafikclips
end myPresentClip
```

Da *myPresentClip* nun flexibel auf verschiedene Medienclips angewendet werden soll und dazu noch das jeweils im Vordergrund der jeweiligen Seite befindliche Bild, z.B. „Möhren1" oder „Tomaten1", während des Abspielens des Clips vorübergehend verborgen werden soll, bedarf es einiger Änderungen:

```
to handle myPresentClip lvClip, lvPicture
  hide picture lvPicture                          -- a0
  show button "ClipEnde" of \
     background "Rezepte"                         -- a1
  mmPlay clip lvClip in stage "Rahmen1" of \
     background "Rezepte" notify self             -- a2
end myPresentClip
```

In Zeile (a0) wird das Vordergrundbild verborgen und in Zeile (a1) die Schaltfläche „ClipEnde", die ja im Hintergrund der Informationsseiten liegt, angezeigt. Anschließend wird der jeweilige Clip abgespielt (a2).

Vor dem Abspielen muß der jeweilige Clip noch geladen werden. Eine effiziente Methode ist das Vorausladen von Medienclips beim Wechsel zu der Seite, auf der sie ggf. aufgerufen werden. Das geschieht zweckmäßigerweise in der *enterPage*-Routine im jeweiligen Seitenskript:

```
to handle enterPage
     system svClip
     svClip = "Mozzarella"
     system svPicture
     svPicture = "Tomaten1"
     mmOpen clip svClip
```

```
        send myPlaySound "Seite4"
end enterPage
```

In dieser *enterPage*-Routine der Seite 4 „Tomaten" werden zunächst die globalen Variablen svClip und svPicture deklariert und an den eventuell abzuspielenden Clip (svClip = „Mozzarella") sowie an das zu verbergende Vordergrundbild (svPicture = „Tomaten1") gebunden. Anschließend wird der jeweilige Medienclip vorab geöffnet.

Analog sieht die *enterPage*-Routine im Seitenskript der Seite 5 „Möhren" aus.

```
to handle enterPage
        system svPicture
        svPicture = "Möhren1"
        system svClip
        svClip = "TomatenVideo1"
        mmOpen clip svClip
        send myPlaySound "Seite5"
end enterPage
```

Die Anweisung zum Abspielen in *myPresentClip* bedarf noch einiger Erläuterungen:

```
mmPlay clip lvClip
```

Diese Anweisung spielt den Medienclip lvClip, also z.B. „Mozzarella" oder „TomatenVideo1" ab (auch Grafiken werden im Sinne der Multimedia-Anweisung *mmPlay* „abgespielt"). Damit der Medienclip im Clip-Rahmen mit den voreingestellten Übergangseffekten abgespielt wird, muß der Clip-Rahmen (Multimedia ToolBook Bezeichnung *stage*) explizit aufgerufen werden:

```
in stage "Rahmen1" of background "Rezepte"
```

Schließlich bewirkt die abschließende Anweisung *notify self*, daß nach Ausführen der Medienanweisung *mmPlay* eine Botschaft gesendet wird, über die das Ergebnis der Medienanweisung überprüft werden kann. Mit diesem Zusatz kann man z.B. feststellen, ob ein Videoclip vollständig abgespielt wurde, angehalten wurde, etc. Dadurch wird es möglich, am Videoende automatisch den Ausgangszustand wiederherzustellen. Die entsprechende Überprüfung findet in der Behandlungsroutine *mmNotify* statt, die automatisch über *notify self* aufgerufen wird:

```
to handle mmNotify lvMedia, lvCommand, lvResult
  if lvCommand = mmPlay and lvResult = "successful"-- a0
        send myRestoreBackground                  -- a1
  end if
end mmNotify
```

Die Routine *mmNotify* hat standardmäßig drei Parameter, die als lokale Variablen fungieren:[1]

- lvMedia steht für den Namen des jeweiligen Medienclips,

- lvCommand steht für den Mediabefehl, z.B. für *mmPlay*, *mmStop*, *mmClose* etc.,

- lvResult gibt das Ergebnis der Befehlsanweisung an, z.B. aborted (dt. abgebrochen), successful (dt. erfolgreich) etc.

Im einzelnen wird in *mmNotify* in der Kontrollstruktur (a0) überprüft, ob der Medienbefehl *mmPlay* und das Resultat successful ist, d.h. ob der entsprechende Clip erfolgreich zu Ende gespielt wurde. Ist das der Fall, kann die Routine *myRestoreBackground* aufgerufen werden (siehe unten).

Soll ein laufender Clip abgeschaltet werden, kann dies über die bereits definierte Schaltfläche „ClipEnde" bewerkstelligt werden. Sie enthält folgende erweiterte Routine in ihrem Objektskript:

```
to handle buttonClick
        hide self
        send myRestoreBackground
end buttonClick
```

Diese Behandlungsroutine war bereits in Abschnitt 3.8 definiert worden und muß nun um den Aufruf der Routine *myRestoreBackground* erweitert werden, damit der jeweilige Clip abgeschaltet und das zu einer Seite gehörige Bild angezeigt werden kann. Die Routine *myRestoreBackground* hat folgende Struktur:

```
to handle myRestoreBackground
  sysSuspend = false                                    -- a0
    system svPicture                                    -- a1
    system svClip                                       -- a2
    mmClose clip svClip                                 -- a3
    hide button "ClipEnde" of background "Rezepte"  -- a4
    show picture svPicture                              -- a5
    sysSuspend = true                                   -- a6
end myRestoreBackground
```

Nach der Deklarierung der globalen Variablen svPicture und svClip in den Zeilen (a1) und (a2) wird der jeweils geöffnete Medienclip geschlossen (a3), die Schaltfläche „ClipEnde" verborgen (a4) und das zu einer Seite gehörende Bild, z.B. „Tomaten1" wieder angezeigt (a5). Da die Routine *myRestoreBackground* von verschiedenen Vordergrundseiten aus genutzt

---

[1] Zur Erklärung der Routine *mmNotify* siehe die Asymetrix ToolBook Multimedia Referenz, Seite 10-24.

wird, gehört sie sinnvollerweise, wie auch *myPresentClip* und *mmNotify*, ins Hintergrundskript „Rezepte".

Unangenehmerweise enthält diese Routine die *SysSuspend*-Botschaft, die in (a0) zur Unterdrückung von Fehlermeldungen führt. Diese Fehlermeldungen können auftreten, wenn auf den Seiten 4 („Tomaten") und 5 („Möhren") die Schaltfläche „Ende" aktiviert wird. In Abschnitt 3.8 hatten wir dieser Schaltfläche ein gemeinsames Skript zugewiesen, das die Routine *myEnd* im Buchskript aufruft. In *myEnd* wird zunächst immer die Anweisung *restore system* ausgeführt. Das bewirkt unter anderem die Zurücksetzung aller Systemvariablen. Da in *myRestoreBackground* aber zwei Systemvariablen verarbeitet werden, haben diese durch den Aufruf von *restore system* keinen Wert mehr, und es kommt zu einer Fehlermeldung, da *myRestoreBackground* ja auch nach Betätigen der Schaltfläche noch ausgeführt wird.

Es gibt mehrere Möglichkeiten, diesen Effekt zu vermeiden. Zum einen kann man sich wie beschrieben für die Integration der *sysSuspend*-Botschaften in *myRestoreBackground* entscheiden. Alternativ kann man auf die *restore system* Anweisung in *myEnd* verzichten. Mit einer dritten Möglichkeit, der vorübergehenden Speicherung von Systemvariablen in Benutzereigenschaften durch Zuweisung von ID-Nummern in der *enterBook*-Routine könnte man sich auf etwas komplexere Art ebenfalls behelfen.

Mit den hier vorgestellten Prozeduren lassen sich nun beliebige Medienclips auf den fünf Informationsseiten im Clip-Rahmen „Rahmen1" abspielen. Ob über Aktionswörter, über Schaltflächen oder über sonstige Objekte, grundlegend ist jeweils der Aufruf der Routine *myPresentClip* mit den beiden Parametern für die Medienclips und das zu verbergende Bild, sowie das Vorausladen der Clips in den jeweiligen *enterPage*-Routinen. Der Aufruf des Videoclips „TomatenVideo1" auf der Informationsseite 5 „Möhren" erfolgt über den als Aktionswort definierten Textbereich: „Tomaten überbrühen, häuten, entkernen" und die dazugehörige *buttonClick*-Routine:

```
to handle buttonClick
   request "Video zum Thema vorhanden. Wollen" && \
      "Sie ihn ansehen?" with "Ja" or "Nein"
   if IT = "Ja" then
      send myPresentClip "TomatenVideo1", "Möhren1"
   end if
end buttonClick
```

Einen kleinen Nachteil hat die Einbindung der Medienclips in der jetzigen Form noch: Ist ein Medienclip geöffnet, ist jederzeit ein Seitenwechsel möglich. In einem solchen Fall würde der Clip einfach stehen bleiben. Mit einer einfachen Änderung in den *leavePage*-Routinen der Seiten, auf denen Clips abgespielt werden, kann dies umgangen werden:

```
to handle leavePage
      send myRestoreBackground
      mmClose waveAudio
end leavePage
```

Durch den Aufruf der Routine *myRestoreBackground* in *leavePage* wird auch beim Seitenwechsel die Wiederherstellung des Ausgangszustandes veranlaßt.

Zur absolut korrekten Steuerung eines Videoclips gehört auch die Möglichkeit, den eventuell parallel laufenden Ton abschalten zu können. Der Videoclip „TomatenVideo1" z.B. wird von einem gesprochenen Kommentar begleitet. Will man den Kommentar über die Schaltfläche „Sound" ein- bzw. ausschalten, stellt man fest, daß die Schaltfläche zwar wie vorgesehen ihre Aufschrift ändert, bei Klängen, die mit einem Videoclip verknüpft sind, allerdings keine Wirkung hat. Mit folgender OpenScript Multimedia-Anweisung kann man den Ton eines Medienclips steuern:

```
mmVolume of clip <medienclip> = <wert>
```

Bei dieser Anweisung wird die Tonausgabe eines Medienclips durch die Zuordnung von Werten gesteuert. Dabei kann <wert> entweder explizit durch Schlüsselwörter, z.B. *full* (voll), oder *mute* (abgeschaltet), oder durch numerische Werte von 0 (mute) bis 1000 (full) realisiert werden. In unserem Fall soll der Ton eines Videoclips nur an- bzw. abgeschaltet werden könne, also genügen die expliziten Angaben *full* bzw. *mute*. Mit einer selbstgeschriebenen Routine im Hintergrund „Rezepte" wird die Steuerung über die Abfrage der Soundvariablen svSound (siehe Abschnitt 3.11) vorgenommen:

```
to handle myTestVideoSound lvClip
   system logical svSound
   if svSound = false
      mmVolume of clip lvClip = mute
   else
      mmVolume of clip lvClip = full
   end if
end myTestVideoSound
```

Der Aufruf dieser Routine soll erfolgen, wenn auf die Schaltfläche „Sound" geklickt wird und ein Videoclip aktiv ist. Die Aktivität eines Videoclips läßt sich über die Eigenschaftsabfragen

```
mmMediaType of clip <medienclip> = <typ>
mmStatus of clip <medienclip> = <wert>
```

klären. In der Anweisung *mmMediaType* kann <typ> *animation*, *bitmap*, *audio*, *digitalVideo* etc. sein. Die Ausgabe <wert> von *mmStatus* kann u.a.

closed, paused, playing, stopped sein. Mit diesen Erkenntnissen kann nun die *buttonClick*-Routine der Schaltfläche „Sound" durch eine komplexe *if*-Klausel ergänzt werden (fettgedruckt).

```
to handle buttonClick
 system logical svSound
 system svClip
    if svClip is not null and \            -- a0
       mmStatus of clip svClip = "playing" and \   -- a1
       mmMediaType of clip svClip = "DigitalVideo"  -- a2
       send myTestVideoSound svClip          -- a3
    end if
 if checked of button "Sound" of \
    background "Rezepte" = true
    ...
end buttonClick
```

Immer dann wenn ein Medienclip aktiv ist, d.h. wenn s̲v̲C̲l̲i̲p̲ einen Wert hat, der nicht *null* ist (a0), gerade gespielt wird (a1) und es sich um einen Videoclip handelt (a2), nur dann soll die Routine *myTestVideoSound* aufgerufen werden und die Soundsteuerung für den Videoclip vornehmen. Mit dieser Änderung ist nun eine ordnungsgemäße Soundsteuerung für Medienclips der verschiedenen Art möglich. Die Zeile (a0) ist notwendig, da die Schaltfläche „Sound" zwar von allen Informationsseiten aus aufgerufen werden kann, nicht all diese Seiten aber Medienclips zum Abspielen vorsehen. Auf der Informationsseite 6 „Wirsing" zum Beispiel, wird kein Medienclip zur Verfügung gestellt. Durch Mausklick auf die Schaltfläche „Sound" würde die damit verbundene *buttonClick*-Routine ohne Zeile (a0) zu einem Fehler führen, da s̲v̲C̲l̲i̲p̲ in diesem Fall keinen Wert hätte, also *null* wäre.

Damit sind alle Medienclips korrekt integriert, und die neue Version kann den Dateinamen VEGET-15.TBK erhalten.

3.13 Menüleisten

Menüleisten sind aus Windows-Programmen hinlänglich bekannt. Sie dienen der Steuerung eines Programms und bestehen aus Menüs (wie z.B. Datei, Bearbeiten etc.) und Menüelementen (wie z.B. Öffnen, Kopieren, Ausschneiden etc.). Die Notwendigkeit und der Aufbau einer Menüleiste sind natürlich abhängig vom Einsatzgebiet des jeweiligen Programms. Unser „Interaktiver Gemüsegarten" benötigt - wie viele Multimedia-Programme - nicht unbedingt eine Menüleiste, da die Steuerung des Systems und der Abruf zusätzlicher Optionen über zahlreiche Schaltflächen bzw. schaltflächenähnliche Elemente vorgenommen werden kann. Je nach Anwendung kann man daher völlig auf Titelzeilen und Menüleisten auf

Leserebene verzichten. Alternativ kann man einfache Titelzeilen aufbauen oder komplexe Benutzermenüs in das Programm integrieren. Die verschiedenen Varianten sollen im folgenden erläutert werden.

Variante A: keine Titelzeile, keine Menüleiste

Bauen wir unser System zunächst so auf, daß es weder eine einfache Titelzeile noch irgendwelche Menüoptionen enthält. Zum völligen Ausschalten von Menüleisten und Titelzeilen geht man wie folgt vor:

Über die Menüoption „Objekt/Ansichtsobjekt" wählt man das Hauptfenster aus und klickt auf die Schaltfläche „Eigenschaften". Über die nächste Schaltfläche „Menüleiste" wählt man die Option „Keine" und bestätigt mit „ok". Danach wählt man in der Registerkarte „Stil" die Option Beschriftungsleiste „Ohne". Nach Bestätigung der Eingaben mit „ok" und „Fertig" ist die Erstellung abgeschlossen. Schaltet man anschließend mit F3 auf die Leserebene um, präsentiert sich „Der interaktive Gemüsegarten" ohne Menüleiste und Titelzeile. Die Steuerung des Systems geschieht dann ausschließlich über die programminternen Navigationselemente und Schaltflächen. Bild. 3.17 illustriert diese Version des „Interaktiven Gemüsegartens", die den Dateinamen VEGET-16.TBK erhält.

Bild 3.17: „Der interaktive Gemüsegarten" ohne Titelzeile und Menüleisten

Variante B: einfache Titelzeile, keine Menüleiste

Nun soll eine Variante erzeugt werden, die über eine einfache Titelzeile mit dem Beschriftungstext „Der interaktive Gemüsegarten" verfügt. Ein Benutzermenü ist nach wie vor nicht vorhanden. Dazu wählt man wiederum über die Menüoption „Objekt/Ansichtsobjekt" das Hauptfenster aus und klickt auf die Schaltfläche „Eigenschaften". Nach wie vor bleibt die Menüleiste wie bei Version 16 abgeschaltet. Über die Registerkarte „Stil" allerdings werden folgende Einstellungen vorgenommen:

− Rahmenstil: Dünner Rahmen
− Beschriftungsleiste: Normal
− Beschriftungstext: „Der interaktive Gemüsegarten"

Anstelle der Eingabe des Beschriftungstextes für die Titelzeile über die Registerkarte „Stil" kann man die OpenScript-Anweisung

```
caption of mainWindow = <text>
```

zum Beispiel in der Routine *enterBook* im Buchskript verwenden.[1] Zusätzlich kann man bei der Festlegung der Eigenschaften für das Hauptfenster auf der Registerkarte „Stil" die Optionen „Systemmenü", „Feld verkleinern" und „Feld vergrößern" durch Anklicken auswählen. Dadurch erhält die Titelzeile oben rechts das aus Windows bekannte Aussehen, und es wird dem Leser ermöglicht, neben den programminternen Schaltflächen auch über diese Symbole zur Windows Oberfläche zurückzukehren, das Fenster zu minimieren bzw. zu maximieren.

In der Titelzeile präsentierte sich bisher stets das Symbol, mit dem sich ToolBook von der Windows Oberfläche starten läßt. Dieses Symbol kann man optional durch ein eigenes Symbol ersetzen. Bild. 3.18 zeigt die Titelleiste dieser Version.

---

[1] Andere Varianten der *caption*-Anweisung werden in Abschnitt 2.3.7.1 und 3.14 erläutert.

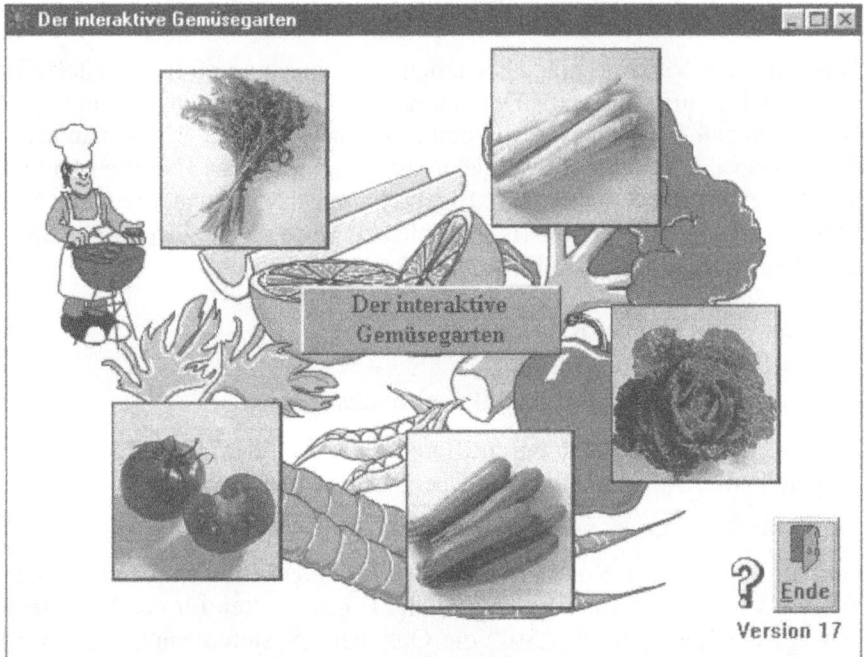

Bild 3.18: Der „Interaktive Gemüsegartens" mit Titelzeile

Über die Schaltfläche „Symbol" im Fenster „Ansichtsobjekteigenschaften" läßt sich das neue Symbol als Ressource importieren bzw. aus den bereits vorhandenen Ressourcen auswählen. Für unseren „Interaktiven Gemüsegarten" wird vorgeschlagen, das Symbol SONNE.ICO aus dem Ordner MTB40\CLIPART\SYMBOLE\ELEMENTE zu importieren. Das Symbol wird danach der Titelzeile hinzugefügt, ist allerdings nicht sofort sichtbar. Erst nach einem Neustart des Systems von der Windows Oberfläche aus und nach Umschalten auf Leseebene wird das Symbol oben links in der Titelzeile sichtbar. Zusätzlich läßt sich das Programm später in seiner Runtime-Version über dieses Symbol von der Windows Oberfläche aus starten (siehe Abschnitt 3.15).

Diese Version mit Titelzeile und eigenem Programmsymbol erhält den Dateinamen VEGET-17.TBK.

Variante C: einfache Titelzeilen und komplexe Menüleisten

In der nun entstehenden Version soll zusätzlich ein eigenes Menü erstellt werden. Die Titelzeile der Version 17 soll davon unberührt bleiben.

Ein Menü erstellt man über den Menüleisten-Editor, einem Zusatzprogramm zu Multimedia ToolBook. Der Menüleisten-Editor kann separat oder über die bisher gewählten Optionen „Objekt/Ansichtsobjekt", die Schaltfläche „Eigenschaften", die Schaltfläche „Menüleiste" und die dortige Eingabe „Neu" aufgerufen werden. Dort präsentiert sich der Menüleisten-Editor wie in Bild. 3.19 abgebildet.

Die wichtigsten Dialogfelder im Menüleisten-Editor sind:

– Menüname: hier gibt man den Menünamen ein, z.B. &Info
– Menüalias: hier gibt man den Namen der dazugehörigen (meistens noch nicht definierten) OpenScript-Behandlungsroutinen für die Menüelemente ein, z.B. *myViewer*
– Hilfetext: Hier wird der zu den Menüelementen gehörige Hilfetext eingegeben. Er erscheint in der Statuszeile auf Leserebene (Voraussetzung, die Leserstatuszeile ist über die Ansichtsobjekteigenschaften, Registerkarte „Optionen" aktiviert)

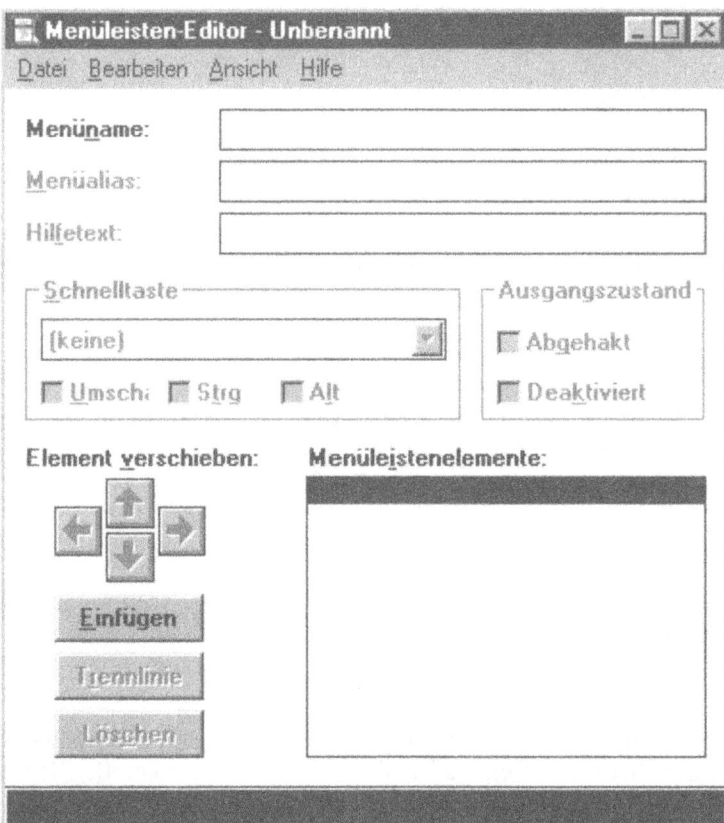

Bild 3.19: Der Menüleisten-Editor

Bei der Eingabe der einzelnen Menüelemente kann man das kaufmännische & vor das jeweilige Element setzen und dadurch eine Aktivierungsmöglichkeit mit der ALT-Taste erreichen. Die Struktur des Menüs erzeugt
man mit Hilfe der Pfeiltasten im Menüleisten-Editor. Je nach Anordnung
werden die einzelnen Menüelemente dann eingerückt und mit Aufzäh-
lungsstrichen versehen. Die jeweilige Menüstruktur ist über die Menüoption „Ansicht/Menüleiste prüfen" im Menüleisten-Editor zusätzlich jederzeit
sichtbar.

Bild. 3.20 stellt den Menüleisten-Editor mit dem im Aufbau befindlichen
Benutzermenü für den „Interaktiven Gemüsegarten" dar.

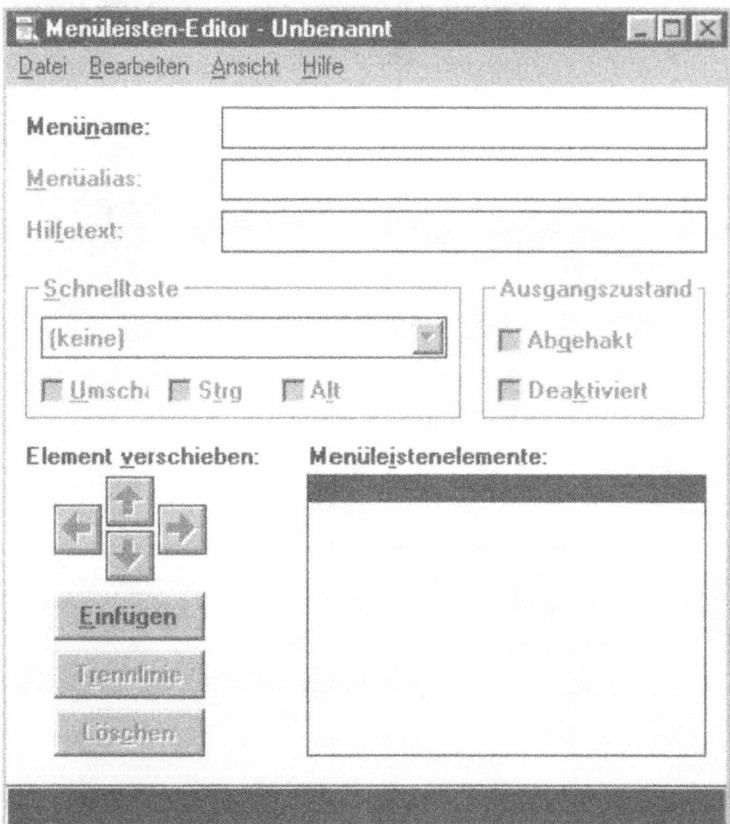

Bild 3.20: Der Menüleisten-Editor mit dem Menü des „Interaktiven Gemüsegartens"

Nach Abschluß der Menüerstellung kann man das Menü über die Option
„Datei/Speichern als.." entweder als Menüleiste im aktuellen Buch oder
auch als separate Datei speichern. In unserem Fall ist lediglich die Speicherung als Datei im aktuellen Buch sinnvoll, da nicht angenommen werden kann, daß dieses Menü in anderen Büchern zur Anwendung kommt.

Die Menüleiste steht nun als Ressource unter dem Namen „Gemüsemenü" im „Interaktiven Gemüsegarten" zur Verfügung und kann jederzeit editiert werden.

Zur Aktivierung der Menüpunkte müssen nun die zuvor als Menüalias eingegebenen Behandlungsroutinen definiert werden. Da die Menüpunkte im gesamten Buch gelten, sind die Menü-Routinen im Buchskript zu definieren. Folgende Routinen sind im Menüleisten-Editor als Aliasnamen eingegeben worden:[1]

myTitel	- Menüpunkt „Rezepte/Titel"
myZucchini	- Menüpunkt „Rezepte/Zucchini"
mySpargel	- Menüpunkt „Rezepte/Spargel"
myTomaten	- Menüpunkt „Rezepte/Möhren
myMoehren	- Menüpunkt „Rezepte/Möhren"
myWirsing	- Menüpunkt „Rezepte/Wirsing"
myViewer	- Menüpunkt „Zusätze/Info"
myEnd	- Menüpunkt „Zusätze/Ende"

Beginnen wir mit den Routinen *myViewer* und *myEnd*:

```
to handle myViewer
     show viewer "Copyright"
end myViewer
```

Die Routine *myViewer* hat eine einfache Struktur und ruft über die Anweisung *show viewer „Copyright"* das Ansichtsobjekt „Copyright" auf, das in Abschnitt 3.9 so definiert wurde, daß es sich per Mausklick wieder schließen läßt.

Die Routine *myEnd*, die mit dem Menüelement „Ende" sowie mit der Schaltfläche „Ende" verknüpft ist, bedarf keiner weitere Erläuterung. Sie ist bereits in Abschnitt 3.8 definiert worden und kann so belassen werden.

Die übrigen Menüroutinen sind ebenfalls nach einem sehr einfachen gemeinsamen Prinzip aufgebaut. Sie alle rufen die gemeinsame Routine *my-Menus* auf und übergeben als ersten Parameter den Übergangseffekt, z.B. „blinds fast" (siehe Abschnitt 3.6) und als zweiten den Namen der Seite, zu der gewechselt werden soll:

```
to handle myTitel
     send myMenus "blinds fast", "Titel"
end myTitel

to handle myZucchini
     send myMenus "rain fast", "Zucchini"
```

---

[1] Die Menüs selbst, z.B. „Rezepte", benötigen keine separaten OpenScript-Routinen, da sie ja keine weiteren Aktionen auslösen sollen.

```
end myZucchini

to handle mySpargel
     send myMenus "blinds fast", "Spargel"
end mySpargel

to handle myMoehren
     send myMenus "rain fast", "Möhren"
end myMoehren

to handle myTomaten
     send myMenus "blinds fast", "Tomaten"
end myTomaten

to handle myWirsing
     send myMenus "rain fast", "Wirsing"
end myWirsing
```

Die Routine *myMenus* realisiert anschließend die jeweiligen Effekte:

```
to handle myMenus lvTransition, lvToPage
  enable menuItem (name of this page) \
     in menu "Rezepte"                          -- a0
  transition lvTransition to page lvToPage      -- a1
  disable menuItem lvToPage in menu "Rezepte"   -- a2
end myMenus
```

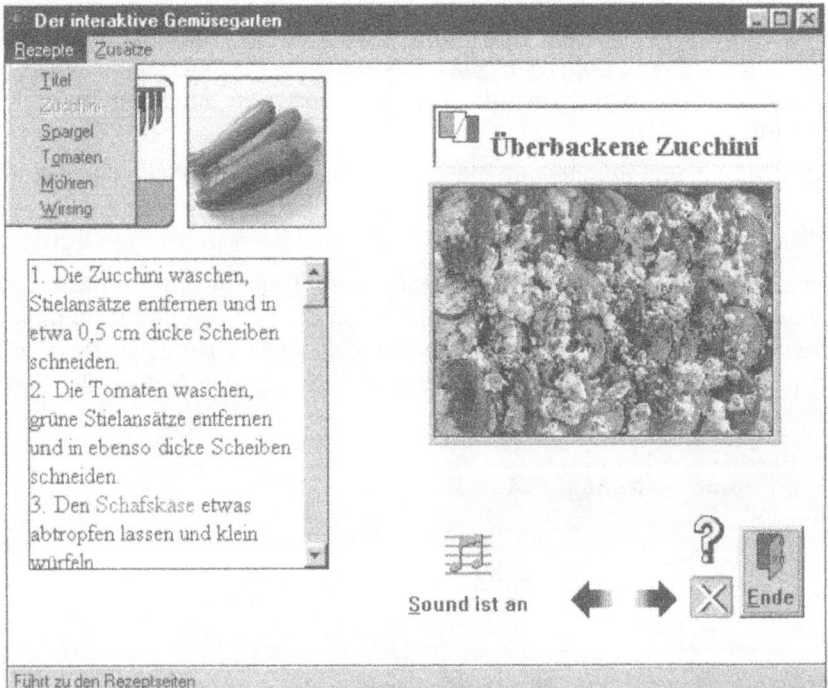

Bild 3.21: Die Informationsseite „Zucchini" mit geöffneten Benutzermenü

Dabei muß berücksichtigt werden, daß der Menüpunkt, der sich auf die aktuelle Seite bezieht, ja nicht aktiv sein darf, da man ja von einer aktuellen Seite nicht auf die gleiche Seite wechseln können soll. Der jeweilige Menüpunkt muß also deaktiviert sein und sich im Menü als grau eingefärbter Text darstellen. Bild. 3.21 verdeutlicht den gewünschten Zustand des Menüs „Rezepte" auf der Seite „Zucchini".

Zur Anpassung der Menüs an den jeweiligen Seitenzustand wird in *myMenus* vor dem Seitenwechsel mit der Anweisung:

```
name of this page
```

in Zeile (a0) der Name der aktuellen Seite festgestellt und der dazugehörige Menüpunkt über die *enable*-Anweisung aktiviert (engl. enable = aktivieren). Anschließend kann der Wechsel zur Seite lvToPage mit dem gewünschten Übergangseffekt lvTransition erfolgen (a1). Nach Erreichen der Seite kann der jetzt aktuelle Menüpunkt über die Anweisung in Zeile (a2) abgeschaltet werden (engl. disable = deaktivieren).

Die Steuerung des Programms über das Menü funktioniert nun einwandfrei. Sobald jedoch der Seitenwechsel über eines der Bilder auf der Titelseite oder über eines der Navigationselemente auf dem Hintergrund der Informationsseiten herbeigeführt werden soll, wirkt sich dies auf die Aktivierung bzw. Deaktivierung der Menüelemente im Menü „Rezepte" nicht mehr aus. Um auch bei dieser Art von Seitenwechseln das Menü mitzuberücksichtigen, bedarf es zweier Routinen im Buchskript, eine für die Aktivierung und eine für die Deaktivierung von Menüpunkten:

```
to handle myOpenMenuItem
  enable menuItem (name of this page) in menu "Rezepte"
end myOpenMenuItem

to handle myCloseMenuItem
  disable menuItem (name of this page) in menu "Rezepte"
end myCloseMenuItem
```

Das Prinzip dieser Routinen ist recht einfach. Über die *name*-Anweisung wird der Name der jeweiligen Seite ermittelt und das Menüelement für die ermittelte Seite im Menü „Rezepte" deaktiviert (*disable*) bzw. aktiviert (*enable*). Nun muß an den entsprechende Stellen jeweils vor einem Seitenwechsel das Menüelement der Ausgangsseite mit *myOpenMenuItem* aktiviert und das zur Zielseite gehörige Menüelement mit *myCloseMenuItem* deaktiviert werden. Für die Bilder auf der Titelseite ist dies recht einfach. Die Routinen *myOpenMenuItem* und *myCloseMenuItem* werden einfach in die bereits existierende Routine *myChangePage* eingebaut:

```
to handle myChangePage lvEffect, lvPage
  lineStyle of picture lvPage = 3
  strokeColor of picture lvPage = red
  send myOpenMenuItem
```

```
transition lvEffect to page lvPage
lineStyle of picture lvPage of page "Titel" = 1
strokeColor of picture lvPage of page "Titel" = black
send myCloseMenuItem
end myChangePage
```

Nach dieser Methode wird nun vor einem Seitenübergang mit *myOpenMenuItem* das alte Menüelement wieder aktiviert und danach das neue mit *myCloseMenuItem* abgeschaltet.

Bei den Navigationselementen ist der Vorgang im Prinzip genauso einfach. Da allerdings keine gemeinsame Routine für die Seitenübergänge existiert, müssen die Routinen *myOpenMenuItem* und *myCloseMenuItem* in der Kontrollstruktur der *buttonClick*-Routine im Hintergrundskript „Rezepte" eingebunden werden.

```
to handle buttonClick
    conditions
      when name of target = "Zurück"
        fillColor of field "Zurück"\
          of background "Rezepte" = red
        send myOpenMenuItem
        transition "turnPage right fast" to previous page
        fillColor of field "Zurück"\
          of background "Rezepte" = white
        send myCloseMenuItem
      when name of target = "Weiter"
        fillColor of field "Weiter"\
          of background "Rezepte" = green
        send myOpenMenuItem
        transition "turnPage left fast" to next page
        fillColor of field "Weiter"\
          of background "Rezepte" = white
        send myCloseMenuItem
      when name of target = "Home"
        fillColor of field "Home"\
          of background "Rezepte" = black
        send myOpenMenuItem
        go to page "Titel"
        fillColor of field "Home"\
          of background "Rezepte" = white
        send myCloseMenuItem
    end conditions
end buttonClick
```

Nun funktioniert der Seitenwechsel einwandfrei. Jeder Seitenwechsel, egal von wo und mit Hilfe welchen Steuerelementes führt zusätzlich zu einer Änderung des Menüs. Damit auch beim Start des Buches auf der Titelseite das Menüelement „Titel" deaktiviert ist, sollten folgende Änderungen in der *enterBook*-Routine vorgenommen werden:

```
to handle enterBook
  system logical svSound
```

```
text of field "Version" of page "Titel" =\
    myVersion(name of this book)
checked of button "Sound" of\
    background "Rezepte" = false
caption of button "Sound" of\
    background "Rezepte" = "&Sound ist an"
send reader
send myCloseMenuItem
end enterBook
```

Durch den Aufruf von *myCloseMenuItem* wird das Menüelement „Titel"
im Menü „Rezepte" deaktiviert. Damit dies auch geschehen kann, muß das
Programm noch veranlaßt werden, beim Start direkt auf die Leseebene
umzuschalten, da ja das Menüelement „Rezepte/Titel" auf der Autorenebene nicht verfügbar ist. Die Umschaltung geschieht mit der OpenScript-
Anweisung *send reader*.

Mit diesen Vorgaben ist das Benutzermenü und damit die Version 18
(Dateiname VEGET-18.TBK) fertiggestellt.

3.14 Abschließende Arbeiten

Nachdem alle grundlegenden Prinzipien der Erstellung eines Multimedia-
Systems vorgestellt wurden, könnte man - nach einer ausgiebigen Testphase - die Version 18 als Endprodukt behandeln und ausliefern. Es gibt
allerdings noch einige interessante Möglichkeiten für die Verfeinerung unseres Programms. Im einzelnen handelt es sich um erweiterte Techniken
der Auswahl der Cursorform, um die Verwendung zusätzlicher Ressourcen
(icons, cursor, gemeinsame Skripte), sowie um Möglichkeiten der stan-
dardisierten Ausgabe von Hilfeinformationen und des effizienteren Bildschirmaufbaus.

3.14.1 Datensatzfelder und spezielle Cursorformen

Wenden wir uns zunächst dem auf dem Hintergrund der Informationsseiten befindlichen Bild des Koches, dem Objekt „Chef", zu. Über dieses
Bild soll bei Mausklick ein Datensatzfeld geöffnet werden, in dem ein zusätzlicher Tip zur Zubereitung des jeweiligen Rezepts erscheint. Zusätzlich
soll das Bild „Chef" als sensitives Bild fungieren und den Standardmaus-
cursor in die Form einer Computermaus umwandeln, um dem Benutzer zu
signalisieren, daß hier ein Mausklick erfolgen kann.

Zur Präsentation solcher zusätzlichen Texte könnte man prinzipiell das
Datensatzfeld „Information" nutzen. Man müßte dann mit OpenScript-
Anweisungen wie z.B.:

```
lvTxt = text of recordField "Information"          -- a0
text of recordField = <Neuer Text>                 -- a1
...
text of recordField = lvTxt                         -- a2
```

den bisherigen Text des Feldes lokal an eine Variable binden (a0), den neuen Text in das Feld hineinschreiben (a1) und später, nach Durchführung der gewünschten Aktionen, die Variable wieder auslesen und den ursprünglichen Text wiederherstellen (a2). Da der Originaltext im Datensatzfeld „Information" aber Aktionswörter enthält, treten bei einer solchen Vorgehensweise zusätzliche Komplikationen auf, und es ist mit einer reinen Zwischenspeicherung des Originaltextes nicht getan. Man müßte z.B. zusätzlich mit speziellen Routinen die Aktionswörter nebst ihren Objektskripten sichern und später abrufen.

Um diese Komplikationen zu umgehen, wird hier eine etwas einfachere Methode, die sich eines zusätzlichen Datensatzfeldes bedient, vorgeschlagen. Das Datensatzfeld soll die gleichen Positions- und Abmessungsdaten haben wie das Datensatzfeld „Information", also 226, 1921, 3300, 5000. Zusätzlich sollen folgende Eigenschaften definiert werden:

- Name: Tip
- Datensatzfeldtyp: Zeilenumbruch
- Rahmenstil: Bildlauf
- durchsichtig, aktiviert (Tastatur gesperrt), aktiviert

Die Texte für dieses Datensatzfeld befinden sich in der Datei TEXTE.RTF im Ordner TOOLBOOK\MEDIA\TEXTE auf der beiliegenden CD-ROM und können nach den in Abschnitt 3.3.2.1 beschriebenen Verfahren in das Datensatzfeld „Tip" eingegeben werden.

Als Beispiel sei hier der Text für das Datensatzfeld „Tip auf Seite 2, der Seite „Zucchini" dargestellt.

TIP Mischen Sie gehackte Tomaten aus der Dose mit einigen Eßlöffeln Creme Fraiche und würzen Sie die Sauce mit gehackten Kräutern, Salz und Pfeffer. Setzen Sie die Zucchini- und Tomatenscheiben auf diese Sauce und überbacken Sie das Gericht wie im Rezept beschrieben.

Zusätzlich soll in diesem Text das Wort TIP gelöscht und durch das Symbol einer Hand ersetzt werden, um den Tip auch optisch zu untermauern. Zu diesem Zweck ist zunächst ein weiteres Symbol (icon) aus der Tool-Book-internen Symbolsammlung zu importieren. Es handelt sich dabei um die Datei HAND02.ICO aus dem Ordner: MTB40\CLIPART\SYMBOLE\ PFEILE. Dieses Symbol soll nun über die Menüoption: „Text/Grafik einfügen" jeweils an die erste Stelle der Texte im Datensatzfeld „Tip" auf den Informationsseiten gesetzt werden (siehe Abschnitt 3.3.2.2 zum Einfügen von Grafiken in Textfelder). Nach Abschluß dieser Arbeiten hat das Datensetzfeld „Tip" das in Bild. 3.22 dargestellte Aussehen.

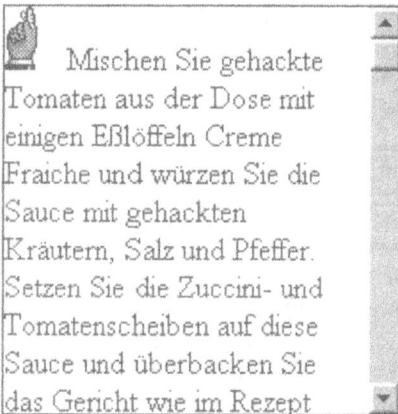

Mischen Sie gehackte Tomaten aus der Dose mit einigen Eßlöffeln Creme Fraiche und würzen Sie die Sauce mit gehackten Kräutern, Salz und Pfeffer. Setzen Sie die Zuccini- und Tomatenscheiben auf diese Sauce und überbacken Sie das Gericht wie im Rezept

Bild 3.22: Das Datensatzfeld „Tip", Beispiel: Seite „Zucchini"

Mit einer recht einfachen *buttonClick*-Routine im Objektskript für das Hintergrundbild „Chef" kann nun das Datensatzfeld „Tip" angezeigt bzw. verborgen werden:

```
to handle buttonClick
     if visible of recordField "Tip" = false    -- a0
          hide recordField "Information"         -- a1
          show recordField "Tip"                 -- a2
     else
          hide recordField "Tip"                 -- a3
          show recordField "Information"          -- a4
     end if
end buttonClick
```

Zusätzlich muß diese *buttonClick*-Routine sicherstellen, daß immer dann, wenn das Datensatzfeld „Tip" sichtbar wird, das an der gleichen Stelle befindliche Datensatzfeld „Information" verborgen wird. Mit der Eigenschaftsabfrage *„visible of .."* in einer Kontrollstruktur kann dieser Wechsel zwischen den beiden Datensatzfeldern gewährleistet werden. Klickt man auf das Hintergrundbild „Chef", so wird immer dann, wenn das Datensatzfeld „Tip" nicht sichtbar ist (a0), das Datensatzfeld „Information" verborgen (a1) und das Datensatzfeld „Tip" angezeigt (a2). Ansonsten wird der entgegengesetzte Zustand hergestellt (a3/a4).

Mit dieser Routine kann die Zusatzinformation über einen Mausklick auf das Symbol „Chef" angezeigt bzw. abgeschaltet werden. Will man zusätzlich erreichen, daß auch durch Mausklick auf den gesamten Hintergrund „Rezepte" das eventuell sichtbare Datensatzfeld „Tip" verborgen wird,

sollte man folgende kleine Änderung (fettgedruckt) in der *buttonClick*-
Routine des Hintergrundskripts „Rezepte" vornehmen:

```
to handle buttonClick
   if visible of recordField "Tip" = true
      hide recordField "Tip"
      show recordField "Information"
   end if
   conditions
      when name of target = "Zurück"
         . . .
   end conditions
end buttonClick
```

Durch diese Änderung wird bei einem Mausklick auf eine beliebige Stelle
des Hintergrundes „Rezepte" der Ausgangszustand wiederhergestellt, d.h.
das Datensatzfeld „Tip" wird abgeschaltet und das Datensatzfeld
„Information" angezeigt. Voraussetzung dafür ist, daß die *visible*-Eigen-
schaft in der *if*-Klausel *true*" ist, d.h., daß das Datensatzfeld „Tip" gerade
angezeigt wird.

Um dem Benutzer zusätzlich zu signalisieren, daß er bei der Berührung der
Grafik „Chef" eine Aktion auslösen kann, soll sich der Mauscursor nun
noch in eine spezielle Form umwandeln. Natürlich bietet sich hier der
Handcursor (*sysCursor = 44*) an, doch soll aus Übungszwecken das Cur-
sorsymbol einer Computermaus verwendet werden. Dieses ist zunächst als
Ressource zu importieren. Das geschieht über die Menüoption:
„Objekt/Ressourcen" und der Auswahl „Cursor". Nach Auswahl der Op-
tion „Importieren" soll die Datei MAUS1.CUR aus dem ToolBook Ord-
ner MTB40\CLIPART\CURSOR importiert werden und den Namen
„Maus" erhalten.

Mit zwei zusätzlichen Behandlungsroutinen im Objektskript der Grafik
„Chef" kann nun erreicht werden, daß sich bei einer *mouseEnter*-Aktion
die Cursorform „Maus" einstellt und bei einer *mouseLeave*-Aktion wieder
der Standardcursor sichtbar ist:

```
to handle mouseEnter
     sysCursor = cursor "Maus"
end mouseEnter

to handle mouseLeave
     sysCursor = default
end mouseLeave
```

Damit sind die Arbeiten an der Verknüpfung der Grafik „Chef" mit zusätzlichen Informationen abgeschlossen und wir können uns einer weiteren
Verschönerung des „Interaktiven Gemüsegartens" zuwenden. Es soll erreicht werden, daß sich bei der Berührung der Bilder „Zucchini0",
„Spargel0" etc. ein weiteres, grafisch ansprechend gestaltetes Textfeld öff-

net, daß die Kalorienwerte der jeweiligen Speise ausgibt. Bild. 3.23 stellt diesen Zustand für die Seite 2, „Zucchini" dar.

Bild 3.23: Kalorieninformationen per Mausberührung, Beispiel: Seite 2, „Zucchini"

Das Textfeld soll wiederum im Hintergrund liegen und für alle Kalorienangaben das gleiche Aussehen haben, also bietet sich wiederum ein Datensatzfeld an. Es soll folgende Eigenschaften besitzen:

– Name: Kalorien
– Datensatzfeldtyp: kein Zeilenumbruch
– Rahmenstil: eingesetzt
– Farbfüllung: grau-grün (Windows Farben)
– aktiviert (Tastatur gesperrt), aktiviert
– Positions- und Abmessungsdaten: 226, 5145, 330, 5700

Die genauen Kalorienangaben befinden sich wiederum in der Datei TEXTE.RTF. Es handelt sich um kurze Angaben, wie z.B.

Pro Portion: 580 kcal.

für die Informationsseite 2, „Zucchini". Diese kann man nach den bekannten Verfahren entweder manuell vom Vordergrund der Informationsseiten aus eingeben oder direkt aus der Datei TEXTE.RTF über die Zwischenablage importieren. Zusätzlich soll der reinen Textinformation auf allen Seiten ein warnendes Symbol vorangestellt werden (Kalorienwerte haben ja für viele Menschen etwas Bedrohliches an sich). Das Symbol ist als Ressource (Dateiname: WARN01.ICO) aus dem Ordner MTB40\CLIPART\ SYMBOLE\PFEILE zu importieren und nach den oben geschilderten Prinzipien als Grafik in den Text einzufügen. Zusätzlich soll sich auch die Cursorform bei der Berührung in ein spezielles Symbol, ein Fragezeichen, umwandeln. Dazu importiert man wieder eine spezielle Cursor-Ressource (Dateiname: HILFE3.CUR) aus dem Ordner MTB40\CLIPART\ CURSOR. Sie soll den Namen „Hilfe" erhalten.

Die für die gewünschten Aktionen (Cursorumwandlung, Anzeige bzw. Verbergen des Datensatzfeldes „Kalorien") benötigten Behandlungsroutinen sind denkbar einfach und bedürfen keiner weiteren Erläuterung. Da sie für alle Vordergrundbilder gelten sollen, d.h. für die Bilder „Zucchini0", „Spargel0", „Tomaten0", „Möhren0" und „Wirsing0", empfiehlt sich die Definition dieser Routinen als gemeinsames Skript (Zur Eingabe von gemeinsamen Skripten siehe Abschnitt 2.3.5.5).

```
to handle mouseEnter
     sysCursor = cursor "Hilfe"
     show recordField "Kalorien"
end mouseEnter

to handle mouseLeave
     sysCursor = default
     hide recordField "Kalorien"
end mouseLeave
```

3.14.2   Kommentare in der Statuszeile

Nun sollen noch die Textfelder entfernt werden, in denen die verschiedenen Kommentare zur Navigation und zu den einzelnen Schaltflächen angezeigt werden. Statt dessen sollen die Kommentare, wie in vielen Windows Programmen üblich, in der Statuszeile des Hauptfensters angezeigt werden.

Zu diesem Zweck ist zunächst das Textfeld „Info" auf dem Hintergrund der Informationsseiten zu entfernen. Die Anzeige von Kommentaren in der Statuszeile (engl. status bar = Statuszeile) erreicht man durch eine weitere Variante der *caption*-Anweisung:

```
caption of statusBar = <kommentar>
```

Daher sind folgende fettgedruckte Änderungen im Hintergrundskript „Rezepte" vorzunehmen:

```
to handle mouseLeave
  sysCursor = default
  caption of statusBar = ""
--hide field "Info" of background "Rezepte"
end mouseLeave
```

In der *mouseLeave*-Routine kann auf die bisherige Anweisung *hide field ...* verzichtet werden und statt dessen über die *caption of statusBar*-Anweisung ein „Null-String", d.h. eine leere Zeichenkette erzeugt werden. Mit anderen Worten: Bei einer *mouseLeave*-Aktion wird kein Kommentar ausgegeben. Die *mouseEnter*-Routine bedarf keiner Änderung, da sie ja über die Routine *myBackgroundInfo* die Kommentare ausgegeben hat.

```
to handle myBackgroundInfo lvText
  sysCursor = 44
  caption of statusBar = lvText
--show field "Info" of background "Rezepte"
--text of field "Info" of background "Rezepte" = lvText
end myBackgroundInfo
```

In *myBackgroundInfo* müssen allerdings die *show field*- und *text of field*-Anweisungen entfernt und durch eine *caption of statusBar*-Anweisung ersetzt werden. Mit diesen Änderungen werden auf den Informationsseiten nun alle Kommentare in der Statuszeile ausgegeben. Die Routine *myBackgroundInfo* kann nun als weitere Neuerung auch von der Schaltfläche „ClipEnde" genutzt werden. Dadurch wird dem Benutzer bei Mausberührung dieser Schaltfläche - wenn sie aktiv ist - in der Statuszeile ein entsprechender Kommentar angezeigt. Dazu bedarf es einer neuen *mouseEnter*-Routine im Objektskript der Schaltfläche „ClipEnde":

```
to handle mouseEnter
    send myBackgroundInfo "Medienclip abbrechen"
end mouseEnter
```

Eine *mouseLeave*-Routine ist nicht notwendig, da diese ja bereits im Hintergrundskript „Rezepte" enthalten ist.

Analog kann man auf der Titelseite nun das manchmal eher als störend empfundene Feld „Info", das ja jeder Mausbewegung folgt, entfernen und ebenfalls durch Kommentarausgaben in der Statuszeile ersetzen. Zusätzlich muß parallel dazu die *mouseLeave*-Routine im Seitenskript der Titelseite - wie im Hintergrund „Rezepte" - geändert werden:

```
to handle mouseLeave
  sysCursor = default
  caption of statusBar = ""
--hide field "Info" of page "Titel"
end mouseLeave
```

Da nun die Titelseite und der Hintergrund „Rezepte" die gleiche *mouse-Leave*-Routine verwenden, kann man diese auch als gemeinsames Skript einbinden.

Zum Aufbau der Information, die bisher im Feld „Info" präsentiert wurde, bedarf die benutzerdefinierte Routine *myInfo* einer zusätzlichen Änderung:

```
to handle myInfo lvText1, lvText2
  sysCursor = 44
  caption of statusBar = lvText1 &&\
      "zur" && lvText2 & "seite"
--show Field "Info"
--text of field "Info" = lvText1 &&\
--"zur" && lvText2 & "seite"
end myInfo
```

Auch hier kann man nun auf die *show field-* und *text of field*-Anweisungen verzichten und statt dessen eine *caption of statusBar*-Anweisung einbinden. Da nun das Feld „Info" nicht mehr verwendet wird, kann die Routine *myMove* völlig aus dem Seitenskript der Titelseite entfernt werden. Ebenso muß der Aufruf *send myMove* aus der Routine *mouseEnter* gestrichen werden.

Um sicherzustellen, daß die Statuszeile auf Leserebene für die Ausgabe von Kommentaren angezeigt wird, war ja in Abschnitt 3.13 in der Version 18 über die Ansichtsobjekteigenschaften die Statuszeile auf Leserebene als verfügbar definiert worden. Um absolut sicherzugehen, daß die Statuszeile auf Leserebene unabhängig von der Auswahl der Ansichtsobjekteigenschaften angezeigt wird, kann man in der *enterBook*-Routine eine entsprechende OpenScript-Anweisung integrieren:

```
to handle enterBook
 system logical svSound
 text of field "Version" of page "Titel" =\
    myVersion(name of this book)
 checked of button "Sound" of \
    background "Rezepte" = false
 caption of button "Sound" of \
    background "Rezepte" = "&Sound ist an"
 send reader
 readerStatusBar of viewer ID 0 = true
 send myCloseMenuItem
end enterBook
```

Mit der OpenScript-Anweisung *readerStatusBar of viewer ID 0 = true* (das Hauptfenster hat standardmäßig die ID-Kennung 0) wird beim Start des Buches die Statuszeile auf Leserebene eingeschaltet.

3.14.3 Optimierung des Laufzeitverhaltens

Eine Reihe abschließender Verbesserungen betreffen die Steigerung der Ablaufgeschwindigkeit des gesamten Buches. Mit folgenden Eigenschaftsdefinitionen kann man das Laufzeitverhalten eines Buches - in Abhängigkeit von den Anforderungen - zum Teil erheblich optimieren:

```
sysHistoryRecord = false
```

Mit dieser OpenScript-Anweisung schaltet man eine Chronik ab (engl. history record = Geschichtsaufzeichnung), die Protokoll über den Verlauf der Verwendung eines Buches führt. Soll eine Chronik - wie in Abschnitt 3.15 vorgeführt - erstellt werden, ist die *sysHistoryRecord*-Eigenschaft auf *true* zu setzen. In CBT-Anwendungen ist eine solche Chronik sehr sinnvoll, da man nachträglich feststellen kann, nach welchen Schritten der Benutzer das Buch verwendet hat, d.h. in welcher Reihenfolge beispielsweise die einzelnen Seiten aufgerufen wurden. Da unser exemplarisches Projekt keinerlei Lernerkontrolle vorsieht, kann man die Chronik in dieser Version, zweckmäßigerweise in der Buchskript-Routine *enterBook* abschalten und damit eine höhere Geschwindigkeit beim Umblättern der einzelnen Buchseiten erreichen.

```
to handle enterBook
  system logical svSound
  sysHistoryRecord = false
  ...
  send myCloseMenuItem
end enterBook
```

Eine weitere Verbesserung bezieht sich auf den Aufbau komplexer Grafiken. Mit der OpenScript-Anweisung

```
sysLockScreen = true
```

kann vor dem Aufbau komplexer Grafiken der Bildschirminhalt eingefroren werden, d.h. es können keine Aktualisierungen mehr auftreten oder vorgenommen werden (engl. lock screen = den Bildschirm abschließen/einfrieren). Danach baut man die Grafik auf und läßt erst danach mit

```
sysLockScreen = false
```

wieder Aktualisierungen zu. Dieses Verfahren bietet sich für die Routine *myPresentClip* im Hintergrundskript „Rezepte" an, da sich dort nämlich ein „Einfrieren" des Bildschirminhaltes vor dem Anzeigen von Medienclips positiv auf das Laufzeitverhaltens unseres Systems auswirkt.

```
to handle myPresentClip lvClip, lvPicture
  hide picture lvPicture
  sysLockScreen = true
  show button "ClipEnde" of background "Rezepte"
  mmPlay clip lvClip in stage "Rahmen1" of \
```

```
      background "Rezepte" notify self
sysLockScreen = false
end myPresentClip
```

Die letzte Änderung betrifft den Aufbau der Texte in den Text- bzw. Datensatzfeldern unseres Buches. Bei der Festlegung der Feldeigenschaften für die als Textfelder definierten Navigationselemente „Weiter", „Zurück" und „Home", sowie für die Datensatzfelder „Information", „Tip", „Titel" und „Kalorien" hatten wir bisher die Eigenschaft „Text direkt zeichnen" ignoriert und nicht aktiviert. Wird diese Eigenschaft festgelegt, kann man die Bildlaufgeschwindigkeit eines Feldes verbessern. Es wird daher empfohlen, für die genannten Felder des Hintergrundes „Rezepte" diese Eigenschaft zu setzen. Alternativ kann man dies auch durch die OpenScript-Anweisung

```
drawTextDirect of <feldname> = true
```

Eine solche Anweisung sollte man zweckmäßigerweise in eine Routine *enterBackground* im Hintergrundskript „Rezepte" integrieren. Da wir auf diese Routine bisher verzichtet haben, belassen wir es bei der menü-orientierten Festlegung der Eigenschaft *drawTextDirect*.

Damit sind die Arbeiten an dieser erweiterten Version des „Interaktiven Gemüsegarten" abgeschlossen. Sie erhält die Versionsnummer 19 über ihren Dateinamen VEGET-19.TBK. Diese Version dient als Vorlage zur Erzeugung der Runtime-Version.

3.15   Das Erstellen einer Chronik

In vielen Multimedia-Systemen ist es erforderlich oder hilfreich, wenn festgehalten wird, wie der Benutzer mit dem System gearbeitet hat. Bei einem mit Multimedia ToolBook erstellten komplexen Buch ist es z.B. von Nutzen, wenn sich der Leser nicht jedesmal beim Aufrufen des Programms über eine Titelseite durch das komplette System quälen muß, sondern direkt zu der Seite geschickt wird, von der aus er das System beim letzten Mal verlassen hat. Um das zu gewährleisten, muß eine Chronik erstellt werden, mit der über eine Art Lesezeichen die zuletzt aufgerufene Seite im Buch markiert wird.

Das Grundprinzip zur Erstellung einer Chronik ist folgendes: Zunächst wird der Benutzer nach seinem Namen gefragt. Mit Hilfe dieses Namens wird ein Dateiname erzeugt und überprüft, ob es bereits eine Datei dieses Namens gibt. Ist das der Fall, wird die Chronik aus dieser Datei ausgelesen und die entsprechende Seite des Buches angesprungen. Ist noch keine Datei vorhanden, wird beim Verlassen des Programms eine entsprechende Datei erzeugt. Während der Programmbedienung werden alle Schritte in einer Liste festgehalten. Diese Liste wird am Ende in die Datei geschrieben.

Folgende zusätzliche OpenScript-Anweisungen werden zur Erstellung einer Chronik benötigt:

```
sysHistoryRecord = <wert>
sysError = <wert>
ask <frage> [with <standardantwort>]
openFile <dateiname>
readFile <dateiname> to EOF
closeFile <dateiname>
writeFile <text> to <dateiname>
createFile <dateiname>
```

Die *sysHistoryRecord*-Eigenschaft muß stets auf *true* gesetzt werden, damit Multimedia ToolBook dem internen Stapel *sysHistory* Seiten hinzufügen kann. Mit *sysError* können Systemfehler, z.B. das Nichtvorhandensein einer Datei, abgefangen werden. Tritt ein Fehler auf, hat *sysError* jeweils einen Wert der nicht *true* ist. Mit *ask* (engl. fragen) wird über ein gebundenes Dialogfeld nach einer Benutzereingabe verlangt und diese an die Systemvariable it gebunden. Die übrigen Anweisungen sind eigentlich selbsterklärend. Sie beziehen sich auf Dateioperationen, wobei im Zusammenhang mit der *readfile*-Anweisung das Schlüsselwort *EOF* für *end of file* (Dateiende) steht.

In *enterBook* werden zur Erstellung der Chronik einige fettgedruckte Änderungen notwendig:

```
to handle enterBook
  system logical svSound
  system svBookmark                          -- a0
  system svUser                              -- a1
  ask "Bitte Namen eingeben:"                -- a2
  svUser = IT                                -- a3
  sysHistoryRecord = true                    -- a4
  text of field .....
  .....
  readerStatusBar of viewer ID 0 = true
  go to page myReadHistory(svUser)           -- a5
  send myCloseMenuItem
end enterBook
```

Neben der bisherigen Systemvariablen svSound werden mit svBookmark und svUser zwei weitere Systemvariablen für die Chronik benötigt. Dabei dient svBookmark zur Aufnahme der einzelnen Seiten (a0), die im Verlaufe einer Sitzung angesprungen werden und svUser als Variable für den Namen des Benutzers (a1). Der Benutzername wird über einen einfachen Dialog beim Start des Buches eingegeben (a3). Aus Gründen der Einfachheit wird hier jede Eingabe zugelassen. In einer endgültigen Version sollte man zusätzlich sicherstellen, daß nur die ersten 8 Buchstaben des Namens in Frage kommen, da aus diesen ein Dateiname erzeugt werden muß. In Zeile (a4) wird die Chronik eingeschaltet und am Ende der *bookEnter*-Routine, vor dem schließen des aktuellen Menüpunktes wird auf die über die Chronik ermittelte Seite umgeschaltet (a5). Der Auslesen der Chronik erfolgt über die Funktion *myReadHistory*, die als Parameter lvUser den Benutzernamen erhält.

```
to get myReadHistory lvUser
     lvFilename = lvUser & ".his"          -- b0
     openFile lvFilename                    -- b1
     readFile lvFilename to EOF             -- b2
     closeFile lvFilename                   -- b3
     if IT = null                           -- b4
          return "Titel"                    -- b5
     else
          return item 1 of IT               -- b6
     end if
end myReadHistory
```

In *myReadHistory* wird zunächst der Dateiname erzeugt (b0). Er besteht aus dem Namen und der selbsgewählten Erweiterung .HIS. Anschließend wird diese Datei geöffnet (b1). Hier kann man noch zusätzliche Abfangbedingungen einbauen, die feststellen, ob es die Datei überhaupt gibt (siehe OpenScript-Referenz, Seite 2-243). Danach wird die Datei bis zum Dateiende ausgelesen (b2) und sofort wieder geschlossen (b3), da Multimedia ToolBook nur bis zu 10 Dateien gleichzeitig offenhalten kann und man alle nicht benötigten Dateien schließen kann. Sollte it null sein (b4), d.h. es konnte nichts aus der Datei gelesen werden, wird der Name der Startseite „Titel" ausgegeben (b5), ansonsten das erste Element der Liste it (b6). Mit dieser Ausgabe kann in *enterBook* die relevante Seite angesprungen werden (siehe Zeile a5 in *enterBook*).

Das Festhalten der Chronik geschieht über die Routine, mit der der Seitenwechsel veranlaßt wird. Das geschieht in der Routine *myMenus*, die ja bisher lediglich zur Anpassung der Menüleiste diente:

```
to handle myMenus lvTransition, lvToPage
     get name of this page                          -- c0
     send myHistory IT                              -- c1
     enable menuItem IT in menu "Rezepte"           -- c2
     transition lvTransition to page lvToPage       -- c3
     disable menuItem lvToPage in menu "Rezepte"    -- c4
end myMenus
```

Nach dem Ermitteln des Seitennamens (c0) wird die neue Routine *myHistory* aufgerufen (c1). Die übrigen Anweisungen in *myMenus* bleiben im wesentlichen unverändert.

In *myHistory* wird eine Liste der Seitennamen erzeugt, z.B. Wirsing, Möhren, Titel:

```
to handle myHistory lvName
     system svBookmark                      -- d0
     push lvName onto svBookmark            -- d1
end myHistory
```

Dazu wird in Zeile (d0) mit der *push*-Anweisung (siehe Abschnitt 2.3.6.4) das jeweils letzte Element auf einen Stapel gelegt, so daß hier eine umgekehrte Liste der Seitennamen erzeugt wird, d.h. der jeweils zuletzt aufgerufenen Seitenname liegt an der ersten Stelle der Liste svBookmark.

Da ein Seitenwechsel auch über die Navigationselemente vorgenommen werden kann, muß auch hier die Chronik verwaltet werden, d.h. auch hier muß *myHistory* aufgerufen werden:

```
to handle myOpenMenuItem
     get name of this page
     send myHistory IT
     enable menuItem IT in menu "Rezepte"
end myOpenMenuItem
```

Beim Beenden des Systems wird in der Ende-Routine *myEnd* die Routine *myCreateFile* aufgerufen, in der die Datei mit der Chronik auf den neuesten Stand bzw. beim ersten Mal erzeugt wird.

```
to handle myEnd
     system svBookmark                      -- e0
     get name of this page                  -- e1
     send myHistory IT                      -- e2
     send myCreateFile svBookmark           -- e3
     restore system                         -- e4
     saveonClose of this Book = no          -- e5
     send exit                              -- e6
end myEnd
```

In Zeile (c0) wird die Systemvariable svBookmark, die nun die Liste der angesprungenen Seiten erhält deklariert. Zusätzlich muß noch die letzte Seite, also die Seite von der aus das System verlassen wird, hinzugefügt werden. Daher wird auch hier die Routine *myHistory* aufgerufen (e2). Anschließend wird über *myCreateFile* die Chronikdatei organisiert (e3).

```
to handle myCreateFile lvBookmark
  system svUser                             -- f0
  lvFilename = svUser & ".his"              -- f1
  createFile lvFilename                     -- f2
  if sysError is not null                   -- f3
   request "Datei konnte nicht angelegt werden." -- f4
   break                                    -- f5
  end if                                    -- f6
  writeFile lvBookmark to lvFilename        -- f7
  if sysError is not null                   -- f8
```

```
  request "Text konnte nicht geschrieben werden."-- f9
  end if                                           -- f10
  closeFile lvFilename          .                  -- f11
end myCreateFile
```

Im einzelnen wird in *myCreateFile* der Dateiname aus dem Benutzernamen und der Erweiterung „.HIS" zusammengestellt (f1). Danach wird abgebrochen, wenn aus diversen Gründen (z.B. Laufwerk voll) die Datei
nicht angelegt werden kann (f3). Anschließend wird die Chronik geschrieben (f7). Auch hier gibt es wieder eine Abfangbedingung über *sysError*
(f8). Schließlich wird die Datei geschlossen (f11).

Damit sind die grundlegenden Verfahren zur Anlage einer Chronik beschrieben. Die Chronik wird jeweils im aktuellen Buchpfad, d.h. im Ordner, von dem aus „Der interaktive Gemüsegarten" gestartet wird, geschrieben. Beim Start von einer CD-ROM aus, muß hier gewährleistet sein, daß
die Chronik in einem speziellen Ordner auf einem beschreibbaren Medium, z.B. der Festplatte angelegt wird. Zur Sicherheit sollte man wie erwähnt außerdem noch gewährleisten, daß der Benutzer bei der Eingabe
seines Namens gewisse Beschränkungen auferlegt bekommt.

Alle Routinen, die für die Verwaltung der Chronik verantwortlich sind,
stehen im Buchskript, damit sie von überall her erreichbar sind.

Diese zusätzliche Version dient primär zur Übung und führt den Dateinamen VEGET-20.TBK. Sie dient nicht als Vorlage zur Erzeugung der Runtime-Version im nächsten Abschnitt.

3.16   Das Erstellen einer ausführbaren Version

Ist das Programm fertiggestellt und ausgiebig getestet worden, kann die
Vermarktung vorbereitet werden. Vorher sollte noch der Einbau geeigneter
Schutzmaßnahmen und die Umwandlung des Quellprogramms in ein aus-
führbares Programm vorgenommen werden.

Zur Erzeugung des ausführbaren Programms dient uns die Datei VEGET-
21.TBK, die eine reine Sicherheitskopie der im Abschnitt 3.14 erzeugten
Version VEGET-19.TBK ist.

3.16.1   Der Einbau eines Kennwortschutzes

Bevor das Programm ausgeliefert werden kann, muß man noch verhindern,
daß sich der Benutzer auf die Autorenebene begeben kann und sich somit
Zugang zum Quellcode, also zu den Skripten, verschaffen kann. Zu diesem
Zweck steht ein Kennwortschutz zur Verfügung. Diesen aktiviert man über
das Dialogfeld „Bucheigenschaften" aus dem Menü „Objekt/Buch-

eigenschaften" und die anschließende Schaltfläche „Kennwörter". Durch ein Häkchen im Optionsfeld „*Kennwort zum Wechseln auf Autorenebene*" wird man anschließend aufgefordert, ein Kennwort einzugeben. Bei der Eingabe von Kennwörtern muß man auf Sonderzeichen und Zahlen verzichten, da Multimedia ToolBook hier lediglich Buchstaben zuläßt. Aus Übungsgründen enthält die Version 21 das Kennwort „TOOLBOOK", wobei Groß- und Kleinschreibung sowohl bei der Kennworteingabe als auch später bei der Kennwortabfrage vor dem Umschalten auf Leserebene unerheblich sind.

Die Eingabe eines Kennwortschutzes sollte man erst nach Beendigung aller Arbeiten vornehmen, da sich das Umschalten von der Leser- zur Autorenebene danach nur noch durch die Eingabe des Kennwortes bewerkstelligen läßt.

3.16.2 Media-Pfade

Über die Menüoption „Werkzeuge/Media Pakete" sollte man schließlich noch die Media-Verweise, die Media-Suchpfade, sowie die Clip-Referenzinformationen des Buches organisieren. In unserem Fall sind dies die WAVE-Dateien, die beim Seitenwechsel der Informationsseiten abgespielt werden, der Videoclip TOMATEN1.MOV und die Grafikdatei MOZZAR.TIF.

Bei der Auslieferung unseres Programms muß ein Zugang zu diesen Dateien auch unter veränderten Bedingungen, d.h. bei veränderter Ordnerstruktur bzw. Laufwerkskennung sichergestellt werden. Dazu wird ein Media-„Packer" aktiviert, der die expliziten Verweise auf einen Clip (Verweise, die den vollen Pfadnamen der Clip-Datei enthalten) durch relative Verweise ersetzt und auf deren oberstes gemeinsames Verzeichnis verkürzt. Angenommen die Festplatten-Suchpfade des Buches (gespeichert in einer Liste der Eigenschaft HDMediaPath) sehen folgendermaßcn aus:

C:\VEGETABLE, C:\VEGETBLE\CLIPS, C:\VEGETBLE\SOUND

Nach Aufruf der Option „Media-Pakete", werden die Festplatten-Suchpfade des Buches auf das oberste gemeinsame Verzeichnis verkürzt, in diesem Fall auf

C:\VEGETBLE

Die Informationen, die mit den Clips des Buches gespeichert sind, werden dadurch so geändert, daß dort die Pfad-Information steht, die aus der Media-Suchpfadliste herausgeschnitten wurde, also z.B.:

CLIPS\TOMATEN1.MOV oder SOUND\PAGE-02.WAV

Damit muß für die Clips lediglich sichergestellt werden, daß sie in einem Ordner \CLIPS bzw. \SOUND liegen. Wo dieser Ordner liegt, ist unerheblich, Hauptsache er befindet sich hinter dem Buchpfad.

Während des Packens kann eine Aufforderung erfolgen, fehlende Dateien anzugeben oder bestimmte Dateien, die in den Media-Suchpfaden des Buches enthalten sind, in bestimmte Ordner zu verschieben oder zu kopieren, oder den Ordner der Datei den Media-Suchpfaden des Buches hinzuzufügen. Nach Abschluß der Arbeiten mit dem Werkzeug Media-Pfade erfolgt die Meldung „Verpackung erfolgreich beendet". Da bei den bisherigen Versionen des „Interaktiven Gemüsegartens" nicht davon ausgegangen werden kann, daß die Ordnerstruktur so angelegt wurde, wie es für die Endversion erforderlich ist, müssen vor der Erzeugung der marktfertigen Version die Pfadverknüpfungen erneut geprüft werden (siehe Abschnitt 3.17).

3.16.3   Optimieren des Systems

Bevor die Arbeiten am System abgeschlossen werden, sollte ein Höchstmaß an Effizienz, d.h. ein optimales Laufzeitverhalten, gewährleistet werden. Dazu gibt es eine Reihe von Verfahren, die in Natal/Reitan (1995: 591 ff) erklärt werden. Diese beziehen sich auf die Verwendung von OpenScript-Routinen sowie auf generelle Techniken. Hier ist eine Auswahl, die im Zusammenhang mit dem „Interaktiven Gemüsegarten" von Bedeutung sein könnte:

Optimierung mit OpenScript

- Die *enterBook*-Routine sollte möglichst kurz gehalten werden, da dadurch die Ladezeit eines Buchs verkürzt wird.

- Textketten sollten in jedem Fall von Anführungszeichen umgeben sein, da Multimedia ToolBook sonst alle Eigenschaftsdefinitionen überprüfen muß:

  Beispiel: show viewer "copyright" statt show viewer copyright

- Systemvariablen sind Benutzereigenschaften vorzuziehen, da Variablenwerte schneller abgerufen werden.

- Variablentypen sollten - wenn möglich - vorab definiert werden, da der Werteabruf dadurch beschleunigt wird:

  Beispiel: *system logical svSound* statt *system svSound*

Allgemeine Optimierungstechniken

- Die Dimensionen eines Buches, d.h. die Seiteneinstellungen, sollten im Rahmen der Anforderungen an ein Buch so klein wie möglich gehalten werden. Dadurch werden die einzelnen Seiten schneller aufgerufen.

- Nicht verwendete Objekte sollten gelöscht werden.

- Ein Buch sollte möglichst wenige Hintergründe enthalten, da dadurch weniger Veränderungen beim Seitenaufbau notwendig werden.

- Teilen sich mehrere Seiten einen Hintergrund, sollte mit *imageBuffers* (Bildpuffer) eine spezielle Eigenschaft entsprechend angepaßt werden (siehe OpenScript-Referenz Seite 2-163).

- Das Überlappen von Objekten sollte vermieden werden, da dadurch der Bildaufbau verlangsamt wird.

Nach Überprüfung dieser Optimierungsmöglichkeiten kann das ToolBook-Programm in eine startfähige EXE-Datei umgewandelt werden.

3.16.4 Erzeugen einer EXE-Datei

Basis für die Auslieferung eines marktfertigen Programms ist die Umwandlung einer ToolBook-Datei (.TBK) in eine ausführbare EXE-Datei. Im Zusammenhang mit Multimedia ToolBook hat das allerdings lediglich zu bedeuten, daß man das Programm nun direkt starten, aber auch jederzeit wieder editieren kann. Mit anderen Worten: Die Umwandlung in eine EXE-Datei ist nur eine Pseudo-Compilierung, bei der der Quellcode kaum verkleinert wird.

Will man die fertige Datei auf einer CD-ROM ausliefern, stellt Multimedia ToolBook im Dialogfeld „Als EXE-Datei speichern" zusätzlich die Option für CD-ROM optimieren zur Verfügung. Aktiviert man diese Option, wird das Buch in einem Format gespeichert, das für die Verwendung von CD-ROM am effektivsten ist (siehe Abschnitt 3.17.2).

Das Abspeichern der EXE-Datei geschieht über die Menüoption „Datei/als EXE-Datei speichern". Anschließend weist man der EXE-Datei einen Namen zu, z.B. VEGET-01.EXE.[1]

Diese Datei kann nun direkt von der Windows Oberfläche gestartet werden. Sie enthält erstmalig auch das von uns erzeugte Symbol der Sonne

---

[1] Man sollte weiterhin das Format VEGET-<zwei Ziffern> wählen, da ja die Versionsnummer jeweils auf der Titelseite mit ausgegeben wird (siehe Abschnitt 3.5.4).

sowohl als Oberflächen-Symbol als auch als Symbol in der eigenen Titelzeile (siehe Abschnitt 3.13).

3.17   Die Auslieferung des Systems

Zum Vertrieb eines mit ToolBook erzeugten Programms muß man das ausführbare Programm, die zum Programm gehörigen Mediadateien und zusätzlich die benötigten Runtime-Module (siehe unten) auf externe Datenträger kopieren. Das können Disketten oder eine CD-ROM, in der Folge kurz CD genannt, sein. Verwendet man Disketten, wird von dort über ein Setup-Programm das gesamte System auf der Festplatte eines Fremdcomputers installiert. Bei einer CD gibt es mehrere Varianten. Zum einen kann das System direkt und ausschließlich von der CD aus ablaufen, zum anderen können Teile oder auch das gesamte System von der CD aus auf einem Fremdcomputer installiert werden.

Bevor das System auf einen externen Datenträger gelangt, muß es auf der Festplatte bereitgestellt gestellt werden. Ob es dann auf Disketten oder eine CD gelangt, hängt von der Größe des gesamten Systems ab. In der Regel sind die heutigen Multimedia-Systeme mit ihren zahlreichen Medienclips zu umfangreich, um auf Disketten ausgeliefert zu werden. Bis zu einer Maximalgröße des Gesamtsystems von ca. 20 Megabyte sind Disketten gerade noch vertretbar. Bei größeren Systemen sollte aber in jedem Fall eine Auslieferung auf einer CD vorgesehen werden.

Bei der Installation eines mit Multimedia ToolBook erzeugten Multimedia-Systems auf einem Fremdcomputer gibt es zwei grundsätzliche Varianten:

- Auf dem Fremdcomputer ist bereits eine Version von Multimedia ToolBook installiert

  In diesem Fall wird im ToolBook-Ordner, in der Regel ist das C:\MTB40 ein untergeordneter, sprachgebundener Ordner \DEUTSCHL erzeugt, der die sog. Runtime-Dateien enthält. Diese Runtime (bestehend aus einer Reihe von DLL-Dateien, INI-Dateien und EXE-Dateien) ist erforderlich, damit ein ToolBook-Programm auf jedem Computer unabhängig vom Vorliegen einer ToolBook-Lizenz ausgeführt werden kann.

- Auf dem Fremdcomputer ist Multimedia ToolBook nicht installiert

  In diesem Fall wird standardmäßig ein Ordner WINDOWS\ASYM\ RUNTIME erzeugt, der die zur Runtime gehörenden Dateien enthält.

In beiden Fällen werden zusätzlich die Initialisierungsdateien ASYM.INI und WIN.INI im Windows-Ordner entsprechend modifiziert.

In den folgenden Abschnitten werden die verschiedenen Möglichkeiten der Installation eines Multimedia ToolBook-Systems auf einem Fremdcomputer vorgestellt. Als Basis dient der in diesem Kapitel erzeugte „Interaktive Gemüsegarten".

3.17.1 Installationsdisketten

Bei einer Auslieferung auf Disketten werden alle zum System gehörenden Dateien von den Disketten in einen spezifizierten Ordner mit eventuellen untergeordneten Ordnern auf der Festplatte kopiert, von wo aus das System nach der Installation gestartet wird.

Bevor die Installationsdateien erzeugt werden, sollte das Gesamtsystem so in seiner Ordnerstruktur zusammengestellt werden, wie es nach der Installation auf der Festplatte vorliegen soll. Im Falle des „Interaktiven Gemüsegartens" ist dies folgende Ordnerstruktur:

(1) C:\VEGETBLE
(2) C:\VEGETBLE\CLIPS
(3) C:\VEGETBLE\SOUND

Im obersten Ordner des Systems (1) liegt mit VEGET-01.EXE die Programmdatei, über die das Programm gestartet wird. Im Ordner \CLIPS (2) befinden sich mit MOZZAR.TIF die exemplarische Grafik-Clipdatei und mit TOMATEN1.MOV die exemplarische Videosequenz. Der Ordner \SOUND (3) schließlich enthält alle Sounddateien, die beim Seitenwechsel abgespielt werden, also die Dateien PAGE-02.WAV bis PAGE-06.WAV.

Ist die Ordnerstruktur aufgebaut und die Dateien in die entsprechenden Ordner kopiert, sollte man nochmals die Media-Pfade überprüfen. Das geschieht nach den in Abschnitt 3.16 vorgestellten Verfahren. Da hier erfahrungsgemäß ständig Fehler auftreten, sind hier die Schritte nochmals vorgestellt:

- Zunächst muß die Datei VEGET-01.EXE aus dem Zielordner C:\VEGETBLE geladen werden.

- Danach muß auf Autorenebene über die Menüoption : „Werkzeuge\ Media Pakete ..." der Media-Paket-Manager aufgerufen werden.

- Über die Schaltfläche „Media Pfade" sind anschließend nacheinander alle bisherigen Media-Pfade zu entfernen; lediglich der Buchpfad bleibt erhalten.

- Über die Schaltfläche „Start" ist anschließend der Media-Paket-Manager zu aktivieren, um für die einzelnen Medienclips nach Aufforderung die Pfade festzulegen.

- Nach der Meldung „Verpackung erfolgreich beendet" sollte man nicht vergessen, die EXE-Datei erneut als EXE-Datei im Ordner C:\VEGETBLE abzuspeichern und die bisherige Version zu überschreiben.

Damit ist das gesamte Programm auf die gewünschte Ordnerstruktur angepaßt, und man kann mit der Erstellung von Originaldisketten beginnen. Dies sind Datenträger (Disketten oder CDs), die ein Setup-Programm, das Original-Programm und die Runtime von ToolBook, enthalten.

Zur Erzeugung von Originaldisketten stellt Multimedia ToolBook den „Installationsmanager" als separates Programm bereit. Vor dessen Aufruf sollte man auf der Festplatte einen Ordner einrichten, in dem die komprimierten Installationsdateien vorliegen werden, z.B. C:\INSTALL. Das erleichtert später die Verwaltung der Installationsdateien. Auf der Registerkarte „Allgemein" des Installationsmanagers werden folgende Einstellungen vorgenommen:

Dialogfeldtitel: Installation des Interaktiven Gemüsegartens
Standardverzeichnis: C:\VEGETBLE
Allgemeines Verzeichnis: $windows$\asym\runtime
Start-Bitmap: GEMUESE.BMP
Hintergrund: Grün, Bitmap oben links, GARTEN.BMP

Der Dialogfeldtitel wird bei der Installation auf dem Fremdcomputer angezeigt. Die Installation wird dort im Ordner „C:\VEGETBLE" vorgenommen, wobei das Laufwerk beliebig geändert werden kann. Das allgemeine Verzeichnis sollte bei der Vorbereitung der Installationsversion auf keinen Fall geändert werden. Dieser Ordner wird in Anpassung an den Windows-Programmordner, in der Regel ist das C:\WINDOWS, einen Ordner ASYM\RUNTIME einrichten, in dem die Basisdateien für die Runtime liegen. Dabei ist $windows$ ein Platzhalter für den tatsächlichen Windows-Ordner auf dem jeweiligen Fremdcomputer. Das Start-Bitmap ist ein Bild, das bei der Installation aufgerufen wird. Es dient einzig der optischen Untermalung des Installationsvorganges. Das Bild liegt auf der beiliegenden CD-ROM im Ordner TOOLBOOK\MEDIA\GRAFIK. Gleiches gilt für den Hintergrund. Hier kann zur Verschönerung das Bild GARTEN.BMP aus dem gleichen Ordner verwendet werden.

Anschließend werden auf der Registerkarte „Dateien" die Dateien aufgeführt, die man einer Anwendung hinzufügen möchte. Dazu werden zunächst Komponentennamen vergeben und die dazugehörigen Dateien ausgewählt, anschließend werden die Runtime-Dateien von ToolBook hinzu-gefügt.

Beginnen wir mit der EXE-Datei. Nach Eingabe eines Komponentenda-teinamens, z.B. "EXE-Dateien" wird die Datei VEGET-01.EXE aus dem Ordner \VEGETBLE ausgewählt und hinzugefügt. Zusätzlich fordert der Installationsmanager dazu auf, die Datei TBK40ANM.SBK, die sich im Ordner MTB40 befindet mit in die Dateiliste aufzunehmen. Dabei handelt es sich um ein Systembuch, in dem standardisierte Behandlungsroutinen für die Steuerung von Animationssequenzen enthalten sind. Diese Datei wird benötigt, um den korrekten Ablauf von Pfadanimationen, z.B. der des Kochs auf der Titelseite des „Interaktiven Gemüsegartens", zu garantieren. Es ist allerdings auch möglich, diese Datei später, bei der Auswahl der Optionen für die Runtime-Version, hinzuzufügen.

Anschließend fügt man zunächst die Sounddateien aus dem Ordner C:\VEGETBLE\SOUND, danach die Media-Dateien aus den Ordnern C:\VEGETBLE\CLIPS hinzu. Um sicherzustellen, daß auch auf dem Fremdcomputer die gleiche Ordnerstruktur angelegt wird, muß über die Schaltfläche „Verzeichnis einfügen" im Dialogfeld „Zielverzeichnis" für alle Clips der Zielordner hinzugefügt werden, z.B. $install$\SOUND für alle Sounddateien bzw. $install$\CLIPS für die Video- und Grafikclips. Dabei gilt $install$ als Platzhalter für das Zielverzeichnis auf dem Fremdcomputer, z.B. C:\VEGETBLE.

Danach wird man noch aufgefordert, die Runtime-Dateien hinzuzufügen. In einem weiteren Dialogfeld kann man nun neben einer Reihen von auto-matisch bereitgestellten Dateien, u.a. TBLOAD.EXE, MTB40RUN.EXE zusätzlich einige DLL-Dateien auswählen und zusätzliche vom Programm benötigte Optionen bereitstellen. In unserem Fall werden keine speziellen DLL-Dateien benötigt, außer man hat sich dazu entschieden, das System-buch TB40ANM.SBK erst hier zu integrieren. In diesem Fall ist hier die Option „Pfadanimation" auszuwählen.

Mit ca. 11 MB Gesamtumfang für den „Interaktiven Gemüsegarten" ist damit die Auswahl der Dateien abgeschlossen.

Auf der nächsten Registerkarte, PM-Symbole, können optional noch An-gaben für eine eventuell zu erstellende Programmgruppe vorgenommen werden:

- Programmgruppentext, z.B. „Multimedia-Anwendungen"

- Symboltext, z.B. „Gemüsegarten"

- Befehlszeile, $INSTALL$\VEGET-01.EXE

Dabei ist $INSTALL$ der Installationsordner, z.B. C:\VEGETBLE.

Auf der Registerkarte „Konfiguration" kann man definieren, welche Systemdateien des Fremdcomputers verändert werden sollen (z.B. ASYM.INI oder WIN.INI). So wird in der Datei WIN.INI beim Nichtvorhandensein einer ToolBook-Version auf dem Fremdcomputer folgende Zeile eingefügt:

```
TBK=C:\WINDOWS\asym\runtime\TBLOAD.EXE ^.TBK
```

Die Datei ASYM.INI enthält darüber hinaus die grundlegenden Informationen über die Multimedia ToolBook 4.0 Runtime:

```
[ToolBook Load Information]
MTB40=C:\WINDOWS\asym\runtime\MTB40RUN.EXE

[Registered Apps]
MTB40=C:\WINDOWS\asym\runtime,4.0,Deutschland
```

Die Registerkarte „Disketten erstellen" schließlich verlangt ein Verzeichnis für die Installationsdateien (z.B. C:\INSTALL) und eine Auswahl des Installationsdatenträgers („Verfügbarer Plattenspeicher" = Festplatte, CD-ROM, 1,44 ˝ = Diskette, etc.). Wählen wir hier zunächst den für unser Programm gerade noch tragbaren Weg zur Erzeugung von Installationsdisketten im Format 1,44 MB. Um sicherzugehen, daß die Daten auch bei Formatierungsfehlern problemlos auf die Disketten passen, wird hier empfohlen, das Format 1,2 MB auszuwählen. Nach einer Aufforderung zur Speicherung des Installationsskripts werden die komprimierten Installationsdateien, in diesem Fall acht Dateien, erzeugt. Vor der Erzeugung der Installationsdateien werden die im Installationsmanager vorgenommen Einstellungen noch in einem Skript gespeichert, dessen Name auch den Namen der Installationsdateien beeinflußt. Als Name für das Installationsskript wird hier INST-DSK.ASU vorgeschlagen. Das Installationsskript kann jederzeit neu in den Installationsmanager geladen werden.

Die Installationsdateien liegen nach Anschluß der Generierung in komprimierter Form im Installationsordner C:\INSTALL und können mit dem Installationsmanager entweder gleich oder später auf Disketten kopiert werden. Die Dateien haben die Namen INST-DSK.001 - INST-DSK.008. Zusätzlich befinden sich noch das Installationsskript, die Setup-Datei und die Bitmaps für die Installation im Installationsordner. Diese wurden ebenfalls bei der Erzeugung der Installationsdateien mitkopiert. Über die Schaltfläche „komprimierte Installationsdateien auf Disketten kopieren" kann man sofort oder auch zu einem späteren Zeitpunkt die Dateien auf Disketten überspielen. Von diesen Disketten kann das gesamte Programm nach Start des Programms SETUP.EXE von Diskette 1 auf der Festplatte eines Fremdcomputers installiert werden.

Damit ist eine erste Version des Programms - allerdings auch mit noch nicht entdeckten Programmfehlern - erstellt. Man nennt eine solche Ver-

sion „Beta-Version". Nach einer ausgiebigen Testphase (siehe Kapitel 1)
und Beseitigung eventueller Fehler könnte diese Version als endgültige
Version auf Disketten ausgeliefert und auf der Festplatte eines Fremdcomputers installiert werden.

Der Installationsvorgang auf dem Fremdcomputer veranlaßt, daß sich nach
der erfolgreichen Installation, z.B. auf der Festplatte C: dort ein neuer
Ordner \VEGETBLE mit dem „Interaktiven Gemüsegarten" befindet.
Sollte auf dem Fremdcomputer keine lizensierte Version von Multimedia
ToolBook vorliegen, wird zusätzlich ein Ordner WINDOWS\ASYM\
RUNTIME mit den zur Multimedia ToolBook Runtime gehörenden Datei-
en erzeugt. Außerdem sind die Dateien WIN.INI und ASYM.INI entspre-
chend angepaßt worden, und es ist eine Programmgruppe „Multimedia-
Anwendungen" mit dem zunächst einzigen Programm „Gemüsegarten"
erzeugt worden. Dieses läßt sich von dort oder über den Windows-
Explorer starten.

Die zu dieser Variante gehörenden Installationsdatei INST-DSK.ASU liegt
auf der beiliegenden CD-ROM im Ordner TOOLBOOK\INSTALL und
kann im Installationsmanager eingesehen bzw. bearbeitet werden.

3.17.2   CD-ROM

Auch bei der Erstellung einer CD muß - wie bei der Verwendung von Installationsdisketten - zunächst die Struktur des Systems, das auf die CD
übertragen werden soll, auf der Festplatte des Entwicklungscomputers erzeugt werden. Das kann bei einem sehr komplexen System mit mehreren
hundert Megabyte problematisch sein. Aus diesem Grunde entscheiden
sich viele Entwickler für einen separaten Computer, der ausschließlich für
in Entwicklung befindliche Multimedia-Systeme zur Verfügung steht. Von
diesem Computer aus werden dann die Installationsversionen erzeugt.

Bevor man die für die CD benötigten Dateien zusammenstellt, sollte man
das Buch über das Menü „Datei/Speichern unter.." für die CD optimieren.
Das kann sowohl mit der ToolBook- (TBK) als auch mit der EXE-Datei
geschehen. Beim Optimierungsvorgang wird ein Pufferspeicher (engl.
cache) erzeugt, der auf die Festplatte des Benutzers kopiert wird, wenn das
Programm von einer CD aus gestartet wird. Dadurch wird das Laufzeitverhalten des Programms verbessert.

Um ein mit Multimedia ToolBook erzeugtes Programm auf CD zur Verfügung zu stellen, gibt es mehrere Möglichkeiten. Zum einen kann man das
gesamte System, also auch die Runtime auf der CD bereitstellen, zum anderen kann man auf der CD eine kleine Installationsroutine zur Verfügung
stellen, mit der Teile, z.B. die Runtime oder Teile des ToolBook-Programms, oder auch das gesamte ToolBook-Programm auf der Festplatte

eines Fremdcomputers installiert werden. Insbesondere wenn eine Chronik erstellt werden muß (siehe Abschnitt 3.15), muß gewährleistet werden, daß diese auf der Festplatte aufgebaut wird, da ja eine CD nicht beschrieben werden kann.

Variante 1: Runtime und ToolBook-Programm auf der CD

Will man alle Dateien auf der CD unterbringen, kann man im Prinzip so vorgehen, wie in Abschnitt 3.17.1 für die Erstellung von Disketten beschrieben wurde. Der wesentliche Unterschied betrifft die Komponenten-Dateiliste in der Registerkarte „Dateien" des Installationsmanagers. Beim Hinzufügen der Runtime ist darauf zu achten, daß alle zur Runtime gehörenden Dateien mit in den Installationsordner kopiert werden. Das erreicht man über das Dialogfeld „Zielverzeichnis". Hier muß nun stehen:

```
$Install$\runtime
```

Damit werden die zur Runtime gehörenden Dateien durch den Installationsvorgang auf der CD im Ordner \RUNTIME unter dem jeweiligen Installationsordner untergebracht. Ähnliche Einstellungen sind für die Dateien WIN.INI und ASYM.INI notwendig. Hier muß ebenfalls ein Verweis auf die Runtime auf der CD stehen.

ASYM.INI

```
[ToolBook Load Information]
MTB40=D:\VEGETBLE\runtime\MTB40RUN.EXE
```

WIN.INI

```
TBK=D:\VEGETBLE\runtime\TBLOAD.EXE ^.TBK
```

Diese Eintragungen erreicht man auf der Registerkarte „Konfiguration" des Installationsmanagers durch folgende Zusätze:

```
$install$\runtime\TBLOAD.EXE ^.TBK
```

für die Datei WIN.INI und

```
$install$\runtime\MTB40RUN.EXE
```

für die Datei ASYM.INI. Bei der Erstellung der komprimierten Installationsdateien kann genau wie in Abschnitt 3.17.1 beschrieben vorgegangen werden, mit dem Unterschied, daß nun nur eine einzige Installationsdatei benötigt wird. Diese kann beim Brennvorgang von der Festplatte auf die CD übertragen werden. Alternativ können auch einfach die zum Programm gehörenden Dateien mitsamt der Runtime in ihrer Ordnerstruktur beim Brennvorgang auf die CD kopiert werden. Von der CD läßt sich das Programm danach direkt starten.

Nachteil dieser Methode ist, daß in jedem Fall die Runtime von der im Vergleich zur Festplatte wesentlich langsameren CD geladen wird, auch wenn auf einem Fremdcomputer Multimedia ToolBook zur Verfügung steht.

Die zu dieser Installationsvariante gehörende Installationsdatei INST-CD.ASU liegt zur Information auf der beiliegenden CD-ROM im Ordner TOOLBOOK\INSTALL.

Variante 2: Runtime auf der Festplatte, ToolBook-Programm auf der CD

Eine weitere Methode bedient sich einer abgemagerten Installationskomponente auf der CD, mit der lediglich - wenn notwendig - die Runtime auf der Festplatte installiert wird. Alle übrigen Dateien verbleiben auf der CD. Mit einigen wenigen Änderungen läßt sich diese Variante realisieren. Im Installationsmanager wird nun in der Komponenten-Dateiliste in der Registerkarte „Dateien" lediglich die Runtime bereitgestellt.

Nach Erzeugung der Installationsdatei wird auf der CD durch den Brennvorgang folgende Struktur erzeugt:

\CLIPS
\SOUND
GARTEN.BMP
GEMUESE.BMP
INST-CDR.001
INST-CDR.ASU
SETRES_G.DLL
SETUP.EXE
VEGET-01.EXE

Soll das Programm von der CD aus aufgerufen werden, muß beim ersten Start des Systems über die Datei SETUP.EXE die Runtime auf der Festplatte installiert werden. Danach kann das System von der CD über die Datei VEGET-01.EXE gestartet werden, nutzt aber die Runtime auf der Festplatte des Fremdcomputers.

Die zu dieser Installationsvariante gehörende Installationsdatei INSTCDR.ASU liegt auf der beiliegenden CD im Ordner TOOLBOOK\ INSTALL.

Variante 3: Runtime und Startdatei auf der Festplatte, ToolBook-Programm auf der CD

Neben den genannten Möglichkeiten gibt es eine weitere, die mit den Medienclips die größte Datenmenge auf einer CD zur Verfügung stellt und die Runtime-Dateien sowie mindestens eine EXE-Datei des Programms auf der Festplatte eines Fremdcomputers installiert. Dieses Vorgehen bewirkt ein gutes Laufzeitverhalten eines mit Multimedia ToolBook erzeugten Programms. Allerdings bringt dieses Verfahren einen Nachteil mit sich. Die Verbindung zwischen Programmdatei und Medienpfaden kann nun nicht mehr garantiert werden, da sich Programmdatei und Mediendateien auf verschiedenen Laufwerken befinden. Zusätzlich ist ja auch nicht bekannt, welche Laufwerksbuchstaben das CD-ROM-Laufwerk sowie die Festplatte haben. Um dennoch die Verknüpfung zwischen den verschiedenen Modulen aufrecht zu erhalten, bedarf es einiger Eingriffe in den Quellcode des Programms. Dort müssen nun Laufwerkskennungen ausgelesen werden. Das geschieht mit speziellen Funktionen, die in einer Dynamic Link-Library untergebracht sind. Folgende DLL-Dateien können von Multimedia ToolBook genutzt werden:

- TB40DLG.DLL - Bibliothek für Dialogfelder,

- TB40DOS.DLL - Bibliothek für Dateioperationen,

- TB40WIN.DLL - Bibliothek für Windows-Optionen, z.B. für die Schriftartenauswahl.

Basis für die Einbindung von DLL-Routinen ist die OpenScript-Anweisung:

```
linkDLL <DLL-name>
     [...Anweisungen]
end [linkDLL]
```

Dabei ist der Name der DLL-Bibliothek eine vollständiger Dateiname. Diese Datei muß beim Start eines Buches mit dem Buch verknüpft werden (engl. link = verbinden) und bei der Auswahl der Runtime-Dateien mit zur Verfügung gestellt werden. In unserem Fall wird die Datei TB40DOS.DLL für die Ermittlung des CD-ROM-Laufwerkes benötigt. Bevor die Routine, in der der Link-Vorgang erfolgt, erklärt wird, soll nachstehend zunächst die Struktur unseres „Interaktiven Gemüsegarten" mit dieser Installationsoption vorgestellt werden:

Festplatte (z.B. C:\)	CD-ROM (z.B. E:\)
Ordner C:\VEGETBLE	Ordner E:\SOUND
Ordner C:\WINDOWS\ASYM\RUNTIME	Ordner E:\CLIPS

Im Ordner C:\VEGETBLE befindet sich die ToolBook-Datei START.EXE, die das gesamte System durch Verweis auf die CD startet. Auf der CD befinden sich in den Ordnern \SOUND bzw. \CLIPS die bekannten Wave-Dateien bzw. Medienclips. Im obersten Ordner der CD steht nach wie vor die Datei VEGET-01.EXE, die eigentliche Programmdatei des „Interaktiven Gemüsegartens". Für diese Datei existiert als Pfad

lediglich der Buchpfad (siehe Menüoption „Werkzeuge\Media-Pakete...“).
Die Datei START.EXE hat als einzige Aufgabe, die Verbindung zur CD
herzustellen. Dazu enthält sie ein Buchskript mit einer einzigen Routine:

```
enterApplication
```

Eine *enterApplication*-Routine steht noch vor der *enterBook*-Routine und
wird in jedem Fall vor Öffnen des Hauptfensters ausgeführt. Für die Datei
START.EXE hat sie folgende Struktur:

```
to handle enterApplication
   linkDLL "tb40dos.dll"                          -- a0
      STRING getCDDriveList()                     -- a1
   end linkDLL                                    -- a2
   lvCDDrive = textline 1 of getCDDriveList()     -- a3
   put ":\" after char 1 of lvCDDrive             -- a4
   sysSuspend = false                             -- a5
   sysErrorNumber = 0                             -- a6
   go book (lvCDDrive & "veget-01.exe")           -- a7
   sysSuspend = true                              -- a8
   if sysErrorNumber is not 0                     -- a9
     request "CD-ROM Laufwerk nicht gefunden!"    -- a10
   end if                                         -- a11
end enterApplication
```

In Zeile (a0) wird zunächst die Bibliothek TB40DOS.DLL eingelesen.
Danach kommt eine DLL-Funktion zur Anwendung, die - ohne weitere
Parameter - eine Zeichenfolge (STRING) liefert, die die zur Verfügung
stehenden CD-ROM-Laufwerke auflistet (a1). Diese Liste könnte folgende
Struktur haben:

D, E, F.

In Zeile (a3) wird aus der CD-Laufwerksliste das erste Element ausgelesen
und lokal an lvCDDrive gebunden. [1] Obwohl die meisten Computer mit
nur einem CD-ROM-Laufwerk auskommen, sollte, falls doch mehrere
CD-ROM-Laufwerke vorhanden sind, zur Sicherheit mit der Option *textline 1 of*.. in jedem Fall das erste dieser Laufwerke ausgewählt werden. Anschließend werden mit der *put*-Anweisung nach dem Laufwerksbuchstaben
der Doppelpunkt und der Backslash eingefügt, so daß die Laufwerkskenn-
nung nun z.B. D:\ lauten könnte (a4). In Zeile (a5) wird die Unterbre-
chungsmöglichkeit dieses Skripts ausgesetzt. Zeile (a6) enthält mit *sysErrorNumber* eine neue OpenScript-Systemeigenschaft. Diese bietet in Abhängigkeit eines aufgetretenen Fehlers die Möglichkeit, diesen anhand sei-

---

[1] Da die Erklärung dieser DLL-Funktionen die Ziele dieses Buches sprengen würde, sei an
dieser Stelle auf die Seiten 3-40 ff der Multimedia ToolBook OpenScript-Referenz verwiesen.

ner Fehlernummer zu identifizieren.[1] In Zeile (a7) schließlich wird die Datei VEGET-01.EXE aus dem obersten Ordner von der ermittelten CD geladen. Die übrigen Anweisungen der *enterApplication*-Routine sind selbsterklärend.

Diese *enterApplication*-Routine ist fiktiv. Sie läuft nur dann, wenn sich die Datei VEGET-01.EXE im obersten Ordner der CD befindet. Um die Routine an die Ordnerstruktur auf der dem Buch beiliegenden CD-ROM anzupassen, ist Zeile (a7) wie folgt zu ändern:

```
go book (lvCDDrive & TOOLBOOK\VEGETBLE\veget-01.exe")
```

Mit diesem Aufruf läßt sich der „Interaktive Gemüsegarten" über die geänderte Datei START.EXE von der Festplatte aus starten.

Mit kleinen Änderungen am Installationsskript werden nun in der Komponenten-Dateiliste in der Registerkarte „Dateien" die Runtime (zusätzlich mit der Bibliothek TB40DOS.DLL) und die Datei START.EXE zur Installation auf der Festplatte bereitgestellt.

Anschließend kopiert man alle Dateien, die auf der CD untergebracht werden sollen, auf die CD, so daß dort folgende Struktur entsteht:

\CLIPS
\SOUND
GARTEN.BMP
GEMUESE.BMP
INST-HDR.001
INST-HDR.ASU
SETRES_G.DLL
SETUP.EXE
VEGET-01.EXE
START.EXE

Nach dem Brennen der CD werden beim ersten Start des Systems über die Datei SETUP.EXE die Runtime und die Datei SETUP.EXE auf der Festplatte installiert. Danach kann das System über die Datei START.EXE im neu geschaffenen Ordner \VEGETBLE auf der Festplatte gestartet werden.

Die zu dieser Installationsvariante gehörende Installationsdatei INST-HDR.ASU, sowie die Datei START.EXE liegen auf der beiliegenden CD-ROM im Ordner TOOLBOOK\INSTALL.

---

[1] Eine vollständige Liste aller Fehlernummern findet man in der Multimedia ToolBook on-Line Hilfe unter dem Eintrag *sysErrorNumber*.

Variante 4: Nur die Medien-Dateien auf der CD-ROM

In einer letzten Variante der Installation eines ToolBook-Systems soll anhand des „Interaktiven Gemüsegartens" gezeigt werden, wie alle Programmdateien von der Festplatte und alle Medienclips von einer CD abgerufen werden. Diese Methode ist in vielen Multimedia-Anwendungen die gebräuchlichste, da sie das schnellste Laufzeitverhalten des Programms garantiert.

Im Buchskript des „Interaktiven Gemüsegartens", Version 21, installiert man dazu zweckmäßigerweise eine vorgeschaltete *enterApplication*-Routine:

```
to handle enterApplication
    linkDLL "tb40dos.dll"                          -- a0
        STRING getCDDriveList()                    -- a1
    end linkDLL                                     -- a2
    lvCDDrive = textline 1 of getCDDriveList()     -- a3
    put ":\" after char 1 of lvCDDrive             -- a4
    push (lvCDDrive & "SOUND"), \
        (lvCDDrive & "CLIPS") onto cdMediaPath     -- a5
end enterApplication
```

In dieser Routine wird - wie in Möglichkeit 3 beschrieben - zunächst die Bibliothek TB40DOS.DLL eingebunden (Zeilen a0 bis a2) und der Laufwerksbuchstabe des ersten CD-ROM-Laufwerks zusammengestellt (Zeilen a3 und a4). In Zeile (a5) wird die Eigenschaft cdMediaPath genutzt, um die Struktur der Suchpfade an diese Eigenschaft zu binden.

Die Eigenschaften cdMediaPath und hdMediaPath geben an, in welchen Ordnern nach referenzierten Medienclips zu suchen ist. Dabei steht cdMediaPath für eine eventuelle CD und hdMediaPath für andere Datenträger, z.B. für eine Festplatte.

Diese spezielle Version des „Interaktiven Gemüsegartens" ist unter dem Dateinamen VEGET-02.EXE auf der beiliegenden CD-ROM im Ordner \TOOLBOOK\PROGRAMS abgespeichert.

Um dieses Programm zu testen, bedarf es einer CD, die im Normalfall die Ordnerstruktur:

\CLIPS
\SOUND

enthält. Um das Programm anhand der beiliegenden CD zu testen, muß auf die Ordnerstrukturen

\TOOLBOOK\MEDIA\SOUND
\TOOLBOOK\MEDIA\CLIPS

verwiesen werden. Die Datei VEGET-02.EXE ist durch die dortige *enter-Application*-Routine im Buchskript entsprechend darauf eingestellt (siehe Anhang A). Die zu dieser Installationsvariante gehörende Installationsdatei INST-ALL.ASU liegt auf der beiliegenden CD-ROM im Ordner TOOLBOOK\INSTALL.

3.18   Zusammenfassung

In den vergangenen Abschnitten wurden die grundlegenden Prinzipien bei der Erstellung eines Multimedia-Systems mit Multimedia ToolBook vorgestellt. Man mag argumentieren, daß das Resultat, d.h. die fertige Version des „Interaktiven Gemüsegartens", eine Reihe von Verbesserungen hätte erfahren können. Dies könnten ansprechendere Grafiken und Schaltflächen, sowie verbesserte Animationssequenzen sein. Auf der anderen Seite mag man eine Reihe von Redundanzen beklagen, so z.B. eine Menüleiste und zusätzliche Möglichkeiten der Navigation. Hier sollte man natürlich eine Entscheidung treffen, welche Art der Benutzerführung vorzuziehen ist.

Bei all diesen und anderen Einwänden sollte man allerdings nicht übersehen, daß es sich hierbei um ein einführendes Übungsprojekt handelt, bei dem es hauptsächlich um die Illustration der Funktionalität eines Multimedia ToolBook-Programms und nicht um dessen Schönheit geht. Diese Funktionalität sollte mit den diversen Techniken und Verfahren, die in den vergangenen beiden Kapiteln vorgestellt wurden, klar geworden sein.

Völlig analog zu dieser Vorgehensweise sollen nun in den folgenden Kapiteln 4 und 5 die Möglichkeiten eines mit Macromedia Director erstellten Multimedia-Systems vorgeführt werden.

4 Das Autorensystem Macromedia Director

Macromedia Director ist ein Autorensystem der Firma Macromedia für die Entwicklung von CD-ROM-Titeln, Simulationen, interaktiven Vorführungen und Demonstrationsprogrammen zu Unterhaltungs- und Bildungszwecken (Macromedia Director, Version 4, Handbuch, Seite 1).[1] Es hat im Vergleich mit anderen Autorensystemen seine Stärken eindeutig in den Anwendungsbereichen, die komplexe Grafiken und einen hohen Anteil von Animationen einsetzen. Die zahlreichen Werkzeuge von Director gestatten eine enorm große Benutzerfreundlichkeit bei der Erzeugung von Multimedia-Anwendungen, so daß man ohne Vorkenntnisse komplexe Programme erzeugen kann.

Seine gesamte Vielfalt, insbesondere bei der Erstellung umfassender Interaktionsmöglichkeiten, entfaltet Director erst durch den Einsatz seiner objektorientierten Programmiersprache Lingo, die ähnlich wie OpenScript aufgebaut ist. Daher gilt, wie bei Multimedia-Anwendungen, die mit Multimedia ToolBook entwickelt wurden, daß erst durch Verwendung der integrierten Programmiersprache Lingo alle Möglichkeiten von Director ausgenutzt werden können.

Bei der Installation von Director muß unterschieden werden zwischen der Autorenebene zur Erstellung eines Multimedia-Produktes und der Benutzerversion von Director, die zum Abspielen eines Programms benötigt wird. Während sich für das Autorensystem die Anforderungen von denen für Multimedia ToolBook nur unwesentlich unterscheiden (u.a. mindestens 8 MB RAM, 12-30 MB Festplattenkapazität je nach Installation), gelten für die reine Abspielversion bescheidenere Anforderungen (u.a. 4 MB RAM), wobei diese allerdings von der installierten Grafikkarte des Fremdcomputers abhängig sind.

---

[1]Macromedia Director wird in den Systemhandbüchern kurz als „Director" bezeichnet. Diese Bezeichnung wird in den Kapiteln 4 und 5 verwendet. Dabei beziehen wir uns auf die Director Version 5, die seit Mitte 1996 zur Verfügung steht. Diese Version weicht in einigen Bereichen erheblich von der Vorgängerversion 4 ab. Daher wird in besonders wichtigen Fällen auf die grundlegenden Unterschiede hingewiesen.

4.1   Director - Grundkonzepte

Wie Multimedia ToolBook ist auch Director auf einer Reihe von grundlegenden Konzepten aufgebaut, die im gesamten System von zentraler Bedeutung sind.

- der Film,

- die Bühne,

- das Drehbuch,

- die Besetzung,

- die Darsteller,

- Kobolde und Puppen,

- Botschaften und Ereignisse,

- Skripte.

Zum Erstellen von Multimedia-Anwendungen stellt Director eine interaktive Umgebung zur Verfügung. Diese besteht neben den üblichen Hilfsmitteln, wie einem Benutzermenü und einer Symbolleiste aus einer Reihe von
Fenstern, von denen vier zur Erstellung eines Programms grundlegend
sind:

Die Bühne

Dieses Fenster wird immer geöffnet und erscheint normalerweise hinter
den anderen Fenstern. Es dient zur Anzeige des vom Autoren in der Erstellung befindlichen Films und bildet den Rahmen für das Abspielen von
Filmen, die mit Director erzeugt wurden. Die Bühne kann in ihren Abmessungen je nach Anwendung auf der Autorenebene modifiziert werden.

Das Drehbuch

Im Drehbuch(fenster) wird die Position jedes Filmelementes verfolgt. Zusätzlich werden die zeitlichen Abläufe aller Filmsequenzen gesteuert.

Die Besetzung

Das Besetzungsfenster speichert alle Elemente eines Films, die sogenannten Darsteller. Es ist eine Art Multimedia-Datenbank, in der die Grafiken,
Texte, Skripte, Videos etc., die in einem Film vorkommen, abgespeichert
sind. Seit Director Version 5 wird dabei eine Unterscheidung zwischen
internen, d.h. zu einer bestimmten Anwendung gehörenden, und externen,
d.h. von beliebigen Anwendungen zu nutzenden Darstellern getroffen.

Die Systemsteuerung

Die Systemsteuerung, bis Version 4 Steuerpult genannt, stellt eine Reihe von Reglern ähnlich denen eines Kassetten- oder Videorecorders zur Verfügung, mit denen man das Abspielen eines Films kontrolliert.

Bild 4.1 zeigt die grundlegenden vier Fenster, die (bis auf die Bühne) beliebig verschoben und in ihrer Größe manipuliert werden können (ausgenommen die Systemsteuerung).

Zusätzlich stellt Director weitere Fenster zur Erzeugung und Steuerung von Filmelementen bereit:

- das Malfenster,
- das Textfenster,
- das Feldfenster,
- das Werkzeugfenster,
- das Videofenster,
- das Markierungsfenster,
- das Palettenfenster,
- das Skriptfenster,
- das Nachrichtenfenster,
- das Debugger- und das Watcherfenster.

Mit diesen Fenstern werden Lingo-Skripte geschrieben, verfolgt und nach Fehlern geprüft (Skript-, Nachrichten, Debugger- und Watcherfenster), Text-, beliebige Flächen oder Grafiken erzeugt (Text-, Feld-, Werkzeug- und Malfenster), einem Film Markierungen zugewiesen (Markierungsfenster), Videoclips bearbeitet (Videofenster) oder einem Film bestimmte Farbpaletten zugewiesen (Palettenfenster).

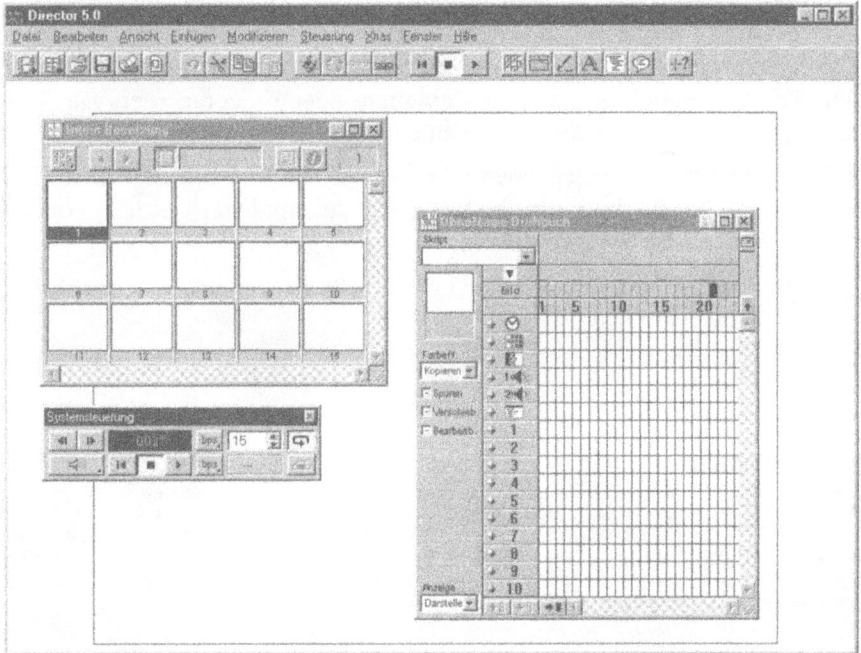

Bild 4.1: Der Bildschirm von Director mit den vier wichtigsten Fenstern

4.1.1 Das Filmprinzip

Jede Multimedia-Anwendung, die mit Director erstellt wird, bezeichnet man als *Film* (engl. movie).[1] Wie ein Kinofilm enthält ein „Director-Film" Animationen, Sounds, Videoeinblendungen und weitere Spezialeffekte. Über diese standardmäßigen Eigenschaften hinaus erlauben Director-Filme Interaktivität, d.h. Beeinflussungsmöglichkeiten des Zuschauers (Anwenders) auf den Ablauf des Films.

Zu jedem Film gehört eine *Besetzung* (engl. cast) mit diversen *Darstellern* (engl. member of cast), die auf einer *Bühne* (engl. stage) plaziert werden. Die Bühne ist jener Teilbereich des Bildschirms, auf dem die Multimedia-Anwendung abläuft.

Als Darsteller bezeichnet man alle Elemente, die als Teil eines Films verwendet werden. Das sind nicht nur Bilder, die auf der Bühne eines Films

---

[1]Wie schon im Zusammenhang mit OpenScript, der in Multimedia ToolBook integrierten Programmiersprache, finden sich die Basiskonzepte von Director als englische Termini in der Programmiersprache Lingo wieder. Daher werden alle deutschen Begriffe in ihrer englischen Entsprechung (amerikanische Varietät) wiedergegeben.

bewegt werden, sondern auch Text-, Sound-, Video- und Grafikelemente, sowie Lingo-Skripte, die die Interaktivität eines Director-Films steuern. Die Darsteller in einer Besetzung werden in der Reihenfolge ihrer Aufnahme in die Besetzung als Symbole in einer Standardgröße im Besetzungsfenster angezeigt. Bild 4.2 zeigt einen Film mit einer sehr einfachen Besetzung, die aus fünf Darstellern besteht.

Das Verhalten aller Darsteller zu jedem Zeitpunkt in einem Film regelt das *Drehbuch* (engl. score). Im Drehbuch wird definiert, welche Darsteller sich wo auf der Bühne befinden, welche Sounds wann und wie abgespielt werden, welche Farbpalette den Monitor steuert und welche Lingo-Skripte zum Einsatz kommen. Umgekehrt finden sich alle Darsteller, die sich auf der Bühne befinden, im Drehbuch wieder. Drehbuch und Bühne sind somit zwei unterschiedliche Ansichten eines Films.

Das Drehbuch ist ein Raster aus *Zellen* (engl. cells). Die Zelle ist die kleinste Einheit im Drehbuch. Sie enthält Informationen, die einen bestimmten Darsteller zu einem bestimmten Zeitpunkt des Films betreffen. Eine Spalte von Zellen wird als *Bild* (engl. frame) bezeichnet. Ein Bild ist somit ein einziger Moment in einem Director-Film, d.h. die Summe der Informationen in einer einzigen Spalte. Wie in einem echten Film ist ein Bild eine Momentaufnahme von allen Darstellern und Objekten, die man zu einem bestimmten Zeitpunkt auf der Bühne sieht.

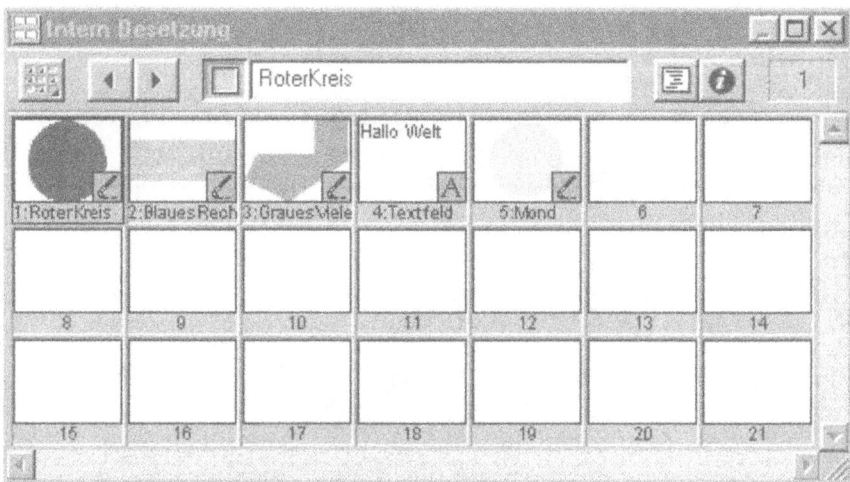

Bild 4.2: Beispiel einer einfachen Filmbesetzung

Eine Zeile von Zellen wird als *Kanal* (engl. channel) bezeichnet. Ähnlich wie bei einem Sequenzer-Programm der digitalen Audioproduktion (z.B. Cakewalk Audio Pro) nimmt jeder Kanal einen bestimmten Typ von Informationen auf. Es gibt fünf Effektkanäle (je einen für Tempoeinstellungen, Farbpaletten und Übergänge, sowie zwei Kanäle für Soundeinblendungen), einen Kanal für Lingo-Skripte und 48 weitere sog. Koboldkanäle (siehe Abschnitt 4.1.2). Bild 4.3 zeigt das mit der einfachen Besetzung in Bild 4.2 korrespondierende Drehbuch.

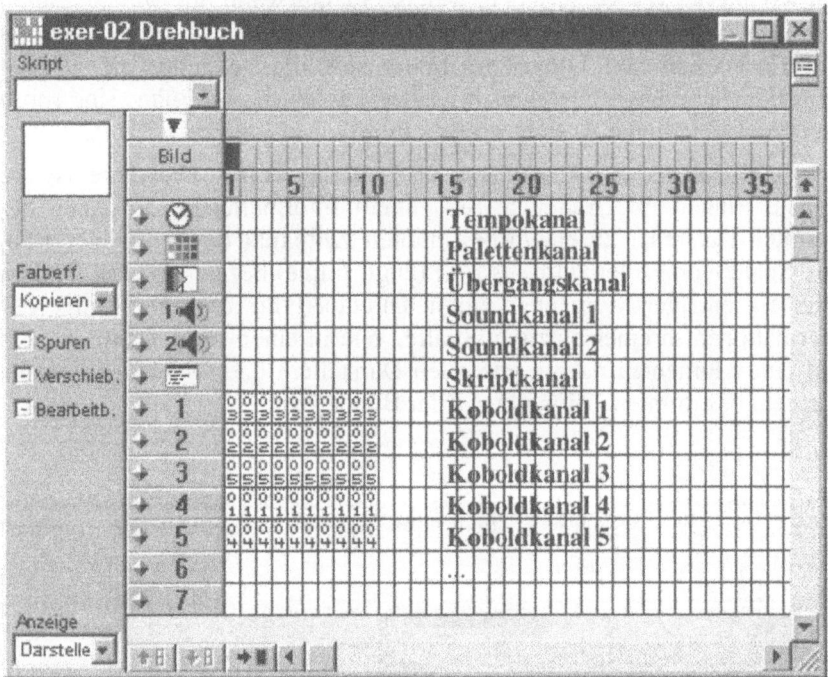

Bild 4.3: Kanäle und Zellen im Drehbuch

4.1.2   Darsteller und Kobolde

Ein entscheidendes Konzept in der Erstellung von Multimedia-Anwendungen mit Director bezieht sich auf die Verwendung sog. *Kobolde* (engl. sprites). Sobald ein Darsteller aus dem Besetzungsfenster auf die Bühne gelangt, wird er zu einem Kobold. Ein Kobold ist somit der Platzhalter auf der Bühne für einen Darsteller im Besetzungsfenster oder, wie Welsch (1996: 103) es definiert, „Kobolde sind quasi einzelne Inkarnationen der Darsteller".

Darsteller und Kobold sind also nicht identisch. Ein Darsteller dient als Vorlage für einen oder mehrere Kobolde. Die Beziehung zwischen Darsteller und Kobold kann man mit der zwischen den Feldnamen im Hauptdokument eines Serienbriefes (Darsteller) und seiner tatsächlichen Realisierung in einem Datensatz der Steuerdatei (Kobold) vergleichen. Überträgt man das Koboldkonzept auf Multimedia ToolBook, so könnte man eine Parallele zu einer ToolBook-Ressource ziehen (siehe Abschnitt 2.3.5.5). Einmal definiert, kann diese beliebig oft in einem Buch verwendet werden.

Ein Darsteller ist also die Basis für einen oder mehrere Kobolde. Während der Darsteller in seiner Form stets erhalten bleibt, kann dessen Kopie, der Kobold, mit spezifischen Informationen gefüllt werden. Diese umfassen seine Position auf der Bühne, alle Veränderungen an seiner Größe, Farbe und Form und vieles mehr. Aus einem Darsteller können somit mehrere Kobolde werden.

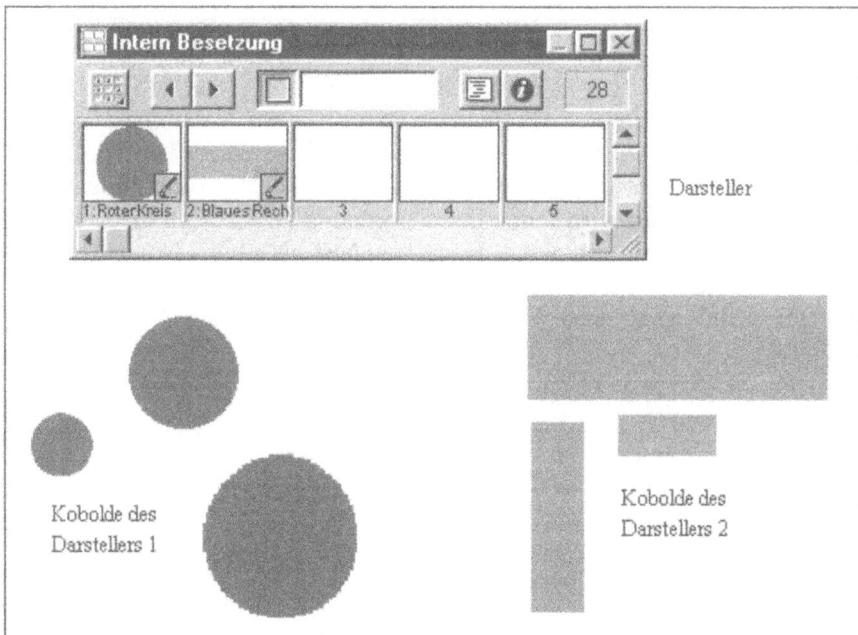

Bild 4.4: Die Beziehung zwischen Darstellern und Kobolden

Bild 4.4 illustriert diese Beziehung zwischen Darstellern und Kobolden. Dabei sollte auch klar werden, daß die Darstellernummer nicht mit der Koboldnummer übereinstimmen muß. Während nämlich die Koboldnummer immer mit dem Koboldkanal identisch ist, in dem ein Kobold aufgenommen wird, werden die Darsteller in einem Film einfach durchnumeriert. Daß Darstellernummer und Koboldnummer gar nicht in jedem Fall identisch sein können, ergibt sich schon aus der Maximalzahl von Koboldkanälen im Drehbuch und der Maximalzahl von Darstellern in einem Film. Während das Drehbuch nämlich maximal 48 Kobolde in 48 Koboldkanälen gleichzeitig anzeigen kann, können in einer Filmbesetzung bis zu 32.000 Darsteller aufgenommen werden.

Im Drehbuch sind mehrere Anzeigearten möglich. Durch Klick auf die Pfeiltaste neben dem Fenster „Anzeige" unten links im Drehbuch (siehe Bild 4.3) lassen sich neben der Standardanzeige, über die ein Kobold mit seiner Darstellernummer angezeigt wird auch erweiterte Optionen einstellen. Dort kann man Einzelheiten über die im Drehbuch befindlichen Kobolde erfahren.

4.1.3   Vorder- und Hintergrund

Die Begriffe Vorder- und Hintergrund werden bei Director anders verwendet als z.B. bei Multimedia ToolBook. Während Multimedia ToolBook Vorder- und Hintergrund immer auf eine oder mehrere Seiten bezieht, verwendet Director die Begriffe immer für die Anordnung von Kobolden auf der Bühne und damit in einer Weise, die dem ToolBook-Schichtenprinzip entspricht (siehe Abschnitt 2.1.1). Die Anordnung zweier Kobolde zueinander wird durch ihre Zuordnung zu Kanälen im Drehbuch bestimmt. Der jeweils unterste Kanal fungiert als eine Ebene über dem darüberstehenden Kanal, d.h. Kanal 5 ist vor Kanal 4, Kanal 4 vor Kanal 3 usw. Bild 4.5 zeigt diese Ebenenanordnung anhand der Besetzung von Bild 4.2.

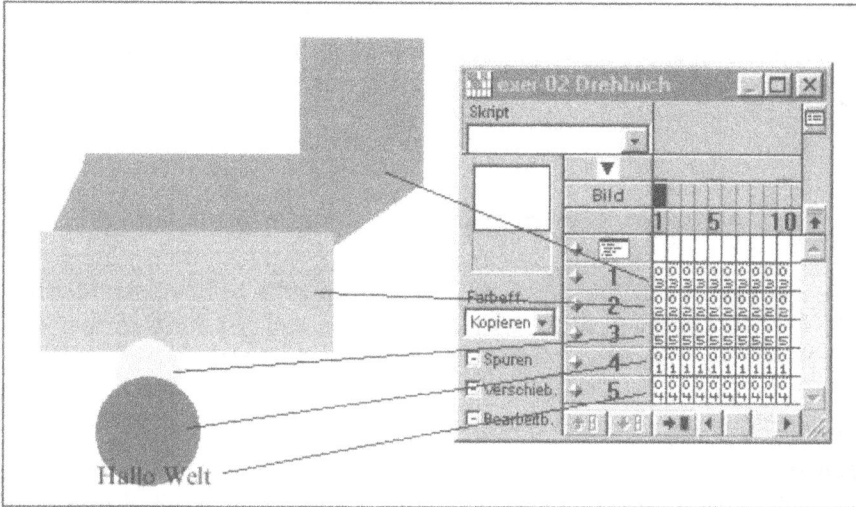

Bild 4.5: Vorder- und Hintergrund in Director

4.1.4 Interaktivität

Eine grundlegende Technik bei der Erstellung von Multimedia-Anwendungen ist die Integration interaktiver Prozeduren, die es dem Benutzer erlauben, auf den Ablauf eines Programms einzuwirken. In diesem Zusammenhang gibt es verschiedene Techniken.

Die einfachste Steuerungsmöglichkeiten besteht darin, den Benutzer entscheiden zu lassen, mit welcher Geschwindigkeit er von einem Teil eines Films zum nächsten übergehen will. Dazu gibt es die Möglichkeit der Auswahl von Tempoeinstellungen. Diese Technik ist recht einfach: Ein Film wird angehalten und wartet, bis der Benutzer eine vordefinierte Aktion ausführt, z.B. einen Mausklick oder einen Tastendruck auf der Tastatur. Man kann dieses Verfahren dadurch verfeinern, daß man dem Benutzer zusätzlich die Möglichkeit zur Vorwärts- und Rückwärtsbewegung erlaubt. Das geschieht in der Regel über Navigationselemente, d.h. über selbst definierte Darsteller, über die die Programmsteuerung vorgenommen wird.

Eine komplexere Form der Interaktivität ist das Erstellen von Verzweigungen. Sie ermöglichen es dem Benutzer, einen eigenen Weg durch das Programm zu wählen, der das sequentielle Filmkonzept durchbricht und Sprünge über Bilder hinweg und zurück erlaubt. In den meisten Fällen werden für Verzweigungen Schaltflächen oder als Schaltelemente fungierende Objekte erstellt, die im Zusammenhang mit speziell definierten Programmanweisungen dem Programm mitteilen, was im Falle der Betätigung der Schaltfläche zu tun ist. Solche Schaltflächen können Programmsprünge veranlassen, sie können aber auch so gestaltet sein, daß sie Hypertext-Links (Verzweigungen durch Aktionswörter) herstellen. Basis für Programmverzweigungen in Director sind Programmanweisungen in der integrierten Programmiersprache Lingo.

4.2   Lingo - Grundlagen

Die mit Director ausgelieferte Programmiersprache heißt *Lingo*. Ähnlich wie bei Multimedia ToolBook gilt für Director, daß erst durch Einsatz dieser Programmiersprache alle Möglichkeiten des Programms zur Entfaltung kommen. Für den Entwickler von Multimedia-Anwendungen in Director bedeutet das eine intensive Auseinandersetzung mit Lingo.

Lingo ist wie OpenScript eine objektorientierte Programmiersprache, die trotz ihrer Komplexität in vielen Bereichen durch ihre gut strukturierte Syntax auch für unerfahrene Programmierer verständlich ist. Sie basiert auf C und verwendet zahlreiche Konzepte dieser Programmiersprache.

Lingo ist vollständig in Director integriert und sehr leicht aufzurufen. Man schreibt Lingo-Skripte in einem eigenen Editor, der von den diversen Fenstern der Entwicklungsumgebung aufgerufen werden kann. Durch ein integriertes Debugging-Programm können Programmierfehler sehr leicht identifiziert werden. Mit Hilfe des Nachrichtenfensters, des integrierten Debuggers und des Watcherfensters kann der Ablauf eines Director-Programms und das Verhalten der Lingo-Skripte während der Programmausführung darüber hinaus sehr gut verfolgt werden.

Prinzipiell gelten für Lingo die gleichen Grundsätze wie für OpenScript (siehe Abschnitt 2.2). Trotz aller Unterschiede zwischen Multimedia ToolBook und Director sind die integrierten Programmiersprachen nämlich abgesehen von unterschiedlichen Befehlssätzen und leicht differierender Terminologie sehr ähnlich.

Wie in ToolBook besteht ein Skript aus mehreren Programmieranweisungen, die in Lingo „Prozeduren" genannt werden.[1] Eine Lingo-Prozedur hat folgende Basisstruktur:

---

[1] Die von Macromedia verwendete Terminologie ist in diesem Zusammenhang nicht einheitlich. Während im englischen Handbuch ausschließlich von „handlers" (dt. Behandlungsroutinen) die Rede ist, verwenden die deutschen Handbücher die Bezeichnung „Prozedur". Da Lingo ähnlich wie LISP oder C in seiner Grundstruktur prozedural oder ereignisorientiert ist und nicht wie z.B. PROLOG Fakten deklariert, schließen wir uns der deutschen Terminologie an und verwenden in der Folge den Terminus „Prozedur" für alle Lingo-Routinen.

```
on <name> [p₁,..,pₙ]        -- Name und Art der Prozedur
      ......                -- Lingo Befehlszeilen
end [<name>]                -- Ende der Prozedur
```

Am Anfang einer Prozedur steht das Schlüsselwort *on* (bei) gefolgt von einem Namen für die Prozedur und möglichen Parametern. Der Name der Prozedur besteht aus mehreren Zeichen und stammt entweder aus einer Menge von vordefinierten und damit reservierten Lingo-Schlüsselwörtern, z.B. *mouseUp*, oder er kann vom Benutzer selbst vergeben werden, z.B. *myWrite*. Nach dem Namen können beliebig viele, durch Kommata voneinander getrennte Parameter folgen, die innerhalb der Prozedur als lokale Variablen interpretiert werden (siehe Abschnitt 4.6.2). Nach der Prozedurdefinition folgen beliebig viele Befehlszeilen, wobei eine größere Programmeffizienz zu erzielen ist, wenn Prozeduren möglichst kurz gehalten werden. Die Prozedur wird mit dem Schlüsselwort *end* und optional mit dem Prozedurnamen abgeschlossen.

Wie auch bei OpenScript ist es unerheblich, ob eine Prozedur in Groß- oder Kleinbuchstaben geschrieben wird. Per Konvention wird aber in der Regel die Kleinschreibung vorgezogen. Lediglich bei Prozedur- oder Variablennamen, die aus mehreren Teilen bestehen, wählt man zur besseren Kenntlichmachung zweckmäßigerweise eine interne Großschreibung, also *mouseUp* statt *mouseup*.

Wie bei jeder anderen Programmiersprache sollten auch in Lingo zahlreiche Programmkommentare ins Programm integriert werden. Die Programmkommentare werden bei der Programmausführung unterdrückt und dienen lediglich der besseren Verständlichkeit eines Programms. Programmkommentaren wird - wie in OpenScript - jeweils ein doppelter Bindestrich vorangestellt.

```
-- Dies ist ein Programmkommentar
-- Dies ist ein zweiter Programmkommentar

on startMovie
      ...    -- Dies ist ein dritter Programmkommentar
end startMovie
```

Beim Schreiben von Lingo-Prozeduren kann es wie in jeder anderen Programmiersprache auch vorkommen, daß einzelne Befehlszeilen nicht in eine Zeile passen. Die Maximallänge einer Zeile beträgt nämlich „nur" 255 Zeichen. In diesem Fall wird der Operator ¬ am Zeilenende eingefügt. Er signalisiert dem Lingo-Compiler, daß die entsprechende Befehlszeile auf der nächsten Zeile fortgesetzt wird. Hier ist ein Beispiel:

```
on myShowText lvText, lvVar
  set the visible of¬
    sprite 6 to lvVar
```

```
set the text of member¬
    "Info" = lvText
end myShowText
```

Das Fortsetzungszeichen erhält man entweder über die Tastenkombination
ALT-Return am Zeilenende oder aus einer Liste von Lingo-Operatoren im
Skriptfenster.

4.3   Der Umgang mit Macromedia Director und Lingo

In den folgenden Abschnitten soll anhand zahlreicher in sich geschlossener
Einzelübungen der Umgang mit Director vorgeführt werden. Dabei wird
besonderer Wert auf die Verknüpfung allgemeiner, primär menüorientier-
ter Verfahren mit den Prinzipien der Programmierung in Lingo gelegt
werden. So sollen nicht nur die diversen Möglichkeiten der Werkzeuge,
die zum Lieferumfang von Director gehören, illustriert werden, sondern es
soll gezeigt werden, welche Möglichkeiten ein mit Director erzeugtes Programm durch die Integration von Lingo-Prozeduren erhält.

Im Unterschied zu Multimedia ToolBook, wo man schon nach kurzer Zeit
mit einfachen Mitteln kleine Übungen zur Interaktivität programmieren
kann, bedarf die Multimedia-Programmierung in Director einer etwas
strikteren Ordnung. Bevor nämlich über Lingo-Skripte Möglichkeiten zur
Interaktion mit dem Benutzer hergestellt werden können, müssen die Darsteller eines Films erzeugt und auf der Bühne plaziert werden. Ein Director
Programm wird daher nach den folgenden Schritten entwickelt (siehe Alker, 1995: 38 ff):

1. Erzeugung aller benötigten Filmdarsteller,

2. Plazierung aller Filmdarsteller auf der Bühne,

3. Erstellung benötigter Animationen,

4. Programmierung mit Lingo.

Diese Reihenfolge bestimmt die Vorgehensweise in den folgenden Abschnitten. Zunächst werden wir uns mit der Erzeugung bzw. dem Import
der Darsteller in einem Film und der Möglichkeit deren Manipulation mit
den Werkzeugen, die in Director integriert sind, befassen. Anschließend
wird geübt, wie spezielle Effekte den Erlebniswert eines Director-
Programms erhöhen können. Erst danach werden die Möglichkeiten der
Erzeugung interaktiver Techniken mit Lingo vorgeführt.

Alle Übungen befinden sich auf der beiliegenden CD-ROM im Ordner
DIRECTOR\EXERCISE. Sie haben jeweils den Dateinamen EXER-

**.DIR, wobei ** für die Übungsnummer, z.B. 07, und DIR für die von Director automatisch vergebene Dateierweiterung stehen. Zum Üben wird empfohlen, auf der Festplatte des eigenen Computers einen Ordner \DIRECTOR\EXERCISE anzulegen und dort die nachprogrammierten Übungen unter den jeweils angegebenen Dateinamen abzulegen. Diese Namen sind identisch mit den Vorlagen auf der CD-ROM.

4.3.1 Das Erzeugen einer Filmbesetzung

Basis eines jeden Director-Films ist die Besetzung. Dabei handelt es sich um eine Art Multimedia-Datenbank, die alle benötigten Elemente für einen Film beinhaltet. Diese Elemente werden als Darsteller bezeichnet. Wie bereits erwähnt können Grafiken, Sounds, Farbpaletten, Text, Videoclips, Skripte und Übergänge als Darsteller fungieren. Jeder Film kann maximal 32.000 Darsteller enthalten.

Seit Director Version 5 wird erstmals eine Unterscheidung zwischen zwei Darstellertypen getroffen:

• interne Darsteller,

• externe Darsteller.

Interne Darsteller (engl. internal casts) gelten ausschließlich innerhalb einer Filmdatei und können nicht von anderen Filmdateien verwendet werden. Externe Darsteller (engl. external casts) dagegen werden separat gespeichert und können von verschiedenen Filmen aus angesprochen werden. Damit realisieren die externen Darsteller zum Teil die Prinzipien, die bis einschließlich Director 4 durch die Datei SHARED.DIR realisiert wurden. Die in dieser Datei abgespeicherten Darsteller wurden jeweils der Besetzung eines Films hinzugefügt, wenn der Film aus dem gleichen Ordner wie die Datei SHARED.DIR geladen wurde.

In der Folge werden wir uns in diesem Kapitel ausschließlich mit der Erzeugung und dem Import interner Darsteller befassen. Die Prinzipien der Erzeugung und Speicherung externer Darsteller in einer gemeinsamen Besetzung macht erst in Zusammenhang mit einem über mehrere Filme verteilten Projekt Sinn und wird daher erst in Abschnitt 5.3.1 im Rahmen des Projekts „Jethro Tull - from Roots to Branches" erläutert.

Wenden wir uns nun der ersten Übung zu. Ziel dieser Übung ist es, eine interne Besetzung für einen sehr einfachen Film unter Zuhilfenahme zweier in Director integrierter Werkzeuge zu erzeugen. Dadurch soll eine erste Einführung in den Umgang mit Director vollzogen werden. Vier Darsteller sollen zunächst in die Besetzung aufgenommen, dort benannt und anschließend auf der Bühne plaziert werden:

- ein graues Vieleck
- ein blaues Rechteck
- ein roter Kreis
- ein rahmenloses Textfeld mit dem Text „Übung 1"

Bild 4.6 zeigt die Anordnung dieser Darsteller auf der Bühne.

Bild 4.6: Der Bühnenaufbau von Übung 1 (Ausschnitt)

Zur Lösung dieser ersten, recht einfachen Übung sind eine Reihe von Vorarbeiten notwendig. Zunächst muß Director vom Desktop, aus dem Windows Startmenü oder aber über den direkten Aufruf der Datei DIRECTOR.EXE aus dem Ordner \DIRECTOR\DIR532 gestartet werden.[1]

Anschließend präsentiert sich Director ähnlich wie in Bild 4.1 dargestellt: Die Bühne ist stets sichtbar, die übrigen Fenster sind je nach Zustand des Programms bei der letzten Verwendung geöffnet oder geschlossen. Über die Menüoption „Fenster" lassen sich die gewünschten Fenster für die Entwicklung von Director-Programmen öffnen bzw. schließen. Um einen in der Entwicklung befindlichen Film zu testen, will man in der Regel die gesamte Bühne einsehen und mögliche geöffnete Fenster vorübergehend schließen. Das läßt sich zwar über die Menüoptionen „Fenster" und „Steuerung" bewerkstelligen, doch bietet sich hier aus Erfahrung eine Tastenkombination an, mit der der gewünschte Effekt effizienter erzielt wird:

---

[1] Je nach Installation kann die Namengebung des Ordners für Director durch den Benutzer den eigenen Wünschen angepaßt werden und daher entsprechend abweichen.

SHIFT-ENTER[1]

Dieser Tastatur-Kurzbefehl schließt vorübergehend alle geöffneten Fenster und spielt den in Arbeit befindlichen Film von der aktuellen Position aus ab. Betätigt man vorher noch die Tastenkombination STRG-ALT-R, kann man den aktuellen Film noch zur Startposition zurückspulen. Somit kann man diese beiden Tastenkombinationen als Äquivalent der Taste F3 in Multimedia ToolBook betrachten, die ein schnelles Wechseln zwischen Entwicklungsumgebung (Autorenebene) und Abspielversion (Leserebene) ermöglicht (siehe Abschnitt 2.3.1).

Starten wir also Director und öffnen das für diese Übung zunächst benötigte Besetzungsfenster. Es besteht aus einzelnen Fenstern, in denen die in einem Film enthaltenen Darsteller als Symbol präsentiert werden und darunter entweder eine automatisch vergebene Nummer oder einen Namen zugewiesen bekommen. Unser Besetzungsfenster ist natürlich zunächst leer und enthält keinen Darsteller.

Der erste Darsteller unseres Films soll ein roter Kreis sein, der im Malfenster erzeugt wird. Das Malfenster ist ein grafischer Editor, mit dem Bitmap-Grafiken erstellt oder nachbearbeitet werden können. Zu diesem Zweck stellt Director eine Reihe von Werkzeugen zur Verfügung. Diese lassen sich in Malwerkzeuge und Farb- bzw. Linienwerkzeuge untergliedern. Bild 4.7 stellt diese zweigeteilte Werkzeugpalette, auf deren Möglichkeiten im Laufe dieses Kapitels näher eingegangen wird, dar.

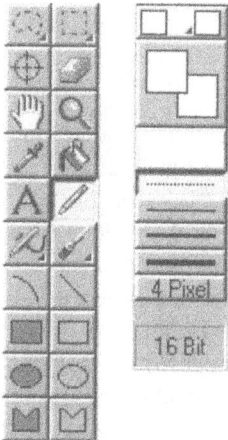

Bild 4.7: Die Werkzeugleiste im Malfenster (außen Wertkzeugpalette, innen Linienwerkzeuge)

---

[1] Mit ENTER ist die Eingabetaste auf dem numerischen Block der Tastatur gemeint, nicht etwa die Returntaste.

Seit Director 5 steht eine zusätzliche Symbolleiste zur Aktivierung bestimmter Effektmöglichkeiten (z.B. Drehen, Neigen etc.) zur Verfügung. Diese ist in Bild 4.8 abgebildet und wird in Abschnitt 4.4.3 im Zusammenhang mit bestimmten Animationstechniken näher erläutert.

Bild 4.8: Die Symbolleiste im Malfenster

Darüber hinaus verfügt das Malfenster über eine einfache Menüleiste, mit der die Kommunikation mit dem Besetzungsfenster aufrecht erhalten wird. Diese ist in Bild 4.9 abgebildet.

Bild 4.9: Die Menüleiste im Malfenster

Die Menüleiste ist in allen Fenstern von Director ähnlich aufgebaut. Daher wird hier zunächst auf eine detaillierte Erklärung verzichtet.

Zwar verfügt Director über keine Statuszeile, in der die diversen Aufgaben der Schaltflächen kommentiert werden, dafür werden - wie in vielen Programmen üblich - alle Schaltflächen im Malfenster (wie auch in den übrigen Fenstern) bei Berührung mit dem Mauscursor mit entsprechenden Kommentaren, dem sog. QuickInfo, gekoppelt.

Öffnen wir also das Malfenster über die Menüoption „Fenster/Malen" und beginnen mit der Erzeugung eines mit roter Farbe gefüllten Kreises. Vor dem Zeichnen des Kreises sollte dessen Rahmen- und Füllfarbe über die Farbfelder in der Werkzeugleiste des Malfensters eingestellt werden. Zwar ist das auch jederzeit im Nachhinein möglich, doch kann es sein, daß bei Einstellung der Vordergrundfarbe „weiß" auch nach dem Zeichnen nichts im Malfenster zu sehen ist. Die Farbeinstellung wählt man über das Werkzeug „Vordergrund-/Hintergrundfarbe" und das dortige Feld oben links. Das darunter liegende horizontale Feld gestattet die Auswahl bestimmter Füllmuster. Durch Anklicken und Halten der linken Maustaste auf dem jeweiligen Farbfeld kann man die Farbe, bzw. die Füllmustereinstellungen auswählen. Das Farbauswahlfeld im Malfenster enthält 256 Farben. Dort wird die jeweilige Umriß- bzw. Füllfarbe für selbsterzeugte Darsteller im Malfenster durch Mausklick eingestellt. Bild 4.10 zeigt die Farbeinstellung für den roten Kreis.

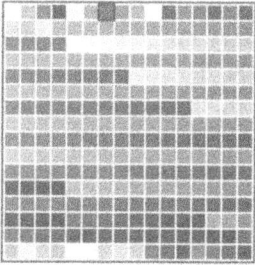

Bild 4.10: Das Farbauswahlfeld im
Malfenster (Farbeinstellung „rot")

Durch einen Doppelklick auf dem Werkzeug Vorder-/Hintergrundfarbe
kann man zusätzlich die Farbpalette aufrufen. Über diese kann man Farben
neu definieren und damit existierende Farbpaletten modifizieren bzw. neue
Paletten erstellen. Zusätzlich kann man den im Farbauswahlfeld eingestell-
ten Farbwert als Zahlenwert unten links in der Farbpalette ablesen. Für das
ausgewählte Rot ist dies der Farbwert 6.[1]

Nun kann der Kreis erzeugt werden. Dazu wählt man das Werkzeug
„Ausgefüllte Ellipse" drückt die Shift-Taste und zieht an einer beliebigen
Position einen Kreis beliebiger Größe bei gleichzeitigem Halten der linken
Maustaste auf. Die Unterscheidung zwischen einem Kreis und einer Ellip-
se wird durch die Betätigung der Shift-Taste (Kreis) bzw. ohne Shift-Taste
(Ellipse) getroffen.

Bei einem Fehler im Malfenster läßt sich jeweils die zuletzt durchgeführte
Aktion über die Menüoption „Bearbeiten/Bitmap widerrufen" rückgängig
machen. Eine andere Möglichkeit Löschungen im Malfenster vorzunehmen, besteht über das Werkzeug „Lasso" bzw. „Auswahlrahmen" . Mit
diesen Werkzeugen kann man wie in vielen Grafikprogrammen üblich einen gewissen Bereich umfahren und markieren. Anschließend läßt sich der
ausgewählte Bereich bearbeiten, u.a. auch über die ENTF-Taste löschen.

Bild 4.11: Die Besetzung von Übung 1 nach Erzeugung des roten Kreises

---

[1] Diese Farbwerte dienen uns von nun an zur genauen Definition gewünschter Farben.

Nachdem der rote Kreis im Malfenster erzeugt wurde, kann das Malfenster geschlossen werden. Die neu erstellte Grafik wird danach unmittelbar und automatisch der Besetzung zugewiesen, so daß sich danach im Besetzungsfenster der in Bild 4.11 abgebildete Zustand darstellt.

Alle Darsteller bekommen in ihrem Darstellerfenster unten rechts ein Symbol zugewiesen, das ihren Typ beschreibt. Dem Grafikdarsteller Kreis wird der Pinsel als Symbol zugeordnet. Zusätzlich erhalten alle Darsteller in der Reihenfolge ihrer Aufnahme in die Besetzung eine Darstellernummer. Diese Nummer entspricht damit der in Multimedia ToolBook vergebenen ID-Kennung (siehe Abschnitt 2.1.2). Zur besseren Bezugnahme werden die Darsteller einer Besetzung allerdings üblicherweise mit Namen versehen. Die Namengebung erfolgt über das weiße Feld in der Menüleiste des Besetzungsfensters. Alternativ kann sie auch über die Menüleiste des Malfensters erfolgen (siehe Bild 4.9).

Bei der Vergabe von Namen sind außer einer Maximallänge von 31 Zeichen keine wesentlichen Grenzen gesetzt. Die Namen dürfen Buchstaben und Zahlen, sowie eine Reihe von Sonderzeichen enthalten. Eine Unterscheidung in Groß- und Kleinschreibung wird dabei ebenfalls nicht getroffen. Somit könnte unser Darsteller 1 den Namen „Der_Rote_Kreis" erhalten. Da auch Leerstellen im Darstellernamen gestattet sind, könnte eine alternative Benennung auch „Der rote Kreis" lauten. Aus Gründen der Wiederauffindbarkeit von Darstellernamen über Lingo-Skripte wird an dieser Stelle allerdings dringend empfohlen, auf Leerstellen in Darstellernamen zu verzichten, da Leerstellen eine immer wieder auftretende Quelle für Programmierfehler sind. Daher wird als Darstellername für unseren ersten Darsteller „RoterKreis" vorgeschlagen, wobei die Anführungszeichen nicht mit eingegeben werden.

Nun können die nächsten beiden Grafikdarsteller erzeugt werden. Dazu wird wiederum das Malfenster geöffnet. Nachdem mit dem roten Kreis bereits ein Grafikdarsteller vorhanden ist, kann man das Malfenster direkt über einen Doppelklick auf den roten Kreis in der Besetzung öffnen und über die Menüleiste im Malfenster und das + Symbol (siehe Bild 4.9) direkt einen weiteren Grafikdarsteller erzeugen. Dies soll ein hellblau gefülltes Rechteck (Farbwert 78) sein, das höher und breiter als der rote Kreis ist.

Das Rechteck erzeugt man nach den gleichen Verfahren wie den roten Kreis, allerdings wird hier das Werkzeug „Ausgefülltes Rechteck" benötigt. Ein Rechteck wird direkt durch Halten der linken Maustaste aufgezogen. Soll aus dem Rechteck ein Quadrat werden, muß gleichzeitig die Shift-Taste gehalten werden. Die Namengebung kann nun auch direkt im Malfenster erfolgen; als Name wird „BlauesRechteck" vorgeschlagen. Nach Erzeugung des Rechtecks kann man im Malfenster verbleiben, da auch der nächste Darsteller, das graue Vieleck (Polygon) ein Grafikdarsteller ist.

Durch erneutes Betätigen des + Symbols in der Menüleiste kann der nächste Darsteller erzeugt werden. Nach Auswahl der gewünschten grauen Füllfarbe (Farbwert 8) und des Werkzeuges „Ausgefülltes Polygon" kann das Polygon aufgezogen werden. Es soll die größten Ausmaße der für die erste Übung benötigten Grafikdarsteller haben. Zum Zeichnen eines Polygons wird mit der linken Maustaste zunächst auf einen Anfangspunkt geklickt. Danach werden die jeweiligen Eckpunkte durch einfachen und der Endpunkt durch doppelten Mausklick definiert. Das Polygon soll den Namen „GrauesVieleck" erhalten.

Nun kann das Malfenster geschlossen werden. Nach Abschluß dieser Arbeiten enthält die Besetzung drei Darsteller mit folgenden Namen:

- RoterKreis
- BlauesRechteck
- GrauesVieleck

Als vierter und letzter Darsteller soll ein Text mit dem Namen „TextFeld1"in die Besetzung aufgenommen werden. Zum Anlegen von Textfeldern bedient man sich des Textfensters. Diese wird über die Menüoption „Fenster/Text" geöffnet. Bild 4.12 zeigt das Textfenster in seinem Ausgangszustand.

Bild 4.12: Das Textfenster

Die Menüleiste des Textfensters ist analog zu den übrigen Fenstern aufgebaut und bedarf zunächst keiner weiteren Erklärung. In der Symbolleiste des Textfensters kann man neben der Auswahl der Schriftart und des Schriftstils (B = bold/fett, I = italics/kursiv, U = underlined/unterstrichen) auch die Schriftgröße sowie die Ausrichtung (linksbündig, zentriert etc.) und den Zeilenabstand auswählen. Das Textfeld soll folgende Darstellereigenschaften erhalten:

- Name: TextFeld1
- Beschriftung: Übung 1

- Schriftart: Times New Roman
- Schriftstil: Fett
- Schriftgröße: 24

Bei den Texten, die im Textfenster erzeugt werden, handelt es sich um zeichenorientierte Texte, bei denen die Darstellung der einzelnen Zeichen auf einem Fremdcomputer abhängig von den installierten Schriftarten ist. Daher sollte man sich auf Standardschriftarten, z.B. Times New Roman beschränken, da man in diesem Fall sichergehen kann, daß diese Schriftart auch installiert ist. Entscheidet man sich für ausgefallenere Schriftarten, sollte man diese als Bitmap-Text im Malfenster erzeugen, um unabhängig von den installierten Schriftarten zu sein (siehe Abschnitt 4.3.3.1).

Nach Abschluß aller Arbeiten enthält die Besetzung vier Darsteller und hat die in Bild 4.13 abgebildete Struktur.

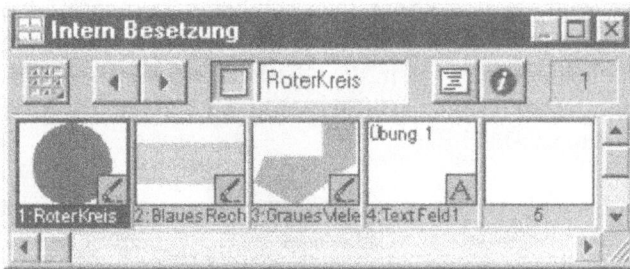

Bild 4.13: Die Besetzung von Übung 1

Im Gegensatz zu den Grafikdarstellern hat das Textfeld als grafische Kennung im Darstellerfenster das „A" erhalten, um anzuzeigen, daß es sich bei diesem Darsteller um einen zeichenorientierten Text handelt.

Über das Dialogfeld „Darstellereigenschaften" läßt sich eine weitere Darstellereigenschaft definieren. Diese bezieht sich auf das mögliche Entfernen eines Darstellers aus dem Arbeitsspeicher bei eventueller Speicherknappheit. Mit der Darstellereigenschaft „Entladen" (bis Director 4 hieß diese Eigenschaft „Löschpriorität") kann man für alle speicherintensiven Darsteller bestimmen, ob diese nach Verwendung stets aus dem Arbeitsspeicher entfernt werden sollen Entladeoption 3 = Normal), oder ob sie während des gesamten Programmablaufs im Speicher verbleiben (Entladeoption 0 = Nie). Je nach Anwendung sind auch die Zwischenwerte 2 (Nächster) oder 1 (Letzter) möglich. Das Dialogfeld „Darstellereigenschaften" ruft man nach vorheriger Markierung eines Darstellers in der Besetzung entweder über die Menüoption „Modifizieren/Darsteller/Eigenschaften" oder über das i-Symbol in der Besetzung auf.

Nun sollen die Darsteller auf der Bühne plaziert werden. Mit anderen Worten: Jeder Darsteller soll in einen Kobold überführt werden. Dazu gibt es zwei Möglichkeiten.

Die einfachste Methode ist die des direkten Ziehens eines Darstellers aus der Besetzung auf die Bühne. Dazu markiert man das jeweilige Darstellerfenster. Anschließend verwandelt sich der Mauscursor in eine Hand und gestattet das Ziehen des Darstellers bei gedrückter linker Maustaste. Die zweite Methode bedient sich des Drehbuches. Dabei wird wiederum der gewünschte Darsteller aus der Besetzung gezogen, diesmal allerdings nicht auf die Bühne sondern in den gewünschten Koboldkanal und die gewünschte Zelle des Drehbuches.

Der Unterschied dieser beiden Methoden zeigt sich in der Positionierung und der Auswahl des Kanals für den jeweiligen Kobold. Während bei der ersten Methode der Kobold frei positioniert werden kann und in den jeweils freien Kanal unter dem zuletzt ausgewählten Kanal eingefügt wird, wird er nach dem zweiten Verfahren über das Drehbuch jeweils mittig auf der Bühne plaziert, wobei der Kanal frei gewählt werden kann.

Wenden wir zunächst das erste Verfahren an und ziehen ausgehend vom Darsteller „RoterKreis" nacheinander die Darsteller an beliebige Positionen auf die Bühne. Danach hat das Drehbuch den in Bild 4.14 abgebildeten Zustand.

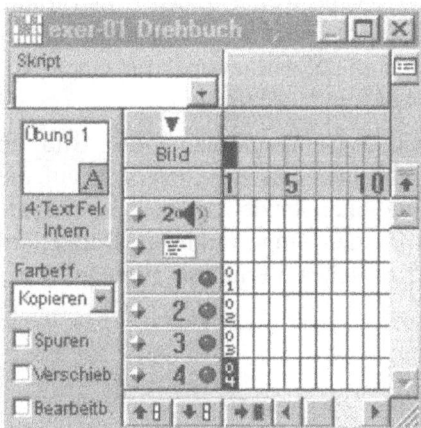

Bild 4.14: Das Drehbuch mit den Darstellern von Übung 1

Alle Darsteller befinden sich in Zelle 1 des Drehbuches und bilden damit ein gemeinsames Bild (frame). Neben jedem Koboldkanal leuchtet ein rotes Lämpchen. Es signalisiert die Aufnahmebereitschaft des Drehbuches und kann durch die Abspieltaste in der Symbolleiste des Hauptmenüs ausgeschaltet werden. In der jeweiligen Zelle der einzelnen Kanäle befinden sich nun die Referenznummern der einzelnen Darsteller: in Kanal 1 der Kobold des Darstellers 1, in Kanal 2 der Kobold des Darstellers 2 usw. Zusätzlich wird in einem Fenster oben links im Drehbuch der markierte (in unserem Fall der zuletzt ins Drehbuch eingefügte Textdarsteller) per Symbol angezeigt.

Nun soll der zweite Weg eingeschlagen werden. Vorher muß der Ausgangszustand wiederhergestellt werden und die Kobolde aus den einzelnen Kanälen gelöscht werden. Dazu markiert man die jeweiligen Zellen per Mausklick und betätigt die ENTF-Taste. Will man mehrere Zellen markieren und gleichzeitig entfernen, muß man beim Markieren zusätzlich die Shift-Taste drücken.

Ausgehend vom ersten Darsteller sollen nacheinander alle Darsteller ins Drehbuch gezogen, werden. Der Zustand des Drehbuches ist danach der gleiche wie in Bild 4.14 abgebildet. Allerdings liegen die einzelnen Kobolde auf der Bühne nun übereinander, so daß je nach Größe nur noch ein Kobold sichtbar ist. Die Ausrichtung der einzelnen Kobolde zueinander, d.h. ihre Positionierung im Vorder- bzw. Hintergrund läßt sich durch Plazierung in verschiedenen Kanälen erreichen (siehe Abschnitt 4.1.3). Dazu kann man entweder die Darsteller gleich in den gewünschten Kanal überführen; es ist aber auch möglich, die Anordnung von Kobolden nachträglich zu ändern. Das geschieht über die Pfeiltasten im Drehbuch. Nach Markierung der gewünschten Zellen bzw. des gewünschten Kanals kann man mit der Pfeiltaste nach oben einen Kobold weiter in den Hintergrund, sowie mit der Pfeiltaste nach unten einen Kobold weiter in den Vordergrund setzen. Wir erinnern uns: je höher die Kanalnummer für einen Kobold, desto weiter befindet sich ein Kobold im Vordergrund.

Um nun den für diese Übung gewünschten Bühnenaufbau wie in Bild 4.6 dargestellt zu erreichen, bedarf es noch eines Zusatzes, der sich auf die Pull-Down Liste „Farbeffekte" im Drehbuch bezieht. Über diese Liste (siehe Bild 4.15) kann man den zu Kobolden umgewandelten Darstellern zusätzliche Effekte verleihen, die ihr grafisches Verhältnis zueinander regeln.

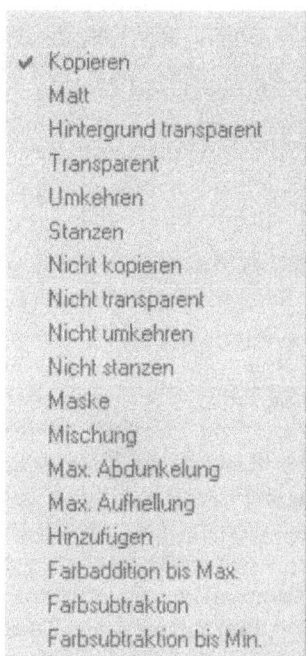

Bild 4.15: Die Pull-Down Liste „Farbeffekte" im Drehbuchfenster

✓ Kopieren
Matt
Hintergrund transparent
Transparent
Umkehren
Stanzen
Nicht kopieren
Nicht transparent
Nicht umkehren
Nicht stanzen
Maske
Mischung
Max. Abdunkelung
Max. Aufhellung
Hinzufügen
Farbaddition bis Max.
Farbsubtraktion
Farbsubtraktion bis Min.

Die Möglichkeiten der Pull-Down Liste „Farbeffekte" sollen nun so angewendet werden, daß das graue Vieleck im Hintergrund liegt, davor das blaue Rechteck, davor der rote Kreis und im Vordergrund das Textfeld. Dazu wird zunächst das Vieleck in den Koboldkanal 1 gezogen. Als Farbeffekt soll „Kopieren" ausgewählt werden, d.h. das Vieleck wird in seiner Originalform auf die Bühne gebracht. Die Pull-Down Liste wird durch Mausklick auf den kleinen Pfeil unterhalb des Wortes „Farbeff." im Drehbuchfenster geöffnet. Danach wird das blaue Rechteck in den Koboldkanal 2 gezogen. Auch hier genügt der Farbeffekt „Kopieren". Zieht man danach den roten Kreis in den dritten Koboldkanal, wird ihm zunächst auch der Farbeffekt „Kopieren" zugeordnet und er präsentiert sich mit seiner Begrenzungsbox vor den anderen Kobolden. Um die Begrenzungsbox zu entfernen, muß der Farbeffekt „Matt" eingestellt werden.[1] Nun befindet sich der rote Kreis ohne Begrenzungsbox im Vordergrund.

Schließlich ziehen wir noch den vierten Darsteller, das Textfeld, in den vierten Koboldkanal, um dieses ganz nach vorn zu stellen. Um auch hier die Begrenzungsbox des Textfeldes zu entfernen und gleichzeitig den Hintergrund durchscheinen zu lassen, muß für diesen Kobold der Farbef-

---

[1]In Macromedia Director Version 4 heißt dieser Farbeffekt „Deckend".

fekt „Hintergrund transparent" eingestellt werden. Eine gute Übersicht und Beschreibung der in Bild 4.15 dargestellten Farbeffekte, die jeweils für alle markierten Zellen im Drehbuch gelten, findet man - wenn auch für Director 4 - in Alker (1995: 56 ff).

Damit sind die Vorgaben dieser ersten Übung erfüllt. Ein Abspielen dieses Films ist noch völlig unergiebig, da dieser lediglich aus einem einzigen Bild besteht.

Die fertige Übung erhält den Dateinamen EXER-01.DIR.

4.3.2   Ein erster nicht-interaktiver Übungsfilm

Ziel des nun folgenden Abschnitts ist die Erstellung eines einfachen Übungsfilms, der mit einer kleinen Besetzung aus fünf Darstellern eine erste, einfache Animation realisiert. Gleichzeitig soll mit dieser Übung die Beziehung zwischen Darstellern und Kobolden auf der Basis eines aus mehreren Bildern bestehenden Films verdeutlicht werden. Dazu wird die Besetzung von Übung 1 genutzt und um einen weiteren Darsteller, der zwischen den Kobolden hindurch eine Kurve beschreiben soll, erweitert. Bild 4.16 verdeutlicht den Bühnenaufbau dieser Übung, wobei die Linie nicht Bestandteil des Bühnenaufbaus ist. Sie soll lediglich die Bewegungsrichtung des zusätzlichen Kobolds illustrieren.

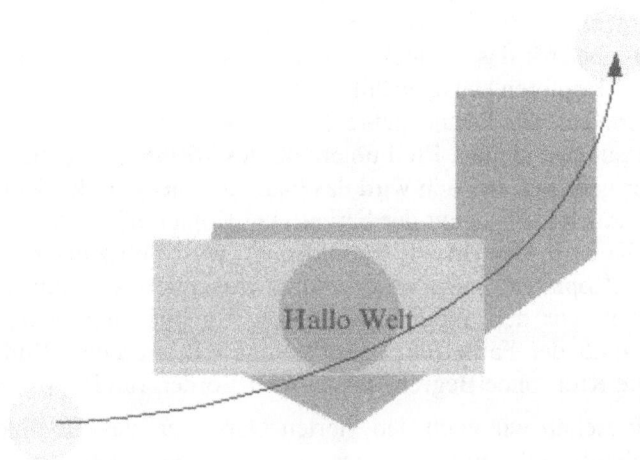

Bild 4.16: Der Bühnenaufbau von Übung 2

Um diesen Übungsfilm mit möglichst wenig Aufwand zu erzeugen, ist zunächst Übung 1 (die Datei EXER-01.DIR) über die Menüoption „Datei/

Öffnen" zu öffnen. Alternativ läßt sich eine Datei auch über die Dateiliste unten im Menü „Datei" öffnen. Voraussetzung dafür ist, daß sie sich unter den vier zuletzt bearbeiteten Dateien befindet. Anschließend ist die Datei über die Menüoption „Datei/Speichern unter ..." unter dem neuen Namen EXER-02.DIR abzuspeichern. An dieser neuen Datei können nun die gewünschten Modifizierungen vorgenommen werden.

Zunächst soll ein weiterer Grafikdarsteller erzeugt werden. Es handelt sich um einen kleinen gelben Kreis mit dem Darstellernamen „GelberKreis". Durch Öffnen das Malfensters kann der Kreis nach Betätigen des + Symbols als weiterer Grafikdarsteller nach den in Abschnitt 4.3.1 vorgestellten Prinzipien erstellt werden. Er wird als fünfter Darsteller in die Besetzung aufgenommen.

Nun sollen die Koboldkanäle 1 bis 4 also alle bisherigen Kanäle markiert werden. Das erreicht man durch aufeinanderfolgendes Anklicken der Zelle 1 dieser Kanäle bei gleichzeitig gedrückter Shift-Taste. Bewegt man anschließend den Mauscursor (immer noch bei gedrückter Shift-Taste) in Zelle 10 und klickt dort mit der Maus, sind die ausgewählten Kanäle bis einschließlich Zelle 10 markiert, und das Drehbuch hat das in Bild 4.17 abgebildete Aussehen.

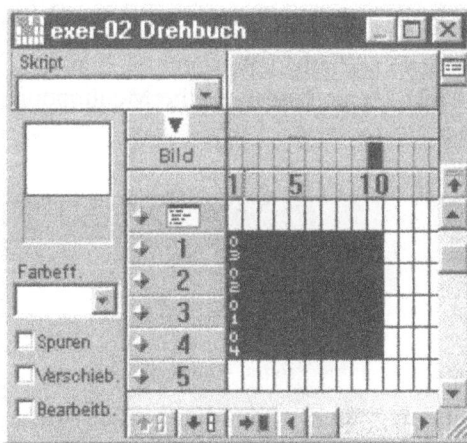

Bild 4.17: Das kumulative Markieren von Koboldkanälen

Anschließend sollen alle markierten, aber noch leeren Zellen automatisch mit den Kobolden von Zelle 1 gefüllt werden. Das geschieht nach der vorgenommenen Markierung über die Menüoption „Modifizieren/Füllen".[1] Da diese Option sehr häufig benötigt wird, sei hier alternativ das Tastaturkürzel

---

[1] In der Version 4 heißt diese Option „Drehbuch/Linear Füllen".

STRG-B empfohlen. Anschließend enthält das Drehbuch in den Kanälen 1 bis 4 jeweils 10 Kobolde in der jeweils gleichen Bühnenposition.

Nun soll der gelbe Kreis ins Drehbuch in der ersten Zelle von Kanal 5 aufgenommen werden. Er liegt damit zunächst im Vordergrund. Damit die Begrenzungsbox des gelben Kreises verschwindet, ist der Farbeffekt „Matt" auszuwählen. Nun kann der gelbe Kreis per Maus auf der Bühne in die gewünschte Ausgangsposition links unten gezogen werden (siehe Bild 4.16). Auf die genaue Position kommt es bei dieser Übung noch nicht an. Die exakte Ausrichtung und Positionierung von Kobolden wird in Abschnitt 4.3.3.4 behandelt.

Nun soll der gelbe Kreis, der ja gegenwärtig nur in Zelle 1 des fünften Koboldkanals liegt, sukzessive seine Position im Verhältnis zu den anderen Kobolden ändern, so daß er die in Bild 4.16 abgebildete Kurve beschreibt. Um diese Kurve zu erzeugen, gibt es diverse Möglichkeiten.

Eine, wenn auch sehr ungenaue Möglichkeit, kann man dadurch erreichen, daß man den gelben Kreis nach und nach aus der Besetzung ins Drehbuch zieht, immer in den gleichen Kanal aber in die jeweils nächste freie Zelle und dabei auf der Bühne Bild für Bild seine Position jeweils etwas weiter in Richtung Endpunkt der Bewegungskurve zieht, so daß er in Zelle 10 seinen Endpunkt erreicht hat. Beim Abspielen des Films entsteht dabei der Bewegungseffekt.

Eine andere, benutzerfreundlichere Variante bedient sich der Systemsteuerung (siehe Bild 4.18). Diese wird über die Menüoption „Fenster/Systemsteuerung" geöffnet.

Bild 4.18: Die Systemsteuerung (bis Version 4 Steuerpult genannt)

In der Systemsteuerung kann man durch schrittweises Vorgehen und gleichzeitige Aufzeichnung Kobolde sukzessive manipulieren und die Zwischenergebnisse im Drehbuch festhalten lassen.

Wenden wir diese Technik auf den gelben Kreis an. Zunächst muß der Film zurückgespult werden, bzw. es muß sichergestellt werden, daß der Abspielknopf (das schwarze Rechteck im Drehbuch oberhalb der Kanalleiste) in Zelle 1 steht. Das Rückspulen kann man auf verschiedene Weise veranlassen:

• durch manuelles Bewegen des Abspielknopfes im Drehbuch,

- durch Betätigen des Rückspulknopfes in der Systemsteuerung,
- durch die Tastenkombination STRG-ALT-R.

Ist der Film in seiner Ausgangsposition, markiert man die erste Zelle des aufzuzeichnenden Kanals, also hier Zelle 1 in Kanal 5, sowie zusätzlich den korrespondierenden Kobold auf der Bühne bei gleichzeitig gedrückter ALT-Taste. Der Kanal signalisiert danach seine Aufnahmebereitschaft durch das rote Lämpchen und der Kobold auf der Bühne wird mit einem etwas dickeren Markierungsrahmen umgeben. Danach betätigt man in der Systemsteuerung die Taste „Schritt vor". Sofort bewegt sich der Abspiel-knopf im Drehbuch in die Zelle zwei und füllt diese mit einer Kopie des bisher lediglich in Zelle 1 befindlichen Kobolds auf. Diesen kann man nun mit der Maus in seine gewünschte Position ziehen. Danach betätigt man wiederum die Taste „Schritt vor" und bewegt den Kobold wieder ein Stück weiter. Diesen Vorgang wiederholt man solange, bis Zelle 10 erreicht ist. Dort sollte auch die gewünschte Endposition des gelben Kreise erreicht sein. Durch erneutes Markieren des gelben Kreises mit der Maus bei gleichzeitig gedrückter ALT-Taste beendet man den Aufzeichnungsvor-gang. Sollte bei der Aufzeichnung ein Fehler aufgetreten sein, kann man die Zellen 2 bis 10 des Koboldkanals 5 erneut markieren, ihren Inhalt mit der ENTF-Taste löschen und den gesamten Vorgang wiederholen.

Um den so entstandenen Film abspielen zu können, muß er zunächst mit der Taste „Zurückspulen" wieder zurückgespult werden. Anschließend kann über die Tastenkombination Shift-Enter der Abspielvorgang durchge-führt werden. Betätigt man zusätzlich die Taste „In Schleife abspielen" in der Systemsteuerung, wird der Film endlos abgespielt, d.h. sobald Bild 10 erreicht ist, kehrt der Abspielknopf zu Bild 1 zurück und der Abspielvor-gang beginnt erneut. Zusätzlich kann man noch die Abspielgeschwindig-keit (bps = Bilder pro Sekunde) an der Systemsteuerung einstellen, so daß die Kreisbewegung im gewünschten Tempo abläuft.

Bis auf eine Ergänzung ist diese Übung abgeschlossen. Der gelbe Kreis bewegt sich ja bisher im Vordergrund, soll sich aber zwischen dem blauen Rechteck (Koboldkanal 2) und dem roten Kreis (bisher Koboldkanal 3) hindurchbewegen. Dazu muß er komplett in Koboldkanal 3 plaziert und die bisherigen Koboldkanäle jeweils einen Kanal nach unten verschoben werden (siehe auch Bild 4.3, wo genau diese Drehbuchsituation dargestellt wird). Durch Markieren aller Zellen in Kanal 5 und Betätigen des Auf-wärtspfeils im Drehbuch, bis Kanal 5 im Kanal 3 steht, wird dieser Effekt erzielt. Nun bewegt sich der gelbe Kreis wie gewünscht zwischen den an-deren Kobolden hindurch.

Damit ist Übung 2 fertiggestellt. Sie bekommt den Dateinamen EXER-02.DIR.

4.3.3   Übungen im Malfenster

Die folgende Übung stellt eine eine Reihe von Techniken vor, die im
Malfenster angewendet werden können. Dadurch sollen in Ergänzung zu
den bisher vorgestellten Verfahren einige zusätzliche Werkzeuge im Malfenster erläutert und eingesetzt werden. So kann man z.B. Bitmap-Texte
durch geschickten Einsatz der Werkzeuge mit einem selbst angefertigten
grafischen Hintergrund versehen. Dieser kann direkt erstellt aber auch mit
Hilfe einer importierten Grafik erzeugt werden. Im einzelnen werden folgende Grafik-Techniken im Rahmen der Übung 3 behandelt:

- das Arbeiten mit Bitmap-Texten,

- das Arbeiten mit Textschablonen,

- der Grafikimport.

Zusätzlich wird es notwendig, die Methoden zur genauen Positionierung
von Kobolden auf der Bühne kennenzulernen, um exakte Bildanordnungen
zu erreichen.

Übung 3 sieht im einzelnen folgende Schritte vor. Zunächst sind einige
Darsteller anzulegen:

- ein Bitmap-Text mit selbst erzeugter Hintergrundschablone,

- ein Bitmap-Text mit importierter Hintergrundschablone.

Zusätzlich sind drei Grafikdateien zu importieren. Diese dienen als Bühnenhintergrund, als Textschablone, sowie als einfache Grafik zur Verschönerung. Anhand dieser Grafiken soll der Dateiimport durchgespielt werden. Als letztes soll anhand eines Kreises ein Mondaufgang simuliert werden, um dem zu erzeugenden Film eine Animation beizugeben. Alle Darsteller sollen darüber hinaus exakt an bestimmten Positionen auf der Bühne plaziert werden.

Bild 4.19 stellt den Bühnenaufbau für Übung 3 dar, wobei die eingezeich-
nete Linie nicht zum Bühnenbild gehört, sondern lediglich zur Illustration
des Animationsweges dient.

Bild 4.19: Der Bühnenaufbau von Übung 3 (mit Animationslinie)

Bevor wir mit dieser Übung beginnen, muß eine Standardgröße für den gesamten Film festgelegt werden. Für Macromedia Director-Filme hat sich hier als eine Art Standard die Bühnengröße von 640 x 480 Bildpunkten etabliert. Diese Größe entspricht in etwa der Multimedia ToolBook Einstellung A6 (siehe Abschnitt 2.3.5.1). Die Einstellung der Bühnengröße erfolgt über die Menüoption „Modifizieren/Film/Eigenschaften" (alternativ nach Klick mit der rechten Maustaste auf die Bühne) und ist vor der Erzeugung eines Films prinzipiell als erstes vorzunehmen. Natürlich kann man die Bühnengröße auch nachträglich verändern, allerdings gilt hier wie für andere Multimedia-Autorensysteme auch, daß sich die auf der Bühne befindlichen Objekte nicht automatisch an die neuen Größenverhältnisse anpassen und nachträglich neu ausgerichtet werden müssen.

Zusätzlich sollte man bei der Erzeugung eines neuen Films neben der Bühnengröße ebenfalls über die Menüoption „Modifizieren/Film/Eigenschaften" die Bühnenfarbe einstellen. Durch Mausklick auf das mit der aktuellen Farbe gefüllte Rechteck im Dialogfeld „Filmeigenschaften" kann man das Farbauswahlfeld aktivieren und dort die gewünschte Farbe einstellen. Für den nun zu erstellenden Übungsfilm soll ein helles Grau (die unterste Zeile des Farbauswahlfeldes, sechste Spalte) gewählt werden.

Damit sind die Vorarbeiten an dieser Übung fertig, und die einzelnen Darsteller können erzeugt bzw. importiert werden.

4.3.3.1   Effekte mit Bitmap-Texten

Beginnen wir nun mit der Erzeugung eines Bitmap-Textes. In Abschnitt 2.3.1 hatten wir bereits auf die Problematik der Auswahl von Schriftarten hingewiesen. Entscheidet man sich bei zeichenorientierten Texten für besonders ausgefallene Schriftarten, kann es passieren, daß die dazugehörige Software - je nach Konfigurierung - auf einem Fremdcomputer nicht zur Verfügung steht. In diesem Fall wird eine Schriftart stets in einer Standardform, z.B. in Arial, dargestellt. Der grafische Effekt der ursprünglich ausgewählten Schriftart geht allerdings verloren. Um diesem Problem aus dem Weg zu gehen, kann man Schriftarten als Bitmaps anlegen. Zwar sind Bitmap-Texte speicherintensiver als zeichenorientierte Texte, auch lassen sie sich weniger leicht nachträglich bearbeiten, doch sind sie unabhängig von den auf einem anderen Computer installierten Schriftarten. Bitmap-Texte werden daher garantiert auf jedem Computer gleichermaßen dargestellt.

Während man in Multimedia ToolBook keine integrierte Möglichkeit zur Erstellung von Bitmap-Texten hat und diese in anderen Programmen, z.B. in CorelDraw, erzeugen und dann importieren muß, bietet Director neben der Möglichkeit zur Erstellung zeichenorientierter Texte im Textfenster (siehe Bild 4.12) eine direkte Möglichkeit der Erzeugung von Bitmap-Texten im Malfenster.

Ausgehend von einer Filmgröße von 640 x 480 und einer noch völlig leeren Besetzung soll nun als erstes der Bitmap-Text „Japanische Szenen" erzeugt werden. Dazu ist das Malfenster zu öffnen. Durch Doppelklick auf das Textsymbol kann man zunächst ein Dialogfeld öffnen, über das die gewünschten Einstellungen zur Zeichenformatierung eingestellt werden können. Folgende Einstellungen sollen hier vorgenommen werden:

- Schriftart: Dauphin[1]
- Schriftgröße: 24
- Schriftfarbe: schwarz

Mit dieser Schriftart ist der Text „apanische Szenen" ins Malfenster einzugeben. Danach soll noch das „J" in der gleichen Schriftart, allerdings in der Größe 36 eingegeben werden. Dazu öffnet man zunächst wieder das Dialogfeld „Schrift" und gibt anschließend das „J" an eine andere Stelle

---

[1] Sollte diese Schriftart nicht installiert sein, ist eine ähnliche, exotische Schriftart zu wählen.

des Malfensters ein. Nach Markierung mit dem Auswahlrahmen läßt sich danach das „J" in die gewünschte Anfangsposition ziehen, so daß der Bitmap-Text „Japanische Szenen" mit einem speziell vergrößerten Anfangsbuchstaben entsteht.

Danach kann das Malfenster verlassen werden. Der gesamte Text steht nun automatisch als Darsteller 1 in der Besetzung. Die bis hierher fertiggestellte Übung kann unter dem Dateinamen EXER-03A. abgespeichert werden.

4.3.3.2 Hintergrundeffekte

In einem nächsten Schritt soll nun ein grafisch gestalteter Hintergrund unter den Text gelegt werden. Dafür könnte man - wie in Abschnitt 4.3.1 vorgeschlagen einen entsprechenden zweiten Darsteller im Malfenster erzeugen und diesen auf der Bühne hinter den Text legen. Nachteil dieser Methode ist, daß man nun zwei Darsteller zu verwalten hat und diese erst über ihre Koboldeigenschaften (siehe Abschnitt 4.3.3.4) in ihrer Größe genau aneinander anpassen kann. Ein anderer Weg bedient sich des Effekts „Austauschen" im Malfenster.

Ausgehend vom Bitmap-Text „Japanische Szenen" kehren wir zunächst zurück ins Malfenster. Dort wird mit dem Pipettenwerkzeug der Hintergrund des Malfensters „aufgesogen". Danach verwandelt sich das Zielfarbenfeld (das linke Feld in der 3er Farbfeldreihe, siehe Bild 4.7) in die entsprechende aufgenommen Farbe. Durch Mausklick auf das rechte Farbfeld dieses Werkzeuges kann nun die Farbe für den Austauscheffekt eingestellt werden. Es soll sich dabei um ein helles Blau handeln (Farbwert 242).

Nun wählt man das Malwerkzeug aus und stellt über das unten im Malfenster befindliche PopUp-Menü „Farbeffekte" den Effekt „Austauschen" ein. Dieser Effekt versieht jeden Bildpunkt der aktuellen (durch die Pipette aufgesogenen) Vordergrundfarbe mit der gewünschten Hintergrundfarbe.[1] Durch Doppelklick auf das Malwerkzeug kann schließlich noch die Pinselform so wie in Bild 4.20 eingestellt werden.

---

[1] Eine Übersicht über die im Malfenster zur Verfügung stehenden Farbeffekte findet man in Alker (1995: 74 ff).

Bild 4.20: Pinselformen im Malfenster

Nach Abschluß der Voreinstellungen kann man bei gedrückter linker Maustaste nun die gewünschte Farbschablone unter den Bitmap-Text legen. Bild 4.21 zeigt diesen Effekt im Detail.

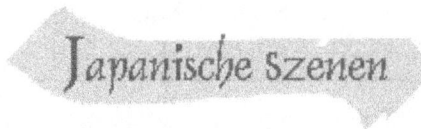

Bild 4.21: Der Effekt „Austauschen"

Damit ist aus dem bisherigen Bitmap-Textdarsteller eine komplexere Grafik geworden. Vom Ergebnis kann man sich im Besetzungsfenster überzeugen. Der erste Darsteller für unseren Film „Übung 3" ist damit fertiggestellt und kann in „JapanText" benannt werden.

Das bis hierher vorliegende Ergebnis erhält den Dateinamen EXER-03B.DIR.

4.3.3.3   Grafikimport

Trotz der großen Möglichkeiten im Malfenster von Director wird dieses in der Regel nur zu Editierungszwecken verwendet. Die eigentliche Arbeit an Grafiken geschieht durch Zuhilfenahme professioneller Grafiksysteme wie z.B. CorelDraw oder PhotoShop. Dort werden die Grafiken fertiggestellt und in Director importiert.

Folgende Grafiken sollen nun in der Version 3c der Übung nacheinander aus dem Ordner DIRECTOR\ADDS von der beiliegenden CD-ROM importiert werden:

- SHRINE.BMP
- SCHRIFT.BMP
- PAPIER01.BMP

Über die Menüoption „Datei/Importieren" wird der Import einer externen Datei eingeleitet. Ähnlich wie Multimedia ToolBook bietet auch Director eine Vielzahl von Importoptionen, u.a. die von Bitmap-Grafiken, an. Nach Auswahl der gewünschten Datei oder Dateien erscheint ein Dialogfeld, in dem sich die Farbtiefe, d.h. die Anzahl der darstellbaren Farben einstellen läßt. Die maximale Farbtiefe, die dabei ausgewählt werden kann, ist abhängig von den Einstellungen in der Windows-Systemsteuerung beim Speichern eines Films.

Mit der Auswahl großer Farbtiefen sollte man möglichst sparsam umgehen. Es gibt viele Gründe zur Selbstbeschränkung auf 8-Bit (256 Farben) Grafiken, insbesondere, wenn das erstellte Multimedia-System auf einem Fremdcomputer eingesetzt werden soll. Auch wenn in Zukunft große Farbtiefen unterstützt werden, gibt es doch viele Computer, die auf 8-Bit festgelegt sind. Will man sicherstellen, daß ein Multimedia-System ein möglichst großes Publikum hat, sollte man 8-Bit Farbdarstellungen bevorzugen. 16-, 24- und 32-Bit Grafiken erfordern darüber hinaus einen wesentlich höheren Speicherbedarf und können relativ schnell den zur Verfügung stehenden Arbeitsspeicher aus- bzw. überlasten.

Ein weiterer wichtiger Aspekt beim Import von 8-Bit Grafiken betrifft die Zuordnung von Farbpaletten. Während 16-, 24- oder 32-Bit Grafiken mit ihren Tausenden und Millionen von Farben nicht von Farbpaletten gesteuert werden, wird bei 8-Bit Grafiken die Zuordnung über die Positionen in einer Farbpalette gesteuert. Diese Farbpaletten können importiert oder selbst erstellt werden. Beim Grafikimport genügt es in der Regel, die angebotene Farbpalette „System-Win" auszuwählen.

Auf diese Weise können die erforderlichen Grafiken als 8-Bit- (SHRINE.BMP und SCHRIFT.BMP) bzw. als 16-Bit-Grafiken (PAPIER01.BMP) importiert werden. Sie stehen danach in der Besetzung und können die Namen „Schrein", „Schrift" und „Papier" erhalten.

Während die Grafiken „Schrein" und Schrift" im nächsten Abschnitt lediglich auf der Bühne plaziert werden, soll die Grafik „Papier" als Hintergrundschablone für den Text „Japanische Szenen" dienen, um einen weiteren Effekt im Malfenster zu illustrieren.

Erzeugen wir als zusätzlichen Darsteller im Malfenster erneut den Text „Japanische Szenen" nach dem in Abschnitt 4.3.3.1 vorgestellten Verfahren. Dazu ist ausgehend vom Darsteller „Papier" erneut das Malfenster aufzurufen und über das + Symbol ein weiterer Darsteller Nr. 5 zu erzeugen. Es soll eine Farbschablone mit einer beliebigen Füllfarbe sein, die nach den gleichen Prinzipien wie in Abschnitt 4.3.3.2 vorgestellt, erzeugt werden soll. Die Farbschablone soll etwas kleiner als das Papierstück sein und in etwa die Form der Schablone von Bild 4.21 haben.

Mit dem nun folgenden Effekt „Aufdecken" soll sich die Schablone mit dem Papierhintergrund füllen. Wichtig ist dabei die Anordnung der Darsteller in der Besetzung. Um die Schablone mit dem Muster des Papiers zu füllen, muß die Bitmap-Grafik „Papier" in der Besetzung direkt links von der Schablone stehen, so daß sich zunächst die in Bild 4.22 abgebildete Besetzung ergibt.

Bild 4.22: Die vorläufige Besetzung von Übung 3c

Im Malfenster werden nun ausgehend von der Schablone das Werkzeug Farbeimer und der Farbeffekt „Aufdecken" ausgewählt. Dieser Farbeffekt läßt die Grafik im vorangehenden Besetzungsfeld durch die Schablone durchscheinen. Sollte sich dabei nur ein Teil der Schablone füllen, ist durch die Menüoption „Bearbeiten/Bitmap widerrufen" der Vorgang rückgängig zu machen und die Schablone so zu verschieben, bis sie an der gleichen Position wie die Papiergrafik liegt.[1]

Nun soll noch der Text in der neu gefüllten Schablone plaziert werden. Dazu markiert man den Text im Malfenster mit dem Auswahlrahmen und

---

[1]Zur exakten Positionierung von Darstellern empfiehlt sich das Werkzeug „Registrierungspunkt", mit dem Bezugspunkte für verschiedene Darsteller eingerichtet werden können (siehe Abschnitt 5.2.2).

kopiert ihn über die Menüoption „Bearbeiten/Bitmap kopieren" in die Zwischenablage. Erneut im Malfenster, allerdings im Fenster mit der aufgedeckten Schablone, ist der Text über die Menüoption „Bearbeiten/Bitmap einsetzen" einzufügen. Damit die Schablone durchscheint, ist der Farbeffekt „transparent" für den Text einzustellen. Schließlich können die überflüssigen Darsteller, also die importierte Grafik „Papier" und der bloße Text, mit der ENTF-Taste aus der Besetzung gelöscht werden. Lediglich die aufgedeckte Schablone mit dem Text „Japanische Szenen" verbleibt in der Besetzung und wird in „SchablonenText" benannt.

Das bis hierher vorliegende Ergebnis bekommt den Dateinamen EXER-03C.DIR.

4.3.3.4 Das Positionieren von Kobolden auf der Bühne

In der nun folgenden Variante D der Übung 3 sollen die Darsteller, die dann ja zu Kobolden werden, exakt auf der Bühne ausgerichtet werden.

Zunächst soll der Schrein mittig auf der Bühne plaziert werden. Das erreicht man am elegantesten durch eine direkte Überführung von der Besetzung ins Drehbuch (siehe Abschnitt 4.3.1). Anschließend soll der Darsteller „SchablonenText" im Holzkreuz des Schreins erscheinen (siehe Bild 4.19). Über die Menüoption „Modifizieren/Sprite/Eigenschaften" soll die Position auf 214 Pixel von links und 73 Pixel von oben eingestellt werden. Bild 4.23 stellt das Dialogfeld für die Sprite-Eigenschaften des Kobolds dar.

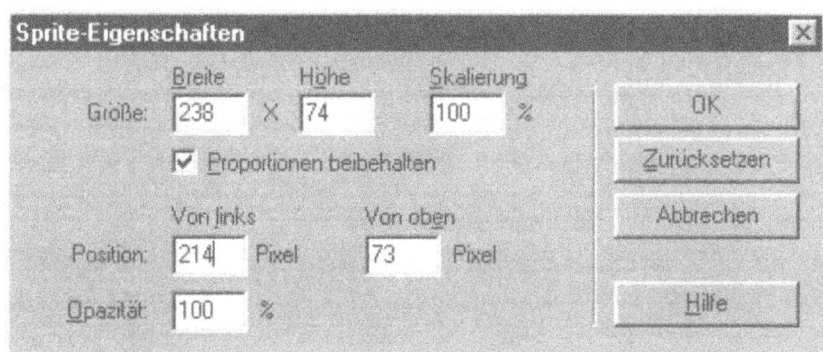

Bild 4.23: Das Dialogfeld „Sprite-Eigenschaften"

Neben der Position lassen sich über die Sprite-Eigenschaften auch die Größe sowie die Opazität, d.h. die Intensität bzw. der Helligkeitswert, mit der ein Kobold dargestellt wird, eingeben (siehe Abschnitt 4.9.1).

Übermäßige Streckungen von Grafiken wirken sich negativ auf das Laufzeitverhalten eines Director-Films aus und sind daher zu vermeiden.

Nach den gleichen Verfahren sind die übrigen beiden Darsteller als Kobolde auf der Bühne zu plazieren:

– Die Grafik: „JapanText" an Position 20/395
– Die Grafik „Schrift" an Position 290/157

Nun sollen noch die Anordnung der einzelnen Kobolde, die ja bisher wahllos in die einzelnen Kanäle des Drehbuchs aufgenommen wurden und deren Farbeffekte definiert werden, so daß sich der anschließend aufgehende Mond hinter den Objekten hindurchschieben kann und dessen Bahn beim Aufgang verfolgt werden kann:

– Die Grafik „SchablonenText": Kanal 1, Farbeffekt: „Transparent"
– Die Grafik „Schrein": Kanal 2, Farbeffekt: „Hintergrund Transparent"
– Die Grafik „JapanText": Kanal 3, Farbeffekt: „Transparent"
– Die Grafik „Schrift": Kanal 4: Farbeffekt: „Transparent"

Um die Animation des aufgehenden Mondes zu erstellen, müssen zunächst alle Zellen und alle Kanäle markiert und bis Zelle 10 aufgefüllt werden (Menüoption: „Modifizieren/Füllen", alternativ STRG-B, siehe Abschnitt 4.3.2).

Nun soll als fünfter Darsteller ein mit orange gefüllter Kreis erzeugt werden und in „Mond" benannt werden. Er soll auf der Bühne als Kobold zunächst in Kanal 5, Zelle 1 in der Anfangsposition 239/218 plaziert werden und den Farbeffekt „Matt" erhalten. Um die Animation zu erstellen, könnten wir uns wiederum der in Abschnitt 4.3.2 vorgestellten schrittweisen Animation bedienen. Diese Technik erfüllt zwar den Zweck, ist aber sehr ungenau. Daher soll schon an dieser Stelle mit der „speziellen Animation" eine neue Technik vorgestellt werden.

Bei dieser Animationsmethode definiert man Anfangs- und Endpunkt, wenn gewünscht auch Zwischenpunkte, einer Animationssequenz und füllt die dazwischenliegenden Punkte mit einer speziellen Menüoption in Director auf.

In Kanal 5, Zelle 1 liegt der Mond ja bereits in seiner Anfangsposition. Zusätzlich soll nun in Kanal 5, Zelle 10 die Endposition des Mondes mit den Werten 515/20 definiert werden. Dazu kopiert man im Drehbuch Zelle 1 von Kanal 5, also den Mond in seiner Anfangsposition mit der Menüoption „Bearbeiten/Zellen kopieren" (alternativ STRG-C) in die Zwischenablage und fügt ihn in Zelle 10 von Kanal 5 mit der Menüoption „Bearbeiten/ Zellen einsetzen" (alternativ STRG-V) wieder ein und definiert über das Dialogfeld Sprite-Eigenschaften die Endposition.

Markiert man nun alle Zellen des Koboldkanals 5, also auch die noch nicht gefüllten Zellen 2 bis 9, kann man über die Menüoption „Modifizieren/ Speziell füllen .." die Zwischenpunkte der Bewegung automatisch festlegen. Das geschieht über das Dialogfeld „Speziell Füllen" (siehe Bild 4.24).

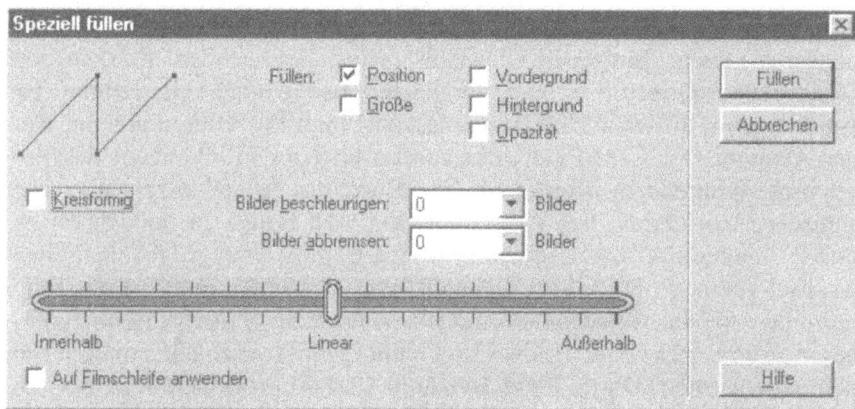

Bild 4.24: Das Dialogfeld „Speziell Füllen" mit den Einstellungen für den Mond (Übung 3d)

Im Dialogfeld „Speziell Füllen" kann man neben der reinen Positionsanimation auch Effekte wie Größenänderung oder Opazität einstellen (siehe Abschnitt 4.9.1). In unserem Fall genügt eine reine Positionsanimation, bei der eine linear aufsteigende Bewegung entsteht. Dazu muß man das Optionsfeld „Füllen: Position" ankreuzen. Will man eine kreisförmige Bewegung erzielen, müssen zusätzliche Bahnpunkte durch Füllen der gewünschten Zellen im Drehbuch festgelegt werden. Über die Schaltfläche „Füllen" im Dialogfeld „Speziell Füllen" wird der Kanal 5 mit den Zwischenpunkten für die Mondsequenz aufgefüllt.

Damit die Mondbewegung im Hintergrund erfolgt, muß der Mond noch hinter die anderen Kobolde in Kanal 1 plaziert werden. Das geschieht wie in Abschnitt 4.3.1 beschrieben durch Markierung des gesamten Kanals und Betätigen der Pfeiltasten im Drehbuch.

Um den so entstandenen Film abspielen zu können, muß er zunächst mit STRG-ALT-R zurückgespult werden. Anschließend kann über die Tastenkombination Shift-Enter der Abspielvorgang durchgeführt werden. Betätigt man zusätzlich die Taste „In Schleife abspielen" in der Systemsteuerung, wird der Film endlos abgespielt, d.h. sobald Bild 10 erreicht ist, kehrt der Abspielknopf zu Bild 1 zurück und der Abspielvorgang beginnt erneut.

Diese Endversion der Übung 3 hat den Dateinamen EXER-03D.DIR.

4.4   Animationstechniken

Wie in Abschnitt 2.3.9 definiert bilden bewegte Bildsequenzen eine Grundlage für die Steigerung des Erklärungswertes aber auch des Erlebniswertes eines Multimedia-Systems. Eine der großen Stärken von Macromedia Director ist die vergleichsweise einfache Erstellung von Animationen, die ohne Zuhilfenahme von Lingo-Prozeduren erzeugt werden können. Der Grund für diese Stärke liegt im Filmkonzept des Programms. Während in Multimedia ToolBook das Seitenkonzept eine eher statische Ausrichtung des Programms mit sich bringt, in dem durch explizite OpenScript-Schlüsselwörter wie z.B. *flip* oder *go to* ein Seitenwechsel veranlaßt und damit Dynamik erzeugt werden muß, ist das Filmkonzept von Macromedia Director von vornherein zeitlich orientiert. Daher müssen Seiten- bzw. Bildwechsel nicht explizit veranlaßt, sondern eher gebremst werden. Durch diese Dynamik sind Animationen kein zusätzlicher Effekt, sondern integraler Bestandteil des Programms. Das erklärt die Einfachheit von Animationen in Director: eine Animation besteht aus einer Menge aufeinander abgestimmter Kobolde, die von Bild zu Bild bezüglich ihrer Eigenschaften variieren. Beim Abspielen entsteht der Eindruck einer bewegten Sequenz.

Folgende Animationstechniken stellt Director zur Verfügung:

- die manuelle Animationstechnik,
- die Echtzeitaufzeichnung,
- die bildweise Aufzeichnung,
- Animationssequenzen,
- Auto-Verzerrung,[1]
- Filmschleifen,
- zusätzliche Effekte.

Die manuelle Animationstechnik bedarf keiner weiteren Erwähnung. Sie nutzt einfach das Filmkonzept aus, in dem unterschiedliche Kobolde ma-

---

[1] Bei Director Version 4 heißt diese Option „Auto-Transformation".

nuell in unterschiedlichen Zellen eines Kanals plaziert werden und beim Abspielen des Films einen Animationseffekt herstellen.

Fast ebenso funktioniert die Echtzeitaufzeichnung. Mit Hilfe der Einstellung einer möglichst langsamen Aufnahmegeschwindigkeit (bps) an der Systemsteuerung und der Tastenkombination STRG-Leertaste wird ein Kobold bei gedrückter linker Maustaste bildweise den gewünschten Animationspfad entlang bewegt. Die Bewegung wird in Echtzeit aufgezeichnet und in den betreffenden Koboldkanal eingefügt. Sie entspricht in etwa der Multimedia ToolBook-Technik der Verwendung des Skript-Rekorder (siehe Abschnitt 2.3.9.1)

Führen wir diese Animationstechnik anhand einer Kurzübung durch. Im Malfenster ist ein blauer Kreis zu erstellen. Dieser wird zum ersten und einzigen Darsteller und ist im Drehbuch in Kanal 1, Zelle 1 zu plazieren. Auf der Bühne befindet sich dieser nun zum Kobold umgewandelte Darsteller in der Mitte. Ziehen wir ihn auf der Bühne nach links unten, um die Animation besser steuern zu können. In der Systemsteuerung ist die Bildwiederholrate 1 einzustellen und die Option in Schleife abspielen auszuschalten, so daß sich der in Bild 4.25 dargestellte Bühnenaufbau während der Entwicklung zeigt.

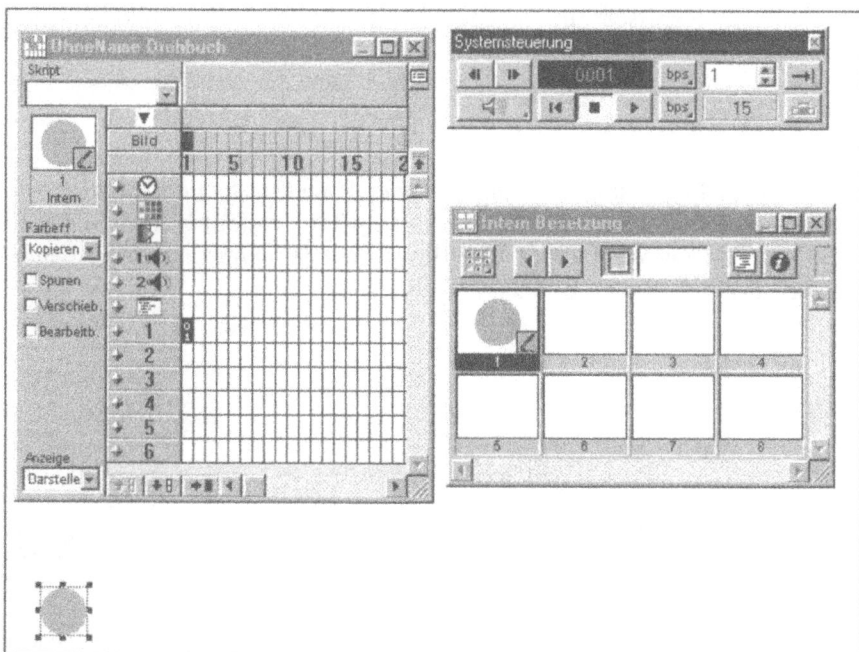

Bild 4.25: Echtzeitanimation (Bühnenaufbau)

Nun kann mit der Aufzeichnung begonnen werden. Dazu betätigt man die Tastenkombination STRG-Leertaste und hält diese gedrückt. Im Drehbuch wird die Aufnahmebereitschaft durch einen kleinen roten Kreis vor dem aufzeichnenden Kanal signalisiert. Danach muß man lediglich den zu animierenden Kobold (hier den blauen Kreis) bei immer noch gedrückter Tastenkombination STRG-Leertaste mit der Maus Bild für Bild in die gewünschte Position weiterziehen. Ist der Animationspfad aufgezeichnet, kann die Tastenkombination STRG-Leertaste losgelassen werden. Als Ergebnis sind die bisher belegten Kanäle linear aufgefüllt worden, und im Aufzeichnungskanal ist die Bewegung festgehalten worden. Zwar kann man die einzelnen Koboldpositionen über das Dialogfeld Koboldeigenschaften noch nachbearbeiten, dennoch ist diese Animationstechnik recht ungenau. Daher wird sie eher selten verwendet.

Ähnlich ungenau verhält sich die bildweise oder schrittweise Animation. Sie wird ebenfalls in Verbindung mit der Systemsteuerung realisiert. In Abschnitt 4.3.2 hatten wir den gelben Kreis auf diese Weise animiert, so daß an dieser Stelle auf weitere Ausführungen verzichtet werden kann.

In professionellen Anwendungen kommen diese einfachen Varianten der Animationstechnik nur sehr selten zum Tragen. Daher sollen in den folgenden Abschnitten die verschiedenen „Hauptvarianten" der Animation mit Director anhand einzelner Übungen im Detail vorgestellt werden. Diese werden summarisch mit Animationssequenzen bezeichnet und bedienen sich einer Reihe ähnlicher menügesteuerter Techniken.

4.4.1   Bild in Kanal

Ziel dieser Übung ist die Erzeugung einer Vogelflugsequenz ähnlich wie sie in Abschnitt 2.3.9.3 mit Multimedia ToolBook erstellt wurde. Bild 4.26 stellt den Animationspfad des Vogelfluges aus dem Gras am unteren Bühnenrand bis zum oberen Bühnenrand dar.

Bild 4.26: Der Vogelflug von Übung 4a

Bevor die Arbeiten an dieser Übung aufgenommen werden, muß zunächst die Bühnengröße auf die Maße 640 x 480 Pixel eingestellt werden (siehe Abschnitt 4.3.3). Anschließend werden die Darsteller in die Besetzung aufgenommen. Alle Darsteller liegen als 16-Bit Grafiken auf der beiliegenden CD-ROM und brauchen lediglich importiert zu werden. Es handelt sich um folgende Grafikdateien aus dem Ordner TOOLBOOK\ADDS:

– GRAS-01.BMP und GRAS-02.BMP, sowie
– BIRD-00.BMP bis BIRD-03.BMP.

Über die Menüoption „Datei/Importieren..." lassen sich alle Dateien einzeln, aber auch gemeinsam über die Dateiliste importieren. Da es sich bei allen Grafikdateien um 16-Bit Grafiken handelt, kann über das Dialogfeld „Bildoptionen" das Optionsfeld „Einstellung für restliche Bilder beibehalten" ausgewählt werden. Dadurch wird der Importvorgang automatisiert.

Nach dem Import sollen die Darsteller in der folgenden Reihenfolge in der Besetzung stehen:

- Darsteller 1: GRAS-01.BMP
- Darsteller 2: GRAS-02.BMP
- Darsteller 3: BIRD-00.BMP
- Darsteller 4: BIRD-01.BMP
- Darsteller 5: BIRD-02.BMP
- Darsteller 3: BIRD-03.BMP

Da die Dateinamen auch als Darstellernamen gelten und hinreichend aussagekräftig sind, bedarf es keiner weiteren Namengebung im Besetzungsfenster.

Im nächsten Schritt werden nun die Darsteller GRAS-01 und GRAS-02 direkt auf die Bühne gezogen und unten am Bühnenrand positioniert. Sie belegen danach die Koboldkanäle 1 und 2. Anschließend werden nacheinander die Vogeldarsteller auf die Bühne gebracht, so daß sie eine aufsteigende Sequenz bilden. Automatisch werden sie dabei in die Kanäle 3 bis 7 überführt. Um den Markierungsrahmen der Grafiken auf der Bühne zu entfernen, ist für alle Kobolde der Farbeffekt „Matt" im Drehbuch einzustellen.

Nach Abschluß dieser Arbeiten haben Besetzung, Drehbuch und Bühne den in Bild 4.27 abgebildeten Zustand.

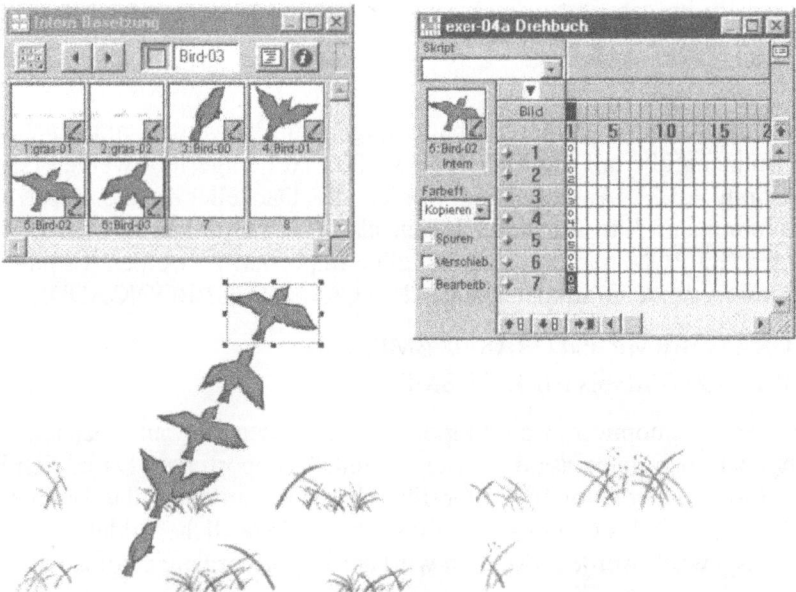

Bild 4.27: Bühne, Besetzung und Drehbuch von Übung 4 nach Einfügen der Darsteller ins Drehbuch

Um nun die Animation zu erstellen, müssen die Vogelkobolde, die ja bisher alle in der gleichen Zelle, aber in verschiedenen Kanälen liegen, in einen einzigen Kanal, aber in verschiedene Zellen überführt werden. Das geschieht über die Markierung aller „Vogelzellen", also der Zellen 1 in den Kanälen 3 bis 7 und dem Menüpunkt „Modifizieren/Bild in Kanal". Danach enthält der dritte Kanal die bisher in Bild 1 untereinander angeordneten Vogelkobolde nebeneinander in den Zellen 1 bis 5.

Um den Vogelflug nun weiter fortzusetzen, könnte man den gleichen Vorgang ab Zelle 6 in Kanal 3 wiederholen, d.h. man zieht wiederum die gewünschten Darsteller aus der Besetzung sukzessive an die gewünschten Positionen auf der Bühne und wendet anschließend die Option „Bild in Kanal" an. Es gibt allerdings eine einfachere Methode, die eine bisher aufgebaute Sequenz detailgetreu wiederholt.

Dazu sind zunächst die Zellen 2 bis 5 im Kanal 3, also die sich wiederholende Flugsequenz zu markieren und in die Zwischenablage zu kopieren (Menüoption „Bearbeiten/Zellen kopieren" oder STRG-C). Anschließend ist der Mauscursor im Drehbuch an der nächsten freien Stelle im dritten Kanal, also in Zelle 6 zu positionieren. Mit der Menüoption „Bearbeiten/Inhalte einfügen/Relativ" kann man danach auf einfache Weise die bisherige Sequenz in der Verlaufsrichtung der Animation fortsetzen.[1] Durch diese Technik wird der dritte Kanal mit weiteren vier Kobolden, also bis einschließlich Bild 9 aufgefüllt. Soll die Sequenz weiter fortgesetzt werden, muß der Cursor in die nächste freie Zelle 10 gesetzt werden und erneut über die Menüoption „Bearbeiten/Inhalte einfügen/Relativ" die immer noch in der Zwischenablage befindlichen Kobolde in den Kanal automatisch eingefügt werden.

Nach Abschluß dieser Arbeiten ist in 13 Zellen im dritten Koboldkanal eine Animationssequenz aufgebaut worden, bei der der Vogel bis zum oberen Bühnenrand fliegt. Damit das Gras auch in allen Bildern sichtbar ist, sind die Kobolde in den Kanälen 1 und 2 bis einschließlich Zelle 13 linear aufzufüllen. Soll der Vogel schließlich noch aus dem Gras heraus nach oben fliegen, sollte die gesamte Vogelflugszene in Kanal 2, also zwischen die beiden „Graskanäle" gelegt werden.

Diese erste Übung mit Animationstechniken erhält den Dateinamen EXER-04A.DIR.

---

[1] In Director Version 4 heißt diese Menüoption „Drehbuch/Sequenz fortsetzen"

4.4.2 Darsteller in Kanal

Eine ähnlich Methode der Erstellung einer Animationssequenz ist die der direkten Überführung mehrerer leicht unterschiedlicher Darsteller in einen Koboldkanal. Nachteil dieser Methode ist, daß alle Kobolde zunächst mittig auf der Bühne plaziert werden. Die resultierende Animation ist daher eine „Animation auf der Stelle".

Als Übungsgrundlage dient uns die Hundeanimation, die in Abschnitt 2.3.9.4 im Zusammenhang mit der Anzeige- und Verbergen-Methode in Multimedia ToolBook vorgeführt wurde. Um die Animation realistischer erscheinen zu lassen, wurden die Hundegrafiken zu diesem Zweck ihrer blauen Rahmen beraubt. Die einzelnen Hundegrafiken liegen als Dateien HUND-01.BMP bis HUND-18.BMP im Ordner DIRECTOR\ADDS und sind zunächst gemeinsam als 8-Bit Darsteller zu importieren. Danach ist die Besetzung mit insgesamt 18 Hundebildern belegt. Eine Namengebung ist auch bei dieser Übung nicht notwendig, da die einzelnen Darsteller die selbsterklärenden Dateinamen erhalten.

Mit der nun folgenden Technik sollen automatisch alle markierten Darsteller sequentiell ins noch leere Drehbuch überführt werden. Dazu wird zunächst der Mauscursor in die leere Zelle 1 des ersten Koboldkanals bewegt. Anschließend sind alle Hundedarsteller in der Besetzung durch Anklicken und gleichzeitiges Drücken der Shift-Taste zu markieren. Mit der Menüoption „Modifizieren/Darsteller in Kanal" werden die markierten Darsteller als Kobolde nacheinander in den Zellen 1 bis 18 des ersten Kanals im Drehbuch aufgenommen. Die Position aller Kobolde ist die Bühnenmitte. Dort läuft beim Abspielen dieses Films die Animation ab. Nach Anwendung der Menüoption „Darsteller in Kanal" hat der Film das in Bild 4.28 abgebildete Aussehen.

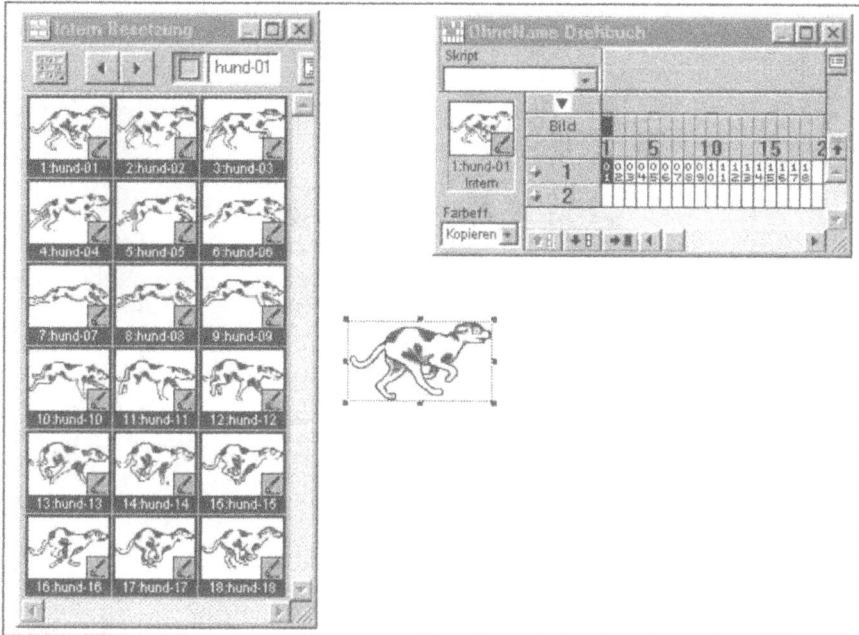

Bild 4.28: Bühne-, Drehbuch und Besetzung von Übung 4b

Damit ist die Übung 4b fertiggestellt. Das Animationstempo, das in der parallelen Multimedia ToolBook-Übung über eine OpenScript-Anweisung eingestellt wurde, läßt sich bei dieser Übung über die Systemsteuerung oder über den Tempokanal (siehe Abschnitt 5.10) einstellen.

Diese Variante der Animationstechnik bekommt den Dateinamen EXER-04B.DIR.

4.4.3 Auto-Verzerrung

Mit einer weiteren Methode der Animationstechnik die genaugenommen eigentliche gar keine Animationstechnik ist, sondern „eine bequeme Methode zur Herstellung von Einzelbildern" (Welsch, 1996: 196), soll gezeigt werden, wie ein weiterer interessanter Effekt in Director erstellt werden kann, der Bewegung simuliert.

Ziel dieser Übung ist es, einen Karren aus einer komplexen Szene heraus zu bewegen. Dabei soll sich das Rad bei der Bewegung in der Bewegungsrichtung drehen. Bild 4.29 stellt den Bühnenaufbau dieser Übung dar. Der zu bewegende Karren befindet sich unten links auf der Bühne, das Rad in der Mitte, die Bewegungsrichtung soll nach links in Fahrtrichtung des Karrens erfolgen.

Bild 4.29: Der Bühnenaufbau von Übung 4c

Zur Lösung der gestellten Aufgabe sind drei Darsteller notwendig, die zunächst nach den bekannten Verfahren importiert werden müssen. Es sind folgende 8-Bit Grafikdateien aus dem Ordner DIRECTOR\ADDS:

- Darsteller 1: SZENE-01.BMP
- Darsteller 2: KARREN.BMP
- Darsteller 3: RAD.BMP

Eine explizite Benennung der Darsteller in der Besetzung ist nicht erforderlich. Darsteller 1 soll den Hintergrund dieses Films bilden und ist daher direkt im Koboldkanal 1 zu plazieren. Dadurch wird die Grafik mittig auf der Bühne plaziert. Der Karren soll in Kanal 2 plaziert werden und ausgehend von einer Bühnengröße von 640 x 480 Pixel die Positionsdaten 70/216 haben. Das Rad schließlich wird in Kanal 3 plaziert und bekommt die Positionsdaten 311/275. Damit ist ein Bühnenbild wie in Bild 4.29 abgebildet erreicht.

Nun soll die Drehung des Rades erzeugt werden. Dazu begeben wir uns ausgehend vom dritten Darsteller ins Malfenster, so daß das Rad bearbeitet werden kann.

Nach Markierung des Rades mit dem Auswahlrahmen wird die Symbolleiste aktiv, die seit Director Version 5 die Manipulation von Grafikdarstellern erheblich erleichtert. Bild 4.30 zeigt die Symbolleiste im Malfenster, die auch schon in Bild 4.7 aufgeführt wurde.

Bild 4.30: Die Symbolleiste im Malfenster

Die einzelnen Schalter sind bei Mausberührung selbsterklärend (QuickInfo). Für unsere Aufgabe ist der fünfte Schalter von links „Frei Drehen" auszuwählen. Danach wird das Rad von einem Markierungsrahmen mit vier Haltepunkten umgeben und der Mauscursor verwandelt sich in ein Fadenkreuz. Damit kann das Rad um 360 Grad nach links gedreht werden, so daß am Ende wieder der Ausgangszustand erreicht ist.

Ist der Drehvorgang beendet, kann über die Menüoption „Xtras/Auto-Verzerrung" im anschließenden Dialogfeld eine beliebige Anzahl von neuen Darstellern erzeugt werden. Für unsere Radanimation genügen 9 neue Darsteller. Verläßt man anschließend das Malfenster, befinden sich diese neuen Darsteller bereits in der Besetzung. Nun können mit der in Abschnitt 4.4.2 vorgestellten Technik „Darsteller in Kanal" die neuen Darsteller 4 bis 12 ausgehend von Zelle 2 des dritten Kanals ins Drehbuch eingefügt werden. Zusätzlich sollten für alle Kobolde in diesem Kanal der Farbeffekt „Matt" und die gleichen Positionsdaten 311/275 eingestellt werden. Füllt man außerdem die Kanäle 1 und 2, also die Kanäle mit der Hintergrundszene und dem Karren bis Zelle 10 auf, wird eine erste Version dieser Übung erzielt, bei der sich das Rad, wenn auch noch auf der Stelle, bewegt. Um eine Bewegung bei gleichzeitiger Positionsveränderung zu erreichen, muß mit der Filmschleife eine weitere Technik, die im folgenden Abschnitt vorgestellt wird, eingesetzt werden.

Die bis hierher entstandene Version der Animationsübung erhält den Dateinamen EXER-04C.DIR.

4.4.4 Filmschleifen

Eine Filmschleife ist ein Darsteller, in dem die Abfolge der Bewegungsphasen eines Objekts gespeichert sind. Sie verhält sich damit wie eine separat geladene Animation. Filmschleifen werden eingesetzt, wenn Objekte ihr Aussehen zyklisch verändern und sich während der Veränderung auf der Bühne bewegen. Genau dieser Fall trifft auf das sich drehende Rad von

Übung 4c zu. Dieses soll sich nicht nur drehen, sondern zusätzlich nach links von der Bühne bewegen.

Eine Filmschleife erzeugt man durch Markierung einer Drehbuchsequenz und anschließender Rücküberführung in die Besetzung. Zur einfachen Erstellung einer Filmschleife ist die Version 4c (EXER-04C.DIR) zu laden. Das animierte Rad befindet sich ausgehend von dieser Übung zunächst in Kanal 3 in den Zellen 1 bis 10. Nach Markierung all dieser Zellen (Shifttaste plus Mausklick) werden diese Zellen schwarz unterlegt und der Mauscursor verwandelt sich in eine Hand. Durch einfaches Ziehen dieser Drehbuchsequenz in die erste freie Zelle in der Besetzung wird ein Dialogfeld geöffnet, in dem man zur Eingabe eines Namens für die Filmschleife aufgefordert wird. Danach ist die Erstellung der Filmschleife abgeschlossen und die Besetzung erhält einen neuen Darsteller, der durch eine Filmrolle als Symbol und seinen Namen dargestellt wird. Die Filmschleife soll in unserem Fall den Namen „RadDrehung" erhalten. Da sich die Filmschleife auf die übrigen Raddarsteller bezieht, dürfen diese nicht aus der Besetzung entfernt werden. Das Drehbuch allerdings kann nun erheblich vereinfacht werden. Die Radkobolde in Kanal 3 können komplett gelöscht werden, so daß in unserem Film vorübergehend nur zwei Kanäle gefüllt sind.

Die Filmschleife kann nun als neuer Darsteller in Zelle 1 des Koboldkanals 3 eingefügt werden und über ihre Sprite-Eigenschaften an die bekannte Position 311/275 gesetzt werden. Löscht man die Zellen 2 bis 10 der Kanäle 1 und 2 und stellt an der Systemsteuerung die Option „In Schleife abspielen" ein, kann man sich durch Abspielen des Films (Shift-Enter) von der Funktion der Filmschleife auf der Basis eines einzigen Bildes überzeugen. Allerdings dreht sich das Rad nach wie vor auf der Stelle.

Mit der aus Abschnitt 4.3.3.4 bekannten Menüoption „Modifizieren/ Speziell Füllen" kann nun die zusätzliche Bewegung erzielt werden. Diese soll sich von Bild 1 bis Bild 10 erstrecken. Beginnen wir mit dem Rad in Kanal 3. Dazu muß zunächst Zelle 1 kopiert werden (STRG-C oder Menüoption „Bearbeiten/Zellen Kopieren") und in Zelle 10 wieder eingesetzt werden (STRG-V oder Menüoption „Bearbeiten/Zellen einsetzen"). Anschließend werden über das Dialogfeld Sprite-Eigenschaften die Anfangs- und die Endposition festgelegt:

- Anfangsposition, Zelle 1:   311/275
- Endposition, Zelle 10:   3/275

Danach kann über das Dialogfeld „Speziell Füllen" die Bewegung auf die Filmschleife angewendet werden (siehe Bild 4.24). Dabei ist das Optionsfeld „Auf Filmschleife anwenden" anzukreuzen. Damit ist die Radbewegung bei gleichzeitiger Positionsveränderung von Bild 1 nach Bild 10 gewährleistet.

Nun soll sich noch der Karren mitbewegen. Auch hier muß Zelle 1 nach Zelle 10 mitkopiert werden. Wiederum werden zunächst Anfangs- und Endposition festgelegt:[1]

– Anfangsposition, Zelle 1:   70/216
– Endposition, Zelle 10:   -238/216

Über die Menüoption „Modifizieren/Speziell Füllen" werden auch für diesen Kobold die Zwischenpositionen festgelegt, mit dem Resultat, daß sich anschließend Karren und Rad gleichzeitig bewegen. Füllt man nun noch den Hintergrund in Kanal 1 bis Zelle 10 auf, ergibt sich eine in sich geschlossene Sequenz mit einem sich aus dieser Szene herausbewegenden Karren. Die Drehbewegung geht allerdings so schnell, daß sie nur bei einer niedrigen Bildwiederholrate (bps) an der Systemsteuerung wahrnehmbar ist.

Die so entstandene Version der Karrenbewegung erhält den Dateinamen EXER-04D.DIR.

4.4.5   Besondere Effekte

In einer abschließenden Übung zum Thema Animation soll nun gezeigt werden, wie zusätzlich zur Änderung der Positionsdaten eines Kobolds auch dessen Größe und dessen Helligkeit bzw. Sättigung auf dem Animationsweg geändert werden kann.

Basis für die folgenden Ausführungen ist die Übung 4a, bei der sich der zunächst im Gras sitzende Vogel flügelschlagend nach oben aus der Bühne bewegt (siehe Abschnitt 4.4.1 und Bild 4.26). Die Vogelflugsequenz erstreckt sich dabei über die Zellen 1 bis 13 in Kanal 2.

Mit der nun folgenden Variante dieser Übung soll erreicht werden, daß sich der Vogelflug nicht mehr vollständig bis zum oberen Bühnenrand erstreckt, sondern in der Mitte abknickt und in einen Gleitflug übergeht, bei dem der gleitende Vogel sowohl seine Größe als auch seine Opazität ändert. Dadurch wird ein Verschwinden des Vogels am Horizont simuliert. Bild 4.31 illustriert die gesamte Flugsequenz.

---

[1] Mit negativen Positionswerten erreicht man die Festlegung von Positionen außerhalb der Bühne.

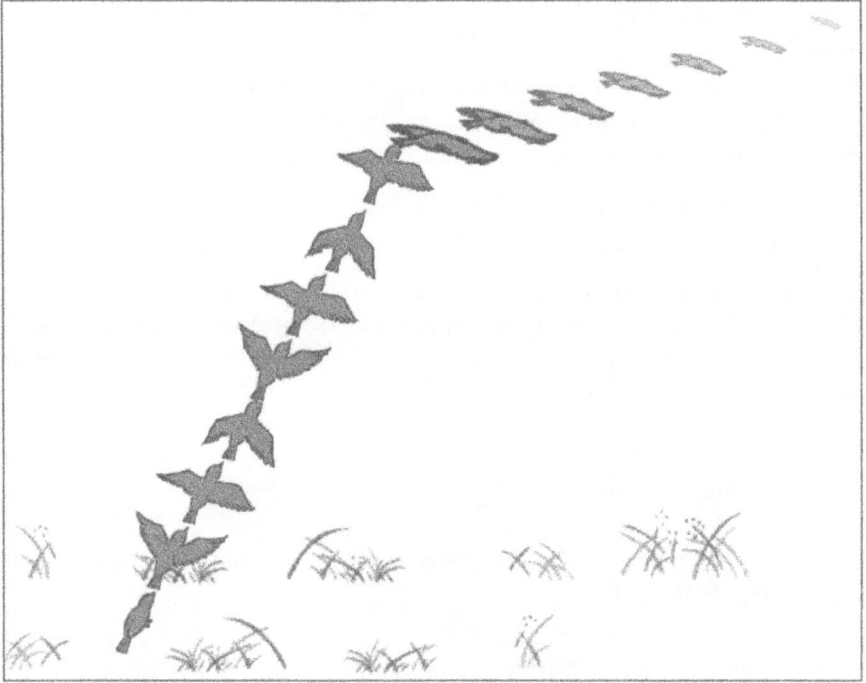

Bild 4.31: Die Flugsequenz von Übung 4e

Um den Gleitflug von der oberen Bühnenhälfte aus zu erreichen, müssen aus Kanal 2 zunächst alle Kobolde ab Zelle 11 gelöscht werden (Markierung und ENTF-Taste). Danach soll die gesamte Sequenz bis einschließlich Zelle 17 verlängert werden, um ausreichend Platz für den Gleitflug zu bekommen. Die Kanäle 1 und 3 (die „Graskanäle") sind daher entsprechend aufzufüllen. Nun benötigen wir noch einen weiteren Darsteller, den Vogel im Gleitflug. Dieser befindet sich in der 8-Bit Grafikdatei BIRD-04.BMP im Ordner DIRECTOR\ADDS auf der beiliegenden CD-ROM.

Nach dem Import dieser Grafikdatei ist der korrespondierende Darsteller in Zelle 10 des freien Kanals 4 zu plazieren. Dadurch erscheint er auf dem gleichen Bild wie der letzte Kobold der aufsteigenden Vogelflugsequenz und kann manuell genau ausgerichtet werden. Durch Kopie des Gleitflug-kobolds und erneutes Einfügen in Zelle 16 von Kanal 4 kann die Option „Speziell Füllen" vorbereitet werden. Vorher sollte der Kobold in Zelle 16 noch in seine Endposition verschoben werden. Über das Dialogfeld Sprite-Eigenschaften sind zusätzlich noch seine Größe und sein Opazitätsgrad auf jeweils 30% zu reduzieren. Mit der Menüoption „Modifizieren/Speziell Füllen" können nun nach vorheriger Markierung der Zellen 10 und 16 im Kanal 4 zusätzlich zur Positionsänderung auch der Opazitätsgrad und die

Größe der automatisch einzufügenden Kobolde verändert werden. Voraussetzung dafür ist das Anklicken der Optionsfelder Position, Größe und Opazität.

Anschließend kann die gesamte speziell aufgefüllte Sequenz noch per Maus in Kanal 2 verschoben werden, so daß sie sich an Zelle 10 anschließt und die Zellen 11 bis 17 belegt.

Spielt man diesen Film ab, stellt sich der gewünschte Effekt ein. Der Vogel geht in der oberen Bildschirmhälfte in einen Gleitflug über und verändert dabei zusätzlich seine Opazität und Größe. Dadurch scheint er am Horizont zu verschwinden.

Diese Animationsvariante wird unter dem Dateinamen EXER-04E.DIR abgespeichert.

4.4.6   3D-Animation

Die bisher vorgestellten Animationsvarianten waren ausschließlich zweidimensionale (2D) Animationen. Echte 3D-Animationen lassen sich in Director nicht erstellen. Lediglich durch eine geschickte Anordnung der Darsteller und der Hintergründe sind Pseudo-3D-Effekte zu erzielen. Will man eine echte dreidimensionale Wirkung erzielen, muß man die gewünschten 3D-Animationen in einem separaten Programm erzeugen (z.B. im Autodesk 3D-Studio) und als Datei importieren. Nach dem Import wird eine solchermaßen erzeugte Animationssequenz in ihre Einzelbilder aufgelöst und kann entweder als Sequenz aus Einzeldarstellern oder als Filmschleife behandelt werden.

Auf der Basis der folgenden abschließenden Animationsübung soll diese Methode illustriert werden. Im Rahmen dieser Übung soll eine FLI-Datei importiert werden. Diese besteht intern aus 31 Bildern mit den sich drehenden Buchstaben IAD. Bei diesen Buchstaben handelt es sich um die Initialen des Marburger Instituts „Gesellschaft für Informationsverarbeitung und angewandte Datentechnik mbH", bei dem zahlreiche Inhalte dieses Buches im Rahmen eines Kompaktkurses erprobt wurden.

Ausgehend von einer neuen Datei soll zunächst die Datei IAD.FLI aus dem Ordner DIRECTOR\ADDS importiert werden. Sofort nach dem Import wird der erste Darsteller in der Besetzung zu einer Filmschleife mit dem Dateinamen als Kennung. Die übrigen Darsteller enthalten die einzelnen Bilder der Gesamtsequenz. Durch einfaches Einfügen der Filmschleife in einen beliebigen Koboldkanal kann die Animation auf der Bühne abgespielt werden.

Da auf Filmschleifen auch die Menüoption „Speziell Füllen" angewendet werden kann, soll hier zusätzlich noch eine Variante erprobt werden, die das sich drehende Logo zusätzlich kreisförmig über die Bühne bewegt und dabei die Größe des Logos ändert.

Dazu plazieren wir die Filmschleife in den Zellen 1, 8 und 15. Folgende Positions- und Größendaten sollen dabei eingegeben werden:

– Zelle 1: 1/10, Skalierung: 30%
– Zelle 8: 30/297, Skalierung 100%
– Zelle 15: 528/35, Skalierung: 30%

Wählt man anschließend die Menüoption „Modifizieren/Speziell Füllen" kann man unter Auswahl der Optionsfelder:

– kreisförmig, Pfad außerhalb
– auf Filmschleife anwenden
– Position
– Größe

eine nach außen gebogene Kreisbahn erreichen, entlang der sich das drehende Logo bewegt. Stellt man zusätzlich über die Filmeigenschaften die Bühnenfarbe schwarz ein (auch das Logo hat einen schwarzen Hintergrund), erhält man einen optisch sehr schönen Animationseffekt. Bild 4.32 zeigt den Bühnenaufbau dieser importierten 3D-Animation in farblich invertierter Form.

Bild 4.32: 3D-Animation durch Dateiimport

Diese letzte Animationsvariante erhält den Dateinamen EXER-04F.DIR.

Weitere Effekte, insbesondere über die Option Auto-Verzerrung, werden in Zusammenhang mit dem Projekt „Jethro Tull - from Roots to Branches" im fünften Kapitel dieses Buches (siehe Abschnitt 5.4.2) vorgestellt.

4.5 Navigation

Die bisherigen Übungen dienten primär dazu, die in Director integrierten Möglichkeiten zur Behandlung von Texten, Grafiken und Animationen kennenzulernen. Dabei wurde offensichtlich, daß das Programm ohne jeglichen Programmieraufwand eine riesige Palette an Möglichkeiten bietet. Grundlage der bisherigen Übungen waren in sich geschlossene Filme, die entweder aus einem einzigen Bild oder aus einer Sequenz direkt aufeinanderfolgender Bilder bestanden. Darüber hinaus wurden durch die entsprechende Einstellung an der Systemsteuerung alle Filme in Schleifen abgespielt, so daß keine Notwendigkeit bestand, dem Benutzer Optionen zum Eingriff in die Programme zur Verfügung zu stellen.

In den folgenden Übungen sollen die Varianten der Navigation durch ein Director-Programm und damit der Herstellung von Interaktivität erläutert werden. Das kann auf verschiedene Art und Weise realisiert werden:

* per Mausklick,

* über vorgefertigte Schaltflächen,

* über spezielle Objekte, die als Navigationselemente dienen,

* über ein Benutzermenü.

Bei diesen diversen Navigationsoptionen ist der Grad der Interaktivität schwankend. Er kann schwach (Mausklick) oder stark (Benutzermenü) sein.

Das nun zu erstellende Übungsprogramm soll ein Film mit drei Bildern zum Thema Sport sein. Diese Bilder sollen vor einem gemeinsamen Bühnenhintergrund präsentiert werden. Der Wechsel zwischen den Bildern soll auf verschiedene Art realisiert werden: von sequentiell (Mausklick) bis frei wählbar (über Navigationselemente). Zusätzlich soll in einer späteren Version dieser Übung über einen Text der Name des Bildes, in dem sich das Programm befindet, angezeigt werden. Bild 4.33 zeigt einen Ausschnitt aus dem zu erstellenden Film auf der Basis des zweiten Bildes.

Über die reine Anfertigung des Programms hinaus sollen bereits bei diesem kleinen Übungsprojekt die Schritte der Erzeugung eines Director-Programms beherzigt werden (siehe Abschnitt 4.3).

Schritt 1: Erzeugung aller benötigten Darsteller,

Schritt 2: Plazierung aller Darsteller auf der Bühne,

Schritt 3: Erstellung benötigter Animationen,

Schritt 4: Programmierung.

Da in diesem Beispielprogramm keine Animationen benötigt werden, kann der dritte Schritt eingespart werden.

Bild 4.33: Bild 2 von Übung 5

4.5.1 Ein Film mit mehreren Bildern

Wie schon mehrfach erwähnt beginnt man ein Director-Projekt mit der Einstellung der Bühneneigenschaften. Nach dem Öffnen einer neuen Datei sollen über die Menüoption „Modifizieren/Film/Eigenschaften" folgende Werte festgelegt werden:

– Bühnengröße: 640 x 480 Pixel
– Bühnenposition: von links 80, von oben 60 Pixel

- Standardfarbpalette: System-Win
- Bühnenfarbe: ein heller Braunton, im Farbauswahlfeld Zeile 3, Spalte 13 (Farbwert 44)

Diese Eigenschaften gelten damit für den gesamten Film und garantieren eine Übertragbarkeit auch auf minder konfigurierte Fremdcomputer.

Beginnen wir mit der Erstellung der einzelnen Darsteller. Auf jedem Bild soll das Foto einer Sportart in der Bühnenmitte plaziert werden, insgesamt drei Fotos, eines zu jeder Sportart. Dazu importieren wir in die zunächst noch leere Besetzung drei Fotodateien. Sie befinden sich im Ordner DIRECTOR\ADDS und haben die Dateinamen:[1]

- AUTORENN.BMP
- FUSSBALL.BMP
- WASSERSK.BMP

Bei diesen Fotos handelt es sich um 24-Bit Grafiken, die aber als 16-Bit Grafiken importiert werden sollen. Dadurch verkleinert sich der Speicherbedarf des Filmes.

Nach dem Import der Fotos sollen drei Navigationselemente im Malfenster erstellt werden. Diese sind in Bild 4.34 abgebildet.

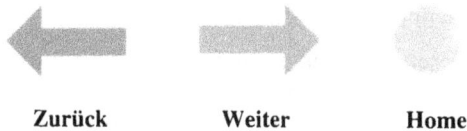

| Zurück | Weiter | Home |

Bild 4.34: Navigationselemente in Übung 5

Die Prinzipien der Erzeugung von Grafikobjekten im Malfenster sollten nach den umfangreichen Ausführungen in Abschnitt 4.3.1 prinzipiell klar sein. Dennoch sind einige weitere Hinweise notwendig. Durch den Import der drei Fotos als 16-Bit Grafiken ist das Malfenster auf eine Farbdarstellung von 16 Bit umgestellt worden. Um die Malwerkzeuge, insbesondere die Farbeffekte bei der Modifikation von Grafikdarstellern effizient zu

---

[1] Ursprünglich stammen diese Grafikdateien aus dem Ordner GOODIES\IMAGES\ FOTODISC\SPORTS von der Macromedia Director CD und haben die Dateinamen 10187.BMP (AUTORENN.BMP), 10266.BMP (FUSSBALL.BMP) und 10272.BMP (WASSERSK.BMP). Zur besseren Handhabung sind sie umbenannt und auf der dem Buch beiliegenden CD im Ordner DIRECTOR\ADDS untergebracht worden.

nutzen, ist das Malfenster auf eine Farbdarstellung von 8 Bit zurückzustellen. Das geschieht durch Doppelklick auf das Feld 8 Bit, 16 Bit etc. in der Werkzeugleiste im Malfenster.

Nun können wir mit dem Polygonwerkzeug zunächst einen nach links gerichteten rot gefüllten Pfeil erzeugen. Um daraus einen genau formgleichen nach links gerichteten Pfeil mit blauer Füllung zu erzeugen, markiert man das rote Polygon mit dem Auswahlrahmen, kopiert es in die Zwischenablage (Menüoption „Bearbeiten/Bitmap kopieren, alternativ STRG-C) und fügt es nach Auswahl des + Symbols im nächsten Malfenster mit der Menüoption „Bearbeiten/Bitmap einsetzen" (alternativ STRG-V) wieder ein. Dort kann der zunächst noch nach links gerichtete Pfeil nach vorheriger Markierung über die Symbolleiste im Malfenster um 180 Grad gedreht und anschließend mit blauer Farbe gefüllt werden.

Anschließend ist mit einem grün gefüllten Kreis, der als Navigationselement „Home" fungieren wird, noch ein weiterer Grafikdarsteller im Malfenster zu erzeugen.

Als letzter Darsteller wird noch ein Textfeld benötigt. Es soll zunächst nach den in Abschnitt 4.3.1 vorgestellten Verfahren über das Textfenster erzeugt werden und die Schriftart Times New Roman in Größe 18 aufnehmen. Diese soll zentriert im Textfeld erscheinen. Da der Text später flexibel über eine entsprechende Lingo-Prozedur in das Textfeld eingefügt werden soll, ist eine Texteingabe bei der Erzeugung der Eckdaten für das Textfeld nicht notwendig.

Nach Abschluß dieser Arbeiten enthält unsere Besetzung 7 Darsteller. Bild 4.35 stellt diese zusammen mit ihren Namen, die nun noch eingegeben werden müssen, dar.

Bild 4.35: Die Besetzung von Übung 5

Nun sollen die Darsteller auf der Bühne plaziert werden. Dabei soll folgende Zuordnung gelten:

Die Darsteller 1, 2 und 3 sollen im Kanal 1 aufgenommen werden:

– Darsteller 1 „Autorennen" in Zelle 1
– Darsteller 2 „Fussball" in Zelle 5
– Darsteller 3 „Wasserski" in Zelle 9

Um die Grafiken in der Bühnenmitte zu positionieren, sollen sie direkt aus der Besetzung ins Drehbuch überführt werden. Ist das geschehen, besteht unser Film aus drei Bildern. Zwischen den einzelnen Bildern (Bild 1, Bild 5 und Bild 9) liegen nun jeweils leere Zwischenräume von je drei Zellen. Diese werden zwar nicht benötigt, sollen aber aus Gründen der besseren Bearbeitbarkeit unseres Films beibehalten werden.

Zum Zwecke der besseren Ansprechbarkeit der Bilder eines Films werden ihnen Namen zugewiesen (analog zu den Seitenbezeichnungen in Multimedia ToolBook, siehe Abschnitt 2.3.5.1). Die Namengebung erfolgt über den Markierrungsvorrat, das kleine schwarze Dreieck über der Bezeichnung Bild im Drehbuch. Dazu zieht man ein Dreieck (die Markierung) bei gedrückter linker Maustaste aus dem Markierungsvorrat in das Bild, in dem die Markierung erscheinen soll. Anschließend blinkt rechts neben der Markierung der Cursor und man kann den gewünschten Markierungsnamen eingeben. Auf diese Weise können nun folgende Markierungen eingegeben werden:

- Bild 1: Autorennen
- Bild 5: Fussball
- Bild 9: Wasserski

Ist ein Markierungsname zu lang, werden die Buchstaben dargestellt, die bis zur nächsten Markierung Platz finden. Soll eine Markierung gelöscht werden, wird die Markierung bei gedrückter linker Maustaste einfach in das freie graue Feld über der Markierungsleiste gezogen.

Ist ein Bild im Drehbuch einmal mit einer Markierung bezeichnet worden, kann der Markierungsname in Lingo-Skripten verwendet werden. Das ist wichtig, weil Referenzen zu Bildnummern ungültig werden können, wenn neue Bilder ins Drehbuch einfügt bzw. vorhandene Bilder gelöscht werden. Markierungsnamen bleiben dagegen ohne Berücksichtigung der Drehbuchbearbeitung konstant.

Nachdem nun die expliziten Bildreferenzen vorliegen, können die übrigen Darsteller ins Drehbuch überführt werden. Das geschieht am besten auf der Basis des Bildes „Fussball", da in diesem Bild alle Darsteller in Erscheinung treten. Im letzten Bild „Wasserski" kann z.B. das Navigationselement „Weiter" weggelassen werden, da man von dort ja nicht weiter „blättern" soll. Die folgende Übersicht listet die einzelnen Kobolde für das Bild „Fussball" (Zelle 5) mit ihren Eigenschaftsdaten auf:

Kanal 1: Das Foto „Fussball"

- Position: Bühnenmitte

Kanal 2: Das Navigationselement „Zurück"

– Größe: 62 x 35 Pixel, Position: 200/430

Kanal 3: Das Navigationselement „Weiter"

– Größe: 62 x 35 Pixel, Position: 300/430

Kanal 4: Das Navigationselement „Home"

– Größe: 34 x 34 Pixel, Position: 400/430

Kanal 5: Das Textfeld „Information

– Größe: 160 x 20 Pixel, Position: 240/30

Die Eigenschaften (Größe und Position) können über das Menü „Modifizieren/Sprite/Eigenschaften" nach vorheriger Markierung des jeweiligen Kobolds im Drehbuch genau festgelegt werden. Nach Eingabe der Größen- und Positionsdaten der einzelnen Kobolde können diese nun im Drehbuch in Bild 1 („Autorennen") und Bild 9 („Wasserski") kopiert werden. Dadurch werden ihre Eigenschaften übernommen. Folgende Kobolde befinden sich dann auf den übrigen Bildern:

Bild 1 („Fussball")

– Kanal 1: Das Foto „Autorennen" (Position: Bühnenmitte)
– Kanal 3: Das Navigationselement „Weiter"
– Kanal 5: Das Textfeld „Information

Bild 9 („Wasserski")

– Kanal 1: Das Foto „Wasserski" (Position: Bühnenmitte)
– Kanal 2: Das Navigationselement „Zurück"
– Kanal 4: Das Navigationselement „Home"
– Kanal 5: Das Textfeld „Information

Auffällig ist, daß nur das Bild 5 („Fussball") alle Navigationselemente enthält. Im ersten Bild („Autorennen") wird nur das Navigationselement „Weiter" benötigt, während dies im letzten Bild („Wasserski") weggelassen werden kann. Dafür sind hier die Navigationselemente „Home" und „Zurück" notwendig. Mit anderen Worten: Durch bloßes Weglassen bzw. Hinzunehmen von Navigationselementen in den einzelnen Bildern eines Films wird sichergestellt, daß der Benutzer nur die gewünschten Aktionen wahrnehmen kann.

Mit diesen Vorarbeiten sind alle Text- und Grafikdarsteller ins Drehbuch eingefügt worden, und wir können uns nun der Erstellung von Interaktivität zuwenden.

Diese erste nicht-interaktive Version der Übung 5 bekommt den Dateinamen EXER-05A.DIR. Sie dient als Basis für die folgenden Filme.

4.5.2 Interaktivität per Mausklick

Eine - wenn auch primitive - Variante der Interaktivität nutzt das aus Präsentationsprogrammen wie z.B. PowerPoint bekannte Verfahren, sich zwischen einzelnen Bildern einer Präsentation per Mausklick zu bewegen. In Director bedient man sich dazu des Tempokanals; das ist der Kanal mit der vorangestellten Uhr (siehe Bild 4.3).

Laden wir zunächst die Variante 5a der Übung (EXER-05A.DIR) und öffnen in Zelle 1 des Tempokanals durch Mausdoppelklick das Dialogfeld „Bildeigenschaften: Tempo". Es hat dann zunächst den in Bild 4.36 dargestellten Zustand.

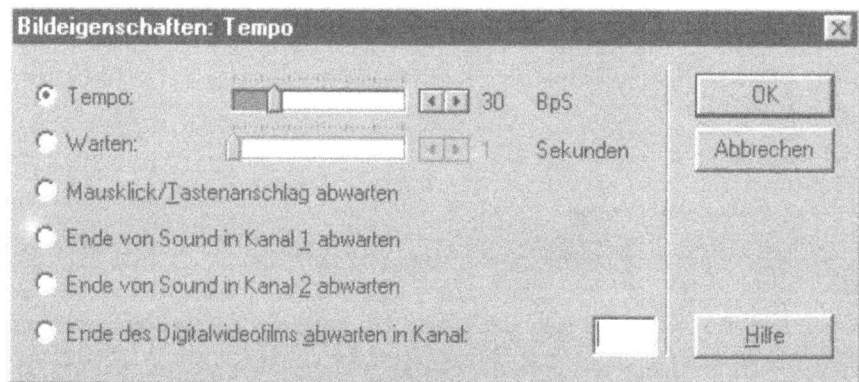

Bild 4.36: Das Dialogfeld „Bildeigenschaften: Tempo"

Dort kann man z.B. durch Ziehen des Schiebereglers das Tempo (bps), mit dem der Abspielknopf von Bild zu Bild wandert, definieren, oder man kann Pausenlängen im Film festlegen. Weitere Einstellungen beziehen sich auf das Abspielen von Sound- und Videodateien (siehe Abschnitt 5.10). Für uns ist die Einstellung „Mausklick/Tastenanschlag abwarten" relevant. Klickt man das entsprechende Optionsfeld an, füllt sich die entsprechende Zelle im Tempokanal mit der gewünschten Information. Beim Abspielen des Films hält der Abspielknopf im dazugehörigen Bild und wartet, bis der Benutzer eine Maustaste bzw. eine Taste auf der Tastatur gedrückt hat. Für die Bilder 1, 5 und 9 ist daher diese Einstellung vorzunehmen.

Beim Abspielen des Films wird nun im jeweiligen Bild angehalten, bis der Benutzer eine Mausklick- bzw. Tastaturaktion durchführt. Danach wird der Film fortgesetzt. Allerdings werden auch die zwischen den Bildern 1, 5 und 9 liegenden leeren Bildern mit abgespielt. Um dies zu vermeiden, bedarf es der Integration echter Interaktivität.

Diese erste interaktive Variante der Übung 5 führt den Dateinamen EXER-05B.DIR.

4.5.3   Interaktivität über Navigationselemente

Grundlage für die Navigation durch einen Film ist die Anweisung:

```
go [to] [frame] <ausdruck>
```

Dabei sind die in den eckigen Klammern angegebenen Ausdrücke optional. Der Parameter <ausdruck> bewegt den Abspielknopf ohne Umwege zu dem mit <ausdruck> bezeichneten Bild. Hier sind einige Varianten der *go*-Anweisung:

```
(1)  go to frame 12
(2)  go to "Autorennen"
(3)  go next
(4)  go to previous
(5)  go to frame "Start" of movie "Jethro01"
(6)  go to the frame
```

In Beispiel (1) veranlaßt die *go*-Anweisung einen Sprung zu Bild 12, während in Beispiel (2) der Abspielknopf zum Bild „Autorennen" bewegt wird. Mit den Anweisungen in (3) und (4) wird ein Sprung zur nächsten (engl. next) bzw. zur vorherigen (engl. previous) Markierung im Drehbuch veranlaßt. Die Variante in Beispiel (5) geht aus einem Film heraus direkt zum Bild „Start" in einem anderen Film namens „Jethro01". Wichtig ist in diesem Zusammenhang, daß bei expliziten Verweisen bzw. bei Verwendung der *next*- bzw. *previous*-Referenz entsprechende Markierungen im Drehbuch eingefügt wurden. In Beispiel (6) schließlich ist eine besondere Möglichkeit der *go*-Anweisung aufgeführt. Diese führt zu einer Schleife im aktuellen Bild.

Um die jeweilige *go*-Anweisung aufzurufen, benötigen wir eine entsprechende Prozedur, in der sie untergebracht wird, z.B. eine Prozedur, die auf ein Mausklickereignis reagiert. Dazu stellt Lingo zwei Schlüsselwörter zur Verfügung:

```
mouseUp
mouseDown
```

Eine *mouseUp*-Prozedur führt die darin enthaltenen Anweisungen aus, wenn die linke Maustaste gedrückt und wieder freigegeben wird, eine *mouseDown*-Prozedur reagiert sofort beim Herunterdrücken der linken Maustaste. Verbunden mit einer Mausereignisprozedur sieht die *go*-Anweisung z.B. wie folgt aus:

```
on mouseUp
  go to frame "Wasserski"
end mouseUp
```

oder

```
on mouseUp
  go previous
end mouseUp
```

Bevor wir nun diese Prozeduren unserem Übungsfilm zuordnen, bedarf es noch einiger Grundkenntnisse in der Anlage von Lingo-Skripten. Diese sind im nächsten Abschnitt aufgeführt.

4.5.3.1 Skriptarten und Benachrichtigungsreihenfolgen

Je nach Plazierung in einem Film gehören Lingo-Skripte unterschiedlichen Skriptarten an. Diese sind nachstehend mit ihren englischen Entsprechungen aufgelistet:

- primäre Ereignisprozeduren (primary event handlers),

- Darstellerskripte (cast scripts),

- Drehbuchskripte (score scripts),

- Filmskripte (movie scripts),

- untergeordnete- und übergeordnete Skripte (child and parent scripts).

Bei einer primären Ereignisprozedur handelt es sich um ein Skript, das jederzeit und an jeder Stelle in einem Film zur Verfügung steht. Primäre Ereignisprozeduren müssen, wenn sie verfügbar sein sollen, ausdrücklich definiert werden und außer Kraft gesetzt werden, wenn sie nicht mehr benötigt werden. Folgende primäre Ereignisprozeduren stehen in Lingo zur Verfügung:

```
keyDownScript, mouseDownScript, mouseUpScript,
timeOutScript
```

Im Abschnitt 4.9.3 wird exemplarisch die Einbindung einer solchen Ereignisprozedur behandelt. Darüber hinaus werden wir im Projekt „Jethro Tull - from Roots to Branches" von einer primären *mouseDownScript*-Ereignisprozedur Gebrauch machen (siehe Abschnitt 5.9).

Bekommt ein Darsteller in einem Film ein ständiges Skript zugewiesen, handelt es sich um ein Darstellerskript. Dieses Skript wird immer dann, wenn der Darsteller auf der Bühne erscheint, ausgeführt, egal an welcher Stelle der Darsteller im Drehbuch in Erscheinung tritt. Darstellerskripte werden in der Besetzung angezeigt. Verfügt ein Darsteller über ein Skript, wird dies in der Besetzung links unten neben dem Darstellersymbol durch ein kleines Skriptsymbol angezeigt. Die am häufigsten verwendeten Prozeduren für Darstellerskripte sind (siehe Abschnitt 4.5.3):

mouseUp, mouseDown, keyUp, keyDown

Drehbuchskripte werden den einzelnen Zellen im Drehbuch zugewiesen. Dabei kann zwischen

* Bildskripten (frame scripts)
* Koboldskripten (sprite scripts)

unterschieden werden.

Für Bildskripte gibt es einen eigenen Kanal, den Skriptkanal (siehe Bild 4.3). Bildskripte werden ausgeführt, wenn sich der Abspielknopf in dem zum Skript gehörenden Bild befindet und sind vorzugsweise dann zu erstellen, wenn ein Skript ohne zusätzliche Benutzereingabe in einem bestimmten Bild ausgeführt werden soll. Bildskripte enthalten fast immer die folgenden Prozeduren:

enterFrame, exitFrame, idle

Die *enterFrame*-Prozedur wird aufgerufen, wenn sich der Abspielknopf in ein Bild hinein-, die *exitFrame*-Prozedur, wenn er sich aus einem Bild herausbewegt (engl. enter = eintreten, exit = herausbewegen). Eine *idle*-Prozedur (engl. idle = Leerlauf) wird aktiviert, wenn kein weiteres Ereignis beim Abspielen des Films auftritt.

Koboldskripte sind einer oder mehreren Koboldzellen zugeordnet und werden ebenfalls im Drehbuch verwaltet. Verfügt ein Kobold über ein eigenes Skript, wird dies oben links im Drehbuch im dortigen Skriptfenster mit der Skriptnummer und einem Ausschnitt aus dem Skript angezeigt. Auch für Koboldskripte werden am häufigsten die für Darstellerskripte verwendeten Prozeduren eingesetzt.

Ein Filmskript steht dem gesamten Film während des Abspielvorgangs zur Verfügung. Mit Filmskripten läßt sich steuern, was geschehen soll, wenn ein Film gestartet, gestoppt oder vorübergehend angehalten wird. Prozeduren, die in einem Filmskript stehen, können von jeder Stelle eines Films aus erreicht werden. Typische Filmprozeduren sind:

startMovie, stopMovie

Über- und untergeordnete Skripte schließlich gestatten es über den Mechanismus der Vererbung, einer typischen Eigenschaft objektorientierter Programmierung, aus einer vordefinierten Menge von Objekten und Eigenschaften neue Objekte bzw. neue Eigenschaften herzuleiten.

Die verschiedenen Lingo-Skripte werden in der folgenden Reihenfolge benachrichtigt:

- primäre Ereignisprozedur,

- Koboldskript,

- Darstellerskript,

- Bildskript,

- Filmskript.

Gibt es beispielsweise eine primäre Ereignisprozedur, hat diese Vorrang vor allen anderen Skripten, die eventuell einen ähnlichen Vorgang auslösen könnten. Ist einem Kobold ein Skript zugeordnet worden und gibt es für den Darsteller, den der Kobold im Drehbuch realisiert, ebenfalls ein Skript, so wird das Koboldskript ausgeführt, da es eine höhere Priorität hat. Damit entspricht die Benachrichtigungsreihenfolge in Lingo der Objekthierarchie in OpenScript (siehe Abschnitt 2.1.2).

4.5.3.2 Navigation mit Lingo-Skripten

Mit den in Abschnitt 4.5.3.1 dargelegten Hintergrundinformationen können nun die Skripte für die Version 5c der Navigationsübung geschrieben werden. Basierend auf Übung 5a (EXER-05A.DIR) sollen nun die Navigationselemente über Lingo-Prozeduren die Navigation durch das Programm übernehmen. In unserem Programm benötigen wir drei Darstellerskripte, eines für jedes Navigationselement, sowie ein Bildskript, das allen drei Bildern zugeordnet wird. Während die Darstellerskripte die Navigation übernehmen, hat das Bildskript die Aufgabe, den Film im jeweiligen Bild vorübergehend anzuhalten.

Schreiben wir zunächst das Darstellerskript für das Navigationselement „Weiter". Nach Auswahl des Darstellers „Weiter" in der Besetzung gelangt man über die Schaltfläche „Darstellerskript" in das Skriptfenster. Das stellt sich danach wie in Bild 4.37 abgebildet dar.

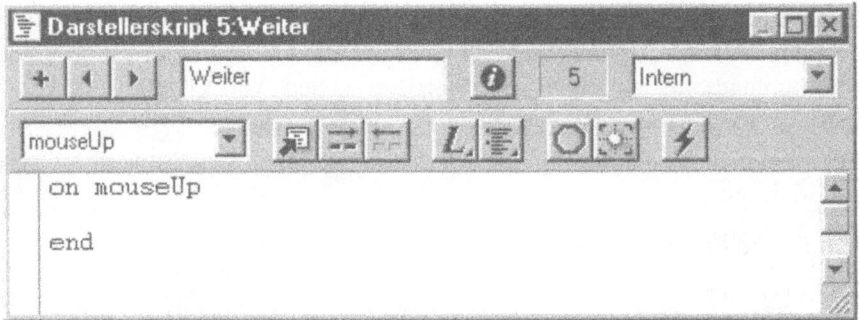

Bild 4.37: Das Skriptfenster mit einem Darstellerskript

Im Skriptfenster ist für das jeweilige noch leere Skript bereits die erste Prozedur vordefiniert. Für Darsteller ist das jeweils eine *mouseUp*-Prozedur. Vom Benutzer wird lediglich eine Vervollständigung der Prozedur verlangt. Da ein Skript aber auch mehrere Prozeduren enthalten kann, ist der Skripteditierungsprozeß in vielen Fällen doch wesentlich komplexer.

Nach der Eingabe der gewünschten Prozedur wird das Skriptfenster mit der Enter- (nicht der Return!) Taste geschlossen. Sollten bei der Skripteingabe Fehler aufgetreten sein, schaltet sich eine Dialogbox ein, die Hinweise zu eventuellen Programmierfehlern gibt.

Auf diese Weise können wir nun die Darstellerskripte für die Navigationselemente eingeben.

Darstellerskript für das Navigationselement „Weiter":

```
on mouseUp
  go next
end mouseUp
```

Darstellerskript für das Navigationselement „Zurück":

```
on mouseUp
  go previous
end mouseUp
```

Darstellerskript für das Navigationselement „Home":

```
on mouseUp
  go to frame "Autorennen"
end mouseUp
```

Zusätzlich benötigen wir noch ein Bildskript, das den laufenden Film in den Bildern 1, 5 und 9 anhält, um auf die Anweisungen zu warten, die durch die Darstellerskripte realisiert werden.

Ein Bildskript schreibt man durch Doppelklick auf die gewünschte Zelle im Skriptkanal, in unserem Beispiel zuerst für Zelle 1. Anschließend öffnet sich wiederum das Skriptfenster, und man kann das Skript nach den nun bekannten Verfahren eingeben.

Bildskript für Bild 1, 5 und 9:

```
on exitFrame
  go to the frame
end exitFrame
```

Da das Bildskript für alle Bilder unseres Übungsfilms gelten soll, kann man die jeweilige Zelle im Skriptkanal kopieren und an den gewünschten Stellen im Skriptkanal wieder einfügen. Es hat damit den Charakter eines gemeinsamen Skripts für verschiedene Bilder (siehe Abschnitt 2.3.5.5 zu Parallelen mit OpenScript). Da Bildskripte in der Besetzung aufgenommen werden, befindet sich nun ein neuer achter Darsteller in der Besetzungsliste.

Diese erste voll interaktive Variante der Übung 5 erhält den Dateinamen EXER-05C.DIR.

4.5.3.3 Textausgabe

Mit der abschließenden Variante unserer Navigationsübung soll nun noch ein Text im Textfeld „Information" ausgegeben werden, der den Namen des jeweiligen Bildes anzeigt, auf dem sich der Benutzer befindet. Zur Ausgabe von Texten gibt es verschiedene Varianten:

- Bitmap-Texte,

- zeichenoreinterte Texte in Textfeldern,

- zeichenorientierte Texte in Standardfeldern.

Nachdem die Vor- und Nachteile der Unterschiede zwischen Bitmap- und zeichenorientierten Texten bereits hinreichend in Abschnitt 4.3.1 beschrieben wurden und in Abschnitt 4.3.3.1 das Anlegen von Bitmap-Texten vorgeführt wurde, sollen nun die Varianten der Verwendung und Lingo-Steuerung von zeichenorienterten Texten erläutert werden.

Beginnen wir mit zeichenorientierten Texten in Textfeldern, die über das Textfenster (siehe Bild 4.12) erzeugt werden. Um einen Text flexibel in ein Textfeld zu schreiben, bedient man sich folgender Lingo-Eigenschaftsdefinition:

```
the text of member <name>
```

Diese Anweisung bestimmt die Zeichenkette, die einem Besetzungsmit-
glied (engl. *member* of cast = Besetzungs*mitglied*) zugeordnet ist.[1] Will
man diese Eigenschaft neu setzen (engl. set), muß man die Anweisung:

```
set <eigenschaft> to <wert>
```

verwenden. Kombiniert lautet so die Anweisung, die einen Text für ein
Feld definiert:

```
set the text of member <name> to <text>
```

Mit dieser Anweisung wird einem Darsteller mit dem Namen <name> ein
bestimmter Text <text> zugewiesen. Somit sind u.a. folgende Varianten
dieser Anweisung denkbar:

```
(1) set the text of member "Information" to "Fussball"
(2) set the text of member 7 to ""
(3) set the text of member "Information" to lvText
```

In Beispiel (1) wird dem Textfeld „Information" der Beschriftungstext
„Fussball" zugewiesen. Die Anweisung in Beispiel (2) schreibt eine leere
Zeichenkette in das Textfeld eines Darstellers, der hier nicht über einen
Darstellernamen, sondern über seine Darstellernummer in der Besetzung
angesprochen wird. In Beispiel (3) schließlich wird der Text des Darstel-
lers „Information" über die lokale Variable lvText definiert.

Wir wollen uns in unserem Fall noch einer weiteren Variante bedienen, die
den Namen des jeweiligen Bildes, in dem der Abspielknopf steht, ausliest.
Dazu dient die Eigenschaft:

```
the frameLabel
```

Diese identifiziert den Namen (engl. label = Name, Benennung), der einem
Bild zugeordnet ist. In unserem Fall war ja folgende Zuordnung vorgenommen worden:

– Bild 1: Autorennen
– Bild 5: Fussball
– Bild 9: Wasserski

Daher können wir nun das Bildskript um eine Anweisung (fettgedruckt)
erweitern.[2]

---

[1] In Director Version 4 und dem dazugehörigen Lingo ist statt *member* das Schlüsselwort
cast erforderlich.

[2] Ändert man ein Drehbuchskript (Bild- oder Koboldskript), das mehreren Zellen zugeordnet ist, werden die Änderungen in allen Zellen auch ohne vorherige Markierung wirksam.

Bildskript für Bild 1, 5 und 9:

```
on exitFrame
  set the text of member "Information" to the frameLabel
  go to the frame
end exitFrame
```

Alternativ hätten wir das Bildskript auch wie folgt definieren können:

```
on enterFrame
  set the text of member "Information" to the frameLabel
end enterFrame

on exitFrame
  go to the frame
end exitFrame
```

Mit diesen Änderungen sind nun alle Vorgaben der Navigationsübung erfüllt. Diese nun voll interaktive und durch die Textausgabe auch informative Variante der Übung 5 bekommt den Dateinamen EXER-05D.DIR.

Ein Textfeld dieses Typs hat den Nachteil, daß die im Drehbuch anwendbaren Farbeffekte keine Auswirkung haben. Außerdem können keine speziellen Rahmenformen ausgewählt werden. Daher soll in der nun folgenden abschließenden Version der Übung 5 ein zeichenorientierter Text in einem speziellen Feld ausgegeben werden. Ausgehend von der Übungsvariante 5d (EXER-05D.DIR) muß zunächst der bisherige Textdarsteller, der in der Besetzung in seinem Symbolfenster durch ein „A" unten rechts symbolisiert wird, sowohl aus der Besetzung als auch aus dem Drehbuch entfernt werden.

Über die Menüoption „Einfügen/Steuerung/Feld" oder über die Werkzeugpalette (siehe Bild 4.39 in Abschnitt 4.8) und die dortige Schaltfläche „Feld" kann nun ein Feld erzeugt werden. Es erhält als Symbol in der Besetzung eine kleines „a" und soll folgende Darstellereigenschaften haben:

- Name: Information
- Rahmen: Anpassen

Ausgehend vom Besetzungsfenster kann man dem neuen Felddarsteller zusätzlich noch über die Menüoption „Modifizieren/Auswahlrahmen" bestimmte Umrandungsformen und Schatten verleihen. Im Feldfenster schließlich, das sich durch Doppelklick auf den Darsteller in der Besetzung öffnet, kann schließlich noch die Schriftart (Times New Roman) die Schriftgröße (18) und die Ausrichtung (zentriert) eingegeben werden. Da das Feldfenster dem in Bild 4.12 abgebildeten Textfenster sehr ähnelt, kann hier auf weitere Erklärungen verzichtet werden.

Wie das bisherige Textfeld soll das Feld in den Zellen 1, 5 und 9 im Koboldkanal 5 an Position 240/30 plaziert werden und im Drehbuch den Farbeffekt „Transparent" erhalten. Dadurch scheint der Bühnenhintergrund durch das Feld hindurch.

Zur Textausgabe in dem neuen Feld könnte wiederum die Anweisung *the text of member* herangezogen werden, so daß keinerlei Änderungen im Bildskript notwendig sind. Bei Feldern stellt Lingo allerdings eine zusätzliche Anweisung zur Verfügung:

```
put <text> into field <name>
```

Die *put*-Anweisung (engl. put = setzen, stellen), die auch zur Variablenbindung verwendet werden kann (siehe Abschnitt 4.6.2), fügt einen Text <text> in einen Behälter, hier ein Feld mit einem bestimmten Namen <name>. Übertragen auf unser Bildskript wird damit folgende fettgedruckte Änderung erforderlich:

```
on exitFrame
  put the frameLabel into field "Information"
  go to the frame
end exitFrame
```

Mit dieser letzten Änderung steht eine weitere Variante der Textausgabe zur Verfügung. Diese Version der Übung 5 hat den Dateinamen EXER-05E.DIR.

4.6   Fortgeschrittene Programmiertechniken

Mit den bisher vorgestellten Techniken kann man ohne großen Aufwand enorm effektvolle Anwendungen erstellen, insbesondere, wenn man sich große Mühe bei der Erzeugung der zu importierenden Grafikdarsteller gibt. Viele Director-Programme bestechen durch die darin verwendeten Grafiken und den darauf basierenden Animationen. Um jedoch die Möglichkeiten zur Interaktion mit einem Director-Programm nicht auf das reine Navigieren beschränken zu müssen, bedarf es weiterer Programmiertechniken. Diese werden in den folgenden theoretischen Abschnitten zunächst vorgestellt und ab Abschnitt 4.7 im Rahmen eines weiteren Übungsprojektes erprobt.

4.6.1   Kontrollstrukturen

Wie OpenScript verfügt auch Lingo über eine Reihe von Möglichkeiten, die den Datenfluß kontrollieren. Diese Kontrollstrukturen (engl. control structures) steuern je nach Erfüllung einer Bedingung den Ablauf des Programms. Da in Abschnitt 2.3.6.1 im Zusammenhang mit OpenScript die Grundlagen solcher Kontrollstrukturen im Detail vorgestellt wurden und es abgesehen von der genauen Syntax der relevanten Strukturen große Parallelen zwischen Lingo und OpenScript gibt, ist eine Einführung in die allgemeinen Prinzipien der Verwendung von Kontrollstrukturen nicht mehr notwendig. Tabelle 4.1 zeigt zunächst die im Rahmen dieses Buches in Director verwendeten Kontrollstrukturen im Vergleich mit OpenScript. Parallelen zu anderen Programmiersprachen können aus Tabelle 2.1 im Abschnitt 2.3.6.1 entnommen werden.

Tabelle 4.1: Kontrollstrukturen in Lingo und OpenScript

Lingo	OpenScript
case/otherwise	conditions/when
if/then/else	if/then/else
repeat	step

Kontrollstrukturen mit *case*

Beginnen wir mit der Kontrollstruktur mit *case*. Diese ist neu in Director 5 und ersetzt die bisher in Version 4 notwendigen wiederholten *if*-Anweisungen. Eine Kontrollstruktur mit *case* hat folgenden Grundaufbau:

```
case (<bedingung>) of          -- Bedingung
      <wert₁>: <ausführung₁>    -- case-Klausel₁
      <wert₂>: <ausführung₂>    -- case-Klausel₂
      ...                        -- ...
      <wertₙ>: <ausführungₙ>    -- case-Klauselₙ
      [otherwise <ausführung>]   -- otherwise-Klausel
end [case]
```

In einer *case*-Struktur (engl. case = Fall) wird in der Bedingungszeile in dem geklammerten Ausdruck zunächst festgelegt, welche Bedingung überprüft werden soll. Anschließend werden nacheinander die verschiedenen Werte sequentiell von oben nach unten überprüft. Ist ein Wert erfüllt, wird dessen Ausführungsteil, der aus mehreren Lingo-Anweisungen bestehen kann, ausgeführt. Wert und Ausführung werden durch einen Doppelpunkt voneinander getrennt. Sollte kein Wert erfüllt sein, wird die optionale *otherwise*-Klausel (engl. otherwise = andernfalls) ausgeführt. Sie enthält keinen Doppelpunkt. Hier ist ein Beispiel:

```
on enterFrame
   case (the clickOn) of        -- a0
      2:go previous             -- a1
      3:go next                 -- a2
      4:go to "Autorennen"      -- a3
      end case                  -- a4
end enterFrame
```

In dieser *enterFrame*-Prozedur wird die Anweisung *clickOn* als Bedingung eingesetzt. Diese gibt die Nummer desjenigen Kobolds aus, auf den zuletzt geklickt wurde. Voraussetzung dafür ist, daß dem Kobold ein Skript zugeordnet ist. Sollte kein Skript für den Kobold existieren, kann man ein sogenanntes „dummy-script" (ein leeres Skript) schreiben, z.B.:

```
on mouseUp
    --
end mouseUp
```

In Zeile (a0) von *enterFrame* wird die Bedingung eingeführt. Die *case*-Klauseln (a1 bis a3) sind eigentlich selbsterklärend. In ihnen wird nacheinander überprüft, ob es sich um Kobold 2, 3 oder 4 handelt und im Ausführungsteil die entsprechende Sprunganweisung mit *go* veranlaßt. Eine *otherwise*-Klausel gibt es in dieser Prozedur nicht.

Kontrollstrukturen mit *if*

Prinzipiell ist eine Kontrollstruktur mit *if* nach dem gleichen Schema wie in OpenScript aufgebaut. Allerdings kann sie im Gegensatz dazu zusätzlich beliebig viele *else if*-Klauseln enthalten. Die Grundstruktur einer Kontrollstruktur sieht so aus:

```
if    <bedingung> = <wert> then        -- if-Klausel
      <ausführung>
      [else <ausführung>]              -- else-Klausel
end [if]
```

Somit ist die *if*-Kontrollstruktur eine verkürzte Variante der *case*-Anweisung. Sie hat eine *if*-Klausel. Trifft deren Bedingung zu, wird der Ausführungsteil, der aus mehreren Anweisungen bestehen kann, ausgeführt. Eine *if*-Kontrollstrukur, wiederum mit der *clickOn*-Anweisung, kann wie folgt aussehen:

```
on enterFrame
   if the clickOn = 2 then            -- a0
      go previous                     -- a1
   else                               -- a2
      go next                         -- a3
   end if                             -- a4
end enterFrame
```

In Zeile (a0) dieser *enterFrame*-Prozedur wird überprüft, ob Kobold 2 angeklickt wurde. Ist das der Fall, wird in Zeile (a1) der entsprechende Ausführungsteil aufgerufen. Trifft die Bedingung nicht zu, wird in der *else*-Klausel (a2) der Ausführungsteil (a3) ausgeführt. In einer erweiterten Variante kann die Kontrollstruktur mit *if* auch mehrere Bedingungen überprüfen:

```
if          <bedingung,> = <wert> then   -- if-Klausel,
            <ausführung,>
  else if   <bedingung,> = <wert> then   -- if-Klausel,
            <ausführung,>
  ...
  else if   <bedingung,> = <wert> then   -- if-Klausel,
            <ausführung,>
  [else     <ausführung>]                 -- else-Klausel
end [if]
```

Mit dieser erweiterten *if*-Kontrollstruktur, die in Director Version 4 die einzige Möglichkeit zur Abarbeitung mehrerer Bedingungen war, lassen sich nach der ersten *if*-Klausel über weitere *else if*-Klauseln auch mehrere Bedingungen überprüfen und die entsprechenden Ausführungsteile aufrufen. Allerdings ist laut Lingo-Lexikon für die Director Version 5 in solchen Fällen die *case*-Struktur vorzuziehen.

Schleifen

Mit Schleifen wird eine festgelegte Anzahl von Durchläufen eines Anweisungsblocks ausgeführt. Die Grundstruktur der Schleife in Lingo sieht folgendermaßen aus:

```
repeat with <variable> = <start> to <end>
      <anweisung,>
      <anweisung,>
      ...
      <anweisung,>
end [repeat]
```

Die Initialisierung der Standardschleife in Lingo geschieht über das Schlüsselwort *repeat* (engl. repeat = wiederholen) gefolgt von *with* (engl. with = mit). Eine alternative Version der Schleife verwendet anstelle von *with* das Schlüsselwort *while* (engl. while = während). Die auf das Schlüsselwort folgende Variable <variable> enthält den jeweiligen Zustandswert der Zählschleife. Mit der Sequenz = *<start> to <end>* werden Anfangs- und Endwert der Zählschleife festgelegt.

Typische Anweisungen für Schleifen sind Operationen, bei denen eine gewisse Anzahl von Anweisungen auf Kobolde angewendet werden soll, so z.B. das Verbergen oder Anzeigen.

```
on enterFrame
      repeat with i = 1 to 5
            set the visible of sprite i to false
      end repeat
end enterFrame
```

Mit dieser Schleife werden nacheinander die Kobolde 1 bis 5 verborgen, da die Zählvariable i sukzessive an die Werte 1 bis 5 gebunden wird. Zur Anwendung der *visible*-Eigenschaft siehe Abschnitt 4.7.1.

Eine andere Anwendung, die das in Abschnitt 2.3.6.1 vorgestellte Farbfül-
lungsproblem von OpenScript auf Lingo überträgt, verwendet ebenfalls
eine Schleife und füllt ausgehend von der Zählvariablen i nacheineinander
ein Farbfeld (keinen Grafikdarsteller!) mit den Farbwerten 20, 21 usw. bis
80. Die Eigenschaft

```
the foreColor of sprite <koboldNummer>
```

ist dabei für die Vordergrundfarbe verantwortlich:

```
on myChange
  repeat with i = 20 to 80
    set the foreColor of sprite 1 to i
    updateStage
  end repeat
end myChange
```

Damit diese Prozedur funktioniert, müssen zwei Voraussetzungen erfüllt
sein. Zum einen muß Kobold 1 vorher, z.B. im Filmskript, zur Puppe deklariert worden sein (siehe Abschnitt 4.9.1). Zum anderen muß nach jeder
Farbänderung die Bühne aktualisiert werden. Dafür ist das Lingo Schlüsselwort:

```
updateStage
```

verantwortlich. Der *updateStage*-Befehl (engl. update stage = die Bühne
aktualisieren) wird immer dann eingesetzt, wenn innerhalb eines Bildes
Veränderungen an der Bühne vorgenommen werden, also genau das Problem, das die oben dargestellte *mouseUp*-Prozedur verursacht.[1]

4.6.2 Variablen

Wie in Abschnitt 2.3.6.2 ausgeführt ist die Verwendung von Variablen eine der grundlegensten Methoden der Programmierung. In allen Programmiersprachen werden Variablen verwendet, da sie eine allgemeine Notati-
on ermöglichen, die für beliebige Werte stellvertretend ist.

In Lingo werden wie in anderen Programmiersprachen zwei Variablentypen unterschieden:

* globale Variablen,
* lokale Variablen.

Der an eine globale Variable gebundene Wert ist an jeder beliebigen Stelle
der an einem Programm beteiligten Filme abrufbar. Vorausgesetzt globale

---

[1] Das komplette Farbänderungsprogramm ist unter dem Dateinamen COLOR.DIR auf der
beiliegenden CD-ROM im Ordner DIRECTOR\ADDS abgelegt.

Variablen werden während des Programmablaufs nicht in ihrem Wert geändert, behalten sie ihren Wert während des gesamten Programms. Sie haben somit einen unbegrenzten Gültigkeitsbereich. Zur Kenntlichmachung globaler Variablen verlangt Lingo das Schlüsselwort *global* mit der darauffolgenden Angabe eines oder mehrerer durch Kommata getrennter frei wählbarer Variablennamen. Aus Gründen der Vermeidung von Kollisionen mit vordefinierten Lingo-Schlüsselwörtern und zur besseren Kenntlichmachung sollte man dem Variablennamen jedoch ein Kürzel voranstellen. Hier ist ein Beispiel:

```
on enterFrame
   global gvFrame, gvVersion
   ....
end enterFrame
```

In diesem Beispiel sind zwei globale Variablen in einer *enterFrame*-Prozedur eingeführt worden. Sie haben die Namen gvFrame und gvVersion, wobei das den Namen vorangestellte Kürzel „gv" singnalisieren soll, daß es sich um globale Variablen handelt (gv = global variable). Mit Anweisungen wie *put* oder *set* können die Variablen nun an bestimmte Werte gebunden werden:

```
on enterFrame
   global gvFrame, gvVersion
   set gvFrame to "Information"
   put 6 into gvVersion
   ....
end enterFrame
```

Damit erhält die Variable gvFrame den Wert „Information „und die Variable gvVersion den Wert 6. Diese Werte sind nun unbegrenzt gültig und können vom gesamten Programm aus abgerufen werden. Soll eine globale Variable an einer anderen Stelle des Programms genutzt werden, muß der Variablenname in der entsprechenden Prozedur eingeführt werden:

```
on exitFrame
   global gvFrame                     -- a0
   put "Hallo" into field gvFrame     -- a1
end exitFrame
```

In dieser *exitFrame*-Prozedur wird in Zeile (a0) die Variable gvFrame eingeführt und in Zeile (a1) entsprechend genutzt.

Mit der Deklaration globaler Variablen sollte man sparsam umgehen, da diese den Arbeitsspeicher belasten.

Im Gegensatz zu globalen Variablen sind lokale Variablen nur innerhalb der Prozedur, in der sie definiert werden, gültig. Eine besondere Anweisung zur Deklaration lokaler Variablen ist nicht notwendig. Mit der Einführung ihres Namens, der wiederum durch ein bestimmtes Kürzel kenntlichgemacht werden sollte und mit der Definition ihres Wertes ist die lokale Variable bestimmt. Hier ist ein Beispiel:

```
on enterFrame
  set lvText to "Hallo"
  put lvText into field "Information"
end enterFrame
```

In dieser *enterFrame*-Prozedur wird die lokale Variable l̲v̲T̲e̲x̲t̲ („lv" = local variable) an den Text „Hallo" gebunden. Dieser Text kann in einer anschließenden Anweisung ausgegeben werden. Sobald diese Prozedur abgearbeitet ist, verliert der Wert der Variablen l̲v̲T̲e̲x̲t̲ allerdings seine Gültigkeit.

Mit einer speziellen Methode der Übergabe von Parametern an Prozeduren können lokale Variablen allerdings in ihrem Gültigkeitsbereich ausgedehnt werden. Diese Methode wird im folgenden Abschnitt vorgestellt.

Bei der Programmentwicklung entsteht des öfteren die Notwendigkeit, den Wert von Variablen während des Programmablaufs zu überprüfen. Zu diesem Zweck bietet Macromedia Director das Nachrichtenfenster an, das über die Menüoption „Fenster/Nachricht" geöffnet werden kann. Die im Nachrichtenfenster anzuzeigenden Variablen bindet man einfach mit einer *put*-Anweisung in der gewünschten Prozedur ein:

```
on enterFrame
  set lvText to "Hallo"
  put lvText                              -- a0
  put lvText into field "Information"
end enterFrame
```

In dieser *enterFrame*-Prozedur wird Zeile (a0) lediglich dazu verwendet, bei geöffnetem Nachrichtenfenster, den Wert der Variablen l̲v̲T̲e̲x̲t̲ anzuzeigen.

4.6.3   Benutzerdefinierte Prozeduren

Wie OpenScript gestattet auch Lingo das Schreiben eigener, benutzerdefinierter Prozeduren. Ihre Aufgabe besteht hauptsächlich darin, Aufgaben zu übernehmen, die mit vordefinierten Lingo-Prozeduren nur umständlich oder gar nicht durchgeführt werden können. Darüber hinaus werden benutzerdefinierte Prozeduren häufig eingesetzt, um verschiedene Aufgaben zusammenzufassen. Dadurch werden Lingo-Programme wesentlich übersichtlicher und bezüglich ihrer Wartbarkeit und Pflege enorm vereinfacht.

Eine benutzerdefinierte Prozedur folgt den gleichen Prinzipien wie alle anderen Prozeduren in Lingo (siehe Abschnitt 4.2). Sie wird mit *on* eingeleitet und mit *end* abgeschlossen. Der Name der Prozedur kann frei gewählt werden, darf aber nicht mit vordefinierten Lingo-Prozeduren (z.B.

mouseUp, enterFrame etc.) kollidieren. Um sicherzugehen, daß der gewählte Name nicht bereits existiert, wird empfohlen, dem gewünschten
Prozedurnamen *my* voranzustellen, also Prozedurnamen wie *myWrite, my-
Puppet* etc. zu verwenden. Dadurch werden Konflikte mit Lingo ausgeschlossen. Hier ist ein hypothetisches Beispiel:

```
on myRoutine lvVar1, lvVar2
    set the visible of sprite lvVar1 to true      -- a0
    put the frameLabel into field lvVar2          -- a1
end myRoutine
```

Wie vordefinierte Prozeduren können auch benutzerdefinierte Prozeduren
über Parameter verfügen. Diese werden als lokale Variablen interpretiert
und haben einen Gültigkeitsbereich, der nicht über die Prozedur selbst hinausgeht. Die oben vorgestellte Prozedur *myRoutine* verfügt beispielsweise
über die Parameter lvVar1 und lvVar2, die in den Anweisungen in den
Zeilen (a0) und (a1) entsprechend ausgewertet werden.

Wie der Name der Prozedur selbst können auch die Parameter frei gewählte Namen bekommen. Doch auch hier ist Vorsicht geboten. Gewünschte
Parameter wie z.B. text oder name würden notwendigerweise mit Lingo-
Schlüsselwörtern wie z.B. **text** *of member* oder **name** *of member* kollidieren. Da die Parameter als lokale Variablen interpretiert werden, wird auch
hier vorgeschlagen, zur eigenen Programmiersicherheit das Buchstabenkürzel „lv" voranzustellen.

Der Aufruf einer Lingo-Routine aus einer anderen Routine heraus erfolgt
über die bloße Eingabe ihres Namens mit den erforderlichen Parametern:

```
<botschaft>   [p , p , ... ,p ]
              1   2       n
```

Dabei müssen eventuelle Parameter durch Kommata getrennten werden.
Mit folgender Lingo-Anweisung können wir z.B. die hypothetische Prozedur *myRoutine* aufrufen:

```
myRoutine 6, "Information"
```

Damit benutzerdefinierte Prozeduren gemäß der in Abschnitt 4.5.3.1 erläuterten Benachrichtigungsreihenfolge von überall her erreicht werden können, empfiehlt sich eine Plazierung im Filmskript. Nutzt ein Projekt eine
gemeinsame Besetzung, bietet sich auch eine Plazierung im Filmskript der
gemeinsamen Besetzung an (siehe Abschnitt 5.3.1).

Die Verwendung von benutzerdefinierten Prozeduren ist programmiertechnisch nicht immer der effizienteste Weg. In vielen Fällen ist die Definition lokaler Variablen sinnvoller. Dennoch werden wir in diesem Kapitel aus didaktischen Gründen eine Reihe benutzerdefinierter Prozeduren
entwickeln und erst im Projekt „Jethro Tull - from Roots to Branches"
(Kapitel 5) den Weg über lokale Variablen vorziehen.

4.6.4   Listen

Listen bieten eine effiziente Methode, um Elemente gleichen Typs summarisch zu verarbeiten oder um Elementen bestimmte Werte zuzuweisen. In Director werden zwei Arten von Listen unterschieden:

- lineare Listen,
- Eigenschaftslisten.

Beide Listenarten werden durch eckige Klammern [] repäsentiert. Die darin enthaltenen Listenelemente werden mit Kommata voneinander getrennt. Zur Eingabe der eckigen Klammern im Skriptfenster wird die Tastenkombination ALT-91 für die linke Klammer und ALT-93 für die rechte Klammer empfohlen, alternativ kann man sich im Skriptfenster auch aus der Liste aller Lingo Operatoren über die Schaltfläche „Lingo in alphabetischer Reihenfolge" bedienen.

In linearen Listen werden die einzelnen Listenelemente einfach in der gewünschten Reihenfolge aufgelistet:

```
[Ian, Martin, Doane]
```

In Eigenschaftslisten wird den einzelnen Listenelementen nach einem Doppelpunkt der gewünschte Wert, z.B. ein Zahlenwert oder eine Eigenschaft, zugeordnet.

```
[Ian:Flute, Martin:Guitar, Doane:Drums]
```

Zur Bearbeitung von Listenelementen stellt Lingo eine Reihe von Befehlen zur Verfügung, die in den folgenden Abschnitten z.T. zum Einsatz gelangen. Hier ist eine Auswahl:

```
count(<liste>)
getAt(<liste>, <position>)
deleteAt(<liste>,<position>)
```

Mit *count* (engl. count = zählen) wird die Länge einer Liste festgestellt und als numerischer Wert zurückgegeben, mit *getAt* (engl. get at = greifen nach) wird ein an einer bestimmten Position befindliches Listenelement abgerufen, ohne die Liste zu zerstören, und mit *deleteAt* (engl. delete at = löschen an) wird eine Liste um ein bestimmtes Listenelement verkürzt. Hier sind einige realistische Beispiele:

```
Listename:    svList
Listeninhalt:  [a,b,c,d,e]
```

```
(1) count(svList)      Ergebnis: 5
(2) getAt(svList,3)     Ergebnis: c, svList = [a,b,c,d,e]
(3) deleteAt(svList,3) Ergebnis: c, svList = [a,b,d,e]
```

In den kommenden Abschnitten werden diese und andere Möglichkeiten mit Listen in einer Reihe von Übungen vorgeführt.

4.6.5 Ausgewählte Operatoren

Eine Reihe von Sonderzeichen haben in Lingo-Programmen eine besondere Funktion. Zwei dieser Operatoren werden nachstehend näher erläutert.

Der Verkettungsoperator &

Zum Verknüpfen mehrerer Zeichenfolgen wird in Lingo der Verkettungsoperator & verwendet. Dieser verkettet zwei Zeichenfolgen ohne dazwischenliegendes Leerzeichen:

```
"Menü" & "1" & ":" = "Menü1:"
```

Soll zusätzlich ein Leerzeichen eingefügt werden, sind zwei Verkettungsoperatoren in Folge zwischen die zu verknüpfenden Zeichenketten einzufügen:

```
"Dies" && "ist" && "ein" && "Kommentar!" =
"Dies ist ein Kommentar"
```

Dabei ist es unerheblich, ob zwischen den Zeichenfolgen und den Verkettungsoperatoren Leerzeichen stehen oder nicht.

Der Klammeroperator (..)

Klammern haben verschiedene Funktionen in Lingo. Eine ist wie in anderen Programmiersprachen die der Prioritätsvergabe. So wird ein geklammerter Ausdruck stets von innen nach außen ausgewertet, d.h. eingebettete Klammerausdrücke haben stets die höchste Priorität:

```
4 * (2 + 3) = 20
4 * (2 * (2 + 3)) = 40
```

Eine zweite Funktion besteht in der Übergabe von Parametern an Prozeduren, die bestimmte Ergebnisse liefern. Diese werden in der deutschen Terminologie auch „Funktionen" genannt. Die Parameterübergabe an Funktionen verlangt deren Klammerung:

```
put myGetVersion("Film-01") into gvVersion
```

Mit dieser Anweisung wird die Funktion *myGetVersion* zusammen mit dem Parameter „Film-01" aufgerufen. Dieser muß in Klammern stehen.

4.7   Sensitive Flächen und Cursorformen

Mit zwei Zusätzen zu der in Abschnitt 4.5.3.3 fertiggestellten Übung 5e
(EXER-05E.DIR) sollen die in Abschnitt 4.6 vorgestellten Programmiertechniken (Kontrollstrukturen und benutzerdefinierte Prozeduren) nun in
das Programm eingebunden werden. Zum einen handelt es sich dabei um
„sensitive Flächen", zum anderen um die Verwendung spezieller Cursorformen.

Sensitive Flächen sind im Zusammenhang mit Multimedia ToolBook in
Abschnitt 2.3.4 bereits hinreichend erklärt worden. Es handelt sich dabei
um Objekte bzw. Objektbereiche, die bei Berührung mit dem Mauscursor
bestimmte Aktionen auslösen.

Bestimmte Cursorformen empfehlen sich immer dann, wenn dem Benutzer
eines Programms signalisiert werden soll, daß er eine bestimmte Aktion
per Mausklick auslösen kann.

Beide Techniken sollen in zwei Varianten der nun zu erstellenden Übung 6
vorgeführt werden.

4.7.1   Sensitive Flächen

Ausgehend von Übung 5e sollen die Navigationselemente „Weiter",
„Zurück" und „Home" so als sensitive Flächen definiert werden, daß bei
Mausberührung ein entsprechender Kommentar in einem Feld ausgegeben
wird. Bild 4.38 zeigt einen Ausschnitt aus dem Bühnenbild von Übung 6a.

Bild 4.38: Sensitive Flächen in Übung 6a

Zur Ausgabe des Kommentars legen wir zunächst über die Menüoption
„Einfügen/Steuerung/Feld" ein Feld als neuen Darsteller an. Es soll die
folgende Darstellereigenschaften erhalten:

– Name: Navigation
– Rahmen: Anpassen
– Optionen: keine
– Schriftart: Times New Roman
– Schriftgröße: 18
– Ausrichtung: zentriert

Das Feld soll in Kanal 6 in den Zellen 1, 5 und 9 jeweils an Position 260/400 plaziert werden, so daß es am unteren Rand der Sportfotos in der vertikalen Bühnenmitte liegt. Zusätzlich soll die Schrift weiß und das Feld transparent sein. Das erreicht man durch den Farbeffekt „Stanzen" im Drehbuch. Dieser Effekt verwandelt jedes schwarze Pixel eines Kobolds in ein weißes und macht jedes weiße Pixel transparent.

Damit sind die Vorarbeiten abgeschlossen, und wir können die Lingo-Prozeduren für die Mausberührung schreiben. Basis für die Überprüfung von Mausberührungen ist die Anweisung:

```
rollOver (<koboldNummer>)
```

Bedingt durch diese Namengebung (engl. roll over = darüber rollen) werden Mausberührungen in Director auch häufig als „Rollovers" bezeichnet. Wichtig ist in diesem Zusammenhang, daß sich Rollovers immer auf Kobolde *<koboldNummer>* beziehen, also im Prinzip auf die einzelnen Kanäle im Drehbuch. Daher werden Rollovers im Bildskript, zweckmäßigerweise in einer *enterFrame*- oder einer *exitFrame*-Prozedur überprüft. Somit muß unserem bisherigen Bildskript:

```
on exitFrame
  put the frameLabel into field "Information"
  go to the frame
end exitFrame
```

nun eine weitere Prozedur hinzugefügt werden. Dazu rufen wir das Skriptfenster ausgehend vom Darsteller 8, dem bisherigen Bildskript auf und tippen eine zusätzliche *enterFrame*-Prozedur vor oder hinter die bisherige *exitFrame*-Prozedur. Die *exitFrame*-Prozedur wird nicht verändert.

Folgende *enterFrame*-Prozedur mit einer komplexen *if*-Kontrollstruktur wäre daher zur Lösung des Problems denkbar.

```
on enterFrame
  if rollOver (2) then                         -- a0
    put "Zurück" into field "Navigation"        -- a1
  else if rollOver (3) then                     -- a2
    put "Weiter" into field "Navigation"        -- a3
  else if rollOver (4) then                     -- a4
    put "Zum Start" into field "Navigation"     -- a5
  else                                          -- a6
    put "" into field "Navigation"              -- a7
  end if
end enterFrame
```

In dieser *enterFrame*-Routine wird in den Zeilen (a0, a2 und a4) überprüft, ob eines der drei Navigationselemente mit dem Mauscursor berührt wurde. Wir erinnern uns: Kobold 2 ist das Navigationselement „Zurück", Kobold 3 das Navigationselement „Weiter" und Kobold 4 das Navigationselement „Home". Je nach berührtem Kobold wird in den Zeilen (a1, a3 und a5) ein

entsprechender Kommentar in das Feld „Navigation" geschrieben. Sollte
keiner der drei Kobolde berührt werden, wird über die *else*-Anweisung
(a7) in Zeile (a8) ein Nullstring, d.h. eine leere Zeichenkette, in das transparente Feld geschrieben. Dadurch entsteht der Effekt, als würde das Feld
verschwinden. Diese Prozedur erfüllt die gestellten Anforderungen auf
zufriedenstellende Weise.

Bei komplexen Kontrollstrukturen ist allerdings - wie in Abschnitt 4.6.1
erwähnt - eine Kontrollstruktur mit *case* vorzuziehen. Mit einer *case*-
Anweisung hat die *enterFrame*-Prozedur folgendes Aussehen:

```
on enterFrame
  case (the rollOver) of                              -- b0
    2:put "Zurück" into field "Navigation"            -- b1
    3:put "Weiter" into field "Navigation"            -- b2
    4:put "Zum Start" into field "Navigation"         -- b3
    otherwise                                         -- b4
      put "" into field "Navigation"                  -- b5
  end case
end enterFrame
```

Diese Version der *enterFrame*-Prozedur definiert in Zeile (b0) zunächst
die Bedingung und prüft in den Zeilen (b1 bis b3), ob einer der aufgeführten Kobolde berührt wurde. Ist das der Fall, wird die nach dem Doppelpunkt stehende Anweisung ausgeführt und der gewünschte Text ausgegeben. Die *otherwise*-Klausel erzeugt analog zur *else*-Anweisung in der
Kontrollstruktur mit *if* die leere Zeichenkette für den Fall, daß keiner der
aufgeführten Kobolde mit dem Mauscursor berührt wurde.

Diese *enterFrame*-Prozedur enthält insgesamt 4 *put*-Anweisungen, die den
jeweiligen Kommentar in das Feld schreiben. Mit einer selbstgeschriebenen Prozedur *myWrite* läßt sich eine erhebliche Vereinfachung erzielen.

```
on myWrite lvText
    put lvText into field "Navigation"     -- c0
end myWrite
```

Diese Prozedur hat mit lvText einen Parameter. Dieser nimmt als lokale
Variable den jeweiligen Text, der in Zeile (c0) über die *put*-Anweisung in
das Feld „Navigation" geschrieben werden soll, auf. Die Prozedur *myWrite*
plaziert man zweckmäßigerweise im Filmskript.

Ein neues Filmskript erzeugt man im Skriptfenster durch bloßes Anklicken
des + Symbols. In der Titelzeile des Skriptfensters wird dies durch
„Filmskript 1", [global] angezeigt. Nach Eingabe der gewünschten Prozeduren wird das Filmskript anschließend als separater Darsteller in die Besetzung aufgenommen. Dort sollte man es aus Gründen der Wiederauffindbarkeit mit „Filmskript1" benennen.

Der Aufruf von *myWrite* erfolgt nun über eine erneut modifizierte Version der *enterFrame*-Prozedur nach den Doppelpunkten in den einzelnen *case*-Klauseln:

```
on enterFrame
  case (the rollOver) of          -- d0
    2:myWrite "Zurück"            -- d1
    3:myWrite "Weiter"           -- d2
    4:myWrite "Zum Start"        -- d3
    otherwise                     -- d4
      myWrite ""                  -- d5
  end case
end enterFrame
```

Prinzipiell sind damit die gestellten Aufgaben unter der Berücksichtigung effizienter Programmierung erfüllt. Mit zwei weiteren Lingo-Anweisungen lassen sich noch zwei einfache Änderungen unter Zuhilfenahme der Darstellernamen vornehmen.

```
the name of member <nummer>
the visible of sprite <koboldNummer>
```

Mit der Anweisung *the name of member* läßt sich über die Darstellernummer in der Besetzung der zugewiesene Name eines Darstellers ermitteln. Sollte kein Darstellername vergeben worden sein, evaluiert dieser Ausdruck zur entsprechenden Darstellernummer. Vergibt man den Darstellern aussagekräftige Namen, können diese als Anzeige in Textfeldern verwendet werden.

Über die *visible*-Eigenschaft läßt sich ein Kobold mit der Nummer *<koboldNummer>* im Drehbuch verbergen bzw. anzeigen. Das geschieht in Verbindung mit der *set*-Anweisung. Mit

```
set the visible of sprite 5 to false
```

kann man Kobold 5 verbergen. Mit

```
set the visible of sprite 5 to true
```

kann man ihn wieder anzeigen. Unter Verwendung dieser beiden Anweisungen läßt sich die *enterFrame*-Prozedur erheblich vereinfachen:

```
on enterFrame
  case (the rollOver) of
    2:myWrite 4,6                               -- e0
    3:myWrite 5,6                               -- e1
    4:myWrite 6,6                               -- e2
    otherwise                                    -- e3
      set the visible of sprite 6 to false      -- e4
  end case
end enterFrame
```

In dieser letzten Variante wird aus der *enterFrame*-Prozedur heraus in den Zeilen (e0 bis e2) die Prozedur *myWrite* lediglich mit zwei numerischen Parametern aufgerufen, wobei der erste für die jeweilige Darstellernummer, die mit dem berührten Kobold gekoppelt ist, steht und der zweite für die Koboldnummer des anzuzeigenden Feldes „Navigation". In Zeile (e4) wird nun keine leere Zeichenkette in das Textfeld geschrieben, sondern das Textfeld einfach abgeschaltet. Die Prozedur *myWrite* benötigt dadurch einen weiteren Parameter, der die Koboldnummer des anzuzeigenden Kobolds repräsentiert:

```
on myWrite lvNum, lvSprite
  set the visible of sprite lvSprite to true
  put the name of member lvNum into field "Navigation"
end myWrite
```

In der ersten Zeile von *myWrite* wird nun der gewünschte Kobold angezeigt. Die Koboldnummer wird der Variablen lvSprite entnommen. Danach wird der jeweilige Name des Darstellers über die Darstellernummer lvNum ausgelesen und in das Feld „Navigation" geschrieben. Da der sechste Darsteller „Home" heißt, wird nun „Home" und nicht „Zum Start" ausgegeben. Durch eine Umbenennung des Darstellers im Besetzungsfenster läßt sich dies aber leicht ändern.

Schauen wir uns den Prozeduraufruf und die Parameterzuordnung auf der Basis der Zeile (e0) der *enterFrame*-Prozedur abschließend im Detail an:

```
2:myWrite 4,6
```

```
on myWrite lvNum, lvSprite
```

Durch die Parameterübergabe erhalten die Parameter lvNum und lvSprite die folgenden Werte:

```
lvNum = 4
lvSprite = 6
```

Durch einen Ersetzungsprozeß werden diese Parameter intern lokal interpretiert und wie folgt ausgewertet:

```
on myWrite 4, 6
  set the visible of sprite 6 to true
  put the name of member 4 into field "Navigation"
end myWrite
```

Damit kann Kobold 6 angezeigt und der Name des vierten Darstellers aus der Besetzung in das Feld „Navigation" geschrieben werden.

Diese erste Version der Übung 6 führt den Dateinamen EXER-06A.DIR.

4.7.2 Einstellung des Cursors

In den folgenden beiden Varianten der Übung 6 sollen die Rollovers zusätzlich von bestimmten Cursorformen unterstützt werden, um dem Benutzer die besonderen Möglichkeiten der sensitiven Flächen zu signalisieren. Wie in Multimedia ToolBook sieht auch Director zwei Varianten der Verwendung spezieller Cursorformen vor: systeminterne Cursorressourcen und benutzerdefinierte Cursorformen. Auch zur Einstellung der Cursorform gibt es zwei Möglichkeiten:

```
cursor <cursorWerte>
the cursor of sprite <cursorWerte>
```

Während der Befehl *cursor <cursorWerte>* lediglich zur Einstellung bestimmter Cursorformen dient, kann mit der Eigenschaftsdefinition *the cursor of sprite* sowohl die Cursorform abgefragt als auch mit *set* gesetzt werden. Beide Möglichkeiten beziehen sich auf Kobolde bzw. Koboldkanäle. Mit

```
set the cursor of sprite 1 to <cursorWerte>
```

wird z.B. die Cursorform definiert, wenn der Mauscursor sich über Kobold 1 befindet. Dabei kann *<cursorWerte>* ein einstelliger numerischer Wert aus einer Liste von systeminternen Cursorressourcen sein (siehe Lingo Lexikon Seite 34/35). So wird dem Standardcursor, dem Pfeil, der Wert -1 oder der Uhr der Wert 4 zugeordnet. Hier sind die vollständigen Lingo-Befehle:

```
set the cursor of sprite 1 to -1
set the cursor of sprite 1 to  4
```

Ausgehend von der letzten Version der Übung 6 (EXER-06A.DIR) kann mit folgender Ergänzung des Bildskripts die Cursorform für die Navigationselemente (Kobolde 2 bis 4) auf das systeminterne Fadenkreuz (Wert 3) umgestellt werden:

```
on enterFrame
  case (the rollOver) of
    2:myWrite 4, 6
      set the cursor of sprite 2 to 3        -- a0
    3:myWrite 5, 6
      set the cursor of sprite 3 to 3        -- a1
    4:myWrite 6, 6
      set the cursor of sprite 4 to 3        -- a2
    otherwise
      set the visible of sprite 6 to false
      cursor -1                              -- a3
  end case
end enterFrame
```

Dabei wird in den Zeilen (a0 bis a2) zusätzlich zur Textausgabe über die Prozedur *myWrite* der Cursor auf die Cursorform 3 eingestellt und in Zeile (a3) für alle anderen Fälle der Standardcursor gewählt.

Diese Version der Übung 6 erhält den Dateinamen EXER-06B.DIR.

Mit den insgesamt sieben systeminternen Cursorformen lassen sich allerdings nur wenige Effekte erzielen. Daher werden in professionellen Anwendungen in der Regel benutzerdefinierte Cursorformen verwendet.

Beim Aufbau einer eigenen Cursorform sind eine Reihe von Vorgaben zu beachten. Zum einen muß eine solche Cursorform aus einem oder mehreren überlagerten 1-Bit Bitmap-Darstellern bestehen. Diese sollen die Größe von 16 x 16 Pixel nicht überschreiten. Geht die Länge oder Breite eines solchen Darstellers dennoch über diese Maße hinaus, beschneidet Director das Bitmap von der linken oberen Ecke aus.

Es gibt mehrere Methoden, eigene Cursorformen zu erzeugen. Zum einen kann man sie direkt im Malfenster anlegen. Das erfordert viel Fingerspitzengefühl. Eine andere Möglichkeit besteht im Import von Cursorformen aus anderen Programmen. So kann man sich z.B. aus der Cursorbibliothek von Multimedia ToolBook bedienen, in dem man die gewünschte Cursorform dort als Ressource importiert und über die Zwischenablage als neuen Darsteller in die Besetzung in Director aufnimmt. Im Malfenster kann man den neuen Darsteller in eine 1-Bit Grafik umwandeln und gleichzeitig seine Proportionen auf 16 x 16 Pixel begrenzen.

Auf der beiliegenden CD-ROM befindet sich im Ordner DIRECTOR\ ADDS die Datei CURSORS.DIR, in der zwei Varianten des aus Multimedia ToolBook importierten Handcursors als Darsteller 1 und 2 in der Besetzung enthalten sind. Der erste Darsteller dient als Zielform, der zweite als Hintergrundmaske für den Zielcursor. Würde man nur den ersten Darsteller als Cursorform verwenden, wäre der Cursor transparent. Den Deckungseffekt des Cursors erreicht man durch eine invertierte Form des Zielcursors und einer Überlagerung beider Cursorformen.

In Lingo werden benutzerdefinierte Cursorformen als Liste von Darstellern definiert und z.B. mit folgender Anweisung in eine Prozedur eingebunden:

```
set the cursor of sprite 1 to [darst1, darst2]
```

Dabei dient darst1 als eigentliche Cursorform und darst2 als Maske, um den Deckungseffekt zu erreichen.

Aus der Datei CURSORS.DIR können wir nun nach Markierung der Darsteller 1 und 2 aus der Besetzung über die Menüoption „Bearbeiten/ Darsteller kopieren" diese zunächst in die Zwischenablage kopieren. Nach Öffnen der Datei EXER-06A.DIR können die in der Zwischenablage befindlichen Cursor dort als neue Darsteller 20 und 21 in die Besetzung aufgenommen werden. Mit einer einfachen Änderung im Bildskript (fettgedruckt) erreicht man die gewünschte Einbindung des selbstdefinierten Cursors:

```
on enterFrame
  case (the rollOver) of
    2:myWrite 4, 6
      set the cursor of sprite 2 to [20,21]
    ...
    otherwise
      set the visible of sprite 6 to false
      cursor -1
  end case
end enterFrame
```

Nun wird beim Berühren des Kobolds 2 (analog 3 und 4) der Cursor auf die Hand umgestellt, die als Darsteller 20 (die Cursorform) und 21 (die invertierte Maske) in der Besetzung stehen.

Diese Variante Version der Übung 6 führt den Dateinamen EXER-06C.DIR.

Will man bestimmte Koboldkanäle standardmäßig mit festen Cursorformen assoziieren, kann man ein Filmskript schreiben, in dem die entsprechenden Einstellungen vorgenommen werden. Die folgende Version von Übung 6 realisiert dieses Konzept auf der Basis der bisherigen Filmbesetzung:

```
on startMovie
  myCursors 2,4                            -- a0
end startMovie

on myCursors lvStart, lvEnd
  repeat with i = lvStart to lvEnd         -- b0
    set the cursor of sprite i to [20,21]  -- b1
  end repeat                               -- b2
end myCursors
```

Mit den Prozeduren *startMovie* und *myCursors* im Filmskript wird erreicht, daß flexibel gewünschte Koboldkanäle mit dem Handcursor assoziiert werden. Dazu wird in *startMovie* die benutzerdefinierte Prozedur *myCursors* mit den Parametern 2 und 4 aufgerufen (a0). Diese Parameter fungieren als Anfangs- und Endwert einer Zählschleife in *myCursors* (b0). Dort werden je nach Zustand der Zählschleife die Kobolde 2, 3 und 4 an den Handcursor gebunden (b1). Im Bildskript und der dortigen Routine *enterFrame* kann nun auf sämtliche Cursordefinitionen verzichtet werden:

```
on enterFrame
  case (the rollOver) of
    2:myWrite 4, 6
    3:myWrite 5, 6
    4:myWrite 6, 6
```

```
    otherwise
      set the visible of sprite 6 to false
    end case
end enterFrame
```

Mit dieser abschließenden Version der Übung 6, die den Dateinamen
EXER-06D.DIR erhält, sind die Möglichkeiten der Cursoreinbindung über
Lingo hinreichend erläutert.

4.8   Schaltflächen und Schaltflächeneffekte

Wie andere Multimedia-Autorensysteme bietet auch Director die Möglichkeit, vorgefertigte Schaltflächen in ein Programm zu integrieren. Allerdings wird von dieser Möglichkeit aus guten Gründen nur wenig Gebrauch
gemacht, da Schaltflächen im Vergleich zu anderen Darstellern, die als
Schaltflächenelemente dienen, doch erheblich im Styling abfallen. Daher
werden echte Schaltflächen nur im Ausnahmefall in ein Director-
Programm integriert.

Basis für die Erstellung von Schaltflächen ist die Werkzeugpalette. Diese
wird über die Menüoption „Fenster/Werkzeugpalette" geöffnet. Bild 4.39
stellt die Werkzeugpalette dar. Über die Werkzeugpalette lassen sich folgende drei Grundtypen von Schaltflächen erzeugen:

• einfache Druckschalter,

• Kontrollkästchen,

• Optionsfelder.

Alle Schaltflächenarten können über ihre Darstellereigenschaften und die
Auswahl des Typs nachträglich ohne Veränderung eventueller Darstellerskripte modifiziert werden.

Bild 4.39: Die Werkzeugpalette

4.8.1 Einfache Druckschalter

Die folgende Übung behandelt exemplarisch das Anlegen einfacher Druckschalter. Basis ist die Übung 6d (EXER-06D.DIR), aus deren Besetzung die Darsteller 4 bis 6 („Zurück", „Weiter" und „Zum Start") entfernt und durch einfache Druckschalter ersetzt werden sollen. Bild 4.40 stellt einen Ausschnitt aus dieser Übung dar.

Bild 4.40: Einfache Schaltflächen (Übung 7a)

Eine Schaltfläche wird angelegt, indem die entsprechende Option aus der Werkzeugpalette ausgewählt wird, in diesem Fall also die Schaltfläche „Schaltfl.". Danach setzt man den Cursor in die gewünschte Zelle des ausgewählten Kanals, zieht die Schaltfläche direkt auf der Bühne an der gewünschten Position auf und gibt die Schaltflächenbeschriftung ein. Die

Vorder bzw. Hintergrundfarbe der Schaltfläche kann man nach Markierung der Schaltfläche durch Überstreichen der Schaltfläche mit der Maus über die Farbfelder in der Werkzeugpalette einstellen. Auf diese Weise sollen zunächst drei Schaltflächen in Bild 5, dem Bild „Fussball" mit folgenden Eigenschaften erstellt werden:

Schaltfläche „Zurück":

- Darstellername: Zurück
- Schriftart: Arial
- Vordergrundfarbe: schwarz
- Hintergrundfarbe: rot
- Kanal 2, Zelle 5 und 9
- Größe: 77 x 20 Pixel
- Position: 200/430
- Farbeffekt im Drehbuch: kopieren
- Darstellerskript:

```
on mouseUp
        go to previous
end mouseUp
```

Schaltfläche „Weiter":

- Darstellername: Weiter
- Schriftart: Arial
- Vordergrundfarbe: schwarz
- Hintergrundfarbe: blau
- Kanal 3, Zelle 1 und 5
- Größe: 77 x 20 Pixel
- Position: 300/430
- Farbeffekt im Drehbuch: kopieren
- Darstellerskript:

```
on mouseUp
        go to next
end mouseUp
```

Schaltfläche „Zum Start":

- Darstellername: Zum Start
- Schriftart: Arial
- Vordergrundfarbe: schwarz
- Hintergrundfarbe: grün
- Kanal 4, Zelle 5 und 9

– Farbeffekt im Drehbuch: kopieren
– Größe: 77 x 20 Pixel
– Position: 400/430
– Darstellerskript:

```
on mouseUp
        go to "Autorennen"
end mouseUp
```

Diese neuen Darsteller werden mit einem Schaltflächensymbol in der Besetzung gekennzeichnet und sollen nach Abschluß der Arbeiten an den Positionen 4 bis 6 in der Besetzung stehen und damit die Plätze der bisherigen Navigationselemente einnehmen. Dadurch wird gewährleistet, daß keine Änderungen an den bereits vorhandenen Bild- und Filmskripten notwendig werden.

Weitere Arbeiten sind an dieser Übung nicht notwendig. Sie erhält den Dateinamen EXER-07A.DIR.

4.8.2 Kontrollkästchen und Optionsschalter

In der nun folgenden Variante der Übung 7 soll eine spezielle Schaltfläche in den Film integriert werden, mit dem sich wahlweise das Textfeld am oberen Bühnenrand an- und abschalten läßt. Diese Funktion kann in zufriedenstellender Weise mit einem Kontrollkästchen gewährleistet werden. Das Kontrollkästchen soll zwei Zustände haben, die über Lingo gesteuert werden. Bild 4.41 stellt die beiden Zustände dar.

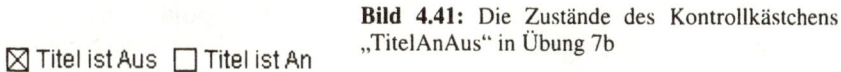

⊠ Titel ist Aus ☐ Titel ist An

Bild 4.41: Die Zustände des Kontrollkästchens „TitelAnAus" in Übung 7b

Das Kontrollkästchen ist über die Werkzeugpalette anzulegen und soll folgende Eigenschaften haben:

– Name: TitelAnAus
– Schriftart: Arial
– Größe: 116 x 16
– Position: 40/430
– Kanal 7, Zelle 1, 5 und 9
– Vordergrund: schwarz
– Hintergrund: weiß
– Farbeffekt im Drehbuch: Hintergrund transparent

Da der Beschriftungstext über Lingo flexibel erzeugt werden soll, kann auf
eine Eingabe eines Textes bei der Erzeugung der Schaltfläche verzichtet
werden.

Zur Überprüfung des Aktivierungszustandes einer Schaltfläche dient die
Eigenschaftsdefinition:

the hilite of member <name>

Dieser Ausdruck wird *true* wenn die Schaltfläche aktiviert ist, d.h. wenn
das Kontrollkästchen angekreuzt ist und *false*, wenn die Schaltfläche in ihrem Standardzustand ist (engl. hilite = hervorheben). Als Standardzustand
(*hilite = false*) soll die Schaltfläche die Beschriftung „Titel ist an" besitzen.
Mit diesen Vorgaben kann der Schaltfläche ein einfaches Darstellerskript
zugeordnet werden:

```
on mouseUp
  if the hilite of member "TitelAnAus" = true then   -- a0
    set the text of member "TitelAnAus" to ¬
        "Titel ist Aus"                              -- a1
    set the visible of sprite 5 to false             -- a2
  else
    set the text of member "TitelAnAus" to ¬
        "Titel ist An"                               -- a3
    set the visible of sprite 5 to true              -- a4
  end if
end mouseUp
```

In dieser *mouseUp*-Prozedur wird in Zeile (a0) überprüft, ob auf die
Schaltfläche „TitelAnAus" geklickt wurde, d.h. ob ausgehend vom Stan-
dardzustand das Kästchen angekreuzt wurde und der Zustand der *hilite*-
Eigenschaft *true* wird. Ist das der Fall, wird dem Schaltflächendarsteller in
Zeile (a1) der Text „Titel ist Aus" zugewiesen und Kobold 5 (das Textfeld
„Information") verborgen. Wird auf die Schaltfläche geklickt und das
Kontrollkästchen deaktiviert (die *hilite*-Eigenschaft ist dann *false*), wird in
Zeile (a3) der Beschriftungstext der Schaltfläche auf „Titel ist an" gesetzt
und das Informationsfeld wieder angezeigt.

Um sicherzustellen, daß unabhängig vom Zustand der Schaltfläche beim
Programmende beim erneuten Start des Films jeweils der Ausgangszustand hergestellt wird, bedarf das bisher lediglich aus einer Anweisung
bestehende Filmskript einer Ergänzung (fettgedruckt):

```
on startMovie
  set the hilite of member "TitelAnAus" to false   -- b0
  set the visible of sprite 5 to true              -- b1
  set the text of member "TitelAnAus" to ¬
      "Titel ist An"                                -- b2
  myCursors 2,4
end startMovie
```

Mit dieser Änderung im Filmskript wird In Zeile (b0) der Standardzustand der Schaltfläche (nicht aktiviert) hergestellt, und das Feld „Information" angezeigt (b1), sowie der Schaltfläche der entsprechende Beschriftungstext zugewiesen (b2).

Diese Übung bekommt den Dateinamen EXER-07B.DIR.

4.8.3 Schaltflächeneffekte

So nützlich Schaltflächen für die Funktionalität eines Director-Programms auch sein mögen, so wenig anziehend wirken sie auf den Betrachter. Aus diesem Grunde verzichten viele Entwickler von Director-Programmen völlig auf echte Schaltflächen und lassen deren Aufgaben von Grafikdarstellern übernehmen. Diese kann man im Director-Malfenster erstellen oder aus anderen Anwendungen importieren.

In der nun zu erstellenden Übung sollen zwei Symbole über Multimedia ToolBook importiert und als Navigationselemente mit Schaltflächeneffekten in unseren Film integriert werden. Es handelt sich um die Dateien RECHTS02.ICO und OBEN02.ICO aus der ToolBook Clipartsammlung. Diese liegen der Einfachheit halber im Ordner DIRECTOR\ADDS auf der beiliegenden CD-ROM.

Ausgehend von der Übung 7b (EXER-07B.DIR) sollen diese über ein geeignetes Programm, z.B. über den Multimedia ToolBook Symbol-Editor und die Zwischenablage in die Besetzung aufgenommen werden. Der Rechtspfeil ist zusätzlich im Malfenster als weiterer Darsteller zunächst zu kopieren und anschließend um 180 Grad zu drehen, so daß auch ein Linkspfeil zur Verfügung steht. Diese drei neuen Darsteller sollen nun die Aufgaben der Schaltflächen „Zurück" „Weiter" und „Zum Start" übernehmen. Bild 4.42 zeigt die Schaltelemente dieser Übung.

Bild 4.42: Grafische Darsteller als Schaltflächen

Im einzelnen sollen die importierten Darsteller folgende Eigenschaften erhalten:

Schaltfläche „Zurück":

- Darstellername: Zurück
- Kanal 2, Zelle 5 und 9

– Position: 260/430
– Farbeffekt im Drehbuch: kopieren
– Darstellerskript:

```
on mouseUp
        go to previous
end mouseUp
```

Schaltfläche „Weiter":

– Darstellername: Weiter
– Kanal 3, Zelle 1 und 5
– Position: 320/430
– Farbeffekt im Drehbuch: kopieren
– Darstellerskript:

```
on mouseUp
        go to next
end mouseUp
```

Schaltfläche „Zum Start":

– Darstellername: Zum Start
– Kanal 4, Zelle 5 und 9
– Position: 380/430
– Farbeffekt im Drehbuch: kopieren
– Darstellerskript:

```
on mouseUp
        go to "Autorennen"
end mouseUp
```

Um zu erreichen, daß diese Grafik-Elemente bei einem Mausklick wie Schaltflächen reagieren, ist über die Darstellereigenschaften die Option: „Nach Klick hervorheben" auszuwählen. Dadurch wird bei einem Mausklick kurz ein invertierter Zustand der jeweiligen Darsteller erreicht.[1]

Um keine weiteren Änderungen an den bisher existierenden Skripten vornehmen zu müssen, sollen die drei neuen Darsteller nach Abschluß der Arbeiten an den Positionen 4 bis 6 in der Besetzung stehen. Weitere Arbeiten sind an dieser Übung mit dem Dateinamen EXER-07C.DIR nicht notwendig.

---

[1] Bei den Varianten der Übungen 5 und 6 wurde dieser Effekt aus optischen Gründen bereits für die Navigationselemente eingestellt.

Eine weitere Variante der Erzeugung von Schaltflächeneffekten bedient sich der Puppentechnik. Da diese aber einige grundsätzliche Vorüberlegungen notwendig macht, wird diese Möglichkeit zunächst zurückgestellt und erst nach der Einführung in die Grundlagen des Arbeitens mit Puppen behandelt (siehe Abschnitt 4.9.1).

4.9 Zusätzliche Techniken

Mit den in den vergangenen Abschnitten vorgestellten Techniken lassen sich bereits hervorragende Multimedia-Systeme mit raffinierten Effekten erstellen. Nimmt man noch die Integration von Sound und Video hinzu, lassen derartig erzeugte Programme kaum Wünsche offen.

Dennoch gibt es eine Reihe von Techniken, die zu weiterer Effizienzsteigerungen auf der einen Seite und zu erweiterten Möglichkeiten auf der anderen führen. Diese Techniken beziehen sich sowohl auf die reine Programmierarbeit mit Lingo als auch auf erweiterte Möglichkeiten im Umgang mit Director. In den folgenden Abschnitten werden diese Techniken im einzelnen vorgestellt.

4.9.1 Kobolde und Puppen

Alle bisher verwendeten Techniken sind ausschließlich über das Drehbuch gesteuert worden. Jedesmal wenn sich der Abspielknopf in einem bestimmten Bild befindet, überprüft Director das Drehbuch bezüglich der dort enthaltenen Anweisungen. Das können allgemeine Koboldeigenschaften (Farbe, Form, Position etc.), Tempoeinstellungen, Farbpaletten, Sounds oder Übergänge sein. Mit einer besonderen Technik, der einen Koboldkanal in eine sogenannte Puppe verwandelt, kann man Director mitteilen, das Drehbuch zu ignorieren und alle Effekte direkt über Lingo zu steuern. Eine Puppe ist somit ein direkt von Lingo steuerbarer Koboldkanal.

Der Begriff Puppe leitet sich aus dem englischen Wort „puppet" ab und hätte, um dem dahinterstehenden Konzept gerecht zu werden, korrekterweise als „Marionette" ins Deutsche übertragen werden müssen. Das „Puppet-Konzept" soll nämlich symbolisieren, daß der jeweilige Koboldkanal für den der Puppenstatus eingeschaltet wird, als Puppe (besser Marionette) fungiert und Lingo die Fäden in der Hand hält. Zur Deklaration des Puppenstatus eines Koboldkanals stehen die Lingo-Anweisungen

```
puppetSprite <koboldNummer>, <wert>
the puppet of sprite <koboldNummer>
```

zur Verfügung. Mit der *puppetSprite*-Anweisung wird der Puppenstatus für einen Koboldkanal ein- (<wert> = *true*) bzw. ausgeschaltet (<wert> = *false*). Die Eigenschaftsdefinition *the puppet of sprite* kann zusätzlich zum Ein- bzw. Ausschalten des Puppenstatus mit *set* auch den Status eines Koboldkanals abfragen.

Mit zwei kleinen Vorübungen sollen zunächst einfache Möglichkeiten der Verwendung von Puppen vorgeführt werden.

In der ersten Übung sollen zunächst zwei in etwa gleich große grafische Darsteller erzeugt werden, ein roter und ein brauner Kreis. Diese stehen anschließend als Darsteller 1 und 2 in der Besetzung eines neuen Films. Darsteller 1 (der rote Kreis) soll anschließend in der ersten Zelle des ersten Koboldkanals aufgenommen werden. Die Bühnenposition spielt dabei keine Rolle. Der zweite Darsteller (der braune Kreis) findet keine Aufnahme im Drehbuch.

Ziel ist es nun, per Mausklick den roten Kreis für einen kurzen Moment durch den braunen Kreis zu ersetzen; d.h. bei einer *mouseDown*-Aktion soll der braune Kreis an die Stelle des roten Kreises treten und direkt danach soll der Ausgangszustand wiederhergestellt werden. Dazu muß der rote Kreis für einen kurzen Moment durch den roten Kreis ersetzt werden. Um einen Darsteller im Drehbuch auszutauschen, bedient man sich folgender Eigenschaftsdefinition:

```
the memberNum of sprite (<koboldNummer>)
```

Damit kann man einem Kobold mit der Nummer *<koboldNummer>* einen bestimmten Darsteller zuordnen. Verbunden mit einer *set*-Anweisung kann man diese Eigenschaft auch setzen:

```
set the memberNum of sprite (1) to 2
```

Mit dieser Anweisung wird dem Koboldkanal 1 der Darsteller 2 zugeordnet. Basis für diese Zuordnung von Darstellern zu Koboldkanälen ist allerdings die vorherige alleinige Übergabe der Steuerung an Lingo. Mit anderen Worten: Für den Koboldkanal 1 muß der Puppenstatus eingeschaltet werden. Das geschieht mit:

```
puppetSprite 1, true
```

Diese Anweisung muß im Bildskript oder - soll sie für einen gesamten Film gelten - im Filmskript untergebracht werden.

Mit diesen Vorgaben können wir nun die Skripte für unseren kleinen Beispielfilm schreiben.

Filmskript:

```
on startMovie
  puppetSprite 1, true                    -- a0
end startMovie
```

Da für Koboldkanal 1 im gesamten Film der Puppenstatus eingeschaltet sein soll, kann das Filmskript in Zeile (a0) diesen Vorgang übernehmen.

Im Bildskript stehen nun zwei Prozeduren:

Bildskript für Bild 1:

```
on enterFrame
  set the memberNum of sprite (1) to 1    -- b0
end enterFrame

on exitFrame
  go to the frame                         -- c0
end exitFrame
```

Die *enterFrame*-Prozedur weist beim Eintritt in das erste (und einzige) Bild dem Koboldkanal jeweils den ersten Darsteller (den roten Kreis) zu (b0). Die *exitFrame*-Prozedur veranlaßt eine Schleife in diesem Bild (c0).

Der Austausch der Darsteller findet nun über das Darstellerskript für den roten Kreis („Kreis1") statt:

Darstellerskript „Kreis1":

```
on mouseDown
  set the memberNum of sprite (1) to 2    -- d0
end mouseDown
```

In der *mouseDown*-Prozedur tritt nun Darsteller 2 (der braune Kreis) an die Stelle des roten Kreises und nimmt dessen Position im Koboldkanal 1 sowie auf der Bühne ein. Dadurch daß im Bildskript in der *enterFrame*-Prozedur in Zeile (b0) der Vorgang des Darstelleraustausches sofort wieder rückgängig gemacht wird, stellt sich der gesamte Effekt wie der einer Schaltfläche dar.

Diese erste Übung, die sich auf den Puppeneffekt bezieht, erhält den Dateinamen EXER-08A.DIR.

Mit der Umwandlung von Koboldkanälen in Puppen können eine Reihe von Effekten erzielt werden, die auf andere Art nicht möglich sind. Diese Effekte beziehen sich u.a. auf:[1]

---

[1] Eine Auflistung aller Lingo-Eigenschaften, die ausschließlich über Puppen gesteuert werden, findet man in der dem Programmpaket von Macromedia Director 5 beiliegenden Lingo Einführung auf Seite 73.

- die Farben von Kobolden,

- den Opazitätsgrad von Kobolden,

- die Möglichkeit, Kobolde zu bewegen.

Eine Reihe von Eigenschaften können wahlweise auch ohne Puppenstatus direkt über Lingo gesteuert werden, da das Drehbuch entsprechende Möglichkeiten vorsieht. Eine solche Eigenschaft ist die des Anzeigens und Verbergens mit *visible*. Das Setzen dieser Eigenschaft funktioniert mit und ohne Puppenstatus. So hätte man im Filmskript der Übungen 7b und 7c im Filmskript auch den Puppenstatus für den Koboldkanal 5 (für das Textfeld „Information") einschalten können (siehe Abschnitt 4.8.2):

```
on startMovie
  puppetSprite 5, true
  set the hilite of member "TitelAnAus" to false
  ...
end startMovie
```

Gleiches gilt für das Feld in Koboldkanal 6. Auch hier kann der Puppenstatus eingeschaltet werden. Um in jedem Fall sicherzugehen, empfiehlt das Handbuch, für alle Puppeneigenschaften auch den Puppenstatus einzuschalten.

Mit einer zweiten Übung soll eine weiterer Effekt vorgeführt werden, der ebenfalls nur über den eingeschalteten Puppenstatus möglich ist, nämlich die Änderung der Opazität von Kobolden. Die Einstellung der Opazität eines Kobolds über das Dialogfeld Sprite-Eigenschaften hatten wir in Abschnitt 4.4.5 ja im Zusammenhang mit speziellen Animationstechniken bereits kennengelernt. Nun soll der Opazitätsgrad eines Kobolds beim Abspielen eines Films geändert werden.

Ausgehend von der bisherigen Übung 7c (siehe Abschnitt 4.8.3) sollen die Navigationselemente nun so gestaltet werden, daß bei einem Rollover nur das jeweils berührte Navigationselement den vollen Opazitätsgrad erhält, die übrigen aber abgeblendet werden. Zusätzlich soll der Tatsache Rechnung getragen werden, daß nicht auf allen Bildern alle Navigationslemente vorhanden sind. Bild 4.43 illustriert den Opazitätseffekt für die Navigationselemente in Bild 5 (Fussball).

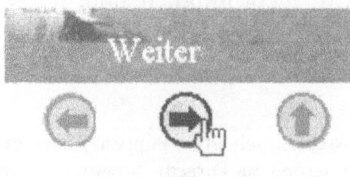

Bild 4.43: Navigationselemente und Opazitätsgrade (Übung 8b)

Folgende Navigationselemente sind auf den einzelnen Bildern sichtbar:

Bild 1 (Autorennen)

- Navigationselement „Weiter", Kanal 3

Bild 5 (Fussball)

- Navigationselement „Zurück, Kanal 2
- Navigationselement „Weiter", Kanal 3
- Navigationselement „Zum Start", Kanal 4

Bild 9 (Wasserski)

- Navigationselement „Zurück, Kanal 2
- Navigationselement „Zum Start", Kanal 4

Um den Opazitätsgrad eines Kobolds zu steuern, bietet Lingo die folgende Eigenschaftsdefinition an:

```
the blend of <koboldNummer>
```

Verbunden mit einer *set*-Anweisung kann der Opazitätsgrad zwischen den Werten 0 (völlig abgeblendet) und 100 (Normaldarstellung) variiert werden (engl. blend = abblenden). Diese Werte entsprechen den Werten im Dialogfeld Sprite-Eigenschaften. Basis für die Änderung des Opazitätsgrades ist die Umwandlung der abzublendenden Koboldkanäle in Puppen.

Da das An- und Abschalten des Puppenstatus für flexible Koboldkanäle noch häufiger benötigt wird, empfiehlt sich hier eine benutzerdefinierte Routine:

```
on myPuppets lvPuppets, lvVal
  repeat with i = 1 to count(lvPuppets)        -- a0
    puppetSprite getAt(lvPuppets, i), lvVal    -- a1
  end repeat
end myPuppets
```

Mit dieser Routine läßt sich eine beliebige Anzahl von Kanälen in Puppen umwandeln und zurücksetzen. Der Aufruf von *myPuppets* geschieht z.B. mit:

```
(1) myPuppets [3,4,7,9], true
```

Mit diesem Prozeduraufruf würde für die Kanäle 3,4,7 und 9 der Puppenstatus eingeschaltet. Die Prozedur *myPuppets* erhält als Parameter lvPuppets eine Liste der zu bearbeitenden Kanalnummern und als Parameter lvVal den Statuswert (*true* oder *false*). In Zeile (a0) wird eine Schleife aufgerufen die i-Mal durchlaufen wird. Die Zählvariable richtet sich dabei nach der Anzahl der in der Liste lvPuppets enthaltenen Elemente. In Zeile (a1) wird sukzessive jedes Listenelement aufgerufen und auf den an lvVal gebundenen Wert gesetzt. Mit dem Prozeduraufruf in Beispiel (1) hätte *myPuppets* folgende interne Werte. Die einzelnen Schleifendurchläufe sind dabei in den Zeilen (a1 bis a4) nacheinander dargestellt.

```
on myPuppets [3,4,7,9], true
  repeat with i = 1 to 4                              -- a0
    puppetSprite getAt([3,4,7,9], 1), true           -- a1
    puppetSprite getAt([3,4,7,9], 2), true           -- a2
    puppetSprite getAt([3,4,7,9], 3), true           -- a3
    puppetSprite getAt([3,4,7,9], 4), true           -- a4
  end repeat
end myPuppets
```

Da die Prozedur *myPuppets* an verschiedenen Stellen im Film benötigt wird, empfiehlt sich eine Plazierung im Filmskript.

Auch der Abblendungsvorgang selbst soll flexibel gehandhabt werden. Daher empfiehlt sich der Aufbau einer weiteren benutzerdefinierten Prozedur - ebenfalls im Filmskript - die für das Auf- bzw. Abblenden von Kobolden verantwortlich ist.

```
on myBlend lvSprites, lvBlendVal
  set the blend of sprite ¬
    getAt(lvSprites, 1) to 100                        -- b0
  deleteAt(lvSprites,1)                               -- b1
  repeat with i = 1 to count(lvSprites)               -- b2
    set the blend of sprite ¬
      getAt(lvSprites, i) to lvBlendVal               -- b3
  end repeat
end myBlend
```

Der Aufruf von *myBlend* kann z.B. wie folgt vorgenommen werden:

```
myBlend [2,4,5,7], 50
```

Dabei wird davon ausgegangen, daß der erste Wert in der übergebenen Liste den Kanal darstellt, dessen Kobold voll aufgeblendet wird, also den Opazitätsgrad 100 erhält, während die restlichen Listenelemente den Opazitätsgrad lvBlendVal erhalten. In unserem Beispiel ist dies der Wert 50. Die Prozedur *myBlend* arbeitet ähnlich wie *myPuppets* mit einer Schleife als Kontrollstruktur. Vor der Schleife wird jedoch das erste Listenelement der Liste lvSprites auf den Opazitätswert 100 gesetzt (b0). Anschließend wird dieses Listenelement aus der Liste entfernt (b1). Danach wird der Opazitätsgrad der restlichen Listenelemente in der Schleife nacheinander auf den übergebenen Wert lvBlendVal gesetzt (b2 und b3).

Das gesamte Filmskript enthält damit die Prozeduren *startMovie* (siehe Übung 7c, Abschnitt 4.8.3), *myPuppets* und *myBlend*. Zusätzlich befinden sich im Filmskript noch die Prozeduren *myWrite* (Übung 6a, Abschnitt 4.7.1) und *myCursors* (Übung 6d, Abschnitt 4.7.2).

Die Puppendeklaration erfolgt nun in den jeweiligen Bildskripten. Bisher hatten wir ja ein einheitliches Bildskript für alle drei Bilder unseres Übungsfilms. Diese Einheitlichkeit muß nun aufgehoben werden, da ja die drei Bilder verschiedene Navigationselemente enthalten. In Bild 1 ist z.B. nur ein einziges Navigationselement sichtbar. Ein Abblendeffekt ist daher nicht notwendig, somit auch keine Puppenumwandlung. Das Bildskript ist daher recht einfach:[1]

Bildskript, Bild 1 (Autorennen):

```
on enterFrame
  myPuppets [2,3,4], false              -- a0
  if rollOver (3) then
    myWrite 5, 6
  else
    set the visible of sprite 6 to false
  end if
end enterFrame
```

Da kein Puppenstatus erforderlich ist, wird er in Zeile (a0) abgeschaltet. Diese Abschaltung ist notwendig, da in den übrigen Bildern der Puppenstatus für die Kobolde 2, 3 und 4 (Bild 5) bzw. 2 und 4 (Bild 9) gilt.

Für die übrigen Bilder benötigen wir neue Bildskripte. Dazu sind die bisherigen Bildskripte zu löschen und durch Doppelklick in der jeweiligen Zelle neue Skripte zu schreiben. Um schnell aus bereits vorhandenen Bildskripten ohne großen Aufwand neue Skripte erzeugen zu können, kann man ausgehend von bestehenden Bildskripten die gewünschten Zeilen nach vorheriger Markierung mit STRG-C in die Zwischenablage kopieren und in einem neuen Bildskript mit STRG-V wieder einfügen und dort entsprechend modifizieren.

In Bild 5 tritt nun der Abblendeffekt in Kraft, da alle drei Navigationselemente angezeigt werden.

Bildskript, Bild 5 (Fussball):

```
on enterFrame
  myPuppets [2,3,4], true               -- b0
  case (the rollOver) of
    2:myWrite 4, 6
      myBlend [2,3,4], 30               -- b1
    3:myWrite 5, 6
      myBlend [3,2,4], 30               -- b2
    4:myWrite 6, 6
      myBlend [4,2,3], 30               -- b3
```

---

[1] Alle Bildskripte enthalten zusätzlich nach wie vor die in Übung 5e definierte *exitFrame*-Prozedur (siehe Abschnitt 4.5.3.3).

```
      otherwise
        set the visible of sprite 6 to false
        myBlend [2,3,4], 100                          -- b4
   end case
end enterFrame
```

Dazu wird zunächst in Zeile (b0) für alle drei Koboldkanäle, in denen die Navigationselemente plaziert sind, über *myPuppets* der Puppenstatus eingeschaltet. Anschließend wird in Abhängigkeit vom Rollover die Prozedur *myBlend* nach den oben vorgestellten Prinzipien aufgerufen. In Zeile (b1) wird beispielsweise über *myBlend* Kanal 2 voll aufgeblendet und den Kanälen 3 und 4 der Opazitätswert 30 zugewiesen. Analog werden die Opazitätseffekte in den Zeilen (b2) und (b3) entsprechend anders eingestellt. In Zeile (b4) werden alle Koboldkanäle auf den vollen Opazitätswert eingestellt.

Im Bild 9 schließlich erhalten lediglich die Koboldkanäle 2 und 4 den Puppenstatus.

Bildskript, Bild 9 (Wasserski):

```
on enterFrame
  myPuppets [2,4], true                        -- c0
  puppetSprite 3, false                         -- c1
  case (the rollOver) of
    2:myWrite 4, 6
      myBlend [2,4], 30
    4:myWrite 6, 6
      myBlend [4,2], 30
    otherwise
      set the visible of sprite 6 to false
      myBlend [2,4], 100
  end case
end enterFrame
```

Da Koboldkanal 3 in diesem Bild nicht vorhanden ist, aber in Bild 5 verwendet wird, muß dessen Puppenstatus hier in Zeile (c1) aufgehoben werden, da der Kobold sonst sichtbar wäre. Die übrigen Anweisungen verhalten sich ähnlich wie die in der *enterFrame*-Prozedur für Bild 5, mit dem Unterschied, daß nun immer nur zwei Kanalnummern an *myBlend* übergeben werden müssen.

Mit diesen Skripten funktioniert der Übungsfilm einwandfrei. Nur die gewünschten Navigationselemente sind auf den einzelnen Bildern sichtbar, und die Abblendeffekte funktionieren wie gewünscht. Ohne die Verwendung des Puppenstatus wäre dieser Effekt nicht möglich. Die fertige Übung hat den Dateinamen EXER-08B.DIR.

4.9.2 Bildexport

Mit einer Reihe von Techniken lassen sich Director-Programme nicht nur
bezüglich ihrer Gestaltung, sondern auch in Bezug auf ihr Laufzeitverhalten erheblich verbessern.

Eine Technik, die des Bildexportes, ist immer dann interessant, wenn sich
viele grafische Darsteller als Kobolde auf der Bühne befinden und somit
für einen erheblichen Speicherbedarf sorgen. Mit einem einfachen Menübefehl lassen sich einzelne Bilder aus Director-Filmen exportieren. Diese
Technik soll in der folgenden Übung 9a vorgeführt werden.

Dazu öffnen wir einen neuen Film und importieren nacheinander die in
den vergangen Abschnitten verwendeten Grafikdateien AUTO
RENN.BMP, FUSSBALL.BMP und WASSERSK.BMP aus dem Ordner
DIRECTOR\ADDS auf der beiliegenden CD-ROM als 24-Bit Grafiken.
Diese Bilder sind alle in Zelle 1 der Kanäle 1 bis 3 zu plazieren. Zusätzlich
sind sie über ihre Sprite-Eigenschaften wie folgt nachzubearbeiten:

Zelle 1: AUTORENN.BMP

– Skalierung: 30%, Position: 30/10

Zelle 2: FUSSBALL.BMP

– Skalierung: 30%, Position: 30/140

Zelle 3: WASSERSK.BMP

– Skalierung: 30%, Position: 30/270

Als Bühnenhintergrundfarbe ist der aus den vergangenen Übungen bekannte Braunton zu wählen. Bild 4.44 verdeutlicht den Bühnenaufbau dieser Übung.

Bild 4.44: 24-Bit Grafiken in einem Bild

Speichert man den so entstandenen Film unter dem Dateinamen EXER-09A.DIR, erhält man eine Datei von ca. 1.7 MB.[1] Zur Information liegt diese Datei auf der beiliegenden CD-ROM im Ordner \DIRECTOR\ EXERCISE.

Über die Menüoption „Datei/Exportieren" läßt sich nun dieses einzige Bild des Films als „Schnappschuß" der Bühne in einer separaten Bitmap-Datei ablegen. Dazu setzt man den Abspielknopf in das zu exportierende Bild (Bild 1) und öffnet über die Menüoption „Datei/Exportieren" das Dialogfeld Exportieren. Dort kann man mehrere Bilder als Video für Windows Sequenz (AVI-Sequenz) oder einzelne Bilder als separate Grafiken (DIB-Dateireihenfolge) exportieren. Den Dateinamen kann man frei wählen, Director fügt dann die Bildnummer als vierstellige Ziffer zwischen den Dateinamen und die vorgegebene Erweiterung BMP ein. In unserem Fall ist das die Bildnummer 0001. Wählen wir also den Dateinamen BILD.

---

[1] Auch mit der Menüoption „Datei/Kompakt speichern" läßt sich hier keine weitere Verdichtung erreichen (siehe Abschnitt 5.14).

Director macht daraus den Dateinamen BILD0001.BMP. Diese exportierte Datei hat dann die Standardgröße von 601 KB. Zur Information liegt diese Datei im Ordner DIRECTOR\ADDS auf der beiliegenden CD-ROM.

Öffnet man nun einen neuen Film, kann man diese Datei, die ja nichts anderes ist als eine komplexe Bitmap-Grafik ist, als Darsteller importieren und Kanal 1 Zelle 1 mittig auf der Bühne plazieren. Speichert man die nun entstandene Datei ab, reduziert sich ihre Größe auf 105 KB. Diese Version unserer Exportübung liegt unter dem Dateinamen EXER-09B.DIR auf der beiliegenden CD-ROM im Ordner DIRECTOR\EXERCISE.

Der Vorteil der Methode des Bildexports liegt mit der enormen Ersparnis an Speicherbedarf auf der Hand. Man kann dadurch die Datenmenge und damit die Belastung des Arbeitsspeichers beim Abspielen von Director-Filmen erheblich reduzieren. Allerdings erkauft man sich diesen Gewinn auch mit einem Nachteil. Die Kobolde, die in Übung 9a noch separat auf einzelne Kanäle verteilt waren, sind nun nicht mehr differenzierbar, da sie Bestandteil einer komplexen Grafik geworden sind. Zwar reduziert sich so die Anzahl der belegten Kanäle. Will man die Einzelbilder aber z.B. per Rollover erreichen, muß man sich einer zusätzlichen Methode bedienen, die im folgenden Abschnitt vorgestellt wird.

4.9.3 Transparenzrahmen

Transparenzrahmen sind unsichtbare Rahmen, die über Bilder, Bildbereiche, Texte oder Textbereiche gelegt werden und bei Mausberührung entsprechende Aktionen veranlassen können (siehe auch Abschnitt 2.3.10). Die Verwendung von Transparenzrahmen ist in Director sehr populär.

Als Basis der nun folgenden Übung 9c dient uns die Übung 9b aus Abschnitt 4.9.2 (Datei EXER-09B.DIR). Dort hatten wir ja eine komplexe Grafik als einzigen Darsteller importiert und in Zelle 1 von Kanal 1 plaziert. Nun gilt es, die einzelnen Bilder auf dieser Grafik (siehe Bild 4.44) mit Transparenzrahmen zu umgeben und anschließend über diese Transparenzrahmen Rollovers festzustellen.

Einen Transparenzrahmen erzeugt man über eine der Grafikoptionen „Rechteck", „abgerundetes Rechteck" oder „Ellipse" in der Werkzeugpalette (siehe Bild 4.39) . Die Option ausgefüllt (linke Spalte) bzw. nicht ausgefüllt (rechte Spalte) kann auch nachträglich über die Darsteller-Eigenschaften verändert werden. In unserem Fall bietet sich ein nicht ausgefülltes Rechteck an, da ja auch die einzelnen Bilder Rechteckform besitzen. Als Vordergrundfarbe sollte man in der Werkzeugpalette zunächst eine gut sichtbare Farbe wählen, also nicht weiß, da der Rahmen dann besser an die Grafiken angepaßt werden kann.

Ziehen wir also bei gedrückter linker Maustaste einen rechteckigen Rahmen um das Bild vom Autorennen. Anschließend steht der neue Darsteller in der Besetzung, sowie in Zelle 1 von Kanal 2. Da die Bilder alle die gleiche Größe haben, können wir nun den Rahmen aus der Besetzung auf die Bühne ziehen, so daß er sich auch um die übrigen Bilder legt. Danach befindet sich der Rahmen dreimal als Kobold im Drehbuch, und zwar in der Zelle 1 der Kanäle 2, 3 und 4.

Um die einzelnen Rahmen nun transparent zu machen, markiert man die Zellen 2 bis 4 in Koboldkanal 1, wählt über die Werkzeugpalette die Vordergrundfarbe weiß aus und stellt im Drehbuch den Farbeffekt „Hintergrund transparent" ein. Damit wird allen Transparenzrahmenkobolden der gleiche Farbeffekt im Drehbuch zugewiesen.

Nun soll über die Transparenzrahmen in einem Feld der Name des jeweiligen Bildes angezeigt werden. Das Feld soll folgende Eigenschaften haben:

- Name: Information
- Rahmen: Anpassen
- Schriftart: Arial, Größe 14, zentriert
- Linie: 1 Pixel
- Drehbuch: Kanal 5, Zelle 1
- Größe: 165 x 20 Pixel
- Position: 350/180
- Farbeffekt im Drehbuch: transparent

Die Umrandungslinie des Feldes erreicht man nach Markierung des Feldes durch Doppelklick über die Menüoption „Modifizieren/Auswahlrahmen/ Linie".

Mit einem einfachen Bildskript in Zelle 1 des Skriptkanals können nun die Rollovers über die Transparenzrahmen in den Kanälen 2, 3 und 4 überprüft werden und die entsprechenden Kommentare im Feld „Information" ausgegeben werden:

```
on enterFrame
  case (the rollover) of
    2: put "Autorennen" into field "Information"
    3: put "Fussball" into field "Information"
    4: put "Wasserski" into field "Information"
    otherwise put "" into field "Information"
  end case
end enterFrame

on exitFrame
  go to the frame
end exitFrame
```

Diese Übung hat den Dateinamen EXER-09C.DIR. Die Dateigröße beträgt 120 KB.

4.9.4 Aktionswörter

Im Gegensatz zu Multimedia ToolBook sieht Macromedia Director keine menügesteuerte Möglichkeit vor, Textbereiche als Aktionswörter hervorzuheben und die entsprechenden Aktionen auszulösen. Alle im Zusammenhang mit Aktionswörtern stehenden Techniken sind der Phantasie des Programmierers überlassen.

Prinzipiell werden zwei Techniken unterschieden:

- Aktionswortmarkierung und -abruf über Transparenzrahmen,
- Aktionswörter als Bestandteile von Texten.

Während die erste Technik in Director-Programmen recht häufig zum Einsatz kommt, ist die zweite Methode, die in Multimedia ToolBook einen Standard darstellt, für Director-Programme als eher exotisch anzusehen. Dennoch sollen beide Techniken im folgenden vorgeführt werden.

4.9.4.1 Aktionswörter über Transparenzrahmen

In der ersten Übung mit Aktionswörtern sollen im Vorgriff auf das nächste Kapitel CD-Titel der englischen Band Jethro Tull in einem feststehenden Feld als Textliste präsentiert werden. Zwei dieser Titel werden mit Transparenzrahmen überlegt, über die die Bilder der dazugehörigen CD-Hüllen angezeigt werden sollen. Bild 4.45 illustriert den Bühnenaufbau dieser Übung, wobei die Transparenzrahmen zum besseren Verständnis als schwarze nicht gefüllte Rechtecke sichtbar gemacht wurden.

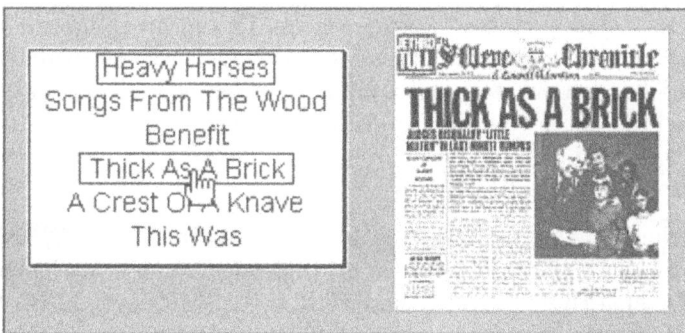

Bild 4.45: Aktionswörter mit Transparenzrahmen

Folgende Darsteller sind für diese Übung zu erzeugen bzw. zu importieren.

Darsteller 1:

Der erste Darsteller ist ein Feld mit dem Namen „Albumtexte". Das Feld enthält exemplarisch die Namen einiger Alben von Jethro Tull in der in Bild 4.45 dargestellten Form. Bei der Texteingabe ist nach jedem Titel die Return-Taste zu betätigen. Das Feld soll zusätzlich folgende Darstellereigenschaften besitzen:

- Rahmen: Fest
- Vordergrundfarbe: schwarz, Hintergrundfarbe: weiß
- Schriftart: Arial, Größe 14, zentriert
- Linie, Rahmen und Rahmenschatten je 1 Pixel

Die Auswahl des Rahmens und des Rahmenschattens erfolgt über die Menüoption „Modifizieren/Auswahlrahmen" nach vorherigem Doppelklick auf das Feld. Zusätzlich sind die Textbereiche „Heavy Horses" und „Thick As A Brick" mit roter Vordergrundfarbe zu markieren. Dadurch sollen diese Bereiche als Aktionswörter sichtbar gemacht werden. Die Vordergrundmarkierung erreicht man über die Werkzeugpalette nach vorheriger Markierung d.h. nach Überstreichen des Textbereiches bei gedrückter linker Maustaste.

Im Drehbuch bekommt das Feld folgende Koboldeigenschaften:

- Kanal 1, Zelle 1
- Größe: 160 x 110 Pixel
- Position: 60/180
- Farbeffekt: kopieren

Darsteller 2:

Danach soll ein Transparenzrahmen zunächst über den rot markierten Textbereich „Heavy Horses" gelegt werden. Er soll im Drehbuch in Zelle 1 des zweiten Koboldkanals erscheinen. Der gleiche Transparenzrahmen kann nun über den zweiten rot markierten Textbereich „Thick As A Brick" gelegt und in Zelle 1 von Kanal 3 plaziert werden.

Darsteller 3 und 4:

Anschließend sollen zwei Grafiken aus dem Ordner DIRECTOR\MEDIA\ 75DPI von der beiliegenden CD-ROM importiert werden. Es handelt sich um die Dateien HORSES.BMP und THICK-01.BMP, zwei 32-Bit Grafikdateien als Bilder der anzuzeigenden CD-Hülle. Diese sind mit der Option 24-Bit zu importieren und werden zu den Darstellern 3 und 4. Die Bilder sind in Zelle 1 der Kanäle 4 (HORSES.BMP) und 5 (THICK-01.BMP) zu plazieren. Dadurch werden sie mittig auf der Bühne angeordnet.

Damit sind alle Vorarbeiten geleistet, und es können die notwendigen Skripte geschrieben werden. Zunächst wird ein Bildskript benötigt, das ein Verbleiben im ersten und einzigen Bild veranlaßt:

Bildskript, Skriptkanal: Zelle 1:

```
on exitFrame
  go to the frame
end exitFrame
```

Anschließend werden zwei Koboldskripte, eines für jeden Transparenzrahmen, benötigt. Ein Darstellerskript für den Transparenzrahmen hat hier keinen Sinn, da der Transparenzrahmen ja verschiedene Aktionen auslösen soll. Wird auf den Transparenzrahmen über „Heavy Horses" geklickt, soll das Bild HORSES.BMP angezeigt werden, wird auf den Rahmen um „Thick As A Brick" geklickt, soll die Grafik „THICK.BMP" erscheinen.

Koboldskripte erzeugt man nach vorheriger Markierung der gewünschten Zelle im Drehbuch über das Auswahlfeld „Skript" oben links im Drehbuch und die Option „Neues Skript". Koboldskripte erscheinen in der Besetzung und werden im Drehbuch unterhalb der Titelzeile angezeigt. Mit zwei einfachen Koboldskripten kann man bei einem Mausklick auf den jeweiligen Transparenzrahmen das gewünschte Bild anzeigen:

Koboldskript für den Kobold in Zelle 1 von Kanal 2:
(Rahmen über „Heavy Horses"):

```
on mouseUp
  set the visible of sprite 4 to true
end mouseUp
```

Koboldskript für den Kobold in Zelle 1 von Kanal 3:
(Rahmen über „Thick As A Brick"):

```
on mouseUp
  set the visible of sprite 5 to true
end mouseUp
```

Zusätzlich soll für die visible-Eigenschaft noch der Puppenstatus für die Koboldkanäle 4 und 5, in denen die Bilder der CD-Hülle enthalten sind, eingeschaltet werden. Das kann im Filmskript geschehen:

Filmskript:

```
on startMovie
  puppetSprite 4, true
  puppetSprite 5, true
end startMovie
```

Im Prinzip sind damit die gestellten Anforderungen an diese Übung erfüllt. Einziger Nachteil ist, daß eines der beiden Bilder immer sichtbar ist. Wünschenswert wäre, daß bei einem Mausklick an eine beliebige Stelle der Bühne beide Bilder verborgen werden. Dazu bieten sich zwei Möglichkeiten an. Zum einen könnte man eine *mouseUp*-Prozedur im Filmskript unterbringen. Dadurch würde bei einem Klick an eine beliebige Position auf der Bühne eine entsprechende Aktion ausgelöst werden. Eine Alternative, die hier aus didaktischen Gründen vorgezogen werden soll, ist eine primäre Ereignisprozedur, die gemäß der Benachrichtigungsreihenfolge in jedem Fall vor allen anderen Ereignissen abgefragt wird (siehe Abschnitt 4.5.3.1). Primäre Ereignisprozeduren müssen ausdrücklich definiert werden und stehen an jeder Stelle im Film zur Verfügung. Die Syntax für eine primäre Ereignisprozedur lautet:

```
set <prozedur> to  "<ausdruck>"
```

Dabei kann <prozedur> eine von vier primären Ereignisprozeduren sein:

```
keyDownScript, mouseDownScript, mouseUpScript,
timeOutScript
```

Im folgenden Filmskript ist ein *mouseDownScript* als primäre Ereignisprozedur definiert worden. Diese Prozedur verbirgt über die selbstdefinierte Prozedur *myVisible* die Kobolde 4 und 5, sobald die linke Maustaste heruntergedrückt wird. Die Prozedur *myVisible* ist flexibel gehalten, so daß beliebig viele Kobolde über eine Schleife angesprochen werden können:

Erweitertes Filmskript:

```
on startMovie
  puppetSprite 4, true
  puppetSprite 5, true
  set the mouseDownScript to "myVisible [4,5]"
end startMovie

on myVisible lvSprites
  repeat with i = 1 to count(lvSprites)
    set the visible of sprite getAt(lvSprites, i) to
false
  end repeat
end myVisible
```

Mit dieser Prozedur ist es nun möglich, durch einen Mausklick an eine beliebige Stelle des Bildschirms das Foto der CD-Hülle zu verbergen.

Diese Übung mit Aktionswörtern, die über Transparenzrahmen aufgerufen werden, trägt den Dateinamen EXER-09D.DIR.

4.9.4.2 Aktionswörter als Textbestandteile

Die im vergangenen Abschnitt vorgestellte Methode zur Markierung von Aktionswörtern läßt sich nicht auf Textfelder mit Rollbalken anwenden, da die Transparenzrahmen ja auf dem Textfeld liegen und sich beim Rollen des Textes nicht mitbewegen. Man mag argumentieren, daß solche Rollboxen nicht in das grafisch-orientierte Konzept von Macromedia Director passen. Dennoch kann es vorkommen, daß große Textmengen in Rollboxen präsentiert werden müssen. Daher soll auch diese Technik im folgenden vorgestellt werden.

Ausgehend von Übung 9d (EXER-09D.DIR) soll zunächst der erste Darsteller 1 (Albumtexte) wie folgt modifiziert werden:

- Rahmen: Rollen
- Größe: 180 x 60 Pixel

Die übrigen Einstellungen, auch die rote Einfärbung der Aktionswörter „Heavy Horses" und „Thick As A Brick" können beibehalten werden. Damit hat das Textfeld das in Bild 4.46 gezeigte Aussehen.

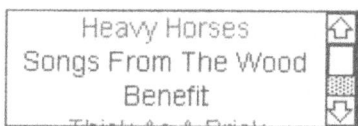

Bild 4.46: Ein Feld mit Rollbalken (Übung 9e)

Die Transparenzrahmen und die dazugehörigen Koboldskripte werden nun nicht mehr benötigt und können aus der Besetzung entfernt werden. Die übrigen Darsteller, die Bilder der CD-Hülle sowie das Drehbuch- und das Filmskript, verbleiben unverändert in der Besetzung.

Basis für das Auslesen von Textzeilen in einem Textfeld sind folgende Lingo-Ausdrücke:

```
the mouseLine
line <zahl> of the text of member <zahl>
```

Mit der *mouseLine*-Anweisung wird die Zahl der Zeile ausgegeben, über der sich der Mauscursor befindet. Ist der Mauscursor außerhalb des Textbereiches, evaluiert *the mouseLine* zu -1. Als Zeile gilt dabei der durch Zeilenschaltung (Return-Taste) voneinander getrennte Textbereich. Damit wäre mit folgendem Darstellerskript für das Feld „Albumtexte" das Problem der Rollbox bereits zu lösen:

```
on mouseUp
  set lvLineNumber to the mouseLine         -- a0
  if lvLineNumber = 1 then                   -- a1
```

```
      set the visible of sprite 4 to true         -- a2
   else if lvLineNumber = 4 then                   -- a3
      set the visible of sprite 5 to true          -- a4
   end if
end mouseUp
```

In Zeile (a0) wird zunächst die lokale Variable lvLineNumber an die über *the mouseLine* ermittelte Zahl gebunden. In der *if-* bzw. der *else if*-Klausel wird danach lediglich abgefragt, ob Textzeile 1 („Heavy Horses") bzw. Textzeile 4 („Thick As A Brick") in der Rollbox angeklickt wurden. Ist das der Fall, wird das jeweilige Bild dazu angezeigt. Das Verbergen der Bilder geschieht nach wie vor über die primäre Ereignisprozedur im Filmskript.

Diese Variante der Übung 9 erhält den Dateinamen EXER-09E.DIR.

Will man angeklickte Textbereiche nicht über deren Zeilennummer, sondern über deren Textbereich, z.B. über einzelne Wörter, auslesen, kann man sich alternativ der *line*-Eigenschaft bedienen. Mit dieser Variante hat das Darstellerskript für das Feld „Albumtexte" folgende Struktur:

```
on mouseUp
   set lvTextLine to line the mouseLine ¬
      of the text of member 1                      -- b0
   if lvTextline = "Heavy Horses" then             -- b1
      set the visible of sprite 4 to true          -- b2
   else if lvTextline = "Thick As A Brick" then -- b3
      set the visible of sprite 5 to true          -- b4
   end if
end mouseUp
```

Nun wird in Zeile (b0) die lokale Variable lvTextLine an den ausgelesenen Textbereich gebunden. Das geschieht über die verschachtelte Anweisung

```
line the mouseLine of the text of member 1
```

Nehmen wir an, der Benutzer klickt auf die vierte Zeile des Textes. Dann hat dieser Ausdruck folgende interne Struktur:

```
line 4 of the text of member 1
```

Damit kann Zeile 4 ausgelesen werden. Bei dieser Art des Auslesens von Textbereichen spielt die Groß- und Kleinschreibung keine Rolle, d.h. es ist unerheblich, ob in Zeile (b1) „Heavy Horses" oder „heavy horses" steht. Leerstellen allerdings werden mit berücksichtigt.

Diese Variante der Übung 9 bekommt den Dateinamen EXER-09F.DIR.

Will man aus einer Rollbox nicht ganze Zeilen, sondern einzelne Wörter auslesen, bedarf es zweier weiterer Lingo-Anweisungen:

```
the mouseWord
word <zahl> of the text of member <zahl>
```

Die Funktionsweise beider Anweisungen ist analog zu den Anweisungen *the mouseLine* und *line*. Während *the mouseWord* die Zahl des angeklickten Wortes in einem Text ausgibt, zeigt die *word*-Anweisung das aktuelle Wort in einem Text an. Da man kaum die Anzahl und die Positionen der einzelnen Wörter in einem Text kennt, ist in jedem Fall eine Kombination beider Anweisungen zu verwenden:

```
word the mouseWord of the text of member <zahl>
```

Mit dieser Anweisung wird das Wort, auf dem der Mauscursor steht, ausgegeben. Allerdings kann dieses Wort auch Interpunktionszeichen enthalten, die dann entweder entfernt werden müssen oder in der Kontrollstruktur mit berücksichtigt werden sollten.[1]

Mit einer abschließenden Übung soll diese Möglichkeit des Textauslesens vorgeführt werden. Ausgehend von Übung 9f (EXER-09F.DIR) ist zunächst die Rollbox wie in Bild 4.47 dargestellt zu ändern.

Bild 4.47: Aktionswörter in einer Rollbox

Lediglich die Wörter „Heavy" und „Thick" sind nun rot als Aktionswörter zu markieren. Die Box soll folgende Positions- und Abmessungsdaten haben:

- Größe: 177 x 100 Pixel
- Position: 10/180

---

[1] In Abschnitt 5.5.1 wird eine Prozedur im Rahmen des Übungsprojekts „Jethro Tull" vorgestellt, die die Versionsnummer des Programms erzeugt und dabei Interpunktionszeichen berücksichtigen muß.

Alle sonstigen Eigenschaften des Feldes „Albumtexte" und alle übrigen
Darsteller bleiben unangetastet. Mit folgendem Darstellerskript erreicht
man nun das Auslesen von Aktionswörtern und das damit verbundene Anzeigen der Grafiken:

```
on mouseUp
  set lvWord to word the mouseWord ¬
    of the text of member 1                       -- c0
  if lvWord = "Horses" then                       -- c1
    set the visible of sprite 4 to true           -- c2
  else if lvWord = "Thick" then                   -- c3
    set the visible of sprite 5 to true           -- c4
  end if                                          -- c5
end mouseUp
```

Nun wird über die Anweisung in Zeile (c0) das aktuelle Wort an die lokale
Variable lvWord gebunden und in der Kontrollstruktur (Zeilen c1 bis c5)
mit den entsprechenden Anweisungen verknüpft.

Diese letzte Variante der Übung 9 führt den Dateinamen EXER-09G.DIR.

4.10   Zusammenfassung und Ausblick

Mit den in diesem Kapitel vorgestellten Techniken, lassen sich schon er-
staunlich gute Ergebnisse erzielen. Zur Erstellung komplexerer Anwendungen sind allerdings noch eine Reihe zusätzlicher Verfahren notwendig.
Diese beziehen sich u.a. auf die Einbindung von Sound- und Videosequenzen, das Erstellen von Bildübergängen, sowie auf Aspekte der Programmierung mit Lingo. Zwar hätte man diese Techniken auch in diesem Kapitel anhand kleiner Übungen erläutern können. Das hätte allerdings den
Rahmen dieses Einführungskapitels gesprengt.

Darüber hinaus bedarf gerade die Einbindung von Sound, Video und
Übergangseffekten einer komplexeren Übungsgrundlage, d.h. eines relativ
komplexen Multimedia-Systems, das aus mehreren Bildern in verschiedenen Filmen besteht. Diese Übungsgrundlage soll im folgenden Kapitel mit
dem Übungsprojekt „Jethro Tull - from Roots to Branches" geschaffen
werden. Im Rahmen dieses Projekts sollen außer den genannten zusätzlichen Techniken die Verfahren zur Erzeugung eines mit Macromedia Director angefertigten Multimedia-Systems von der Planung bis hin zur
Auslieferung auf Disketten oder CD-ROM vorgestellt werden.

5 Das Projekt "Jethro Tull - from Roots to Branches"

Ziel dieses Kapitels ist die Gestaltung eines Multimedia-Systems mit Macromedia Director. Im Rahmen der Entwicklung dieses Systems sollen über die im vierten Kapitel 4 vorgestellten Verfahren hinaus eine Reihe von zusätzlichen Techniken im Umgang mit Director und der integrierten Programmiersprache Lingo vorgeführt werden.

Alle zur Erstellung des Systems notwendigen Text-, Grafik-, Sound- und Videodateien stehen auf der dem Buch beiliegenden CD-ROM in den jeweiligen Unterordnern des Ordners DIRECTOR\MEDIA zur Verfügung. Darüber hinaus sind die einzelnen Projektschritte in verschiedenen Dateien im Ordner DIRECTOR\PROGRAMS abgespeichert, so daß alle Schritte bei der Erstellung des Projektes nachvollzogen werden können. Das Endergebnis der Arbeit liegt im Ordner DIRECTOR\JETHTULL.

Ziel des Projektes ist die Erstellung eines exemplarischen Systems zum Thema „Jethro Tull", einer britischen Rockgruppe, die seit 1968 ununterbrochen im Musikgeschäft tätig ist und noch heute nicht nur zu den Großverdienern in der internationalen Musikszene gehört, sondern sich nach wie vor großer weltweiter Beliebtheit erfreut. Wie auch beim „Interaktiven Gemüsegarten", dem ToolBook-System in Kapitel 3 soll dieses Programm die Möglichkeiten von Director illustrieren. Darüber hinaus sollen die im Kapitel 4 vorgestellten Techniken sowie einige zusätzliche Aspekte im Umgang mit Director vorgeführt werden. Dabei kann es durchaus zu Überschneidungen in der Funktionalität des Programms kommen. So wird eine Version des Programms neben zahlreichen Navigationselementen auch über ein Benützermenü verfügen. Ziel des Kapitels ist daher nicht primär die Erstellung eines allen Kriterien der Ergonomie und des Screendesigns entsprechenden Systems, sondern eines Programms, das die enormen Möglichkeiten von Macromedia Director im Rahmen eines komplexen Projektes demonstriert.

Die Erstellung eines Multimedia-Systems, das zahlreiche lizensierte Medienquellen nutzt, muß mit den jeweiligen Lizenzinhabern abgestimmt sein. Alle in der Folge verwendeten Grafik-, Sound- und Videoclips sind lizensiert und dürften unter normalen Umständen keinesfalls in einem Multimedia-System verwendet werden, auch nicht zu Demonstrationszwecken. Durch die enge Beziehung des Buchautoren zu Ian Anderson, dem Chef von „Jethro Tull" (siehe Vorwort), ist es allerdings möglich geworden, für dieses Buch die Lizenzen für die Verwendung der gewünschten Daten zu erhalten und auf der beiliegenden CD-ROM zur Verfügung zu stellen. Eine Weitergabe dieser Daten durch den Leser ist jedoch nicht gestattet.

Trotz der Betonung der Funktionalität soll das System die Stärken von Director insbesondere dadurch illustrieren, daß es durch die Einbindung von zahlreichen aufwendig gestalteten Grafiken und Animationen, sowie durch Unterstützung von Sound und Video eher erlebnisorientiert ist und auf den Benutzer neben seinem durchaus nicht zu unterschätzendem Informationswert hauptsächlich stimulierend wirkt.

Das System besteht aus drei Filmen:[1]

- START**.DIR,

- JETHRO**.DIR,

- TULL**.DIR.

Zusätzlich bilden zwei weitere Filme, AQUALUNG.DIR und JH-VIDEO.DIR, die Videokomponente und der Film INFO.DIR die Informationskomponente des Programms. Zwar hätte man das gesamte System auch in einem einzigen Film unterbringen können, doch sollen durch die Aufspaltung des Projekts in mehrere Teilfilme eine Reihe interessanter Aspekte, die insbesondere seit Director 5 möglich sind, illustriert werden. Zu diesen Aspekten gehört die Verwendung von gemeinsamen externen Besetzungen (siehe Abschnitt 5.3).[2]

Das gesamte Programm wird über den Film START geladen. Dieser wird am Ende in eine Projektorversion konvertiert, d.h. er wird als EXE-Datei die Runtime des Systems bilden (siehe Abschnitt 5.14.1). Der Film START enthält einen Vorspann, sowie ein soundunterstütztes Bild, von dem aus man über als Schaltflächen fungierende Grafiken zu zwei verschiedenen Informationsebenen des Systems gelangen kann:

- zur Abteilung „Die Band", realisiert durch den Film JETHRO,

---

[1] Die aktuellen Dateinamen enthalten anstelle der Platzhalter (**) Ziffern, die die jeweiligen Versionsnummern der einzelnen Filme darstellen.

[2] Um sich einen Überblick über das System zu verschaffen, wird empfohlen, das Programm von der beiliegenden CD-ROM aus dem Ordner \JETHTULL über die Datei START-##.EXE zunächst einmal zu starten und die verschiedenen Möglichkeiten auszuprobieren.

- zur Abteilung „Die Musik", realisiert durch den Film TULL.

Diese Filme werden am Ende der Entwicklung als verschlüsselte und damit für den Benutzer nicht einsehbare Dateien aufgerufen (siehe Abschnitt 5.14.2). Zusätzlich enthält der Film START in einer späteren Version ein voll funktionsfähiges Benutzermenü, dessen Hauptzweck aber eher demonstrativer Natur ist: Es dient lediglich dazu, die Einbindung eines Menüs in ein Director-Programm zu illustrieren (siehe Abschnitt 5.13).

Die Abteilung „Die Band" besteht aus einem einleitenden Bild und zwei exemplarischen Bildern über die beiden Hauptmusiker der Band: Ian Anderson, den Sänger und Flötisten und Martin Lancelot Barre, den langjährigen Gitarristen. In der Abteilung „Die Musik" werden in einem Titelbild die Fotos von acht ausgewählten Schallplatten- bzw. CD-Hüllen der Band gezeigt. Über zwei dieser Fotos sind weitere Informationen zu diesen Alben erhältlich.

Der in das Gesamtprogramm integrierte Videoclip AQUALUNG.DIR läßt sich über ein Aktionswort im Bild „Aqualung" des Films TULL aufrufen (siehe Abschnitt 5.12).

Der Aufbau des gesamten Systems läßt sich durch die in Bild 5.1 dargestellte Programmhierarchie, die durch exemplarische Querverweise zwischen den Bildern der verschiedenen Filme durchbrochen werden kann, illustrieren:

```
                    Startkomponente
                    (Film START)
          _____/_____
         /                                   \
   Bild 1: Die Band          Bild 1: Die Musik/Schallplatten
   Bild 2: Ian Anderson      Bild 2: Aqualung > Video: AQUALUNG
   Bild 3: Martin L. Barre   Bild 3: Thick As A Brick
   (Film JETHRO)             (Film TULL)
```

Bild 5.1: Die Struktur des Systems „Jethro Tull - from Roots to Branches"

Das Programm wird von zahlreichen Musikbeispielen und Animationen begleitet. Um den internationalen Schallplattenfirmen und Musikverlagen Chrysalis, EMI und Salamander als Lizenzgebern die Überprüfung des Systems zu gestatten, ist das System in englischer Sprache angelegt worden. Die dazugehörigen Texte stehen in der Datei TEXTE.RTF im Ordner DIRECTOR\MEDIA\TEXTE zur Verfügung.

Zu Übungszwecken wird empfohlen, alle Filme nachzuprogrammieren und in einem Arbeitsordner DIRECTOR\PROGRAMS auf der Festplatte des eigenen Computers unter dem angegebenen Dateinamen abzuspeichern. Auf der beiliegenden CD-ROM befinden sich im dortigen Ordner DIRECTOR\PROGRAMS die vollständigen Dateien der einzelnen Programmversionen zur Kontrolle.

Mit diesen Vorgaben kann das Projekt „Jethro Tull - from Roots to Branches" begonnen werden.

5.1   Voreinstellungen

Einen neuen Film beginnt man - nach Abschluß aller Planungsarbeiten - mit der Einstellung der Bühneneigenschaften. Über die Menüoption „Modifizieren/Film/Eigenschaften" (alternativ: rechter Mausklick auf die Bühne) sollen folgende Werte eingegeben werden:

- Bühnengröße 640 x 480 Pixel
- Bühnenposition: von links 80, von oben 60 Pixel
- Standardfarbpalette: System-Win
- Bühnenfarbe: schwarz

Diese Einstellung gilt für alle drei Filme des Gesamtsystems. Damit erhalten die Filme einen schwarzen Bühnenhintergrund, und es ist garantiert, daß das gesamte System unabhängig von der installierten Grafikkarte lauffähig ist.

5.2   Das Anfertigen der einzelnen Bilder

Gemäß den Prinzipien eines mit Macromedia Director zu erstellenden Multimedia-Systems (siehe Abschnitt 4.3) sollen in einem ersten Schritt die statischen Darsteller, d.h. diejenigen Darsteller, die lediglich Hintergrundbilder ohne weitere Funktion sind, für die einzelnen Filme erzeugt und auf der Bühne plaziert werden. Danach werden weitere Darsteller hinzugefügt und die benötigten Animationen angefertigt, ehe in einem letzten Schritt die Programmierung mit Lingo aufgenommen wird.

5.2.1 Statische Bühnenanteile

In einem ersten Schritt werden zunächst die benötigten Darsteller für alle statischen Bühnenanteile der einzelnen Filme importiert, zu den gewünschten Bildern zusammengestellt und als separate Bühnenbilder exportiert. Dieses Verfahren, dessen Sinn in Abschnitt 4.9.2 erläutert wurde, garantiert eine möglichst geringe Belastung des Arbeitsspeichers und darüber hinaus einen effizienten Umgang mit den belegten Koboldkanälen. Für die Filme START und JETHRO ist diese Vorgehensweise enorm sinnvoll, da beide Filme eine Reihe statischer Darsteller enthalten, die nicht über ihre Kobolde, sondern lediglich über Transparenzrahmen erreichbar sein sollen (siehe Abschnitt 5.5.2.2).

So können z.B. die drei für den Film JETHRO benötigten Bilder (Die Band, Ian Anderson, Martin. L. Barre) zunächst in ihren Bestandteilen erzeugt und danach als Gesamtbilder exportiert werden. Durch den anschließenden Reimport bilden diese komplexen Grafiken lediglich drei Darsteller in der Besetzung. Ähnliches gilt für den Film START.

Im Film TULL ist ein solches Vorgehen nicht zweckmäßig, da hier die einzelnen Darsteller auf dem Titelbild nicht über Transparenzrahmen erreichbar sein sollen, sondern als Kobolde die Navigation steuern sollen sollen (siehe Abschnitt 5.5.2.4).

5.2.2 Grafikimport und Grafikbearbeitung

Wenden wir uns zunächst dem Aufbau der Filme START und JETHRO zu. Für beide Filme können in einem gemeinsamen Ausgangsfilm JT.DIR eine Reihe von Darstellern importiert und zusätzlich über das Malfenster mit einigen Effekten, die im vierten Kapitel im Rahmen von Einzelübungen erläutert wurden, versehen werden. Danach werden die einzelnen Darsteller zu vier Bildern zusammengestellt. Diese vier Bilder werden anschließend exportiert. Eines dieser Bilder wird anschließend in den Film START und die drei übrigen Bilder in den Film JETHRO importiert.

Bild 5.2 zeigt die endgültige Besetzung für diesen Ausgangsfilm.

Bei den zu importierenden Dateien handelt es sich ausschließlich um eingescannte Grafiken aus Jethro Tull Tourneeheften und Schallplatten- bzw. CD-Hüllen. Die Grafiken befinden sich im Ordner DIRECTOR\MEDIA\ 75DPI. Da der Import von Grafikdateien in Abschnitt 4.3.3.3 hinlänglich erklärt wurde, reicht eine tabellarische Übersicht über die vorzunehmenden Importeinstellungen aus. In Tabelle 5.1 wird diese Übersicht auf der Basis der in Bild 5.2 abgebildeten Besetzungsliste gegeben.

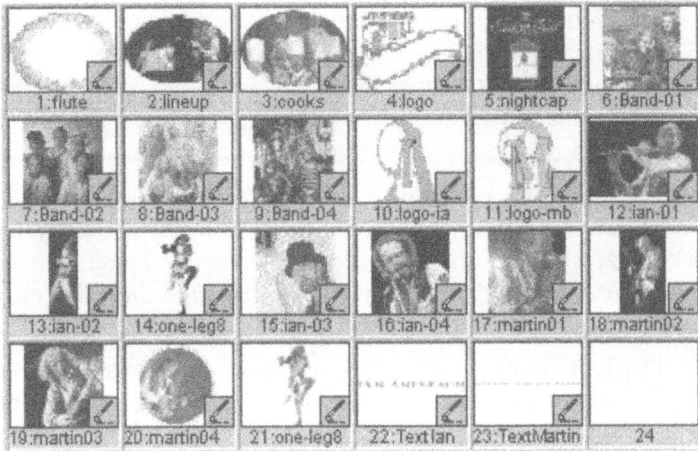

Bild 5.2: Die Besetzung für den Film JT.DIR

Nach dem Import der verschiedenen Dateien stehen diese mit ihrem Dateinamen in der Besetzung. Bevor die nun in der Besetzung befindlichen Darsteller auf der Bühne plaziert werden, bedarf es noch einiger Ergänzungen im Malfenster.

Zunächst sollen die identischen Darsteller 14 und 21 modifiziert werden. Beide dienen lediglich als Schablonen und sollen mit dem Farbeimer über den Farbeffekt „Aufdecken" im Malfenster mit den vor ihnen in der Besetzung stehenden Darstellern gefüllt werden. Das bedeutet, daß sich Darsteller 14 mit Darsteller 13 und Darsteller 21 mit Darsteller 20 füllen soll. Der Farbeffekt „Aufdecken" wurde in Abschnitt 4.3.3.3 im Rahmen von Übung EXER-03C.DIR ausführlich vorgestellt. Wichtig ist, daß sich die aufzudeckenden Darsteller, also die Darsteller 13 und 20 an der gleichen Position wie die Schablonen im Malfenster befinden.

Sollte der Aufdeckeffekt in einem ersten Anlauf nicht zufriedenstellend verlaufen, kann man ihn über die Menüoption „Bearbeiten/Bitmap widerrufen" rückgängig machen, mit dem Werkzeug „Registrierungspunkt" einen Referenzpunkt für beide Darsteller einrichten und den Aufdeckvorgang erneut vornehmen. Letze Verbesserungen lassen sich schließlich auch noch mit dem Radiergummi vornehmen.

Tabelle 5.1: Einstellungen für den Grafikimport

Nr.	Darsteller/ Dateiname	Farbtiefe des Originals[1]	Importoption	Palette
1	FLUTE.BMP	8-Bit	Bild, 8-Bit	Anpassen an System-Win
2	LINEUP.BMP	32-Bit	Bild, 24-Bit	keine
3	COOKS.BMP	32-Bit	Bild, 24-Bit	keine
4	LOGO.BMP	32-Bit	Bild, 24-Bit	keine
5	NIGHTCAP.BMP	32-Bit	Bild, 24-Bit	keine
6	BAND-01.BMP	32-Bit	Bild, 24-Bit	keine
7	BAND-02.BMP	32-Bit	Bild, 24-Bit	keine
8	BAND-03.BMP	32-Bit	Bild, 24-Bit	keine
9	BAND-04.BMP	32-Bit	Bild, 24-Bit	keine
10	LOGO-IA.BMP	8-Bit	Bild, 8-Bit	Anpassen an System-Win
11	LOGO-MB.BMP	8-Bit	Bild, 8-Bit	Anpassen an System-Win
12	IAN-01.BMP	32-Bit	Bild, 24-Bit	keine
13	IAN-02.BMP	32-Bit	Bild, 24-Bit	keine
14	ONE-LEG8.BMP	8-Bit	Bühne, 16-Bit	keine
15	IAN-03.BMP	32-Bit	Bild, 24-Bit	keine
16	IAN-04.BMP	32-Bit	Bild, 24-Bit	keine
17	MARTIN01.BMP	32-Bit	Bild, 24-Bit	keine
18	MARTIN02.BMP	32-Bit	Bild, 24-Bit	keine
19	MARTIN03.BMP	32-Bit	Bild, 24-Bit	keine
20	MARTIN04.BMP	32-Bit	Bild, 24-Bit	keine
21	ONE-LEG8.BMP	8-Bit	Bühne, 16-Bit	keine

---

[1] Die maximale in Dircetor darstellbare Farbtiefe ist abhängig von der maximalen Darstellungsfähigkeit der installierten Grafikkarte. Bei der Entwicklung des Systems „Jethro Tull" wurde ein Computer mit einer 24-Bit Grafikkarte verwendet.

Bild 5.3 verdeutlicht die Phasen dieses Effekts anhand der Darsteller 21 und 20, sowie dem neuen Darsteller 21 nach der Durchführung der Operation „Aufdecken".

Bild 5.3: Die Anwendung des Farbeffekts „Aufdecken" auf Darsteller 21

Neben der Modifikation bereits importierter Darsteller sollen nun noch zwei Bitmap-Texte im Malfenster erzeugt werden. Bitmap-Texte gestatten es ja, wie in Abschnitt 4.3.3.1 beschrieben, auch ausgefallene Schriftarten auszuwählen und diese im gleichen Schriftbild auf einem Fremdcomputer anzuzeigen. Folgende Bitmap-Texte sollen als Darsteller 22 und 23 in die Besetzung aufgenommen werden:

Darsteller 22:

- Text: „Ian Anderson"
- Schriftart: Galleria
- Schriftstil: Fett
- Schriftgröße: 18
- Schriftfarbe: 23

Darsteller 23:

- Text: „Martin Lancelot Barre"
- Schriftart: Galleria
- Schriftstil: Fett
- Schriftgröße: 18
- Schriftfarbe: 23

Sollte die Schriftart „Galleria" nicht zur Verfügung stehen, kann der Leser natürlich eine beliebige Schriftart seiner Wahl verwenden. Gleiches gilt auch für weitere Bitmap-Texte im gesamten System.

Damit sind die Arbeiten an der Besetzung fertig, und die Darsteller können auf der Bühne plaziert werden.

5.2.3   Der Bühnenaufbau

Die Ausgangsdatei JT.DIR besteht aus vier Bildern:

- dem Startbild, das später das Bild „Start" des Films START sein wird,

- dem Bild „Die Band", das später das Bild „TheBand" des Films JETHRO sein wird,

- dem Bild „Ian Anderson", das später das Bild „Ian" des Films JETHRO sein wird,

- dem Bild „Martin L. Barre", das später das Bild „Martin" des Films JETHRO sein wird.

Diese Bilder sollen nun durch ein geschicktes Plazieren der einzelnen Darsteller auf der Bühne erzeugt werden.

Bild 1 (Startbild):

Dieses Bild wird in Zelle 1 erzeugt und enthält fünf Kobolde. In Kobold-kanal 1 befindet sich der Kobold des Darstellers 2, ein Foto der Band Jethro Tull. Es erhält den Farbeffekt matt und wird durch direktes Ziehen aus der Besetzung ins Drehbuch in der Bühnenmitte plaziert. Der zweite Koboldkanal enthält ein Foto der Band, auf dem die einzelnen Musiker als Köche dargestellt sind. Dieses Foto soll uns später als Schaltfläche dienen und zum zweiten Bild dieses Films führen. Über seine Koboldeigenschaften soll es zusätzlich auf 40% verkleinert werden. Im Gegensatz zu Strek-kungen verringern Stauchungen nicht das Laufzeitverhalten eines Director-Programms. Zum schnellen Einstellen der Koboldeigenschaften wird die rechte Maustaste empfohlen, über die durch Klick auf der ausgewählten Zelle im Drehbuch oder auf dem Kobold auf der Bühne das Kontextmenü „Sprite-Eigenschaften" geöffnet wird, über das man die Koboldeigenschaf-ten definieren kann. Durch Festlegung dieser Eigenschaften soll das Foto außerdem an Position 487/350 auf der Bühne erscheinen und den Farbef-fekt „matt" erhalten. Dadurch verschwindet der weiße Rahmen. Kanal 3 enthält den Kobold des vierten Darstellers, das Logo. Dieses wird später dazu benutzt, um im umrandeten Feld einen Text anzuzeigen. Das Logo wird oben links auf der Bühne an Position 7/9 plaziert und bekommt den Farbeffekt „Hintergrund transparent", damit der schwarze Bühnenhintergrund durch das Logo scheint. Der vierte Koboldkanal enthält den Kobold des Darstellers 5, Nightcap. Dabei handelt es sich um das Foto einer Schallplattenhülle der Band, das später unter Zuhilfenahme eines Transparenzrahmens als Schaltfläche verwendet werden soll und den Film TULL aufrufen soll. Dieser vierte Kobold wird oben rechts auf der Bühne an Position 508/14 plaziert und erhält ebenfalls den Farbeffekt „Hintergrund transparent". Im Vordergrund dieses Startbildes liegt der stilisierte Rahmen einer Querflöte, dem Instrument, das bedingt durch die Virtuosität Ian Andersons Jethro Tull bekannt gemacht hat. Diese Querflöte wird in Kanal 5 plaziert und mit dem Farbeffekt „Hintergrund transparent" versehen. Damit das Bild der Band (Kobold 1) durch diese Flöte hindurchscheint, soll die Flöte an Position 97/76 auf die Bühne gebracht werden. Mit dieser Anordnung hat das Startbild das in Bild 5.4 dargestellte Aussehen.[1]

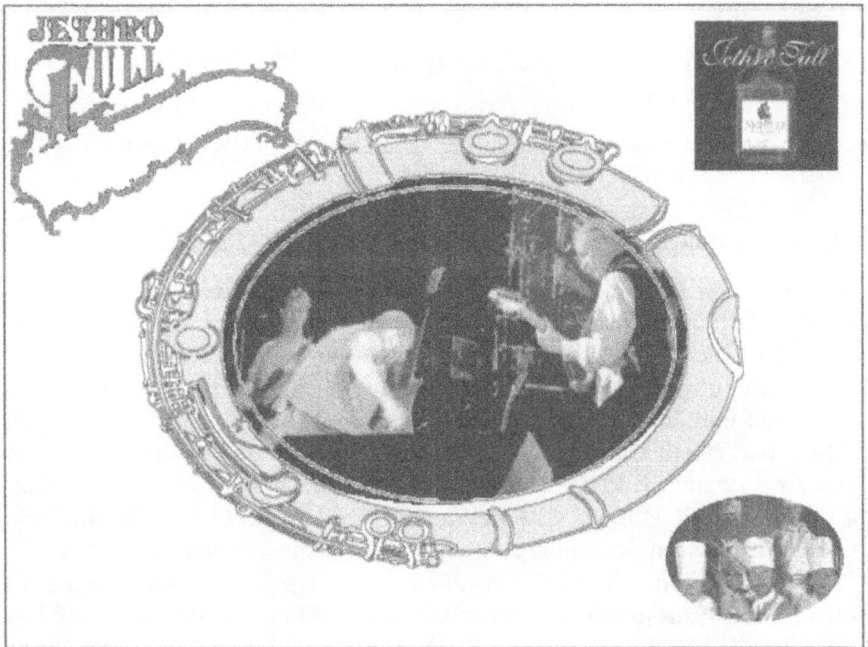

Bild 5.4: Die statischen Anteile des Startbildes

---

[1] Da der schwarze Bühnenhintergrund in Buchform nicht annähernd den Effekt wie am Bildschirm hat, ist der Bühnenhintergrund für alle Bilddarstellungen des Projekts „Jethro Tull" weiß dargestellt.

Bild 2 (Die Band):

Dieses Bild wird in Zelle 2 erzeugt und enthält sieben Darsteller. In Kanal 1 befindet sich wiederum der Kobold des dritten Darstellers, das Kochfoto der Musiker. Nun wird es allerdings in seiner vollen Größe auf der Bühne an Position 166/129 plaziert. Im Drehbuch erhält es den Farbeffekt „matt". Die Kanäle 2 bis 5 enthalten mit den Kobolden der Darsteller 6 bis 8 eine Reihe von Bandfotos, die alle den Farbeffekt „matt" bekommen:

- Kanal 2: Darsteller 6, Position: 490/15
- Kanal 3: Darsteller 7, Position: 490/320
- Kanal 4: Darsteller 8, Position: 380/15
- Kanal 5: Darsteller 9, Position: 380/373

Kanal 6 enthält das Logo (Darsteller 4) mit den gleichen Positionsdaten und dem gleichen Farbeffekt wie in Bild 1. Auch in diesem Bild liegt das stilisierte Bild der Querflöte im Vordergrund. Es wird hier in Kanal 7 wiederum mit den Positionsdaten 97/76 auf die Bühne gebracht und mit dem Farbeffekt „Hintergrund transparent" versehen. Bild 5.5 stellt den Bühnenaufbau dieses Bildes dar.

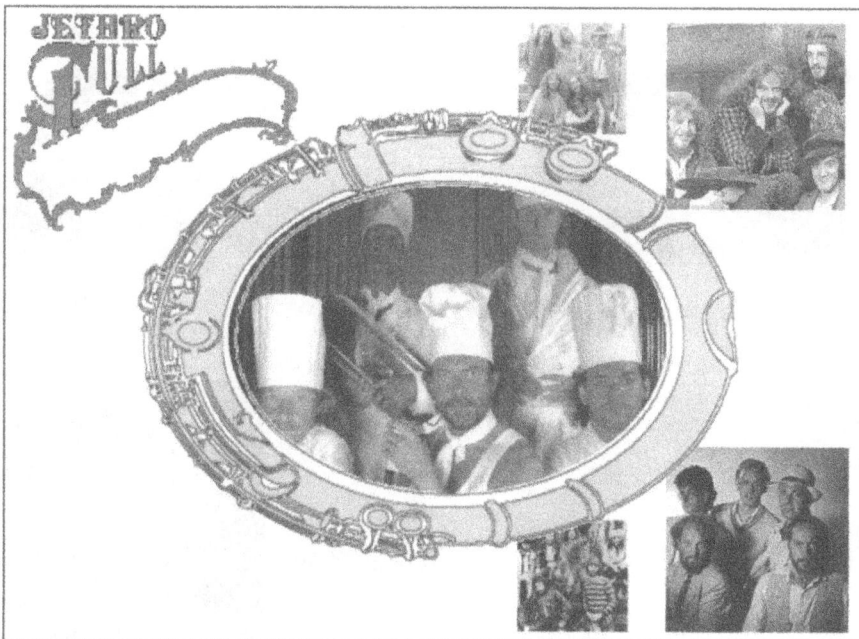

Bild 5.5: Die statischen Bühnenanteile von Bild 2

Bild 3 (Ian Anderson):

Das dritte Bild wird in Zelle 3 erzeugt und enthält sechs Darsteller. In Kanal 1 befindet sich der aufgedeckte Darsteller 14. Er wird durch direktes Ziehen in Zelle 3 von Kanal 1 mittig auf der Bühne angeordnet. Als Farbeffekt wird dieser Grafik „Hintergrund transparent" zugewiesen.

Kanal 2 nimmt den Bitmap-Text (Darsteller 22) auf. Der Text wird an Position 220/380 plaziert. Auch der Text erhält den Farbeffekt „Hintergrund transparent".

Die Kanäle 3 bis 5 enthalten Fotos von Ian Anderson, die im Drehbuch den Farbeffekt „matt" bekommen. Die Fotos werden wie folgt angeordnet:

- Kanal 3, Darsteller: 16, Position: 441/258
- Kanal 4, Darsteller: 12, Position: 7/10
- Kanal 5, Darsteller: 15, Position: 480/10

In Kanal 6 soll schließlich noch das Logo „IA" so auf der Bühne plaziert werden, daß es sich im Vordergrund von Kobold 5 befindet. Dazu erhält es die Positionsdaten 490/90 und den Farbeffekt „Hintergrund transparent". Bild 5.6 zeigt den Bühnenaufbau von Bild 3.

Bild 5.6: Die statischen Bühnenanteile von Bild 3

Bild 4 (Martin L. Barre):

Das vierte Bild (Zelle 4) ist ähnlich wie Bild 3 aufgebaut und enthält ebenfalls sechs Darsteller. Wiederum in Kanal 1 und in der Bühnenmitte befindet sich der aufgedeckte Darsteller 21. Darunter befindet sich der Bitmap-Text (Darsteller 23). Er wird in Kanal 2 eingefügt und hat die Positionsdaten 138/380 und den Farbeffekt „Hintergrund transparent". In den Kanälen 3 bis 5 sind Fotos des Gitarristen von Jethro Tull angeordnet. Sie haben alle den Farbeffekt „matt" und folgende zusätzliche Eigenschaften:

- Kanal 3, Darsteller: 17, Position: 502/323
- Kanal 4, Darsteller: 18, Position: 16/12
- Kanal 5, Darsteller: 19, Position: 480/10

Ebenso wie in Bild 3 soll das Logo „MB" (Darsteller 11) so auf der Bühne angeordnet werden, daß es im Vordergrund von Kobold 5 erscheint. Es wird in Kanal 6 plaziert und erhält die Positionsdaten 490/90 und den Farbeffekt „Hintergrund transparent". Bild 5.7 zeigt den Bühnenaufbau dieses letzten Bildes des Ausgangsfilms.

Bild 5.7: Die statischen Bühnenanteile von Bild 4

Damit sind die Arbeiten an den Basisbildern für die Erzeugung des Projekts „Jethro Tull - from Roots to Branches" abgeschlossen. Die Datei, die diese Bilder in der gewünschten Bühnenanordnung enthält, bekommt den Dateinamen JT.DIR. Diese Datei hat eine Gesamtgröße von ca. 1.2 MB und wird nur zum Export der gewünschten Hintergrundgrafiken benötigt.[1]

5.2.4 Bildexport und -import

Eine Methode zur Reduzierung des Speicherbedarfs von Director-Programmen ist die Möglichkeit des Bildexportes. Diese Methode soll nun ausgehend von der Datei JT.DIR mit ihren insgesamt 23 Einzeldarstellern angewendet werden. Dazu aktiviert man die Menüoption „Datei/Exportieren". Anschließend kann man im Dialogfeld „Exportieren" die Option „Alle Bilder" anwählen. Wählt man anschließend den Dateinamen JT, so werden die vier Bühnenbilder als JT0001.BMP bis JT0004.BMP in einen gewünschten Zielordner exportiert. Die so erzeugten Bilder liegen auf der beiliegenden CD-ROM im Ordner DIRECTOR\MEDIA\BILDER. Die Grafik JT0001.BMP dient als Hintergrundbild für das erste Bild des Films START, die übrigen drei Grafiken bilden die Hintergründe der drei Bilder im Film JETHRO.

Beginnen wir mit dem Film START. Über die Menüoption „Datei/Importieren" können wir die Grafik JT0001.BMP importieren. Sie bildet den einzigen Darsteller der Besetzung und kann direkt aus der Besetzung in Kanal 1 und damit bühnenmittig plaziert werden. Da der Film START später noch einen Vorspann erhalten wird, soll der Darsteller 1 in Zelle 11 des ersten Koboldkanals überführt werden, um Platz für den Vorspann zu schaffen. Der so entstandene Film START ist die Basis für die weiteren Arbeiten an diesem Film. Er bekommt den Namen START-00.DIR.

Analog verfahren wir nun bei der Erzeugung des Films JETHRO. Über die Importoption sollen die Bilder JT0002.BMP, JT0003.BMP und JT0004.BMP in die zunächst leere Besetzung eines neuen Films aufgenommen werden. Anschließend können diese drei Darsteller in die Zellen 1, 10 und 30 des ersten Koboldkanals aufgenommen werden. Sie dienen damit als Hintergrundgrafiken für alle weiteren Arbeiten an diesem Film. Der Abstand zwischen den einzelnen Bildern soll gewählt werden, um Platz für spätere Animationen zu schaffen (siehe Abschnitt 5.4.1). Das Ergebnis dieser Arbeit ist die Datei JETHRO00.DIR.

---

[1] Sollten beim Anlegen dieser Datei Fehler unterlaufen sein, kann man jederzeit auf die korrekte Version dieser Datei gleichen Namens auf der beiliegenden CD-ROM im Ordner DIRECTOR\PROGRAMS zurückgreifen. Gleiches gilt für alle folgenden am Projekt „Jethro Tull - from Roots to Branches" beteiligten Dateien.

Der Bildexport und Reimport hat sich wie folgt ausgezeichnet. Während die Datei JT.DIR noch eine Größe von ca. 1.2 MB hat, haben die Filme START-00.DIR und JETHRO00.DIR zusammen lediglich eine Gesamtgröße von etwa 710 KB.

5.2.5 Statische Anteile im Film TULL

Nach Anlage der Grundversionen der Filme START und JETHRO fehlt nun noch die Basisversion des Films TULL, in dem Informationen zur Musik der Band bereitgestellt werden. Dazu werden zunächst wieder die einzelnen Grafikdarsteller importiert. Da alle Grafiken in einem separaten Programm mit der notwendigen Sorgfalt für das Übungsprojekt aufbereitet wurden, entfällt eine Nachbearbeitung im Malfenster, und die Darsteller können in einem zweiten Schritt direkt als Kobolde auf der Bühne plaziert werden. Bild 5.8 zeigt die Besetzungsliste dieses Films.

Bild 5.8: Die Besetzungsliste des Films TULL

Bei den ersten 8 Darstellern handelt es sich um ausgewählte Fotos von Schallplatten- und CD-Hüllen, die zunächst eingescannt und danach mit Hilfe eines Bildbearbeitunsgprogramms auf die gleiche Größe gebracht wurden. Die Fotos haben eine Farbtiefe von 32-Bit und können gemeinsam in den nun zu erstellenden Film TULL importiert werden. Als Bildoption beim Dateiimport soll die Option „Farbtiefe: Bühne" und „keine Palettenauswahl" gewählt werden. Gleiches gilt auch für den Darsteller 9, ein Logo, das die Schallplattensammlung der Band symbolisieren soll. Die Grafikdateien befinden sich im Ordner DIRECTOR\MEDIA\75DPI und haben folgende Dateinamen:

– Darsteller 1: A.BMP
– Darsteller 2: AQUA-01.BMP

– Darsteller 3: BURSTING.BMP
– Darsteller 4: HORSES.BMP
– Darsteller 5: SONGS.BMP
– Darsteller 6: THICK-01.BMP
– Darsteller 7: TOO-OLD.BMP
– Darsteller 8: WARCHILD.BMP
– Darsteller 9: RECORDS.BMP

Die Darsteller 10 und 11 bedürfen einer zusätzlichen Erwähnung. Es handelt sich um die Dateien:

– AQUA-02.BMP
– THICK-02.BMP

Diese befinden sich ebenfalls im Ordner DIRECTOR\MEDIA\75DPI. Zwar könnten diese Dateien mit den gleichen Bildoptionen importiert werden wie die übrigen Grafiken. Doch sind sie mit jeweils ca. 370 KB recht groß, so daß aus Übungszwecken hier die zusätzliche Bildoption „verknüpft" ausgewählt werden soll. Das führt dazu, daß diese Bilder nicht mehr im Arbeitsspeicher gehalten werden, sondern von dem jeweiligen Datenträger, auf dem dieser Film abläuft, nachgeladen werden. Diese beiden Darsteller erhalten damit den Charakter externer Medienclips.[1]

Zum Abschluß soll die Besetzungsliste noch zwei zusätzlich Bitmap-Texte als Darsteller 12 und 13 aufnehmen, die nach den gleichen Prinzipien wie die Bitmap-Texte im Film JETHRO erzeugt werden. Bei diesen Texten handelt es sich um die Titel der ausgewählten Schallplatten, zu denen später nähere Informationen zur Verfügung gestellt werden.

Darsteller 12:
– Text: „Aqualung"
– Schriftart: Galleria
– Schriftstil: Fett
– Schriftgröße: 18
– Schriftfarbe: 185

Darsteller 13:
– Text: „Thick As A Brick"
– Schriftart: Galleria
– Schriftstil: Fett
– Schriftgröße: 18
– Schriftfarbe: 185

---

[1] Weitere Erläuterungen zur Option „verknüpft" befinden sich Abschnitt 5.8.

Nun können die Darsteller auf der Bühne plaziert werden. Insgesamt soll der Film aus drei Bildern bestehen (siehe Bild 5.1). Beginnen wir mit dem Titelbild in Zelle 8. Ähnlich wie im Film START werden auch hier die davorstehenden Zellen für einen besonderen Vorspanneffekt benötigt (siehe Abschnitt 5.2.6.3). Das Titelbild soll die Darsteller 1 bis 9 mit folgenden Koboldeigenschaften (Kanalzuordnungen, Positionsdaten und Farbeffekten enthalten). Die Kanäle 1 bis 4 werden erst später benötigt und bleiben deshalb zunächst frei:

- Kanal 5: Darsteller 1, Position 10/10, Farbeffekt: kopieren
- Kanal 6: Darsteller 2, Position 169/10, Farbeffekt: kopieren
- Kanal 7: Darsteller 3, Position 327/10, Farbeffekt: kopieren
- Kanal 8: Darsteller 4, Position 487/10, Farbeffekt: kopieren
- Kanal 9: Darsteller 5, Position 487/164, Farbeffekt: kopieren
- Kanal 10: Darsteller 8, Position 487/317, Farbeffekt: kopieren
- Kanal 11: Darsteller 6, Position 327/317, Farbeffekt: kopieren
- Kanal 12: Darsteller 7, Position 169/317, Farbeffekt: kopieren
- Kanal 13: Darsteller 9, Position 10/157, Farbeffekt: umkehren, Größe: 60%

Die Positionsdaten sind über das Dialogfeld Sprite-Eigenschaften festzulegen. Die Farbeffekte sind im Drehbuch selbst einzustellen.

Damit ist der Aufbau des Titelbildes abgeschlossen. Es hat das in Bild 5.9 dargestellte Aussehen.

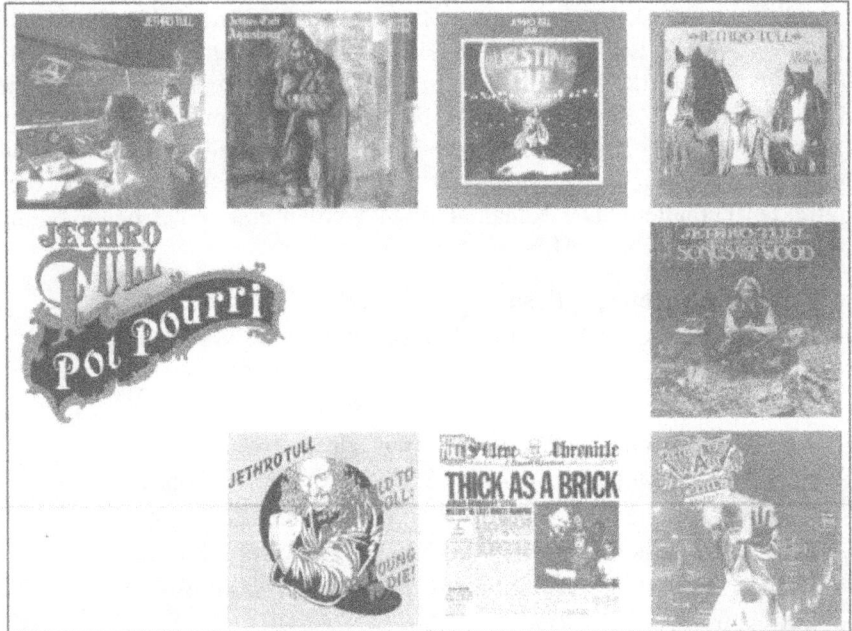

Bild 5.9: Das Titelbild des Films TULL

Die weiteren Bilder bestehen zunächst nur aus je einer Grafik (der vergrößerten Schallplattenhülle) und dem dazugehörigen Bitmap-Text. Im einzelnen sollen folgende Bilder aufgebaut werden:

Zelle 23:

- Kanal 1: Darsteller 10, Position 10/10, Farbeffekt: kopieren
- Kanal 2: Darsteller 12, Position 380/10, Farbeffekt:
  Hintergrund transparent

Zelle 38:

- Kanal 1: Darsteller 11, Position 10/10, Farbeffekt: kopieren
- Kanal 2: Darsteller 13, Position 380/10, Farbeffekt:
  Hintergrund transparent

Wiederum ist zum Zwecke der besseren Bearbeitung und des Schaffens
von Übergängen ein Abstand von mehreren Zellen zwischen den einzelnen
Bildern gelassen worden.

Damit sind die Vorarbeiten an dem Film TULL beendet. Er erhält den
Dateinamen TULL-00.DIR.

5.2.6 Zusätzliche Darsteller und Markierungen

Nach Erzeugung der statischen Bühnenanteile für die am Projekt „Jethro
Tull - from Roots to Branches" beteiligten Filme können wir uns nun den
zusätzlich benötigten Darstellern, die zu Informations- und Steuerungs-
zwecken, sowie zusätzlichen Effekten dienen sollen, widmen. Diese Darsteller werden zunächst in die jeweilige Besetzung aufgenommen, eventuell bestimmter Änderungen im Malfenster unterzogen und schließlich im
Drehbuch und auf der Bühne plaziert.[1]

5.2.6.1 Der Film START

Bevor die weiteren Darsteller für den Film START angelegt werden, bedarf es einiger grundsätzlicher Bemerkungen zum Ablauf dieses einleitenden Films. Ausgehend von einem zunächst schwarzen Hintergrund, auf
dem lediglich das Logo „Made with Macromedia", die Versionsnummer
(ab Version 07) und ein Foto des Autoren zusammen mit einigen Band-
mitgliedern zu sehen ist, soll danach der Titel des Programms und ein da-
zugehörendes ständig größer werdendes Bild eingeblendet werden. Zu diesem Vorgang wird später eine markante Soundsequenz synchron abgespielt (siehe Abschnitt 5.8.1). Danach wiederholt sich dieser Vorgang, bis
sich der Benutzer dazu entschließt, auf eine als Schaltfläche „Start" fungierende Grafik zu klicken, die ihn zum eigentlichen Startbild führt. Von dort
können die verschiedenen Komponenten des Gesamtsystems aufgerufen
werden.

Ausgehend von der Version START-00.DIR mit lediglich einem Darsteller, der im Drehbuch Zelle 1 von Kanal 11 belegt, sollen dazu zunächst
zwei Transparenzrahmen in die Besetzung aufgenommen werden. Dieses
werden wir später als Navigationselemente mit entsprechenden Darstellerskripten versehen (siehe Abschnitt 5.5.2.2). Der erste Transparenzrahmen liegt über der Whiskeyflasche, dem ehemaligen Darsteller „Nightcap"
(siehe Datei JT.DIR) und hat folgende Darstellereigenschaften:

- Name: Music
- Form: Rechteck, ausgefüllt
- Rahmen- und Füllfarbe: weiß

Im Drehbuch soll der Rahmen „Music" folgende Koboldeigenschaften bekommen:

---

[1] Im Anhang B sind die Eigenschaften aller Kobolde in den Hauptbildern der Filme
START, JETHRO und TULL ausgehend von der Version 1 des Projekts „Jethro Tull" aufgelistet.

- Abmessungen: 106 x 106 Pixel
- Position: 508/14
- Farbeffekt: Hintergrund transparent.

Obwohl das Anlegen von Transparenzrahmen in Abschnitt 4.9.3 ausführlich erläutert wurde, sei hier nochmals darauf hingewiesen, daß der Transparenzeffekt erst durch die Einstellung des Farbeffekts „Hintergrund transparent" im Drehbuch und der Auswahl der weißen Rahmen- bzw. Füllfarbe in der Werkzeugpalette zustande kommt.

Der zweite Transparenzrahmen liegt über dem Bild der Band unten rechts und hat folgende Eigenschaften:[1]

- Name: Band
- Form: Ellipse, nicht ausgefüllt
- Rahmenfarbe: weiß
- Drehbuch: Kanal 4, Zelle 11
- Abmessungen: 132 x 91 Pixel (Proportionen nicht beibehalten)
- Position: 487/350
- Farbeffekt: Hintergrund transparent

Neben den beiden Transparenzrahmen werden noch eine Reihe von Darstellern benötigt, die zunächst ohne weitere Aufnahme im Drehbuch lediglich in der Besetzung stehen, später aber eine Reihe zusätzlicher Funktionen, z.B. Puppeneffekte, erfüllen sollen. Die folgende Auflistung bietet eine Übersicht über die noch zu importierenden bzw. anzulegenden Darsteller des Films START und deren Darstellereigenschaften:

Darsteller 4

- Name: Roots
- Typ: zu importierende Grafik
- Dateiname: ROOTS.BMP, Ordner DIRECTOR\MEDIA\75DPI
- Importoption: Bild, Farbtiefe: 8-Bit, Palette: Anpassen an System-Win

Darsteller 5

- Name: Title
- Typ: Bitmap-Text
- Text/Zeile 1: Jethro Tull
- Text/Zeile 2: From Roots To Branches
- Schriftart: Galleria, Schriftstil: Fett, Schriftgröße: 18, Farbe: 23

---

[1] Der Einfachheit halber werden in der Folge Darsteller- und Koboldeigenschaften zusammen aufgelistet.

Darsteller 6

- Name: MwmLogo
- Typ: zu importierende Grafik
- Dateiname: MWMLOGO.BMP, Ordner DIRECTOR\MEDIA\75DPI
- Importoption: Bühne, Farbtiefe: 16-Bit

Darsteller 7

- Name: AboutBand
- Typ: Bitmap-Text
- Text: About the Band
- Schriftart: Galleria, Schriftstil: Fett, Schriftgröße: 14, Farbe: 109

Darsteller 8

- Name: AboutMusic
- Typ: Bitmap-Text
- Text: About the Music
- Schriftart: Galleria, Schriftstil: Fett, Schriftgröße: 14, Farbe: 144

Um die Information über den Autoren auch zu Beginn des Films START zugänglich zu machen, empfiehlt sich noch folgender Zusatz im Film START:

Darsteller 9

- Name: Author&Band
- Typ: zu importierende Grafik
- Dateiname: AUTHOR.BMP, Ordner DIRECTOR\MEDIA\75DPI
- Importoption: Bild, Farbtiefe: 24-Bit

Die Darsteller 7 und 8 sollen zusätzlich im Malfenster so nach links gedreht werden, daß sie später im Startbild je nach Mausaktion oben links im Logo erscheinen. Der Drehwinkel dazu beträgt etwa 20 Grad entgegen dem Uhrzeigersinn. Um einen Grafikdarsteller um einen bestimmten Winkel zu drehen, gibt es die Möglichkeit der Freihanddrehung oder die der automatischen Erzeugung von zusätzlichen Darstellern über die Menüoption „Xtras/Auto-Verzerrung" (siehe Abschnitt 4.4.3).

Nach Vervollständigung der Besetzung können nun die nicht weiter über spezielle Techniken (z.B. Animationen) zu manipulierenden Darsteller 5 bis 8 als Kobolde ins Drehbuch und an die gewünschten Positionen auf der Bühne gebracht werden. Die Zuweisung der Darsteller zu Koboldkanälen erfolgt schon jetzt in Vorbereitung auf weitere noch einzufügende Navigationselemente und mag zunächst etwas wahllos erscheinen. Im Zusammenhang mit dem Gesamtsystem allerdings wird diese Kanalzuordnung nach und nach sinnvoll.

Beginnen wir mit Bild/Zelle 11, das zunächst den Namen „Start" erhalten soll. Dadurch läßt sich später die Navigation durch das Gesamtsystem über Lingo-Prozeduren übersichtlicher steuern. Die Namengebung von Bildern über den Markierungsvorrat wurde in Abschnitt 4.5.1 beschrieben. Im einzelnen hat das Bild „Start" den folgenden Aufbau:

Kanal 1: Darsteller 1: JT0001, das Hintergrundbild

– Farbeffekt: Kopieren

Kanal 2: zunächst leer

Kanal 3: Darsteller 2: Music, Position: 508/14

– Farbeffekt: Hintergrund transparent

Kanal 4: Darsteller 3: Band, Position: 487/350

– Farbeffekt: Hintergrund transparent

Kanal 5: Darsteller 7: AboutBand, Position: 31/61

– Farbeffekt: Hintergrund transparent

Kanal 6: Darsteller 8: AboutMusic, Position: 33/60

– Farbeffekt: Hintergrund transparent

Damit sind die Arbeiten am Bild „Start" abgeschlossen.

Nach dem Einfügen der Darsteller 7 und 8 ins Drehbuch überlagern diese sich zunächst. Erst nach dem Schreiben entsprechender Lingo-Prozeduren und der dadurch möglichen Definition der *visible*-Eigenschaft werden diese zunächst unangenehmen Effekte aufgehoben. Soll schon jetzt der Endzustand der jeweiligen Bilder überprüft werden, ist dies durch Anklicken des Stummschaltungsknopfes vor der jeweiligen Kanalnummer möglich.

Wenden wir uns nun der Anfangssequenz zu. Vor dem zunächst schwarzen Bühnenhintergrund sollen zu Beginn des Filmes in den Zellen 1 und 2 nur zwei Kobolde erscheinen, das Logo „Made with Macromedia" in verkleinerter Form oben links am Bühnenrand und das Bild des Autoren mit der Band. Die Auswahl des Kanals erfolgt wiederum in Vorbereitung auf die noch anzulegenden Navigationselemente:

Kanal 1: Darsteller 9: Author&Band, Position: Bühnenmitte

– Farbeffekt: Hintergrund transparent

Kanal 6: Darsteller 6: MwmLogo, Position: 5/5

– Farbeffekt: Matt, Größe: 20%

Der eigentliche Vorspann des Systems beginnt in Bild/Zelle 3 und endet in Zelle 10. Zur besseren Ansprache über Lingo soll das Startbild des eigentlichen Vorspanns, also Bild/Zelle 3, als „Intro" bezeichnet und mit einer entsprechenden Markierung im Drehbuch versehen werden. Ein Darsteller ist während der gesamten Sequenz auf der Bühne:

Kanal 1: Darsteller 1: Title, Position: 150/39

– Farbeffekt: Hintergrund transparent

Er kann von Zelle 3 bis Zelle 10 linear kopiert werden (STRG-B). Ebenso soll das verkleinerte Macromedia Director Logo auch in die Zellen 3 bis 10 seines Koboldkanals (Kanal 6) kopiert werden.

Als letztes soll die Grafik „Roots", Darsteller 4, eingefügt werden. Diese Grafik soll ausgehend von Zelle 3 von einer Miniaturgröße von 30% bis Zelle 10 linear auf seine volle Größe anwachsen. Bei der Grafik handelt es sich um das Titelbild des 1995 erschienenen Jethro Tull Albums „Roots to Branches" (von den Wurzeln zu den Zweigen). Die Grafik erscheint in Koboldkanal 6 mit folgenden Eigenschaften:

– Zelle 3: Größe 30%, Position: 269/372
– Zelle 10: Größe 100%, Position 166/159

Mit der Menüoption „Modifizieren/Speziell Füllen" sollen nun die Zellen 4 bis 9 des Kanals 6 so aufgefüllt werden, daß sich die Größe dieser Grafik sukzessiv verändert. Im Dialogfeld „Speziell Füllen" sind dazu die Optionen Position und Größe anzukreuzen (siehe dazu Abschnitt 4.3.3.4 und Bild 4.24).

Damit sind die Arbeiten an dieser ersten Version des Films START inklusive einer ersten Animation abgeschlossen. Bild 5.10 zeigt das bisherige Drehbuch und die dazugehörige interne Besetzung.

Die so entstandene Datei erhält den Namen START-01.DIR.

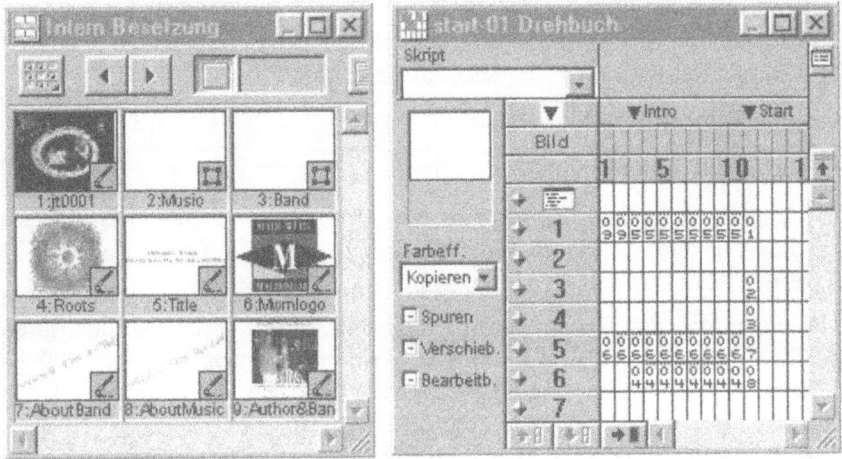

Bild 5.10: Drehbuch und Besetzung des Films START, Version 01

5.2.6.2   Der Film JETHRO

Der Film JETHRO (bisherige Version JETHRO00.DIR) soll ausgehend vom Foto, auf dem die Bandmitglieder als Köche abgebildet sind (Bild 5.5), zu den Informationsbildern über die einzelnen Musiker führen. Exemplarisch sind dies die Bilder über Ian Anderson in Zelle 10 und Martin L. Barre in Zelle 30. Mit anderen Worten: Der gesamte Film besteht aus drei Bildern. Diese sollen zur besseren Ansprache über Lingo-Prozeduren markiert und wie folgt benannt werden:

- Zelle 1: TheBand
- Zelle 10: Ian
- Zelle 30: Martin

Die Navigation durch diesen Film soll über Transparenzrahmen vorgenommen werden. Im Bild „TheBand" sollen über den Gesichtern der fünf Musiker transparente Ellipsenrahmen liegen, die als Navigationselemente fungieren und zu den übrigen Informationsbildern führen. Bild 5.11 zeigt das mit Transparenzrahmen zu versehende Bild.

Für die fünf Gesichter genügt trotz ihrer leicht unterschiedlichen Größe ein einziger Transparenzrahmendarsteller. Der Rahmen wird später über verschiedene Koboldskripte die entsprechende Aktion veranlassen (siehe Abschnitt 5.5.2.3). Er wird über die Werkzeugpalette erzeugt und erhält die Größe 47 x 50 Pixel. Anschließend wird er in „MusicianFrame" benannt und wird im Bild „TheBand" in die Kanäle 4 bis 8 in Zelle 1 gezogen. Der Darsteller erhält also fünf Kobolde mit folgenden Kanalzuordnungen und Positionsdaten:

- Rahmen in Kanal 4, Zelle 1 (Ian Anderson), Position: 315 x 253
- Rahmen in Kanal 5, Zelle 1 (Martin L. Barre), Position 190 x 262
- Rahmen in Kanal 6, Zelle 1 (David Pegg), Position 259 x 155
- Rahmen in Kanal 7, Zelle 1 (Doane Perry), Position 372 x 138
- Rahmen in Kanal 8, Zelle 1 (Martin Allcock), Position 430 x 252

Bild 5.11: Das Bild für die Transparenzrahmen im Film JETHRO[1]

Neben dem Transparenzrahmen soll mit einem Bitmap-Text noch ein fünfter Darsteller in die Besetzung aufgenommen werden. Der Text wird im Malfenster erzeugt und hat dort folgende Eigenschaften:

- Name: TheBand
- Text: The Band
- Schriftart: Galleria
- Schriftgröße: 18
- Schriftstil: Fett
- Schriftfarbe: 109

Ähnlich wie die Bitmap-Texte im Film START soll der Text oben links auf der Bühne im freien Feld unterhalb des Wortes „Jethro Tull" erscheinen. Dazu muß er gedreht werden (siehe Abschnitt 5.2.6.1). Anschließend erhält der Text die Positionsdaten 40/65 und den Drehbuchfarbeffekt: „Hintergrund transparent".

---

[1]vordere Reihe v.l.n.r: Martin. L. Barre, Ian Anderson, Martin Allcock; hintere Reihe v.l.n.r.: David Pegg, Doane Perry

In den Bildern „Ian" und „Martin" soll ein weiterer Transparenzrahmen über die Grafik in der jeweiligen Bildmitte gelegt werden und später unter Anwendung eines speziellen Puppeneffekts zurück zum Bild „TheBand" des Films JETHRO führen.

Den Transparenzrahmen erhält man über den Import der Datei ONE-LEG8.BMP aus dem Ordner DIRECTOR\MEDI\75DPI. Dieser Darsteller ist im Malfenster vollständig mit weiß zu füllen. Er erhält den Namen: „OneLeg". Im Drehbuch soll er in den Zellen 10 und 30 des Kanals 4 jeweils in der Bühnenmitte so plaziert werden, daß er genau vor der aufgedeckten Grafik liegt. Das wird durch eine direkte Überführung des Darstellers ins Drehbuch erreicht. Als Farbeffekt ist im Drehbuch der Effekt „transparent" zu wählen.

Die Informationsbilder der einzelnen Musiker enthalten zusätzlich noch textuelle Informationen in englischer Sprache.[1] Die Texte befinden sich in der Datei TEXTE.RTF im Ordner DIRECTOR\MEDIA\TEXTE und können entweder direkt importiert oder über die Zwischenablage eingefügt werden. Entscheidet man sich für den direkten Import (Menüoption: „Datei/importieren...") wird ein reiner Textdarsteller angelegt. In unserem Fall soll der Text in einem Textfeld mit Rollbalken erscheinen, damit während des Abspielens des Films größere Textmengen präsentiert werden können.

Beginnen wir mit dem Text über den Chef der Band Jethro Tull, Ian Anderson:

Ian Anderson is the mastermind behind Jethro Tull. He is not only one of the most intelligent rock composers and lyricists of our time but also a highly gifted singer, flautist and guitar player. He founded Jethro Tull late in the 60s of our century and has been the frontman of the band and their music ever since. Among his many achievements are the integration of rock, jazz, blues, folk, and country music and the introduction of the flute into the rock circuit, played standing on one leg. Ian Anderson is almost 50 years old, but his fans all over the world hope that he will continue playing as long as possible.

Dieser Text ist in ein Textfeld einzufügen. Das Anlegen von Textfeldern wurde in Abschnitt 4.5.3.3 beschrieben, so daß hier auf weitere Einzelheiten verzichtet werden kann. Das Textfeld soll folgende Darstellereigenschaften haben:

– Name: IanText

---

[1] Die Notwendigkeit der Verwendung der englischen Sprache wurde zu Beginn dieses Kapitels bereits begründet.

– Rahmen: Rollen
– Optionen: Text umbrechen

Der Text selbst soll wie folgt formatiert werden:

– Schriftart: Times New Roman
– Schriftstil: Normal
– Schriftgröße: 12
– Schriftfarbe: 109

Im Drehbuch soll der Textdarsteller im Bild „Ian" in Kanal 6 an Position 232/21 erscheinen und die Ausmaße 230 x 85 Pixel erhalten.

Analog wird der Text für das Bild Martin erzeugt.

Martin Barre joined the group on a permanent basis in time for their first tour of America and to play on the hit single „Living in the Past", and the group´s second album „Stand Up" (1969). Today Martin „Lancelot" Barre is considered to be one of the greatest but often underestimated rock guitarists and has shaped the sound of Jethro Tull to a considerable degree.

Die Eigenschaften dieses Textfeldes sind nahezu identisch mit denen des Darstellers „IanText", so daß es genügt, die Abweichungen zu benennen:

– Name: MartinText
– Textfarbe: 23

Damit sind die wesentlichen Anteile am Film JETHRO in die Besetzung aufgenommen und auf der Bühne plaziert worden. Die bis hierher entstandene Datei erhält den Namen JETHRO01.DIR.

5.2.6.3 Der Film TULL

Wie die übrigen Filme besteht auch der Film TULL aus drei Bildern, einem Startbild mit ausgewählten Schallplatten- bzw. CD-Hüllen in Zelle 8, sowie - exemplarisch - einem Bild über die LP „Aqualung" in Zelle 23 und einem Bild über die LP „Thick As A Brick" in Zelle 38. Zur besseren Handhabung der Navigation sollen auch in diesem Film die Hauptbilder benannt werden.

– Zelle 8: Records
– Zelle 23: Aqualung
– Zelle 38: Thick

Das Startbild soll sich allerdings erst nach und nach zu seiner vollständigen Form aufbauen. Angefangen vom Darsteller „A" oben links sollen ausgehend von Bild 1, das die Bezeichnung „Start" erhalten soll, nach und nach die einzelnen Schallplattenhüllen eingeblendet werden, bis in Zelle 8

das vollständige Titelbild dieses Films so wie in Bild 5.9 dargestellt vor-
liegt.

Auf den Bildern „Aqualung" und „Thick" sollen zusätzlich zu den bisherigen Kobolden jeweils zeichenorientierte Texte erscheinen. Diese sind wiederum in der Datei TEXTE.RTF im Ordner DIRECTOR\MEDIA\TEXTE
abgespeichert und können nach den bekannten Prinzipien in Director importiert werden. Hier sind zunächst die Texte:

AQUALUNG (1971) is the concept album which isn´t and the essential
album which is, in fact, more limited in its scope than is usually suggested.
Yet the title song is the epitome of what the band and its troubadour were
now capable of producing, the kind of contrasts and tensions within a song
the band wished to convey.

Aqualung
Cross=Eyed Mary
Cheap Day Return
Mother Goose
Wond´ring Aloud
Up To Me
My God
Hymn 43
Slipstream
Locomotive Breath
Wind Up

Thick As A Brick (1972) is a logical extension of the unhomogeneous,
eclectic experiments of the previous albums. It offers a great range of mu-
sics within the format of the ´suite´, where rock becomes a dance as the
basic musical ground, but there is always, because of the guitar riffs played
by *Marin Lancelot Barre*, and the instrumental tuttis, a tension beween the
two elements.

Beide Texte sollen als Textfelder in die Besetzung aufgenommen werden
(siehe Abschnitt 4.5.3.3) und folgende Darstellereigenschaften erhalten:

Darsteller 14: Der „Aqualung"-Text
- Name: AquaText
- Rahmen: Rollen
- Optionen: Text umbrechen

Der Text selbst soll wie folgt formatiert werden:
- Schriftart: Arial
- Schriftstil: Normal
- Schriftgröße: 12

– Schriftfarbe: weiß
– Hintergrundfarbe: schwarz

Im Drehbuch soll der Text in Kanal 7 des Bildes „Aqualung" plaziert werden und folgende Eigenschaften erhalten:

– Farbeffekt: kopieren
– Größe: 220 x 187 Pixel
– Position: 380/44

Zusätzlich soll das Wort „Aqualung" in der Auflistung der einzelnen Titel auf dieser LP rot hervorgehoben werden, da es später als Aktionswort definiert wird und einen Videoclip starten soll (Abschnitt 5.12). Mit diesem Aktionswort soll die Methode des direkten Auslesens von Aktionswörtern, die in Abschnitt 4.9.3.2 vorgestellt wurde, illustriert werden. In der Datei TEXTE.RTF ist das Aktionswort zum Zwecke des besseren Auffindens kursiv dargestellt.

Darsteller 15: Der „Thick As A Brick"-Text

– Name: ThickText
– Rahmen: Anpassen
– Optionen: Text umbrechen

Für die Schrift sind folgende Einstellungen vorzunehmen:

– Schriftart: Arial
– Schriftstil: Normal
– Schriftgröße: 12
– Schriftfarbe: weiß
– Hintergrundfarbe: schwarz

Im Drehbuch wird „ThickText" in Kanal 7 des Bildes „Thick" plaziert und erhält dort ebenfalls den Farbeffekt „Kopieren". Zusätzlich werden dem Kobold folgende Abmessungen und Positionsdaten zugewiesen:

– Größe: 223 x 153
– Position: 385/39

Wie „AquaText" enthält auch „ThickText" einen Textbereich, der als Aktionswort fungieren soll. Da „ThickText" allerdings als feststehender und nicht rollbarer Text definiert ist, kann das Aktionswort über die in Director üblichere Methode der Verwendung eines Transparenzrahmens definiert werden (siehe Abschnitt 4.9.3.1). Dazu benötigen wir als vorläufig letzten Darsteller einen rechteckigen, ausgefüllten Transparenzrahmen im Bild „Thick". Damit dieser vor dem Text „ThickText" liegt, muß er in Kanal 8 eingefügt werden. Er soll folgende Koboldeigenschaften besitzen:

- Name: MartinMask
- Größe: 107 x 17 Pixel
- Position: 488/142

Mit einem Darstellerskript wird über diesen Transparenzrahmen später ein Querverweis zum Bild „Martin" im Film JETHRO geschaffen.

Damit sind die Vorarbeiten auch an diesem Film abgeschlossen. Mit einigen wenigen Änderungen am Drehbuch (nicht an der Besetzung) kann jedoch schon jetzt der Effekt des sukzessiven Sichtbarmachens der Schallplattenhüllen auf der Bühne erreicht werden. Zwischen den Bildern „Start" und „Records" sollen nacheinander die Schallplattenhüllen auf der Bühne plaziert werden, so daß ausgehend vom Bild „Start" zunächst nur Darsteller 1, in Bild 2 Darsteller 1 und 2, in Bild 3 Darsteller 1, 2 und 3 usw. als Kobolde auf der Bühne sind, bis im Bild „Records" alle Darsteller als Kobolde die Bühne füllen. Mit einer einfachen Anordnung der Kobolde im Drehbuch erreicht man diesen Effekt. Diese Anordnung ist in Bild 5.12 dargestellt.

Während die Schallplattenhülle „A" (Darsteller 1) die Zellen 1 bis 8 füllt, befindet sich Darsteller 5 („Songs") erst ab Zelle 5 auf der Bühne. Lediglich der Darsteller 9, das Logo „Records" ist neben dem Darsteller „A" in allen Bildern als Kobold auf der Bühne. Mit einer einfachen Einstellung im Tempokanal (Abschnitt 5.10) läßt sich später der gewünschte Effekt, der sich wie eine Animation darstellt, realisieren.

Die so entstandene Version des Films TULL bekommt den Dateinamen TULL-01.DIR.

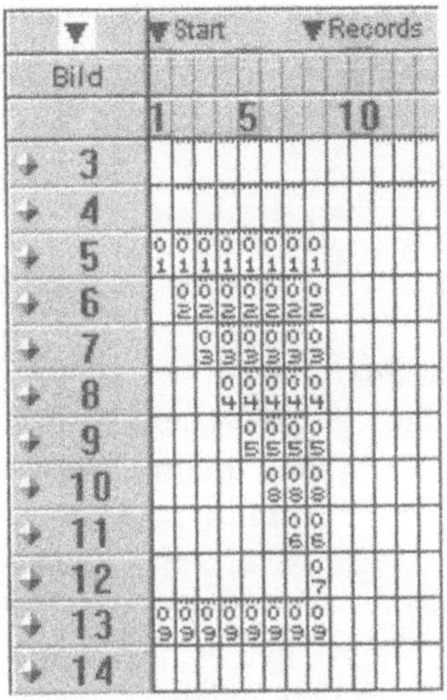

Bild 5.12: Das sukzessive Auftauchen von Kobolden auf der Bühne im Film TULL

5.3 Gemeinsame Besetzungen

Die am Projekt „Jethro Tull - from Roots to Branches" beteiligten Filme verfügen über eine Reihe von Darstellern, die in gleicher Art und Weise verwendet werden. Dazu gehören einige Navigationselemente, die den Bild- und Filmwechsel kontrollieren, sowie Skripte und Schaltflächen. Zwar könnte man diese in alle Besetzungen aufnehmen und so den einzelnen Filmen zur Verfügung stellen, doch bietet sich hier mit der Möglichkeit der Erzeugung einer gemeinsamen Besetzung eine sehr interessante Option an.

5.3.1 Das Anlegen gemeinsamer Besetzungen

Eine der Neuerungen von Macromedia Director Version 5 ist die Möglichkeit, Besetzungen als externe Dateien zu gestalten und damit mehreren Filmen gemeinsam zur Verfügung zu stellen. Vor der Version 5 von Director waren alle Besetzungen intern, mit Ausnahme der Datei SHARED.DIR, und nur eine Besetzung pro Film war gestattet. Director 5 unterscheidet nun zwei Arten von Besetzungen:

- interne Besetzungen,
- externe Besetzungen.

Bisher hatten wir in den Übungen des vierten Kapitels und in den bisherigen Versionen der am Projekt „Jethro Tull - from Roots to Branches" beteiligten Filme ausschließlich mit internen Besetzungen gearbeitet. Es handelt sich dabei um Besetzungen, die innerhalb eines Filmes gespeichert werden. Für externe Besetzungen bestand auf Grund der beabsichtigten Kompaktheit der Übungen sowie der bisherigen Anforderungen an das Projekt keine Notwendigkeit.

Externe Besetzungen werden außerhalb der jeweiligen Filmdatei in einer Datei mit der Erweiterung CST (= cast) gespeichert und können von mehreren Filmen gemeinsam verwendet werden oder als Bibliothek für häufig verwendete Filmelemente dienen. Externe Besetzungen sind auch nützlich, wenn die Entwicklungsarbeit in einem Projektteam verteilt werden soll.

Das Prinzip der Nutzung externer Besetzungen soll im Rahmen unseres Projekts „Jethro Tull - from Roots to Branches" für das Anlegen von Navigationselementen sowie von Cursoreinstellungen und ausgewählten Lingo-Prozeduren, illustriert werden.

Zunächst sollen zwei Darsteller in eine externe Besetzung aufgenommen werden. Es sind die Navigationselemente „Quit" und „Start". Diese sollen in allen drei zum Gesamtprojekt gehörenden Filmen stets die gleiche

Funktion und die gleichen Eigenschaften besitzen. Mit dem Navigationselement „Start" soll jeweils das Bild „Start" im Film START erreicht werden, über das Navigationselement „Quit" soll das Verlassen des Programms ermöglicht werden. Bild 5.13 stellt diese Navigationselemente, die ein stilisiertes Bild von Ian Anderson nutzen, dar:

Bild 5.13: Gemeinsame Navigationselemente für das Projekt „Jethro Tull - from Roots to Branches"

Eine gemeinsame Besetzung kann man auf mehrere Arten erzeugen. Einen Weg bietet ausgehend von einer neuen Datei die Menüoption „Datei/ Neu/Besetzung". Anschließend erscheint ein Dialogfeld, in dem verschiedene Eigenschaften festgelegt werden können. In unserem Fall sollen dies folgende Eigenschaften sein:

− Name: JethTull
− Speicher: Extern
− keine Verwendung im aktuellen Film

Mit diesen Einstellungen wird eine Datei namens JETHTULL.CST erzeugt, deren Besetzung nun von beliebigen Filmen aus verwendet werden kann.

In die zunächst leere Besetzung dieser Datei soll per Grafikimport die Datei ONE-LEG1.BMP aus dem Ordner DIRECTOR\MEDIA\75DPI aufgenommen werden. Bei dieser Grafikdatei handelt es sich um eine 1-Bit Grafik. Diese ist über das Malfenster zunächst in eine 8-Bit Grafik umzuwandeln und dann mit rot zu füllen (Farbton 23 in der Farbpalette). Die Umwandlung der Farbtiefe erreicht man durch Doppelklick auf die Angabe der Farbtiefe in der Werkzeugleiste im Malfenster und das sich anschließende Dialogfeld „Bitmap ändern". Anschließend soll noch das Wort „Quit" im gleichen Malfenster geschrieben werden:

− Schriftart: Galleria
− Schriftgröße: 12
− Schriftstil: Fett
− Farbe: 23

Das Wort tippt man zweckmäßigerweise zunächst an eine beliebige Position, markiert es dann mit dem Auswahlrahmen und bewegt es danach mit
der Hand an die gewünschte Stelle.

Nach Anfertigen des ersten Darstellers der gemeinsamen Besetzung soll
die Datei ONE-LEG1.BMP nun ein zweites Mal aus dem Ordner
DIRECTOR\MEDIA\75DPI in die gemeinsame Besetzung aufgenommen
werden, wiederum im Malfenster in eine 8-Bit Grafik umgewandelt werden, diesmal aber mit einem grünen Farbton (Farbwert 109 in der Farbpalette) gefüllt werden. Außerdem soll nun das Wort „Start" unter die Grafik
geschrieben werden. Die Schrifteigenschaften sollen ansonsten die gleichen wie beim Wort „Quit" sein.

Um beide Darsteller später als Schaltflächen nutzen und einen Schaltflächeneffekt sehen zu können, sollen die Darsteller über ihre Darstellereigenschaften die Option „Nach Klick hervorheben" erhalten. Darüber hinaus sollen sie zum Zwecke der besseren Referenzierung die Namen „Quit"
und „Start" bekommen.

Diese Besetzung mit zunächst nur zwei Darstellern kann nun gespeichert
werden. In späteren Projektphasen werden weitere Darsteller in diese Besetzung aufgenommen werden. Als Zielordner sollte der Ordner bzw. das
Laufwerk gewählt werden, in dem sich die Filme, denen diese Besetzung
zugeordnet werden soll, befinden. Auf der beiliegenden CD-ROM befindet
sich die komplette Besetzungsdatei JETHTULL.CST zur besseren Unterscheidung im Ordner DIRECTOR\MEDIA\CASTS.[1]

5.3.2 Das Nutzen gemeinsamer Besetzungen

Im nächsten Schritt soll nun allen am Projekt „Jethro Tull - from Roots to
Branches" beteiligten Filmen die gemeinsame Besetzung zugänglich ge-
macht werden. Beginnen wir mit dem Film START in seiner Version
START-01.DIR. Um einem Film eine gemeinsame Besetzung zuzuweisen,
öffnet man zunächst den gewünschten Film und wählt die Menüoption
„Modifizieren/Film/Besetzungen". In dem anschließenden Dialogfeld
„Filmbesetzungen" befindet sich bisher lediglich die eigene interne Beset-
zung. Über die Schaltfläche „Verknüpfen" kann man anschließend den
Ordner wählen und von dort die gemeinsame Besetzungsdatei über die

---

[1] Die Besetzungsdatei JETHTULL.CST auf der CD-ROM enthält bereits die komplette
gemeinsame Besetzung für die Endversion des Projekts „Jethro Tull" inklusive notwendi-
ger Darstellerskripte. Fügt man von dieser Datei Darsteller in die in der Entwicklung befindlichen Filme ein, kann es zu ungewünschten Effekten z.B. bei einem Mausklick auf
eines der Elemente aus der gemeinsamen Besetzung kommen. Daher wird empfohlen, die
gemeinsame Besetzung für die verschiedenen Projektphasen sukzessive aufzubauen.

Option „Öffnen" mit dem aktuellen Film verbinden. Speichert man den aktuellen Film, wird die Information über die Verknüpfung mitgespeichert. Über die Menüoption „Fenster/Besetzung" werden nun zwei Besetzungen zur Auswahl vorgeschlagen:

• intern (die bisherige filminterne Besetzung),

• JethTull (die neue externe Besetzung).

Die so entstandene Version unseres Films START erhält den Dateinamen START-02.DIR. Sie nutzt die externe Besetzungsdatei JETHTULL.CST mit zunächst zwei Darstellern.

Analog sind nun die Filme JETHRO und TULL mit der Besetzung JETHTULL.CST zu verknüpfen und als Dateien JETHRO02.DIR und TULL-02.DIR abzuspeichern. Zusammen mit dem Film START-02.DIR bilden diese Dateien die Version 02 des Projekts „Jethro Tull - from Roots to Branches".

Die Einbindung der Darsteller aus einer externen Besetzung in einen beliebigen Film ist denkbar einfach. Beginnen wir wiederum mit dem Film START in seiner Version 02. Nach dem Öffnen der Datei kann man nun nicht nur ein sondern zwei Besetzungsfenster öffnen. Über die Menüoption „Fenster/Besetzung" werden die Namen der beiden Besetzungen (hier: intern und JethTull) angezeigt. Die Darsteller beider Besetzungen lassen sich nach allen Prinzipien, die wir in Kapitel 4 kennengelernt haben, verwenden. Eine Unterscheidung, welcher Besetzung die einzelnen Darsteller angehören, wird dabei zunächst nicht getroffen und ist für den Programmablauf unerheblich.

Für den Film START benötigen wir zunächst den Darsteller „QUIT" aus der externen Besetzung. Er kann direkt ins Drehbuch in den zweiten Koboldkanal in die Zellen 3 bis 11 gezogen werden und dort die folgenden Eigenschaften bekommen:

– Position: 10/375, Farbeffekt: Hintergrund transparent

Das Drehbuch enthält nun zwei Kobolde mit der Darstellernummer 01. Im Drehbuch läßt sich die Unterscheidung nur im Darstellerfenster oben links im Drehbuch einsehen. Dort werden der einem Kobold zugrundeliegende Darsteller und die Besetzung, der er angehört, angezeigt.

Der Film START enthält nun ein erstes Navigationselement aus einer externen Besetzung. Zusätzlich soll das Navigationselement „Start" ins Drehbuch des Films START aufgenommen werden. Es soll später dazu dienen, die Anfangssequenz vorzeitig zu beenden und zum Bild „Start" vorzugehen. Dazu ziehen wir den Darsteller „Start" aus der Besetzung

JethTull in die Zellen 3 bis einschließlich 10 des Koboldkanals 3. Dort erhält er die Eigenschaften:

- Position: 70/375, Farbeffekt: Hintergrund transparent

Damit sind die Navigationselemente aus der externen Besetzung in den Film START überführt. Diese Version erhält den Dateinamen START-03.DIR.

Nun sollen dem Film JETHRO in seiner Version 02 die Navigationselemente „Quit" und „Start" zugeordnet werden. Wiederum aus der externen Besetzung JethTull sollen beide externen Darsteller ins Drehbuch gezogen werden und dort folgende Eigenschaften erhalten:

Das Navigationselement „Quit":

- Kanal 2, Zelle 1 (Bild: TheBand")
- Farbeffekt: Hintergrund transparent
- Position: 10/375

Das Navigationselement „Start":

- Kanal 3, Zelle 1 (Bild: TheBand")
- Farbeffekt: Hintergrund transparent
- Position: 70/375

Anschließend können beide Kobolde nach vorheriger Markierung in die übrigen Bilder (Zellen 10, Bild „Ian" und 30, Bild „Martin") kopiert werden. Damit stehen auch dem Film JETHRO die Navigationselemente aus der externen Besetzung zur Verfügung. Er bekommt den Dateinamen JETHRO03.DIR.

Auch im Film TULL in der Version 02 sollen nun die Navigationselemente aus der externen Besetzungsdatei JethTull in allen Bildern genutzt werden. Hier sind die genauen Daten:

Das Navigationselement „Quit":

- Kanal 3, Zelle 1 (Bild: Start)
- Farbeffekt: Hintergrund transparent
- Position: 10/375

Das Navigationselement „Start":

- Kanal 4, Zelle 1 (Bild: Start)
- Farbeffekt: Hintergrund transparent
- Position: 70/375

Anschließend können beide Kobolde zunächst kopiert und danach in allen Zellen der Kanäle 3 und 4 eingefügt werden.

Zusätzlich zu den über die Datei JETHTULL.CST bereitgestellten gemeinsamen Navigationselementen benötigt der Film TULL noch ein eigenes Navigationselement, das jeweils zurück zum Bild „Records" führt. Es handelt sich um eine verkleinerte Version des Darstellers 9 der internen Besetzung, der auf den Bildern „Aqualung" und „Thick" in Kanal 5 eingefügt wird und dort folgende Eigenschaften erhält:

– Größe: 68 x 51 Pixel, Position: 181/380, Farbeffekt: Umkehren

Nach Einfügen der Navigationselemente aus der externen Besetzung sowie Hinzufügen eines Navigationselments aus der internen Besetzung sind die Arbeiten an dieser Version des Films TULL abgeschlossen. Sie erhält den Dateinamen TULL-03.DIR.

Damit ist die Version 03 des Projekts „Jethro Tull - from Roots to Branches" fertiggestellt. Die daran beteiligten Filme führen Dateinamen START-03.DIR, JETHRO-03.DIR und TULL-03.DIR.

5.4   Animationen

Das Animieren von 2D-Objekten ist eine der herausragenden Fähigkeiten von Macromedia Director. Aus diesem Grunde werden insbesondere erlebnisorientierte Systeme von zahlreichen - nicht notwendigerweise informativen - Animationen unterstützt, einfach, um das jeweilige Programm interessanter erscheinen zu lassen.

Im Film START hatten wir ja bereits eine Animationssequenz dadurch gestaltet, daß ein Objekt, der Darsteller „Roots", ausgehend von Zelle 3, dem Bild „Intro" bis zum eigentlichen Startbild in Zelle 10, dem Bild „Start" in seiner Größe von zunächst 30 % auf seine volle Größe anwächst.

Auch im Film TULL ist bereits eine bildweise Animation vorhanden. Diese kommt durch das sukzessive Sichtbarmachen von Grafikdarstellern zustande, die nacheinander immer weitere Koboldkanäle füllen.

In den folgenden Abschnitten soll ausgehend von der Version 03 mit zwei Filmschleifen das Interesse am Gesamtsystem gesteigert und mit zwei weiteren Animationen besondere Übergangseffekte illustriert werden.

5.4.1   Animationen im Film JETHRO

Im Film JETHRO sollen auf den Bildern der einzelnen Musiker deren jeweilige Hauptinstrumente animiert werden. Auf dem Bild „Ian" ist dies die Querflöte, im Bild „Martin" die elektrische Gitarre.

Wenden wir uns zunächst der Flöte im Bild „Ian" zu. Um Platz zu schaffen, sind zunächst alle Kobolde von Zelle 10 (Bild „Ian") bis einschließlich Bild 28 linear zu kopieren (STRG-B). Danach ist ein neuer Darsteller 9 zu importieren. Es handelt sich um das Foto einer Querflöte, die sich als Datei REALFLUT.BMP im Ordner DIRECTOR\MEDIA\75DPI befindet. Diese Datei ist zunächst mit der Importoption „Bild: 24-Bit" zu importieren. Anschließend ist das Foto der Querflöte im Malfenster um 80 Grad im Uhrzeigersinn zu drehen, so daß die Flöte die gleiche Position bekommt, wie im Bild „Ian" oben links.

Nun sollen über die Option Auto-Verzerrung 18 neue Darsteller erzeugt werden, so daß die Flöte eine vollständige Drehung vollführt. Die Prinzipien der Erzeugung modifizierter Darsteller wurde in Abschnitt 4.4.3 detailliert erläutert. Dennoch sollen an dieser Stelle die einzelnen Schritte wegen der Komplexität dieses Verfahrens kurz beschrieben werden.

Zunächst markiert man die Flöte im Malfenster und dreht sie im Uhrzeigersinn um 360 Grad. Anschließend werden über die Menüoption „Xtras/Auto-Verzerrung" 18 neue Darsteller erzeugt. Diese 18 Darsteller werden danach automatisch in die Besetzung aufgenommen. Mit der Menüoption „Darsteller in Kanal" sollen die neuen „Flötendarsteller" nun kurzfristig ins Drehbuch aufgenommen werden, um die Animationssequenz anschließend in eine Filmschleife zu konvertieren. Dazu bewegt man den Mauscursor auf Zelle 11 in Kanal 5 und markiert in der Besetzung die Darsteller 10 bis 27. Mit der Menüoption „Modifizieren/Darsteller in Kanal" werden danach alle 18 Darsteller ins Drehbuch überführt. Auf der Bühne erscheinen sie in der Mitte. Da sie aber sofort wieder aus dem Drehbuch entfernt werden, spielt die Position dieser Kobolde keine Rolle. Als Farbeffekt sollen die „Flötenkobolde" den Farbeffekt „Hintergrund transparent" erhalten.

Nun erstellen wir aus dieser Sequenz eine Filmschleife. Dazu werden alle im Drehbuch befindlichen „Flötenkobolde" markiert und anschließend in das freie Feld 28 in der Besetzung gezogen. Dieser neue Darsteller ist die aus den verschiedenen „Flötendarstellern" gewonnene Filmschleife. Sie erhält den Namen „FluteLoop". Die Filmschleife kann nun ins Drehbuch aufgenommen werden, und zwar an folgenden Positionen:

- in Kanal 5/Zelle 12, Position 39/34
- in Kanal 5/Zelle 20 Position 403/139
- in Kanal 5/Zelle 27, Position 10/245

Mit der Menüoption „Modifizieren/Speziell Füllen" und den Einstellungen

- kreisförmig,
- außerhalb,

– auf Filmschleife anwenden,
– Position

läßt sich nun eine Positionsveränderung bei gleichzeitiger Drehung der Flöte erreichen. Mit anderen Worten: Die Flöte fliegt drehend über den Bildschirm. Um einen angemessenen Ausgangs- und Endezustand dieser Animationssequenz herzustellen, soll die Originalflöte (Darsteller 10) zusätzlich in Zelle 11 von Kanal 5 an Position 6/55 und die gesamte Filmschleife in Zelle 28 von Kanal 5 an Position 10/186 eingefügt werden. Dadurch entsteht der Effekt, daß die Flöte Ian Anderson aus dem Mund fliegt und sich am Schluß ein weiteres Mal auf der Stelle dreht.

Zum Ausprobieren dieser Animation empfiehlt es sich, kleine Bildskripte etwa der folgenden Art zu schreiben (Bildskript, Zelle 28):

```
on exitFrame
  go to frame "Ian"
end exitFrame
```

Dadurch wird eine Programmschleife im Endbild der Animationssequenz erzeugt, die jeweils wieder einen Sprung zum Anfangsbild der Animationssequenz veranlaßt.

Mit einer zweiten Filmschleife soll eine animierte Gitarre die Information über Martin Lancelot Barre, den Gitarristen von Jethro Tull, untermauern. Da auch hier Platz für die Animation benötigt wird, sind alle Kobolde von Zelle 30 (Bild „Martin") bis einschließlich Zelle 48 linear zu kopieren (STRG-B). Die zu animierende Gitarre liegt in der Datei GUITAR.BMP, die aus dem Ordner DIRECTOR\MEDIA\75DPI mit der Importoption „Bild: 24-Bit" als neuer Darsteller 29 in die Besetzung aufzunehmen ist. Anschließend soll die Gitarre im Malfenster nach rechts verzerrt und über die Menüoption „Xtras/Auto-Verzerrung" 18 neue „Gitarrendarsteller" (Darsteller 30 bis 47) erzeugt werden. Diese sollen in Kanal 5 ab Zelle 30 plaziert, dort mit dem Farbeffekt „Hintergrund transparent" versehen und anschließend als Filmschleife zurück in die Besetzung gezogen werden. Die Filmschleife erhält den Namen „GuitarLoop" und wird neuer Darsteller 48. Die Filmschleife kann danach zurück ins Drehbuch:

– in Kanal 5/Zelle 30, Position 305/216
– in Kanal 5/Zelle 48/, Position 305/216

Um ein ständiges Neigen und Wiederaufrichten der Gitarre zu erreichen, muß die Filmschleife über die Menüoption „Modifizieren/Speziell Füllen" bearbeitet werden. Dabei sind die folgenden Einstellungen notwendig:

– auf Filmschleife anwenden
– Position

Auch bei dieser Animation bieten sich wiederum kleine Bildskripte zum Ausprobieren an, z.B. ein Bildskript in Zelle 48

```
on exitFrame
     go to frame "Martin"
end exitFrame
```

Das Ergebnis dieser Arbeiten erhält den Dateinamen JETHRO04.DIR.

5.4.2   Animationen im Film TULL

Neben dem bildweisen Anzeigen der Schallplatten- bzw. CD-Hüllen sollen im Film TULL zwei weitere Animationen primär die Übergänge zu den Bildern „Aqualung" und „Thick" effektvoll untermauern. Basis für die folgenden Ausführungen ist die Datei TULL-03.DIR.

Beginnen wir mit der Animation, die den Übergang zum Bild „Aqualung" begleiten soll. Ziel dieser Animation ist es, ausgehend vom Bild „Records" das Foto der CD-Hülle der LP Aqualung (das ist das zweite Foto von links in der oberen Reihe, Darsteller 2 in der Besetzung des Films TULL, siehe auch Bild 5.9) bei gleichzeitiger Drehbewegung aus dem Bild herauszulösen. Dadurch entsteht der Effekt eines herabfallenden Fotos. Bild 5.14 illustriert diesen Vorgang.

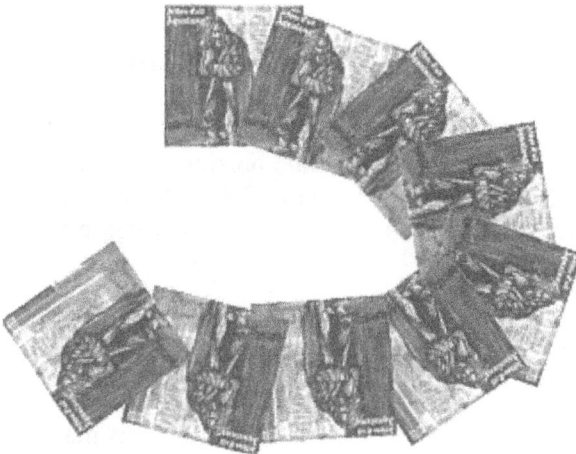

Bild 5.14: Animationsweg der CD-Hülle Aqualung im Film TULL

Gleichzeitig soll das im Bild „Aqualung" vorhandene große Foto der CD-Hülle der LP „Aqualung" stetig anwachsen, bis es seine normale Größe erreicht hat. Zusätzlich soll es seine Helligkeit verändern.

Um Platz für die Animation zu schaffen, sind zunächst einmal die Kobolde in den Kanälen 2 bis 5 im Bild „Aqualung" zu kopieren, in Zelle 14, dem Startbild für die Animation, einzufügen und anschließend die Zellen 15 bis 22 linear aufzufüllen. Zusätzlich sollte Bild 14 zur besseren Referenzierung über Lingo den Namen „AquaStart" erhalten.

Zur Durchführung der Animation benötigen wir ausgehend vom Darsteller 2 („Aqua-01") 9 weitere Darsteller, die über das Malfenster, die dortige Option „Drehen" und anschließende Auto-Verzerrung erzeugt werden. Die neuen Darsteller nehmen in der Besetzung die Plätze 17 bis 25 ein. Diese Darsteller können nun über die Option „Darsteller in Kanal" ab Zelle 14 in Kanal 6 eingefügt werden. Als Farbeffekt erhalten sie „Hintergrund transparent". Durch Rückführung in die Besetzung wird aus den Darstellern eine Filmschleife. Sie nimmt in der Besetzung Platz 26 ein und erhält den Namen „AquaLoop". Nun kann die Filmschleife nach vorherigem Löschen der Kobolde in Kanal 6 (Zelle 14 bis 22) ins Drehbuch überführt werden.

- Zelle 14, Position 200/2
- Zelle 18, Position 400/150
- Zelle 22, Position 200/240

Über die Menüoption „Modifizieren/Speziell Füllen" kann nun die Filmschleife kreisförmig gefüllt werden, so daß sich der in Bild 5.14 dargestellte Animationspfad ergibt. Der Farbeffekt für die Filmschleife ist wiederum „Hintergrund transparent".

Nun soll zusätzlich die CD-Hülle, die im Bild „Aqualung" in Kanal 1 liegt, ausgehend vom Bild „AquaStart" und einer Größe von 10 % und einem Opazitätswert von ebenfalls 10 % bis zum Bild „Aqualung" auf ihre volle Größe und Helligkeit anwachsen. Dazu kopieren wir zunächst den Kobold aus Zelle 23 in Kanal 1 und fügen ihn in Zelle 14 im gleichen Kanal wieder ein. Dort werden die Sprite-Eigenschaften wie folgt festgelegt:

- Größe: 10 %
- Position: 167/168
- Opazität: 10 %

Mit der Menüoption „Modifizieren/Speziell Füllen" lassen sich danach die gewünschten Zwischenwerte auffüllen. Dazu markiert man die Zellen 14 und 23 im Kanal 1 und wählt folgende Einstellungen im Dialogfeld Sprite-Eigenschaften:

- Position
- Größe
- Opazität

Die Optionen „Kreisförmig" und „auf Filmschleife anwenden" bleiben unberücksichtigt.

In ähnlicher Weise soll die CD-Hülle „Thick As A Brick", d.h. der Kobold im Bild „Thick" in Kanal 1 animiert werden. Er soll ebenfalls von einer Größe und einem Opazitätswert von je 10 % ausgehend von Zelle 29 so animiert werden, daß er im Bild „Thick" seinen vollen Opazitätsgrad und seine volle Größe erreicht hat. Dazu fügen wir den Kobold aus Zelle 38 in Zelle 29 erneut ein und weisen ihm die gleichen Sprite-Eigenschaften zu wie der CD-Hülle „Aqualung":

- Größe: 10 %
- Position: 167/168
- Opazität: 10 %

Zusätzlich sollte Bild 29 analog den Namen „ThickStart" und eine Markierung im Drehbuch erhalten.

Mit der Menüoption „Modifizieren/Speziell Füllen" können anschließend wiederum die Zwischenwerte erzeugt werden. Um die Animationssequenz mit den übrigen Kobolden aufzufüllen, sind diese (auch der Textkobold und der Transparenzrahmen) zunächst zu kopieren und danach ausgehend vom Bild „ThickStart" einzufügen und linear bis einschließlich Bild 37 aufzufüllen.

Um den korrekten Ablauf der Animationen zu überprüfen, wird wiederum empfohlen, kurze Bildskripte zu schreiben und diese später wieder zu löschen, z.B. ein Bildskript der folgenden Form im Bild „Aqualung":

```
on exitFrame
      go to frame "AquaStart"
end exitFrame
```

Damit ist die Version 04 des Projekts „Jethro Tull - from Roots to Branches" fertiggestellt. Die daran beteiligten Filme haben die Dateinamen START-04.DIR, JETHRO-04.DIR und TULL-04.DIR.[1]

5.5 Dateiaufruf und Navigation

Obwohl noch einige Darsteller, z.B. Sounddarsteller und zusätzliche Schaltflächen zur Soundkontrolle, in die Besetzungen der drei am Projekt „Jethro Tull - from Roots to Branches" beteiligten Filme aufgenommen

---

[1] Die Datei START-04.DIR ist eine reine Kopie von START-03.DIR, damit aus Gründen der Übersichtlichkeit alle an der Version 4 des Projekts „Jethro Tull" beteiligten Dateien die interne Nummer 04 erhalten.

werden, soll in der Folge eine erste Navigation durch das gesamte System aufgebaut werden. Zwar widerspricht dieses Vorgehen dem Entwicklungskonzept eines mit Macromedia Director erstellten Programms, doch sollen hier dem Leser aus didaktischen Gründen eine Reihe von zusätzlichen Prinzipien bei der Navigation erläutert und im Programmablauf vorgeführt werden. Darüber hinaus erhält man durch Herstellung einer funktionierenden Navigation einen ersten Überblick über den Ablauf des Gesamtprogramms.

Da am gesamten Projekt jedoch verschiedene Dateien beteiligt sind und sich diese durch Hinzunahme diverser Skripte noch erheblich ändern werden, birgt die Einbindung der Navigation in diesem noch recht frühen Stadium einen entscheidenden Nachteil: Die Dateinamen der am Projekt beteiligten Filme ändern sich noch. Nehmen wir z.B. den Film JETHRO. Er soll vom Film START über ein Darstellerskript, das mit Darsteller 2, dem Transparenzrahmen „Musik" im Film START, verknüpft ist, aufgerufen werden. Das Skript könnte folgende sehr einfache Struktur haben:

```
on mouseUp
      play movie "JETHRO-04"
end mouseUp
```

Dieses Skript ist abgesehen von der bisher noch nicht erläuterten Anweisung *play movie* recht einfach. Es veranlaßt den Wechsel zum Film mit dem Dateinamen JETHRO-04.DIR. Allerdings ändern sich mit jeder weiteren Projektphase die Versionsnummern der einzelnen Filme. Im jetzigen Stadium hat der Film JETHRO die Versionsnummer 04. Daher müßten in jeder weiteren Entwicklungsphase alle Navigationsskripte, die auf einen anderen Film verweisen, geändert werden.

Zur Umgehung dieser Problematik bietet sich ein automatisches Auslesen der Versionsnummer und ein darauf basierender Dateiaufruf unter Zuhilfenahme selbstgeschriebener Lingo-Prozeduren an. Basis für die folgenden Ausführungen ist die Programmversion 04.

5.5.1   Die Ausgabe der Versionsnummer

Das automatische Auslesen der Versionsnummer macht sich das Prinzip des Aufbaus der Dateinamen der am Projekt „Jethro Tull - from Roots to Branches" beteiligten Filme zunutze. Jeder Dateiname besteht aus einem Namen, einem Punkt und einer Erweiterung. Dabei bilden die letzten beiden Ziffern vor dem Punkt die Versionsnummer:

TULL-04.DIR = Versionsnummer: 04

Mit einigen zusätzlichen Lingo-Anweisungen läßt sich die Ziffernfolge der jeweiligen Versionsnummer auslesen. Zunächst benötigen wir eine Anweisung, die den Dateinamen des jeweils geladenen Films ausliest:

```
the movieName
```

Die Anweisung *the movieName* ermittelt den Dateinamen des aktiven Films als Zeichenkette, z.B. „START-04.DIR". Da die an einem Projekt beteiligten Filme unterschiedlich lange Dateinamen haben, bedarf es einer weiteren Anweisung, welche die Länge einer Zeichenkette ermittelt:

```
length(zeichenKette)
```

Mit *length* (engl. length = Länge) wird die Anzahl der Zeichen in einer Zeichenkette ermittelt. „START-04.DIR" hat z.B. die Länge 12.

Mit diesen Voraussetzungen kann nun die Versionsnummer ermittelt werden. Dazu werden zunächst der Dateiname eines Films und dessen Länge ermittelt. Anschließend muß mit einer weiteren Anweisung die Teilkette im Dateinamen ermittelt werden, die sich auf die Versionsnummer bezieht. Dazu bedient man sich einer weiteren Anweisung:

```
chars(zeichenKette, n, m)
```

Mit *chars* (engl. chars, characters = Buchstaben) kann man eine Teilkette in einer Zeichenkette ermitteln. Dabei gelten die Parameter n̲ und m̲ als Anfangs- bzw. Endewert für die zu ermittelnde Teilkette. Hier sind einige Beispiele:

```
(1) chars("Macromedia",6,10)      -- media
(2) chars("Macromedia",1,1)       -- M
(3) chars("Macromedia",(10-4),10) -- media
```

Mit der *chars*-Anweisung können Teilketten (1) oder einzelne Buchstaben (2) aus einer Zeichenkette gewonnen werden. Beispiel (3) zeigt, daß die Anfangs- und Endewerte zusätzlich als Funktionen, hier als Subtraktion, definiert werden können. Genau dieses Prinzip wollen wir uns bei der Ermittlung der Versionsnummer zunutze machen. Die Zeichenkette „START-04.DIR", besteht aus 12 Zeichen. Die Versionsnummer befindet sich an den Positionen 7 und 8. Durch eine Berechnung unter Zuhilfenahme der Gesamtlänge kann die Versionsnummer auf einfache Weise ermittelt werden. Dazu schreibt man zweckmäßigerweise ein Filmskript im Film START und bindet die Versionsnummer an eine globale Variable, so daß sie auch in den anderen Filmen zur Verfügung steht.

Ausgehend von der Version 04, d.h. der Datei START-04.DIR soll folgendes Filmskript als neuer Darsteller 10 in der internen Besetzung des Films START geschrieben werden. Zum Anlegen eines Filmskripts gibt es mehrere Möglichkeiten (siehe Abschnitt 4.7.1). Eine Methode bedient sich der

Menüoption „Fenster/Skript". Im Filmskript wird in der Prozedur *start-Movie* das Auslesen der Versionsnummer vorgenommen:

```
on startMovie
    global gvVersion                                        -- a0
    put myGetVersion(the movieName) into gvVersion -- a1
end startMovie
```

Zunächst wird dabei in Zeile (a0) die globale Variable <u>gvVersion</u> einge-führt. Sie soll die Versionsnummer festhalten. In Zeile (a1) wird die selbstgeschriebene Prozedur *myGetVersion* zusammen mit dem Parameter *(the MovieName)* aufgerufen und das Ergebnis über die *put*-Anweisung an die globale Variable <u>gvVersion</u> gebunden. Das eigentliche Ermitteln der Versionsnummer geschieht in der Prozedur *myGetVersion*.

```
on myGetVersion lvName
    set lvLength to length(lvName)              -- b0
    return chars(lvName, (lvLength - 5),¬
                         (lvLength - 4))   -- b1
end myGetVersion
```

Hier wird zunächst in Zeile (b0) die Länge des Dateinamens <u>lvName</u> er-mittelt und an die lokale Variable <u>lvLength</u> gebunden. Damit kann über die Anweisung *chars* die Versionsnummer ermittelt werden. Schauen wir uns nochmals das Ermitteln der Versionsnummer in Zeile (b1) an. Die darin auftretenden Variablen haben z.B. folgende Werte:

```
lvName    = START-04.DIR
lvLength  = 12
```

Damit wird die *chars*-Anweisung wie folgt interpretiert:

```
chars(START-04.DIR, (12-5), (12-4))
```

Als Ergebnis liefert dieser Ausdruck „04". Mit *return* wird dieses Ergebnis ausgegeben. Anders ausgedrückt, die Prozedur *myGetVersion* evaluiert zu dem durch die *chars*-Anweisung ermittelten Wert. Das Schlüsselwort *return* (engl. return = herausgeben) dient also dazu, eine Prozedur zur Her-ausgabe eines Ergebnisses zu veranlassen. Wichtig ist dabei, daß die Ar-gumente der aufrufenden Prozedur in Klammern angegeben werden, siehe Zeile (a1) in *startMovie*.

Mit dem hier vorgestellten Verfahren steht nun beim Programmstart die Versionsnummer über die globale Variable <u>gvVersion</u> im gesamten Pro-gramm zur Verfügung.

Die so entstandene Version des Films START erhält die Versionsnummer 05, zu der noch weitere Ergänzungen hinzukommen.

5.5.2 Navigationsskripte

Nachdem der Aufruf der verschiedenen am Projekt beteiligten Filme flexibel über die Versionsnummer vorgenommen werden kann, sollen nun Lingo-Skripte für die verschiedenen Navigationselemente im Programm geschrieben werden. Verschaffen wir uns vorher noch einmal ein Bild über die zur Verfügung stehenden Navigationselemente:

Gemeinsame Besetzung JETHTULL.CST:

- Darsteller 1: Grafik „Quit", führt zum Programmende
- Darsteller 2: Grafik „Start", führt zum Bild „Start" des Films „Start"

Interne Besetzung im Film START:

- Darsteller 2: Transparenzrahmen „Music", führt zum Bild „Start" im Film TULL
- Darsteller 3: Transparenzrahmen „Band", führt zum Bild „TheBand" im Film JETHRO

Interne Besetzung im Film JETHRO:

- Darsteller 4: Koboldkanal 4: Transparenzrahmen, führt zum Bild „Ian"
- Darsteller 4: Koboldkanal 5: Transparenzrahmen, führt zum Bild „Martin"
- Darsteller 6: Grafik „OneLeg", führt zum Bild „TheBand"

Interne Besetzung im Film TULL:

- Darsteller 2: Grafik „Aqua-01", führt zum Bild „AquaStart"
- Darsteller 6: Grafik „Thick-01", führt zum Bild „ThickStart"
- Darsteller 9: Koboldkanal 5: Grafik „Records", führt zum Bild „Records"

Diese Navigationselemente gilt es nun mit den entsprechenden Skripten zu versehen. Basis dazu ist die Anweisung *go to*, die in Abschnitt 4.5.3 im Detail erläutert wurde. Zusätzlich bedienen wir uns einer weiteren Anweisung, die nach einem Sprung an ein bestimmtes Bild nach Abschluß der dortigen Verarbeitung wieder zum Ausgangspunkt zurückkehrt:

```
play [frame] <ausdruck>
play [movie] <ausdruck>
```

Die *play*-Anweisung (engl. play = (ab)spielen) kann in verschiedenen Varianten verwendet werden. Hier sind einige Beispiele:

```
(1) play movie "TULL-05"
(2) play frame "ian" of movie "jethro05"
(3) play frame "martin"
(4) play done
```

Mit der Anweisung in Beispiel (1) wird der Film TULL-05 abgespielt. Zusätzlich kann man einen Sprung zu einem bestimmten Bild in einem bestimmten Film veranlassen (2) oder auch einen Sprung zu einem Bild im aktuellen Film (3). Das Beenden des Abspielvorgangs und die automatische Rückkehr zum Ausgangspunkt wird durch die Anweisung in (4) veranlaßt.

Die verschiedenen Navigationsprozeduren sollen nun in den einzelnen Filmen des Projekts „Jethro Tull - from Roots to Branches" zur Anwendung kommen.

5.5.2.1   Navigationselemente in der gemeinsamen Besetzung

Skripte für die Darsteller in einer gemeinsamen Besetzung unterscheiden sich nicht von sonstigen Skripten. Man kann sie auf völlig normale Weise eingeben und aufrufen. Um die gemeinsame Besetzung zu bearbeiten, lädt man entweder einen der Filme, der die gemeinsame Besetzung nutzt und ruft die Menüoption „Fenster/Besetzung" auf, oder man lädt separat die Besetzungsdatei über die Menüoption „Datei/Öffnen" und wählt im Dialogfeld „Öffnen" die Option „Besetzungsdateien".

In der Besetzung selbst läßt sich nach Auswahl des gewünschten Darstellers über die Schaltfläche „Darstellerskript" das gewünschte Skript im Skriptfenster schreiben. Anschließend erhält der Darsteller das Skriptsymbol zugewiesen.

Mit zwei einfachen Darstellerskripten können die gewünschten Effekte (Programmende bzw. Rückkehr zum Startbild des Films START) veranlaßt werden.

Darstellerskript für Darsteller 1, „Quit":

```
on mouseUp
  quit
end mouseUp
```

Diese einfache *mouseUp*-Prozedur bewirkt über das Schlüsselwort *quit* (engl. quit = verlassen) ein Beenden des Programms. Betätigt man diese Option während der Programmentwicklung, wird man über ein Dialogfeld gefragt, ob eine Speicherung erfolgen soll oder nicht.

Darstellerskript für Darsteller 2, „Start":

```
on mouseUp
   play done
end mouseUp
```

Ebenfalls mit einer *mouseUp*-Prozedur wird eine Rückkehr zum Startbild des Films START veranlaßt. Grundlage für diese Anweisung ist die Anweisung *play*, mit der die diversen Filme aufgerufen werden (siehe Abschnitt 5.5.2.2).

Mit diesen einfachen Skripten sind die Arbeiten an den Navigationselementen der gemeinsamen Besetzung abgeschlossen. Da wir beiden Darstellern bereits in Abschnitt 5.3.1 die Option „Nach Klick hervorheben" zugewiesen haben, realisieren sie zusätzlich einen Schaltflächeneffekt bei einem Mausklick.

5.5.2.2 Navigationselemente im Film START

Mit zwei fast identischen Skripten kann über die beiden Transparenzrahmen in der Besetzung des Films START der Sprung zum jeweiligen Film JETHRO oder TULL veranlaßt werden. Da die beiden Transparenzrahmen im gesamten Film START die gleiche Funktion haben, können wiederum Darstellerskripte geschrieben werden:

Darstellerskript für Darsteller 2, Transparenzrahmen „Music":

```
on mouseUp
   global gvVersion
   play frame "Start" of movie "TULL-" & gvVersion
end mouseUp
```

Darstellerskript für Darsteller 3, Transparenzrahmen „Band":

```
on mouseUp
   global gvVersion
   play frame "TheBand" of movie "JETHRO" & gvVersion
end mouseUp
```

In beiden Skripten wird die globale Variable gvVersion genutzt, mit deren Hilfe der Dateiname für den aufzurufenden Film zusammengestellt wird. Wir erinnern uns: Die Versionsnummer wird im Filmskript des Films START in Abhängigkeit vom Dateinamen ermittelt (siehe Abschnitt 5.5.1). Zusätzlich wird über die *play*-Anweisung das Bild angegeben, zu dem der Sprung erfolgen soll.

Eine besondere Bedeutung hat der Darsteller 2 „Start" aus der externen Besetzung JethTull, der als Kobold die Zellen 3 bis 10 im Koboldkanal 3 füllt. Er verfügt zwar schon über ein Darstellerskript, soll nun aber zusätzlich ein Koboldskript erhalten, mit dem die Anfangssequenz des Films START optional abgebrochen werden kann.

Ein Koboldskript schreibt man, indem zunächst der gewünschte Kobold im Drehbuch markiert wird, anschließend das Listenfeld Skript im Drehbuch durch Klick auf den kleinen Pfeil geöffnet und die Option „Neues Skript" ausgewählt wird. Alternativ kann man auch die rechte Maustaste auf dem gewünschten Kobold betätigen und über das danach angezeigte Menü die Option „Sprite-Skript" auswählen. Danach öffnet sich das Skriptfenster, und das Koboldskript kann eingegeben werden. In unserem Fall sind alle Kobolde von Zelle 3 bis Zelle 10 im Kanal 3 zu markieren. Danach kann das Koboldskript geschrieben werden. Es wird dann automatisch diesen Kobolden zugewiesen:

```
on mouseUp
  go to frame "Start"
end mouseUp
```

Dieses Koboldskript bewirkt einen Sprung zum Bild „Start". Obwohl der zugrundeliegende Darsteller bereits über ein Darstellerskript verfügt, wird beim Programmablauf zunächst das Koboldskript ausgeführt, da es in der Objektreihenfolge die höhere Priorität besitzt (siehe Abschnitt 4.5.3.1). Das Koboldskript wird als Darsteller 11 in die interne Besetzung aufgenommen. Dabei sollte man darauf achten, welche Besetzung gerade geöffnet ist. Ist nämlich die externe Besetzung JethTull geöffnet, wird das Skript dort plaziert, ein eher unerwünschter Effekt.

Mit der Eingabe dieser Navigationsskripte sind die grundlegenden Arbeiten an der Navigation im Film START abgeschlossen. Damit die Navigation allerdings auch wirksam wird, bedarf es einer Schleife in Zelle 11 im Drehbuch:

```
on exitFrame
  go to the frame
end exitFrame
```

Erst durch diese Schleife wird der Film dazu gebracht, in Bild 11 zu verweilen, bis eine Aktion des Benutzers, z.B. ein Mausklick eintritt. Das Bildskript schreibt man durch Doppelklick auf Zelle 11 im Skriptkanal. Das Skript wird als Darsteller 12 in die interne Besetzung des Films START aufgenommen.

Damit sind die Arbeiten an der Version 05 des Films START abgeschlossen.

5.5.2.3 Navigationselemente im Film JETHRO

Im Film JETHRO (JETHRO04.DIR) soll die Navigation über die Transparenzrahmen im Bild „TheBand" erfolgen (siehe Abschnitt 5.2.6.2, Bild

5.11). Da nur ein Transparenzrahmendarsteller in der Besetzung steht, dieser aber fünfmal als Kobold auf der Bühne verwendet wird, einmal über jedem Gesicht, müssen verschiedene Koboldskripte für die Transparenzrahmen im Bild „TheBand" eingegeben werden:

Koboldskript für Kobold 4, Transparenzrahmen:

```
on mouseUp
  go to frame "Ian"
end mouseUp
```

Koboldskript für Kobold 5, Transparenzrahmen:

```
on mouseUp
  go to frame "Martin"
end mouseUp
```

Diese beiden Koboldskripte sind selbsterklärend. Sie werden in der internen Besetzung des Films JETHRO als Darsteller 49 und 50 aufgenommen. Durch einfachen Klick auf die Transparenzrahmen, die in Abschnitt 5.7 noch mit einem zusätzlichen Puppeneffekt versehen werden, gelingt die Navigation zu den Bildern „Ian" und „Martin". Zurück gelangt man durch Klick auf den Darsteller 6, „OneLeg". Dafür ist ein einfaches Darstellerskript ausreichend:

Darstellerskript für Darsteller 6, „OneLeg":

```
on mouseUp
    go to frame "TheBand"
end mouseUp
```

Damit sind die Arbeiten an der Navigation dieses Films abgeschlossen. Mit einem kleinen Zusatz sollen die Transparenzrahmen, die über den Bildern der übrigen Musiker liegen, mit einem Kommentar versehen werden. Dieser Kommentar soll schlicht aussagen, daß hier weitere Informationen zunächst nicht zur Verfügung stehen, daß aber eventuell mit einer Erweiterung zu rechnen ist. Das Programm ist dadurch in sich geschlossen. Einen Kommentar dieser Art erhält man über die Anweisung:

```
alert <botschaft>
```

Damit öffnet sich eine Systembox, in der ein Kommentar aus maximal 255 Zeichen ausgegeben wird (engl. alert = alarmieren). Da wir noch an einigen Stellen des Projekts mit *alert*-Anweisungen operieren wollen, empfiehlt es sich, eine selbstdefinierte Prozedur zu schreiben, die flexibel auf Kommentare reagiert:

```
on myAlert lvText
  alert "No further information about" && ¬
```

```
     QUOTE & lvText & QUOTE && "available, yet!"
end myAlert
```

Diese Prozedur gibt Kommentare der Form

No further Information about „XY" available, yet!

in der Systembox aus, wobei „XY" über die lokale Variable l̲v̲T̲e̲x̲t̲ definiert ist. Mit Hilfe des Verkettungsoperators & werden dabei die nötigen
Verknüpfungen bzw. Leerstellen erzeugt. Um die Anführungszeichen in
einem über *alert* auszugebenden Kommentar zu erhalten, muß man die
Konstante *QUOTE* (engl. quote = Anführungszeichen) einfügen. Diese
wird per Konvention groß geschrieben. Die Prozedur *myAlert* gehört
zweckmäßigerweise ins Filmskript der gemeinsamen Besetzung
JETHTULL.CST damit sie von allen Filmen, die diese Besetzung verwenden, erreichbar ist. Ein Filmskript in einer gemeinsamen Besetzung
schreibt man wie jedes andere Filmskript: die Besetzung öffnen, das
Skriptfenster über die Menüoption „Fenster/Skript" öffnen und die gewünschten Eingaben vornehmen. Das Filmskript wird so zum neuen Darsteller 2 in der gemeinsamen Besetzung JethTull.[1]

Mit sehr einfachen Koboldskripten können wir nun die Kommentarausgabe für die übrigen Transparenzrahmen im Bild „TheBand" herstellen:

Koboldskript für Kobold 6, Transparenzrahmen:

```
on mouseUp
  myAlert "David Pegg"
end mouseUp
```

Koboldskript für Kobold 7, Transparenzrahmen:

```
on mouseUp
  myAlert "Doane Perry"
end mouseUp
```

Koboldskript für Kobold 8, Transparenzrahmen:

```
on mouseUp
  myAlert "Martin Allcock"
end mouseUp
```

Diese Koboldskripte werden als Darsteller 51 bis 53 in die interne Besetzung des Films JETHRO aufgenommen. Damit nun die Navigation und
die Kommentarausgabe realisiert werden kann, ist in den Bildern
„TheBand", „Ian" und „Martin" folgendes Bildskript zu schreiben:

---

[1] In der Datei JETHTULL.CST auf der beiliegenden CD-ROM trägt das Filmskript der
gemeinsamen Besetzung die Darstellernummer 5 und die Bezeichnung „CastScript".

```
on exitFrame
  go to the frame
end exitFrame
```

Damit sind die Arbeiten an dieser Version des Films JETHRO abgeschlossen. Die Datei bekommt den Namen JETHRO05.DIR.

5.5.2.4 Navigationselemente im Film TULL

Die grundlegende Navigation durch den Film TULL erfolgt über die Schallplatten- bzw. CD-Hüllen im Bild „Records". Dabei sollen die Darsteller 2 „Aqua-01" und 6 „Thick-01" exemplarisch als Navigationselemente ausgewählt werden, während die übrigen Darsteller (1, 3, 4, 5, 7 und 8) lediglich mit Kommentaren verknüpft werden sollen. Diese Kommentare werden wiederum über die Prozedur *myAlert* aufgerufen (siehe Abschnitt 5.5.2.3) und als Darstellerskripte definiert. Da alle sechs Darstellerskripte bis auf den zu übergebenden Text, dem jeweiligen Schallplattentitel, identisch sind, genügt hier als Illustration das Darstellerskript für den Darsteller 1:

Darstellerskript für Darsteller 1, „A":

```
on mouseUp
  myAlert "A"
end mouseUp
```

Die Darsteller 2 und 6 dagegen werden in ihren Darstellerskripten mit Sprunganweisungen versehen:

Darstellerskript für Darsteller 2, „Aqua-01":

```
on mouseUp
  go to frame "AquaStart"
end mouseUp
```

Darstellerskript für Darsteller 6, „Thick-01":

```
on mouseUp
  go to frame "ThickStart"
end mouseUp
```

Der Rücksprung zum Bild „Records" muß wiederum über ein Koboldskript veranlaßt werden. Der Darsteller 9 befindet sich nämlich in allen Bildern, soll aber nur in den Bildern „Aqualung" und „Thick" als Navigationselement fungieren. Daher wird dem Darsteller 9 im Koboldkanal 5 ausgehend vom Bild „AquaStart" bis hin zum Bild „Thick" nach vorheriger Markierung aller dazwischenliegenden Zellen folgendes Koboldskript zugewiesen:

```
on mouseUp
  go to frame "Records"
end mouseUp
```

Dieses einfache Skript wird als Darsteller 27 in die interne Besetzung dieses Films aufgenommen.

Um die Navigation und die Kommentarausgabe auch in diesem Film ausprobieren zu können, wird empfohlen, in den Bildern „Records",
„Aqualung" und „Thick" folgendes Bildskript als zusätzlichen Darsteller 28 zu schreiben:

```
on exitFrame
  go to the frame
end exitFrame
```

Damit sind auch die Arbeiten an der grundlegenden Navigation des Films TULL abgeschlossen. Er erhält die Versionsnummer 05. Zusammen bilden die Filme START-05.DIR, JETHRO05.DIR und TULL-05.DIR die Version 05 des Projekts „Jethro Tull - from Roots to Branches".

Ausgehend vom Film START-05.DIR kann nun die Navigation durch das gesamte System überprüft werden.

5.6   Cursoreinstellungen und sensitive Flächen

In der nun folgenden Version 06 soll für alle Navigationselemente und Objekte, die eine bestimmte Aktion auslösen, zunächst der Handcursor erscheinen. In einem weiteren Schritt sollen zusätzlich in einem Textfeld Kommentare über die jeweils mögliche Aktion erscheinen, die bei einem Mausklick auf ein bestimmtes Objekt ausgelöst wird.

5.6.1   Cursoreinstellungen

Die Einbindung externer Cursorformen wurde ja in Abschnitt 4.7.2 hinreichend diskutiert, so daß wir uns hier auf die wesentlichen Neuerungen beschränken können. Hauptunterschied zu der Cursoreinbindung im Rahmen von Übung EXER-06C.DIR ist die Aufnahme der 1-Bit Grafiken der Hand in die externe Besetzung. Das ist sinnvoll, da mehrere Filme diese Cursorformen nutzen sollen. In der Originaldatei JETHTULL.CST auf der beiliegenden CD-ROM befinden sich als Darsteller 3 „Hand" die Hand und als Darsteller 4 „HandMask" deren Hintergrundmaske bereits in der Besetzung. Diese kann man zu Übungszwecken über die Zwischenablage kopieren und in die eigene gemeinsame Besetzung überführen. Alternativ bietet sich auch die Datei CURSORS.DIR aus dem Ordner \DIRECTOR\ADDS an. Auch dort befinden sich die Handcursor als Darsteller in der Besetzung.

Basis der folgenden Ausführungen ist das Vorhandensein der Darsteller „Hand" und „HandMask" in der gemeinsamen Besetzung. Zur Cursoreinbindung wird folgende Anweisung benötigt:

```
set the cursor of sprite <n> to <cursorWerte>
```

Bei externen Cursorformen wird der einzubindende Cursor als Liste aus zwei Darstellernummern präsentiert: aus der Darstellernummer für den eigentlichen Cursor, sowie der Darstellernummer für dessen Hintergrundmaske. Da die Cursordarsteller allerdings in der externen Besetzung JethTull stehen, kann diese Zuordnung nicht ohne weiteres geschehen. Erst durch eine explizite Anweisung, die einen Darsteller aus einer bestimmten Besetzung ausliest, ist die Referenzierung externer Darsteller möglich. Die Anweisung dazu lautet:

```
the number of member <name>
```

Mit dieser Eigenschaftsabfrage kann man die Darstellernummer eines Darstellers mit einem bestimmten Namen abfragen bzw. setzen. Um eine bestimmte Besetzung ansprechen zu können, muß diese über das Schlüsselwort:

```
of castLib <besetzung>
```

angesprochen werden (engl. castLib, Kurzform für cast library = Besetzungsbibliothek). Mit folgender zusammengesetzter Anweisung kann man die Darstellernummer des Darstellers „Hand" aus der externen Besetzung JethTull auslesen:

```
the number of member "Hand" of castLib "JethTull"
```

Die Anweisungen werden nun so im Filmskript des Films START plaziert, daß eine globale Variable <u>gvCursor</u> erzeugt wird, die die Darstellernummern der beiden Handdarsteller aus der externen Besetzung speichert und durch ihren globalen Charakter während des gesamten Programms zur Verfügung stellt. Dazu wird eine Anweisung benötigt, die aus zwei Einzelwerten eine Liste erzeugt:

```
list(wert1, wert2,...,wertN)
```

So erzeugt die Anweisung

```
list("Jethro", "Tull")
```

die Liste ["Jethro", "Tull"].

Mit diesen Vorgaben kann nun die Cursordefinition (fettgedruckt) im Filmskript des Films START erfolgen:

```
on startMovie
  global gvVersion, gvCursor                      -- a0
  put myGetVersion(the movieName) into gvVersion
```

384 5 Das Projekt "Jethro Tull - from Roots to Branches"

```
   set gvCursor = list(the number of member "Hand" of ¬
      castLib "JethTull", the number of member ¬
      "HandMask" of castLib "JethTull")          -- a1
   myCursors [2,3,4], gvCursor                    -- a2
end startMovie
```

Nach Einführung der neuen globalen Variablen gvCursor in Zeile (a0)
wird diese an die Liste der aus der externen Besetzung ausgelesenen Darstellernummern gebunden (a1). Über eine selbstgeschriebene Prozedur
myCursors werden die als Parameter übergebenen Kobolde (im Film
START sind dies die Kobolde 2 bis 4) an die gewünschte Cursorform gebunden (a2). Damit die Prozedur *myCursors* allen am Projekt „Jethro Tull
- from Roots to Branches" zur Verfügung steht, empfiehlt sich eine Plazierung im bereits vorhandenen Filmskript der gemeinsamen Besetzung
JethTull:

```
on myCursors lvList, lvCursor
   repeat with i = 1 to count(lvList)            -- b0
      set the cursor of sprite getAt(lvList, i) ¬
         to lvCursor                             -- b1
   end repeat
end myCursors
```

In *myCursors* wird eine Schleife durchlaufen. Die Anzahl der Schleifendurchläufe richtet sich nach der Anzahl der Elemente, d.h. nach der Länge
der übergebenen Liste (b0). In unserem Fall enthält die Liste lvList 3 Elemente. Daher wird die Schleife dreimal durchlaufen. In der Schleife wird
bei jedem Durchlauf der Cursor des zunächst ersten, danach zweiten, dann
dritten Listenelementes an den als Parameter übergebenen Handcursor gebunden. Auf diese Weise können in den einzelnen Filmen die Cursorformen je nach Kanalzuordnung auf die Hand gesetzt werden. Die Definition
erfolgt in den jeweiligen Filmskripten:

Film START:

```
myCursors [2,3,4], gvCursor
-- Kobolde 2 bis 4 erhalten den Handcursor
```

Film JETHRO:

```
myCursors [2,3,4,5,6,7,8], gvCursor
-- Kobolde 2 bis 8 erhalten den Handcursor
```

Film TULL:

```
myCursors [3,4,5,6,7,8,9,10,11,12], gvCursor
-- Kobolde 3 bis 12 erhalten den Handcursor
```

Der Aufruf von *myCursors* erfolgt in den jeweiligen Filmskripten. Das
Filmskript START wurde ja bereits oben ausführlich beschrieben. Die
Filmskripte für die Filme JETHRO und TULL müssen noch erzeugt wer-

den und als neue Darsteller 55 (JETHRO) und 29 (TULL) in die jeweiligen Besetzungen aufgenommen werden:

Das Filmskript für den Film JETHRO:

```
on startMovie
  global gvCursor
  myCursors [2,3,4,5,6,7,8], gvCursor
end startMovie
```

Das Filmskript für den Film TULL:

```
on startMovie
  global gvCursor
  myCursors [3,4,5,6,7,8,9,10,11,12], gvCursor
end startMovie
```

In beiden Filmskripten wird zunächst die globale Variable gvCursor deklariert und anschließend die über die gemeinsame Besetzung JethTull zugängliche Prozedur *myCursors* mit den entsprechenden Koboldnummern und der Cursorform als Parameter aufgerufen.

Damit funktioniert die Cursorumstellung für die jeweiligen Kobolde fast einwandfrei. Lediglich in den Filmen JETHRO und TULL bleibt die Handcursorform auch für nicht gewünschte Kobolde, z.B. im Film JETHRO für die Kobolde 5 und 6, die Texte in den Bildern „Ian" und „Martin" bestehen. Um das auszuschalten, gibt es mehrere Möglichkeiten. Zum einen kann man einfach die Kanalzuordnungen ändern, zum anderen kann man Bildskripte schreiben, in denen die Cursorzuordnung der Kobolde 5 und 6 separat geregelt wird. Schauen wir uns diese Möglichkeit für den Film JETHRO näher an:

Bildskript/Bild „TheBand":

```
on enterFrame
  global gvCursor
  myCursors [5,6], gvCursor
end enterFrame

on exitFrame
  go to the frame
end exitFrame
```

Bildskript/Bilder „Ian" und „Martin":

```
on enterFrame
  myCursors [5,6], -1
end enterFrame
```

Diese Bildskripte werden als Darsteller 56 und 57 in die Besetzung aufgenommen. Der Aufruf der Prozedur *myCursors* im Filmskript des Films JETHRO kann in diesem Fall entsprechend vereinfacht werden:

```
on startMovie
   global gvCursor
   myCursors [2,3,4,7,8], gvCursor
end startMovie
```

Mit dieser Variante werden die Kobolde 2, 3, 4, 7 und 8 über das Filmskript ständig und die Kobolde 5 und 6 über die Bildskripte je nach Bedarf auf den Handcursor umgestellt.

Analog geschieht die Cursoranpassung im Film TULL. Hier sind die relevanten Skripte:

Filmskript:

```
on startMovie
   global gvCursor
   myCursors [3,4,5,6,8,9,10,11,12], gvCursor
end startMovie
```

Bildskript/Bild „Start":

```
on enterFrame
   global gvCursor
   set the cursor of sprite 7 to gvCursor
end enterFrame
```

Bildskripte/Bilder „AquaStart" und „ThickStart":

```
on enterFrame
   set the cursor of sprite 7 to -1
end enterFrame
```

Damit ist die Version 06 des Projekts „Jethro Tull - from Roots to Branches" fertiggestellt. Die dazugehörigen Dateien haben die Dateinamen START-06.DIR, JETHRO06.DIR und TULL-06.DIR.

5.6.2 Textausgabe über sensitive Flächen

In der nun folgenden Version 07 des Projekts „Jethro Tull - from Roots to Branches" sollen alle sensitiven Flächen, d.h. alle Objekte, bei denen durch Mausklick eine bestimmte Aktion ausgelöst werden kann, mit Kommentaren versehen werden. Dadurch soll dem Benutzer die Programmbedienung erläutert werden. Die auszugebenden Kommentare sollen in zwei Varianten realisiert werden:

* als Bitmap-Texte,

- als zeichenorientierte Texte.

Während Bitmap-Texte mit Hilfe der *visible*-Eigenschaft angezeigt oder verborgen werden, kann man zeichenorientierte Texte in speziell dafür vorgesehenen Textfeldern ausgeben.

5.6.2.1 Das Anzeigen und Verbergen von Bitmap-Texten

Im Film START soll die Möglichkeit des Anzeigens und Verbergens von Bitmap-Texten eingebaut werden. Dazu soll im Bild „Start" in Abhängigkeit vom berührten Transparenzrahmen „Musik" oder „Band" im Logo oben links auf dem Bild der entsprechende Bitmap-Text (Darsteller 7 „AboutBand" oder Darsteller 8 „AboutMusic") angezeigt werden. Beide Textdarsteller befinden sich ja bereits in der Besetzung und sind bereits in Abschnitt 5.2.6.1 mit den entsprechenden Koboldeigenschaften ins Drehbuch aufgenommen worden. Bild 5.15 verdeutlicht die beiden Zustände für die Textausgabe.

Bild 5.15: Bitmap-Texte im Film START

Mit Hilfe der *visible*-Eigenschaft können nun je nach Mausberührung die Textkobolde sichtbar gemacht werden. Sie befinden sich in den Kanälen 5 („AboutBand") und 6 („AboutMusic"). Mit einer einfachen zusätzlichen *enterFrame*-Prozedur im Bildskript der Zelle 11 kann das Anzeigen bzw. Verbergen dieser Kobolde gewährleistet werden. Da dieses Bildskript bereits existiert (es enthält eine einfache *exitFrame*-Prozedur), genügt es, durch Doppelklick auf Zelle 11 im Drehbuch oder auf dem Skriptdarsteller 11 in der internen Besetzung, die Prozedur dem bereits exisitierenden Skript hinzuzufügen:

```
on enterFrame
  case (the rollOver) of
     3:set the visible of sprite 6 to true      -- b0
       set the visible of sprite 5 to false     -- b1
     4:set the visible of sprite 5 to true      -- b2
```

```
         set the visible of sprite 6 to false      -- b3
      otherwise
         set the visible of sprite 5 to false      -- b4
         set the visible of sprite 6 to false      -- b5
   end case
end enterFrame
```

In dieser *enterFrame*-Prozedur wird in einer Kontrollstruktur mit *case* nun je nach Rollover der Kobolde 3 (Transparenzrahmen „Music") oder 4 (Transparenzrahmen „Band") der entsprechende Bitmap-Text angezeigt und der nicht gewünschte Text verborgen (Zeilen b0 bis b3). In der *otherwise*-Klausel werden schließlich beide Texte verborgen (b4 und b5).

In Abschnitt 4.9.1 hatten wir darauf hingewiesen, daß eine Reihe von Eigenschaften mit oder ohne Umwandlung eines Kobolds in eine Puppe funktioniert. Das gilt auch für die *visible*-Eigenschaft. So hätte man vor der *case*-Kontrollstruktur mit den Anweisungen:

```
puppetSprite 5, true
puppetSprite 6, true
```

auch hier für die Koboldkanäle 5 und 6 den Puppenstatus einschalten können. Da sich aber in den Kanälen 5 und 6 auch Kobolde befinden, die keinen Puppenstatus benötigen, wäre ein ständiges Ein- und Ausschalten des Puppenstatus notwendig. Da das vermieden werden soll, wird hier die *visible*-Eigenschaft ohne Puppenstatus gesteuert.

Mit dieser *enterFrame*-Prozedur funktioniert die Bitmap-Textausgabe einwandfrei. In den Koboldkanälen 5 und 6 befinden sich allerdings noch andere Kobolde, die in jedem Fall sichtbar sein sollen. Daher benötigen wir noch ein zweites Bildskript in Zelle 3, das die *visible*-Eigenschaft für diese Kobolde auf *true* setzt:

```
on enterFrame
   set the visible of sprite 5 to true
   set the visible of sprite 6 to true
end enterFrame
```

Dieses Bildskript wird neuer Darsteller 13 in der internen Besetzung des Films START in seiner Version 07.

5.6.2.2   Die Ausgabe von Texten in Textfeldern

In einem nächsten Schritt sollen nun zeichenorientierte Texte in einem speziell dafür vorgesehenen Textfeld ausgegeben werden. Beginnen wir wieder mit dem Film START in seiner bereits erweiterten Version START-07.DIR.

Das Textfeld wird über die Werkzeugpalette und die Feldoption erzeugt (siehe Abschnitt 4.5.3.3). Da es von allen am Projekt beteiligten Filmen genutzt wird, soll es in die gemeinsame Besetzung JethTull aufgenommen werden. Es trägt dort den Namen „Information" und hat folgende weitere Darstellereigenschaften:

- Rahmen: Anpassen
- Schriftart: Arial
- Schriftgröße: 12
- Schriftstil: Normal
- Schriftfarbe: schwarz
- Ausrichtung: zentriert

Dieses Feld soll nun mit folgenden Kobold-Eigenschaften in Koboldkanal 7, Zelle 11 (Bild „Start") des Films START aufgenommen werden:

- Größe: 240 x 16 Pixel
- Position: 220/419
- Farbeffekt: Stanzen

Durch den Farbeffekt „Stanzen" erzielen wir die Ausgabe einer weißen Schriftfarbe.

Mit einer relativ einfachen Änderung an der *enterFrame*-Prozedur (fettgedruckt) im Bildskript in Zelle 11 können nun die gewünschten Kommentare in das Textfeld geschrieben werden:

```
on enterFrame
  set lvText to ""                              -- a0
  case (the rollOver) of
    2:set lvText to "Terminates the program"    -- a1
    3:set the visible of sprite 6 to true
    ...
  end case
  put lvtext into field "Information"           -- a2
end enterFrame
```

In den neu eingefügten Zeilen wird eine Zeichenkette an die lokale Variable lvText gebunden (Zeilen a0 und a1) und über die *put*-Anweisung im Anschluß an die *case*-Kontrollstruktur in Zeile (a2) in das Textfeld „Information" geschrieben. Die Anweisung in Zeile (a0) hätte auch innerhalb der *otherwise*-Klausel stehen können. Da aber hier später ein Standardkommentar erzeugt werden soll, bietet sich diese Variante an (siehe Abschnitt 5.11).

Das gleiche Textfeld soll nun noch in den Bildern 1 und 2 zur Ausgabe der Versionsnummer verwendet werden. Dazu wird es zunächst kopiert und in die Zellen 1 und 2 des Koboldkanals 7 eingefügt. Dort erhält es folgende Koboldeigenschaften:

– Position: 475/10
– Farbeffekt: Stanzen

Mit einem zusätzlichen Bildskript in Zelle 1 wird unter Nutzung der globalen Variablen gvVersion die Versionsnummer ausgegeben. Dieses Skript wird neuer Darsteller 14 in der internen Besetzung:

```
on enterFrame
  global gvVersion
  put "Version" && gvVersion into field "Information"
end enterFrame
```

Läßt man den Film ablaufen, muß man allerdings sehr genau hinschauen, um die Versionsnummer zu sehen, da noch keine Tempoeinstellungen für den Film vorgenommen wurden. In Abschnitt 5.10 wird dieses Manko behoben.

Im Film JETHRO kann nun ebenfalls zunächst das Textfeld „Information" aus der gemeinsamen Besetzung JethTull ins Drehbuch aufgenommen werden. Es soll in Kanal 10 in allen verfügbaren und bereits gefüllten Zellen des Films erscheinen. Die Kobold-Eigenschaften sind die gleichen wie im Film START:

– Größe: 240 x 16 Pixel
– Position: 220/419
– Farbeffekt: Stanzen

Mit folgenden erweiterten Bildskripten wird der jeweils benötigte Kommentar in dieses Feld geschrieben:

Bildskript für das Bild „TheBand", Darsteller 56:

```
on enterFrame
  global gvCursor
  myCursors [5,6], gvCursor
  set lvText to ""
  case (the RollOver) of
    2:set lvText to "Terminates the program"
    3:set lvText to "Back to Start"
    4:set lvText to "Information about Ian Anderson"
    5:set lvText to "Information about Martin L. Barre"
    6:set lvText to "Information about David Pegg"
    7:set lvText to "Information about Doane Perry"
    8:set lvText to "Information about Martin Allcock"
  end case
  put lvText into field "Information"
end enterFrame
```

Wiederum wird je nach berührtem Kobold der jeweilige Kommentar an die lokale Variable lvText gebunden und im Anschluß an die *case*-Kontrollstruktur ausgegeben.

Bildskript für das Bild „Ian", Darsteller 57:

```
on enterFrame
  myCursors [5,6], -1
  set lvText to ""
  case (the RollOver) of
    2:set lvText to "Terminates the program"
    3:set lvText to "Back to Start"
    4:set lvText to "Back to the Band"
  end case
  put lvText into field "Information"
end enterFrame
```

Auch diese Erweiterung der bisher bestehenden *enterFrame*-Prozedur ist ähnlich aufgebaut wie die bisherigen *enterFrame*-Prozeduren, so daß keine weitere Erklärung notwendig ist. Da dieses Drehbuch für alle Zellen des Bildes „Ian" gelten soll, kann es kopiert werden und die übrigen Zellen füllen, so daß es in den Zellen 10 bis 27 steht.

Anschließend benötigt auch das Bildskript (Darsteller 54) in Zelle 28 zusätzlich zur *exitFrame*-Prozedur eine *enterFrame*-Prozedur, die für die Ausgabe der Kommentare und die Einstellung des Handcursors für Kobold 5, die Filmschleife, sorgt:

```
on enterFrame
  global gvCursor
  myCursors [5], gvCursor
  case (the RollOver) of
    2:set lvText to "Terminates the program"
    3:set lvText to "Back to Start"
    4:set lvText to "Back to the Band"
    5:set lvText to "Surprise"
    otherwise
      set lvText to ""
  end case
  put lvText into field "Information"
end enterFrame
```

Weitere Erklärungen sind auch hier nicht notwendig. Lediglich der Rollover über Kobold 5 (die sich drehende Flöte im Bild „Ian") bedarf eines Zusatzes. Die Kommentarausgabe lautet hier „Surprise" (Überraschung). Klickt man später auf dieses Objekt, wird ein kurzer Sound zu hören sein, der einen Puppensoundeffekt realisiert (siehe Abschnitt 5.8.2).

Analog können wir nun im Bild „Martin" und den Folgebildern vorgehen. Vorher müssen dort allerdings die bisherigen Bildskripte 57 und 54 gelöscht werden. In den Zellen 30 bis 47 wird dann eine neues Bildskript eingefügt, das zunächst identisch mit dem Bildskript für das Bild „Ian", Darsteller 57, ist. In späteren Versionen wird sich dieses Skript, das neuer Darsteller 58 wird, in einigen Anweisungen vom Bildskript 57 unterscheiden. Ähnliches gilt für das zusätzliche Bildskript in Zelle 48 (neuer Darsteller 59). Zusätzlich verfügt dieses Skript neben der *enterFrame*-Prozedur aber noch über eine *exitFrame*-Prozedur, die eine Schleife veranlaßt:

```
on exitFrame
  go to the frame
end exitFrame
```

Damit kann auch dieser Film in seiner neuen Version 07 als JETHRO07.DIR abgespeichert werden.

Das Vorgehen im Film TULL ist völlig analog. Wiederum wird zunächst das Textfeld „Information" aus der externen Besetzung JethTull ins Drehbuch aufgenommen. Allerdings benötigt es in der Anfangssequenz vom Bild „Start" bis zum Bild „Records" eine andere Bühnenposition, da es sonst die Fotos der Schallplatten- bzw. CD-Hüllen überdeckt. Daher soll es wie folgt ins Drehbuch aufgenommen werden:

Kanal 14, Zelle 1 bis 8

– Größe: 240 x 16 Pixel
– Position: 229/224
– Farbeffekt: Stanzen

Kanal 14, Zelle 14 bis 23 und Zelle 29 bis 48

– Größe: 240 x 16 Pixel
– Position: 220/419
– Farbeffekt: Stanzen

Nun können die entsprechenden Bildskripte geschrieben werden. Sie geben die Programmanweisungen für die Navigationselemente und die Schallplattentitel für die Schallplattenhüllen aus:

Bildskript für das Bild „Records", Darsteller 28:

```
on enterFrame
  set lvText to ""
  case (the RollOver) of
     3: set lvText to "Terminates the Program"
     4: set lvText to "Back to Start"
     5: set lvText to "A, 1980"
     6: set lvText to "Aqualung, 1971"
     7: set lvText to "Bursting Out, 1978"
     8: set lvText to "Heavy Horses, 1977"
     9: set lvText to "Songs From the Wood, 1976"
    10:set lvText to "Warchild, 1974"
    11:set lvText to "Thick As A Brick, 1972"
    12:set lvText to "Too Old To Rock ´n´ Roll, 1975"
  end case
  put lvText into field "Information"
end enterFrame
```

Die *exitFrame*-Prozedur in diesem Bildskript bleibt unverändert.

Bildskript, Bild „Start", Darsteller 30:

```
on enterFrame
  global gvCursor
  set the cursor of sprite 7 to gvCursor
  set lvText to ""
    ... --(siehe Bildskript 28)
  put lvText into field "Information"
end enterFrame
```

Dieses Bildskript verfügt über keine *exitFrame*-Prozedur, da der Film ja weitergespielt werden soll, um sukzessive die Fotos der Schallplatten- bzw. CD-Hüllen anzuzeigen. Da es für die Bilder 1 bis 7 gelten soll, kann es zunächst kopiert und dann als neues Skript ohne die Cursoranpassung und ohne zusätzliche *exitFrame*-Prozedur in die Zellen 2 bis 7 eingefügt werden. Das neue Skript bekommt die Darstellernummer 32.

Die Bilder „Aqualung" und „Thick" sind etwas weniger komplex und erfordern eine geringere Anzahl von auszugebenden Kommentaren. Beginnen wir mit der *enterFrame*-Prozedur im Bild „AquaStart", dem bisherigen Skriptdarsteller 31:

```
on enterFrame
  set the cursor of sprite 7 to -1
  set lvText to ""
  case (the RollOver) of
    3:set lvText to "Terminates the Program"
    4:set lvText to "Back to Start"
    5:set lvText to "Back to the Records"
  end case
  put lvText into field "Information"
end enterFrame
```

Dieses Skript kann in die Zellen 15 bis 22 kopiert werden. Im Bild „Aqualung" benötigen wir nun noch ein neues Skript, das über eine *enterFrame*-Prozedur die gewünschten Kommentare ausgibt, sowie eine zusätzliche *exitFrame*-Prozedur, die in diesem Bild verbleibt. Das neue Skript wird Darsteller 33:

```
on exitFrame
  go to the frame
end exitFrame

on enterFrame
  set lvText to ""
    ... --(siehe Bildskript 31)
  put lvText into field "Information"
end enterFrame
```

Völlig analog - bis auf die Kommentarausgaben sind die Bildskripte im Bild „ThickStart" und „Thick" sowie in den Zellen dazwischen aufgebaut.

Bildskript/Bild „ThickStart" (neuer Darsteller 34):

```
on enterFrame
  set the cursor of sprite 7 to -1
  set lvText to ""
  case (the RollOver) of
    3: set lvText to "Terminates the Program"
    4: set lvText to "Back to Start"
    5: set lvText to "Back to the Records"
    8: set lvText to "Information about Martin Barre"
  end case
  put lvText into field "Information"
end enterFrame
```

Der Zusatz in dieser *enterFrame*-Prozedur betrifft den Kobold 8, der später zum Bild „Martin" im Film JETHRO führen soll. Dieses Skript kann in die Zellen 31 bis 37 kopiert werden.

Im Bild „Thick" wird in einem zusätzlichen Skript (neuer Darsteller 35) die gleiche *enterFrame*-Prozedur sowie eine zusätzliche Prozedur benötigt:

```
on exitFrame
  go to the frame
end exitFrame
```

Bis auf wenige Zusätze (siehe Abschnitt 5.9) sind damit alle Kommentarausgaben im gesamten Projekt geregelt. Der Benutzer dürfte damit jederzeit im Bilde über die möglichen Aktionen sein, die er per Mausklick veranlassen kann.

Damit ist die Version 07 des Projekts „Jethro Tull - from Roots to Branches" fertiggestellt.

5.7   Puppeneffekte

Als Puppeneffekte hatten wir in Abschnitt 4.9.1 Eigenschaften von Kobolden definiert, die nicht über das Drehbuch sondern ausschließlich über Lingo gesteuert werden. In der nun folgenden Version 08 soll in allen drei am Projekt „Jethro Tull - from Roots to Branches" beteiligten Filmen anhand der bereits funktionierenden Navigationselemente und sensitiven Flächen jeweils ein bestimmter Puppeneffekt illustriert werden. Daß dadurch der Erklärungswert und die Benutzerfreundlichkeit des Programms gesteigert werden, ist ein nützlicher Nebeneffekt.

Beginnen wir mit einer typischen Koboldeigenschaft, die normalerweise über das Drehbuch gesteuert wird, dem Farbeffekt. Im Drehbuch wird der

Farbeffekt, z.B. „Hintergrund transparent", im Optionsfeld „Farbeffekt" über ein Pull-Down Menü eingestellt. Will man jedoch den Farbeffekt eines Darstellers während des Programmablaufs umstellen, ist dies nur über die direkte Ansprache mit Lingo möglich. Die Eigenschaftsdefinition dazu lautet:

```
the ink of sprite <koboldNummer>
```

Mit dieser Eigenschaftsdefinition (engl. ink = Tinte, Druckfarbe) läßt sich über einen bestimmten Zahlenwert der Farbeffekt eines Kobolds einstellen. Dazu muß jedoch der betreffende Kobold vorher in eine Puppe umgewandelt werden. Den Zahlenwert entnimmt man einer Tabelle auf Seite 70 im Lingo Lexikon. Hier sind die für uns relevanten Zahlenwerte:

0 = Kopieren
1 = Transparent
2 = Umkehren
3 = Stanzen
8 = Matt
36 = Hintergrund transparent

5.7.1 Puppeneffekte im Film START

Die Änderung des Farbeffekts soll zunächst auf die Darsteller 2 („Music") und 3 („Band") im Film START angewendet werden. Wir erinnern uns, beide Darsteller sind Transparenzrahmen, die sich im Drehbuch im Bild 11 mit folgenden Kanalzuordnungen befinden:

- Darsteller 2 („Music") in Kanal 3
- Darsteller 3 („Band") in Kanal 4

Mit einfachen Erweiterungen der bereits existierenden Darstellerskripte kann die Änderung des Farbeffekts so vorgenommen werden, daß sich bei einem Mausklick auf den jeweiligen Transparenzrahmen kurzfristig der im Drehbuch eingestellte Farbeffekt ändert (die Änderungen sind fettgedruckt):

Darstellerskript, „Music":

```
on mouseDown
  puppetSprite 3, true         -- a0
  set the ink of sprite 3 to 2  -- a1
end mouseDown

on mouseUp
  global gvVersion
  set the ink of sprite 3 to 36  -- b0
  puppetSprite 3, false          -- b1
```

```
play frame "Start" of movie "TULL-" & gvVersion
end mouseUp
```

Beim Herunterdrücken der linken Maustaste wird nun zusätzlich über die *mouseDown*-Prozedur zunächst der Puppenstatus für Kobold 3 eingestellt (a0). Danach kann der Farbeffekt 2 „Umkehren" in Zeile (a1) angewendet werden. Wird die Maustaste wieder losgelassen, wird in der *mouseUp*-Prozedur der Ausgangseffekt 36 (Hintergrund transparent) wieder eingestellt (b0) und der Puppenstatus aufgehoben. Durch diese Einstellungen realisiert der Transparenzrahmen einen Schaltflächeneffekt, bei dem kurzfristig die Komplementärfarben des unter dem Transparenzrahmen befindlichen Objekts angezeigt werden.

Völlig analog funktioniert das Darstellerskript für den Darsteller 3 „Band", der in Koboldkanal 4 liegt:

```
on mouseDown
  puppetSprite 4, true              -- a0
  set the ink of sprite 4 to 3      -- a1
end mouseDown

on mouseUp
  global gvVersion
  set the ink of sprite 4 to 36     -- b0
  puppetSprite 4, false             -- b1
  play frame "TheBand" of movie "JETHRO" & gvVersion
end mouseUp
```

Einziger Unterschied zum Farbeffekt, der auf Kobold 3 angewendet wurde, ist der in Zeile (a1) eingestellte Farbeffekt 3 (Stanzen). Da der Transparenzrahmen für den Darsteller „Band" nicht ausgefüllt ist, stellt sich dieser Effekt als weiße Linie dar, die kurzfristig als Begrenzung des Kobolds aufblitzt.

Mit diesen Änderungen erhält der Film START die Versionsnummer 08.

5.7.2   Puppeneffekte im Film TULL

Auch im Film TULL soll eine Änderung des Farbeffekts erzeugt und auf die Grafik „Records" (Darsteller 9) angewendet werden. Diese Grafik befindet sich im Koboldkanal 5 in den Zellen 14 bis 23 und 29 bis 38. Da auch diese als Navigationselement fungierende Grafik bereits über ein Skript verfügt, bedarf es lediglich einer kleinen Erweiterung des Skripts. Dabei handelt es sich um ein Koboldskript, da der Darsteller „Records" ja in der Anfangssequenz des Films TULL eine andere Funktion hat.

Das Koboldskript ändert man nach vorheriger Markierung der genannten Zellen 14 bis 23 und 29 bis 38 im Kanal 5 am schnellsten durch anschließenden Klick mit der rechten Maustaste auf die Markierung und die Aus-

wahl „Sprite-Skript". Danach kann man im Skriptfenster die Änderungen
(wieder fettgedruckt) vornehmen.

```
on mouseDown
  puppetSprite 5, true
  set the ink of sprite 5 to 8
end mouseDown
```

```
on mouseUp
  set the ink of sprite 5 to 2
  puppetSprite 5, false
  go to frame "Records"
end mouseUp
```

Da dieses Koboldskript ähnlich wie die Darstellerskripte im Film START
aufgebaut ist und als einzigen Unterschied lediglich den Farbeffekt 8
(matt) beim Herunterdrücken der Maustaste und 2 (umkehren) im Normalzustand realisiert, kann auf weitere Erläuterungen verzichtet werden.

Damit sind die Arbeiten an der Version 08 des Films TULL abgeschlossen.

5.7.3 Puppeneffekte im Film JETHRO

Ein letzter Puppeneffekt soll nun im Film JETHRO illustriert werden. Dort
sollen im Bild „TheBand" neben den textuellen Informationen, die mit den
Transparenzrahmen über den Gesichtern der einzelnen Musiker gekoppelt
sind, zusätzlich Logos mit den Initialen der Musiker präsentiert werden.
Diese Logos gilt es zunächst, als neue Darsteller in die interne Besetzung
des Films JETHRO aufzunehmen.[1] Dabei handelt es sich um die folgenden
Dateien, die zunächst mit der Option „Bild", 8-Bit, „Anpassen an System-
Win" aus dem Ordner DIRECTOR\MEDIA\75DPI von der beiliegenden
CD-ROM importiert werden müssen.

– LOGO-DP1.BMP – „David Pegg"
– LOGO-DP2.BMP – „Doane Perry"
– LOGO-IA.BMP   – „Ian Anderson"
– LOGO-MB.BMP   – „Martin L. Barre"
– LOGO-MA.BMP   – „Martin Allcock"

---

[1] Gemäß der Entwicklungsstruktur eines mit Macromedia Director erzeugten Programms
hätte man diese Darsteller bereits in die Besetzung aufgenommen haben müssen. Aus didaktischen Gründen hatten wir es in Abschnitt 5.5 allerdings vorgezogen, zunächst die
wichtigsten Aspekte der Navigation durch das gesamte System zu erläutern.

Diese Logos werden nach dem Dateiimport die neuen Darsteller 60 bis 64 in der internen Besetzung und erhalten als Darstellernamen automatisch den jeweiligen Dateinamen. Damit sind die Vorarbeiten abgeschlossen.

Ziel der nun folgenden Programmieraufgabe ist es, den in Abschnitt 4.9.1 anhand der einfachen Übung EXER-08A.DIR vorgeführten Puppeneffekt des Darstelleraustausches in den Film JETHRO zu integrieren. Dazu soll je nach Rollover über einen der Transparenzrahmen im Bild „TheBand" das zu dem jeweiligen Musiker gehörende Logo auf der Bühne gezeigt werden. Man könnte dies natürlich auch im Drehbuch ohne eingeschalteten Puppenstatus realisieren. Dazu würde man die Logos in 5 verschiedenen Kanälen plazieren und müßte dann je nach Rollover immer vier Logos verbergen und das gewünschte Logo anzeigen.

Mit eingeschaltetem Puppenstatus läßt sich dies aber wesentlich effizienter bewerkstelligen. Dazu wandelt man einen freien Koboldkanal in eine Puppe um und plaziert je nach berührtem Transparenzrahmen den Darsteller in diesem Koboldkanal. Der entscheidende Eingriff dazu erfolgt im bereits vorhandenen Bildskript des Bildes „TheBand" (Darsteller 56). Die Änderungen sind durch Fettdruck hervorgehoben:

```
on enterFrame
  global gvCursor
  myCursors [5,6], gvCursor
  set lvText to ""
  puppetSprite 11, true                            -- a0
  set the visible of sprite 11 to true             -- a1
  case (the RollOver) of
    2:set lvText to "Terminates the program"
    3:set lvText to "Back to Start"
    4:myMember 62                                   -- a2
      set lvText to "Information about Ian Anderson"
    5:myMember 64                                   -- a3
      set lvText to "Information about Martin L. Barre"
    6:myMember 60                                   -- a4
      set lvText to "Information about David Pegg"
    7:myMember 61                                   -- a5
      set lvText to "Information about Doane Perry"
    8:myMember 63                                   -- a6
      set lvText to "Information about Martin Allcock"
    otherwise
      myMember 0                                    -- a7
  end case
  put lvText into field "Information"
end enterFrame
```

In dieser *enterFrame*-Prozedur wird zunächst der Puppenstatus für Kobold 11, einem bisher unbenutzten Koboldkanal eingeschaltet (a0) und der Kobold angezeigt. In den anschließenden *case*-Klauseln 4 bis 8 und in der *otherwise*-Klausel wird nun zusätzlich vor den bereits vorhandenen Definitionen des Ausgabetextes (Abschnitt 5.6.2.2) über die benutzerdefinierte Prozedur *myMember* der Darstelleraustausch vorgenommen. Die Prozedur *myMember* befindet sich ebenfalls im Bildskript 56.

Als Parameter erhält *myMember* jeweils die Nummer des anzuzeigenden Darstellers. In Zeile (a1) der Prozedur *enterFrame* ist dies z.B. die Nummer 62, also das Logo „Logo-ia". Diese Nummer wird in *myMember* lokal über die Variable lvCast interpretiert.

```
on myMember lvCast
    set the memberNum of sprite 11 to lvCast      -- b0
    set the loc of sprite 11 to point(186,419)    -- b1
    set the ink of sprite 11 to 36                -- b2
end myMember
```

In *myMember* erfolgt der Darstelleraustausch in Zeile (b0). Hier werden die in den *case*-Klauseln der Prozedur *enterFrame* festgelegten Darsteller als Kobold 11 definiert. In der *otherwise*-Klausel von *enterFrame* ist dies übrigens der nicht vorhandene Darsteller 0. Da es keinen Darsteller mit dieser Nummer gibt, wird keines der Logos im Kanal 11 angezeigt.

Um einen Kobold allein über Lingo in einem Film zu kontrollieren, müssen natürlich auch seine sonstigen Koboldeigenschaften über entsprechende Programmieranweisungen definiert werden. In *myMember* wird zusätzlich die genaue Position des Kobolds über die Eigenschaftsdefinition:

```
the loc of sprite <koboldNummer>
```

festgelegt (engl. loc, Kurzform für location = Position). Diese kann man auch setzen, wobei man den Mittelpunkt der Bühnenposition des Kobolds in Horizontal- und Vertikalwerten definiert:

```
set the loc of sprite <koboldNummer> to ¬
                   point(<horiz>, <vert>)
```

In Zeile (b1) ist diese Positionsdefinition mit der Position 186/419 für den Mittelpunkt der Musikerlogos vorgenommen worden. Auch den Farbeffekt muß man nun definieren. Dieser ist in Zeile (b2) auf „Hintergrund transparent" (Wert 36) festgelegt worden. Will man anstelle der Positionsdefinition eines Kobolds über die *loc*-Eigenschaft auch die Abmessungen eines Kobolds definieren, kann man sich der Anweisung *spriteBox* (Koboldbox) bedienen:

```
spriteBox <koboldNummer>, ¬
        <links>, <oben>, <rechts>, <unten>
```

So könnte man z.B. anstelle der Zeile (b1) in *myMember* auch die Anweisungen:

```
(1) spriteBox 11, 157, 380, 215, 458
(2) spriteBox 11, 157, 380, 186, 419
```

verwenden. Dabei führt Beispiel (1) zur Darstellung des Kobolds in der Normalgröße des Darstellers, während Beispiel (2) die Größe des Kobolds auf 50 % der Darstellergröße reduziert.

Damit sind die Arbeiten am Bildskript 56 abgeschlossen. Zusätzlich enthält das Bildskript noch eine *exitFrame*-Prozedur, die von diesen Modifikationen allerdings unberührt bleibt.

Da der Koboldkanal 11 im Film JETHRO unbenutzt bleibt, kann der Puppenstatus für diesen Kanal im gesamten Film erhalten bleiben. Allerdings muß der jeweils angezeigte Kobold 11 in den übrigen Bildern des Films JETHRO explizit verborgen werden, da er ja nicht über das Drehbuch, sondern über Lingo gesteuert wird. Das geschieht durch Integration der *visible*-Eigenschaft in den Bildskripten, die die Bilder „Ian" und „Martin" einleiten (Darsteller 57 und 58):

```
on enterFrame
  myCursors [5,6], -1
  set the visible of sprite 11 to false
  ...
end enterFrame
```

Damit ist die Version 8 des Projekts „Jethro Tull - from Roots to Branches" fertiggestellt.

5.7.4   Besondere Puppeneffekte

Im Projekt „Jethro Tull - from Roots to Branches" wäre noch ein weiterer Puppeneffekt möglich, der allerdings aus optischen Gründen nicht integriert wurde. Es handelt sich um die Simulation von Schaltflächeneffekten für die im Film JETHRO im Bild „TheBand" befindlichen Transparenzrahmen über den Gesichtern der einzelnen Musiker. Der Transparenzrahmen (Darsteller 4 „musicianFrame") ist ja mit 5 Koboldskripten im Drehbuch versehen worden. Nun soll in einer zusätzlichen Übungsversion, die unter dem Namen JETHRO1x.DIR im Ordner DIRECTOR\ADDS auf der beiliegenden CD-ROM abgelegt ist, gezeigt werden, wie mit einem Darstellerskript für alle Kobolde der gewünschte Effekt eingestellt werden kann. Folgendes Darstellerskript ist für den Transparenzrahmen zu schreiben:

```
on mouseDown
  set lvSprite to the clickOn               -- a0
  puppetSprite lvSprite, true               -- a1
  set the ink of sprite lvSprite to 2       -- a2
end mouseDown

on mouseUp
  set lvSprite to the ClickOn               -- b0
  set the ink of sprite lvSprite to 36      -- b1
```

```
  puppetSprite lvSprite, false                    -- b2
end mouseUp
```

Dieses Darstellerskript besteht aus zwei Prozeduren. In der *mouseDown*-Prozedur wird zunächst die Eigenschaft

```
the clickOn
```

genutzt, die die Nummer des Kobolds, auf den zuletzt geklickt wurde, ausgibt (siehe Abschnitt 4.6.1). Diese Nummer wird an die lokale Variable lvSprite gebunden. Dadurch kann der Puppenstatus eingeschaltet (a1) und der Farbeffekt „Umkehren" eingestellt werden (a2). In der *mouseUp*-Prozedur, wird der Standardfarbeffekt „Hintergrund transparent" wiederhergestellt (b1) und der Puppenstatus ausgeschaltet (b2).

Läßt man den Film nun so ablaufen, tritt ein unangenehmer Effekt auf. Der Transparenzrahmen bleibt in seiner farblich umgekehrten Form auch im nächsten Bild erhalten. Das liegt daran, daß vom Darstellerskript „musicianFrame" nur die *mouseDown*-Prozedur erreicht wird, da es ja eine *mouseUp*-Prozedur als Koboldskript gibt (siehe Abschnitt 5.5.2.3). Dieses hat gemäß der Lingo Benachrichtigungsreihenfolge eine höhere Priorität (siehe Abschnitt 4.5.3.1) und Verhindert die Ausführung des neuen Darstellerskripts „musicianFrame". Soll dieses Darstellerskript ebenfalls ausgeführt werden, muß die *mouseUp*-Botschaft explizit durch die Anweisung

```
pass
```

nach oben in der Benachrichtigungsreihenfolge weitergeleitet werden (engl. pass = weiterleiten). Durch Integration in die Koboldskripte 4 bis 8 im Bild „TheBand" kann diese Weiterleitung bewirkt werden. Als Beispiel mag hier das Koboldskript 4 genügen:

```
on mouseUp
  go to frame "Ian"
  pass
end mouseUp
```

Damit kann auch für diese Transparenzrahmen über ihr gemeinsames Darstellerskript ein Puppeneffekt realisiert werden. Da der Effekt durch die Ellipsenform des Rahmens „musicianFrame" allerdings nicht sehr ansprechend aussieht, haben wir im Projekt „Jethro Tull - from Roots to Branches" auf diese zusätzliche Möglichkeit verzichtet.

5.8   Soundeinbindung

Sounddateien können nach zwei verschiedenen Prinzipien in einem Director-Programm eingebunden werden:

- intern,

- extern, verknüpft.

Mit der Option „intern" werden Sounddateien und die in ihnen enthaltenen Daten vollständig in die Besetzung eines Films aufgenommen. Auch mit der Option „extern, verknüpft" erscheinen Sounddateien in der Besetzung. Allerdings verbleiben die Daten in der Datei auf dem externen Datenträger, z.B. der Festplatte oder der CD-ROM. Im jeweiligen Film benötigen externe Sounddarsteller mit lediglich 64 KB eine recht geringe Standardgröße. Daher empfiehlt es sich, lediglich bei kleinen Sounddateien die Option „intern", bei allen größeren Sounddateien jedoch die Option „extern, verknüpft" zu wählen.

Die Steuerung der Sounds in Director kann ebenfalls auf zwei verschieden Arten geschehen:

- über die Soundkanäle im Drehbuch,

- über Lingo durch Umwandlung der Sounddarsteller in Puppen.

Beide Wege werden im Projekt „Jethro Tull - from Roots to Branches" realisiert. Zu diesem Zweck stehen eine Reihe von Sounddateien im Waveform-Format im Ordner DIRECTOR\MEDIA\SOUNDS auf der beiliegenden CD-ROM zur Verfügung.[1] Da im Kapitel 3, Abschnitt 3.11 im Rahmen des Multimedia ToolBook-Projekts der „Interaktive Gemüsegarten" einige grundsätzliche Ausführungen zum Thema Audio und Multimedia gemacht wurden, kann an dieser Stelle auf weitere Bemerkungen verzichtet werden. Die Tabelle 5.2 listet die zur Verfügung stehenden Sounddateien mit ihren Details auf. Die Verwendung dieser Dateien wurde mit den Lizenzinhabern abgesprochen. Es sei nochmals darauf hingewiesen, daß eine Weitergabe dieser Daten nicht gestattet ist.

---

[1] In Director können Sounddateien des Typs WAV und AIF importiert und abgespielt werden.

Tabelle 5.2: Die Sounddateien im Projekt „Jethro Tull - from Roots to Branches"

Dateiname	Größe in KB	Samplerate	Länge in Sek.	Name
AQUA-01.WAV	182	22 kHz/16-Bit/Stereo	2,1	AQUA-01
AQUA-02.WAV	6094	22 kHz/16-Bit/Stereo	70,0	AQUA-02
DUMMY.WAV	142	22 kHz/16-Bit/Stereo	1,6	DUMMY
FLUTE.WAV	2714	22 kHz/16-Bit/Stereo	31,5	FLUTE
IAN.WAV	1229	22 kHz/16-Bit/Stereo	14,2	IAN
LOCOMOTI.WAV	3092	22 kHz/16-Bit/Stereo	35,9	LOCOMOTI
MARTIN.WAV	2622	22 kHz/16-Bit/Stereo	30,4	MARTIN
ROOTS-01.WAV	984	22 kHz/16-Bit/Stereo	11,4	ROOTS-01
ROOTS-02.WAV	793	22 kHz/16-Bit/Stereo	9,2	ROOTS-02
SUNDAY.WAV	1774	22 kHz/16-Bit/Stereo	20,6	SUNDAY
THICK.WAV	1215	22 kHz/16-Bit/Stereo	14,1	THICK

In den folgenden Abschnitten sollen nun im Rahmen der am Projekt beteiligten Filme die verschiedenen Varianten der Verwendung von Sound im Projekt „Jethro Tull - from Roots to Branches" in der Version 09 vorgeführt werden.

5.8.1 Sound im Film START

Ausgehend von der Datei START-08.DIR sollen zunächst folgende Sounddateien aus dem Ordner DIRECTOR\MEDIA\SOUND mit der Option „verknüpft" importiert werden:

- ROOTS-01.WAV
- ROOTS-02.WAV

Der Import von Sounddateien geschieht über die Menüoption „Datei/Importieren...". Im anschließenden Dialogfeld wählt man zunächst den Ordner, anschließend die Option „Sound" und danach die Datei aus. Wichtig ist das Anklicken des Optionsfeldes „Verknüpft" am unteren Rand dieses Dialogfeldes. Dadurch wird eine Sounddatei extern verwendet.

Anschließend stehen diese Sounddateien als Darsteller 15 und 16 in der internen Besetzung des Films START. Da später die Titel der gerade gespielten Soundausschnitte im Textfeld „Information" ausgegeben werden sollen, sind die Sounddarsteller in der internen Besetzung zusätzlich mit komplexen Namen zu versehen. Im Film START trifft das auf den Sounddarsteller 16 zu, der bisher den Dateinamen „Roots-02" führt. Er erhält den neuen Namen „Roots to Branches". Es handelt sich dabei einem Ausschnitt aus dem Titelsong „Roots to Branches" der gleichnamigen Jethro Tull CD aus dem Jahr 1995

Bevor die Sounddateien nun ins Drehbuch überführt bzw. über Lingo abgespielt werden sollen, empfiehlt sich zunächst eine Überprüfung, ob die Sounds überhaupt hörbar sind. Diese Überprüfung kann man über die Darstellereigenschaften der Sounddarsteller und die Schaltfläche „Abspielen" vornehmen. Sollte wider Erwarten keine Tonausgabe erfolgen, sind eventuell Änderungen an den Grundeinstellungen über die Audio-Programme in der Windows Programmgruppe „Zubehör/Multimedia" vorzunehmen.

Im Film START sollen beide Sounds direkt über Lingo ohne Zuhilfenahme des Drehbuches gesteuert werden. Beginnen wir mit dem Sounddarsteller 15 „Roots-01". Er soll als Begleitmusik zu den Bildern 1 bis 10 laufen. Zusätzlich soll er als Schleife ständig wiederholt werden.

Die Schleifenoption läßt sich für Sounddateien im AIF-Format auch über die Darstellereigenschaften definieren. Für Sounddateien im Waveform-Format ist das nicht möglich. Erst über spezielle Lingo-Anweisungen kann eine Soundschleife erzielt werden.

Um einen Sound direkt über Lingo zu steuern, muß er als Puppe definiert sein. Das geschieht über die Anweisung:

```
puppetSound <darstellerName>
```

Nun kann der Sound ohne Zuhilfenahme des Soundkanals gesteuert werden. Sollte dennoch ein Sound in einem Soundkanal vorhanden sein, hat der Puppensound die höhere Priorität.

Mit einer einfachen Erweiterung des Bildskripts in Zelle 1 (Darsteller 14) kann nun zu Beginn des gesamten Films der Sound „Roots-01", der Refrain des Titelsongs der CD „Roots to Branches", abgespielt werden:

```
on exitFrame
  puppetSound "Roots-01"
end exitFrame
```

Dieser Abspielvorgang soll bis Zelle 10, dem Bild vor dem Bild „Start" erfolgen. Anschließend soll der Sound erneut gespielt werden, aber erst ab Zelle 3, dem eigentlichen Beginn des Films. Dazu wird folgendes zusätzliche Bildskript in Zelle 10 (neuer Darsteller 17) benötigt:

```
on exitFrame
  if soundBusy(1) then
    go to the frame          -- a0
  else
    go to frame "Intro"      -- a1
  end if
end exitFrame
```

Basis der Soundkontrolle ist die Anweisung:

```
soundBusy(<soundKanal>)
```

Damit läßt sich überprüfen, ob ein Sound in einem bestimmten Soundkanal abgespielt wird oder nicht (engl. sound busy = Klang beschäftigt). Bei Puppensounds ist dies stets Kanal 1, vorausgesetzt, sie sind mit der Option „verknüpft" importiert worden. Intern evaluiert *soundBusy* im positiven Fall zu *true* oder 1, d.h. ein Sound wird gerade gespielt und im negativen Fall zu *false* oder 0. Im konkreten Fall wird in der obigen *enterFrame*-Prozedur solange eine Schleife im Bild 10 durchlaufen, wie ein Sound im Soundkanal 1 gespielt wird (a0). Ansonsten wird das Bild „Intro" aufgerufen (a1).

Mit einer kleinen, fettgedruckten Änderung des bereits existierenden Bildskripts 13 im Bild „Intro" muß nun veranlaßt werden, daß der Sound als Schleife abgespielt, d.h. immer neu begonnen wird, sobald dieses Bild angesprungen wird.

```
on enterFrame
  set the visible of sprite 5 to true
  set the visible of sprite 6 to true
  if soundBusy (1) = 0 then
    puppetSound "Roots-01"
  end if
end enterFrame
```

Nun wird jeweils in der *if*-Klausel überprüft, ob gerade kein Sound abgespielt wird (*soundBusy* .. = 0). Ist das der Fall, wird der Sound „Roots-01" erneut als Puppensound gestartet.

Klickt man jetzt während des Abspielenvorgangs des Sounds „Root-01" auf das Navigationselement „Start", wird der Sound weitergespielt. Um das zu vermeiden, benötigen wir eine Erweiterung im Koboldskript (später auch im Darstellerskript) dieses Navigationselementes in der externen Besetzung JethTull. Das Navigationselement „Start" besitzt ja in den Zellen 3 bis 10 ein zusätzliches Koboldskript, das in der Benachrichtigungshierarchie vor dem Darstellerskript angesprochen wird:

```
on mouseUp
  puppetSound 0
  go to frame "Start"
end mouseUp
```

In diesem sehr einfachen Skript wird ein Sound über die Anweisung:

```
puppetSound 0
```

abgeschaltet und die Kontrolle zurück ans Drehbuch gegeben.

Die Einbindung des zweiten Sounddarstellers „Roots to Branches" dürfte nun keinerlei Probleme mehr bereiten. Auch dieser Sound soll als Schleife, allerdings nur im Bild „Start" gespielt werden. Mit folgender Erweiterung in der *exitFrame*-Prozedur des bereits vorhandenen Bildskripts 12 kann diese Option realisiert werden. Die *enterFrame*-Prozedur bleibt von dieser Änderung unberührt:

```
on exitFrame
  if soundBusy(1) = 0 then
    puppetSound "Roots to Branches"
    go to the frame
  else
    go to the frame
  end if
end exitFrame
```

Wiederum wird geprüft, ob ein Sound gespielt wird. Ist das nicht der Fall, wird der Sounddarsteller „Roots to Branches" aufgerufen. Die *if*- und die *else*-Klausel führen beide zu einer Schleife im Bild „Start".

Neben dem reinen Abspielen des jeweiligen Sounds soll nun noch dessen Titel im bereits vorhandenen Textfeld „Information" ausgegeben werden. Da diese Option für alle am Projekt beteiligten Filme bereitgestellt werden soll, empfiehlt sich folgende selbstdefinierte Prozedur im Filmskript der gemeinsamen Besetzung JethTull:

```
on myRecord lvRecord
  return "You are listening to" && QUOTE & ¬
  the name of member lvRecord & QUOTE && "!"
end myRecord
```

Diese Prozedur gibt zusammen mit einem Kommentar, den Namen eines Besetzungsmitglieds über dessen Besetzungsnummer aus. Sie nutzt dabei die in Abschnitt 4.7.1 vorgestellte Eigenschaftsdefinition *the name of member*. Voraussetzung für die Ausgabe des Soundtitels ist die korrekte Benennung in der jeweiligen Besetzung und der Aufruf im jeweiligen Bildskript. Für den Film START ist dies das Bildskript im Bild „Start" (Darsteller 12):

```
on enterFrame
  set lvText to myRecord(16)
  case (the rollOver) of
    2:set lvText to "Terminates the program"
    ...
  end case
  put lvtext into field "Information"
end enterFrame
```

Durch die fettgedruckte Änderung wird nun das Ergebnis der Prozedur *myRecord* an <u>lvText</u> gebunden und im Standardfall im Textfeld „Information" ausgegeben. Als Parameter erhält *myRecord* die jeweilige Besetzungsnummer des aktiven Sounddarstellers.

Damit sind sämtliche Soundeinbindungen im Film START, der neuen Version 09, erfolgt. Was noch fehlt, ist eine genaue Synchronisation der Anfangssequenz (Bild 3 bis 10), so daß der Sound parallel mit der Animation in diesen Bildern verläuft. Das geschieht über den Tempokanal (siehe Abschnitt 5.10).

Soundkanäle haben unterschiedliche Prioritäten. Ein Sound im Soundkanal 2 setzt einen Sound im Soundkanal 1 außer Kraft, beide Soundkanäle verhindern das Abspielen von Sounds in einem Videofilm.

5.8.2   Sound im Film JETHRO

Anhand des Films JETHRO soll die Methode der Soundsteuerung über das Drehbuch vorgeführt werden. Folgende Sounddarsteller sollen im Film JETHRO für die musikalische Untermalung sorgen.

- DUMMY.WAV   - neuer Darsteller 65, „Dummy"
- FLUTE.WAV   - neuer Darsteller 66, „My God"
- LOCOMOTI.WAV - neuer Darsteller 67, „Locomotive Breath"
- MARTIN.WAV   - neuer Darsteller 68, „The Whistler"

Da die Datei DUMMY.WAV lediglich 142 KB beansprucht, kann sie intern importiert werden, d.h. die Option „verknüpft" soll im Dialogfeld „Importieren" nicht ausgewählt werden. Die übrigen Dateien erhalten die Option „verknüpft" und werden damit zu externen Darstellern. Sie erhalten die oben aufgeführten Darstellernummern, sowie die dazu angegebenen Darstellernamen zum Zwecke der Ausgabe der Songtitel im Textfeld „Information".

Die Integration der Sounds in den Film JETHRO ist recht einfach: Darsteller 67 soll einfach in die erste Zelle (Bild „TheBand") des Soundkanals 1 gezogen werden. Durch die bereits vorhandene Schleife im Bildskript dieses Bildes wird dieser Sound damit komplett abgespielt. Auch die Sounddarsteller 66 und 68 sollen über die Soundkanäle kontrolliert werden. Sounddarsteller 66 soll das Bild „Ian" und Sounddarsteller 68 das Bild „Martin" untermalen. Da in beiden Bildern Animationen ablaufen, müssen auch die Sounddarsteller parallel dazu in den Zellen des gewählten Soundkanals plaziert werden.

Beginnen wir mit dem Bild „Ian". Darsteller 66 soll in die Zellen 10 bis 28 des Soundkanals 1 aufgenommen werden, also in aller Bilder dieser Sequenz. Dabei soll die Animation solange gezeigt werden, bis der Sound vollständig gespielt wurde. Mit einem Zusatz zum bereits vorhandenen Bildskript 54 in Zelle 28 erreicht man diesen Effekt:

```
on exitFrame
  if soundBusy (1) then
```

```
      go to frame "Ian"        -- a0
   else
      go to the frame          -- a1
   end if
end exitFrame
```

Auch diese Prozedur bedarf kaum eines Zusatzkommentares. Solange die
Sounddatei aktiv ist, kehrt der Abspielknopf jeweils zum Bild „Ian" zurück (a0). Ist die Sounddatei vollständig gespielt worden, wird eine
Schleife in Bild 28 vollführt. Zusätzlich gehört in dieses Bildskript noch
die *enterFrame*-Prozedur des bisher in dieser Zelle befindlichen Bildskripts, da sonst die Rollovers nicht mehr überprüft werden können. Diese
erhält nun auch die Möglichkeit zur Ausgabe des Soundtitels:

```
on enterFrame
   global gvCursor
   myCursors [5], gvCursor
   set lvText to myRecord (the frameSound1)
   case (the RollOver) of
      ...
   end case
   put lvText into field "Information"
end enterFrame
```

Dazu nutzen wir eine zusätzliche Eigenschaftsdefinition von Lingo:

```
the frameSound1
the frameSound2
```

Diese liest die Nummer eines Sounddarstellers im Soundkanal 1 oder 2 aus
der Besetzung aus. Das gilt allerdings nur für Sounddarsteller, die über das
Drehbuch gesteuert werden. Die gleiche Änderung muß nun noch für die
übrigen *enterFrame*-Prozeduren in den Bildskripten des gesamten Films
JETHRO durchgeführt werden.

Auf nahezu identische Weise begleitet nun der Sounddarsteller „The
Whistler" (Darsteller 66) die Animation, die im Bild „Martin" beginnt.
Auch hier erfolgt die Steuerung über das Drehbuch. Der Darsteller soll in
die Zellen 30 bis 48 des Soundkanals 1 eingefügt werden. Mit einem Zusatz im Bildskript 58 wird der gewünschte Effekt erreicht:

```
on exitFrame
   if soundBusy(1) then
      go to frame "Martin"
   else
      go to the frame
   end if
end exitFrame
```

Abschließend soll noch der interne, nicht verknüpfte Sounddarsteller
„Dummy" integriert werden. Er soll abgespielt werden, sobald man es
schafft, die sich drehende Flöte im Bild 28 per Mausklick zu treffen. Diese

Art der Soundaktivierung, d.h. die Präsentation überraschender Soundeffekte über nicht näher definierte Schaltelemente, erfreut sich in Macromedia Director großer Beliebtheit.

Dazu ist ein einfaches Darstellerskript für den Darsteller 28 („FluteLoop") erforderlich:

```
on mouseUp
   puppetSound 2, "Dummy"
end mouseUp
```

In diesem Skript können wir im Soundkanal 2 unabhängig von der gerade aktiven Sounddatei den Sounddarsteller „Dummy" abspielen. Die Zuweisung von Sounddarstellern an den zweiten Soundkanal funktioniert allerdings nur mit internen Sounddateien.

Mit dieser letzten Variante des Abspielens einer internen Sounddatei ist die Verknüpfung von Sounddateien im Film JETHRO in seiner Version 09 abgeschlossen.

5.8.3 Sound im Film TULL

Folgende Sounddateien sollen im Film TULL importiert werden. Dabei soll lediglich die Datei AQUA-01.WAV als interner Sounddarsteller (also nicht verknüpft) in die Besetzung aufgenommen werden:

- AQUA-01.WAV   - Darsteller 36, Name: „Aqua-01"
- AQUA-02.WAV   - Darsteller 37, Name: „Aqualung"
- SUNDAYWAV   - Darsteller 38, Name: „My Sunday Feeling"
- THICK.WAV   - Darsteller 39, Name: „Thick as a Brick"

Die Einbindung des Sounddarstellers 38, „My Sunday Feeling" erfolgt auf sehr einfache Weise. Da er später das aufeinanderfolgende Anzeigen der Schallplatten- bzw. CD-Hüllen untermalen soll, kann er einfach in die Zellen 1 bis 8 im Soundkanal übernommen werden. Die genaue Synchronisierung erfolgt im Abschnitt 5.10.

Sounddarsteller 36, „Aqua-01", füllt die Zellen 14 bis 22 im Soundkanal 1. Auch dieser Sound soll später zur Animation, die in diesen Zellen abläuft, synchronisiert werden. Die Animation endet in Zelle 23, dem Bild „Aqualung". Hier soll der Sounddarsteller 37 „Aqua-02" in einer Schleife abgespielt werden. Daher wird er in die Zelle 23 im Soundkanal 1 überführt.

Der Sound „Thick" schließlich soll zu Illustrationszwecken als Puppensound über Lingo gesteuert werden. Dazu benötigen wir ein neues Bildskript (neuer Darsteller 40) für das Bild „ThickStart":

```
on exitFrame
  puppetSound "Thick as a Brick"
end exitFrame

on enterFrame
  set the cursor of sprite 7 to -1
  set lvText to myRecord(39)
  ... - (die Kontrollstruktur bleibt unverändert)
  put lvText into field "Information"
end enterFrame
```

Mit der *exitFrame*-Prozedur wird der Sound „Thick" im Bild „ThickStart" aktiviert; die *enterFrame*-Prozedur bleibt bis auf die Kommentarausgabe über die Prozedur *myRecord* unverändert. Zusätzlich ist die *exitFrame*-Prozedur im Bildskript 35 im Bild „Thick" wie folgt zu ändern:

```
on exitFrame
  if soundBusy (1) = 0 then
    go to frame "ThickStart"
  else
    go to the frame
  end if
end exitFrame
```

Damit wird überprüft, ob der Sound im Kanal 1 beendet ist. Ist das der Fall, wird er über den Rücksprung zum Bild „ThickStart" und die dortige *exitFrame*-Prozedur erneut gestartet. Beide *exitFrame*-Prozeduren bewirken daher eine Art „Sound-Schleife".

Um den Sound bei einem vorzeitigen Bildwechsel auszuschalten, sollte das Koboldskript des Kobolds 5 in den Bildern 14 bis 23 und 29 bis 38 (Darsteller 9: Records) mit einer Anweisung (fettgedruckt) ergänzt werden, die den laufenden Sound beim Bildwechsel zurück zum Bild „Records" abschaltet:

```
on mouseDown
  puppetSprite 5, true
  set the ink of sprite 5 to 8
end mouseDown

on mouseUp
  set the ink of sprite 5 to 2
  puppetSprite 5, false
  puppetSound 0
  go to frame "Records"
end mouseUp
```

Damit ist die Version 09 des Films TULL fertig. Neben diesen Änderungen werden lediglich einige zusätzliche Einstellungen im Tempokanal für die Synchronisation der Animationen mit den Sounddateien notwendig (siehe Abschnitt 5.10).

5.8.4 Ein soundunterstütztes Programmende

Abschließend soll nun in einem zusätzlichen Schlußbild im Film START eine Sounddatei abgespielt werden und erst danach das Verlassen des Programms möglich sein. Dazu ist zunächst der Import zweier Darsteller notwendig:

– der Grafikdatei BYEBYE.BMP (Importoption: Bühne 16-Bit)
– der Sounddatei IAN.WAV (Importoption: verknüpft)

Diese Dateien werden als Darsteller 18 und 19 in die interne Besetzung des Films START aufgenommen. Zusätzlich soll noch ein Textdarsteller als Darsteller 20 erzeugt werden. Der Text befindet sich in der Datei TEXTE.RTF im Ordner DIRECTOR\MEDIA\TEXTE:

The beauty of being in a band like Jethro Tull and still surviving after this number of years is that we´ve done it on our terms and not really on anybody else´s. We may not be the biggest thing since sliced bread any longer, but we´re still ... doing alright!

Ian Anderson, 1988

Bei diesem Text handelt es sich um den Kommentar, der über die Sounddatei IAN.WAV abgespielt wird. Der Text soll parallel dazu auf dem Bildschirm angezeigt werden. Über die Zwischenablage kann man den Text nach Öffnen des Fensters „Text" mit der Menüoption „Fenster/Text" in das Textfenster einfügen. Der Text soll dort die folgenden Darstellereigenschaften bekommen:

– Name: EndText
– Schriftart: Arial
– Schriftgröße: 12
– Schriftstil: Fett
– Schriftfarbe: hellgrün
– Ausrichtung: Blocksatz

Durch Betätigung der rechten Maustaste im Textfenster kann man ein Menü öffnen, in dem die Einstellungen vorgenommen werden können.

Nun soll im Drehbuch ein neues Schlußbild in Zelle 15 entstehen, das den Namen „End" und eine Markierung erhält. In diesem Bild sind die drei neuen Darsteller wie folgt im Drehbuch zu plazieren:

Soundkanal 1: Sound „Ian"

Koboldkanal 2: Bild „ByeBye"

– Position: 91/105

- Farbeffekt: kopieren

Koboldkanal 6: Text „EndText"

- Position: 140/351
- Farbeffekt: Hintergrund transparent

In Koboldkanal 1 soll schließlich noch der bereits in der Startsequenz existierende Darsteller 5 „Title" an der gleichen Position erscheinen. Die Kanalzuordnungen wurden ausgewählt, damit sich die im Filmskript definierten Cursoreinstellungen entsprechend auswirken (siehe Abschnitt 5.6.1). Somit hat das Abschlußbild das in Bild 5.16 dargestellte Aussehen.

Mit einer kleinen Änderung am Darstellerskript des externen Darstellers „Quit" in der Besetzung JethTull und einem zusätzlichen Bildskript im Bild „End" im Film START läßt sich nun der gewünschte Effekt des Abspielens eines Schlußkommentars, gesprochen von Ian Anderson, erzielen.

Verändertes Darstellerskript, Darsteller „Quit" (Besetzung: JethTull):

```
on mouseUp
  global gvVersion                              -- a0
  puppetSound 0                                 -- a1
  go to frame "End" of movie "Start-" & gvVersion -- a2
end mouseUp
```

Neues Bildskript 21, Bild „End":

```
on exitFrame
  if soundBusy (1) = 0 then                     -- b0
    quit                                        -- b1
  else
    go to the frame                             -- b2
  end if
end exitFrame
```

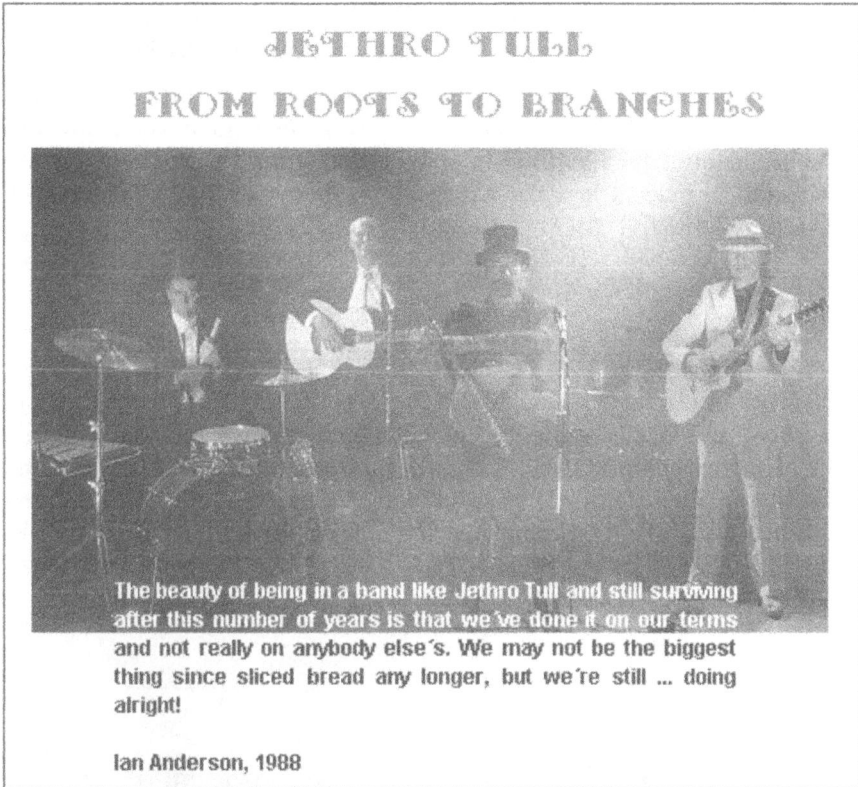

Bild 5.16: Das Endebild des Projekts „Jethro Tull - from Roots to Branches"

Im Darstellerskript „Quit" wird nun kein direkter Programmausstieg mehr durchgeführt, sondern mit Hilfe der globalen Variable gvVersion (a0) ein Sprung zum Bild „End" im Film START durchgeführt (a2). Vorher werden eventuelle, gerade aktive Sounddateien abgeschaltet (a1).

Im Bildskript 21 wird solange eine Schleife in diesem Bild durchgeführt (b2), bis der Sound im Soundkanal nicht mehr aktiv ist (b0). In diesem Fall wird das Programmende über *quit* herbeigeführt (b1). Mit anderen Wörten: Im Schlußbild wird der komplette Kommentar in der Datei IAN.WAV abgespielt. Für voreilige Benutzer empfiehlt sich noch ein zusätzliches Darstellerskript für den Darsteller 18 „ByeBye":

```
on mouseUp
  quit
end mouseUp
```

Damit kann das Abspielen des Kommentars abgebrochen und ein vorzeitiges Programmende durch Klick auf das Abschlußbild erreicht werden. Da der Kobold dieses Darstellers in Kanal 2 liegt, gilt über das Filmskript auch noch die Cursoreinstellung des Handcursors (siehe Abschnitt 5.6.1).

Mit diesen Zusätzen ist die Version 09 des Projekts „Jethro Tull - from Roots to Branches" fertiggestellt. Sie verfügt über eine komplette Sounduntermalung, die allerdings in einigen Fällen noch genauer synchronisiert werden muß. Die dazugehörigen Dateien haben die Dateinamen START-09.DIR, JETHRO09.DIR und TULL-09.DIR.

5.9   Fenstertechniken

In der nun folgenden Version 10 des Projekts „Jethro Tull - from Roots to Branches" soll in allen am Projekt beteiligten Filmen optional ein Bild eingeblendet werden können, das nähere Informationen zum Projekt und zum Autoren bereitstellt. Dieses Bild liegt zusammen mit einer Filmschleifenanimation in der Directordatei INFO.DIR im Ordner DIRECTOR\ PROGRAMS auf der beiliegenden CD-ROM. Bild 5.17 zeigt dieses einzige Bild der Datei INFO.DIR.

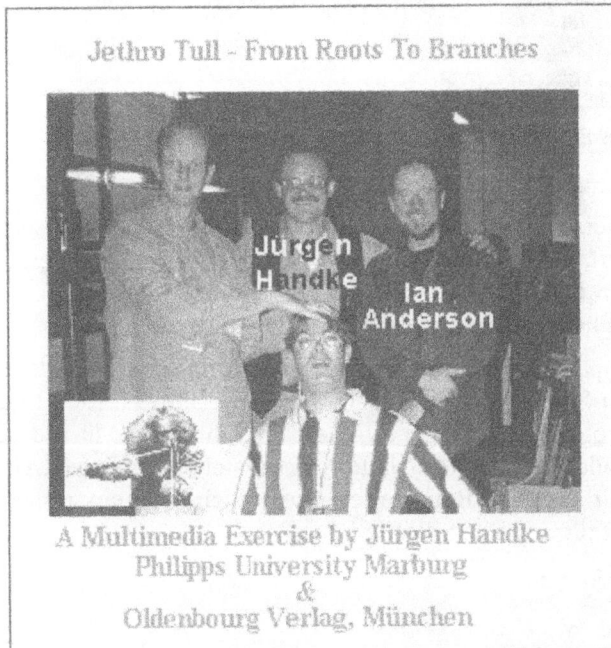

Bild 5.17: Die Datei INFO.DIR

Dieses Bild soll nun über ein Logo, das Fragezeichen, aus allen Filmen des Projekts eingeblendet werden können. Das bedeutet, daß dieses Fragezeichen in allen Filmen benötigt wird und damit zweckmäßigerweise in die gemeinsame Besetzung JethTull aufgenommen wird:

- Name: Info
- Typ: zu importierende Grafik
- Dateiname: INFO.BMP, Ordner DIRECTOR\MEDIA\75DPI
- Importoption: Bild, Farbtiefe: 4-Bit, Palette: Anpassen an System-Win
- Darstellereigenschaft: Nach Klick hervorheben

Dieser Darsteller wird nun in den einzelnen Filmen als Kobold eingefügt. Hier sind die jeweiligen Kanal und Zellenzuordnungen:

- Film START: Kanal 8, Zelle 3 bis 12
- Film JETHRO: Kanal 12, Zelle 1, Zellen 10 bis 28 und 30 bis 48
- Film TULL: Kanal 15, Zellen 1 bis 8, 14 bis 23 und 29 bis 38

In allen drei Filmen wird das Fragezeichen jeweils an der gleichen Position auf die Bühne gebracht (Position: 146/428). Es erhält den Farbeffekt „Hintergrund transparent".

Damit in den Filmen bei Berührung dieses neuen Kobolds die Hand als Cursorform eingestellt wird, sind die jeweiligen Filmskripte entsprechend zu ändern, hier als Beispiel das Filmskript im Film START:

```
on startMovie
   global gvVersion, gvCursor
   ...
   myCursors [2,3,4,8], gvCursor
end startMovie
```

Die zunächst einzige Änderung betrifft die Hinzunahme der Koboldnummer 8 in der Parameterliste für die Prozedur *myCursors*. Dadurch wird auch für den Kobold in Kanal 8 (das Fragezeichen) die Handcursorform eingestellt. Analog erfolgen die Änderungen in den Filmen JETHRO:

```
myCursors [2,3,4,7,8,12], gvCursor
```

und TULL:

```
myCursors [3,4,5,6,8,9,10,11,12,15], gvCursor
```

Eine weitere Änderung betrifft die verschiedenen Bildskripte. Bei einem Rollover über das Fragezeichen soll nun auch der gewünschte Kommentar ausgegeben werden. Als Beispiel für die notwendigen Änderungen steht hier stellvertretend für alle Bildskripte, die Rollovers überprüfen, das Bildskript 12 im Film START mit der fettgedruckten Änderung:

```
on enterFrame
```

```
case (the rollOver) of
  2:set lvText to "Terminates the program"
    ...
  8:set lvText to "Information about the Author"
  otherwise
    ...
end enterFrame
```

Nun soll in allen Filmen optional bei einem Mausklick das in INFO.DIR liegende Bild angezeigt werden. Es gibt mehrere Möglichkeiten, dies zu tun. Zum einen könnte man das Bild als zusätzliches Bild in den Filmen START, JETHRO und TULL plazieren und per *go to*-Anweisung anzeigen. Diese ist eine sehr unelegante Lösung, da sie in allen Filmen eine entsprechende Änderung verursachen würde. Daher haben wir uns für die Lösung des Aufrufs einer separaten Datei entschieden. Auch hier gibt es zwei Möglichkeiten. So könnte man z.B. diese Datei ebenfalls per *go to*-Aufruf oder durch eine *play movie*-Anweisung aktivieren. Allerdings führt das zu einem kurzfristigen Ausblenden des jeweiligen Hauptfilms. Die eleganteste Lösung ist daher die Nutzung eines Fensters, das vor dem gleichzeitig laufenden Film die Information über den Autoren anzeigt. Diese Lösung entspricht der Verwendung von Ansichtsobjekten in Multimedia ToolBook (siehe Abschnitt 3.9).

Um ein Fenster in einen Film einzublenden, bedarf es einer Reihe von „Fenster"-Anweisungen in Lingo. Diese sehen auf den ersten Blick recht komplex aus:

```
window(fensterName)
the windowList
windowPresent(fensterName)
the rect of window
the title of window
the windowType of window
moveToBack window fensterName
moveToFront window fensterName
```

Alle Fenster, die in einen Film eingeblendet werden, erhalten Namen. Diese werden in einer Liste (*the windowList*) gespeichert. Die Namen entsprechen dabei den Dateinamen der im Fenster anzuzeigenden Filme. Liegt kein zusätzliches Fenster vor, stellt sich die Liste *the windowList* als leere Liste [] dar. Mit der Anweisung *windowPresent* läßt sich überprüfen, ob ein bestimmtes Fenster geöffnet ist. Ist das der Fall, evaluiert *windowPresent* zu *true* ansonsten zu *false*. Die Eigenschaften eines Fensters legt man über verschiedene Eigenschaftsdefinitionen fest. Mit

```
set the rect of window myWindow to (100, 100, 100, 100)
```

definiert man ein Fenster mit den Koordinatenwerten 100 für die Ecken links, oben, rechts und unten (engl. rect, Kurzform für rectangle = Rechteck). Die Beschriftung in der Titelzeile eines Fensters läßt sich über

```
set the title of window myWindow to "Oldenbourg Verlag"
```

festlegen. Allerdings ist diese Anweisung abhängig vom Vorhandensein einer Titelzeile. Diese kann man mit der Anweisung:

```
set the windowType of window myWindow to <wert>
```

einstellen. Die möglichen Werte sind dabei die Zahlen 0 bis 16. Sie entsprechen den Fenstertypen der Standard-Werkzeugkastennummern des Macintosh. Unter Windows gibt es 3 Hauptvarianten:

0 = Fenster mit Rahmen und Titelzeile
1 = Fenster mit Rahmen ohne Titelzeile
2 = Fenster ohne Rahmen und Titelzeile

Alle diese Anweisungen beziehen sich auf existierende Fenster. Um ein Fenster zu erzeugen, bietet sich die Anweisung *moveToBack* an. Damit wird ein existierendes Fenster in den Hintergrund gestellt. Sollte das Fenster noch nicht existieren, wird es erzeugt. Mit *moveToFront* schließlich wird das Fenster in den Vordergrund gestellt.

Damit sind die wesentlichen Anweisungen für die Erzeugung von Fenstern definiert und können nun in entsprechende Skripte integriert werden.[1] Zum Anzeigen unseres Fensters bietet sich ein Darstellerskript für das Fragezeichen in der gemeinsamen Besetzung an:

```
on mouseUp
  global gvWindow                              -- a0
  if windowPresent(gvWindow) = false then-- a1
    moveToBack window gvWindow                  -- a2
    set the windowType of window gvWindow to 0 -- a3
    set the rect of window gvWindow to ¬
      rect (220,130,590,480)                   -- a4
    set the title of window gvWindow to ¬
      "The Author and Jethro Tull"             -- a5
    moveToFront window gvWindow                 -- a6
  end if
end mouseUp
```

Diese Prozedur nutzt zunächst in Zeile (a0) die globale Variable gvWindow, die im Filmskript des Films START an den Dateinamen „INFO.DIR" gebunden wird (siehe unten). Anschließend wird in einer *if*-Kontrollstruktur überprüft, ob dieses Fenster gerade geöffnet ist (a1). Ist das nicht der Fall, wird es erzeugt (a2), erhält in Zeile (a3) den Typ 0 (mit Rahmen und Titelzeile), in Zeile (a4) die entsprechenden Koordinaten und

---

[1]Zusätzlich stellt Lingo die Prozeduren *openWindow* und *closeWindow* bereit, mit denen man beim Öffnen (*openWindow*) bzw. Schließen (*closeWindow*) eines Fensters bestimmte Parameter setzen und wieder aufheben kann.

in Zeile (a5) die Beschriftung für die Titelzeile. Danach wird es in den Vordergrund gestellt (a6).

Zwar kann man das Fenster über des Symbol „Schließen" in dessen Titelzeile von der Bühne verschwinden lassen, allerdings ist das Fenster dann nicht vollständig geschlossen. Es befindet sich nach wie vor in der *windowList* und überlagert die laufenden Filme. Das führt zu unangenehmen Nebeneffekten. Daher benötigen wir eine Möglichkeit zum vollständigen Abschalten des Fensters. Dazu bietet sich eine allgemeine, selbstdefinierte Prozedur an, die ebenfalls von allen Filmen des Projekts zugänglich ist. Diese wird ins Filmskript der gemeinsamen Besetzung JethTull eingefügt:

```
on myPrimary
  global gvWindow                               -- b0
  if windowPresent(gvWindow) = true then        -- b1
    tell the stage to close window gvWindow      -- b2
    set the windowList to []                     -- b3
    dontPassEvent                                -- b4
  end if
end myPrimary
```

Wiederum nutzt diese Prozedur zunächst die globale Variable gvWindow, die noch im Filmskript des Films START definiert werden muß (b0). Anschließend wird bei geöffnetem Fenster (b1) eine Nachricht über die Anweisung *tell the stage* an die Bühne versandt, das offene Fenster zu schließen. Mit Grundkenntnissen der englischen Sprache ist diese Nachricht bereits verständlich. Zeile (b2) läßt sich wie folgt übersetzen: „Teile der Bühne mit, das Fenster gvWindow zu schließen". Danach wird die *windowList* auf null gesetzt (b3). Um zu verhindern, daß diese Botschaft an irgendeine andere Stelle in der Benachrichtigungshierarchie gesendet wird, steht in Zeile (b4) die Anweisung *dontPassEvent*. Sie verhindert ein Weiterleiten der Ereignisprozedur (engl. don´t pass event! = leite das Ereignis nicht weiter!)

Der Aufruf der Prozedur *myPrimary* erfolgt im Filmskript als sogenannte primäre Ereignisprozedur. Dabei handelt es sich um eine Prozedur, die an jeder Stelle eines Films zur Verfügung steht und in der Benachrichtungsreihenfolge die höchste Priorität einnimmt (siehe Abschnitt 4.5.3.1). Eine primäre Ereignisprozedur wird über eine *set*-Anweisung der folgenden Form definiert:

```
set <prozedurName> to "Ausdruck"
```

Von den in Abschnitt 4.5.3.1 möglichen Ereignisprozeduren wollen wir von einem *mouseDownScript* Gebrauch machen. Dadurch soll das Fenster gvWindow per Mausklick an eine beliebige Stelle der Bühne geschlossen werden.

Mit recht einfachen Änderungen läßt sich die Ereignisprozedur über das Filmskript im Film START einbinden:

```
on startMovie
    global gvVersion, gvCursor, gvWindow        -- a0
    ...
    set gvWindow to "Info.dir"                  -- a1
    set the mouseDownScript to "myPrimary"      -- a2
    myCursors [2,3,4,8], gvCursor
end startMovie
```

Im Filmskript wird nun zunächst die bereits erwähnte globale Variable gvWindow eingeführt (a0) und an den Dateinamen „INFO.DIR" gebunden (a1). Da INFO.DIR im gleichen Ordner wie die übrigen Filme liegt, sind zusätzliche Pfadangaben nicht notwendig. In Zeile (a2) schließlich wird die primäre Ereignisprozedur definiert. Diese ruft nun bei einem Mausklick jeweils zuerst die Prozedur *myPrimary* auf und schließt das eventuell geöffnete Fenster gvWindow. Analog muß die Definition der primären Ereignisprozedur nun noch in die *startMovie*-Prozeduren der Filmskripte JETHRO und TULL integriert werden.

Damit funktioniert das Öffnen und das anschließenden Schließen des Fensters gvWindow (INFO.DIR) einwandfrei. Ohne Einfluß auf die gerade laufende Sounddatei wird das Fenster bei Bedarf eingeblendet und bleibt bis zum nächsten Mausklick stehen.[1]

Damit sind die Arbeiten an der Version 10 des Projekts „Jethro Tull - from Roots to Branches" abgeschlossen. Die dazugehörigen Hauptfilme haben die Dateinamen START-10.DIR, JETHRO10.DIR und TULL-10.DIR. Zusätzlich wird von nun an der Film INFO.DIR benötigt, um die in diesem Abschnitt vorgestellte Fenstertechnik zu illustrieren.

5.10 Tempoeinstellungen und Übergänge

In den bisherigen Versionen 09 und 10 unseres Projekts „Jethro Tull - from Roots to Branches" hatten wir bereits zahlreiche Soundelemente sowie Animationen in das Programm integriert. Diese liefen allerdings noch völlig asynchron und zum Teil im falschen Tempo nebeneinander ab. Mit der nun entstehenden Version 11 soll ausgehend von Version 10 dieses Problem behoben werden. Dazu bedienen wir uns der Möglichkeiten der

---

[1] Alternativ könnte anstelle der primären Ereignisprozedur auch eine *mouseUp*-Prozedur im Filmskript für den gewünschten Effekt sorgen. Aus didaktischen Gründen ist jedoch hier eine primäre Ereignisprozedur vorgezogen worden.

Einstellung des Tempos, mit dem ein Film abläuft. Dabei ist eine Bandbreite von 1 bis 120 Bildern pro Sekunde möglich.

Wie auch die Soundkanäle kann der Tempokanal im Drehbuch direkt oder über Lingo gesteuert werden. Die Einstellungen im Tempokanal werden interaktiv über das Optionsfeld „Bildeigenschaften: Tempo" (siehe Abschnitt 4.5.2, Bild 4.36) vorgenommen. In diesem Optionsfeld kann man jeweils eine Option anklicken und die entsprechende Auswahl vornehmen. Das Optionsfeld „Bildeigenschaften: Tempo" öffnet man entweder über die Menüoption „Modifizieren/Bild/Tempo" oder durch Doppelklick auf die gewünschte Zelle im Tempokanal. Dabei gilt das Prinzip, daß die gewählte Einstellung solange gilt, bis eine Änderung im Tempokanal bzw. über Lingo vorgenommen wird. Lingo steuert das Tempo eines Films über die Anweisung:

```
puppetTempo <bilderProSekunde>
```

Die Temposteuerung über Lingo empfiehlt sich immer dann, wenn die Bildwiederholrate von anderen Aktionen im Film abhängig gemacht werden soll. Wie bei den übrigen Puppeneffekten setzt die Steuerung über Lingo die Einstellungen im Tempokanal außer Kraft.

Beide Arten der Tempokontrolle sollen im folgenden vorgeführt werden. Beginnen wir mit dem Film START. Bevor dort in Bild 3 „Intro" der eigentliche Film beginnt, soll 5 Sekunden lang das Autoreninfo zusammen mit dem Logo „Made with Macromedia" auf dem Bildschirm erscheinen. Dazu soll der Sound „Roots-01" abgespielt werden. Mit der einfachen Einstellung im Tempokanal, Zelle 2 „Warten, 5 Sekunden" kann der gewünschte Effekt erzielt werden. Will man eine Pause gleicher Länge über Lingo definieren, muß man sich umständlicherer Prozeduren bedienen, z.B. einer Schleife. Hier ist ein Beispiel:

```
on myPause lvLength
  startTimer                                    -- a0
  repeat while the timer < lvLength             -- a1
    nothing                                     -- a2
  end repeat
end myPause
```

In dieser Pausenprozedur wird zunächst über *startTimer* die aktuelle Zeit auf 0 gesetzt. Anschließend wird eine Schleife solange durchlaufen, bis die über *the timer* definierte Zeiteigenschaft den vorher festgelegten Wert lvLength erreicht hat, wobei eine Zeiteinheit 1/60 einer Sekunde ist. Mit

```
myPause 360
```

könnte man daher eine Pause von 6 Sekunden Länge veranlassen.

In Zelle 3, dem Bild „Intro" bietet sich eine situationsgerechte Temposteuerung über Lingo an. Dabei soll die Bildwiederholrate 4 betragen, wenn der Abspielknopf aus Bild 2 kommt. Wird Bild 3 dagegen von Bild 10 aus angesteuert, muß die Bildwiederholrate geringer sein, da nun Sound und Animation erst ab Zelle 3 erfolgen.

Mit folgendem modifizierten Bildskript (Darsteller 13), das keiner weiteren Erläuterung bedarf, läßt sich der gewünschte Synchronisationseffekt herstellen. Die Änderungen sind fettgedruckt:

```
on enterFrame
   set the visible of sprite 5 to true
   set the visible of sprite 6 to true
   if soundBusy (1) = 0 then
      puppetTempo 1
      puppetSound "Roots-01"
   else
      puppetTempo 4
   end if
end enterFrame
```

Weitere Tempoeinstellungen sind im Film START nicht notwendig. Lediglich in Zelle 11 des Tempokanals empfiehlt sich die Einstellung 30 Bilder/Sekunde, damit ein neuer Standardzustand geschaffen wird.

Der Film JETHRO benötigt keine wesentlichen Tempoeinstellungen. Lediglich in Zelle 1 des Tempokanals sollte wiederum die Einstellung 30 Bilder/Sekunde vorgenommen werden, damit die Animationen in einem zufriedenstellenden Tempo ablaufen. Spezielle Synchronisationseffekte sind nicht notwendig.

Auch die Tempoeinstellungen im Film TULL werden ausschließlich im Tempokanal vorgenommen. Sie sind recht einfach, so daß sie hier einfach aufgelistet werden können:

- Tempokanal/Zelle 1 (Bild „Start") : 1 Bild/Sekunde
- Tempokanal/Zelle 8 (Bild „Records"): 30 Bilder/Sekunde
- Tempokanal/Zelle 14 (Bild „AquaStart"): 13 Bilder/Sekunde
- Tempokanal/Zelle 23 (Bild „Aqualung"): 30 Bilder/Sekunde
- Tempokanal/Zelle 29 (Bild „ThickStart"): 30 Bilder/Sekunde

Damit sind alle Synchronisationseinstellungen vorgenommen.

Wie andere Multimediasysteme erlaubt auch Director die Einstellung sogenannter Übergangseffekte zwischen den einzelnen Bildern eines Films. Auch dazu gibt es einen eigens vorgesehenen Kanal, den Übergangskanal. Durch Doppelklick auf die gewünschte Zelle im Übergangskanal bzw. über die Menüoption „Modifizieren/Bild/Übergang" kann man ein Dialogfeld öffnen, in dem man die gewünschten Übergangseinstellungen vornehmen kann. Bild 5.18 zeigt dieses Dialogfeld.

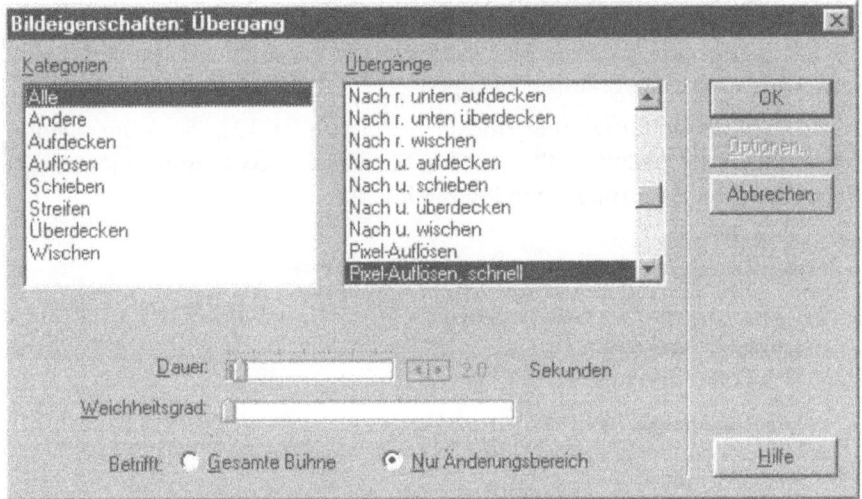

Bild 5.18: Das Dialogfeld „Übergang"

Alternativ kann die Einstellung auch mit Lingo und der Anweisung:

puppetTransition transition [zeit],[grad],[bereich]

durchgeführt werden. So führt z.B. die Anweisung

puppetTransition 1

den Übergang „Wischen von rechts" (transition 1) durch. Da für [zeit], [grad] und [bereich] keine Werte angegeben wurden, erfolgt der Übergang standardmäßig nur im Änderungsbereich, also bezogen auf die Kobolde, in denen sich zwei Bilder unterscheiden. Mit der Anweisung:

puppetTransition 2, 4, 20, TRUE

kann man den Übergang "Wischen von rechts" (transition 2) eine 1 Sekunde lang (4 Zeiteinheiten à 0.25 Sek.) auf einen Bereich von 20 Pixeln anwenden und sich über die gesamte Bühne erstrecken lassen (*true*).[1]

In unseren Filmen ist die Einstellung von Übergangseffekten allerdings wesentlich einfacher. Alle Einstellungen werden über den Übergangskanal vorgenommen, so daß wiederum eine einfache Auflistung genügt:

- Film START, Zelle 3, Bild „Intro": Pixel auflösen schnell, nur Änderungsbereich
- Film JETHRO, Zelle 10, Bild „Ian": Jalousien, 1 Sek., nur Änderungsbereich

---

[1] Die Zahlen für die Übergangseffekte findet man im Lingo-Lexikon auf Seite 138.

– Film JETHRO, Zelle 30, Bild „Martin": Auflösen Quadrat, 0,5 Sek., nur Änderungsbereich

Im Film TULL sind keine Übergangseffekte eingestellt worden.

Alle Übergangseffekte sind als neue Darsteller in die jeweiligen internen Besetzungen der Filme START und JETHRO aufgenommen worden.

Mit der Einstellung von Tempovariationen zur Synchronisation anderer Ereignisse und der Definition von Übergangseffekten sind die Arbeiten an der Version 11 des Projekts „Jethro Tull - from Roots to Branches" beendet. Die dazugehörigen Hauptfilme haben die Dateinamen START-11.DIR, JETHRO11.DIR und TULL-11.DIR.

5.11   Zusätzliche Arbeiten

Eine Reihe von zusätzlichen Arbeiten soll nicht nur zur Verschönerung des Programms und zur Steigerung seiner Funktionalität führen, sondern vor allem aus didaktischen Gründen weitere Möglichkeiten im Umgang mit Director vorführen. Diese Arbeiten beziehen sich auf:

- die Einbindung von Aktionswörtern verschiedener Art,
- die Verwendung von Schaltflächen zur Soundsteuerung.

In der nun folgenden Version 12 werden diese Aspekte realisiert.

5.11.1   Aktionswörter

In Abschnitt 4.9.4 hatten wir zwei völlig unterschiedliche Wege zur Erstellung und zum Abruf von Aktionswörtern definiert:

- Aktionswörter über Transparenzrahmen,
- Aktionswörter als Bestandteile von Texten.

Beide Varianten sollen an je einem Beispiel im Projekt „Jethro Tull - from Roots to Branches" in seiner Version 12 vorgeführt werden.

5.11.1.1   Aktionswörter über Transparenzrahmen

Im Film TULL hatten wir ja bereits einen Transparenzrahmen, den Darsteller 16 „MartinMask"), angelegt und mit den gewünschten Darstellereigenschaften (Vorder- und Hintergrundfarbe weiß, ausgefüllt) versehen. Im Drehbuch befindet er sich auch an der richtigen Position (Kanal 8, Bilder „ThickStart" bis „Thick"), so daß auch hier keinen weiteren Einstellungen vorgenommen werden müssen. Da auch der Handcursor und der entspre-

chende Kommentar über das Filmskript bzw. die Bildskripte bereits angezeigt werden, ist der nun folgende Eingriff als eher gering anzusehen.

Ziel soll es sein, daß beim Klick auf den Transparenzrahmen, der ja über
dem Textbereich *Martin Lancelot Barre* liegt, das Bild „Martin" im Film
JETHRO aufgerufen wird. Zusätzlich soll der Rahmen durch Änderung
seines Farbeffekts einen Schaltflächeneffekt simulieren. Dazu wird folgendes Darstellerskript für den Transparenzrahmen benötigt:

```
on mouseDown
   puppetSprite 8, true            -- a0
   set the ink of sprite 8 to 2    -- a1
end mouseDown

on mouseUp
   global gvFrame, gvVersion       -- b0
   set the ink of sprite 8 to 36   -- b1
   puppetSprite 8, false           -- b2
   set gvFrame to "ThickStart"     -- b3
   if soundBusy (1) then           -- b4
      puppetSound 0                -- b5
   end if
   go to frame "Martin" of ¬
      movie "Jethro" & gvVersion   -- b6
end mouseUp
```

Dieses Skript besteht aus zwei Prozeduren. Die *mouseDown*-Prozedur ist
für die Änderung des Farbeffekts verantwortlich. Dazu muß, wie in Abschnitt 5.7 ausführlich beschrieben wurde, der Puppenstatus eingeschaltet
sein (a0) und mit der *ink*-Eigenschaft der gewünschte Farbeffekt definiert
werden. In Zeile (a1) ist dies der Farbeffekt 2 (Umkehren). In der
mouseUp-Prozedur wird der alte Farbeffekt 36 (Hintergrund transparent)
wiederhergestellt (b1) und der Puppenstatus wieder ausgeschaltet. Zusätzlich bedient sich die *mouseUp*-Prozedur in Zeile (b0) zweier global defi-
nierter Variablen:

– gvVersion
– gvFrame

Die Variable gvVersion dient wie bereits mehrfach erwähnt als Platzhalter
für die Versionsnummer des Programms. Mit ihrer Hilfe wird der richtige
Filmname in Zeile (b4) zusammengestellt und aufgerufen. Mit gvFrame
wird eine Variable eingeführt, über die der Name der Rücksprungadresse
festgehalten wird. Die Variable wird im Filmskript des Films START eingeführt und dort zunächst standardmäßig an den Wert „TheBand" gebunden. Dies ist die Standardrücksprungadresse.

```
on startMovie
   global gvVersion, gvCursor, gvWindow, gvFrame
   ...
```

```
set gvFrame to "TheBand"
   ...
end startMovie
```

Im Darstellerskript „MartinMask" wird in Zeile (b3) die Rücksprungadresse an „ThickStart", den Anfang der Animationssequenz, von dem aus das Bild „Martin" aufgerufen wird, gebunden. Bevor der Wechsel dorthin über die Anweisung in Zeile (b6) erfolgen kann, wird vorher ein noch laufender Sound in Kanal 1 abgeschaltet (b4 und b5).

Der Rücksprung aus dem Film JETHRO soll über den bereits existierenden Darsteller 6„ OneLeg" erfolgen. Standardmäßig wird von dort jeweils ein Rücksprung zum Bild „TheBand" vorgenommen. Zur Durchführung des Rücksprungs in den Film TULL muß ein neues Darstellerskript für den Transparenzrahmen „OneLeg" im Film JETHRO geschrieben werden:

```
on mouseUp
   global gvVersion, gvFrame               -- a0
   if gvFrame = "ThickStart" then          -- a1
     go to frame gvFrame of ¬
             movie "Tull-" & gvVersion     -- a2
     set gvFrame to "TheBand"              -- a3
   else
     go to frame gvFrame                   -- a4
   end if
end mouseUp
```

In dieser *mouseUp*-Prozedur wird nach Einführung der beiden Variablen in Zeile (a0) über eine Kontrollstruktur mit *if* in Zeile (a1) zunächst überprüft, ob gvFrame mit „ThickStart" einen speziellen Wert hat. Ist das der Fall, wird das entsprechende Bild im Film TULL aufgerufen (a2). Danach wird der Variablenwert auf den Standardwert zurückgesetzt (a3). Würde man die Zeilen (a2) und (a3) vertauschen, wäre das Skript unbrauchbar, da dann der Rücksprung nicht korrekt ablaufen würde, weil es im Film TULL kein Bild „TheBand" gibt. Die Zeile (a4) schließlich sorgt für den standardmäßigen Rücksprung zum Bild „TheBand" im Film JETHRO.

Als letzte Änderung sollten auch die Rollovers in den Bildskripten 58 und 59 im Film JETHRO durch eine zusätzliche *case*-Klausel erweitert werden (hier als Beispiel das Bildskript 58):

```
on enterFrame
   global gvFrame
   ...
   case (the RollOver) of
     2:set lvText to "Terminates the program"
     3:set lvText to "Back to Start"
     4:set lvText to "Back to" && gvFrame
     12:set lvText to "Information about the Author"
     otherwise
       set lvText to ""
```

```
      end case
      put lvText into field "Information"
end enterFrame
```

Damit ist der Aufruf der Seite „Martin" im Film JETHRO über den Transparenzrahmen im Film TULL und der Rücksprung an die gewünschte
Adresse möglich. Die am Projekt „Jethro Tull - from Roots to Branches"
beteiligten Filme erhalten die Versionsnummer 12.

5.11.1.2   Aktionswörter im Text

Mit einer Erweiterung im Film TULL in seiner Version 12 soll nun das
Wort „Aqualung" im Text des Textdarstellers 14 „AquaText" als echtes
Aktionswort definiert und ausgelesen werden. Der Darsteller liegt als Kobold 7 im Bild „Aqualung", so daß mit zwei Zusätzen diese Erweiterung
möglich ist. Zunächst muß im Bildskript 33 das Aktionswort ausgelesen
werden. Da das Aktionswort eine eigenständige Zeile ist, genügt hier die
mouseLine-Anweisung. Das Ergebnis des Auslesens wird an eine globale
Variable gebunden, damit es in einer *mouseUp*-Prozedur weiterverarbeitet
werden kann. Die Änderungen an der *enterFrame*-Prozedur im Bildskript
33 sind fettgedruckt:

```
on enterFrame
   global gvCursor, gvText                          -- a0
   set lvText to myRecord(the frameSound1)
   set gvText to line the mouseLine of ¬
             the text of member "Aquatext"          -- a1
   case (the RollOver) of
      3: set lvText to "Terminates the Program"
      4: set lvText to "Back to Start"
      5: set lvText to "Back to the Records"
      7: if gvText = "Aqualung" then                -- a2
            set the cursor of sprite 7 to gvCursor  -- a3
            set lvText to ¬
                  "Video about Aqualung available"  -- a4
         else
            set the cursor of sprite 7 to -1        -- a5
         end if
     15:set lvText to "Information about the Author"
   end case
   put lvText into field "Information"
end enterFrame
```

Mit diesen Änderungen wird zunächst die neue globale Variable gvText
eingeführt, die den ausgelesenen Text zwischenspeichert (a0). In Zeile (a1)
wird der mit dem Mauscursor berührte Textbereich ausgelesen und an die
Variable gebunden. Über eine *if*-Kontrollstruktur innerhalb einer erweiterten *case*-Klausel 7 wird nun in Abhängigkeit vom gewünschten Aktionswort „Aqualung" (a2) der Cursor an den Handcursor gebunden (a3) und

der lokale Text zur Ausgabe im Textfeld „Information" definiert (a4). Entspricht der ausgelesene Textbereich nicht dem Aktionswort, wird der Standardcursor eingestellt (a5).

Nun muß in einem Darstellerskript für den Darsteller 14 „AquaText" noch die entsprechende Aktion beim Klick auf das Aktionswort veranlaßt werden. Dabei soll es sich um den Aufruf eines Videoclips handeln (siehe Abschnitt 5.12). Da die Videoeinbindung noch nicht erläutert wurde, beschränken wir uns zunächst auf die Ausgabe eines Kommentars über die Prozedur *myAlert*:

```
on mouseUp
  global gvText                    -- a0
  if gvText = "Aqualung" then      -- a1
    myAlert "Aqualung-Video"       -- a2
  end if                           -- a3
end mouseUp
```

In dieser *mouseUp*-Prozedur überprüft eine Kontrollstruktur mit *if* in Zeile (a1), ob es sich bei dem im Textdarsteller angeklickten Wort um das Aktionswort „Aqualung" handelt. Ist das nicht der Fall, wird keine weitere Aktion veranlaßt (a3). Ansonsten wird zunächst der entsprechende Kommentar über *myAlert* ausgegeben (a2). Ab Version 13 wird über ein verändertes Darstellerskript ein Video abgespielt, und die Zeile (a2) kann gestrichen werden (siehe Abschnitt 5.12).

Damit ist der Aufruf eines Videoclips über ein echtes Aktionswort vorbereitet.

5.11.2 Eine Schaltfläche zur Soundkontrolle

In einer letzten Änderung an der Version 12 soll nun eine Schaltfläche definiert werden, mit der sich der laufende Sound an- bzw. abschalten läßt. Auch diese Option dient primär Lernzwecken, da bei einem Multimedia-System wie diesem der Sound eine besondere Funktion erfüllt und eher nicht abgeschaltet werden soll.

Da die Erzeugung von Schaltflächen in Abschnitt 4.8 hinreichend erläutert wurde, können wir uns auf die reine Programmierung beschränken. Die zur Soundsteuerung notwendige Schaltfläche soll zunächst als neuer Darsteller „SoundOnOff" in die externe Besetzung JethTull aufgenommen werden, damit sie allen am Projekt beteiligten Filmen zur Verfügung steht. Es handelt sich dabei um ein Optionsfeld, das in den einzelnen Filmen die folgenden Koboldeigenschaften erhält:

Film START:

– Zelle 11/Bild „Start", Kanal 9, Position: 283/447, Farbeffekt
  „Kopieren"

Film JETHRO:

– Kanal 13, alle Zellen, Position: 283/447 Farbeffekt „Kopieren"

Film TULL:

– Kanal 16, Zelle 1 bis 8, Position 51/317, Farbeffekt „Kopieren"
– Kanal 16, Zellen 14 bis 23 und 29 bis 38, Position: 283/447, Farbeffekt
  „Kopieren"

Um für diesen Kobold den Handcursor einzustellen, muß die Koboldnummer in die Parameterliste der Prozedur *myCursors* in der jeweiligen
startMovie- Prozedur in den einzelnen Filmskripten mit aufgenommen
werden (Beispiel: *startMovie* im Filmskript des Films START):

```
on startMovie
    global gvVersion, gvCursor, gvWindow, gvFrame
    ...
    myCursors [2,3,4,8,9], gvCursor
end startMovie
```

Zur Kontrolle des Tons eines Sounddarsteller gibt es verschiedene Methoden, die sich unterschiedlicher Lingo-Eigenschaftsdefinitionen bedienen:

```
the soundEnabled
the soundLevel <wert>
```

Mit the *soundEnabled* kann ein Sound in seiner Eigenschaft überprüft
werden (0 = aus, 1 = ein) oder mit *set* an- bzw. ausgeschaltet werden (engl.
enabled = befähigt, ermöglicht). Nachteil dieser Methode ist, daß das Ausschalten jeweils den Sound „zurückspult" und beim erneuten Einschalten
den Sound vom Beginn an erneut abspielt. Die andere Methode bedient
sich der Möglichkeit, die Lautstärke während des Abspielens eines Sounds
zu regeln. Ein Rücksprung zum Anfang wird dabei nicht vorgenommen.
Mit *the soundLevel* wird dabei die Definition der Lautstärke über Zahlenwerte vorgenommen, wobei <wert> zwischen 0 (ausgeschaltet) und 7
(volle Lautstärke) liegen kann. Im Projekt „Jethro Tull - from Roots to
Branches" haben wir uns für die zweite Methode entschieden. Dazu wird
ein einfaches Darstellerskript für die Schaltfläche „SoundOnOff" benötigt,
das die Lautstärke des gerade laufenden Sounds auf 0 bzw. 7 setzt:

```
on mouseUp
    if the hilite of member "SoundOnOff" = true then
        set lvText to "Sound is Off"
        set the soundLevel to 0
    else
```

```
      set lvText to "Sound is On"
      set the soundLevel to 7
   end if
   set the text of member "SoundOnOff" to lvText
end mouseUp
```

Da wir die *hilite*-Eigenschaft im Abschnitt 4.8.2 schon erläutert hatten, dürfte sich dieses Skript von selbst erklären.

Um einen Standardzustand herzustellen, müssen in der *startMovie*-Prozedur im Filmskript START entsprechende Voreinstellungen vorgenommen werden:

```
on startMovie
   ...
   set the soundLevel to 7                        -- a0
   set the text of member "SoundOnOff" of ¬
      castLib "JethTull" to "Sound is On"         -- a1
   ...
end startMovie
```

Die Voreinstellungen beziehen sich auf das standardmäßige Einschalten des Sounds auf volle Laustärke (a0) und den Standardzustand der Schaltfläche „SoundOnOff" (a1).

Damit sind die Arbeiten an der Version 12 des Projekts „Jethro Tull - from Roots to Branches" beendet. Die dazugehörigen Hauptfilme haben die Dateinamen START-12.DIR, JETHRO12.DIR und TULL-12.DIR.

Eine beliebte Alternative zur Steuerung von Effekten in Macromedia Director Programmen ist die Methode des Darstelleraustausches. Da diese bereits in Abschnitt 5.7.3 ausgiebig beschrieben wurde, wird an dieser Stelle nur kurz auf diese Möglichkeit im Zusammenhang mit der Soundsteuerung hingewiesen. In der Originaldatei der externen Besetzung JETHTULL.CST auf der beiliegenden CD-ROM befinden sich zwei weitere grafische Darsteller 9 „SoundOn" und 10 „SoundOff". Mit zwei einfachen Darstellerskripten kann man diese z.B. als Kobolde im Koboldkanal 9 im Bild „Start" des Films START anstelle der Schaltfläche „SoundOnOff" für die Soundkontrolle verwenden. Dazu zieht man den Darsteller 9 (als Standardsymbol) in Zelle 11 des Koboldkanals 9 und weist ihm folgende Koboldeigenschaften zu:

– Position: 177/429
– Farbeffekt: Hintergrund transparent

Danach schreibt man Darstellerskripte für die beiden Grafiken.

Darstellerskript für den Darsteller 9, SoundOn:

```
on mouseUp
   set the memberNum of sprite 9 to the ¬
```

```
         number of member "SoundOff" of castLib "JethTull"
   set the loc of sprite 9 to point(190,445)
   set the ink of sprite 9 to 36
   set the soundLevel to 0
end mouseUp
```

Darstellerskript für den Darsteller 10, SoundOff:

```
on mouseUp
   set the memberNum of sprite 9 to the ¬
      number of member "SoundOn" of castLib "JethTull"
   set the loc of sprite 9 to point(191,443)
   set the ink of sprite 9 to 36
   set the soundLevel to 7
end mouseUp
```

Damit dieser Darstelleraustausch auch funktioniert, muß im entsprechenden Bildskript (Darsteller 12) der Puppenstatus eingeschaltet sein:

```
on enterFrame
   puppetSprite 9, true
   ...
end enterFrame
```

Diese Alternative der Soundsteuerung ist nicht in die Filme des Projekts „Jethro Tull - from Roots to Branches" aufgenommen worden, kann aber jederzeit integriert werden. Als Unterstützung für eine mögliche Erweiterung des Programms in dieser Form befindet sich die Datei START-1x.DIR im Ordner DIRECTOR\ADDS auf der beiliegenden CD-ROM. Sie enthält bereits die gerade beschriebenen Kontrollelemente für die Soundsteuerung

5.12   Videosteuerung

Mit der nun folgenden Version 13 soll ein Videoclip in das Programm eingebunden werden. Er soll über das Aktionswort „Aqualung" im Bild „Aqualung" im Film TULL bei Bedarf gestartet werden können. Zum Abspielen von Videoclips gibt es mehrere Möglichkeiten. So kann man Videoclips in eigenen Fenstern oder in separaten Dateien abspielen. Da die Fenstertechnik in Abschnitt 5.9 im Zusammenhang mit der Präsentation eines Autorenbildes bereits erläutert wurde, soll hier der Videoclip in einer separaten Datei abgespielt werden. Diese Datei mit dem Namen AQUALUNG.DIR befindet sich bereits im Ordner DIRECTOR\PROGRAMS. Sie nutzt drei Besetzungen:

• ihre eigene interne Besetzung,

- die von allen am Projekt beteiligten Filmen genutzte Besetzung JethTull,

- die neue gemeinsame Besetzung VIDEO.CST (Ordner: DIRECTOR\MEDIA\CASTS).

Schauen wir uns zunächst die interne Besetzung des Films AQUALUNG an. Als ersten und wichtigsten Darsteller enthält die Besetzung den Videoclip AQUALUNG.AVI. Dabei handelt es sich um einen 38,5 Sekunden langen Videoclip mit einer Dateigröße von ca. 8 MB. Er befindet sich im Ordner DIRECTOR\MEDIA\CLIPS. Einen Videoclip fügt man über die Menüoption „Datei/Importieren.." in eine Besetzung ein. Wichtig ist bei großen Videoclips die Auswahl der Option „verknüpft", da ansonsten der gesamte Videoclip in den Arbeitsspeicher geladen wird. Danach wird das in Bild 5.19 gezeigte Dialogfeld eingeblendet.

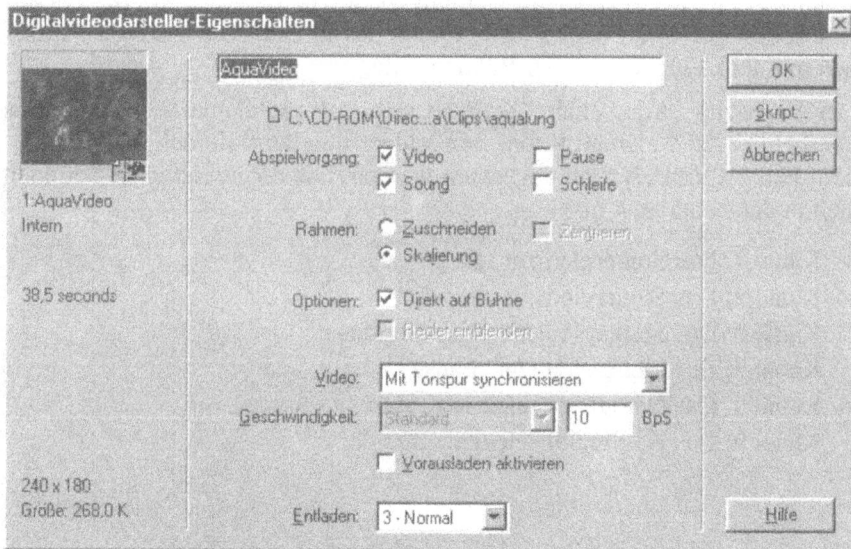

Bild 5.19: Das Dialogfeld „Digitalvideodarsteller-Eigenschaften"

In diesem Dialogfeld kann man weitere Einstellungen vornehmen, z.B. den Ton abschalten. Einige Einstellungen, z.B. das Einblenden der Regler, sind nur für bestimmte Videotypen, z.B. für Videoclips im Quick Time Video Format (Dateierweiterung MOV), möglich.

Nach Aufnahme in die Besetzung erhält der Videoclip zum Zwecke der einfacheren Ansprache über ein Skript den Namen „AquaVideo". Die übrigen Darsteller in der internen Besetzung bedürfen hier keiner weiteren Erklärung.

In der externen Besetzung VIDEO.CST befinden sich Steuerelemente für Videoclips, wie sie von Videoclips des Typs AVI benötigt werden. Diese Steuerelemente sind importierte 4-Bit (16 Farben) Grafikdateien aus dem Ordner DIRECTOR\MEDIA\75DPI, und zwar:

- REWIND.BMP
- PAUSE.BMP
- PLAY.BMP
- STOP.BMP

Zusätzlich befindet sich in der Besetzung Video ein grauer Hintergrund für die Steuerelemente, sowie ein selbstgefertigter Rahmen als Hintergrund für den Videoclip. Außerdem nutzt der Film AQUALUNG die gemeinsame Besetzung JethTull. Aus dieser werden die Navigationselemente „Start" und „Quit" sowie das Textfeld „Information" ins Drehbuch aufgenommen.

Mit all diesen Darstellern aus den verschiedenen Besetzungen kann die Bühne für den Film AQUALUNG aufgebaut werden. Der Film besteht aus einem einzigen Bild, dem Bild 1. Es hat das in Bild 5.20 gezeigte Ausse-hen mit dem Videoclip in der Bühnenmitte.

Der Videoclip „AquaVideo" befindet sich in Koboldkanal 2. Dabei ist es unerheblich, in welchem Kanal sich Videodarsteller befinden, da sie in je-dem Fall im Vordergrund abgespielt werden. Die Steuerelemente befinden sich in den Kanälen 4 bis 9:

- Kanal 4: Das Steuerelement „Stop"
- Kanal 5: Das Steuerelement „Rewind"
- Kanal 6: Das Steuerelement „Play/Continue"
- Kanal 7: Das Steuerelement „Pause"
- Kanal 8: Das Navigationselement „Start"
- Kanal 9: Das Navigationselement „Quit"

Bild 5.20: Der Film AQUALUNG.DIR

Wenden wir uns zunächst den Navigationselementen in den Kanälen 8 und 9 zu. Während für das Element „Quit" keinerlei Zusatz benötigt wird, muß für das Navigationselement „Start" wie im Film START ein Koboldskript geschrieben werden, damit das bereits existierende Darstellerskript außer Kraft gesetzt werden kann (siehe Abschnitt 5.5.2.2).

```
on mouseUp
  global gvVersion
  go to frame "Start" of movie "START-" & gvVersion
end mouseUp
```

Damit können wir uns der eigentlichen Steuerung des Videoclips zuwenden. Prinzipiell gibt es dabei zwei Möglichkeiten. Zum einen kann man den Video linear in einem Koboldkanal ausbreiten. Diese Option bietet sich an, wenn man zeitgleich bestimmte Aktionen, z.B. Animationen oder Texteinblendungen vornehmen möchte. Eine andere Methode spielt den Video schlicht in einem einzigen Bild ab und führt dabei solange eine Schleife aus, bis der Video sein Ende erreicht hat. Diese zweite Option soll in unserem Fall eingesetzt werden.

Folgende Lingo Eigenschaftsdefinitionen sind für die Videosteuerung grundlegend:

```
the duration of member <videoDarsteller>
the movieRate of sprite <koboldNummer>
the movieTime of sprite <koboldNummer>
the sound of member <videoDarsteller>
the video of member <videoDarsteller>
```

Mit *the duration* .. kann die Gesamtlänge eines Videoclips in 60tel Sekunden gemessen (engl. duration = Dauer) oder über eine *set*-Anweisung neu gesetzt werden. Die Eigenschaft *the movieRate* bestimmt die Art des Abspielens. Mit der Anweisung:

```
set the movieRate of sprite 1 to <wert>
```

wird z.B. ein Videoclip in Kanal 1 vorwärts (wert = 1) oder rückwärts (wert = -1) gespielt oder angehalten (wert = 0). Will man bestimmen, an welchem Punkt eines Videoclips sich der Film gerade befindet, kann man die Eigenschaftsdefinition *the movieTime* heranziehen. Sie mißt die aktuelle Zeit in 60tel Sekunden.

Schließlich gibt es noch zwei Eigenschaftdefinitionen, die den Sound eines Videoclips bzw. den Video selbst abschalten. Mit der Kombination:

```
set the sound of member "AquaVideo" to false
set the video of member "AquaVideo" to true
```

würde der Video „AquaVideo" ohne Ton abgespielt werden.

Mit diesen Vorgaben können wir nun die benötigten Skripte betrachten. Basis für die Videosteuerung ist das Filmskript im Film AQUALUNG:

```
on startMovie
    global gvMovieLength, gvCursor, gvCursorOld   -- a0
    set gvCursorOld to gvCursor                   -- a1
    myCtrlMovie true                              -- a2
    set gvMovieLength = the duration of ¬
        member "AquaVideo"                        -- a3
    set the movieRate of sprite 2 to 1            -- a4
    set gvCursor = list(the number of ¬
        member "Hand" of castLib "JethTull",¬
        the number of member "HandMask" of ¬
        castLib "JethTull")
    myCursors [4,5,6,7,8,9], gvCursor
end startMovie
```

In der *startMovie*-Prozedur wird neben den Cursorvariablen die globale Variable gvMovieLength eingeführt. Sie wird in Zeile (a3) an die Gesamtlänge des Videoclips gebunden. Nach einer Sicherung der Cursoreinstellungen in Zeile (a1) wird in Zeile (a2) die selbstdefinierte Prozedur *myCtrlMovie* mit dem Parameter *true* aufgerufen (siehe unten). Dadurch wird der Videoclip mit seinen Standardeinstellungen versehen. Der eigentliche Start des Videoclips erfolgt in Zeile (a4). Die übrigen Anweisungen dienen der Sicherung der Cursoreinstellungen des aufrufenden

Films (gvCursorOld) bzw. der Einrichtung des Handcursor für die Steuerungs- und Navigationselemente in diesem Film. In der *stopMovie*-Prozedur werden die Cursoreinstellungen des aufrufenden Films wieder aktiviert:

```
on stopMovie
  global gvCursorOld, gvCursor
  set gvCursor to gvCursorOld
end stopMovie
```

Die Definition der grundlegenden Eigenschaften des Videoclips erfolgen in der Prozedur *myCtrlVideo*:

```
on myCtrlMovie lvVar
  set the visible of sprite 2 to lvVar       -- b0
  set the sound of member "AquaVideo" to lvVar  -- b1
  set the video of member "AquaVideo" to lvVar  -- b2
end myCtrlMovie
```

Dort wird der Video zunächst angezeigt (b0), dann der Ton (b1) und schließlich der Video eingeschaltet (b2).

Die Kontrolle über das Abspielen des Videos wird in der *exitFrame*-Prozedur des Bildskripts in Bild 1 vorgenommen:

```
on exitFrame
  global gvMovieLength
  if the movieTime of sprite 2 < gvMovieLength then
    go to the frame                           -- a1
  else
    myCtrlMovie false                         -- a2
    play done                                 -- a3
  end if
end exitFrame
```

Basis der Videokontrolle ist die *if*-Abfrage. Hier wird überprüft, ob die aktuelle Zeit (*the movieTime*) kleiner als die Gesamtzeit (gvMovieLength) ist, mit anderen Worten: der Video spielt noch. Solange das der Fall ist, wird eine Schleife im aktuellen Bild durchgeführt (a1). Hat der Video sein Ende erreicht, wird die Prozedur *myCtrlMovie* mit dem Parameter *false* aufgerufen und der Videoclip abgeschaltet (a2). Über die *play done*-Anweisung wird dann automatisch zum aufrufenden Bild/Film zurückgesprungen.

Die *enterFrame*-Prozedur im gleichen Bildskript bedarf keiner weiteren Erklärung, da sie lediglich für die Kommentare im Textfeld „Information" sorgt:

```
on enterFrame
  set lvText to "Aqualung recorded live"
  case (the rollOver) of
    4:set lvText to "Stop"
    5:set lvText to "Rewind"
```

```
      6:set lvText to "Play/Continue"
      7:set lvText to "Pause"
      8:set lvText to "Back to Start"
      9:set lvText to "Terminates the Program"
   end case
   put lvText into field "Information"
end enterFrame
```

Mit diesen Skripten läßt sich ein Video bequem aufrufen und bis zu seinem Ende abspielen. Ist das Ende erreicht, schaltet sich der Video automatisch ab. Will man die Videokontrolle zusätzlich über spezielle Steuerelemente vornehmen, müssen folgende einfache Darstellerskripte für die Steuerelemente geschrieben werden. Diese Darstellerskripte müßten auf Grund der bisherigen Ausführungen selbsterklärend sein.

Darstellerskript für das Steuerelement „Pause":
(Darsteller 1 in der externen Besetzung Video)

```
on mouseUp
 set the movieRate of sprite 2 to 0
end mouseUp
```

Darstellerskript für das Steuerelement „Play":
(Darsteller 2 in der externen Besetzung Video)

```
on mouseUp
  set the movieRate of sprite 2 to 1
end mouseUp
```

Darstellerskript für das Steuerelement „Rewind":
(Darsteller 3 in der externen Besetzung Video)

```
on mouseUp
  set the movieTime of sprite 2 to 0
end mouseUp
```

Darstellerskript für das Steuerelement „Stop":
(Darsteller 4 in der externen Besetzung Video)

```
on mouseUp
  myCtrlMovie false
  play done
end mouseUp
```

Damit ist die Videosteuerung des Videofilms AQUALUNG.DIR perfekt. Auf Grund der Nutzung externer Besetzungen können nun beliebig viele Videos auf diese Weise behandelt, in das Gesamtprojekt integriert und von beliebigen Stellen aus aufgerufen werden. Beschränkungen gibt es nur durch die Knappheit des verfügbaren externen Speichers auf der Festplatte oder der CD-ROM.

Der Aufruf von AQUALUNG.DIR erfolgt über ein verändertes Darstellerskript für den Textdarsteller „AquaText" im Film TULL (siehe Abschnitt 5.11.1.2). Die Änderungen sind fettgedruckt:

```
on mouseUp
  global gvText
  if gvText = "Aqualung" then
    if soundBusy (1) then        -- a0
      sound stop 1               -- a1
    end if                       -- a2
    play movie "Aqualung"        -- a3
  end if
end mouseUp
```

Nun wird zusätzlich zur Überprüfung des Aktionswortes „Aqualung" ein eventuell in Kanal 1 aktiver Sound über die eingebettete Kontrollstruktur mit der Anweisung:

```
sound stop <soundKanal>
```

abgeschaltet (Zeilen a0 bis a2). Danach wird der Film AQUALUNG mit der *play*-Anweisung aufgerufen (a3).

Mit der Integration des Videoclips „AQUALUNG" ist die Version 13 des Projekts „Jethro Tull - from Roots to Branches" fertiggestellt. Die dazugehörigen Hauptfilme haben die Dateinamen START-13.DIR, JETHRO13.DIR und TULL-13.DIR, wobei die Filme START und JETHRO aus Gründen der Kompatibilität der Versionsnummer identische Kopien der Version 12 sind. Diese Version 13 ist die eigentliche Endversion des Projekts „Jethro Tull - from Roots to Branches" und dient als Vorlage zur Auslieferung des fertigen Systems (siehe Abschnitt 5.14).

5.13 Benutzermenüs

Obwohl Benutzermenüs bei Director Programmen nur sehr selten verwendet werden, soll anhand der Datei START-1y.DIR gezeigt werden, wie ein solches Menü in ein Programm integriert wird.[1] Die Datei befindet sich im Ordner DIRECTOR\ADDS auf der beiliegenden CD-ROM.

Ein Benutzermenü wird als Textfeld behandelt, folglich erzeugt man es über die Textfeldoption (Menüoption: Fenster/Feld). Das Menü wird als Textfelddarsteller in die Besetzung aufgenommen. Mit einer relativ einfachen Syntax kann man sehr schnell ein Benutzermenü aufbauen:

---

[1] Die korrespondierenden Filme JETHRO und TULL existieren nicht, da das Menü als reines Demonstrationsobjekt nur im Film START vorgeführt werden soll.

```
menu:MenüName1
menüPunkt1  |  Skript1
menüPunkt2  |  Skript2
...
menu:MenüName2
menüPunkt1  |  Skript1
menüPunkt2  |  Skript2
...
```

Dabei wird das Schlüsselwort *menu* durch einen Doppelpunkt vom Menünamen, dem Begriff der in der Titelleiste zu lesen ist, getrennt. Die einzelnen Menüpunkte, also die Begriffe, die beim Klick auf die Menünamen sichtbar werden, werden von den dazugehörigen Skripten durch das Symbol I (ALT-124) getrennt.

Das folgende Menü ist ein Beispiel für ein mögliches Menü im Film START:

```
menu:General
The Band | play frame "TheBand" of ¬
                movie "Jethro"& gvVersion
The Music | play frame "Start" of ¬
                movie  "Tull-"& gvVersion
Quit | go to frame "End"
menu:Volume
Maximum | set the soundLevel to 7
Medium | set the soundLevel to 4
Minimum | set the soundLevel to 1
Mute | set the soundLevel to 0
menu:The Author
Jethro Tull Music by J. Handke | play  movie "JHandke"
```

Es besteht aus drei Menüs, dem Menü „General", dem Menü „Volume" und dem Menü „The Author". Die Menüpunkte des Menüs „General" sind selbsterklärend. Sie realisieren die Navigation durch die Filme des Programms. Im Menü „Volume" ist eine Möglichkeit der Soundsteuerung über die Eigenschaft *the soundLevel* realisiert (siehe Abschnitt 5.11.2). Im Menü „The Author" schließlich kann optional ein Videoclip über den Autoren dieses Buches aufgerufen werden.

Das Textfeld mit dem Menü wird neuer Darsteller 23 in der internen Besetzung des Films START. Der Aufruf des Menüs ist denkbar einfach. Er erfolgt über die Anweisung:

```
installMenu <darsteller>
```

Dabei kann <darsteller> die Nummer des Textfelddarstellers sein oder der Name. Hier sind zwei Beispiele:

```
installMenu 23
installMenu member "MusikFilm"
```

Zweckmäßigerweise integriert man den Aufruf des Menüs im Filmskript, hier im Filmskript des Films START:

```
startMovie
  ..
  myCursors [2,3,4,8,9], gvCursor
  installMenu 23
end startMovie
```

Will man ein Menü abschalten, lautet die Anweisung:

```
installMenu 0
```

Auch wenn die im nächsten Abschnitt zu erstellende abschließende Version des Projekts „Jethro Tull - from Roots to Branches" kein Menü beinhaltet, sollten mit diesen kurzen Ausführungen die wesentlichen Schritte zur Integration von Benutzermenüs in einen Directorfilm klar geworden sein.

5.14   Die Auslieferung des Systems

In den folgenden Abschnitten sollen die grundlegenden Prinzipien zur Auslieferung eines mit Macromedia Director erstellten Multimedia-Systems aufgezeigt werden. Will man das fertige Produkt - nach einer ausführlichen Testphase - anderen Benutzern zur Verfügung stellen, sind eine Reihe von Aspekten zu beachten. Diese betreffen die zum System gehörenden Directordateien, deren interne Organisation, Abspeicherung und eventuelle Verschlüsselung, sowie das Hinzufügen einer ausführbaren Startdatei für Benutzer, die nicht über eine Macromedia Director Version auf ihrem Computer verfügen. Zusätzlich ist zu überlegen, welche Mediendateien als verknüpfte Dateien zum System gehören und mit dem Programm auszuliefern sind und wie die externen Besetzungen am besten organisiert werden können.

Bevor mit der Erzeugung des auslieferbaren Systems begonnen wird, sollte zunächst auf der Festplatte eine endgültige Ordnerstruktur für das Gesamtsystem erzeugt werden. Im Falle des Projekts „Jethro Tull - from Roots to Branches" ist das die folgende Struktur:

(1) C:\JETHTULL
(2) C:\JETHTULL\CLIPS
(3) C:\JETHTULL\SOUND

Im obersten Ordner (1) befinden sich alle Directordateien (Filme und Besetzungen):

START-##.DIR
JETHRO##.DIR

TULL-##.DIR
INFO.DIR
AQUALUNG.DIR
JETHTULL.CST
VIDEO.CST

Die Hauptfilme des Projekts tragen nun die „Versionsnummer" ##. Diese Dateien sind identisch mit den Dateien der Version 13, sind aber zur Sicherheit hier unter neuen Dateinamen abgespeichert worden. Diese Dateinamen erzeugt man entweder durch Umbenennen in der Windows-Umgebung oder über die Menüoption „Datei/Speichern unter .." in Macromedia Director. Einen kleinen Zusatz hat die Datei START-##.DIR allerdings noch erfahren. Ganz zu Anfang des Filmes soll kein Cursor zu sehen sein. Das erreicht man durch den Einbau der Anweisung

```
cursor 200
```

in die *enterFrame*-Prozedur im Bildskript/Zelle 1 (Darsteller 14). Um ab Zelle 3, den Standardcursor einzuschalten, benötigt das dortige Bildskript (Darsteller 13) in der *enterFrame*-Prozedur die Anweisung:

```
cursor -1
```

Der Ordner \CLIPS (2) enthält die als verknüpfte Dateien im Programm integrierten Grafik- und Videoclips:

AQUALUNG.AVI
AQUA-02.BMP
THICK-02.BMP

Die verknüpften Sounddateien befinden sich im Ordner \SOUND:

AQUA-02.WAV
FLUTE.WAV
IAN.WAV
LOCOMOTI.WAV
MARTIN.WAV
ROOTS-01.WAV
ROOTS-02.WAV
SUNDAY.WAV
THICK.WAV

Diese Struktur existiert in der vorliegenden Form mit den in den einzelnen Ordnern befindlichen Dateien bereits auf der beiliegenden CD-ROM.

Bevor nun mit den einzelnen Schritten zur Erzeugung der Endversion begonnen wird, sollte das System mit all seinen Komponenten im neuen Ordner \JETHTULL ausgehend von der Datei START-##.DIR erneut ausgiebig getestet werden. Führt man diesen Test nämlich durch, stellt

man sofort fest, daß die verknüpften Mediendateien nicht mehr aufzufin-
den sind. Director zeigt dies durch ein Dialogfeld „Wo ist ROOTS-
01.WAV..." an. Dort stellt man den Ordner, in dem sich die angefragte
Mediendatei befindet, ein. Ähnliche Rückfragen treten bei den einzubin-
denden Grafiken und Videoclips auf. Ursache für diese Rückfragen ist die
bisherige Ordnerstruktur, in der wir die einzelnen Versionen des Programms aus didaktischen Gründen in aufeinander aufbauenden Schritten
erzeugt hatten und die nun erforderliche Umstellung auf eine übersichtliche neue Ordnerstruktur. Ehe das System daher nicht gründlich getestet ist
und in all seinen Teilen einwandfrei läuft, sollten die nächsten Schritte
nicht in Angriff genommen werden.

5.14.1 Die Projektorversion

In einem ersten Schritt soll nun die Projektorversion erstellt werden. Das
ist die Version, mit der das Programm ohne Zuhilfenahme des Directors,
direkt von der Windows Oberfläche aus gestartet werden kann.[1] Sie entspricht demnach der Runtime-Version eines Multimedia ToolBook Programms (siehe Abschnitt 3.17). Der Projektor ist aber nicht nur eine startfähige EXE-Datei, sondern ein komplexes Programm, das zusätzliche
Komponenten enthält, die einen Director-Film steuern (z.B. Informationen
über die Medienverknüpfungen).

Bei der Erzeugung eines komplexen Macromedia Director Projekts sollte
jeweils eine kleine Projektordatei den gesamten Film starten und dann zu
anderen Filmen verzweigen. Diesen Weg sind wir ja bereits mit der Unter-
teilung des Projekts in die Filme START, JETHRO und TULL gegangen,
so daß sich die Datei START-##.DIR als Basis für die Projektorversion
anbietet.

Eine Projektordatei erstellt man über die Menüoption „Datei/Projektor erstellen". Dabei muß die in einen Projektor umzuwandelnde Datei nicht
notwendigerweise geladen sein. Nach Auswahl dieser Menüoption wählt
man im Dialogfeld „Projektor erstellen" die umzuwandelnde Datei aus. In
unserem Fall ist dies START-##.DIR im Ordner \JETHTULL. Über die
Schaltfläche „Optionen" können im anschließenden Dialogfeld
„Projektoroptionen" eine Reihe von Einstellungen vorgenommen werden.
Die für uns wichtigen Optionen sind in der Folge aufgelistet und kommentiert:

---

[1] Die orthographischen Konventionen in Macromedia Director sind hier nicht konsistent.
Während Director mit „c" geschrieben wird, enthält Projektor ein „k". Hier wäre eine
Vereinheitlichung sinnvoll.

- Erstellen für: Windows NT und 95

- Abspielvorgang: keine Option
  Da nur ein Film (START-##.DIR) in eine Projektorversion überführt
  werden soll, kann diese Option ignoriert werden.

- Abspielvorgang: im Hintergrund animieren, nicht auswählen.
  Wählt man diese Option aus, läuft der Film auch bei einem Mausklick
  außerhalb der Bühne weiter.

- Optionen: Vollbild
  Durch diese Auswahl wird die Bühne und die Bühnenfarbe auf den gesamten Bildschirm ausgedehnt.

- Filmeinstellungen verwenden
  Dadurch werden Bühnengröße und Bühnenposition wie im Film eingestellt verwendet.

- Medium Darsteller duplizieren
  Durch Auswahl dieser Option wird die Projektordatei zwar etwas größer, allerdings erhöht sich die Ladegeschwindigkeit der einzelnen Darsteller.

Nach Auswahl der gewünschten Einstellungen, kann man über die Schaltfläche „Erstellen" im Dialogfeld „Projektor erstellen" den Dateinamen und
den Ordner für die Projektordatei eingeben. In unserem Fall ist dies
START-##.EXE im Ordner \JETHTULL. Die Filmdatei START-##.DIR
kann anschließend gelöscht oder zu Sicherungszwecken in einen anderen
Ordner verschoben werden. Sie befindet sich als Sicherungskopie im Ordner DIRECTOR\PROGRAMS auf der beiliegenden CD-ROM.

Mit der nun existierenden Projektordatei START-##.EXE kann das gesamte Projekt von der Windows Oberfläche aus gestartet werden.

5.14.2   Dateisicherung

Ausgehend von einer völlig störungsfrei laufenden Version „##" sollen
nun die am Projekt beteiligten Filme zunächst verdichtet und anschließend
gesichert werden.

Die Verdichtung der Besetzungen und des Drehbuchs wird über die
Menüoption „Datei/Kompakt speichern" vorgenommen. Dadurch wird ein
Film zum Abspielen komprimiert und in seiner Effizienz optimiert. Diese
Option ist auf alle am Projekt beteiligten Filme anzuwenden.

In einem zweiten Schritt sollen nun die Directordateien und die externen
Besetzungen in eine Form überführt werden, die es dem Anwender un-
möglich macht, die darin enthaltenen Daten zu nutzen. Einen Films schützt
man über die Menüoption „Xtras/Filme aktualisieren". Im anschließenden
Dialogfeld „Filmoption aktualisieren" sollte man neben der Option

„Schützen" auch die Option „In Ordner speichern" auswählen, um in jedem Fall anschließend über eine Sicherungskopie im Director-Format zu verfügen. Nach Auswahl der zu schützenden Datei und Auswahl des Zielordners und des Dateinamens für die Sicherungskopie erhält die geschützte Datei die neue Erweiterung DXR und ist unter Director nicht mehr zu bearbeiten. Auf diese Weise sind die Filme AQUALUNG.DIR, INFO.DIR, JETHRO##.DIR und TULL-##.DIR in geschützte Dateien mit der neuen Erweiterung DXR umzuwandeln.

Völlig analog lassen sich die externen Besetzungen VIDEO.CST und JETHTULL.CST schützen. Sie erhalten die neue Erweiterung CXT.

Da Director-Programme in der Regel mit all ihren Komponenten auf einer CD-ROM ausgeliefert werden und die für die Projektorversion notwendigen Zusätze (z.B. DLL-Dateien) in der Projektorversion integriert sind, benötigt man keine besonderen Installationsroutinen für das Programm. Es kann mit all seinen Komponenten direkt auf eine CD-ROM übernommen und geliefert werden.

Entscheidet man sich allerdings für die Installation der Projektorversion und der geschützten zusätzlichen Filme und Besetzungen auf der Festplatte, während die Mediendateien von der CD-ROM eingelesen werden, muß man über Lingo für die externen Medienclips relative Pfadnamen verwenden. Da wir dies im Projekt „Jethro Tull - from Roots to Branches" nicht vorgesehen haben, wird an dieser Stelle auf die Seiten 98 ff im Director Benutzerhandbuch verwiesen.

5.15   Zusammenfassung

In den vergangen Abschnitten wurden die gewaltigen Möglichkeiten von Macromedia Director aufgezeigt. Die verschiedenen Übungen in Kapitel 4 und insbesondere die Endversion des Projekts „Jethro Tull - from Roots to Branches" in Kapitel 5 zeigen die Mächtigkeit von Director. Die Leichtigkeit der Erzeugung von Animationen, die sehr guten Möglichkeiten bei der Verwendung von Grafik, Sound und Video sind beeindruckend. Daß darüber hinaus auch optisch weniger ansprechende, aber wichtige Aspekte (z.B. Schaltflächen, Menüs, Aktionswörter) in Director eingebunden werden können, wurde aus didaktischen Gründen ebenso gezeigt.

Unter diesen Gesichtspunkten ist auch das Projekt „Jethro Tull - from Roots to Branches" zu bewerten. Zwar soll das Projekt den erlebnisorientierten Charakter eines mit Macromedia Director erzeugten Programms illustrieren. Zugleich soll es aber auch unter der Berücksichtigung didaktischer Notwendigkeiten die Funktionalität von Director untermauern. Es ist zu hoffen, daß dieser Aspekt in den Kapiteln 4 und 5 sichtbar wurde.

6   ToolBook und Director - ein Vergleich

Die vorangegangenen Kapitel haben gezeigt, daß beide Autorensysteme enorm mächtige Programmierwerkzeuge sind, mit denen Multimedia-Systeme realisiert werden können, die allen professionellen Ansprüchen genügen. Die wesentlichen Unterschiede liegen - wie so oft - in der zugrundeliegenden Programmphilosophie und den sich daraus ergebenden Konsequenzen. Die folgenden Abschnitte geben eine Übersicht über diese Unterschiede

6.1   Konzeptuelle Unterschiede

Der wesentlichste Unterschied beider Autorensysteme liegt im Grundkonzept. Während ein Multimedia ToolBook-Programm auf dem uns allen vertrauten Buchkonzept aufgebaut ist, basiert Macromedia Director auf dem für viele Anwender eher unbekannten Filmkonzept. Die unterschiedliche Grundkonzeption hat gravierende Auswirkungen auf die verwendete Terminologie, den Einsatz der jeweiligen Programmiersprache und die verschiedenen Multimedia-Techniken. Bevor diese näher erläutert werden, werden in Tabelle 6.1 nochmals die wesentlichen terminologischen Unterschiede aufgelistet.

Bereits beim ersten Kontakt mit diesen Autorensystemen zeigt sich der Unterschied in der Grundkonzeption. Der Umgang mit ToolBook gelingt auch unerfahrenen Benutzern sehr schnell.

Tabelle 6.1: Die Basiskonzepte in ToolBook und Director

Multimedia ToolBook	Macromedia Director
Buch	Film, Drehbuch
Seite	Bild
Schichten	Kanalzuordnung
Objekt	Darsteller, Kobold, Puppe
Objekthierarchie	Benachrichtigungsreihenfolge
Ressource	Darsteller
Autorenebene	Director
Leserebene	Projektor

Bei Director entstehen - nicht zuletzt wegen der zahlreichen Fenster - enorme Berührungsängste. Auch im Einsatz zeigt sich dieser Unterschied. Ist es z.B. bei Multimedia ToolBook noch denkbar, daß ohne große Vorkenntnisse einige Seiten zu einem funktionsfähigen Programm zusammengefügt werden, so verlangt ein Director-Film in jedem Fall eine detaillierte Vorplanung. Während man auf den feststehenden Seiten eines ToolBook-Buches nach und nach noch beliebige Objekte einfügen kann, ist dies bei nacheinanderablaufenden Einzelbildern eines Director-Films nicht ohne weiteres möglich. Oft ist der gewünschte Koboldkanal bereits belegt, oder man hat nicht für ausreichend freien Platz zwischen den einzelnen Drehbuchzellen gesorgt. Für die Praxis bedeutet dieser konzeptuelle Unterschied, daß man eine Seite in einem mit Multimedia ToolBook geschriebenen Programm als Standbild auch ohne genaue Vorplanung sehr schnell erzeugen kann. In einem mit Macromedia Director realisierten Programm muß man dagegen im Voraus genau darüber im Bilde sein, welche Objekte auf welchen Bildern sichtbar sein sollen.

Eine weitere Konsequenz aus dem zugrundeliegenden Konzept bezieht sich auf den Ablauf des Programms. Während ein ToolBook-Buch eher statisch orientiert ist und man aktiv zum Umblättern von einer Seite auf eine andere eingreifen muß, verlangt das dynamisch ausgerichtete Filmkonzept genau das Gegenteil. Einen Film muß man anhalten, um ein Einzelbild einsehen zu können.[1] Daraus ergeben sich enorme Unterschiede in der Verwendung multimedialer Techniken. Am deutlichsten wird dieser Unterschied bei der Verwendung von Animationstechniken. In Macrome-

---

[1] Die Wörter *statisch* und *dynamisch* sollen hier keine Wertung hervorrufen. *Statisch* heißt in diesem Zusammenhang „stehend", während *dynamisch* als „in Bewegung befindlich" interpretiert werden kann.

dia Director erfordern Animationen keinerlei Programmieraufwand, da ein Film im Prinzip bereits eine Animation ist. Das bloße Einfügen von Objekten mit unterschiedlichen Eigenschaften in eine Sequenz von mehreren Bildern bewirkt beim Abspielen des Films einen Animationseffekt. Um den gleichen Effekt mit Multimedia ToolBook zu erreichen, muß das System durch eine Programmierroutine zur Bewegung aufgefordert werden. Mit anderen Worten. Während Animationen in Director per Drag & Drop-Technik, also per Mausklick, veranlaßt werden können, müssen in Multimedia ToolBook nahezu alle Animationstypen explizit programmiert werden.

Im Gegensatz dazu müssen die in einem Einzelbild befindlichen Objekte in Macromedia Director über mehrere Bilder hinweg linear aufgefüllt werden, damit sie während des Filmablaufs sichtbar bleiben. In Multimedia ToolBook genügt ein einmaliges Plazieren eines Objekts auf der gewünschten Seite.

Aus der unterschiedlichen Konzeption beider Autorensysteme ergeben sich auch eine Reihe von Konsequenzen für die Programmierung mit den integrierten Programmiersprachen OpenScript und Lingo. Diese sind in den folgenden Abschnitten aufgeführt.

6.1.1 Mausklicks

In Multimedia ToolBook können Mausklicks prinzipiell für alle ToolBook-Elemente definiert werden: Objekte, Gruppen, Seiten, Hintergründe. In Abhängigkeit davon werden die Mausklick-Skripte als Objekt-, Gruppen-, Seiten-, Hintergrund- oder Buchskripte geschrieben. Es gibt mehrere OpenScript-Routinen für die Abfrage von Mausklicks, z.B. *buttonClick*, *buttonDown*, *buttonUp*, *buttonDoubleClick*.

In Macromedia Director werden Mausklickaktionen in der Regel mit Darstellern oder Kobolden assoziiert. Die dafür zur Verfügung stehenden Lingo-Prozeduren lauten u.a. *mouseUp* oder *mouseDown*. Eine besondere Funktion kann man den Mausklickaktionen über eine primäre Ereignisprozedur zukommen lassen. Dabei wird als Eigenschaft definiert, was bei einer *mouseDown*- bzw. bei einer *mouseUp*-Aktion passieren soll:

```
set the mouseDownScript to "Lingo-Anweisung"
set the mouseUpScript to "Lingo-Anweisung"
```

Zusätzlich kann man Mausklicks, wenn sie sich auf die feste Zuordnung von Kobolden in Kanälen beziehen, mit der Routine *clickOn* auch im Drehbuch- oder Filmskript abfragen, z.B:

```
if the ClickOn (7) then ...
```

6.1.2   Sensitive Flächen/Rollovers

In Multimedia ToolBook können alle Objekte als sensitive Flächen genutzt werden. Das geschieht über die OpenScript-Routine *mouseEnter*. Diese sendet eine Botschaft an das betreffende Objekt, wenn sich der Mauscursor darüber befindet. Um festzustellen, ob der Mauscursor das Objekt wieder verlassen hat, stellt OpenScript die Routine *mouseLeave* zur Verfügung. In Abhängigkeit von der Anordnung von Objekten und der Objekthierarchie können Mausberührungen als Objekt-, Gruppen-, Seiten-, Hintergrund- oder Buchskripte geschrieben werden.

Macromedia Director bezieht Mausberührungen (Rollovers) grundsätzlich auf Koboldkanäle. Das bedeutet, daß unabhängig vom Kobold selbst abgefragt wird, in welchem Kanal eine Mausberührung stattgefunden hat. Die Lingo-Routine *rollOver(<kobold>)* wird dazu im Drehbuch innerhalb einer Kontrollstruktur, z.B. mit *case* aufgebaut:

```
case (the rollOver) of
     4:                    -- Kobold 4 berührt?
          ...              -- dann entsprechende Aktion
     5:                    -- Kobold 5 berührt?
          ...              -- dann entsprechende Aktion
```

6.1.3   Cursordefinitionen

Für die Definition von Cursorformen bietet Multimedia ToolBook standardmäßig die Routine *sysCursor = <n>* an, wobei n ein Zahlenwert von 1 bis 44 aus einer Liste von Systemcursorn ist. Dabei stellt der Zahlenwert 1 den Standardcursor dar.[1] Zusätzlich kann man *sysCursor* eine Cursor-Ressource zuweisen. Dabei handelt es sich um eine in einem Grafikprogramm erstellte 1-Bit Grafik, die als Ressource eingebunden und wie folgt mit OpenScript aktiviert wird:

```
sysCursor = cursor <name>
```

Als *name* wird dann die explizite Kennung oder die ID-Nummer des definierten Cursors eingesetzt.

In Macromedia Director stehen in der Grundkonfiguration nur 5 Standardcursor zur Verfügung. Diese können über die Eigenschaftsreferenz:

```
set the cursor of sprite(<kobold>) to <cursorWerte>
```

---

[1] Um sicherzustellen, daß Multimedia ToolBook nach einer Cursoranpassung immer wieder zum Systemcursor zurückkehrt, sollte man *sysCursor* nicht auf 1 sondern auf *default* setzen.

einem Koboldkanal zugewiesen werden. Dabei ist *<kobold>* die Nummer des Koboldkanals und *<cursorWerte>* die Cursorreferenzzahl, z.B. -1 (= Standardcursor) oder eine Liste aus zwei Referenzzahlen. Eine flexiblere Art der Cursordefinition ist die Zuweisung selbstdefinierter 1-Bit Darsteller als Cursor für einzelne Koboldkanäle. Befinden sich z.B. als Darsteller 100 eine Hand in ihrem Umriß und als Darsteller 101 eine Hand als gefüllte Fläche in der Besetzung, kann man diese mit

```
set the cursor of sprite(1) to [100,101]
```

d.h. als Liste aus zwei Darstellern dem Koboldkanal 1 als Cursor zuweisen. Im Unterschied zu ToolBook werden Cursor also nicht einzelnen Objekten (Darstellern) zugewiesen, sondern Koboldkanälen. Daraus folgt, daß die Cursordefinition im Gegensatz zu ToolBook nicht Objekten zugeordnet wird, sondern im Filmskript erfolgt, wenn die Cursordefinition für einen Koboldkanal im ganzen Film Gültigkeit haben soll, oder im Drehbuchskript vorgenommen wird, wenn die Cursordefinition von Bild zu Bild angepaßt werden soll.

6.1.4 Navigation

In beiden Programmen wird die Navigation durch das Programm über Navigationselemente, d.h. über beliebige Objekte, realisiert, denen Skripte zugeordnet werden. Die dazu verwendeten grundlegenden Programmieranweisungen sind in OpenScript und Lingo - abgesehen von einigen Varianten - nahezu identisch:

```
go to page <name>      -- OpenScript
go to frame <name>     -- Lingo
```

Eine Komplikation entsteht in ToolBook bezüglich der Anzeige von Navigationsobjekten. Existiert z.B. im Buch ein Navigationselement „Weiter" auf dem Hintergrund mehrerer Seiten, so ist auf der letzten Seite eines Buches bzw. dieses Hintergrundes dafür Sorge zu tragen, daß dieses Navigationselement nicht mehr sichtbar ist. Das läßt sich nur über eine OpenScript-Routine, z.B. über *notifyBefore enterPage* lösen. Ein derartiges Problem ist in Macromedia Director denkbar einfach zu lösen. Man verzichtet im Drehbuch im gewünschten Bild auf die Aufnahme des entsprechenden Kobolds.

6.2 Anwendungsorientierte Unterschiede

Ein weiterer Unterschied zwischen Multimedia ToolBook und Macromedia Director ergibt sich weniger aus den zugrundeliegenden Konzepten als aus der generellen Orientierung beider Systeme. In Kapitel 1 hatten wir die Hauptanwendungsgebiete heutiger Multimedia-Systeme aufgelistet. Dabei läßt sich eine grundsätzliche Unterscheidung in

- geschäftlich-orientierte Systeme,

- erlebnisorientierte Systeme

treffen. Geschäftlich-orientierte Systeme müssen dabei insbesondere die Bedienung des Systems so einfach wie möglich machen. Auf spezielle Effekte wird eher wenig Wert gelegt. Genau dies fördern aber erlebnisorientierte Systeme. Mit vielen Animationen und aufwendigen Effekten, z.T. auch mit nur teilweise erkennbaren Navigationselementen, wird die Freude am Umgang mit dem System betont.

Genau diese Unterscheidung spiegelt sich in den beiden hier zur Debatte stehenden Autorensystemen wider. Multimedia ToolBook fördert die Erstellung geschäftlich-orientierter Systeme und stellt dazu zahlreiche Möglichkeiten zur Verfügung. Dazu gehören unter anderem:

- spezielle Schaltelemente (z.B. Kombinationsfelder),

- einfache Aktionswortverknüpfungen,

- spezielle Techniken zur Verwaltung von Texten,

- komplexe Menütechniken.

So besitzen mit Multimedia ToolBook realisierte Multimedia-Systeme in der Regel ein Benutzermenü (siehe Abschnitt 3.13), sowie Schaltelemente, die nach den unter Windows bekannten Prinzipien gestaltet sind und ähnlich funktionieren. In vielen ToolBook-Programmen will man primär ein großes Maß an Funktionalität und Einfachheit bei der Handhabung erreichen. Das Erleben steht vielfach im Hintergrund. Daher bedient man sich, z.B. in mit ToolBook erstellten Firmenkatalogen verschiedener Optionen, über die man z.B. ein Produkt suchen und bestellen kann. Dabei sind Benutzerschnittstellen wie spezielle Menüs oder Schaltflächen, z.B. Kombinationsfelder (siehe Abschnitt 2.3.8.2) sehr wichtig. Sie steigern die Funktionalität und erleichtern die Handhabung.

Im Gegensatz dazu unterstützt Macromedia Director mit vielen Techniken den Erlebniswert eines Multimedia-Systems. Unter anderem sind dies:

- Techniken zur Umwandlung von Objekten (z.B. Auto-Verzerrung),

- spezielle Möglichkeiten zur Synchronisation (bildratengebundenes Zeitverhalten),

- Filmschleifen,

- Puppeneffekte.

Bei Director-Programmen findet man z.B. ein Benutzermenü nur selten, und Schaltflächen - wie zu Übungszwecken in Abschnitt 5.11.2 vorgestellt - sind eher die Ausnahme. In Director wird stets besonderer Wert auf die grafisch effektvolle Gestaltung von Objekten gelegt. Benutzermenüs oder Schaltflächen - wie unter Windows bekannt - wirken dabei eher uninteressant und stören die Freude am Erleben des Multimedia-Systems nicht unerheblich.

Die Zuordnung von Multimedia ToolBook in die Kategorie geschäftlichorientiert und Macromedia Director in die Kategorie erlebnisorientiert soll nicht heißen, daß mit Multimedia ToolBook nicht auch erlebnisorientierte und mit Macromedia Director nicht auch Geschäftssysteme erstellt werden können. Allerdings erklärt die tendentielle Zuordnung beider Systeme zu bestimmten Multimedia-Einsatzgebieten einen weiteren Unterschied zwischen beiden Systemen: die Einbindung von Dateioperationen. Während Dateioperationen bei Multimedia ToolBook häufig zum Einsatz kommen, sind sie bei Macromedia Director nur von untergeordneter Bedeutung.

In erlebnisorientierten Systemen beschränkt sich die Interaktion mit dem Programm in der Regel auf die Navigation durch das System oder auf das Auslösen bestimmter Aktionen über Hyperlinks. Dabei entsteht keine Notwendigkeit zur Speicherung von Daten. Dateioperationen wie in Abschnitt 3.15 in Zusammenhang mit Multimedia ToolBook vorgestellt sind daher nicht notwendig. Ebenso entfällt eine Installationsroutine für die Festplatte, da das Programm auf der CD-ROM ausgeliefert werden und von dort abgespielt werden kann.

Dagegen entsteht in geschäftlich-orientierten Multimedia-Systemen auch die Notwendigkeit zum Abspeichern von Daten aus dem System heraus, z.B. den Bestelldaten eines Produkts. Solche Speicherungsvorgänge bedürfen der Verwendung von Routinen zur Verwaltung von Dateien. Zusätzlich muß das System - zumindest in Teilen - von der CD-ROM ausgelagert werden, da dort keine Daten gespeichert werden können.

Anhand zweier Techniken und ihrer Realisierung in Multimedia ToolBook/OpenScript und Macromedia Director/Lingo soll in den folgenden beiden Abschnitten der Unterschied zwischen beiden Systemen weiter spezifiziert werden.

6.2.1 Aktionswörter

Die Definition von Aktionswörtern läßt sich in Multimedia ToolBook denkbar einfach vornehmen. Ein ausgewählter Textbereich wird in einem zeichenorientierten Text unabhängig von dessen Form (Rechteck mit oder ohne Rollbalken) markiert und über die Menüoption „Text/Aktionswort Erstellen" als Aktionswort definiert. Je nach Einstellungen im Buch bekommt es eine dort definierte Farbe oder Form, sowie den Handcursor (*sysCursor 44*) zugewiesen. Mit einem Objektskript legt man anschließend fest, was bei einem Mausklick (*buttonClick*) oder einer Mausberührung (*mouseEnter*) geschehen soll.

Macromedia Director stellt keine generelle Möglichkeit zur Definition von Aktionswörtern zur Verfügung. Die am häufigsten verwendete Methode ist die des Transparenzrahmens über dem gewünschten Textbereich, der im Textfenster vorher eingefärbt oder mit einem entsprechenden Zeichenstil versehen wurde. Dabei ist es unerheblich, ob der Text als Bitmap- oder zeichenorientierter Text angelegt ist. Mit einem Kobold- oder Darstellerskript läßt sich leicht eine entsprechende Aktion mit dem Transparenzrahmen verbinden. Bei feststehenden Texten ist diese Methode völlig sicher. Befinden sich allerdings lange zeichenorientierte Texte in Textboxen mit Rollbalken („Scrollboxen"), wird diese Methode problematisch, da sich der Text unter einem Transparenzrahmen verschieben kann. Um auch in diesem Fall das gewünschte Wort, bzw. den gewünschte Textbereich als Aktionswort erreichen zu können, bedarf es umfangreicher Lingo-Programmierung. Will man z.B. eine spezielle Zeile aus einem Text ansprechen, müssen die in Abschnitten 4.9.4.2 oder 5.11.1.2 vorgestellten Programmieranweisungen geschrieben werden.

6.2.2   Schaltflächen

Multimedia ToolBook bietet eine Reihe von verschiedenen Schaltflächen an, die auf den folgenden Grundtypen basieren:

- Druckschalter,

- Optionsfelder,

- Schalter mit Kontrollkästchen.

Alle Schaltflächen können mit variablem Text und mit Grafiken versehen werden. Zusätzlich kann man Zeichen definieren, mit denen man über zuvor definierte Funktionstasten die Schaltflächen aktivieren kann. Für alle Schalter kann man Skripte schreiben, die entsprechende Aktionen auslösen. Die Skripte können als Objekt-, Gruppen-, Seiten-, Hintergrund- oder Buchskripte geschrieben werden. Eine besondere Funktion kommt den gruppierten Optionsfeldern zu, bei denen man eine Einzel- bzw. eine Mehrfachauswahl definieren kann.

Den Zustand eines Schalters (ausgenommen Druckschalter) kann man mit der OpenScript-Anweisung

```
checked of button
```

überprüfen. Im aktivierten Zustand bekommt *checked of button* den Wert *true* im deaktivierten den Wert *false*.

In Macromedia Director spielen Schaltflächen eine untergeordnete Rolle. Zwar gibt es ebenfalls die drei Schaltflächentypen,

- Druckschalter,
- Optionsfelder,
- Schalter mit Kontrollkästchen.

doch verwendet man diese aus optischen Gründen eher selten. Der Zustand einer Schaltfläche (ausgenommen Druckschalter) kann ähnlich wie in Multimedia ToolBook mit einer einfachen Lingo-Prozedur überprüft werden:

```
the hilite of member <name>
```

Dieser Ausdruck evaluiert zu *true*, wenn die Schaltfläche aktiviert wurde, ansonsten ist das Resultat dieses Ausdrucks *false*.

Anstelle von Schaltflächen werden, in Macromedia Director bevorzugt Grafiken verwendet, über die man durch Mausklick entsprechende Aktionen einleiten kann. Allen Grafiken kann man, vorausgesetzt sie sollen als Schaltflächen fungieren, dabei die Option „automatisch Hervorheben" zuweisen, so daß sie bei Mausklickaktionen auf ihre Komplementärfarben umschalten.[1] Mit entsprechenden Routinen, z.B. mit *mouseUp*, kann man dann die gewünschten Aktionen auslösen.

6.3 Ergonomische Unterschiede

Auch in der Bedienung beider Autorensysteme gibt es gravierende Unterschiede. In Multimedia ToolBook besteht die gesamte Entwicklungsumgebung im Prinzip aus einem Fenster, der jeweiligen Buchseite. Das erleichtert die Bedienung und führt zu einem übersichtlichen Bildaufbau.

Bei der Entwicklung eines Director-Programms sind dagegen standardmäßig mindestens drei Fenster geöffnet (die Bühne, die Besetzung und das Drehbuch). Öffnet man weitere Fenster, z.B. das Werkzeugfenster oder das Nachrichtenfenster, führt dieses oft zu einem großen Durcheinander auf dem Bildschirm. Allerdings bringt dieses „Durcheinander" auch einen Vorteil mit sich. Bedingt durch die vielen Fenster eröffnet Director viel-

---

[1] Das Umschalten auf andere Farben ist in Multimedia ToolBook nur über OpenScript-Routinen möglich, z.B. durch Wechsel der Farbfüllung eines Objektes mit *fillColor* oder durch Veränderung der Umrißfarbe durch *strokeColor*.

fältige Möglichkeiten zur Definition von Objekteigenschaften. So können z.B. die Darstellereigenschaften eines Objekts über das Drehbuch, über die Bühne oder über die Besetzung manipuliert werden.

Wie bei so vielen Computeranwendungen entscheidet hier der persönliche Geschmack. Die vielen Fenster in Macromedia Director sind sicherlich gewöhnungsbedürftig. Zieht man allerdings die dadurch verfügbaren Einstellungsmöglichkeiten in Betracht, bekommt die Director-Oberfläche einen besonderen Reiz.

6.4   Zusammenfassung

Trotz aller Unterschiede werden beide Autorensysteme ohne Einschränkung allen Anforderungen gerecht. Es gibt keine Multimedia-Anwendung, die mit diesen Systemen nicht machbar wäre. Allein die Leichtigkeit der Realisierung ist unterschiedlich. Die Behandlung von Texten (Texteinbindung, Aktionswortverknüpfung) ist mit dem Datensatzfeldkonzept von Multimedia ToolBook einfach leichter zu realisieren als mit Director. Umgekehrt lassen sich Animationen mit Director ohne Wenn und Aber eleganter erstellen als mit Multimedia ToolBook. Kennt man diese Unterschiede, ist die Entscheidung für eines der beiden Autorensysteme lediglich eine Frage der generellen Orientierung des geplanten Multimedia-Systems. Ein eher geschäftlich-orientiertes System mit viel Text und wenig Animation sollte man in Multimedia ToolBook programmieren. Man kommt so sehr schnell zu einem ansehnlichen Ergebnis. Dagegen lassen sich Programme, bei denen der Erlebniswert durch Grafik und Animation gefördert wird, wesentlich einfacher mit Macromedia Director realisieren.

Eines verlangen allerdings beide Autorensysteme: das Schreiben von Programmierroutinen mit den integrierten Programmiersprachen OpenScript bzw. Lingo. Ohne Programmierung sind beide Autorensysteme relativ nutzlos. Doch auch hier gibt es Unterschiede. Bei der Erstellung eines ToolBook-Projektes sind die Programmieranteile von Beginn an höher als bei Macromedia Director. Zwar kann man sich des Skriptrekorders bedienen, doch führt dies oft zu überflüssigen Aktionen und damit zu überflüssigen Anweisungen in einer Behandlungsroutine. Bei Macromedia Director-Programmen beschränken sich die zu erstellenden Skripte auch bei komplexen Anwendungen oft auf einfache Mausbotschaften oder Hyperlinks.

Daher erhebt sich zu Recht die Frage, ob man - wenn man schon programmieren muß - überhaupt ein Autorensystem verwenden soll, oder ob man nicht von vornherein die direkte Programmierung z.B. mit C++ vorziehen soll. Sicherlich lassen sich mit Geschick anspruchsvolle Multimedia-Anwendungen auch ohne aufwendige Entwicklungsumgebung realisieren. Berücksichtigt man jedoch den Zeit- und Kostenaufwand in jeder Phase der Entwicklung, dann führt für interaktive Multimedia-Anwendungen kein Weg an einem Autorensystem vorbei, insbesondere dann, wenn man in einem kleinen Team arbeitet, keine Programmierexperten hat und wenig Zeit für Programmierarbeiten zur Verfügung steht.

Daß darüber hinaus die beiden in diesem Buch vorgestellten Autorensysteme wahre Kraftpakete sind, zeigen nicht nur die Ausführungen in den vergangenen Kapiteln sondern auch die seit 1996 möglichen Konvertierungsmöglichkeiten von ToolBook- und Director-Programmen in Versionen, die im Internet lauffähig sind.[1] Diese Optionen zu erläutern, würde allerdings ein weiteres Buch erforderlich machen.

Einen Nachteil haben allerdings beide Systeme. Durch den enormen gegenseitigen Konkurrenzdruck sind die Firmen Asymetrix und Macromedia offenbar gezwungen, in immer kürzeren Zeitabständen neue Versionen ihrer Autorensysteme auf den Markt zu bringen. Das führt nicht nur zu großen Anpassungsschwierigkeiten seitens der Anwender (man nehme als Beispiel die völlig neuen Konzepte gemeinsamer Besetzungen in Director 5 oder gemeinsamer Skripte in ToolBook 4), sondern auch zu großen Schwierigkeiten bei den vertreibenden Firmen. Auf die terminologischen Ungenauigkeiten wurde bereits mehrfach im Buch hingewiesen.

Es bleibt zu hoffen, daß man sich eines Besseren besinnt und dadurch Fehler in der Programmierung und der Dokumentierung vermeidet.[2]

---

[1] Bei Multimedia ToolBook ist dies die Zusatzkomponente *Neuron*, zusammen mit Multimedia ToolBook jetzt *ToolBook II* genannt, bei Macromedia Director das Zusatzmodul *Shockwave*.

[2] Stellvertretend für die teilweise haarsträubenden Fehler sei die hier Aufschrift auf dem Director Handbuch genannt, die dort „Lingo-Ein**stieger**handbuch" heißt.

Anhang A

A1 Die Skripte für das Projekt „Der Interaktive Gemüsegarten"

(a) Buchskript

Die *enterApplication*-Routine gilt nur für die Version VEGET-02.EXE, siehe Abschnitt 3.17.2, Möglichkeit 4.

```
to handle enterApplication
  linkDLL "tb40dos.dll"
      STRING getCDDriveList()
  end linkDLL
  lvCDDrive = textline 1 of getCDDriveList()
  put ":\" after char 1 of lvCDDrive
  push (lvCDDrive & "TOOLBOOK\MEDIA\SOUND"),\
  lvCDDrive & " TOOLBOOK\MEDIA\CLIPS") onto cdMediaPath
end enterApplication

to handle enterBook
  system logical svSound
  sysHistoryRecord = false
  text of field "Version" of page "Titel" = \
      myVersion(name of this book)
  checked of button "Sound" of \
      background "Rezepte" = false
  caption of button "Sound" of \
      background "Rezepte" = "&Sound ist an"
  send reader
  readerStatusBar of viewer ID 0 = true
  send myCloseMenuItem
end enterBook

to get myVersion lvFileName
 n = charCount(lvFileName)
 return "Version" && chars (n-5) to (n-4) of lvFilename
end myVersion

to handle myPlaySound lvClip
  system logical svSound
  mmOpen clip lvClip
  if svSound = false
      mmPlay clip lvClip autoclose
  end if
end myPlaySound

to handle myTitel
  send myMenus "blinds fast", "Titel"
end myTitel
```

```
to handle myZucchini
  send myMenus "rain fast", "Zucchini"
end myZucchini

to handle mySpargel
  send myMenus "blinds fast", "Spargel"
end mySpargel

to handle myMoehren
  send myMenus "rain fast", "Möhren"
end myMoehren

to handle myTomaten
  send myMenus "blinds fast", "Tomaten"
end myTomaten

to handle myWirsing
  send myMenus "rain fast", "Wirsing"
end myWirsing

to handle myViewer
  show viewer "Copyright"
end myViewer

to handle myEnd
  restore system
  saveonClose of this Book = no
  send exit
end myEnd

to handle myMenus lvTransition, lvToPage
  enable menuItem (name of this page) in menu "Rezepte"
  transition lvTransition to page lvToPage
  disable menuItem lvToPage in menu "Rezepte"
end myMenus

to handle myCloseMenuItem
  disable menuItem (name of this page) \
  in menu "Rezepte"
end myCloseMenuItem

to handle myOpenMenuItem
  enable menuItem (name of this page) \
  in menu "Rezepte"
end myOpenMenuItem
```

(b) Seitenskript der Titelseite

```
to handle enterPage
     send playAnimation to paintObject "Koch"
end enterPage

to handle mouseEnter
   conditions
     when name of target = "Möhren"
      send myInfo "Per Mausklick kommen Sie", "Möhren"
     when name of target = "Zucchini"
```

```
        send myInfo "Mausklick - und es geht","Zucchini"
    when name of target = "Spargel"
        send myInfo "Klick - und Sie kommen", "Spargel"
    when name of target = "Tomaten"
        send myInfo "Mit Mausklick kommen Sie","Tomaten"
    when name of target = "Wirsing"
        send myInfo "Klicken Sie sich","Wirsing"
    when name of target = "Copyright"
        sysCursor = 44
        caption of statusBar = "Über den Autoren"
    when name of target = "Ende"
        sysCursor = 44
        caption of statusBar = "Programm Beenden"
    end conditions
end mouseEnter

to handle myMove
    get mousePosition of this window
    if (item 1 of IT) > 5000
        move field "Info" to 5000, (item 2 of IT)+100
    else
        move field "Info" to (item 1 of IT)+100,\
            (item 2 of IT)+100
    end if
end myMove

to handle myInfo lvText1, lvText2
    sysCursor = 44
    caption of statusBar = lvText1 && "zur" && \
        lvText2 & "seite"
end myInfo

to handle buttonClick
 conditions
    when name of target = "Möhren"
        send myChangePage "zoom in fast","Möhren"
    when name of target = "Zucchini"
        send myChangePage "rain fast","Zucchini"
    when name of target = "Spargel"
        send myChangePage "spiral in fast", "Spargel"
    when name of target = "Tomaten"
        send myChangePage "tear fast", "Tomaten"
    when name of target = "Wirsing"
        send myChangePage "turnPage left fast", "Wirsing"
 end conditions
end buttonClick

to handle myChangePage lvEffect, lvPage
    lineStyle of picture lvPage = 3
    strokeColor of picture lvPage = red
    send myOpenMenuItem
    transition lvEffect to page lvPage
    lineStyle of picture lvPage of page "Titel" = 1
    strokeColor of picture lvPage of page "Titel" = black
```

```
      send myCloseMenuItem
end myChangePage

to handle firstIdle
   step lvColor from 40 to 120
       fillColor of field "Titel" = lvColor,50,100
   end step
end firstIdle
```

(c) Hintergrundskript „Rezepte"

```
to handle mouseEnter
  conditions
       when name of target = "Weiter"
        send myBackgroundInfo "Eine Seite vor"
       when name of target = "Zurück"
        send myBackgroundInfo "Eine Seite zurück"
       when name of target = "Home"
        send myBackgroundInfo "Zur Titelseite"
       when name of target = "Copyright"
        send myBackgroundInfo "Über den Autoren"
       when name of target = "Ende"
        send myBackgroundInfo "Programm Beenden"
       when name of target = "Sound"
        send myBackgroundInfo "Sound An-/Abschalten"
  end conditions
end mouseEnter

to handle myBackgroundInfo lvText
       sysCursor = 44
       caption of statusBar = lvText
end myBackgroundInfo

to handle buttonClick
   if visible of recordField "Tip" = true
      hide recordField "Tip"
      show recordField "Information"
   end if
   conditions
    when name of target = "Zurück"
      fillColor of field "Zurück" \
                 of background "Rezepte" = red
      send myOpenMenuItem
      transition "turnPage right fast" to previous page
      fillColor of field "Zurück" \
                 of background "Rezepte" = white
      send myCloseMenuItem
    when name of target = "Weiter"
      fillColor of field "Weiter" \
                 of background "Rezepte" = green
      send myOpenMenuItem
      transition "turnPage left fast" to next page
      fillColor of field "Weiter" \
                 of background "Rezepte" = white
      send myCloseMenuItem
```

```
      when name of target = "Home"
        fillColor of field "Home" \
                    of background "Rezepte" = black
        send myOpenMenuItem
        go to page "Titel"
        fillColor of field "Home" \
                    of background "Rezepte" = white
        send myCloseMenuItem
    end conditions
end buttonClick

to handle myPresentClip lvClip, lvPicture
    hide picture lvPicture
    sysLockScreen = true
    show button "ClipEnde" of background "Rezepte"
    mmPlay clip lvClip in stage "Rahmen1" \
            of background "Rezepte" notify self
    sysLockScreen = false
end myPresentClip

to handle mmNotify lvMedia, lvCommand, lvResult
    if lvCommand = mmPlay and lvResult = "successful"
        send myRestoreBackground
    end if
end mmNotify

to handle myRestoreBackground
    sysSuspend = false
    system svPicture
    system svClip
    if mmIsOpen of clip svClip = true then
        mmClose clip svClip
        hide button "ClipEnde" of background "Rezepte"
        show picture svPicture
    end if
    sysSuspend = true
end myRestoreBackground

to handle myTestVideoSound lvClip
    system logical svSound
    if svSound = false
        mmVolume of clip lvClip = mute
    else
        mmVolume of clip lvClip = full
    end if
end myTestVideoSound
```

(d) Seitenskript der Seite „Zucchini"

```
to handle enterPage
    send myPlaySound "Seite2"
end enterPage

to handle leavePage
    mmClose waveAudio
end leavePage
```

(e) Seitenskript der Seite „Spargel"

```
to handle enterPage
      send myPlaySound "Seite3"
end enterPage

to handle leavePage
      mmClose waveAudio
end leavePage
```

(f) Seitenskript der Seite „Tomaten"

```
to handle enterPage
      system svClip
      svClip = "Mozzarella"
      system svPicture
      svPicture = "Tomaten1"
      mmOpen clip svClip
      send myPlaySound "Seite4"
end enterPage

to handle leavePage
      send myRestoreBackground
      mmClose waveAudio
end leavePage
```

(g) Seitenskript der Seite „Möhren"

```
to handle enterPage
      system svPicture
      svPicture = "Möhren1"
      system svClip
      svClip = "TomatenVideo1"
      mmOpen clip svClip
      send myPlaySound "Seite5"
end enterPage

to handle leavePage
      send myRestoreBackground
      mmClose waveAudio
end leavePage
```

(h) Seitenskript der Seite „Wirsing"

```
to handle enterPage
      send myPlaySound "Seite6"
end enterPage

to handle leavePage
      mmClose waveAudio
end leavePage
```

(i) Objektskripte

Schaltfläche „Sound" /Hintergrund „Rezepte"

```
to handle buttonClick
    system logical svSound
    system svClip
    if svClip is not null and \
       mmStatus of clip svClip = "playing" and \
       mmMediaType of clip svClip = "DigitalVideo"
       send myTestVideoSound svClip
    end if
    if checked of button "Sound" of \
             background "Rezepte" = true
       caption of button "Sound" of \
             background "Rezepte" = "&Sound ist aus"
       svSound = true
       mmClose waveAudio
    else
       caption of button "Sound" of \
             background "Rezepte" = "&Sound ist an"
       svSound = false
    end if
end buttonClick
```

Navigationselement „Weiter" /Hintergrund „Rezepte"

```
notifyBefore enterPage
     get pageNumber of this page
     if IT+1 = pageCount of this book then
           hide self
     else
           show self
     end if
end enterPage
```

Grafik (paintObject) „Koch"/Hintergrund „Rezepte"

```
to handle mouseEnter
     sysCursor = cursor "Maus"
end mouseEnter

to handle mouseLeave
     sysCursor = default
end mouseLeave

to handle buttonClick
     if visible of recordField "Tip" = false
           hide recordField "Information"
           show recordField "Tip"
     else
           hide recordField "Tip"
           show recordField "Information"
     end if
end buttonClick
```

Schaltfläche „ClipEnde" /Hintergrund „Rezepte"

```
to handle buttonClick
      hide self
      send myRestoreBackground
end buttonClick

to handle mouseEnter
      send myBackgroundInfo "Medienclip abbrechen"
end mouseEnter
```

Aktionswort „Schafskäse", Seite „Zucchini"

```
to handle buttonClick
      request "Spezielle Käseart aus Griechenland" && \
               "oder Bulgarien." with "Zurück"
end buttonClick
```

Aktionswort „Parmesan", Seite „Spargel"

```
to handle buttonClick
 request "Spezielle Käseart aus Italien," && \
          "auch Grana genannt, ist ein typischer" && \
          "Extrahartkäse, der ideal zum Reiben" && \
          "und Würzen ist." with "Zurück"
end buttonClick
```

Aktionswort „Mozzarella", Seite „Tomaten"

```
to handle buttonClick
 request "Bild vorhanden, wollen Sie es ansehen?" \
     with "Ja" or "Nein"
 if IT = "Ja" then
     send myPresentClip "Mozzarella", "Tomaten1"
 end if
end buttonClick
```

Aktionswort „Tomaten...", Seite „Möhren"

```
to handle buttonClick
 request "Video zum Thema vorhanden. Wollen Sie" && \
          "ihn ansehen?" with "Ja" or "Nein"
 if IT = "Ja" then
     send myPresentClip "TomatenVideo1", "Möhren1"
 end if
end buttonClick
```

(k) gemeinsame Skripte

Schaltfläche „Copyright", Vordergrund Titelseite, Hintergrund „Rezepte"

```
to handle buttonClick
      show viewer "copyright"
end buttonClick
```

Schaltfläche „Ende", Vordergrund Titelseite, Hintergrund „Rezepte"

```
to handle buttonClick
      send myEnd
end buttonClick
```

Bilder „Zucchini0", „Spargel0", „Tomaten0", „Möhren0", „Wirsing0" auf den Informationsseiten

```
to handle mouseEnter
      sysCursor = cursor "Hilfe"
      show recordField "Kalorien"
end mouseEnter
```

```
to handle mouseLeave
      sysCursor = default
      hide recordField "Kalorien"
end mouseLeave
```

Titelseite und Hintergrund" Rezepte"

```
to handle mouseLeave
      sysCursor = default
      caption of statusBar = ""
end mouseLeave
```

A2 Die Objekte im „Interaktiven Gemüsegarten"

Die folgende Aufstellung definiert alle im „Interaktiven Gemüsegarten" verwendeten Objekte bezüglich ihrer

- Namen (name),

- ToolBook-Kennungen (type),

- Positions- und Abmessungsdaten (bounds).

Seite 1, „Titel"

Hintergrund:	bounds:
Bild (paintObject) „Gemüse":	930,390,7710,5565

Vordergrund:	bounds:
Bild (paintObject) „Koch":	375,845,1365,3020
Bild (picture) „Möhren":	1500,330,3150,2025
Bild (picture) „Spargel":	4755,120,6405,1815
Bild (picture) „Tomaten":	1035,3495,2685,5190
Bild (picture) „Wirsing":	5925,2565,7575,4260
Bild (picture) „Zucchini":	3915,3765,5565,5460
Schaltfläche (button) „Copyright":	7095,4890,7485,5535
Schaltfläche (button) „Ende":	7515,4590,8160,5490

Textfeld (field) „Info“: 255,5235,3255,5835[1]
Textfeld (field) „Titel“: 2880,2385,5430,3030
Textfeld (field) „Version“: 7170,5550,8295,5835

Seiten 2 - 6:

Hintergrund: bounds:

Bild (paintObject) „Chef“: 226,113,1726,1613
Clip Rahmen (Stage) „Rahmen1“: 4330,1150,7940,3770[2]
Datensatzfeld (recordField) „Information“: 226,1921,3300,5000
Datensatzfeld (recordField) „Kalorien“: 226,5145,3300,5700
Datensatzfeld (recordField) „Tip“: 226,1921,3300,5000
Datensatzfeld (recordField) „Titel“: 4395,405,7935,1035
Navigationslement/Feld (field) „Home“: 7006,5085,7456,5535
Navigationslement/Feld (field) „Weiter“: 6441,5085,6876,5490
Navigationslement/Feld (field) „Zurück“: 5760,5085,6360,5610
Rechteck (rectangle) „Schatten“: 4500,1365,7980,3810[3]
Schaltfläche (button) „ClipEnde“: 5595,3960,7020,4455
Schaltfläche (button) „Copyright“: 7035,4395,7425,5040
Schaltfläche (button) „Ende“: 7515,4590,8160,5490
Schaltfläche (button) „Sound“: 3765,4650,5700,5595
Textfeld (field) „Info“: 5700,5550,8175,5910

Vordergrund, Seite 2: „Zucchini“: bounds:

Bild (picture) „Zucchini0“: 1860,113,3300,1613
Bild (picture) „Zucchini1“: 4395,1215,7875,3705

Vordergrund, Seite 3: „Spargel“: bounds:

Bild (picture) „Spargel0“: 1860,113,3300,1613
Bild (picture) „Spargel1“: 4395,1215,7875,3705

Vordergrund, Seite 4: „Tomaten“: bounds:

Bild (picture) „Tomaten0“: 1860,113,3300,1613
Bild (picture) „Tomaten1“: 4395,1215,7875,3705

Vordergrund, Seite 5: „Möhren“: bounds:

Bild (picture) „Möhren0“: 1860,113,3300,1613
Bild (picture) „Möhren1“: 4395,1215,7875,3705

---

[1] bis Version 18 vorhanden, ab Version 7 flexibel dem Maucursor folgend

[2] ab Version 15

[3] bis Version 15

Vordergrund, Seite 6: „Wirsing": bounds:

Bild (picture) „Wirsing0": 1860,113,3300,1613
Bild (picture) „Wirsing1": 4395,1215,7875,3705

Seite 7, Ansichtsobjekt „Copyright"

Vordergrund: bounds:

Bild (paintObject) „Garten": 165,120,1665,1620

sowie ein frei positionierbares Textfeld für die Autorenangaben

A3 Im Buch verwendete OpenScript-Anweisungen

Um das Auffinden der genauen Beschreibungen der im Buch verwendeten OpenScript-Schlüsselwörter zu erleichtern, sind nachstehend alle in den Kapiteln 2 und 3 verwendeten OpenScript-Anweisungen mit der Seitenreferenz ihrer Einführung aufgeführt.

Botschaften:	Seite:
buttonClick	31
buttonDown	81
buttonUp	81
enterApplication	215
enterBook	142
enterDropDown	88
enterPage	55
firstIdle	164
idle	96
leavePage	169
mmNotify	176
mouseEnter	40
mouseLeave	40
notifyBefore	97
selectChange	88
to get	141
to handle	24

Anweisungen:	Seite:
<zahl> div <zahl>	105
<zahl> mod <zahl>	105
ask <frage> [with <standardantwort>]	199
borderstyle of field <name> = <type>	81
caption of <objekt> = text	73
caption of mainWindow = <text>	181
caption of statusBar = <kommentar>	194
char <zahl> of <zeichenkette>	142

Kontrollstrukturen: Seite:

Anhang B

B1 Die Skripte für das Projekt „Jethro Tull - from Roots to Branches"

Filmskripte

Film START:

```
on startMovie
  global gvVersion, gvCursor, gvWindow, gvFrame
  put myGetVersion(the movieName) into gvVersion
  set gvCursor = list(the number of ¬
    member "Hand" of castLib "JethTull", ¬
    the number of member "HandMask" of castLib ¬
    "JethTull")
  set gvWindow to "Info.dir"
  set gvFrame to "TheBand"
  set the soundLevel to 7
  set the text of member "SoundOnOff" of ¬
    castLib "JethTull" to "Sound is on"
  set the mouseDownScript to "myPrimary"
  myCursors [2,3,4,8,9], gvCursor
end startMovie

on myGetVersion lvName
  set lvLength to length(lvName)
  return chars(lvName, (lvLength - 5), (lvLength - 4))
end myGetMovieName
```

Film JETHRO:

```
on startMovie
  global gvCursor
  myCursors [2,3,4,7,8,12,13], gvCursor
  set the mouseDownScript to "myPrimary"
end startMovie
```

Film TULL:

```
on startMovie
  global gvCursor
  myCursors [3,4,5,6,8,9,10,11,12,15,16], gvCursor
  set the mouseDownScript to "myPrimary"
end startMovie
```

Gemeinsame Besetzung JETHTULL.CST:

```
on myCursors lvList, lvCursor
  repeat with i = 1 to count(lvList)
    set the cursor of sprite getAt(lvList, i) to ¬
      lvCursor
  end repeat
```

```
end myCursors

on myAlert lvText
  alert "No further information about" && ¬
      QUOTE & lvText & QUOTE && "available, yet!"
end myAlert

on myPrimary
  global gvWindow
  if windowPresent(gvWindow) = true then
    tell the stage to close window gvWindow
    set the windowList to []
    dontPassEvent
  end if
end myPrimary

on myRecord lvRecord
  return "You are listening to" && QUOTE & ¬
  the name of member lvRecord & QUOTE && "!"
end myRecord
```

Bildskripte

Film START/Zelle 1:

```
on enterFrame
  global gvVersion
  cursor 200        -- nur Version Start-##
  put "Version" && gvVersion into field "Information"
end enterFrame

on exitFrame
  puppetSound "Roots-01"
end exitFrame
```

Film START/Zelle 3:

```
on enterFrame
  set the visible of sprite 5 to true
  set the visible of sprite 6 to true
  cursor -1                 -- nur Version Start-##
  if soundBusy (1) = 0 then
    puppetTempo 1
    puppetSound "Roots-01"
  else
    puppetTempo 4
  end if
end enterFrame
```

Film START/Zelle 10:

```
on exitFrame
  if soundBusy(1) then
    go to the frame
  else
    go to frame "Intro"
```

```
    end if
end exitFrame
```

Film START/Zelle 11:

```
on exitFrame
  if soundBusy(1) = 0 then
    puppetSound "Roots to Branches"
    go to the frame
  else
    go to the frame
  end if
end exitFrame

on enterFrame
  set lvText to myRecord(16)
  case (the rollOver) of
    2:set lvText to "Terminates the program"
    3:set the visible of sprite 6 to true
      set the visible of sprite 5 to false
    4:set the visible of sprite 5 to true
      set the visible of sprite 6 to false
    8:set lvText to "Information about the Author"
    otherwise
      set the visible of sprite 5 to false
      set the visible of sprite 6 to false
  end case
  put lvtext into field "Information"
end enterFrame
```

Film START/Zelle 15:

```
on exitFrame
  if soundBusy (1) = 0 then
    quit
  else
    go to the frame
  end if
end exitFrame
```

Film JETHRO/Zelle 1:

```
on enterFrame
  global gvCursor
  myCursors [5,6], gvCursor
  set lvText to myRecord (the frameSound1)
  puppetSprite 11, true
  set the visible of sprite 11 to true
  case (the RollOver) of
    2:set lvText to "Terminates the program"
    3:set lvText to "Back to Start"
    4:myMember 62
      set lvText to "Information about Ian Anderson"
    5:myMember 64
      set lvText to "Information about Martin L. Barre"
    6:myMember 60
```

```
      set lvText to "Information about David Pegg"
   7:myMember 61
      set lvText to "Information about Doane Perry"
   8:myMember 63
      set lvText to "Information about Martin Allcock"
  12:set lvText to "Information about the Author"
   otherwise
      myMember 0
   end case
   put lvText into field "Information"
end enterFrame

on exitFrame
  go to the frame
end exitFrame

on myMember lvCast
  set the memberNum of sprite 11 to lvCast
  set the loc of sprite 11 to point(186,419)
  set the ink of sprite 11 to 36
end myMember
```

Film JETHRO/Zelle 10 bis 27:

```
on enterFrame
  set the visible of sprite 11 to false
  myCursors [5,6], -1
  set lvText to myRecord (the frameSound1)
  case (the RollOver) of
     2:set lvText to "Terminates the program"
     3:set lvText to "Back to Start"
     4:set lvText to "Back to the Band"
    12:set lvText to "Information about the Author"
  end case
  put lvText into field "Information"
end enterFrame
```

Film JETHRO/Zelle 28:

```
on exitFrame
  if soundBusy(1) then
    go to frame "Ian"
  else
    go to the frame
  end if
end exitFrame

on enterFrame
  global gvCursor
  myCursors [5], gvCursor
  set lvText to myRecord (the frameSound1)
  case (the RollOver) of
     2:set lvText to "Terminates the program"
     3:set lvText to "Back to Start"
     4:set lvText to "Back to the Band"
```

```
      5:set lvText to "Surprise"
     12:set lvText to "Information about the Author"
    end case
    put lvText into field "Information"
end enterFrame
```

Film JETHRO/Zelle 30 bis 47:

```
on enterFrame
  global gvFrame
  set the visible of sprite 11 to false
  myCursors [5,6], -1
  set lvText to myRecord (the frameSound1)
  case (the RollOver) of
    2:set lvText to "Terminates the program"
    3:set lvText to "Back to Start"
    4:set lvText to "Back to" && gvFrame
   12:set lvText to "Information about the Author"
  end case
  put lvText into field "Information"
end enterFrame
```

Film JETHRO/Zelle 48:

```
on exitFrame
  if soundBusy(1) then
    go to frame "Martin"
  else
    go to the frame
  end if
end exitFrame

on enterFrame
  global gvFrame
  set lvText to myRecord (the frameSound1)
  case (the RollOver) of
    2:set lvText to "Terminates the program"
    3:set lvText to "Back to Start"
    4:set lvText to "Back to" && gvFrame
   12:set lvText to "Information about the Author"
  end case
  put lvText into field "Information"
end enterFrame
```

Film TULL/Zelle 1:

```
on enterFrame
  global gvCursor
  set the cursor of sprite 7 to gvCursor
  set lvText to myRecord(the frameSound1)
  case (the RollOver) of
    3: set lvText to "Terminates the Program"
    4: set lvText to "Back to Start"
    5: set lvText to "A, 1980"
    6: set lvText to "Aqualung, 1971"
    7: set lvText to "Bursting Out, 1978"
```

```
      8: set lvText to "Heavy Horses, 1977"
      9: set lvText to "Songs From the Wood, 1976"
      10:set lvText to "Warchild, 1974"
      11:set lvText to "Thick As A Brick, 1972"
      12:set lvText to "Too Old To Rock ´n´ Roll, 1975"
      15:set lvText to "Information about the Author"
    end case
    put lvText into field "Information"
end enterFrame
```

Film TULL/Zelle 2 bis 7:

```
on enterFrame
  set lvText to myRecord(the frameSound1)
  case (the RollOver) of
      3: set lvText to "Terminates the Program"
      4: set lvText to "Back to Start"
      5: set lvText to "A, 1980"
      6: set lvText to "Aqualung, 1971"
      7: set lvText to "Bursting Out, 1978"
      8: set lvText to "Heavy Horses, 1977"
      9: set lvText to "Songs From the Wood, 1976"
      10:set lvText to "Warchild, 1974"
      11:set lvText to "Thick As A Brick, 1972"
      12:set lvText to "Too Old To Rock ´n´ Roll, 1975"
      15:set lvText to "Information about the Author"
    end case
    put lvText into field "Information"
end enterFrame
```

Film TULL/Zelle 8:

```
on exitFrame
  go to the frame
end

on enterFrame
  set lvText to myRecord(the frameSound1)
  case (the RollOver) of
      3: set lvText to "Terminates the Program"
      4: set lvText to "Back to Start"
      5: set lvText to "A, 1980"
      6: set lvText to "Aqualung, 1971"
      7: set lvText to "Bursting Out, 1978"
      8: set lvText to "Heavy Horses, 1977"
      9: set lvText to "Songs From the Wood, 1976"
      10:set lvText to "Warchild, 1974"
      11:set lvText to "Thick As A Brick, 1972"
      12:set lvText to "Too Old To Rock ´n´ Roll, 1975"
      15:set lvText to "Information about the Author"
    end case
    put lvText into field "Information"
end enterFrame
```

Film TULL/Zelle 14 bis 22:

```
on enterFrame
  set the cursor of sprite 7 to -1
  set lvText to ""
  case (the RollOver) of
    3:set lvText to "Terminates the Program"
    4:set lvText to "Back to Start"
    5:set lvText to "Back to the Records"
   15:set lvText to "Information about the Author"
  end case
  put lvText into field "Information"
end enterFrame
```

Film TULL/Zelle 23:

```
on exitFrame
  go to the frame
end exitFrame

on enterFrame
  global gvCursor, gvText
  set lvText to myRecord(the frameSound1)
  set gvText to line the mouseLine of ¬
      the text of member "AquaText"
  case (the RollOver) of
    3:set lvText to "Terminates the Program"
    4:set lvText to "Back to Start"
    5:set lvText to "Back to the Records"
    7:
      if gvText = "Aqualung" then
        set the cursor of sprite 7 to gvCursor
        set lvText to "Video about Aqualung available"
      else
        set the cursor of sprite 7 to -1
      end if
   15:set lvText to "Information about the Author"
  end case
  put lvText into field "Information"
end enterFrame
```

Film TULL/Zelle 29:

```
on exitFrame
  puppetSound "Thick as a Brick"
end exitFrame

on enterFrame
  set the cursor of sprite 7 to -1
  set lvText to myRecord(39)
  case (the RollOver) of
    3: set lvText to "Terminates the Program"
    4: set lvText to "Back to Start"
    5: set lvText to "Back to the Records"
    8: set lvText to "Information about Martin Barre"
   15: set lvText to "Information about the Author"
```

```
  end case
  put lvText into field "Information"
end enterFrame
```

Film TULL/Zelle 30 bis 37:

```
on enterFrame
  set lvText to myRecord(39)
  case (the RollOver) of
    3: set lvText to "Terminates the Program"
    4: set lvText to "Back to Start"
    5: set lvText to "Back to the Records"
    8: set lvText to "Information about Martin Barre"
   15:set lvText to "Information about the Author"
  end case
  put lvText into field "Information"
end enterFrame
```

Film TULL/Zelle 38:

```
on exitFrame
  if soundBusy (1) = 0 then
    go to frame "ThickStart"
  else
    go to the frame
  end if
end exitFrame

on enterFrame
  set lvText to myRecord(39)
  case (the RollOver) of
    3: set lvText to "Terminates the Program"
    4: set lvText to "Back to Start"
    5: set lvText to "Back to the Records"
    8: set lvText to "Information about Martin Barre"
   15:set lvText to "Information about the Author"
  end case
  put lvText into field "Information"
end enterFrame
```

Darstellerskripte

Darsteller 1, Quit, gemeinsame Besetzung:

```
on mouseUp
  global gvVersion
  puppetSound 0
  go to frame "End" of movie "Start-" & gvVersion
end mouseUp
```

Darsteller 2, Start, gemeinsame Besetzung:

```
on mouseUp
  puppetSound 0
  play done
end mouseUp
```

Darsteller 6, SoundOnOff, gemeinsame Besetzung:

```
on mouseUp
  if the hilite of member "SoundOnOff" = true then
    set lvText to "Sound is Off"
    set the soundLevel to 0
  else
    set lvText to "Sound is On"
    set the soundLevel to 7
  end if
  set the text of member "SoundOnOff" to lvText
end mouseUp
```

Darsteller 8, Info, gemeinsame Besetzung:

```
on mouseUp
  global gvWindow
  if windowPresent(gvWindow) = false then
    moveToBack window gvWindow
    set the windowType of window gvWindow to 0
    set the rect of window gvWindow to ¬
          rect (220,130,590,480)
    set the title of window gvWindow to ¬
    "The Author and Jethro Tull"
    moveToFront window gvWindow
  end if
end mouseUp
```

Darsteller 2, Music, Film START:

```
on mouseDown
  puppetSprite 3, true
  set the ink of sprite 3 to 2
end mouseDown

on mouseUp
  global gvVersion
  set the ink of sprite 3 to 36
  puppetSprite 3, false
  play frame "Start" of movie "TULL-" & gvVersion
end mouseUp
```

Darsteller 3, Band, Film START:

```
on mouseDown
  puppetSprite 4, true
  set the ink of sprite 4 to 3
end mouseDown

on mouseUp
  global gvVersion
  set the ink of sprite 4 to 36
  puppetSprite 4, false
  play frame "TheBand" of movie "JETHRO" & gvVersion
end mouseUp
```

Darsteller 18, ByeBye, Film START:

```
on mouseUp
  quit
end mouseUp
```

Darsteller 6, OneLeg, Film JETHRO:

```
on mouseUp
  global gvVersion, gvFrame
  if gvFrame = "ThickStart" then
    go to frame gvFrame of movie "Tull-" & gvVersion
    set gvFrame to "TheBand"
  else
    go to frame gvFrame
  end if
end mouseUp
```

Darsteller 28, FluteLoop, Film JETHRO:

```
on mouseUp
  puppetSound 2, "Dummy"
end mouseUp
```

Darsteller 1 bis 8, Film TULL:

```
on mouseUp
  myAlert "A"
end mouseUp

on mouseUp
  go to frame "AquaStart"
end mouseUp

on mouseUp
  myAlert "Bursting Out"
end mouseUp

on mouseUp
  myAlert "Heavy Horses"
end mouseUp

on mouseUp
  myAlert "Songs From The Wood"
end mouseUp

on mouseUp
  go to frame "ThickStart"
end mouseUp

on mouseUp
  myAlert "Too Old To Rock´n´Roll"
end mouseUp

on mouseUp
  myAlert "Warchild"
end mouseUp
```

Darsteller 14, AquaText, Film TULL:

```
on mouseUp
   global gvText
  if gvText = "Aqualung" then
    if soundBusy (1) then
      sound stop 1
    end if
    play movie "Aqualung"
  end if
end mouseUp
```

Darsteller 16, MartinMask, Film TULL:

```
on mouseDown
  puppetSprite 8, true
  set the ink of sprite 8 to 2
end mouseDown

on mouseUp
  global gvFrame, gvVersion
  set the ink of sprite 8 to 36
  puppetSprite 8, false
  set gvFrame to "ThickStart"
    if soundBusy (1) then
    puppetSound 0
  end if
  go to frame "Martin" of movie "Jethro" & gvVersion
end mouseUp
```

Koboldskripte

Kobold 3, Zelle 3 bis 10, Film START:

```
on mouseUp
  puppetSound 0
  go to frame "Start"
end mouseUp
```

Kobolde 4 bis 8, Zelle 1, Film JETHRO:

```
on mouseUp
  go to frame "Ian"
end mouseUp

on mouseUp
  go to frame "Martin"
end mouseUp

on mouseUp
  myAlert "David Pegg"
end mouseUp

on mouseUp
  myAlert "Doane Perry"
end mouseUp
```

```
on mouseUp
  myAlert "Martin Allcock"
end mouseUp
```

B2 Die Kobolde im Projekt „Jethro Tull"

Die folgenden Aufstellungen definieren die in den Hauptbildern im Projekt „Jethro Tull" verwendeten Kobolde bezüglich ihrer Koboldeigenschaften, insbesondere ihrer Plazierung im Drehbuch und ihrer Positionsdaten. Dabei sind folgende Kürzel verwendet worden:

- D = Darsteller
- I = interne Besetzung
- E = externe Besetzung JethTull
- X/Y = die Positionsdaten auf der Bühne
- Z = der Farbeffekt im Drehbuch (siehe Abschnitt 5.7 und Lingo Lexikon, S. 70)

Beispiel:

D4/I: 230/150, 3 = Darsteller 4/interne Besetzung: Position 239/150,

(Farbeffekt 3 = stanzen)

Weitere Angaben sind den verschiedenen Ausführungen im Kapitel 5 zu entnehmen.

(a) Der Film START:

Kanal	Bild: Intro	Bild: Start	Bild: End
1	D5/I: 150/39, 36	D1/I: 0/0, 0	D5/I: 150/39, 0
2	D1/E: 10/375, 36	D1/E: 10/375, 36	D18/I: 91/105, 36
3	D2/E: 70/375, 36	D2/I: 508/14, 36	-
4	-	D3/I: 487/350, 36	-
5	D6/I: 5/5, 8	D7/I: 31/61, 36	-
6	D4/I: 269/372, 36	D8/I: 31/59, 36	D20/I: 142/351, 36
7	-	D7/E: 220/419, 3	-
8	D8/E: 146/428, 36	D8/E: 146/428, 36	-
9	-	D6/E: 283/447, 0	-

(b) Der Film JETHRO:

Kanal	Bild: TheBand	Bild: Ian	Bild: Martin
1	D1/I: 0/0, 0	D2/I: 0/0, 0	D3/I: 0/0, 0
2	D1/E: 10/375, 36	D1/E: 10/375, 36	D1/E: 10/375, 36
3	D2/E: 70/375, 36	D2/E: 70/375, 36	D2/E: 70/375, 36
4	D4/E: 315/253, 36	D6/I: 149/121, 1	D6/I: 149/121, 1
5	D4/E: 190/262, 36	***	***
6	D4/E: 259/155, 36	D:7/I: 232/21, 36	D8/I: 232/21, 36
7	D4/E: 372/138, 36	-	-
8	D4/E: 430/255, 36	-	-
9	D5/I: 40/65, 36	-	-
10	D7/E: 220/419, 3	D7/E: 220/419, 3	D7/E: 220/419, 3
11	-	-	-
12	D8/E: 146/428, 36	D8/E: 146/428, 36	D8/E: 146/428, 36
13	-	-	-
14	-	-	-
15	D6/E: 283/447, 0	D6/E: 283/447, 0	D6/E: 283/447, 0

*** Animation, siehe Abschnitt 5.4

(c) Der Film TULL:

Kanal	Bild: Records	Bild: Aqualung	Bild: Thick
1	-	D10/I: 167/168, 0	D11/I: 167/168, 0
2	-	D12/I: 380/10, 36	D13/I: 380/10, 36
3	D1/E: 10/375, 36	D1/E: 10/375, 36	D1/E: 10/375, 36
4	D2/E: 70/375, 36	D2/E: 70/375, 36	D2/E: 70/375, 36
5	D1/I: 10/10, 0	D9/I: 181/380, 2	D9/I: 181/380, 2
6	D2/I: 169/10, 0	-	-
7	D3/I: 327/10, 0	D14/I: 380/44, 0	D15/I: 385/39, 0
8	D4/I: 487/10, 0	-	D16/I: 488/142, 36
9	D5/I: 487/164, 0	-	-
10	D8/I: 487/317, 0	-	-
11	D6/I: 327/317, 0	-	-

Kanal	Bild: Records	Bild: Aqualung	Bild: Thick
12	D7/I: 169/317, 0	-	-
13	D9/I: 10/157, 2	-	-
14	D7/E: 220/419, 3	D7/E: 220/419, 3	D7/E: 220/419, 3
15	D8/E: 146/428, 36	D8/E: 146/428, 36	D8/E: 146/428, 36
16	D6/E: 283/447, 0	D6/E: 283/447, 0	D6/E: 283/447, 0

B3 Im Buch verwendete Lingo-Anweisungen

Um das Auffinden der genauen Beschreibungen der im Buch verwendeten
Lingo-Schlüsselwörter zu erleichtern, sind nachstehend alle in den Kapi-
teln 4 und 5 verwendeten Lingo-Anweisungen mit der Seitenreferenz ihrer
Einführung aufgeführt.

Prozeduren: Seite:

```
enterFrame                                                        280
exitFrame                                                         280
idle                                                              280
mouseDown                                                         278
mouseUp                                                           278
startMovie                                                        280
stopMovie                                                         280
set <prozedur> to   "<ausdruck>"                                  326
```

Anweisungen/Eigenschaften: Seite:

```
alert <botschaft>                                                 379
chars(zeichenKette, n, m)                                         373
count(<liste>)                                                    294
cursor <cursorWerte>                                              301
deleteAt(<liste>,<position>)                                      294
dontPassEvent                                                     418
getAt(<liste>, <position>)                                        294
global <varName1>, [<varName2>], ...                              291
go [to] [frame] <ausdruck>                                        278
installMenu <darsteller>                                          438
length(zeichenKette)                                              373
line <zahl> of the text of member <zahl>                          327
list(wert1, wert2,...,wertN)                                      383
menu                                                              438
moveToBack window fensterName                                     416
moveToFront window fensterName                                    416
nothing                                                           420
pass                                                              401
play [frame] <ausdruck>                                           375
```

Anhang C

C1 Der Inhalt der beiliegenden CD-ROM

Die beiliegende CD hat folgende Grundstruktur:

\DIRECTOR
\TOOLBOOK

Der Ordner \DIRECTOR enthält alle Dateien, die im Zusammenhang mit Macromedia Director in den Kapiteln 4 und 5 benötigt wurden. Im Ordner \TOOLBOOK befinden sich alle ToolBook-Dateien der Kapitel 2 und 3.

Zusätzlich befinden sich im Ordner \TOOLBOOK\VEGETBLE und \DIRECTOR\JETHTULL die in den Kapiteln 3 und 5 entwickelten End-versionen der Multimediaprojekte „Der interaktive Gemüsegarten" und „Jethro Tull" als lauffähige Programme mit den entsprechenden unterge-ordneten Ordnern für die Medienclips (siehe Kapitel 3 und 5). Zur optima-len Handhabung des Buches wird empfohlen, diese Ordner mit ihren Un-terordnern auf die Festplatte des eigenen PC zu kopieren (Gesamtfest-plattenbedarf: 41 MB). Die übrigen Ordner können auf der CD-ROM ver-bleiben.

C2 Der Ordner \TOOLBOOK

Der Ordner \TOOLBOOK enthält folgende untergeordnete Ordner:

\ADDS
\EXERCISE
\INSTALL
\MEDIA
\PROGRAMS
\VEGETBLE

Der Ordner \ADDS

In \ADDS befinden sich eine Reihe zusätzlich Grafiken und Symbole, die primär für die in Kapitel 2 vorgestellten Übungen mit Multimedia Tool-Book benötigt werden.

Übung 6a, Abschnitt 2.3.7.1

AUGE02.ICO - Das Symbol (Icon) des geschlossenen Auges

Übung 8c, Abschnitt 2.3.9.3

BIRD-00.BMP - Der sitzende Vogel
BIRD-01.BMP - Der hochfliegende Vogel (Flügel oben)

BIRD-02.BMP - Der hochfliegende Vogel (Flügel seitlich)
BIRD-03.BMP - Der hochfliegende Vogel (Flügel unten)
GRAS-01.BMP- Das Gras für den Vogelflug (Teil 1)
GRAS-02.BMP- Das Gras für den Vogelflug (Teil 2)

Übung 8d, Abschnitt 2.3.9.4

DOG-01.BMP - Der laufende Hund (Bild 1)

...

DOG-18.BMP - Der laufende Hund (Bild 18)

Der Ordner \EXERCISE

In diesem Ordner sind alle Übungen, die in Kapitel 2 erläutert wurde als ToolBook-Dateien abgespeichert. Die Dateien haben die Namen EXER-**.TBK, wobei ** für den Namen der jeweiligen Übung steht.

Der Ordner \INSTALL

Der Ordner \INSTALL enthält die Installationsskripte für die Varianten der Installation des „Interaktiven Gemüsegartens" auf Disketten und CD-ROM (siehe Abschnitt 3.17). Im einzelnen sind dies:

INST-ALL.ASU

Das Installationsskript für die CD, nur Medienclips auf der CD

INST-CD.ASU

Das Installationsskript für die CD, Runtime auf CD

INST-CDR.ASU

Das Installationsskript für die CD, Runtime auf Festplatte

INST-DSK.ASU

Das Installationsskript für Installationsdisketten

INST-HDR.ASU

Das Installationsskript für die CD, Runtime & Startdatei auf der Festplatte

START.EXE

Die Startdatei für die Installationsvariante mit der Runtime und der Start-datei auf der Festplatte

Der Ordner \MEDIA

Dieser Ordner ist in weitere Unterordner untergliedert:

\75DPI
\CLIPS

\GRAFIK
\MIDI
\SOUND
\TEXTE

Im Ordner \75DPI befinden sich die .TIF-Dateien, die für das Projekt „Der Interaktive Gemüsegarten" benötigt werden (siehe Abschnitt 3.2.2). Der Ordner \CLIPS enthält mit MOZZAR.TIF und TOMATEN1.MOV die beiden Dateien, die im „Interaktiven Gemüsegarten" als Medienclips eingebunden werden (siehe Abschnitt 3.12). In \GRAFIK liegen zusätzliche Bitmaps, Icons und TIF-Grafiken, die an diversen Stellen des „Interaktiven Gemüsegartens" eingebunden werden. Im einzelnen sind dies:

DTSCHLND.ICO

Icon für das Datensatzfeld „Titel", siehe Abschnitt 3.3.2.2

ITALIEN.ICO

Icon für das Datensatzfeld „Titel", siehe Abschnitt 3.3.2.2

CHEF.BMP

Bitmap für den Hintergrund, siehe Abschnitt 3.3.1

GARTEN.BMP

Bitmap für das Ansichtsobjekt „Copyright", siehe Abschnitt 3.9, sowie für die Installationsversionen, siehe Abschnitt 3.17

GEMUESE.BMP

Bitmap für die Installationsversionen, siehe Abschnitt 3.17

GEMUESE.TIF

Grafik für den Hintergrund der Titelseite, siehe Abschnitt 3.2.1

KOCH.BMP

Bitmap für die Pfadanimation auf der Titelseite, siehe Abschnitt 3.10

Der Ordner \MIDI enthält die im MIDI-Format abgespeicherten Sounddateien für den „Interaktiven Gemüsegarten", die als Vorlage für die im Wave-Format abgespeicherten Sounddateien dienen, die beim Seitenwechsel im „Interaktiven Gemüsegarten" optional abgespielt werden. Letztere liegen im Ordner \SOUND. Im Ordner \TEXTE schließlich liegt die Datei TEXTE.RTF. Sie enthält alle textuellen Informationen zu den Datensatzfeldern und den Aktionswortverknüpfungen.

Der Ordner \PROGRAMS

Der Ordner \PROGRAMS enthält alle im dritten Buchkapitel erzeugten Versionen des „Interaktiven Gemüsegartens". Die Dateinamen sind so gestaltet, daß die Ziffern vor der Dateierweiterung gleichzeitig die Versionsnummer darstellen. So ist jederzeit klar, zu welcher Version bestimmte Dateien gehören. Die Dateien VEGET-00.TBK bis VEGET-19.TBK bilden dabei das Gerüst des dritten Kapitels. VEGET-20.TBK ist eine zusätzliche Version, die das Festhalten einer Benutzerchronik illustriert (siehe Abschnitt 3.15). Die Datei VEGET-21.TBK ist mit VEGET-19.TBK nahezu identisch. Sie verfügt aber zusätzlich über einen Kennwortschutz und dient als Vorlage zur Erzeugung der Runtime-Version und der dazugehörigen EXE-Dateien VEGET-01.EXE (Abschnitt 3.16) und VEGET-02.EXE (Abschnitt 3.17.2).

Der Ordner \VEGETBLE

Dieser Ordner enthält die abschließende Version des „Interaktiven Gemüsegartens" mit den untergeordneten Ordnern \SOUND und \CLIPS.

Zusammenfassend hat der Ordner \TOOLBOOK die Struktur in Bild C.1.

Bild C.0.1: Der Aufbau des Ordners \TOOLBOOK auf der beiliegenden CD-ROM

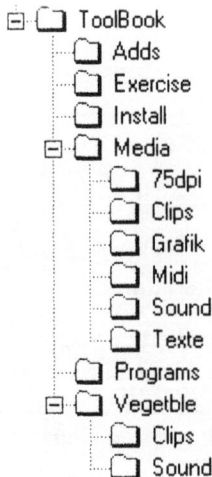

C3 Der Ordner \DIRECTOR

Der Ordner \DIRECTOR enthält folgende untergeordnete Ordner:

\ADDS
\EXERCISE
\JETHTULL
\JETHTULL.SIK
\MEDIA
\PROGRAMS

Der Ordner \ADDS

In \ADDS befinden sich Grafiken, Symbole und Director-Dateien, die primär für die in Kapitel 4 vorgestellten Übungen, aber auch für einige Komponenten des Projekts „Jethro Tull" benötigt werden.

Übung 3c, Abschnitt 4.3.3.3

SHRINE.BMP	- Die Grafik mit dem Schrein
SCHRIFT.BMP	- Die japanische Schrift
PAPIER01.BMP	- Das Hintergrundpapier

Übung 4b, Abschnitt 4.4.2:

HUND-01.BMP	- Der laufende Hund (Bild 1)
...	
HUND-18.BMP	- Der laufende Hund (Bild 18)

Übung 4c, Abschnitt 4.4.3:

SZENE-01.BMP	- Die Karrenszene
KARREN.BMP	- Der freigestellte Karren
RAD.BMP	- Das Rad des Karrens

Übung 4e, Abschnitt 4.4.5:

BIRD-04.BMP	- Der Vogel im Gleitflug

Übung 4f, Abschnitt 4.4.6:

IAD.FLI	- Die 3D-Animation

Übung 5a, Abschnitt 4.5.1:

AUTORENN.BMP	- Das Bild vom Autorennen
FUSSBALL.BMP	- Das Bild vom Fußball
WASSERSK.BMP	- Das Bild vom Wasserski

Übung 6a, Abschnitt 4.7.2:

CURSOR.DIR   - Director-Filmdatei mit Handcursordarstellern

Übung 7c, Abschnitt 4.8.3:

RECHTS02.ICO   - Symbol, Pfeil nach rechts
OBEN02.ICO   - Symbol, Pfeil nach oben

Übung 9b, Abschnitt 4.9.2:

BILD0001.BMP   - Das exportierte Bühnenbild

Zusatzdateien für das Projekt „Jethro Tull - from Roots to Branches"

COLOR.DIR   - das Farbänderungsprogramm, Abschnitt 4.6.1
JETHRO1x.DIR   - besondere Puppeneffekte, 5.7.1.4
START-1x.DIR   - Kontrollelemente für die Soundsteuerung, 5.11.2
START1y.DIR   - Benutzermenüs, 5.13

Der Ordner \EXERCISE

In diesem Ordner sind alle Übungen, die in Kapitel 4 erläutert wurden als Director-Dateien abgespeichert. Die Dateien haben die Namen EXER-**.DIR, wobei ** für den Namen der jeweiligen Übung steht.

Der Ordner \JETHTULL

Dieser Ordner enthält die Endversion des Projekts „Jethro Tull - from Roots to Branches" mit allen dazugehörigen Clips in den untergeordneten Ordnern \CLIPS und \SOUND.

Der Ordner \JETHTULL.SIK

In diesem Ordner liegen die unverschlüsselten Originaldateien der Filme und Besetzungen der Endversion des Projekts „Jethro Tull". Diese sind bereits auf die Ordnerstruktur des auszuliefernden Systems angepaßt. Es handelt sich also um reine Sicherheitskopien der verschlüsselten Dateien.

Der Ordner \MEDIA

Dieser Ordner ist in weitere Unterordner untergliedert:

\75DPI
\BILDER
\CASTS
\CLIPS
\SOUND
\TEXTE

Im Ordner \75DPI befinden sich alle .BMP-Dateien, die für das Projekt „Jethro Tull" benötigt werden (siehe Abschnitt 5.2.2). Im einzelnen sind dies:

A.BMP	- Schallplattenhülle „A"
AQUA-01.BMP	- Schallplattenhülle „Aqualung"
AQUA-02.BMP	- Schallplattenhülle „Aqualung" (groß)
AUTHOR.BMP	- Bild des Autoren mit Jethro Tull
BAND-01.BMP	- Bild der Band (siehe Datei JT.DIR)
BAND-02.BMP	- Bild der Band (siehe Datei JT.DIR)
BAND-03.BMP	- Bild der Band (siehe Datei JT.DIR)
BAND-04.BMP	- Bild der Band (siehe Datei JT.DIR)
BURSTING.BMP	- Schallplattenhülle „Bursting Out"
BYEBYE.BMP	- Schlußbild des Films START (ab Version 9)
COOKS.BMP	- Bild der Band (siehe Datei JT.DIR)
FLUTE.BMP	- Flötenrahmen (siehe Datei JT.DIR)
GUITAR.BMP	- Gitarre/Gitarrenanimation (Film JETHRO)
HAND-01.BMP	- Handcursor
HAND-02.BMP	- Handcursormaske
HORSES.BMP	- Schallplattenhülle „Heavy Horses"
IAN-01.BMP	- Bild von Ian Anderson (siehe Datei JT.DIR)
IAN-02.BMP	- Bild von Ian Anderson (siehe Datei JT.DIR)
IAN-03.BMP	- Bild von Ian Anderson (siehe Datei JT.DIR)
IAN-04.BMP	- Bild von Ian Anderson (siehe Datei JT.DIR)
INFO.BMP	- Symbol: Fragezeichen
LINEUP.BMP	- Bild der Band (siehe Datei JT.DIR)
LOGO.BMP	- Logo des Bandnamens (siehe Datei JT.DIR)
LOGO-DP1.BMP	- Logo von David Pegg
LOGO-DP2.BMP	- Logo von Doane Perry
LOGO-IA.BMP	- Logo von Ian Anderson
LOGO-MA.BMP	- Logo von Martin Allcock
LOGO-MB.BMP	- Logo von Martin Lancelot Barre
MARTIN01.BMP	- Bild von Martin Lancelot Barre (siehe JT.DIR)
MARTIN02.BMP	- Bild von Martin Lancelot Barre (siehe JT.DIR)
MARTIN03.BMP	- Bild von Martin Lancelot Barre (siehe JT.DIR)
MARTIN04.BMP	- Bild von Martin Lancelot Barre (siehe JT.DIR)
MWMLOGO.BMP	- Logo „Made with Macromedia"
NIGHTCAP.BMP	- Schallplattenhülle „Nightcap"
ONE-LEG1.BMP	- „Flötenmännchen" (1-Bit)
ONE-LEG8.BMP	- „Flötenmännchen" (8-Bit)
PAUSE.BMP	- Symbol: Pause
PLAY.BMP	- Symbol: Play
REALFLUT.BMP	- Flöte für die Flötenanimation (Film JETHRO)
RECORDS.BMP	- Logo für die Plattenpräsentation (Film TULL)

REWIND.BMP   - Symbol: Rewind
ROOTS.BMP   - Bild für die Startanimation im Film START
SONGS.BMP   - Schallplattenhülle „Songs from the Wood"
STOP.BMP   - Symbol: Stop
THICK-01.BMP   - Schallplattenhülle „Thick as a Brick"
THICK-02.BMP   - Schallplattenhülle „Thick as a Brick" (groß)
TOOOLD.BMP   - Schallplattenhülle „Too Old to Rock ´n´Roll
WARCHILD.BMP   - Schallplattenhülle „Warchild"

Der Ordner \BILDER enthält die exportierten Bühnenbilder für den Film
JT.DIR. Diese dienen als starre Hintergründe für die verschiedenen Versionen des Projekts. Im Ordner CASTS liegen die externen Besetzungen
für das Projekt. Zwei Videoclips sind im Ordner \CLIPS enthalten, der
Clip AQUALUNG.AVI für das Projekt „Jethro Tull" und der Video
JH.DIR für den zusätzlichen Film JHANDKE.DIR. Im Ordner SOUND
befinden sich die von Lizenzauflagen befreiten Sounddateien für das Projekt „Jethro Tull". Im Ordner \TEXTE schließlich liegt die Datei
TEXTE.RTF. Sie enthält alle textuellen Informationen zu den Textfeldern
des Projekts „Jethro Tull".

Der Ordner \PROGRAMS

Der Ordner \PROGRAMS enthält alle im fünften Buchkapitel erzeugten
Versionen des Projekts „Jethro Tull". Die Dateinamen sind so gestaltet,
daß die Ziffern vor der Dateierweiterung gleichzeitig die Versionsnummer
darstellen. Zu einer Version gehören jeweils drei Filme: START-##.DIR,
JETHRO##.DIR und TULL-##.DIR, wobei ## für die jeweilige Versionsnummer steht. Die Endversion des Projekts trägt die Versionsnummer 13.
Zusätzlich enthält der Ordner noch vier weitere Dateien:

AQUALUNG.DIR   - der Film mit dem Videoclip „Aqualung"
INFO.DIR   - der Film mit der Information zum Autoren
JHANDKE.DIR   - der Film mit dem Videoclip „JHandke"
JT.DIR   - die Basisversion des Projekts mit den
                      Hintergrundbildern

Zusammenfassend hat der Ordner \DIRECTOR die folgende Struktur:

```
☐ Director
  ☐ JethTull
      ☐ Clips
      ☐ Sound
  ☐ Adds
  ☐ Exercise
  ☐ JethTull.sik
  ☐ Media
      ☐ 75dpi
      ☐ Bilder
      ☐ Casts
      ☐ Clips
      ☐ Sound
      ☐ Texte
  ☐ Programs
```

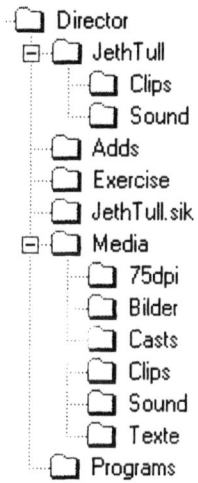

Bild C.2: Der Aufbau des Ordners \DIRECTOR auf der beiliegenden CD-ROM

Literaturhinweise

Alker, T. 1995. Der kleine Liebling Macromedia Director für MAC und Windows. Bonn: ITP Wolfram´s.

C´t, Heft 3/1996: Multimedia-Dirigenten, Autorensysteme und Programmiersprachen im Vergleich. S: 174-191.

Deiß, K./Handke, J./Meyer, B. 1990. Professionelles Programmieren mit LISP. Hamburg: McGraw-Hill.

Eberhard, H.-G./Schlicht, H.-J. 1997. Multimedia ToolBook. 3.0/4.0. Bonn: Addison-Wesley.

Gertler, N. 1995. Multimedia illustriert. Haar bei München: Markt & Technik Verlag.

Gillmaier, G. 1994. Der große Liebling zu Macromedia Director. Bonn: ITP Wolfram´s.

Hansen, H.R. 1987. Wirtschaftsinformatik. Stuttgart. Gustav Fischer Verlag.

Inside Multimedia Extra, Heft 1/1996: „Multimedia Macher", 10-12.

Keene, S.E. 1989. Object-Oriented Programming in Common LISP. New York: Addison-Wesley.

Klimsa, P. 1995. Multimedia. Anwendungen Tools und Techniken. Reinbek bei Hamburg: Rowohlt Taschenbuch Verlag.

Klöppel, B./Dapper, T./Dietrich, C./Seeber, R. 1996. Objektorientierte Modellierung und Programmierung mit C++. Band 1: Grundkonzepte und praktischer Einsatz. München: Oldenbourg Verlag.

Natal, D./Reitan, E. 1995. Using Asymetrix Multimedia ToolBook 4. Indianapolis: Que Corporation.

Noll, J. 1994. Musikprogrammierung: MIDI, C und Multimedia. Bonn: Addison-Wesley

Oelze, A. 1995. Crashkurs ToolBook 3.0. Düsseldorf: Data Becker.

Schulmeister, R. 1996. Grundlagen hypermedialer Lernsysteme. Bonn: Addison-Wesley.

Welsch, N. 1996. Entwicklung von Multimedia-Projekten mit Macromedia Director und Lingo. Berlin: Springer Verlag.

Zander, H. 1995. Audio am PC: Soundverarbeitung mit WAVE und MIDI. Haar bei München: Markt und Technik Verlag.

Die Multimedia ToolBook Handbücher:

- ToolBook Benutzerhandbuch
- OpenScript Referenz
- Multimedia ToolBook

Die Macromedia Director Handbücher:

- Director Benutzerhandbuch
- Lingo-Lexikon
- Lingo Einsteigerhandbuch

Sachwortregister